华 章 数 学 译 丛

59

Multivariate Time Series Analysis

With R and Financial Applications

多元时间序列分析及金融应用

R语言

[美] 蔡瑞胸(Ruey S. Tsay)著

张茂军 李洪成 南江霞 译

机械工业出版社
CHINA MACHINE PRESS

图书在版编目（CIP）数据

多元时间序列分析及金融应用：R 语言 /（美）蔡瑞胸（Ruey S. Tsay）著；张茂军，李洪成，南江霞译．—北京：机械工业出版社，2016.7（2025.4 重印）
（华章数学译丛）
书名原文：Multivariate Time Series Analysis：With R and Financial Applications

ISBN 978-7-111-54260-5

I. 多…　II. ①蔡…　②张…　③李…　④南…　III. 时间序列分析－应用－金融学－研究
IV. F830

中国版本图书馆 CIP 数据核字（2016）第 163872 号

北京市版权局著作权合同登记　图字：01-2014-2037 号。

本书介绍了多元时间序列数据的基本概念和思想，并用 R 软件来展示所有的方法和模型。本书共分为 7 章，其主要内容为多元时间序列的基本概念、向量自回归（VAR）模型、向量自回归移动平均（VARMA）模型、多元时间序列的结构设定、单位根非平稳和协整问题、因子模型和一些特定的多元时间序列主题、多元波动率模型。全书应用实际的例子，并用 R 软件来说明分析方法。

本书可作为高等院校统计学、金融学等相关专业高年级本科生或研究生的时间序列分析教材，也可供相关领域研究人员参考。

出版发行：机械工业出版社（北京市西城区百万庄大街 22 号　邮政编码：100037）

责任编辑：王春华	责任校对：董纪丽
印　　刷：北京建宏印刷有限公司	版　　次：2025 年 4 月第 1 版第 6 次印刷
开　　本：186mm×240mm　1/16	印　　张：24.5
书　　号：ISBN 978-7-111-54260-5	定　　价：79.00 元

客服电话：（010）88361066　68326294

译 者 序

时间序列分析是统计学相关专业的一门主干课程，同时也是实践中应用比较多的一项技术。目前大部分的时间序列分析教材以经典的一元时间序列为主，对多元时间序列的讨论较少。本书则是多元时间序列的一本专著，从多元时间序列的基础知识开始，详细讨论了向量自回归（VAR）模型、向量自回归移动平均（VARMA）模型、多元时间序列的结构设定、单位根非平稳和协整问题、因子模型以及多元波动率模型。本书作者 Ruey S. Tsay 是芝加哥大学商学院的 H. G. B. Alexander 教授，他出版的多部有关时间序列的书籍都受到了读者的欢迎。本书是他对过去 30 年中的多元时间序列分析教学和研究经验的总结。本书的引进，大大有益于读者对多元时间序列分析的学习和研究，实证研究者也会从中受益。

多元时间序列是结构比较复杂的数据，其理论较为难懂，符号表示复杂。本书应用大量的实际例子，通过开发一个 R 软件包来展示书中的方法，读者可以结合实际应用来学习本书所讨论的方法和模型。

本书的翻译得到了国家自然科学基金（项目编号 71461005）和广西高校数据分析与计算重点实验室的资助。特别感谢桂林电子科技大学数学与计算科学学院的研究生王文华、卞琪、李婷婷、陆任智和聂骏程同学为翻译本书所做的出色工作。在本书的翻译过程中，得到了王春华编辑的大力支持和帮助。本书责任编辑盛思源老师具有丰富的经验，为本书的出版付出了大量的劳动。这里对她们的支持和帮助表示衷心的感谢。

由于时间和水平所限，难免会有不当之处，希望同行和读者多加指正。

前　言

本书是根据我过去 30 年中对多元时间序列分析的教学和研究经验编著而成。本书总结了多元时间序列数据的基本概念和思想，给出了用于描述变量间动态关系的计量经济模型和统计模型，讨论了模型太灵活时出现的可辨别性问题，介绍了寻找蕴藏在多维时间序列中简化结构的方法，强调了多元时间序列方法的适用性和局限性。最后，开发了一个 R 软件包，以方便读者应用本书所讨论的方法和模型。

多元时间序列分析为处理隐藏于具有时间和横截面相依性的多维度量中的信息提供有效的工具和方法。数据分析的目标在于更好地理解变量之间的动态关系以及提高预测的准确性。本书所涉及的模型可以用于策略模拟或者推理。由于线性模型易于理解且应用广泛，所以本书主要研究线性模型。本书努力对理论和应用进行平衡，并尽量让书中的记号一致。同时，也尽力使本书能自我包含。然而，由于这个学科本身的复杂性，所以书中选取主题的涵盖深度可能有所不同。一方面，这也代表了我个人的喜好和对这些主题的理解；另一方面，我也希望本书的篇幅在合理的范围之内。

当前，高维度数据分析领域，特别是相依数据，仍然在快速发展着。因此，此类书籍难免忽略一些重要的主题或者方法。例如，本书没有包括非线性模型的内容，也没有对分类数据时间序列（categorical time series）进行讨论。读者可以查看最新的文章或者杂志来获取该方面的相关文献。

本书首先在第 1 章给出了多元时间序列的一些基本概念，包括评估以及量化时间和横截面相依性。随着数据维度的增加，呈现多元数据的难度也明显增大。我尽力以精简的方式来进行呈现。在某些情况下，给出了标量汇总统计数据。第 2 章重点介绍向量自回归（VAR）模型，尽管有所争议，但它们是应用最为广泛的时间序列模型。本书的目的是尽力使这一章内容丰富，以飨对 VAR 模型感兴趣的读者。本章涵盖了分析 VAR 模型的贝叶斯方法和经典方法。第 3 章学习向量自回归移动平均（VARMA）模型。首先，介绍向量移动平均模型（VMA）的性质以及模型估计。随后，分析 VARMA 模型的识别，并介绍该模型的性质。第 4 章探索多元时间序列的结构设定。介绍探寻隐藏在向量时间序列中简化结构的两种方法。这两种方法可以让用户发现多元线性时间序列的框架（skeleton）。第 5 章介绍单位根非平稳性和协整关系。它包括理解单位根时间序列的基本理论和一些相关应用。第 6 章介绍因子模型和一些特选的多元时间序列主题。这里研究了经典因子模型与近似因子模型。本书的目标是涵盖目前文献中出现的所有因子模型并给出这些因子模型之间的关系。第 7 章主要介绍多元波动率模型。它涵盖了相对容易应用且产生正定波动率矩阵的波动率模型。本章还给出了检测向量时间序列的条件异方差性的方法和检验拟合多元波动率模型的方法。全书贯穿实际应用的例子来说明分析方法。每章中都给出了对实证向量时间序列分析的练习。

软件是多元时间序列分析必不可少的一部分。如果没有软件包，多元时间序列就成为纯理论的练习。本书尽我所能编写R程序包，以方便读者应用书中讨论的方法和模型。所有的程序都放在R语言的MTS添加包中。应用这个R添加包和其他已有的R包，读者可以重现书中的所有分析。我并不是一个专业的程序员，MTS添加包中的许多代码也许不是特别有效，它们或许有瑕疵，欢迎对本书R添加包或者其他内容的任何建议和改正。

Ruey S. Tsay（蔡瑞胸）

伊利诺伊，芝加哥，2014年9月

致　谢

如果没有老师的帮助，我不可能完成本书的写作。首先，要特别给予 George C. Tiao 教授最真挚的感谢，感谢他教授我时间序列分析和统计研究方法。他对实证时间序列领域超人的洞察力，以及一直以来对我的鼓励，是我人生中一笔宝贵的财富。感谢我 40 年以来的挚友 Tea-Yuan Hwang 教授，他带领我走进统计学领域。感谢我的中学老师 Sung-Nan Chen 先生，如果没有他的远见卓识，我不可能继续大学生涯。我也要感谢许多其他的老师，包括威斯康星大学的 George E. P. Box 教授和 Gregory Reinsel 教授。还要感谢我的朋友，包括 David F. Findley 博士、Daniel Peña 教授、Manny Parzen、Buddy Gray、Howell Tong 以及 Hirotugu Akaike 教授，感谢他们对我在时间序列分析领域给予的极大支持。感谢 David Matteson 博士和 Yongning Wang 允许我使用他们的程序，感谢 Yongning 仔细阅读初稿。我非常感谢所有人的帮助。同时，我也很感谢我的学生在课内或者课外提出一些富含信息的问题。我也很感谢 Stephen Quigley 和 Sari Friedman，他们对本书的准备工作给予了莫大的支持。我也要感谢芝加哥商学院对本书的经济支持。最后，我要感谢父母一直无私的支持，感谢他们对我无条件的爱。一如既往，我的孩子是我的源泉和动力。最后，我要对妻子表示真诚的感谢，感谢她的爱和一贯的鼓励。特别是，她总是将我的事业放在首位。

本书网址是：http://faculty.chicagobooth.edu/ruey.tsay/teaching/mtsbk。

R. S. T.

目　录

译者序

前言

致谢

第 1 章　多元线性时间序列 …… 1

1.1　引言 …… 1

1.2　基本概念 …… 4

1.2.1　平稳性 …… 4

1.2.2　线性 …… 4

1.2.3　可逆性 …… 5

1.3　交叉协方差和相关矩阵 …… 6

1.4　样本 CCM …… 7

1.5　零交叉相关性的检验 …… 9

1.6　预测 …… 12

1.7　模型表示 …… 14

1.8　本书的结构 …… 16

1.9　软件 …… 17

练习 …… 17

参考文献 …… 18

第 2 章　平稳向量自回归时间序列 …… 20

2.1　引言 …… 20

2.2　VAR(1)模型 …… 20

2.2.1　模型结构和格兰杰因果关系 …… 21

2.2.2　传递函数模型的相关性 …… 22

2.2.3　平稳条件 …… 22

2.2.4　可逆性 …… 23

2.2.5　矩方程 …… 23

2.2.6　分量的隐含模型 …… 26

2.2.7　移动平均表达式 …… 26

2.3　VAR(2)模型 …… 27

2.3.1　平稳条件 …… 27

2.3.2　矩方程 …… 28

2.3.3　隐含的边际分量模型 …… 29

2.3.4　移动平均表达式 …… 29

2.4　VAR(p)模型 …… 30

2.4.1　一个 VAR(1)表达式 …… 30

2.4.2　平稳条件 …… 31

2.4.3　矩方程 …… 31

2.4.4　隐含的分量模型 …… 32

2.4.5　移动平均表达式 …… 32

2.5　估计 …… 32

2.5.1　最小二乘方法 …… 32

2.5.2　极大似然估计 …… 35

2.5.3　LS 估计的极限性质 …… 36

2.5.4　贝叶斯估计 …… 41

2.6　阶选择 …… 45

2.6.1　序列似然比检验 …… 45

2.6.2　信息准则 …… 46

2.7　模型检验 …… 49

2.7.1　残差交叉相关性 …… 49

2.7.2　多元混成统计 …… 52

2.7.3　模型简化 …… 53

2.8　线性约束 …… 59

2.9　预测 …… 60

2.9.1　给定模型的预测 …… 60

2.9.2　估计模型的预测 …… 62

2.10　脉冲响应函数 …… 66

2.10.1　正交新息 …… 68

2.11　预测误差方差分解 …… 71

2.12　证明 …… 72

练习 …… 74

参考文献 …… 76

第 3 章　向量自回归移动平均时间序列 …… 78

3.1　向量 MA 模型 …… 78

3.1.1　VMA(1)模型 …… 78

3.1.2　VMA(q)模型的性质 …… 81

3.2　设定 VMA 阶 …… 83

3.3　VMA 模型的估计 …… 84

3.3.1　条件似然估计 …… 84

3.3.2　精确似然估计 …… 87

3.3.3　初始参数估计 …… 94

3.4　VMA 模型预测 …… 94

3.5　VARMA 模型 …… 95

3.5.1 可识别性 …… 95
3.5.2 VARMA(1, 1)模型 …… 97
3.5.3 VARMA 模型的一些性质 …… 99
3.6 VARMA 模型的隐含关系 …… 104
3.6.1 格兰杰因果关系 …… 104
3.6.2 脉冲响应函数 …… 105
3.7 VARMA 过程的线性变换 …… 105
3.8 VARMA 过程的时间聚合 …… 108
3.9 VARMA 模型的似然函数 …… 108
3.9.1 条件似然函数 …… 109
3.9.2 精确似然函数 …… 112
3.9.3 解释似然函数 …… 114
3.9.4 似然函数计算 …… 115
3.10 精确似然函数的新息方法 …… 116
3.10.1 块 Cholesky 分解 …… 117
3.11 极大似然估计的渐近分布 …… 119
3.11.1 线性参数约束 …… 121
3.12 拟合 VARMA 模型的模型检验 …… 121
3.13 VARMA 模型预测 …… 122
3.13.1 预测更新 …… 123
3.14 初次阶识别 …… 123
3.14.1 一致 AR 估计 …… 124
3.14.2 扩展的交叉相关矩阵 …… 125
3.14.3 汇总双向表 …… 127
3.15 VARMA 模型的实证分析 …… 131
3.15.1 个人收入与支出 …… 131
3.15.2 房屋开工率和房贷利率 …… 137
3.16 附录 …… 143
练习 …… 144
参考文献 …… 146

第 4 章 VARMA 模型的结构设定 …… 148
4.1 Kronecker 指数方法 …… 148
4.1.1 预测解释 …… 152
4.1.2 VARMA 设定 …… 153
4.1.3 一个说明性的例子 …… 154
4.1.4 Echelon 形式 …… 156
4.1.5 续例 …… 158
4.2 标量分量方法 …… 158
4.2.1 标量分量模型 …… 158
4.2.2 模型设定与标量分量模型 …… 159
4.2.3 冗余参数 …… 160
4.2.4 VARMA 模型设定 …… 161
4.2.5 变换矩阵 …… 162
4.3 阶数设定的统计量 …… 163
4.3.1 降秩检验 …… 164
4.4 求解 Kronecker 指数 …… 165
4.4.1 应用 …… 166
4.5 求解标量分量模型 …… 169
4.5.1 标量分量模型的含义 …… 169
4.5.2 可交换标量分量模型 …… 171
4.5.3 求解标量分量 …… 173
4.5.4 应用 …… 174
4.6 估计 …… 177
4.6.1 Kronecker 指数方法的解释 …… 178
4.6.2 SCM 方法的解释 …… 180
4.7 例子 …… 184
4.7.1 SCM 方法 …… 185
4.7.2 Kronecker 指数方法 …… 190
4.7.3 讨论和比较 …… 194
4.8 附录：典型相关分析 …… 196
练习 …… 198
参考文献 …… 199

第 5 章 单位根非平稳过程 …… 200
5.1 一元单位根过程 …… 201
5.1.1 动机 …… 201
5.1.2 平稳单位根 …… 202
5.1.3 AR(1)模型 …… 207
5.1.4 AR(p)模型 …… 207
5.1.5 MA(1)模型 …… 208
5.1.6 单位根检验 …… 208
5.1.7 例子 …… 209
5.2 多元单位根过程 …… 210
5.2.1 等价模型表示法 …… 214
5.2.2 单位根 VAR 过程 …… 215
5.3 伪回归 …… 220
5.4 多元变量指数平滑过程 …… 221
5.5 协整关系 …… 223
5.5.1 一个协整的例子 …… 224
5.5.2 协整性的一些说明 …… 225
5.6 误差修正模型 …… 225
5.7 协整向量的含义 …… 227
5.7.1 确定性项的含义 …… 227

5.7.2 移动平均表示法的含义 ………… 228
5.8 协整向量的参数化 ………… 229
5.9 协整检验 ………… 229
5.9.1 VAR 模型 ………… 229
5.9.2 确定性项的设定 ………… 230
5.9.3 似然比检验小结 ………… 231
5.9.4 对 VAR 模型的协整检验 ………… 232
5.9.5 案例 ………… 234
5.9.6 VARMA 模型的协整检验 ………… 237
5.10 误差修正模型的估计 ………… 237
5.10.1 VAR 模型 ………… 237
5.10.2 简化回归模型 ………… 240
5.10.3 VARMA 模型 ………… 241
5.11 应用 ………… 242
5.12 讨论 ………… 248
5.13 附录 ………… 249
练习 ………… 250
参考文献 ………… 251

第 6 章 因子模型和其他问题 ………… 253
6.1 季节模型 ………… 253
6.2 主成分分析 ………… 259
6.3 外生变量的运用 ………… 263
6.3.1 VARX 模型 ………… 263
6.3.2 回归模型 ………… 268
6.4 缺失值 ………… 272
6.4.1 完全缺失 ………… 273
6.4.2 部分缺失 ………… 275
6.5 因子模型 ………… 277
6.5.1 正交因子模型 ………… 278
6.5.2 近似因子模型 ………… 282
6.5.3 扩散指数模型 ………… 284
6.5.4 动态因子模型 ………… 287
6.5.5 约束因子模型 ………… 288
6.5.6 渐近主成分分析 ………… 291
6.6 分类和聚类分析 ………… 295
6.6.1 聚类分析 ………… 295
6.6.2 贝叶斯估计 ………… 296
6.6.3 马尔科夫链蒙特卡洛法 ………… 298
练习 ………… 301
参考文献 ………… 302

第 7 章 多元波动率模型 ………… 305
7.1 条件异方差检验 ………… 306
7.1.1 混成检验 ………… 306
7.1.2 基于秩的检验 ………… 307
7.1.3 模拟 ………… 308
7.1.4 应用 ………… 310
7.2 多元波动率模型估计 ………… 312
7.3 波动率模型的诊断检验 ………… 313
7.3.1 Ling 和 Li 统计量 ………… 313
7.3.2 Tse 统计量 ………… 315
7.4 指数加权移动平均 ………… 316
7.5 BEKK 模型 ………… 318
7.5.1 讨论 ………… 321
7.6 Cholesky 分解和波动率建模 ………… 321
7.6.1 波动率建模 ………… 323
7.6.2 应用 ………… 323
7.7 动态条件相关模型 ………… 327
7.7.1 建立 DCC 模型的过程 ………… 328
7.7.2 例子 ………… 329
7.8 正交变换 ………… 332
7.8.1 Go-GARCH 模型 ………… 332
7.8.2 动态正交分量 ………… 335
7.8.3 DOC 存在性检验 ………… 337
7.9 基于 Copula 函数模型 ………… 339
7.9.1 Copula 函数 ………… 340
7.9.2 高斯和 t-copula 函数 ………… 341
7.9.3 多元波动率建模 ………… 344
7.10 主波动成分 ………… 349
练习 ………… 353
参考文献 ………… 354

附录 A 数学与统计学 ………… 357
索引 ………… 375

第 1 章　多元线性时间序列

1.1　引言

多元时间序列分析同时考虑多个时间序列，它是多元统计分析的一个分支，但是它具体研究相依数据。一般来说，多元时间序列分析比一元时间序列分析复杂很多，特别是当同时研究的时间序列数很多时。因为在实际生活中，决策经常要涉及多个内部相关的因素或者变量，所以本书将学习这种更加复杂的统计分析方法。在决策中，能够理解这些因素之间的关系或者给出这些变量的准确预测是很有价值的。所以，多元时间序列分析的目标为：

(1) 研究变量之间的动态关系。

(2)提高预测的准确度。

设 $\boldsymbol{z}_t=(z_{1t},\ \cdots,\ z_{kt})'$ 为一个在等间隔时间点上观测的 k 维时间序列。例如，设 z_{1t} 为美国真实的季度国内生产总值(Gross Domestic Product，GDP)，z_{2t} 为季度居民失业率。联合研究 z_{1t} 和 z_{2t}，可以评估同时期的 GDP 和失业率之间的相依性。在这个特殊的案例中，$k=2$，并且知道这两个变量是即期负相关的。图 1-1 给出了美国真实的季度国内生产总值(以 2005 年为基准调整后数据的自然对数，单位为 10 亿美元)和失业率的时序图，数据是从 1948 年到 2011 年平均后的月度数据。两个序列都经过了季节调整。图 1-2 给出了真实 GDP 的增长率和失业率变化的时序图，时间是从 1948 年的第 2 季度到 2011 年的第 4 季度。图 1-3 给出了图 1-2 中给出的两个序列的散点图。从这些图中可以看出，GDP 和失业率之间的确具有负的即期相关性，样本相关系数为－0.71。 1

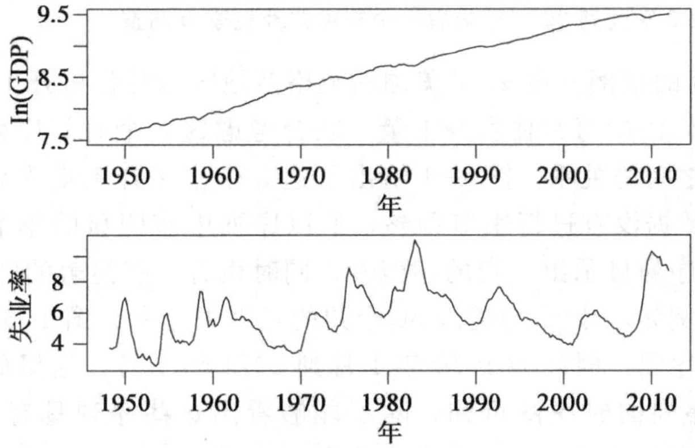

图 1-1　美国真实季度(对数)GDP 和失业率的时序图，数据是从 1948 年到 2011 年并经过季节调整

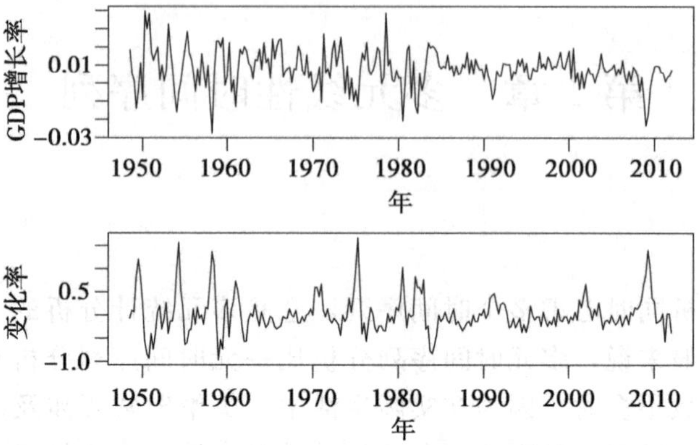

图 1-2 美国真实季度(对数)GDP 增长率和失业率变化的时序图，数据是从 1948 年到 2011 年并经过季节调整

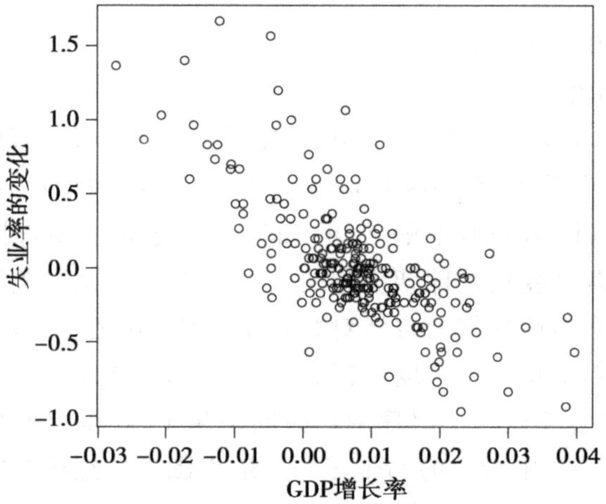

图 1-3 美国真实季度失业率的变化和真实季度 GDP 增长率(对数)的散点图，数据是从 1948 年第 2 季度到 2011 年最后一个季度并经过季节调整

考虑另一个 $k=3$ 的案例。设 z_{1t} 是美国新英格兰地区每月住房开工量，z_{2t} 和 z_{3t} 分别为中大西洋地区和太平洋沿岸每月住房开工量。联合考虑这 3 个时间序列，可以调查美国这 3 个地区的住房市场之间的关系。图 1-4 给出了这 3 个住房开工量序列的时序图，时间为 1995 年到 2011 年。数据没有进行季节调整，所以序列中有明显的季节周期。从它们的时序图中可知，这 3 个序列显示出一定的相似性，同时也有一些显著的区别。在一些应用中，我们考虑大的 k 值。例如，令 $\boldsymbol{z}_t$ 为美国 50 个州的月度失业率。图 1-5 给出了这 50 个州的月度失业率序列的时序图，时间为 1976 年 1 月到 2011 年 9 月。这里的数据经过了季节调整，$k=50$。从这些序列的时序图可知，除了能够看出这些序列具有一些相同的模式外，时序图并没有给出特别的信息。同时考虑这些序列的目的或许可以用来对州失业率进行预测，这些预测对每个州和当地政府都是重要的。在这个特殊的例子中，各个州的汇集信息对于预测也许是有帮助的，因为各个州或许有类似的社会和经济特征。

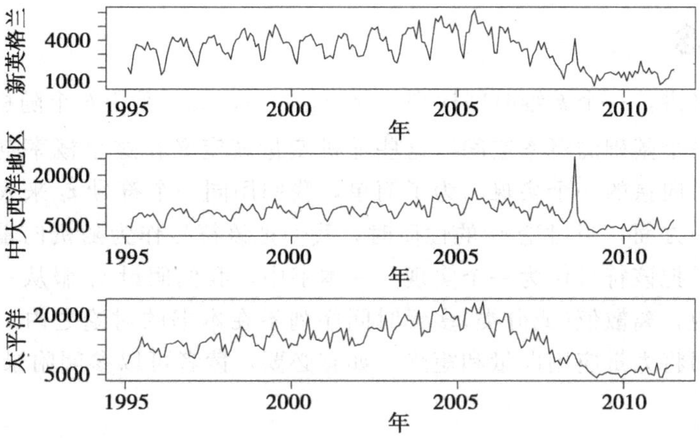

图 1-4　美国新英格兰地区、中大西洋地区和太平洋沿岸地区月度住房开工量的时序图，数据从 1995 年 1 月到 2011 年 6 月并经过季节调整

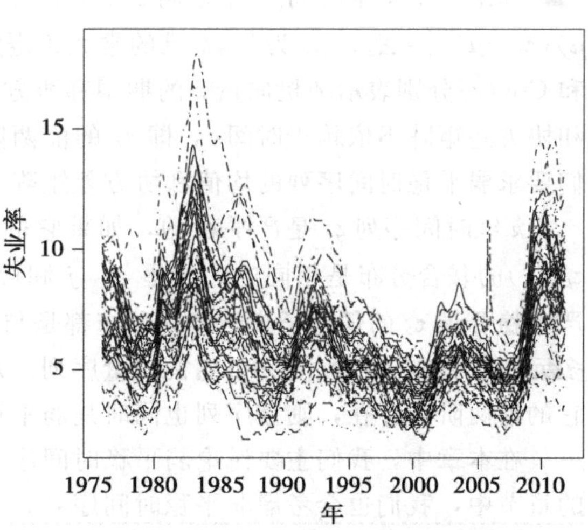

图 1-5　美国 50 个州的月度失业率序列的时序图，时间从 1976 年 1 月到 2011 年 9 月，数据经过季节调整

在本书中，我们用$\{z_{it}\}$表示多元时间序列 $\boldsymbol{z}_t$ 的第 i 个分量。本书内容包括：(a)分析 $\boldsymbol{z}_t$ 的分量间的动态关系；(b)应用 $\boldsymbol{z}_t$ 的所有分量含有的信息来提高对 z_{it} 的预测准确度。

假设我们感兴趣的是，基于数据$\{\boldsymbol{z}_1, \cdots, \boldsymbol{z}_T\}$来预测 $\boldsymbol{z}_{T+1}$。可以考虑如下模型，

$$\hat{\boldsymbol{z}}_{T+1} = g(\boldsymbol{z}_T, \boldsymbol{z}_{T-1}, \cdots, \boldsymbol{z}_1)$$

这里 $\hat{\boldsymbol{z}}_{T+1}$表示 $\boldsymbol{z}_{T+1}$的一个预测，$g(\cdot)$是一个适当的函数。多元时间序列分析的目的是基于已有的数据给出函数 $g(\cdot)$。在许多应用中，$g(\cdot)$为光滑可导函数，并且可以应用线性函数来较好地近似，即

$$\hat{\boldsymbol{z}}_{T+1} \approx \boldsymbol{\pi}_0 + \boldsymbol{\pi}_1 \boldsymbol{z}_T + \boldsymbol{\pi}_2 \boldsymbol{z}_{T-1} + \cdots + \boldsymbol{\pi}_T \boldsymbol{z}_1$$

其中 $\boldsymbol{\pi}_0$ 是一个 k 维向量，$\boldsymbol{\pi}_i$ 为 $k \times k$ 的实值常数矩阵($i=1, \cdots, T$)；设 $\boldsymbol{a}_{T+1} = \boldsymbol{z}_{T+1} - \hat{\boldsymbol{z}}_{T+1}$为预测误差。在线性假设条件下，上面的公式表明

$$\boldsymbol{z}_{T+1} = \boldsymbol{\pi}_0 + \boldsymbol{\pi}_1 \boldsymbol{z}_T + \boldsymbol{\pi}_2 \boldsymbol{z}_{T-1} + \cdots + \boldsymbol{\pi}_T \boldsymbol{z}_1 + \boldsymbol{a}_{T+1}$$

为了建立坚实的基础，从而做出前面段落中描述的预测，我们需要一定的统计学理论和方法。本书的目的就是给出分析多元时间序列的一些有用的统计模型和方法。我们从多元时间序列的一些基本概念入手。 2~4

1.2　基本概念

用统计术语来讲，一个 k 维时间序列 $\boldsymbol{z}_t=(z_{1t},\ \cdots,\ z_{kt})'$ 是由 k 个随机变量构成的随机向量。同样，有一个基础的概率空间，这些随机变量就定义在这个概率空间上。我们在实际中看到的是随机向量的一个实现。为了简单，我们用同一个符号 $\boldsymbol{z}_t$ 来表示随机向量和随机向量的实现。一方面，当讨论 $\boldsymbol{z}_t$ 的性质时，我们把该符号作为随机向量。另一方面，当考虑应用时，我们把该符号作为一个实现。在本书中，我们假设 $\boldsymbol{z}_t$ 服从一个连续的多元概率分布。换句话说，离散值(或分类)多元时间序列不在本书的讨论之内。因为我们研究随机向量，所以本书将大量应用向量和矩阵。如有必要，读者可以参阅附录 A 中的数学和统计学知识。

1.2.1　平稳性

如果一个 k 维时间序列 $\boldsymbol{z}_t$ 满足下列两个条件：(a) $E(\boldsymbol{z}_t)=\boldsymbol{\mu}$；(b) $\mathrm{Cov}(\boldsymbol{z}_t)=E[(\boldsymbol{z}_t-\boldsymbol{\mu})(\boldsymbol{z}_t-\boldsymbol{\mu})']=\boldsymbol{\Sigma}_z$，$\boldsymbol{\Sigma}_z$ 为 $k\times k$ 维的常数正定矩阵。那么该序列就是弱平稳性的。这里 $E(\boldsymbol{z})$ 和 $\mathrm{Cov}(\boldsymbol{z})$ 分别表示随机向量 $\boldsymbol{z}$ 的期望和协方差矩阵。所以，一个弱平稳时间序列 $\boldsymbol{z}_t$ 的均值和协方差矩阵不依赖于时间 t，即 $\boldsymbol{z}_t$ 的前两阶矩不随时间变化。定义中隐含的一点是，我们要求弱平稳时间序列的均值和协方差矩阵都存在。

k 维时间序列 $\boldsymbol{z}_t$ 是严平稳的，如果它的大小为 m 的子集 $(\boldsymbol{z}_{t_1},\ \cdots,\ \boldsymbol{z}_{t_m})$ 和 $(\boldsymbol{z}_{t_1+j},\ \cdots,$
5 $\boldsymbol{z}_{t_m+j})$ 的联合分布是相同的，这里 m，j 和 $(t_1,\ \cdots,\ t_m)$ 是任意正整数。用统计术语来讲，严平稳要求 $\boldsymbol{z}_t$ 的任意子集的概率分布都是与时间无关的。严平稳的一个例子就是具有标准多元正态分布的独立同分布随机向量序列。从定义可知，对于一个严平稳时间序列，如果它的前两阶矩存在，则该序列也同时是弱平稳的。

在本章中，我们主要讨论弱平稳时间序列。在实际中，严平稳是很难验证的。在之后的章节中，我们也会考虑非平稳时间序列。在后面的内容中，平稳指的就是弱平稳。

1.2.2　线性

本书重点讨论多元线性时间序列。严格来说，实际的多元时间序列模型都是非线性的，但是线性模型通常能给出它们的精确近似，从而进行统计推断。一个 k 维时间序列 $\boldsymbol{z}_t$ 是线性的，如果它满足

$$\boldsymbol{z}_t=\boldsymbol{\mu}+\sum_{i=0}^{\infty}\boldsymbol{\psi}_i\boldsymbol{a}_{t-i} \tag{1-1}$$

其中 $\boldsymbol{\mu}$ 是 k 维常数向量，$\boldsymbol{\psi}_0=\boldsymbol{I}_k$ 是 $k\times k$ 维单位矩阵，$\boldsymbol{\psi}_i$ 为 $k\times k$ 维常数矩阵，$\{\boldsymbol{a}_t\}$ 为独立同分布的随机向量序列，其均值为 0，协方差矩阵为正定矩阵 $\boldsymbol{\Sigma}_a$。

这里要求 $\boldsymbol{\Sigma}_a$ 为正定矩阵，否则，维数 k 可以降低，参见第 2 章中的主成分分析。因为我们允许 $\boldsymbol{\Sigma}_a$ 为通常的正定矩阵，所以 $\boldsymbol{\psi}_0=\boldsymbol{I}_k$ 是满足的。另一种表示线性时间序列的方式

是要求 $\boldsymbol{\psi}_0$ 为对角线元素全为 1 的下三角形矩阵，而 $\boldsymbol{\Sigma}_a$ 为对角矩阵。这里可以通过 Cholesky 分解得到，参见附录 A。具体地，把协方差矩阵分解为 $\boldsymbol{\Sigma}_a=\boldsymbol{LGL}'$，其中 $\boldsymbol{G}$ 是一个对角矩阵，$\boldsymbol{L}$ 是一个 $k\times k$ 的下三角形矩阵且对角线元素全为 1。令 $\boldsymbol{b}_t=\boldsymbol{L}^{-1}\boldsymbol{a}_t$，那么 $\boldsymbol{a}_t=\boldsymbol{L}\boldsymbol{b}_t$，并且

$$\mathrm{Cov}(\boldsymbol{b}_t)=\mathrm{Cov}(\boldsymbol{L}^{-1}\boldsymbol{a}_t)=\boldsymbol{L}^{-1}\boldsymbol{\Sigma}_a(\boldsymbol{L}^{-1})'=\boldsymbol{L}^{-1}(\boldsymbol{LGL}')(\boldsymbol{L}')^{-1}=\boldsymbol{G}$$

利用序列 $\{\boldsymbol{b}_t\}$，式(1-1)可以重写为：

$$\boldsymbol{z}_t=\boldsymbol{\mu}+\sum_{i=0}^{\infty}(\boldsymbol{\psi}_i\boldsymbol{L})\boldsymbol{b}_{t-i}=\boldsymbol{\mu}+\sum_{i=0}^{\infty}\boldsymbol{\psi}_i^*\boldsymbol{b}_{t-i} \tag{1-2}$$

其中 $\boldsymbol{\psi}_0^*=\boldsymbol{L}$ 为下三角形矩阵，对 $i>0$ 有 $\boldsymbol{\psi}_i^*=\boldsymbol{\psi}_i\boldsymbol{L}$ 且 $\boldsymbol{b}_t$ 的协方差矩阵为对角矩阵。

对于一个平稳的纯随机过程 $\boldsymbol{z}_t$，Wold 分解表明该随机过程可以表示为一个序列不相关过程 $\boldsymbol{e}_t$ 的线性组合。这与式(1-1)很接近，但不相同，因为序列 $\{\boldsymbol{e}_t\}$ 不一定具有相同的分 6
布。多元自回归条件异方差过程 $\boldsymbol{z}_t$ 就是满足 Wold 分解的一个的例子，但它不是线性时间序列。我们将在第 7 章讨论多元波动率模型。然而，Wold 分解表明，如果 $\boldsymbol{z}_t$ 是平稳的且纯随机过程，那么它的条件均值可以表示为滞后值 $\boldsymbol{z}_{t-i}(i>0)$ 的线性组合。因为 $\boldsymbol{z}_t$ 的条件均值在预测中起着很重要的作用，所以这一点就为从线性时间序列入手提供了依据。

下面考虑式(1-1)。我们看到 $\boldsymbol{z}_{t-1}$ 是 $\{\boldsymbol{a}_{t-1},\boldsymbol{a}_{t-2},\cdots\}$ 的函数。因此，当时间为 $t-1$ 时，序列 $\boldsymbol{z}_t$ 唯一的未知量是 $\boldsymbol{a}_t$。基于这个原因，我们称 $\boldsymbol{a}_t$ 为时间序列 $\boldsymbol{z}_t$ 的新息(innovation)，也可以把 $\boldsymbol{a}_t$ 看作时间序列 $\boldsymbol{z}_t$ 在时刻 t 得到的新的信息。在后面讨论预测时，我们将给出新息更精确的定义。新息 $\boldsymbol{a}_t$ 也称为时间序列在时刻 t 的扰动(shock)。

为了使式(1-1)中的线性序列 $\boldsymbol{z}_t$ 为平稳序列，其系数矩阵必须满足：

$$\sum_{i=1}^{\infty}\|\boldsymbol{\psi}_i\|<\infty$$

其中 $\|\boldsymbol{A}\|$ 表示矩阵 $\boldsymbol{A}$ 的范数，例如 Frobenius 范数的定义为 $\|\boldsymbol{A}\|=\sqrt{tr(\boldsymbol{AA}')}$。基于收敛序列的性质，这意味着当 $i\to\infty$ 时，$\|\boldsymbol{\psi}_i\|\to 0$。因此，对于式(1-1)中的平稳线性时间序列 $\boldsymbol{z}_t$，当 $i\to\infty$ 时，有 $\|\boldsymbol{\psi}_i\|\to 0$。而且，我们有：

$$E(\boldsymbol{z}_t)=\boldsymbol{\mu} \text{ 和 } \mathrm{Cov}(\boldsymbol{z}_t)=\sum_{i=0}^{\infty}\boldsymbol{\psi}_i\boldsymbol{\Sigma}_a\boldsymbol{\psi}_i' \tag{1-3}$$

后面，我们将讨论多种模型的 $\boldsymbol{z}_t$ 的平稳性条件。

1.2.3 可逆性

在很多情况下，例如，需要预测时，我们喜欢把时间序列表示为它的滞后值 $\boldsymbol{z}_{t-i}(i>0)$ 和一个在时间 t 的新信息的函数。称一个时间序列 $\boldsymbol{z}_t$ 是可逆的，如果它可以表示为如下形式：

$$\boldsymbol{z}_t=\boldsymbol{c}+\boldsymbol{a}_t+\sum_{j=1}^{\infty}\boldsymbol{\pi}_j\boldsymbol{z}_{t-j} \tag{1-4}$$

这里，$\boldsymbol{c}$ 是一个 k 维常向量，$\boldsymbol{a}_t$ 和式(1-1)中的定义是一致的，$\boldsymbol{\pi}_i$ 是 $k\times k$ 的常数矩阵。一个明显的可逆时间序列的例子就是阶数为 1 的向量自回归模型，即 $\boldsymbol{z}_t=\boldsymbol{c}+\boldsymbol{\pi}_1\boldsymbol{z}_{t-1}+\boldsymbol{a}_t$。我们将在后面的章节中讨论可逆性的条件。这里，对于可逆时间序列 $\boldsymbol{z}_t$，只要知道当 $i\to\infty$
7 时，$\boldsymbol{\pi}_i\to 0$ 就可以了。

1.3　交叉协方差和相关矩阵

为了测量一个平稳时间序列 $\boldsymbol{z}_t$ 的线性动态相依性，我们定义滞后为 ℓ 的交叉协方差矩阵为：

$$\begin{aligned}\boldsymbol{\Gamma}_\ell&=\mathrm{Cov}(\boldsymbol{z}_t,\boldsymbol{z}_{t-\ell})=E[(\boldsymbol{z}_t-\boldsymbol{\mu})(\boldsymbol{z}_{t-\ell}-\boldsymbol{\mu})']\\&=\begin{bmatrix}E(\tilde{z}_{1t}\tilde{z}_{1,t-\ell}) & E(\tilde{z}_{1t}\tilde{z}_{2,t-\ell}) & \cdots & E(\tilde{z}_{1t}\tilde{z}_{k,t-\ell})\\ \vdots & \vdots & & \vdots\\ E(\tilde{z}_{kt}\tilde{z}_{1,t-\ell}) & E(\tilde{z}_{kt}\tilde{z}_{2,t-\ell}) & \cdots & E(\tilde{z}_{kt}\tilde{z}_{k,t-\ell})\end{bmatrix}\end{aligned}\tag{1-5}$$

这里 $\boldsymbol{\mu}=E(\boldsymbol{z}_t)$ 为 $\boldsymbol{z}_t$ 的均值向量，$\tilde{\boldsymbol{z}}_t=(\tilde{z}_{1t},\ \cdots,\ \tilde{z}_{kt})'\equiv\boldsymbol{z}_t-\boldsymbol{\mu}$ 为均值调整后的时间序列。交叉协方差矩阵不是时间指标 t 的函数，而是 ℓ 的一函数，因为 $\boldsymbol{z}_t$ 是平稳的。当 $\ell=0$ 时，我们有 $\boldsymbol{z}_t$ 的协方差矩阵 $\boldsymbol{\Gamma}_0$。有时候，我们用记号 $\boldsymbol{\Sigma}_z$ 来表示 $\boldsymbol{z}_t$ 的协方差矩阵，即 $\boldsymbol{\Sigma}_z=\boldsymbol{\Gamma}_0$。

记 $\boldsymbol{\Gamma}_\ell$ 的第$(i,\ j)$个元素为 $\gamma_{\ell,ij}$，即 $\boldsymbol{\Gamma}_\ell=[\gamma_{\ell,ij}]$。从式(1-5)的定义可知，$\gamma_{\ell,ij}$ 为 $z_{i,t}$ 和 $z_{j,t-\ell}$的协方差。因此，对于正的滞后 ℓ，$\gamma_{\ell,ij}$ 可以作为 $\boldsymbol{z}_t$ 的第 i 分量 z_{it}关于第 j 个分量 z_{jt} 的第 ℓ 阶滞后值的线性相依性的度量。这里给出的解释很重要，因为本书大量使用矩阵符号，读者必须理解矩阵中每一个元素的含义。

从式(1-5)的定义中可知，对于负的滞后 ℓ，我们有：

$$\begin{aligned}\boldsymbol{\Gamma}_\ell&=E[(\boldsymbol{z}_t-\boldsymbol{\mu})(\boldsymbol{z}_{t-\ell}-\boldsymbol{\mu})']\\&=E[(\boldsymbol{z}_{t+\ell}-\boldsymbol{\mu})(\boldsymbol{z}_t-\boldsymbol{\mu})'], &&（因为平稳性）\\&=\{E[(\boldsymbol{z}_t-\boldsymbol{\mu})(\boldsymbol{z}_{t+\ell}-\boldsymbol{\mu})']\}', &&（因为 \boldsymbol{C}=(\boldsymbol{C}')'）\\&=\{E[(\boldsymbol{z}_t-\boldsymbol{\mu})(\boldsymbol{z}_{t-(-\ell)}-\boldsymbol{\mu})']\}'\\&=\{\boldsymbol{\Gamma}_{-\ell}\}' &&（根据定义）\\&=\boldsymbol{\Gamma}'_{-\ell}\end{aligned}$$

因此，与一元平稳时间序列不同，它们的滞后 ℓ 项和滞后 $-\ell$ 项的自协方差矩阵是相等的。这里需要把滞后值为正的交叉协方差矩阵进行转置，得到相应的滞后值为负值的交叉协方差矩阵。

注记：有些研究人员把交叉协方差矩阵 $\boldsymbol{z}_t$ 定义为，$\boldsymbol{G}_\ell=E[(\boldsymbol{z}_{t-\ell}-\boldsymbol{\mu})(\boldsymbol{z}_t-\boldsymbol{\mu})']$，它等于式(1-5)的转置矩阵。该定义也是有效的，参见性质 $\boldsymbol{\Gamma}_{-\ell}=\boldsymbol{\Gamma}'_\ell$。对于 $\ell>0$，$\boldsymbol{G}_\ell$ 的非对角线的元素的含义与式(1-5)中定义的矩阵中的非对角线元素不同。事实上，$\boldsymbol{G}_\ell$ 的第$(i,\ j)$个元素 $g_{\ell,ij}$ 测量 z_{jt} 和 z_{it} 的滞后值 $z_{i,t-\ell}$的协方差。所
8 以，只要读者理解了交叉协方差矩阵的元素的含义，采用哪一个定义都是可以的。

对于式(1-1)中定义的平稳多元时间序列 $\boldsymbol{z}_t$，当 $\ell\geqslant 0$ 时，我们有：

$$\begin{aligned}\boldsymbol{\Gamma}_\ell &= E[(\boldsymbol{z}_t-\boldsymbol{\mu})(\boldsymbol{z}_{t-\ell}-\boldsymbol{\mu})'] \\ &= E[(\boldsymbol{a}_t+\boldsymbol{\psi}_1\boldsymbol{a}_{t-1}+\cdots)(\boldsymbol{a}_{t-\ell}+\boldsymbol{\psi}_1\boldsymbol{a}_{t-\ell-1}+\cdots)'] \\ &= E[(\boldsymbol{a}_t+\boldsymbol{\psi}_1\boldsymbol{a}_{t-1}+\cdots)(\boldsymbol{a}'_{t-\ell}+\boldsymbol{a}'_{t-\ell-1}\boldsymbol{\psi}'_1+\cdots)] \\ &= \sum_{i=\ell}^{\infty}\boldsymbol{\psi}_i\boldsymbol{\Sigma}_a\boldsymbol{\psi}'_{i-\ell} \end{aligned} \tag{1-6}$$

其中，由于 $\boldsymbol{a}_t$ 没有序列协方差，且 $\boldsymbol{\Psi}_0=\boldsymbol{I}_k$，所以最后一个等式成立。

对平稳多元时间序列 $\boldsymbol{z}_t$，滞后 ℓ 的交叉相关矩阵(Cross-Correlation Matrix，CCM)$\boldsymbol{\rho}_\ell$ 定义为，

$$\boldsymbol{\rho}_\ell = \boldsymbol{D}^{-1}\boldsymbol{\Gamma}_\ell\boldsymbol{D}^{-1} = [\rho_{\ell,ij}] \tag{1-7}$$

其中，$\boldsymbol{D}=\mathrm{diag}\{\sigma_1，\cdots，\sigma_k\}$ 为 $\boldsymbol{z}_t$ 分量的标准差的对角矩阵。特别地，$\sigma_i^2=\mathrm{Var}(z_{it})=\gamma_{0,ii}$，即 $\boldsymbol{\Gamma}_0$ 的第$(i，i)$个元素。显然，$\boldsymbol{\rho}_0$ 为对角元素为 1 的对称矩阵。$\boldsymbol{\rho}_0$ 的非对角元素为 $\boldsymbol{z}_t$ 的分量之间的即期相关系数。对于 $\ell>0$，$\boldsymbol{\rho}_\ell$ 一般不是对称的，因为 $\rho_{\ell,ij}$ 为 z_{it} 和 $z_{j,t-\ell}$ 的相关系数，而 $\rho_{\ell,ji}$ 为 z_{jt} 和 $z_{i,t-\ell}$ 的相关系数。应用 $\boldsymbol{\Gamma}_\ell$ 的性质，我们有 $\boldsymbol{\rho}_\ell=\boldsymbol{\rho}'_{-\ell}$。

为了研究 $\boldsymbol{z}_t$ 的分量之间的线性动态相依性，考虑 $\boldsymbol{\rho}_\ell$ 就足够了($\ell\geqslant 0$)，因为对于负的 ℓ，我们可以应用性质 $\boldsymbol{\rho}_\ell=\boldsymbol{\rho}'_{-\ell}$。对于 k 维序列 $\boldsymbol{z}_t$，每一个矩阵 $\boldsymbol{\rho}_\ell$ 都是 $k\times k$ 矩阵。当 k 很大时，对多个不同的 ℓ 值，很难同时解释 $\boldsymbol{\rho}_\ell$。为了汇总信息，可以画出 k^2 个 $\boldsymbol{\rho}_\ell$ 的元素($\ell=0，\cdots，m$，其中 m 为一个预先指定的正整数)。特别地，对每一个$(i，j)$位置，可以绘制 $\boldsymbol{\rho}_{\ell,ij}$ 与 ℓ 的图形。该图形将给出 z_{it} 关于 $z_{j,t-\ell}$ 的线性动态相依性($\ell=0，\cdots，m$)。我们把这 k^2 个图形作为 $\boldsymbol{z}_t$ 的交叉相关图。

1.4　样本 CCM

给定样本 $\{\boldsymbol{z}_t\}_{t=1}^T$，我们得到样本均值向量和协方差矩阵：

$$\hat{\boldsymbol{\mu}}_z=\frac{1}{T}\sum_{t=1}^T\boldsymbol{z}_t，\quad \hat{\boldsymbol{\Gamma}}_0=\frac{1}{T-1}\sum_{t=1}^T(\boldsymbol{z}_t-\hat{\boldsymbol{\mu}}_z)(\boldsymbol{z}_t-\hat{\boldsymbol{\mu}}_z)' \tag{1-8}$$ 9

这些样本量分别为 $\boldsymbol{\mu}$ 和 $\boldsymbol{\Gamma}_0$ 的估计值。滞后 ℓ 样本交叉协方差矩阵定义为：

$$\hat{\boldsymbol{\Gamma}}_\ell=\frac{1}{T-1}\sum_{t=\ell+1}^T(\boldsymbol{z}_t-\hat{\boldsymbol{\mu}}_z)(\boldsymbol{z}_{t-\ell}-\hat{\boldsymbol{\mu}}_z)'$$

滞后 ℓ 样本 CCM 为

$$\hat{\boldsymbol{\rho}}_\ell=\hat{\boldsymbol{D}}^{-1}\hat{\boldsymbol{\Gamma}}_\ell\hat{\boldsymbol{D}}^{-1}$$

其中，$\hat{\boldsymbol{D}}=\mathrm{diag}\{\hat{\gamma}_{0,11}^{1/2}，\cdots，\hat{\gamma}_{0,kk}^{1/2}\}$，$\hat{\gamma}_{0,ii}$ 是 $\hat{\boldsymbol{\Gamma}}_0$ 的第$(i，i)$个元素。如果 $\boldsymbol{z}_t$ 为平稳线性过程，$\boldsymbol{a}_t$ 服从多元正态分布，那么 $\hat{\boldsymbol{\rho}}_\ell$ 是 $\boldsymbol{\rho}_\ell$ 的一致性估计。正态性条件可以放宽为假设 $\boldsymbol{z}_t$ 存在有限的四阶矩。一般情况下，$\hat{\boldsymbol{\rho}}_\ell$ 的元素之间渐进协方差矩阵是复杂的。在文献中，给出了当 $\boldsymbol{z}_t$ 的四阶累积量为 0 时 $\hat{\boldsymbol{\rho}}_\ell$ 的一个估计公式(参见 Bartlett 1955，Box、Jenkins 和 Reinsel 1944 的第 11 章，以及 Reinsel 1993 的 4.1.2 节)。该公式在某些特殊情况下可以简化。例如，如果 $\boldsymbol{z}_t$ 是白噪声序列，具有正定协方差矩阵 $\boldsymbol{\Sigma}_z$，那么我们有：

$$\mathrm{Var}(\hat{\rho}_{\ell,ij}) \approx \frac{1}{T}, \quad \ell > 0$$

$$\mathrm{Var}(\hat{\rho}_{0,ij}) \approx \frac{(1-\rho_{0,ij}^2)^2}{T}, \quad i \neq j$$

$$\mathrm{Cov}(\hat{\rho}_{\ell,ij}, \hat{\rho}_{-\ell,ij}) \approx \frac{\rho_{0,ij}^2}{T}$$

$$\mathrm{Cov}(\hat{\rho}_{\ell,ij}, \hat{\rho}_{h,uv}) \approx 0, \quad \ell \neq h$$

另一个值得关注的特殊情况是 $\boldsymbol{z}_t$ 为第 3 章中讨论的向量移动平均(VMA)模型。例如，$\boldsymbol{z}_t$ 为 VMA(1)过程，那么

$$\mathrm{Var}(\hat{\rho}_{\ell,ii}) \approx \frac{1-3\rho_{1,ii}^2+4\rho_{1,ii}^4}{T}, \quad \mathrm{Var}(\hat{\rho}_{\ell,ij}) \approx \frac{1+2\rho_{1,ii}\rho_{1,jj}}{T}$$

其中，$\ell=\pm 2$，± 3，…。如果 $\boldsymbol{z}_t$ 为 VMA(q)过程($q>0$)，那么

$$\mathrm{Var}(\hat{\rho}_{\ell,ij}) \approx \frac{1}{T}\left(1+2\sum_{v=1}^{q}\rho_{v,ii}\rho_{v,jj}\right), \quad |\ell| > q \tag{1-9}$$

在数据分析中，我们经常要考察样本 CCM$\hat{\boldsymbol{\rho}}_\ell$ 以便研究数据中的线性动态相依性。前
10 面提到，当维数 k 很大时，很难同时理解 k^2 个交叉相关系数。为了帮助我们解释数据的相依性结构，我们采用 Tiao 和 Box(1981)的简化矩阵。对每一个样本 CCM$\hat{\boldsymbol{\rho}}_\ell$，我们定义一个简化矩阵 $\boldsymbol{s}_\ell=[s_{\ell,ij}]$：

$$\boldsymbol{s}_{\ell,ij} = \begin{cases} + & 当\ \hat{\boldsymbol{\rho}}_{\ell,ij} \geqslant 2/\sqrt{T} \\ - & 当\ \hat{\boldsymbol{\rho}}_{\ell,ij} \leqslant -2/\sqrt{T} \\ \cdot & 当\ |\hat{\boldsymbol{\rho}}_{\ell,ij}| < 2/\sqrt{T} \end{cases} \tag{1-10}$$

在白噪声的假设条件下，通过对$\boldsymbol{\rho}_\ell$ 的每个元素应用显著性水平为 5%的检验，该简化矩阵给出了样本 CCM $\hat{\boldsymbol{\rho}}_\ell$ 的一个汇总。

另一个考察 $\boldsymbol{z}_t$ 线性动态相依性的方法是，考虑相应的样本交叉相关系数的图形。对样本 CCM 的每一个(i，j)位置，绘制 $\hat{\boldsymbol{\rho}}_{\ell,ij}$ 与 ℓ($\ell=0$，1，…，m)的图形，其中 m 是一个正整数。这是对一元时间序列的样本自相关函数(ACF)的推广。对于一个 k 维时间序列 $\boldsymbol{z}_t$，有 k^2 个图形，为了进一步简化对 k^2 个图形的阅读，在图形上也提供了近似 95%的逐点置信区间。这里经常使用 $0\pm 2/\sqrt{T}$ 来计算 95%的置信区间。换句话说，用 $1/\sqrt{T}$ 作为样本交叉相关的标准误差。由于我们检查观测时间序列是否为白噪声，所以这种计算是合理的。如前所述，如果 $\boldsymbol{z}_t$ 是一个具有正定协方差矩阵的白噪声，那么$\boldsymbol{\rho}_\ell=0$ 且样本交叉相关 $\hat{\boldsymbol{\rho}}_{\ell,ij}$ 的渐进方差为 $1/T$($\ell>0$)。

为了说明问题，我们应用 R 添加包 `MTS` 的命令 `ccm` 来得到一个数据集的交叉相关系数矩阵，该数据集是由一个独立同分布(iid 的二维标准高斯分布中)随机抽取的 300 个点构成的。在这个特例中，我们有 $\boldsymbol{\Sigma}_z=\boldsymbol{I}_2$ 和 $\boldsymbol{\rho}_\ell=0$($\ell>0$)。因此，我们希望$\hat{\boldsymbol{\rho}}_\ell$($\ell>0$)较小，并且大多数的样本交叉相关系数在 95%的置信区间内。图 1-6 给出了样本交叉相关系数的图形。

如期望的那样，这些图形确认对于所有的正滞后值，z_t 的交叉相关系数为 0。

R 代码示例：输出经过了编辑。

```
> sig=diag(2) % create the 2-by-2 identity matrix
> x=rmvnorm(300,rep(0,2),sig) % generate random draws
> MTSplot(x) % Obtain time series plots (output not shown)
> ccm(x)
[1] "Covariance matrix:"
       [,1]   [,2]
[1,]  1.006 -0.101
[2,] -0.101  0.994
CCM at lag:  0
       [,1]   [,2]
[1,]  1.000 -0.101
[2,] -0.101  1.000
Simplified matrix:
CCM at lag:  1
. .
. .
CCM at lag:  2
. .
. .
CCM at lag:  3
. .
. .
```

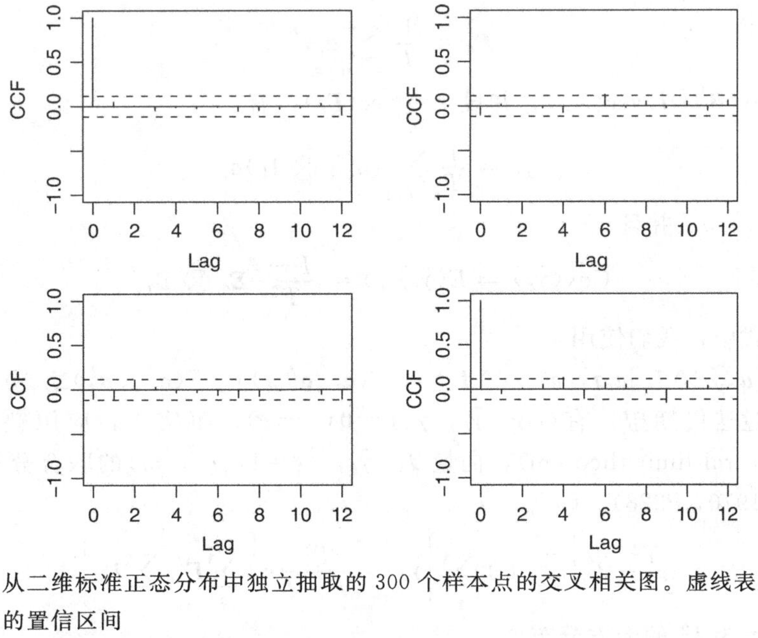

图 1-6　从二维标准正态分布中独立抽取的 300 个样本点的交叉相关图。虚线表示 95% 的置信区间

1.5　零交叉相关性的检验

多元时间序列分析中的一个基本检验是考察数据中线性动态相依性的存在性。这等价

11~12 于检验原假设 H_0：$\boldsymbol{\rho}_1=\cdots=\boldsymbol{\rho}_m=0$ 与备择假设 H_a：$\boldsymbol{\rho}_i\neq\mathbf{0}$，对某些满足 $1\leqslant i\leqslant m$ 的 i，其中 m 是正整数。一元时间序列中的混成检验（Portmanteau test）已经被多个学者推广到多元时间序列。例如，可以参考 Hosking(1980，1981)，Li 和 Mcleod(1981)以及 Li(2004)。特别地，多元 Ljung-Box 检验统计量的定义为：

$$Q_k(m)=T^2\sum_{\ell=1}^{m}\frac{1}{T-\ell}tr(\hat{\boldsymbol{\Gamma}}'_\ell\hat{\boldsymbol{\Gamma}}_0^{-1}\hat{\boldsymbol{\Gamma}}_\ell\hat{\boldsymbol{\Gamma}}_0^{-1}) \tag{1-11}$$

其中，tr$\boldsymbol{A}$ 为矩阵 $\boldsymbol{A}$ 的迹，T 为样本大小。这个检验称为多元混成检验（multivariate Portmanteau test）。它也可以重新表示为：

$$Q_k(m)=T^2\sum_{\ell=1}^{m}\frac{1}{T-\ell}\hat{\boldsymbol{b}}'_\ell(\hat{\boldsymbol{\rho}}_0^{-1}\otimes\hat{\boldsymbol{\rho}}_0^{-1})\hat{\boldsymbol{b}}_\ell$$

其中，$\hat{\boldsymbol{b}}_\ell=\text{vec}(\hat{\boldsymbol{\rho}}'_\ell)$，$\otimes$表示两个矩阵的 Kronecker 乘积。这里，vec($\boldsymbol{A}$)表示矩阵 $\boldsymbol{A}$ 的所有列依次连接在一起形成的向量。关于向量和两个矩阵的 Kronecker 乘积，读者可以参考附录 A。

在原假设成立的条件下，即对 $\ell>0$，$\boldsymbol{\Gamma}_\ell=0$ 且 $\boldsymbol{z}_t$ 为正态分布，$Q_k(m)$渐进的服从 $\chi^2_{mk^2}$ 分布(即自由度为 mk^2 的卡方分布)。不严格地说，因为协方差矩阵不依赖于均值向量，所以假设 $E(\boldsymbol{z}_t)=0$。在 $\ell>0$，$\boldsymbol{\Gamma}_\ell=0$ 的假设条件下，有 $\boldsymbol{z}_t=\boldsymbol{a}_t$，即白噪声序列。那么$\boldsymbol{a}_t$ 的滞后 ℓ 样本自协方差矩阵为：

$$\hat{\boldsymbol{\Gamma}}_\ell=\frac{1}{T}\sum_{t=\ell+1}^{T}\boldsymbol{a}_t\boldsymbol{a}'_{t-\ell}$$

应用 vec($\boldsymbol{AB}$)=($\boldsymbol{B}'\otimes\boldsymbol{I}$)vec($\boldsymbol{A}$))，并设 $\hat{\gamma}_\ell=\text{vec}(\hat{\boldsymbol{\Gamma}}_\ell)$，有

$$\hat{\gamma}_\ell=\frac{1}{T}\sum_{t=\ell+1}^{T}(\boldsymbol{a}_{t-\ell}\otimes\boldsymbol{I}_k)\boldsymbol{a}_t$$

因此，有 $E(\hat{\gamma}_\ell)=0$，并且

$$\text{Cov}(\hat{\gamma}_\ell)=E(\hat{\gamma}_\ell\hat{\gamma}'_\ell)=\frac{T-\ell}{T^2}\boldsymbol{\Sigma}_a\otimes\boldsymbol{\Sigma}_a$$

在上述公式中，我们使用

$$E[\boldsymbol{a}_{t-\ell}\otimes\boldsymbol{I}_k]\boldsymbol{a}_t\boldsymbol{a}'_t(\boldsymbol{a}'_{t-\ell}\otimes\boldsymbol{I}_k)=E(\boldsymbol{a}_{t-\ell}\boldsymbol{a}'_{t-\ell})\otimes E(\boldsymbol{a}_t\times\boldsymbol{a}'_t)\boldsymbol{\Sigma}_a\otimes\boldsymbol{\Sigma}_a$$

而且，通过迭代期望，有(cov($\hat{\gamma}_\ell$，$\hat{\gamma}_v$)=$\mathbf{0}$($\ell\neq v$)。事实上，应用鞅中心极限定理(martingale central limit theorem)，向量 $\boldsymbol{T}^{1/2}\hat{\gamma}_\ell$，($\ell=1$，…，$m$)的联合分布为渐进正态；

13 参见 Hannan(1970，P228)。因此，

$$\frac{T^2}{T-\ell}\hat{\gamma}'_\ell\left[\boldsymbol{\Sigma}_a^{-1}\otimes\boldsymbol{\Sigma}_a^{-1}\right]\hat{\gamma}_\ell=\frac{T^2}{T-\ell}tr\left(\boldsymbol{\Sigma}_a^{-1}\hat{\boldsymbol{\Gamma}}'_\ell\boldsymbol{\Sigma}_a^{-1}\hat{\boldsymbol{\Gamma}}_\ell\right) \tag{1-12}$$

渐进服从自由度为 k^2 的卡方分布。

注记：严格地说，Li 和 McLeod (1981) 的检验统计量为：

$$Q_k^*(m)=T\sum_{\ell=1}^{m}\hat{\boldsymbol{b}}'_\ell(\hat{\boldsymbol{\rho}}_0^{-1}\otimes\hat{\boldsymbol{\rho}}_0^{-1})\hat{\boldsymbol{b}}_\ell+\frac{k^2m(m+1)}{2T}$$

它渐进等价于 $Q_k(m)$。 □

为了说明统计量 $Q_k(m)$，考虑图 1-2 中的二元时间序列 $\boldsymbol{z}_t=(z_{1t}, z_{2t})'$，其中 z_{1t} 为美国真实季度 GDP 的增长率，z_{2t} 为美国季度失业率的变化量。很显然，数据中存在某种线性动态相依性，因此我们期望检验统计量拒绝没有交叉相关的原假设。事实上也是这样。对 $m>0$，$Q_k(m)$的值接近 0。参见后面给出的 R 代码示例，我们应用 MTS 添加包的命令 mq 来完成检验。我们也对一个来自三维标准正态分布的容量为 200 的样本计算 $Q_k(m)$统计量。对于该案例，统计量没有拒绝交叉相关为 0 的原假设。图 1-7 给出了这个模拟的三维白噪声序列的 $Q_k(m)$统计量的 p 值的时序图。时序图是命令 mq 输出的一部分。图中的虚线表示第 I 类错误为 5%。对于这个特定的模拟，如期望的那样，所有 p 值都大于 0.05，确认该序列没有为 0 的 CCM。

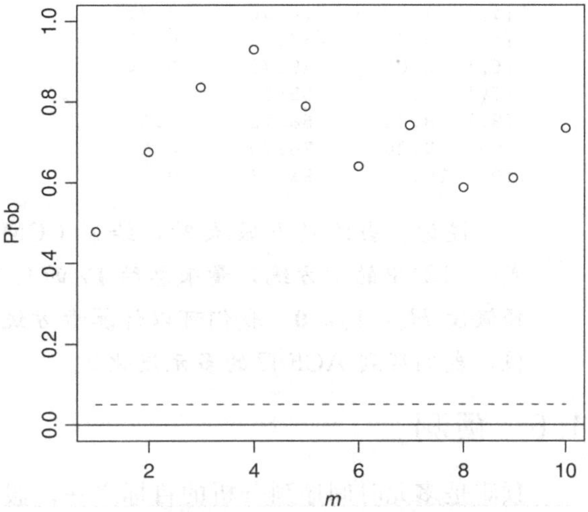

图 1-7　模拟数据的 $Q_k(m)$统计量的 p 值的点图。模拟数据由三维标准正态分布的 200 次随机抽样的结果构成

R 代码示例：

```
> da=read.table("q-gdpunemp.txt",header=T) % Load the data
> head(da)
  year mon      gdp     rate
1 1948   1 1821.809 3.733333
 ....
6 1949   4 1835.512 5.866667
> x=cbind(diff(da$gdp),diff(da$rate)) % compute differenced
                                      % series
> mq(x,lag=10)  % Compute Q(m) statistics
Ljung-Box Statistics:
        m      Q(m)   p-value
 [1,]     1     140        0
 [2,]     2     196        0
 [3,]     3     213        0
 [4,]     4     232        0
 [5,]     5     241        0
 [6,]     6     246        0
 [7,]     7     250        0
 [8,]     8     261        0
 [9,]     9     281        0
[10,]    10     290        0
>
> sig=diag(3)  %% Simulation study
> z=rmvnorm(200,rep(0,3),sig)
> mq(z,10)
Ljung-Box Statistics:
```

```
         m     Q(m)  p-value
 [1,]  1.00    8.56     0.48
 [2,]  2.00   14.80     0.68
 [3,]  3.00   19.86     0.84
 [4,]  4.00   24.36     0.93
 [5,]  5.00   37.22     0.79
 [6,]  6.00   49.73     0.64
 [7,]  7.00   55.39     0.74
 [8,]  8.00   68.72     0.59
 [9,]  9.00   76.79     0.61
[10,] 10.00   81.23     0.73
```

14~15 **注记**：当维数 k 较大时，绘制 CCM 变得困难。一种可能的解决方案是用式(1-12)中的卡方统计量来总结 $\hat{\boldsymbol{\Gamma}}_\ell$ 的信息。特别地，为了检验 H_0：$\boldsymbol{\Gamma}_\ell=0$ 与备择假设 H_a：$\boldsymbol{\Gamma}_\ell\neq\mathbf{0}$，我们可以计算卡方统计量的 p 值。通过绘制相对于滞后的 p 值，我们得到 ACF 图的多元泛化。

1.6　预测

预测是多元时间序列分析的目标之一。假设我们有兴趣从时间 $t=h$ 的可用信息来预测 $\boldsymbol{z}_{h+\ell}$。这种预测称为在时间点 h 的序列的 ℓ 步超前预测。这里，h 称为预测原点，ℓ 称为预测步长。用 F_t 表示在时刻 t 的可用信息，通常情况下，它由观测值 $\boldsymbol{z}_1$，…，$\boldsymbol{z}_t$ 构成。在时间序列分析中，由于数据的生成过程是未知的，所以必须应用 F_h 中的信息建立统计模型来进行预测。因此，模型本身是不确定的。在进行预测时，一个谨慎的预测者必须考虑这种不确定性。在实际中，很难处理模型的不确定性，我们简单地假定预测中应用的模型就是真实的数据生成过程。因此，需要牢记，应用任何方法产生的预测(该方法假设所拟合的模型是真实模型)，其预测值可能会低估时间序列的真实变异性。在第 2 章中，我们将学习参数估计对 VAR 模型的均方预测误差的影响。

计量经济学模型产生的预测也依赖于所使用的损失函数。在本书中，我们遵循应用最小均方误差(MSE)预测值的惯例。设 $\boldsymbol{x}_h$ 为 $\boldsymbol{z}_{h+\ell}$ 在预测原点 h 的一个任意预测值。预测误差为 $\boldsymbol{z}_{h+\ell}-\boldsymbol{x}_h$，均方预测误差为

$$\mathrm{MSE}(\boldsymbol{x}_h)=E[(\boldsymbol{z}_{h+\ell}-\boldsymbol{x}_h)(\boldsymbol{z}_{h+\ell}-\boldsymbol{x}_h)']$$

给定模型和信息 F_h，设 $\boldsymbol{z}_h(\ell)=E(\boldsymbol{z}_{h+\ell}\mid F_h)$ 为 $\boldsymbol{z}_{h+\ell}$ 的条件期望。那么，可以重写 $\boldsymbol{x}_h$ 的 MSE 如下：

$$\begin{aligned}\mathrm{MSE}(\boldsymbol{x}_h)&=E[\{\boldsymbol{z}_{h+\ell}-\boldsymbol{z}_h(\ell)+\boldsymbol{z}_h(\ell)-\boldsymbol{x}_h\}\{\boldsymbol{z}_{h+\ell}-\boldsymbol{z}_h(\ell)+\boldsymbol{z}_h(\ell)-\boldsymbol{x}_h\}']\\&=E[\{\boldsymbol{z}_{h+\ell}-\boldsymbol{z}_h(\ell)\}\{\boldsymbol{z}_{h+\ell}-\boldsymbol{z}_h(\ell)\}']+E[\{\boldsymbol{z}_h(\ell)-\boldsymbol{x}_h\}\{\boldsymbol{z}_h(\ell)-\boldsymbol{x}_h\}']\\&=\mathrm{MSE}[\boldsymbol{z}_h(\ell)]+E[\{\boldsymbol{z}_h(\ell)-\boldsymbol{x}_h\}\{\boldsymbol{z}_h(\ell)-\boldsymbol{x}_h\}']\end{aligned}\tag{1-13}$$

这里，使用了性质

$$E[\{\boldsymbol{z}_{h+\ell}-\boldsymbol{z}_h(\ell)\}\{\boldsymbol{z}_h(\ell)-\boldsymbol{x}_h\}']=\mathbf{0}$$

因为上述 $\boldsymbol{z}_h(\ell)-\boldsymbol{x}_h$ 是 F_h 的函数的一个向量，所以该式成立，但是 $\boldsymbol{z}_{h+\ell}-\boldsymbol{z}_h(\ell)$ 是新息 $\{\boldsymbol{a}_{h+\ell}$，…，$\boldsymbol{a}_{h+1}\}$ 的函数的一个向量。所以，应用迭代期望和 $E(\boldsymbol{a}_{t+i})=\mathbf{0}$，式(1-13)成立。

考虑式(1-13)。由于 $E[\{\boldsymbol{z}_h(\ell)-\boldsymbol{x}_h\}\{z_h(\ell)-\boldsymbol{x}_h\}']$为非负定矩阵，所以得到； 16

$$\mathrm{MSE}(\boldsymbol{x}_h) \geqslant \mathrm{MSE}[\boldsymbol{z}_h(\ell)]$$

上式中等号成立当且仅当 $\boldsymbol{x}_h=\boldsymbol{z}_h(\ell)$。所以，在预测原点 $t=h$，$\boldsymbol{z}_{h+\ell}$的最小 MSE 预测就是给定 F_h 时 $\boldsymbol{z}_{h+\ell}$的条件期望。对于式(1-1)中的线性模型，有

$$\boldsymbol{z}_h(\ell) = \boldsymbol{\mu} + \boldsymbol{\psi}_\ell \boldsymbol{a}_h + \boldsymbol{\psi}_{\ell+1}\boldsymbol{a}_{h-1} + \cdots$$

设 $\boldsymbol{e}_h(\ell)=\boldsymbol{z}_{h+\ell}-\boldsymbol{z}_h(\ell)$为 ℓ 步超前的预测误差。那么，有

$$\boldsymbol{e}_h(\ell) = \boldsymbol{a}_{h+\ell} + \boldsymbol{\psi}_1\boldsymbol{a}_{h+\ell-1} + \cdots + \boldsymbol{\psi}_{\ell-1}\boldsymbol{a}_{h+1} \tag{1-14}$$

预测误差的协方差矩阵为

$$\mathrm{Cov}[\boldsymbol{e}_h(\ell)] = \boldsymbol{\Sigma}_a + \sum_{i=1}^{\ell-1}\boldsymbol{\psi}_i\boldsymbol{\Sigma}_a\boldsymbol{\psi}'_i = [\sigma_{e,ij}] \tag{1-15}$$

如果进一步假设 $\boldsymbol{a}_t$ 为多元正态分布，那么可以得到 $\boldsymbol{z}_{h+\ell}$的区间预测。例如，分量 $z_{i,h+\ell}$的 95%的区间预测为：

$$z_{ih}(\ell) \pm 1.96\sqrt{\sigma_{e,ii}}$$

其中 $z_{ih}(\ell)$是 $\boldsymbol{z}_h(\ell)$的第 i 个分量，$\sigma_{e,ii}$是式(1-15)中定义的 $\mathrm{Cov}[\boldsymbol{e}_h(\ell)]$的第($i$，$i$)对角元素。也可以应用在多元统计分析中学习的方法，构建置信区域和联合置信区间。例如，参考 Johnson 和 Wichern(2007，5.4 节)。$\boldsymbol{z}_{h+\ell}$的 $100(1-\alpha)\%$置信区域大致为一个由下式确定的椭圆：

$$(\boldsymbol{z}_h(\ell) - \boldsymbol{z}_{h+\ell})'\mathrm{Cov}[\boldsymbol{e}_h(\ell)]^{-1}(\boldsymbol{z}_h(\ell) - \boldsymbol{z}_{h+\ell}) \leqslant \chi^2_{k,1-\alpha}$$

其中 $\chi^2_{k,1-\alpha}$表示自由度为 k 的卡方分布的第 $100(1-\alpha)$分位数，其中 $0<\alpha<1$。$\boldsymbol{z}_t$的所有分量的 $100(1-\alpha)\%$联合置信区间为：

$$z_{ih}(\ell) \pm \sqrt{\chi^2_{k,1-\alpha}\times\sigma_{e,ii}},\quad i=1,\cdots,k$$

另一种构造 k 个分量的联合置信区间的方法是应用 Bonferroni 不等式。考虑概率空间和事件 E_1，…，E_k，该不等式为： 17

$$Pr(\cup_{i=1}^k E_i) \leqslant \sum_{i=1}^k Pr(E_i)$$

所以，

$$Pr(\cap_{i=1}^k E_i) \geqslant 1 - \sum_{i=1}^k Pr(E_i^c)$$

每一个 E_i^c 表示事件 E_i 的分量。通过选择每一个分量 z_{it} 的 $100(1-(\alpha/k))\%$预测区间，应用该不等式确保下面的预测区间成立的概率至少为 $100(1-\alpha)$。

$$z_{ih}(\ell) \pm Z_{1-(\alpha/k)}\sqrt{\sigma_{e,ii}}$$

其中，Z_{1-v}是标准正态分布的 $100(1-v)$分位数。

根据式(1-14)，得到 1 步超前预测误差为

$$\boldsymbol{e}_h(1) = \boldsymbol{\alpha}_{h+1}$$

这表明 $\boldsymbol{a}_{h+1}$为 $\boldsymbol{z}_{h+1}$在时间 h 时的未知量。因此，$\boldsymbol{a}_{h+1}$称为在时间 $h+1$ 的时间序列的

新息(innovation)。这样就保证了在 1.2 节中应用该术语变得合理。

1.7　模型表示

式(1-1)中的线性模型通常称为多元时间序列的移动平均(MA)表达式。这种表示在预测中是有用的，如计算式(1-15)中的预测误差的协方差。它也应用在脉冲响应函数的研究中。具体细节在本书后面的章节中给出。对于可逆的序列，式(1-4)中的模型称为模型的自回归(AR)表达式。该模型在理解 $\boldsymbol{z}_t$ 如何依赖于它的滞后值 $\boldsymbol{z}_{t-i}(i>0)$ 上是很有用的。

如果时间序列同时为平稳的和可逆的，则这两种模型表示是等价的，可以从一种表示得到另一种表示。为了说明这一点，我们首先考虑 $\boldsymbol{z}_t$ 的均值。在式(1-4)的两端同时取期望，有

18

$$\boldsymbol{\mu}=c+\sum_{i=1}^{\infty}\boldsymbol{\pi}_i\boldsymbol{\mu}$$

设 $\boldsymbol{\pi}_0=\boldsymbol{I}_k$，根据上式，可以得到

$$\left(\boldsymbol{\pi}_0-\sum_{i=0}^{\infty}\boldsymbol{\pi}_i\right)\boldsymbol{\mu}=\boldsymbol{c}$$

代入 $\boldsymbol{c}$ 的表达式，可以如下重写式(1-4)，

$$\tilde{\boldsymbol{z}}_t=\sum_{i=1}^{\infty}\boldsymbol{\pi}_i\tilde{\boldsymbol{z}}_{t-i}+\boldsymbol{a}_t \tag{1-16}$$

如前所述，这里，$\tilde{\boldsymbol{z}}_t=\boldsymbol{z}_t-\boldsymbol{\mu}$ 是均值调整的时间序列。

下面我们应用均值调整的序列 $\tilde{\boldsymbol{z}}_t$ 来研究系数矩阵 $\boldsymbol{\Psi}_i$ 和 $\boldsymbol{\pi}_j$ 的关系。MA 表示为

$$\tilde{\boldsymbol{z}}_t=\sum_{i=1}^{\infty}\boldsymbol{\psi}_i\boldsymbol{a}_{t-i}$$

对任意时间序列 $\boldsymbol{x}_t$，设 B 为由 $B\boldsymbol{x}_t=\boldsymbol{x}_{t-1}$ 定义的后移算子。在计量经济学文献中，后移算子称为滞后算子，经常用符号 L 表示。应用后移算子，$\tilde{\boldsymbol{z}}_t$ 的 MA 表示变为

$$\tilde{\boldsymbol{z}}_t=\sum_{i=1}^{\infty}\boldsymbol{\psi}_i\boldsymbol{a}_{t-i}=\sum_{i=0}^{\infty}\boldsymbol{\psi}_iB^i\boldsymbol{a}_t=\boldsymbol{\psi}(B)\boldsymbol{a}_t \tag{1-17}$$

其中，$\psi(B)=\boldsymbol{I}_k+\psi_1B+\psi_2B^2+\cdots$。另一方面，也可以用后移算子重写式(1-16)中的 AR 表达式：

$$\tilde{\boldsymbol{z}}_t-\sum_{i=1}^{\infty}\boldsymbol{\pi}_i\tilde{\boldsymbol{z}}_{t-i}=\boldsymbol{a}_t\quad\text{or}\quad\boldsymbol{\pi}(B)\tilde{\boldsymbol{z}}_t=\boldsymbol{a}_t \tag{1-18}$$

其中，$\boldsymbol{\pi}(B)=\boldsymbol{I}_i-\boldsymbol{\pi}_1B-\boldsymbol{\pi}_2B^2-\cdots$。把式(1-17)代入式(1-18)，得到

$$\boldsymbol{\pi}(B)\boldsymbol{\psi}(B)\boldsymbol{a}_t=\boldsymbol{a}_t$$

所以，有 $\boldsymbol{\pi}(B)\boldsymbol{\psi}(B)=\boldsymbol{I}_k$。即

$$(\boldsymbol{I}_k-\boldsymbol{\pi}_1B-\boldsymbol{\pi}_2B^2-\boldsymbol{\pi}_3B^3-\cdots)(\boldsymbol{I}_i+\boldsymbol{\psi}_1B+\boldsymbol{\psi}_2B^2+\cdots)=\boldsymbol{I}_k$$

该式表明左边 $B^i(i>0)$ 的所有系数矩阵必须为 0。所以，有 19

$$\boldsymbol{\psi}_1-\boldsymbol{\pi}_1=\mathbf{0},\quad (B^1\text{ 的系数矩阵})$$
$$\boldsymbol{\psi}_2-\boldsymbol{\pi}_1\boldsymbol{\psi}_1-\boldsymbol{\pi}_2=\mathbf{0},\quad (B^2\text{ 的系数矩阵})$$
$$\boldsymbol{\psi}_3-\boldsymbol{\pi}_1\boldsymbol{\psi}_2-\boldsymbol{\pi}_2\boldsymbol{\psi}_1-\boldsymbol{\pi}_3=\mathbf{0},\quad (B^3\text{ 的系数矩阵})$$
$$\vdots=\vdots$$

通常，通过下式，从 $\{\boldsymbol{\pi}_i\mid i=1,2,\cdots\}$ 可以递归地得到 $\boldsymbol{\psi}_\ell$：

$$\boldsymbol{\psi}_\ell=\sum_{i=0}^{\ell-1}\boldsymbol{\pi}_{\ell-i}\boldsymbol{\psi}_i,\quad \ell\geqslant 1 \tag{1-19}$$

其中，$\boldsymbol{\psi}_0=\boldsymbol{\pi}_0=\boldsymbol{I}_k$。类似地，通过下式，可以由 $\{\boldsymbol{\psi}_i\mid i=1,2,\cdots\}$ 递归地得到 $\boldsymbol{\pi}_\ell$。

$$\boldsymbol{\pi}_1=\boldsymbol{\psi}_1,\boldsymbol{\pi}_\ell=\boldsymbol{\psi}_\ell-\sum_{i=1}^{\ell-1}\boldsymbol{\pi}_i\boldsymbol{\psi}_{\ell-i},\quad \ell>1 \tag{1-20}$$

最后，不管是式(1-4)中的 AR 表达式还是式(1-1)中的 MA 表达式，当有很多系数矩阵时，二者都不是特别有用。为了方便模型估计和获取对所应用模型的深入理解，我们假定系数矩阵 $\boldsymbol{\pi}_i$ 和 $\boldsymbol{\psi}_j$ 仅依赖于有限个参数。这种设定就导致了向量自回归移动平均(VARMA)模型的应用，它也称为多元自回归移动平均(MARMA)模型。

一般 VARMA(p，q)模型可以表示为：

$$\boldsymbol{z}_t=\boldsymbol{\phi}_0+\sum_{i=1}^{p}\boldsymbol{\phi}_i\boldsymbol{z}_{t-l}+\boldsymbol{a}_t-\sum_{i=1}^{q}\boldsymbol{\theta}_i\boldsymbol{a}_{t-i} \tag{1-21}$$

其中 p 和 q 是非负整数，$\boldsymbol{\varphi}_0$ 是 k 维常数向量，$\boldsymbol{\varphi}_i$ 和 $\boldsymbol{\theta}_j$ 为 $k\times k$ 常数矩阵，$\{\boldsymbol{a}_t\}$ 是独立同分布的随机向量序列，其均值为 0，协方差矩阵 $\boldsymbol{\Sigma}_a$ 为正定的。应用后移算子 B，可以用紧凑形式来表示 VARMA 模型：

$$\boldsymbol{\phi}(B)\boldsymbol{z}_t=\boldsymbol{\phi}_0+\boldsymbol{\theta}(B)\boldsymbol{a}_t \tag{1-22}$$

其中 $\boldsymbol{\phi}(B)=\boldsymbol{I}_k-\boldsymbol{\phi}_1\boldsymbol{B}-\cdots\boldsymbol{\phi}_pB^p$ 和 $\boldsymbol{\theta}(B)=\boldsymbol{I}_k-\boldsymbol{\theta}_1B-\cdots-\boldsymbol{\theta}_qB^q$ 是 B 的矩阵多项式。为了使 VARMA 模型平稳、可逆和可识别，VARMA 模型需要满足某些条件。在本书后面的章节中会详细讨论这些条件。 20

对一个平稳时间序列 $\boldsymbol{z}_t$，在式(1-21)的两边取期望，有

$$\boldsymbol{\mu}=\boldsymbol{\phi}_0+\sum_{i=1}^{p}\boldsymbol{\phi}_i\boldsymbol{\mu}$$

其中 $\boldsymbol{\mu}=E(\boldsymbol{z}_t)$。所以，有

$$(\boldsymbol{I}_k-\sum_{i=1}^{p}\boldsymbol{\phi}_i)\mu=\phi_0 \tag{1-23}$$

该公式可以方便地写为 $\boldsymbol{\phi}(1)\boldsymbol{\mu}=\boldsymbol{\phi}_0$。把式(1-23)代入式(1-22)的 VARMA 模型中，得到均值调整的 VARMA(p，q)模型：

$$\boldsymbol{\phi}(B)\tilde{\boldsymbol{z}}_t=\boldsymbol{\theta}(B)\boldsymbol{a}_t \tag{1-24}$$

这里，和前面一样，$\tilde{\boldsymbol{z}}_t=\boldsymbol{z}_t-\boldsymbol{\mu}$。

$\boldsymbol{z}_t$ 的 AR 和 MA 表达式可以通过矩阵乘法从 VARMA 模型得到。为了简单，假设用到的矩阵的逆矩阵存在，可以重新把式(1-24)表示为：

$$\tilde{\boldsymbol{z}}_t = [\boldsymbol{\phi}(B)]^{-1}\boldsymbol{\theta}(B)\boldsymbol{a}_t$$

所以，与式(1-17)中的 MA 表达式比较，有 $\boldsymbol{\phi}(B)=[\boldsymbol{\phi}(B)]^{-1}\boldsymbol{\theta}(B)$，或者等价地，

$$\boldsymbol{\phi}(B)\boldsymbol{\psi}(B) = \boldsymbol{\theta}(B)$$

令上式两边 B^i 的系数矩阵相等，设 $\boldsymbol{\psi}_0=\boldsymbol{I}_k$，我们可以递归地从 $\boldsymbol{\phi}_j$ 和 $\boldsymbol{\theta}_v$ 得到 $\boldsymbol{\psi}_i$。

如果将式(1-24)中的 VARMA 模型重写为$[\boldsymbol{\theta}(B)]^{-1}\boldsymbol{\varphi}(B)\tilde{\boldsymbol{z}}_t=\boldsymbol{a}_t$，并把它与式(1-18)中的 AR 表达式比较，可以看到$[\boldsymbol{\theta}(B)]^{-1}\boldsymbol{\phi}(B)=\boldsymbol{\pi}(B)$。因此，

$$\boldsymbol{\psi}(B) = \boldsymbol{\theta}(B)\pi(B)$$

而且，令上式两边 B^i 的系数矩阵相等，可以递归地从 $\boldsymbol{\phi}_j$ 和 $\boldsymbol{\theta}_v$ 得到系数矩阵 $\boldsymbol{\pi}_i$。

式(1-21)的两个矩阵多项式 $\boldsymbol{\phi}(B)$ 和 $\boldsymbol{\theta}(B)$ 从 $k\times k$ 单位矩阵开始的要求是可行的，因为协方差矩阵是一个通常的正定多项式。与式(1-2)类似，VARMA(p，q)模型可以有不同
21 的参数。特别地，考虑 Cholesky 分解 $\boldsymbol{\Sigma}_a=\boldsymbol{L\Omega L}'$。设 $\boldsymbol{b}_t=\boldsymbol{L}^{-1}\boldsymbol{a}_t$，我们有 $\mathrm{Cov}(\boldsymbol{b}_t)=\boldsymbol{\Omega}$，这是一个对角矩阵，且 $\boldsymbol{a}_t=\boldsymbol{Lb}_t$。应用与式(1-2)中一样的方法，可以重写式(1-21)中的 VARMA 模型

$$\boldsymbol{z}_t = \boldsymbol{\phi}_0 + \sum_{i=1}^{p}\boldsymbol{\phi}_i\boldsymbol{z}_{t-i} + \boldsymbol{Lb}_t - \sum_{j=1}^{q}\boldsymbol{\theta}_j^*\boldsymbol{b}_{t-j}$$

其中 $\boldsymbol{\theta}_j^*=\boldsymbol{\theta}_j\boldsymbol{L}$。在这个特定的公式中，有 $\theta^*(B)=\boldsymbol{L}-\sum_{j=1}^{q}\boldsymbol{\theta}_j^*B^j$。因为 $\boldsymbol{L}$ 是对角元素为 1 的下三角形矩阵，所以 $\boldsymbol{L}^{-1}$ 也是对角元素为 1 的下三角形矩阵。式(1-21)左乘矩阵 $\boldsymbol{L}^{-1}$，并令 $\boldsymbol{\phi}_0^*=\boldsymbol{L}^{-1}\boldsymbol{\phi}_0$，我们有：

$$\boldsymbol{L}^{-1}\boldsymbol{z}_t = \boldsymbol{\phi}_0^* + \sum_{i=1}^{p}\boldsymbol{L}^{-1}\boldsymbol{\phi}_i\boldsymbol{z}_{t-i} + \boldsymbol{b}_t - \sum_{j=1}^{q}\boldsymbol{L}^{-1}\boldsymbol{\theta}_j\boldsymbol{\alpha}_{t-j}$$

在 $\boldsymbol{a}_{t-j}$ 的前面插入 $\boldsymbol{LL}^{-1}$ 项，可以把上式重写为

$$\boldsymbol{L}^{-1}\boldsymbol{z}_t = \boldsymbol{\phi}_0^* + \sum_{i=1}^{p}\boldsymbol{\phi}_i^*\boldsymbol{z}_{t-i} + \boldsymbol{b}_t - \sum_{j=1}^{q}\tilde{\boldsymbol{\theta}}_j\boldsymbol{b}_{t-j}$$

其中，$\boldsymbol{\phi}_i^*=\boldsymbol{L}^{-1}\boldsymbol{\phi}_i$，$\boldsymbol{\theta}_i^*=\boldsymbol{L}^{-1}\boldsymbol{\theta}_j\boldsymbol{L}$。在这个特定的公式中，有 $\boldsymbol{\phi}^*(B)=\boldsymbol{L}^{-1}-\sum_{i=1}^{p}\boldsymbol{\phi}_i^*B^i$。从上面的讨论中，我们看到 VARMA($p$，$q$)模型有多种等价的表示方式。学习 VARMA 模型的重点不是如何写一个 VARMA 模型，而是在一个给定模型中所包含的动态结构是什么。

1.8 本书的结构

本书共有 7 章。第 2 章讨论 VAR 模型。从阶数为 1 和 2 的简单模型入手，讨论 VAR 模型的性质。然后，介绍模型估计和模型构建。讨论最小二乘法和贝叶斯估计方法；带有线性参数约束的估计；预测和预测误差协方差的分解，同时，还对脉冲响应函数的概念和

计算进行了详细讨论。第 3 章学习平稳的和可逆的 VARMA 模型。从简单的 MA 模型的性质入手，讨论条件和准确似然估计方法；讨论 VARMA 模型的识别和实现。这一章还介绍了用扩展的 CCM 方法来构建模型。

第 4 章讨论 VARMA 模型的结构规范。给出两种方法来设定一向量 VARMA 时间序列的简单结构(框架)，因此克服了识别性的困难。第 5 章主要讨论单位根非平稳序列。讨论了单位根过程的渐进性质，然后讨论了 VARMA 模型的伪回归、协整和误差校正方式。最后，介绍了协整检验和误差修正模型，并简要讨论了协整在金融中的应用。第 6 章讨论了因子模型和一些向量时间序列的特定主题。本章包含并讨论了文献中提到的大多数因子模型，并讨论了正交因子模型和渐进因子模型。对于特定的主题，本章包括了季节向量时间序列、主成分分析、缺失值、具有向量时间序列误差的回归模型以及基于模型的聚类。最后，第 7 章研究多元波动率模型。讨论了多种相对易于估计且产生正定波动率矩阵的多元波动率模型。 22

1.9 软件

全书应用实际例子来说明向量时间序列的概念和分析。这些实证例子通过本书作者开发的 MTS 添加包来进行分析。由于不是训练有素的程序员，所以我确信该添加包中的大部分程序不具有它们应该具有的效率。这些程序可能具有瑕疵。我准备这个添加包的目的是保证读者能够重新产生书中的结果并获得分析实际世界中向量时间序列的经验。有兴趣的读者和有经验的研究者肯定可以改进这个添加包。我衷心地欢迎有关该添加包改进和错误修正的建议。

练习

1.1 模拟在学习向量时间序列中是有益的。定义矩阵

$$\boldsymbol{C}=\begin{bmatrix}0.8 & 0.4\\ -0.3 & 0.6\end{bmatrix},\quad \boldsymbol{S}=\begin{bmatrix}2.0 & 0.5\\ 0.5 & 1.0\end{bmatrix}$$

应用命令

```
m1=VARMAsim(300,arlags=c(1),phi=C,sigma=S);zt=m1$series
```

从下列 VAR(1)模型中生成 300 个观测值

$$\boldsymbol{z}_t=\boldsymbol{C}\boldsymbol{z}_{t-1}+\boldsymbol{a}_t$$

其中 $\boldsymbol{a}_t$ 是均值为 0 和 $\mathrm{Cov}(\boldsymbol{a}_t)=\boldsymbol{S}$ 的独立同分布的二元正态随机变量。

- 绘制时间序列 $\boldsymbol{z}_t$ 的时序图。
- 给出 $\boldsymbol{z}_t$ 的前 5 个滞后样本 CCM。 23
- 检验 $H_0: \boldsymbol{\rho}_1=\cdots=\boldsymbol{\rho}_{10}=\boldsymbol{0}$ 与备择假设 $H_a: \boldsymbol{\rho}_i\neq\boldsymbol{0}$ 对某些 i，其中 $i\in\{1, \cdots, 10\}$。应用 5%显著性水平给出结论。

1.2 应用练习 1.1 中的矩阵和下面的命令

```
m2=VARMAsim(200,malags=c(1),theta=C,sigma=S);zt=m2$series
```

从模型 VMA(1)中生成 200 个观测值，$\boldsymbol{z}_t=\boldsymbol{a}_t-\boldsymbol{C}\boldsymbol{a}_{t-1}$，其中 $\boldsymbol{a}_t$ 为独立同分布的 $N(\mathbf{0}, \boldsymbol{S})$。

- 绘制时间序列 $\boldsymbol{z}_t$ 的时序图。
- 给出 $\boldsymbol{z}_t$ 的前 2 个滞后样本 CCM。
- 检验 H_0：$\boldsymbol{\rho}_1=\cdots=\boldsymbol{\rho}_5=\mathbf{0}$ 与备择假设 H_a：$\boldsymbol{\rho}_i\neq\mathbf{0}$，对某些 i，其中 $i\in\{1, \cdots, 5\}$。应用 5%显著性水平给出结论。

1.3 文件 q-fdebt.txt 包含下述对象持有的美国季度联邦债券的数据。(a)外国和国际投资者；(b)联邦储蓄银行；(c)公众。数据来自于圣路易斯联邦储蓄银行，时间为 1970 年到 2012 年，共计 171 个观测值，它们没有进行季节调整。单位是 10 亿美元。对每一个时间序列进行 log 变换和一阶差分。设 $\boldsymbol{z}_t$ 为差分 log 序列。

- 绘制时间序列 $\boldsymbol{z}_t$ 的时序图。
- 给出 $\boldsymbol{z}_t$ 的前 5 个滞后样本 CCM。
- 检验 H_0：$\boldsymbol{\rho}_1=\cdots=\boldsymbol{\rho}_{10}=\mathbf{0}$ 与备择假设 H_a：$\boldsymbol{\rho}_i\neq\mathbf{0}$ 对某些 i，其中 $i\in\{1, \cdots, 10\}$。应用 5%的显著性水平给出结论。

提示：你可以应用下面 MTS 中的命令来处理数据。

```
da=read.table("q-fdebt.txt",header=T)
debt=log(da[,3:5]); tdx=da[,1]+da[,2]/12
MTSplot(debt,tdx); zt=diffM(debt); MTSplot(zt,tdx[-1])
```

1.4 文件 m-pgspabt.txt 是 Procter&Gamble 股票、S&P 综合指数和 Abbott 实验室从 1962 年 1 月到 2011 年 12 月的月度简单收益率数据，数据来自 CRSP 数据库。转换简单收益率为 log 收益率。设 $\boldsymbol{z}_t$ 为月度对数收益率。

- 绘制时间序列 $\boldsymbol{z}_t$ 的时序图。
- 给出 $\boldsymbol{z}_t$ 的前 2 个滞后样本 CCM。
- 检验 H_0：$\boldsymbol{\rho}_1=\cdots=\boldsymbol{\rho}_5=\mathbf{0}$ 与备择假设 H_a：$\boldsymbol{\rho}_i\neq\mathbf{0}$，对某些 i，其中 $i\in\{1, \cdots, 5\}$。应用 5%显著性水平给出结论。

1.5 对一个 VARMA 时间序列 $\boldsymbol{z}_t$，推导式(1-20)中的结果。

参考文献

Bartlett, M. S. (1955). *Stochastic Processes*. Cambridge University Press, Cambridge, UK.

Box, G. E. P., Jenkins, G. M., and Reinsel, G. (1994). *Time Series Analysis: Forecasting and Control*. 3rd Edition. Prentice-Hall, Englewood Cliffs, NJ.

Hannan, E. J. (1970). *Multiple Time Series*. John Wiley & Sons, Inc, New York.

Hosking, J. R. M. (1980). The multivariate portmanteau statistic. *Journal of the American Statistical Association*, **75**: 602–607.

Hosking, J. R. M. (1981). Lagrange-multiplier tests of multivariate time series model. *Journal of the Royal Statistical Society, Series B*, **43**: 219–230.

Johnson, R. A. and Wichern, D. W. (2007). *Applied Multivariate Statistical Analysis*. 6th Edition. Pearson Prentice Hall, Upper Saddle River, NJ.

Li, W. K. (2004). *Diagnostic Checks in Time Series*. Chapman & Hall/CRC, Boca Raton, FL.

Li, W. K. and McLeod, A. I. (1981). Distribution of the residual autocorrelations in multivariate time series models. *Journal of the Royal Statistical Society, Series B*, **43**: 231–239.

Reinsel, G. (1993). *Elements of Multivariate Time Series Analysis*. Springer-Verlag, New York.

Tiao, G. C. and Box, G. E. P. (1981). Modeling multiple time series with applications. *Journal of the American Statistical Association*, **76**: 802–816.

24 ~ 26

第 2 章　平稳向量自回归时间序列

2.1　引言

通常应用最多的多元时间序列模型是向量自回归规(VAR)模型，尤其在计量经济学文献中，应用此模型有诸多原因。第一，此模型相对容易估计，可以用最小二乘(LS)方法、极大似然(ML)方法或者贝叶斯方法。这 3 种估计方法都有封闭解。对于 VAR 模型来说，最小二乘估计与极大似然(ML)估计近似相等，普通最小二乘(OLS)估计与广义最小二乘(GLS)估计相等。第二，VAR 模型的性质已经在文献中得到了广泛研究。第三，VAR 模型与广泛应用在多元统计分析中的多因变量多元线性回归模型相似。多因变量多元线性回归所涉及的多种方法都可以应用到 VAR 模型中。

多元时间序列 $\boldsymbol{z}_t$ 服从一个阶数为 p 的 VAR 模型，VAR(p)，如果

$$\boldsymbol{z}_1 = \boldsymbol{\phi}_0 + \sum_{i=1}^{p} \boldsymbol{\phi}_i \boldsymbol{z}_{t-i} + \boldsymbol{a}_t \tag{2-1}$$

其中 $\boldsymbol{\phi}_0$ 是一个 k 维常数向量，并且对于 $i>0$，$\boldsymbol{\phi}_i$ 是 $k\times k$ 维矩阵，$\boldsymbol{\phi}_p \neq \boldsymbol{0}$，$\boldsymbol{a}_t$ 是独立同分布(iid)随机向量序列，其均值为 0，协方差矩阵 $\boldsymbol{\Sigma}_a$ 为正定矩阵。该模型是第 1 章中 VAR(p, q)模型中 $q=0$ 的特殊情形。用后移算子，模型变为 $\boldsymbol{\phi}(B)\boldsymbol{z}_t = \boldsymbol{\phi}_0 + \boldsymbol{a}_t$，其中 $\boldsymbol{\phi}(B) = \boldsymbol{I}_k - \sum_{i=1}^{p} \boldsymbol{\phi}_i B^i$ 是一个 p 次矩阵多项式，见式(1-21)。我们可以将 $\boldsymbol{\phi}_\ell = [\boldsymbol{\phi}_{\ell,ij}]$ 看作滞后 ℓ 项的 AR 系数矩阵。

27 为了研究 VAR(p)模型的性质，我们先研究简单 VAR(1)和 VAR(2)模型。在多数情况下，我们讨论二元时间序列，但对于 k 维时间序列，这些结果也满足。

2.2　VAR(1)模型

首先，考虑二元 VAR(1)模型

$$\boldsymbol{z}_t = \boldsymbol{\phi}_0 + \boldsymbol{\phi}_1 \boldsymbol{z}_{t-1} + \boldsymbol{a}_t$$

该模型可以写为

$$\begin{bmatrix} z_{1t} \\ z_{2t} \end{bmatrix} = \begin{bmatrix} \phi_{10} \\ \phi_{20} \end{bmatrix} + \begin{bmatrix} \phi_{1,11} & \phi_{1,12} \\ \phi_{1,21} & \phi_{1,22} \end{bmatrix} \begin{bmatrix} z_{1,t-1} \\ z_{2,t-1} \end{bmatrix} + \begin{bmatrix} a_{1t} \\ a_{2t} \end{bmatrix} \tag{2-2}$$

或等价于

$$z_{1t} = \phi_{10} + \phi_{1,11} z_{1,t-1} + \phi_{1,12} z_{2,t-1} + a_{1t}$$
$$z_{2t} = \phi_{20} + \phi_{1,21} z_{1,t-1} + \phi_{1,22} z_{2,t-1} + a_{2t}$$

因此，$\boldsymbol{\phi}_1$ 的第(1，2)元素，即 $\phi_{1,12}$ 表明了在 $z_{1,t-1}$ 出现时 z_{1t} 关于 $z_{2,t-1}$ 的线性相依性。$\boldsymbol{\phi}_1$ 的第(2，1)元素 $\phi_{1,21}$ 测量在 $z_{2,t-1}$ 出现时 z_{2t} 与 $z_{1,t-1}$ 之间的线性关系。$\boldsymbol{\phi}_1$ 中的其他参数可

以用类似方式解释。

2.2.1　模型结构和格兰杰因果关系

如果 $\boldsymbol{\phi}_1$ 的非对角元素为 0，即 $\phi_{1,12}=\phi_{1,21}=0$，那么 z_{1t} 和 z_{2t} 不是动态相关的。在特殊情形下，每个序列服从一元 AR(1)模型并且可以相应地处理。我们说这两序列是非耦合的。

如果 $\phi_{1,12}=0$，但是 $\phi_{1,21}\neq 0$，那么

$$z_{1t}=\phi_{10}+\phi_{1,11}z_{1,t-1}+a_{1t} \tag{2-3}$$

$$z_{2t}=\phi_{20}+\phi_{1,21}z_{1,t-1}+\phi_{1,22}z_{2,t-1}+a_{2t} \tag{2-4}$$

这个特殊模型表明 z_{1t} 不依赖于 z_{2t} 的过去值，但是 z_{2t} 依赖于 z_{1t} 的过去值。因此，可以将 z_{1t} 作为输入变量，将 z_{2t} 作为输出变量。在统计学文献中，z_{1t} 和 z_{2t} 有传递函数关系。传 28
递函数模型是 VARMA 模型的一种特殊情形，它在控制工程中非常有用，它可以适当调整 z_{1t} 值来影响 z_{2t} 的终值。在计量经济学文献中，此模型隐含着两个序列之间存在格兰杰(Granger)因果关系，z_{1t} 影响 z_{2t}，但 z_{2t} 不影响 z_{1t}。

格兰杰(1969)提出了因果关系概念，它很容易处理 VAR 模型。考虑一个二元序列和 h 步超前预测。在这种情形下，可以用 VAR 模型和每个分量的一元模型来进行预测。如果 z_{2t} 的二元预测比它的一元预测更准确，则我们说 z_{1t} 是 z_{2t} 的原因。预测准确性是通过预测误差的方差来测量的。换句话说，在格兰杰因果关系框架下，如果 z_{1t} 的过去信息提高了 z_{2t} 的预测，则我们说 z_{1t} 是 z_{2t} 的原因。

下面具体阐述格兰杰因果关系。令 F_t 表示在时间 t(包括在 t)的可用信息。令 $F_{-i,t}$ 为 F_t 中所有去掉第 i 个分量的信息集合。考虑式(2-2)中的二元 VAR(1)模型。F_t 包括$\{\boldsymbol{z}_t, \boldsymbol{z}_{t-1}, \cdots\}$，而 $F_{-2,t}$ 包括过去值$\{z_{1t}, z_{1,t-1}, \cdots\}$，同时 $F_{-1,t}$ 包括$\{z_{2t}, z_{2,t-1}, \cdots\}$。现在，考虑基于 F_t 的 h 步超前预测 $\boldsymbol{z}_t(h)$ 和相关的预测误差 $\boldsymbol{e}_t(h)$，见 1.6 节。令 $z_{j,t+h}|F_{-i,t}$ 是 $z_{j,t+h}$ 基于 $F_{-i,t}$ 的 h 步超前的预测，$e_{j,t+h}|F_{-i,t}$ 是相关的预测误差($i\neq j$)。如果 $\mathrm{Var}[e_{2t}(h)]<\mathrm{Var}[e_{2,t+h}(h)|F_{-1,t}]$，那么 z_{1t} 是 z_{2t} 的原因。

回到二元 VAR(1)模型，其中 $\phi_{1,12}=0$ 且 $\phi_{1,21}\neq 0$。已知 $z_{2,t+1}$ 依赖于 z_{1t}，这样知道 z_{1t} 对预测 $z_{2,t+1}$ 有用。另一方面，$z_{1,t+1}$ 不依赖于 z_{2t} 的任何过去值，这样知道 z_{2t} 对预测 $z_{1,t+1}$ 没有用。因此，z_{1t} 是 z_{2t} 的原因，但是 z_{2t} 不是 z_{1t} 的原因。

类似地，如果 $\phi_{1,21}=0$，但 $\phi_{1,12}\neq 0$，则 z_{2t} 是 z_{1t} 的原因，但是 z_{1t} 不是 z_{2t} 的原因。

注记：对于式(2-2)中的二元 VAR(1)模型，如果 $\boldsymbol{\Sigma}_a$ 不是对角矩阵，那么 z_{1t} 和 z_{2t} 是即期相关(或同期相关)。这种情况下，z_{1t} 和 z_{2t} 有即期格兰杰因果关系。这种即期因果关系是双向的。

注记：VAR(1)模型中 $\phi_{1,12}=0$ 和 $\phi_{1,21}\neq 0$ 说明格兰杰因果关系的存在很大程度上依赖于所使用的唯一 VAR 参数化，即矩阵多项式 $\phi(B)$ 以单位矩阵 $\boldsymbol{I}_k$ 开始。为了理解这点，考虑式(2-3)和式(2-4)中的模型。为了简单，假定常数项为

0，即 $\phi_{10}=\phi_{20}=0$。如果我们给式(2-4)乘以一个非零参数 β，并把结果与式(2-3)相加，那么有

29

$$z_{1t}+\beta z_{2t}=(\phi_{1,11}+\beta\phi_{1,21})z_{1,t-1}+\beta\phi_{1,22}z_{2,t-1}+a_{1t}+\beta a_{2t}$$

将此式和式(2-4)结合，有

$$\begin{bmatrix}1 & \beta\\ 0 & 1\end{bmatrix}\begin{bmatrix}z_{1t}\\ z_{2t}\end{bmatrix}=\begin{bmatrix}\phi_{1,11}+\beta\phi_{1,21} & \beta\phi_{1,22}\\ \phi_{1,21} & \phi_{1,22}\end{bmatrix}\begin{bmatrix}z_{1,t-1}\\ z_{2,t-1}\end{bmatrix}+\begin{bmatrix}b_{1t}\\ b_{2t}\end{bmatrix} \tag{2-5}$$

其中 $b_{1t}=a_{1t}+\beta a_{2t}$ 和 $b_{2t}=a_{2t}$。式(2-5)仍然是 VAR(1)模型。它与式(2-3)和式(2-4)有相同的基础结构。特别地，z_{1t} 不依赖于 $z_{2,t-1}$。然而式(2-5)中的 AR 系数矩阵的第(1，2)个位置的参数不为零。非零参数 $\beta\phi_{1,22}$ 是由式(2-5)左边的非零参数 β 推导出来的。

VAR(1)模型结构的灵活性随着维数 k 增加。例如，考虑三维 VAR(1)模型 $(\boldsymbol{I}_3-\boldsymbol{\phi}_1 B)\boldsymbol{z}_t=\boldsymbol{a}_t$，其中 $\boldsymbol{\phi}_1=[\phi_{1,ij}]_{3\times 3}$。如果 $\boldsymbol{\phi}_1$ 是一个下三角形矩阵，那么 z_{1t} 不依赖于 z_{2t} 或 z_{3t} 的过去值。z_{2t} 依赖于 z_{1t} 的过去值，但不依赖于 z_{3t} 的过去值。这种情形下，有从 z_{1t} 到 z_{2t} 到 z_{3t} 的单向关系。另一方面，如果 $\phi_{1,13}=\phi_{1,23}=0$ 且 $\phi_{1,ij}\neq 0$，否则，有从 z_{1t} 和 z_{2t} 到 z_3 的单向因果关系，而 z_{1t} 和 z_{2t} 是动态相关的。实际上，有许多其他的可能性。

2.2.2 传递函数模型的相关性

然而，式(2-3)和式(2-4)中的模型表达式通常不是传递函数，因为两个新息 a_{1t} 和 a_{2t} 可能相关。在传递函数模型中，众所周知它是分布滞后模型，输入变量应该与输出变量的扰动项独立的。为了得到传递函数模型，我们执行 $\boldsymbol{a}_t$ 的两个新息变量的正交化。具体地，考虑简单线性回归模型

$$a_{2t}=\beta a_{1t}+\varepsilon_t$$

其中 $\beta=\mathrm{cov}(a_{1t}，a_{2t})/\mathrm{var}(a_{1t})$，$a_{1t}$ 与 ε_t 无关。将 a_{2t} 代入式(2-4)，得到

$$(1-\phi_{1,22}B)z_{2t}=(\phi_{20}-\beta\phi_{10})+[\beta+(\phi_{1,21}-\beta\phi_{1,11})B]z_{1t}+\varepsilon_t$$

上式可以进一步简化为

$$z_{2t}=\frac{\phi_{20}-\beta\phi_{10}}{1-\phi_{1,22}}+\frac{\beta+(\phi_{1,21}-\beta\phi_{1,11})B}{1-\phi_{1,22}B}z_{1t}+\frac{1}{1-\phi_{1,22}B}\varepsilon_t$$

30 这是一个传递函数模型。外生变量 z_{1t} 不依赖于新息 ε_t。

2.2.3 平稳条件

如第 1 章定义的，一个(弱)平稳时间序列 $\boldsymbol{z}_t$ 有不变的均值和协方差矩阵。为了满足这两个条件，$\boldsymbol{z}_t$ 的均值不应受初始时间或初始值的影响。研究 VAR(1)模型平稳性条件的简单方法是利用序列的特性。为了便于讨论，我们假定常数项 $\boldsymbol{\phi}_0$ 为 0，那么模型可以简化为 $\boldsymbol{z}_t=\boldsymbol{\phi}_1\boldsymbol{z}_{t-1}+\boldsymbol{a}_t$。

假定时间序列在 $t=v$ 时开始且初始值为 $\boldsymbol{z}_v$，其中 v 是固定时间点。随着时间的推移，

时间序列 z_t 也随之变化。特别地，通过重复替代，我们有

$$\begin{aligned} \boldsymbol{z}_t &= \boldsymbol{\phi}_1 \boldsymbol{z}_{t-1} + \boldsymbol{a}_t = \boldsymbol{\phi}_1(\boldsymbol{\phi}_1 \boldsymbol{z}_{t-2} + \boldsymbol{a}_{t-1}) + \boldsymbol{a}_t = \boldsymbol{\phi}_1^2 \boldsymbol{z}_{t-2} + \phi_1 \boldsymbol{a}_{t-1} + \boldsymbol{a}_t \\ &= \boldsymbol{\phi}_1^3 \boldsymbol{z}_{t-3} + \boldsymbol{\phi}_1^2 \boldsymbol{a}_{t-2} + \boldsymbol{\phi}_1 a_{t-1} + \boldsymbol{a}_t = \cdots = \boldsymbol{\phi}_1^{t-v} \boldsymbol{z}_v + \sum_{i=0}^{t-1} \boldsymbol{\phi}_1^i \boldsymbol{a}_{t-i} \end{aligned}$$

因此，对于 $\boldsymbol{z}_t$ 独立于 $\boldsymbol{z}_v$，当 $v \to -\infty$ 时，我们需要 $\boldsymbol{\phi}_1^{t-v}$ 趋于 0。这里，$v \to -\infty$ 意味着序列在很久以前就开始了。如果$\{\lambda_1, \cdots, \lambda_k\}$是 $\boldsymbol{\phi}_1$ 的特征值，那么$\{\lambda_1^n, \cdots, \lambda_k^n\}$就是 $\boldsymbol{\phi}_1^n$ 的特征值，详见附录 A。另外，如果一个矩阵的所有特征值都为 0，那么矩阵必须为 0。因此，当 $v \to -\infty$ 时，$\boldsymbol{\phi}_1^{t-v} \to 0$ 的条件是 $\boldsymbol{\phi}_1$ 的所有特征值 λ_j 必须满足当 $v \to -\infty$ 时，$\lambda_j^{t-v} \to 0$。这表明 $\boldsymbol{\phi}_1$ 的所有特征值 λ_j 的绝对值必须小于 1。

因此，VAR(1)序列 $\boldsymbol{z}_t$ 平稳的必要条件是 $\boldsymbol{\phi}_1$ 的所有特征值的绝对值小于 1。同时它也表明，如果 $\boldsymbol{\phi}_1$ 的所有特征值的绝对值小于 1，那么 VAR(1)序列 $\boldsymbol{z}_t$ 是平稳的。

$\boldsymbol{\phi}_1$ 的特征值是下面行列式方程的解

$$|\lambda \boldsymbol{I}_k - \boldsymbol{\phi}_1| = 0$$

此行列式方程可以写成

$$\lambda^k \left| \boldsymbol{I}_k - \boldsymbol{\phi}_1 \frac{1}{\lambda} \right| = 0$$

因此，我们可以考虑行列式方程 $|\boldsymbol{I}_k - \boldsymbol{\phi}_1 x| = 0$，其中 $x = 1/\lambda$。$\boldsymbol{\phi}_1$ 的特征值是这个新方程 31
解的倒数。因此，VAR(1)模型平稳的充分和必要条件是行列式方程 $|\boldsymbol{I}_k - \boldsymbol{\phi}_1 B| = 0$ 的解的绝对值大于 1。即行列式方程 $|\boldsymbol{\phi}(B)| = 0$ 的解在单位圆的外面。

例 2.1　考虑二元 VAR(1)模型

$$\begin{bmatrix} z_{1t} \\ z_{2t} \end{bmatrix} = \begin{bmatrix} 5 \\ 3 \end{bmatrix} + \begin{bmatrix} 0.2 & 0.3 \\ -0.6 & 1.1 \end{bmatrix} \begin{bmatrix} z_{1,t-1} \\ z_{2,t-1} \end{bmatrix} + \begin{bmatrix} a_{1t} \\ a_{2t} \end{bmatrix} \tag{2-6}$$

其中 $\boldsymbol{a}_t$ 的协方差矩阵为

$$\boldsymbol{\Sigma}_a = \begin{bmatrix} 1.0 & 0.8 \\ 0.8 & 2.0 \end{bmatrix}$$

简单计算可知 $\boldsymbol{\phi}_1$ 的特征值为 0.5 和 0.8，这些数小于 1。因此，式(2-6)中的 VAR(1)模型是平稳的。注意 $\boldsymbol{\phi}_{1,22} = 1.1$，它大于 1，但是 VAR(1)模型是平稳的。这个简单例子说明 $\boldsymbol{\phi}_1$ 的特征值决定了 $\boldsymbol{z}_t$ 的平稳性，而 $\boldsymbol{\phi}_1$ 的每个元素不能决定 $\boldsymbol{z}_t$ 的平稳性。□

2.2.4　可逆性

根据定义，VAR(p)时间序列是它的滞后值的一个线性组合。因此，VAR(1)模型总是可逆的。详见第 1 章中有关可逆性的定义。

2.2.5　矩方程

假定式(2-2)中的 VAR(1)序列是平稳的。对方程两边求期望，有

$$\boldsymbol{\mu}=\boldsymbol{\phi}_0+\boldsymbol{\phi}_1\boldsymbol{\mu}$$

其中 $\boldsymbol{\mu}=E(\boldsymbol{z}_t)$。因此，有 $(\boldsymbol{I}_k-\boldsymbol{\phi}_1)\boldsymbol{\mu}=\boldsymbol{\phi}_0$ 或等价地，$\boldsymbol{\mu}=(\boldsymbol{I}_k-\boldsymbol{\phi}_1)^{-1}\boldsymbol{\phi}_0$。可以将这方程简写成 $\boldsymbol{\mu}=[\boldsymbol{\phi}_1(1)]^{-1}\boldsymbol{\phi}_0$。将 $\boldsymbol{\phi}_0=(\boldsymbol{I}_k-\boldsymbol{\phi}_1)\boldsymbol{\mu}$ 代入 VAR(1)模型，可以得到均值调整模型

$$\tilde{\boldsymbol{z}}_t=\boldsymbol{\phi}_1\tilde{\boldsymbol{z}}_{t-1}+\boldsymbol{a}_t \tag{2-7}$$

32 其中 $\tilde{\boldsymbol{z}}_t=\boldsymbol{z}_t-\boldsymbol{\mu}$。那么 $\boldsymbol{z}_t$ 的协方差矩阵为

$$\boldsymbol{\Gamma}_0=E(\tilde{\boldsymbol{z}}_t\tilde{\boldsymbol{z}}_t')=E(\boldsymbol{\phi}_1\tilde{\boldsymbol{z}}_{t-1}\tilde{\boldsymbol{z}}_{t-1}'\boldsymbol{\phi}_1')+E(\boldsymbol{a}_t\boldsymbol{a}_t')=\boldsymbol{\phi}_1\boldsymbol{\Gamma}_0\boldsymbol{\phi}_1'+\boldsymbol{\Sigma}_a$$

其中我们采用了 $\boldsymbol{a}_t$ 和 $\tilde{\boldsymbol{z}}_{t-1}$ 不相关的事实。此式可以写成

$$\mathrm{vec}(\boldsymbol{\Gamma}_0)=(\boldsymbol{\phi}_1\otimes\boldsymbol{\phi}_1)\mathrm{vec}(\boldsymbol{\Gamma}_0)+\mathrm{vec}(\boldsymbol{\Sigma}_a)$$

因此，有

$$(\boldsymbol{I}_{k^2}-\boldsymbol{\phi}_1\otimes\boldsymbol{\phi}_1)\mathrm{vec}(\boldsymbol{\Gamma}_0)=\mathrm{vec}(\boldsymbol{\Sigma}_a) \tag{2-8}$$

在已知 $\boldsymbol{\phi}_1$ 和 $\boldsymbol{\Sigma}_a$ 的情况下，使用上式可以从 VAR(1)模型得到 $\boldsymbol{\Gamma}_0$。

对于任意正整数 ℓ，式(2-7)右乘 $\boldsymbol{z}_{t-\ell}'$，然后求期望，则有

$$\boldsymbol{\Gamma}_\ell=\boldsymbol{\phi}_1\boldsymbol{\Gamma}_{\ell-1},\quad \ell>0 \tag{2-9}$$

其中我们利用了 $\boldsymbol{z}_{t-\ell}$ 和 a_t 不相关的性质。对于 VAR(1)模型，上式称为 Yule-Walker 方程。此方程主要有以下两方面的应用。第一，与式(2-8)结合，可以用递归方法得到 $\boldsymbol{z}_t$ 的交叉协方差矩阵和交叉相关矩阵。第二，可以通过交叉协方差矩阵得到 $\boldsymbol{\phi}_1$。例如，$\boldsymbol{\phi}_1=\boldsymbol{\Gamma}\boldsymbol{\Gamma}_0^{-1}$。

为了说明，进一步考虑式(2-6)中的平稳 VAR(1)模型。序列的均值为 $\boldsymbol{\mu}=(4,\ -6)'$。使用式(2-8)和式(2-9)，可以得到

$$\boldsymbol{\Gamma}_0=\begin{bmatrix}2.29 & 3.51\\3.51 & 8.62\end{bmatrix},\ \boldsymbol{\Gamma}_1=\begin{bmatrix}1.51 & 3.29\\2.49 & 7.38\end{bmatrix},\ \boldsymbol{\Gamma}_2=\begin{bmatrix}1.05 & 2.87\\1.83 & 6.14\end{bmatrix}$$

相应的 $\boldsymbol{z}_t$ 交叉相关矩阵为

$$\boldsymbol{\rho}_0=\begin{bmatrix}1.00 & 0.79\\0.79 & 1.0\end{bmatrix},\ \boldsymbol{\rho}_1=\begin{bmatrix}0.66 & 0.74\\0.56 & 0.86\end{bmatrix},\ \boldsymbol{\rho}_2=\begin{bmatrix}0.46 & 0.65\\0.41 & 0.71\end{bmatrix}$$

R 代码示例：

```
> phi1=matrix(c(.2,-.6,.3,1.1),2,2) % Input phi_1
> phi1
     [,1] [,2]
[1,]  0.2  0.3
[2,] -0.6  1.1
> sig=matrix(c(1,0.8,0.8,2),2,2) % Input sigma_a
> sig
     [,1] [,2]
[1,]  1.0  0.8
[2,]  0.8  2.0
> m1=eigen(phi1) % Obtain eigenvalues & vectors
> m1
$values
[1] 0.8 0.5
$vectors
```

```
              [,1]       [,2]
[1,] -0.4472136 -0.7071068
[2,] -0.8944272 -0.7071068
> I4=diag(4) ## Create the 4-by-4 identity matrix
> pp=kronecker(phi1,phi1) # Kronecker product
> pp
      [,1]  [,2]  [,3] [,4]
[1,]  0.04  0.06  0.06 0.09
[2,] -0.12  0.22 -0.18 0.33
[3,] -0.12 -0.18  0.22 0.33
[4,]  0.36 -0.66 -0.66 1.21
> c1=c(sig)
> c1
[1] 1.0 0.8 0.8 2.0
> dd=I4-pp
> ddinv=solve(dd)    ## Obtain inverse
> gam0=ddinv%*%matrix(c1,4,1)  # Obtain Gamma_0
> gam0
         [,1]
[1,] 2.288889
[2,] 3.511111
[3,] 3.511111
[4,] 8.622222
> g0=matrix(gam0,2,2)
> g1=phi1%*%g0      ## Obtain Gamma_1
> g1
         [,1]     [,2]
[1,] 1.511111 3.288889
[2,] 2.488889 7.377778
> g2=phi1%*%g1
> g2
         [,1]     [,2]
[1,] 1.048889 2.871111
[2,] 1.831111 6.142222
> D=diag(sqrt(diag(g0))) # To compute cross-correlation
matrices
> D
         [,1]     [,2]
[1,] 1.512907 0.000000
[2,] 0.000000 2.936362
> Di=solve(D)
> Di%*%g0%*%Di
          [,1]      [,2]
[1,] 1.0000000 0.7903557
[2,] 0.7903557 1.0000000
> Di%*%g1%*%Di
          [,1]      [,2]
[1,] 0.6601942 0.7403332
[2,] 0.5602522 0.8556701
> Di%*%g2%*%Di
          [,1]      [,2]
[1,] 0.4582524 0.6462909
[2,] 0.4121855 0.7123711
```

2.2.6 分量的隐含模型

本节讨论 VAR(1)模型的每个分量 z_{it} 的隐含边际一元模型。为了简单，我们采用式(2-7)的均值调整 VAR(1)模型。该模型的 AR 矩阵多项式为 $\boldsymbol{I}_k-\boldsymbol{\phi}_1 B$。这是一个 $k\times k$ 矩阵。这样，我们可以考虑它的伴随矩阵，见附录 A。例如，考虑例 2.1 的二元 VAR(1)模型。这种情况下，我们有

$$\boldsymbol{\phi}(B)=\begin{bmatrix}1-0.2B & -0.3B\\ 0.6B & 1-1.1B\end{bmatrix}$$

$\boldsymbol{\phi}(B)$的伴随矩阵为

$$\mathrm{adj}[\boldsymbol{\phi}(B)]=\begin{bmatrix}1-1.1B & 0.3B\\ -0.6B & 1-0.2B\end{bmatrix}$$

这两个矩阵的乘积为

$$\mathrm{adj}[\boldsymbol{\phi}(B)]\boldsymbol{\phi}(B)=|\boldsymbol{\phi}(B)|\boldsymbol{I}_2$$

其中 $|\boldsymbol{\phi}(B)|=(1-0.2B)(1-1.1B)+0.18B^2=1-1.3B+0.4B^2$。积矩阵的主要特点是，它是对角矩阵，并且它的对角元素是特征值。这个性质也适用一般的 VAR(1)模型。因此，如果式(2-7)中的 VAR(1)模型左乘 $\boldsymbol{\phi}(B)$的伴随矩阵，那么有

33~35

$$|\boldsymbol{\phi}(B)|\tilde{\boldsymbol{z}}_t=\mathrm{adj}[\boldsymbol{\phi}(B)]\boldsymbol{a}_t \tag{2-10}$$

对一个 k 维 VAR(1)模型，$|\boldsymbol{\phi}(B)|$是 k 次多项式，$\mathrm{adj}[\boldsymbol{\phi}(B)]$的元素是 $k-1$ 次多项式，因为它们是一个 1 阶$(k-1)\times(k-1)$矩阵多项式的行列式。下面，我们使用$\{\boldsymbol{a}_t, \boldsymbol{a}_{t-1}, \cdots, \boldsymbol{a}_{t-k+1}\}$的任意非零线性组合是一个一元 MA$(k-1)$序列这一个结果。因此，式(2-10)表明每个分量 z_{it} 都服从一个一元 ARMA$(k, k-1)$模型。阶 k 和 $k-1$ 都是最大阶。每一个 z_{it} 的实际 ARMA 阶都是比较小的。

为了说明，再次考虑例 2.1 中的二元 VAR(1)模型。对于这个具体的例子，式(2-10)就变成

$$(1-1.3B+0.4B^2)\begin{bmatrix}z_{1t}\\ z_{2t}\end{bmatrix}=\begin{bmatrix}1-1.1B & 0.3B\\ -0.6B & 1-0.2B\end{bmatrix}\begin{bmatrix}a_{1t}\\ a_{2t}\end{bmatrix}$$

那么 z_{1t}的边际模型为

$$(1-1.3B+0.4B^2)z_{1t}=(1-1.1B)a_{1t}+0.3Ba_{2t}=a_{1t}-1.1a_{1,t-1}+0.3a_{2,t-1}$$

该模型是 ARMA(2，1)，因为 MA 部分仅在滞后 1 有序列相关且可以重写成 $e_t-\theta e_{t-1}$。从 VAR(1)模型的这些结果中可以得到参数 θ 和 $\mathrm{Var}(e_t)$。同样的结果对于 z_{2t}也满足。

2.2.7 移动平均表达式

在某些应用中，例如，计算预测误差的方差，考虑移动平均(MA)表达式比 VAR 模型中的 AR 表达式更方便，对于 VAR(1)模型，通过用式(2-7)可以很容易得到 MA 表达式。特别地，经过重复替代，我们有

$$\begin{aligned}\tilde{z}_t &= \boldsymbol{a}_t + \boldsymbol{\phi}_1 \tilde{z}_{t-1} = \boldsymbol{a}_t + \boldsymbol{\phi}_1(\boldsymbol{a}_{t-1} + \boldsymbol{\phi}_1 \tilde{z}_{t-2}) \\ &= \boldsymbol{a}_t + \boldsymbol{\phi}_1 \boldsymbol{a}_{t-2} + \boldsymbol{\phi}_1^2(\boldsymbol{a}_{t-2} + \boldsymbol{\phi}\tilde{z}_{t-3}) \\ &= \cdots \\ &= a_t + \boldsymbol{\phi}_1 \boldsymbol{a}_{t-1} + \boldsymbol{\phi}_1^2 \boldsymbol{a}_{t-2} + \boldsymbol{\phi}_1^3 \boldsymbol{a}_{t-3} + \cdots\end{aligned}$$

因此，我们有

$$\boldsymbol{z}_t = \boldsymbol{\mu} + \boldsymbol{a}_t + \boldsymbol{\psi}_1 \boldsymbol{a}_{t-1} + \boldsymbol{\psi}_2 \boldsymbol{a}_{t-2} + \cdots \tag{2-11}$$

其中对于 $i \geqslant 0$，$\boldsymbol{\psi}_i = \boldsymbol{\phi}_1^i$。对于平稳 VAR(1)模型，$\boldsymbol{\phi}_1$ 的所有特征值的绝对值都小于 1，因此当 $i \to \infty$，$\boldsymbol{\psi}_i \to \mathbf{0}$。这表明，随着 i 的增加，远的新息 $\boldsymbol{a}_{t-i}$ 对 $\boldsymbol{z}_t$ 的影响减少。最终影响消失，认为平稳 VAR(1)模型的一个初始条件随着时间的推移不影响序列。 36

2.3 VAR(2)模型

假定一个 VAR(2)模型的形式为

$$\boldsymbol{z}_t = \boldsymbol{\phi}_0 + \boldsymbol{\phi}_1 \boldsymbol{z}_{t-1} + \boldsymbol{\phi}_2 \boldsymbol{z}_{t-2} + \boldsymbol{a}_t \tag{2-12}$$

也就是说，每一个分量 z_{it} 依赖于滞后值 $\boldsymbol{z}_{t-1}$ 和 $\boldsymbol{z}_{t-2}$。可以用类似于解释 VAR(1)模型系数的方法来解释 AR 系数。例如，$\boldsymbol{\phi}_1$ 的第(1，2)个元素，即 $\phi_{1,12}$，表示在存在 z_{t-1} 和 z_{t-2} 中的其他滞后值时 z_{1t} 关于 $z_{2,t-1}$ 的线性相依性。

VAR(2)模型的结构和格兰杰因果关系可以直接由 VAR(1)模型推广得到。例如，考虑一个二元 VAR(2)模型。如果 $\boldsymbol{\phi}_1$ 和 $\boldsymbol{\phi}_2$ 都是对角矩阵，那么 z_{1t} 和 z_{2t} 服从一个一元 AR(2)模型，并可以用相应的方法处理。如果 $\boldsymbol{\phi}_{1,12} = \boldsymbol{\phi}_{2,12} = 0$，但是至少 $\phi_{1,21}$ 和 $\phi_{2,21}$ 中有一个不为 0，那么有从 z_{1t} 到 z_{2t} 的单向关系，因为这种情况下 z_{1t} 不依赖于 z_{2t} 的任何过去值，而 z_{2t} 依赖于 z_{1t} 的一些过去值。我们也可以得到 z_{2t} 的传递函数模型且 z_{1t} 作为输入变量。通常，在 VAR 模型中，存在从分量 z_{it} 到分量 z_{jt} 的单向关系，那么每个系数矩阵 $\boldsymbol{\phi}_v$ 的第(i，j)位置上的参数就必须同时为 0。

2.3.1 平稳条件

为了研究式(2-12)中的 VAR(2)模型的平稳性条件，可以利用 VAR(1)模型得到的结果。考虑一个扩展的 $2k$ 维时间序列 $\boldsymbol{Z}_t = (\boldsymbol{z}_t', \boldsymbol{z}_{t-1}')'$。利用式(2-12)和恒等式 $\boldsymbol{z}_{t-1} = \boldsymbol{z}_{t-1}$，可以得到一个 $\boldsymbol{Z}_t$ 模型。特别地，我们有

$$\begin{bmatrix}\boldsymbol{z}_t \\ \boldsymbol{z}_{t-1}\end{bmatrix} = \begin{bmatrix}\boldsymbol{\phi}_0 \\ 0\end{bmatrix} + \begin{bmatrix}\boldsymbol{\phi}_1 & \boldsymbol{\phi}_2 \\ \boldsymbol{I}_k & \mathbf{0}_k\end{bmatrix}\begin{bmatrix}\boldsymbol{z}_{t-1} \\ \boldsymbol{z}_{t-2}\end{bmatrix} + \begin{bmatrix}\boldsymbol{a}_t \\ \mathbf{0}\end{bmatrix} \tag{2-13}$$

其中 $\mathbf{0}$ 是 k 维的零向量，$\mathbf{0}_k$ 是 $k \times k$ 维零矩阵。因此，扩展的时间序列 $\boldsymbol{Z}_t$ 服从一个 VAR(1)模型，即

$$\boldsymbol{Z}_t = \boldsymbol{\Phi}_0 + \boldsymbol{\Phi}_1 \boldsymbol{Z}_{t-1} + \boldsymbol{b}_t \tag{2-14}$$

其中向量 $\boldsymbol{\Phi}_0$，AR 系数矩阵 $\boldsymbol{\Phi}_1$ 和 $\boldsymbol{b}_t$ 已在式(2-13)中定义。利用上一节得到的 VAR(1)模型的结果，$\boldsymbol{Z}_t$ 平稳性的充分和必要条件是行列式方程 $|\boldsymbol{I}_{2k} - \boldsymbol{\Phi}_1 B| = 0$ 的所有解的绝对值必 37

须大于 1。

这个行列式可以写成

$$|\boldsymbol{I}_{2k}-\boldsymbol{\Phi}_1 B|=\begin{vmatrix}\boldsymbol{I}_k-\boldsymbol{\phi}_1 B & -\boldsymbol{\phi}_2 B\\ -\boldsymbol{I}_k B & \boldsymbol{I}_k\end{vmatrix}=\begin{vmatrix}\boldsymbol{I}_k-\boldsymbol{\phi}_1 B-\boldsymbol{\phi}_2 B^2 & -\boldsymbol{\phi}_2 B\\ \boldsymbol{0}_k & \boldsymbol{I}_k\end{vmatrix}$$
$$=|\boldsymbol{I}_k-\boldsymbol{\phi}_1 B-\boldsymbol{\phi}_2 B^2|=|\boldsymbol{\phi}(B)|$$

其中第二个等式是通过第二列分块矩阵乘以 B，然后将结果加到第一列得到的。这样的运算在计算矩阵行列式中是有效的。总之，$\boldsymbol{Z}_t$（因此，$\boldsymbol{z}_t$）平稳性的充分和必要条件是行列式方程 $|\boldsymbol{\phi}(B)|=0$ 的所有解的绝对值大于 1。

2.3.2 矩方程

假设式(2-12)中的 VAR(2)模型是平稳的，我们推导 $\boldsymbol{z}_t$ 的矩方程。首先，对式(2-12)两边求期望，得到

$$\boldsymbol{\mu}=\boldsymbol{\phi}_0+\boldsymbol{\phi}_1\boldsymbol{\mu}+\boldsymbol{\phi}_2\boldsymbol{\mu}$$

因此，我们有$(\boldsymbol{I}_k-\boldsymbol{\phi}_1-\boldsymbol{\phi}_2)\boldsymbol{\mu}=\boldsymbol{\phi}_0$。那么序列的均值为 $\boldsymbol{\mu}=[\boldsymbol{\phi}(1)]^{-1}\boldsymbol{\phi}_0$。接下来，将 $\boldsymbol{\phi}_0$ 代入式(2-12)，得到均值调整模型

$$\tilde{\boldsymbol{z}}_t=\boldsymbol{\phi}_1\tilde{\boldsymbol{z}}_{t-1}+\boldsymbol{\phi}_2\tilde{\boldsymbol{z}}_{t-2}+\boldsymbol{a}_t \tag{2-15}$$

式(2-15)右乘 $\boldsymbol{a}'_t$并利用 $\boldsymbol{a}_t$ 与 $\boldsymbol{z}_t$ 的过去值不相关的性质，可以得到

$$E(\tilde{\boldsymbol{z}}_t\boldsymbol{a}'_t)=E(\boldsymbol{a}_t\boldsymbol{a}'_t)=\boldsymbol{\Sigma}_a$$

式(2-15)右乘 $\boldsymbol{z}'_{t-\ell}$并求期望，我们有

$$\begin{aligned}\boldsymbol{\Gamma}_0&=\boldsymbol{\phi}_1\boldsymbol{\Gamma}_{-1}+\boldsymbol{\phi}_2\boldsymbol{\Gamma}_{-2}+\boldsymbol{\Sigma}_a\\ \boldsymbol{\Gamma}_\ell&=\boldsymbol{\phi}_1\boldsymbol{\Gamma}_{\ell-1}+\boldsymbol{\phi}_2\boldsymbol{\Gamma}_{\ell-2},\quad \ell>0\end{aligned} \tag{2-16}$$

用 $\ell=0$，1，2，我们有一组$\{\boldsymbol{\Gamma}_0,\boldsymbol{\Gamma}_1,\boldsymbol{\Gamma}_2\}$与$\{\boldsymbol{\phi}_0,\boldsymbol{\phi}_1,\boldsymbol{\Sigma}_a\}$相关的矩阵方程。特别地，用 $\ell=1$ 和 $\ell=2$，我们有

$$[\boldsymbol{\Gamma}_1,\boldsymbol{\Gamma}_2]=[\boldsymbol{\phi}_1,\boldsymbol{\phi}_2]\begin{bmatrix}\boldsymbol{\Gamma}_0 & \boldsymbol{\Gamma}_1\\ \boldsymbol{\Gamma}'_1 & \boldsymbol{\Gamma}_0\end{bmatrix} \tag{2-17}$$

其中我们使用 $\boldsymbol{\Gamma}_{-1}=\boldsymbol{\Gamma}'_1$。对于式(2-12)中的 VAR(2)模型，这个矩阵方程组称为多元 Yule-Walker 方程。对于一个平稳序列 $\boldsymbol{z}_t$，式(2-17)右边的 $2k\times 2k$ 矩阵是可逆的，因此，我们有

38

$$[\boldsymbol{\phi}_1,\boldsymbol{\phi}_2]=[\boldsymbol{\Gamma}_1,\boldsymbol{\Gamma}_2]\begin{bmatrix}\boldsymbol{\Gamma}_0 & \boldsymbol{\Gamma}_1\\ \boldsymbol{\Gamma}'_1 & \boldsymbol{\Gamma}_0\end{bmatrix}^{-1}$$

我们利用上式从交叉协方差矩阵中得到 AR 系数。

实际上，可以利用式(2-14)中的扩展序列 $\boldsymbol{Z}_t$ 和前一节 VAR(1)模型的结果从 $\boldsymbol{\phi}_1$，$\boldsymbol{\phi}_2$，$\boldsymbol{\Sigma}_a$ 得到 $\boldsymbol{z}_t$ 的交叉协方差矩阵 $\boldsymbol{\Gamma}_\ell$。特别地，根据式(2-14)，我们有

$$\boldsymbol{\Phi}_1=\begin{bmatrix}\boldsymbol{\phi}_1 & \boldsymbol{\phi}_2\\ \boldsymbol{I}_k & \boldsymbol{0}_k\end{bmatrix},\ \boldsymbol{\Sigma}_b=\begin{bmatrix}\boldsymbol{\Sigma}_a & \boldsymbol{0}_k\\ \boldsymbol{0}_k & \boldsymbol{0}_k\end{bmatrix}$$

此外，我们有

$$\mathrm{Cov}(\boldsymbol{Z}_t)=\boldsymbol{\Gamma}_0^*=\begin{bmatrix}\boldsymbol{\Gamma}_0 & \boldsymbol{\Gamma}_1\\ \boldsymbol{\Gamma}_1' & \Gamma_0\end{bmatrix}$$

对于扩展序列 $\boldsymbol{Z}_t$，式(2-8)变成

$$[\boldsymbol{I}_{(2k)^2}-\boldsymbol{\Phi}_1\otimes\boldsymbol{\Phi}_1]\mathrm{vec}(\boldsymbol{\Gamma}_0^*)=\mathrm{vec}(\boldsymbol{\Gamma}_b)\tag{2-18}$$

因此，我们可以得到包含 $\boldsymbol{\Gamma}_0$ 和 $\boldsymbol{\Gamma}_1$ 的 $\boldsymbol{\Gamma}_0^*$。然后利用式(2-16)中的矩方程通过递归方法得到高阶交叉协方差 $\boldsymbol{\Gamma}_\ell$。

例 2.2　考虑式(2-12)中的一个三维 VAR(2)模型，其中参数 $\boldsymbol{\phi}_0=\boldsymbol{0}$ 且

$$\boldsymbol{\phi}_1=\begin{bmatrix}0.47 & 0.21 & 0\\ 0.35 & 0.34 & 0.47\\ 0.47 & 0.23 & 0.23\end{bmatrix},\ \boldsymbol{\phi}_2=\begin{bmatrix}0 & 0 & 0\\ -0.19 & -0.18 & 0\\ -0.30 & 0 & 0\end{bmatrix},\ \boldsymbol{\Sigma}_a=\begin{bmatrix}0.285 & 0.026 & 0.069\\ 0.026 & 0.287 & 0.137\\ 0.069 & 0.137 & 0.357\end{bmatrix}$$

在以后分析从 1980. Ⅱ 到 2011. Ⅱ 英国、加拿大和美国国内生产总值季度增长率中采用这个 VAR(2)模型。对于这个具体的 VAR(2)模型，可以通过式(2-18)来计算它们的交叉协方差矩阵。它们是 39

$$\boldsymbol{\Gamma}_0=\begin{bmatrix}0.46 & 0.22 & 0.24\\ 0.22 & 0.61 & 0.38\\ 0.24 & 0.38 & 0.56\end{bmatrix},\ \boldsymbol{\Gamma}_1=\begin{bmatrix}0.26 & 0.23 & 0.19\\ 0.25 & 0.35 & 0.38\\ 0.24 & 0.25 & 0.25\end{bmatrix},\ \boldsymbol{\Gamma}_2=\begin{bmatrix}0.18 & 0.18 & 0.17\\ 0.16 & 0.17 & 0.20\\ 0.10 & 0.18 & 0.16\end{bmatrix}\quad\square$$

2.3.3　隐含的边际分量模型

对于式(2-12)中的 VAR(2)模型，可以使用与 VAR(1)模型相同的技术来得到分量序列 z_{it} 的一元 ARMA 模型。一般的解是 z_{it} 服从一个 ARMA($2k$，$2(k-1)$)模型。另外，阶($2k$，$2(k-1)$)是每个分量 z_{it} 的最大阶。

2.3.4　移动平均表达式

VAR(2)模型的 MA 表达式可以通过多种方法得到。一种方法类似于 VAR(1)模型的重复替换法。这里，我们采用另一种方法。考虑式(2-15)中的均值调整 VAR(2)模型。此模型可以写成

$$(\boldsymbol{I}_k-\boldsymbol{\phi}_1B-\boldsymbol{\phi}_2B^2)\tilde{\boldsymbol{z}}_t=\boldsymbol{a}_t$$

它等价于

$$\tilde{\boldsymbol{z}}_t=(\boldsymbol{I}_k-\boldsymbol{\phi}_1B-\boldsymbol{\phi}_2B^2)^{-1}\boldsymbol{a}_t$$

另一方面，序列的 MA 表达式为 $\tilde{\boldsymbol{z}}_t=\boldsymbol{\psi}(B)\boldsymbol{a}_t$。因此，我们有 $(\boldsymbol{I}_k-\boldsymbol{\phi}_1B-\boldsymbol{\phi}_2B^2)^{-1}=\boldsymbol{\psi}(B)$，即

$$\boldsymbol{I}_k=(\boldsymbol{I}_k-\boldsymbol{\phi}_1B-\boldsymbol{\phi}_2B^2)(\boldsymbol{\psi}_0+\boldsymbol{\psi}_1B+\boldsymbol{\psi}_2B^2+\boldsymbol{\psi}_3B^3+\cdots)\tag{2-19}$$

其中 $\boldsymbol{\Psi}_0=\boldsymbol{I}_k$。因为式(2-19)的左边是一个常数矩阵，所以对于 $i>0$，该式右边的 B^i 的所有系数矩阵必须为 0。因此，我们得到

$$\mathbf{0} = \boldsymbol{\psi}_1 - \boldsymbol{\phi}_1 \boldsymbol{\psi}_0 \quad (B \text{ 的系数})$$

$$\mathbf{0} = \boldsymbol{\psi}_2 - \boldsymbol{\phi}_1 \boldsymbol{\psi}_1 - \boldsymbol{\phi}_2 \boldsymbol{\psi}_0 \quad (B^2 \text{ 的系数})$$

40 $$\mathbf{0} = \boldsymbol{\psi}_v - \boldsymbol{\phi}_1 \boldsymbol{\psi}_{v-1} - \boldsymbol{\phi}_2 \boldsymbol{\psi}_{v-2} \quad \text{对于 } v \geqslant 3$$

因此，我们有

$$\begin{aligned} \boldsymbol{\psi}_1 &= \boldsymbol{\varphi}_1 \\ \boldsymbol{\psi}_v &= \boldsymbol{\varphi}_1 \boldsymbol{\psi}_{v-1} + \boldsymbol{\varphi}_2 \boldsymbol{\psi}_{v-2} \quad \text{对于 } v \geqslant 2 \end{aligned} \tag{2-20}$$

其中 $\boldsymbol{\psi}_0 = \boldsymbol{I}_k$。换句话说，可以利用递归方法计算 $\boldsymbol{\psi}_1$ 的系数矩阵，初始值 $\boldsymbol{\psi}_0 = \boldsymbol{I}_k$ 和 $\boldsymbol{\psi}_0 = \boldsymbol{\phi}_1$。

2.4　VAR(*p*)模型

下面考虑一般的 k 维 VAR(p)模型，假定表达式为

$$\boldsymbol{\phi}(B)\boldsymbol{z}_t = \boldsymbol{\phi}_0 + \boldsymbol{a}_t \tag{2-21}$$

其中 $\boldsymbol{\phi}(B) = \boldsymbol{I}_k - \sum_{i=1}^{p} \phi_i B^i$ 且 $\boldsymbol{\phi}(p) \neq \mathbf{0}$。上一节讨论的 VAR(1)模型和 VAR(2)模型的结果继续满足 VAR(p)模型。例如，VAR(p)模型是可逆的，它的结构非常灵活包含了传递函数模型。本节考虑将简单 VAR 模型的其他性质推广到 VAR(p)模型。

假定式(2-21)的序列是平稳的。求期望，我们有

$$(\boldsymbol{I}_k - \boldsymbol{\phi}_1 - \cdots - \boldsymbol{\phi}_p)\boldsymbol{\mu} = [\boldsymbol{\phi}(1)]\boldsymbol{\mu} = \boldsymbol{\phi}_0$$

其中，与前面一样，$\boldsymbol{\mu} = E(\boldsymbol{z}_t)$。因此，$\boldsymbol{\mu} = [\boldsymbol{\phi}(1)]^{-1}\boldsymbol{\phi}_0$，并且模型可以写成

$$\boldsymbol{\phi}(B)\tilde{\boldsymbol{z}}_t = \boldsymbol{a}_t \tag{2-22}$$

我们利用均值调整表达式来推导平稳 VAR(p)模型的其他性质。均值对这些性质没有影响，我们可以假设它为 0。

2.4.1　一个 VAR(1)表达式

类似于 VAR(2)模型，可以通过扩展序列的方式，用 VAR(1)模型来表示 VAR(p)模型。定义 $\boldsymbol{Z}_t = (\tilde{\boldsymbol{z}}'_t, \tilde{\boldsymbol{z}}'_{t-1}, \cdots, \tilde{\boldsymbol{z}}'_{t-p+1})'$，它是一个 pk 维时间序列。式(2-2)中的 VAR(p)模型可以写成

$$\boldsymbol{Z}_t = \boldsymbol{\Phi} \boldsymbol{Z}_{t-1} + \boldsymbol{b}_t \tag{2-23}$$

其中 $\boldsymbol{b}_t = (\boldsymbol{a}'_t, \mathbf{0})'$ 且 $\mathbf{0}$ 是一个 $k(p-1)$ 维零向量，同时

$$\boldsymbol{\Phi} = \begin{bmatrix} \boldsymbol{\phi}_1 & \boldsymbol{\phi}_2 & \cdots & \boldsymbol{\phi}_{p-1} & \boldsymbol{\phi}_p \\ \boldsymbol{I} & \mathbf{0} & \cdots & \mathbf{0} & \mathbf{0} \\ \mathbf{0} & \boldsymbol{I} & \cdots & \mathbf{0} & \mathbf{0} \\ \vdots & \vdots & \ddots & \vdots & \vdots \\ \mathbf{0} & \mathbf{0} & \cdots & \boldsymbol{I} & \mathbf{0} \end{bmatrix}$$

41 其中 $\boldsymbol{I}$ 和 $\mathbf{0}$ 分别为 $k \times k$ 维单位矩阵和零矩阵。称矩阵 $\boldsymbol{\Phi}$ 为矩阵多项式 $\boldsymbol{\phi}(B) = \boldsymbol{I}_k - \boldsymbol{\phi}_1 B - \cdots$

$-\boldsymbol{\phi}_p B^p$ 的伴随矩阵。$\boldsymbol{b}_t$ 的协方差矩阵有特殊结构，除了左上角元素为 $\boldsymbol{\Sigma}_d$ 外，其他元素全为 0。

2.4.2 平稳条件

我们利用式(2-23)中的 VAR(1)表达式很容易得到 VAR(p)序列 $\boldsymbol{z}_t$ 弱平稳的充分和必要条件。因为 $\boldsymbol{Z}_t$ 服从 VAR(1)模型，所示它的平稳条件是行列式方程 $|\boldsymbol{I}_{kp}-\boldsymbol{\Phi}B|=0$ 的所有解的绝对值都大于 1。有时我们也说解的模大于 1 或者它们的所有解在单位圆外。根据引理 2.1，对于 VAR(p)序列，有 $|\boldsymbol{I}_{kp}-\boldsymbol{\Phi}B|=|\boldsymbol{\Phi}(B)|$。因此，序列 VAR($p$)弱平稳的充分和必要条件是行列式方程 $|\boldsymbol{\Phi}(B)|=0$ 所有解的模大于 1。

引理 2.1　对于 $k\times k$ 矩阵多项式 $\boldsymbol{\phi}(B)=\boldsymbol{I}_k-\sum_{i=1}^{p}\boldsymbol{\phi}_i B^i$，满足 $|\boldsymbol{I}_{kp}-\boldsymbol{\Phi}B|=|\boldsymbol{I}_k-\boldsymbol{\phi}_1 B-\cdots-\boldsymbol{\phi}_p B^p|$，其中 $\boldsymbol{\Phi}$ 在式(2-23)中已定义。

2.12 节已经给出引理 2.1 的证明。

2.4.3 矩方程

式(2-22)右乘 $\tilde{\boldsymbol{z}}_{t-\ell}$ 并取期望，我们有

$$\boldsymbol{\Gamma}_\ell-\boldsymbol{\phi}_1\boldsymbol{\Gamma}_{\ell-1}-\cdots-\boldsymbol{\phi}_p\boldsymbol{\Gamma}_{\ell-p}=\begin{cases}\boldsymbol{\Sigma}_a & \text{如果 } \ell=0\\ 0 & \text{如果 } \ell>0\end{cases} \tag{2-24}$$

考虑对于 $\ell=1,\cdots,p$ 的联合矩阵方程。我们有一个矩阵方程组

$$[\boldsymbol{\Gamma}_1,\boldsymbol{\Gamma}_2,\cdots,\boldsymbol{\Gamma}_p]=[\boldsymbol{\phi}_1,\boldsymbol{\phi}_2,\cdots,\boldsymbol{\phi}_p]\begin{bmatrix}\boldsymbol{\Gamma}_0 & \boldsymbol{\Gamma}_1 & \cdots & \boldsymbol{\Gamma}_{p-1}\\ \boldsymbol{\Gamma}_1' & \boldsymbol{\Gamma}_0 & \cdots & \boldsymbol{\Gamma}_{p-2}\\ \vdots & \vdots & & \vdots\\ \boldsymbol{\Gamma}_{p-1}' & \boldsymbol{\Gamma}_{p-2}' & \cdots & \boldsymbol{\Gamma}_0\end{bmatrix} \tag{2-25}$$ 42

其中我们用 $\boldsymbol{\Gamma}_{-\ell}=\boldsymbol{\Gamma}_\ell'$，这个矩阵方程组称为 VAR($p$)模型的多元 Yule-Walk 方程。可以利用此方程从交叉协方差矩阵 $\boldsymbol{\Gamma}_\ell(\ell=0,\cdots,p)$中得到 AR 系数矩阵 $\boldsymbol{\phi}_j$。对于平稳 VAR(p)模型，式(2-25)的方阵是非奇异的。另一方面，为了得到交叉协方差矩阵，对于一个平稳 VAR(p)模型的交叉相关矩阵，用式(2-23)中的 VAR(1)扩展模型表示是很方便的。对于扩展的 kp 维序列 $\boldsymbol{Z}_t$，我们有

$$\mathrm{Cov}(\boldsymbol{Z}_t)=\boldsymbol{\Gamma}_0^*=\begin{bmatrix}\boldsymbol{\Gamma}_0 & \boldsymbol{\Gamma}_1 & \cdots & \boldsymbol{\Gamma}_{p-1}\\ \boldsymbol{\Gamma}_1' & \boldsymbol{\Gamma}_0 & \cdots & \boldsymbol{\Gamma}_{p-2}\\ \vdots & \vdots & & \vdots\\ \boldsymbol{\Gamma}_{p-1}' & \boldsymbol{\Gamma}_{p-2}' & \cdots & \boldsymbol{\Gamma}_0\end{bmatrix} \tag{2-26}$$

此式恰好是式(2-25)的方阵。因此，类似于 VAR(2)，利用式(2-8)可以得到

$$[\boldsymbol{I}_{(kp)^2}-\boldsymbol{\Phi}\otimes\boldsymbol{\Phi}]\mathrm{vec}(\boldsymbol{\Gamma}_0^*)=\mathrm{vec}(\boldsymbol{\Sigma}_b)$$

因此，已知 AR 模型的系数矩阵 $\boldsymbol{\phi}_i$ 和协方差矩阵 $\boldsymbol{\Sigma}_a$，可以得到 $\boldsymbol{\Phi}$ 和 $\boldsymbol{\Sigma}_b$。可以使用上

式得到 $\boldsymbol{\Gamma}_0^*$，它包含 $\boldsymbol{\Gamma}_\ell(\ell=0,\cdots,p)$，通过式(2-24)的矩方程，可以用递归方法计算其他更高阶的交叉协方差矩阵。

2.4.4 隐含的分量模型

使用与 VAR(2)模型中的相同技术，可知 VAR(p)模型的分量 z_{it} 服从一元 ARMA(kp，$(k-1)p$)模型。对较大的 k 或 p，ARMA 的阶(kp，$(k-1)p$)是比较高的，但是它定义了最大允许的阶数。对于 z_{it}，边际 ARMA 模型的实际阶相对比较低。除了季节时间序列外，根据以往分析一元时间序列的经验，我们发现实际时间序列的阶相对较低。因为 VAR(p)模型包含了大量分量模型，所以人们希望真实世界的多元时间序列的阶不高。

2.4.5 移动平均表达式

使用与 VAR(2)模型相同的技术，可以通过递归方法得到 VAR(p)模型的 MA 表达
43 式。MA 表达式的系数矩阵为

$$\boldsymbol{\psi}_i = \sum_{j=1}^{\min(i,p)} \boldsymbol{\phi}_j \boldsymbol{\psi}_{i-j}, \ i = 1,2,\cdots \tag{2-27}$$

其中 $\boldsymbol{\psi}_0=\boldsymbol{I}_k$，矩阵 $\boldsymbol{\psi}_i$ 可以看成 VAR(p)模型的 ψ 权重。后面我们将讨论这些 $\boldsymbol{\psi}_i$ 矩阵的意义。这里只要说基于 MA 表达式就够了，我们很容易给出下面的结果。

引理 2.2 对于式(2-2)中的 VAR(p)模型，$\boldsymbol{a}_t$ 为不相关新息过程序列，其均值为 0，正定协方差为 $\boldsymbol{\Sigma}_a$，对于 $j\geqslant 0$，$\mathrm{Cov}(\boldsymbol{z}_i,\boldsymbol{a}_{t-j})=\boldsymbol{\psi}_j\boldsymbol{\Sigma}_a$，其中 $\boldsymbol{\psi}_j$ 表示 ψ 权重矩阵。

2.5 估计

一个 VAR(p)模型可以通过最小二乘(LS)、极大似然(ML)或者贝叶斯估计方法来估计。对于最小二乘(LS)方法，我们发现广义最小二乘(GLS)和普通最小二乘(OLS)方法的估计结果相同，具体见 Zellner(1962)。在多元正态假设下，$\boldsymbol{a}_t$ 服从 k 维正态分布，VAR(p)模型的 ML 估计与 LS 估计近似相等。我们也简单讨论 VAR(p)模型的贝叶斯估计。

假定来自 VAR(p)模型的样本$\{\boldsymbol{z}_t \mid t=1,\cdots,T\}$是有效的。相关参数为$\{\boldsymbol{\phi}_0,\boldsymbol{\phi}_1,\cdots,\boldsymbol{\phi}_p\}$和 $\boldsymbol{\Sigma}_a$，下面我们讨论估计这些参数及估计性质的多种方法。

2.5.1 最小二乘方法

对于 LS 估计，有用的数据使我们考虑到

$$\boldsymbol{z}_t = \boldsymbol{\phi}_0 + \boldsymbol{\phi}_1\boldsymbol{z}_{t-1} + \cdots + \boldsymbol{\phi}_p\boldsymbol{z}_{t-p} + \boldsymbol{a}_t, \ t = p+1,\cdots,T$$

其中 $\boldsymbol{a}_t$ 的协方差矩阵为 $\boldsymbol{\Sigma}_a$。这里，我们有 $T-P$ 个有效估计数据点。为了促进有效估计，我们将 VAR(p)模型重写成

$$\boldsymbol{z}_t' = \boldsymbol{x}_t'\beta + \boldsymbol{a}_t'$$

其中 $\boldsymbol{x}_t=(1, \boldsymbol{z}'_{t-1}, \cdots, \boldsymbol{z}'_{t-p})'$是一个$(kp+1)$维向量，$\boldsymbol{\beta}'=[\boldsymbol{\phi}_0, \boldsymbol{\phi}_1, \cdots, \boldsymbol{\phi}_p]$是一个 $k\times(kp+1)$矩阵。根据新的表达式，可以将数据写成 44

$$\boldsymbol{Z}=\boldsymbol{X\beta}+\boldsymbol{A} \tag{2-28}$$

其中 $\boldsymbol{Z}$ 是一个$(T-p)\times k$ 矩阵且第 i 行为 $\boldsymbol{z}'_{p+i}$。$\boldsymbol{X}$ 为$(T-p)\times(kp+1)$矩阵且第 i 行为 $\boldsymbol{x}'_{p+i}$，$\boldsymbol{A}$ 为$(T-p)\times k$ 矩阵且第 i 行为 $\boldsymbol{a}'_{p+i}$。对于 VAR(p)模型，式(2-28)中的矩阵表达式特别方便。例如，β 的列 j 包含关于 z_{jt} 的参数。将式(2-28)向量化并根据附录 A 中给出的 Kronecker 乘积性质，我们得到

$$\mathrm{vec}(Z)=(\boldsymbol{I}_k\otimes\boldsymbol{X})\mathrm{vec}(\boldsymbol{\beta})+\mathrm{vec}(\boldsymbol{A}) \tag{2-29}$$

注意 vec($\boldsymbol{A}$)的协方差矩阵为 $\boldsymbol{\Sigma}_a\otimes\boldsymbol{I}_{T-p}$。

2.5.1.1 广义最小二乘估计

通过最小化下式，我们得到 β 的广义最小二乘(GLS)估计。

$$\begin{aligned}S(\beta)&=[\mathrm{vec}(\boldsymbol{A})]'(\boldsymbol{\Sigma}_a\otimes\boldsymbol{I}_{T-p})^{-1}\mathrm{vec}(\boldsymbol{A})\\&=[\mathrm{vec}(\boldsymbol{Z}-\boldsymbol{X\beta})]'\left(\sum_a^{-1}\otimes I_{t-p}\right)\mathrm{vec}(\boldsymbol{Z}-\boldsymbol{X\beta}) \qquad (2\text{-}30)\\&=\mathrm{tr}[(\boldsymbol{Z}-\boldsymbol{X\beta})\sum_a^{-1}(\boldsymbol{Z}-\boldsymbol{X\beta})'] \qquad (2\text{-}31)\end{aligned}$$

最后的等式成立的理由是 $\boldsymbol{\Sigma}_a$ 为对称矩阵，同时我们用到 $\mathrm{tr}(\boldsymbol{DBC})=\mathrm{vec}(\boldsymbol{C}')'(\boldsymbol{B}\otimes\boldsymbol{I})\mathrm{vec}(\boldsymbol{D})$。根据式(2-30)，我们有

$$\begin{aligned}S(\beta)&=[\mathrm{vec}(\boldsymbol{Z})-(\boldsymbol{I}_k\otimes\boldsymbol{X})\mathrm{vec}(\boldsymbol{\beta})]'\left(\sum_a^{-1}\otimes\boldsymbol{I}_{T-p}\right)[\mathrm{vec}(\boldsymbol{Z})-(\boldsymbol{I}_k\otimes\boldsymbol{X})\mathrm{vec}(\boldsymbol{\beta})]\\&=[\mathrm{vec}(\boldsymbol{Z})'-\mathrm{vec}(\boldsymbol{\beta})'(\boldsymbol{I}_k\otimes\boldsymbol{X}')]\left(\sum_a^{-1}\otimes\boldsymbol{I}_{T-p}\right)\times[\mathrm{vec}(\boldsymbol{Z})-(\boldsymbol{I}_k\otimes\boldsymbol{X})\mathrm{vec}(\boldsymbol{\beta})]\\&=\mathrm{vec}(\boldsymbol{Z})'\left(\sum_a^{-1}\otimes\boldsymbol{I}_{T-p}\right)\mathrm{vec}(\boldsymbol{Z})-2\mathrm{vec}(\boldsymbol{\beta})'\left(\sum_a^{-1}\otimes\boldsymbol{X}'\right)\mathrm{vec}(\boldsymbol{Z})+\mathrm{vec}(\boldsymbol{\beta})'\left(\sum_a^{-1}\otimes\boldsymbol{X}'\boldsymbol{X}\right)\mathrm{vec}(\boldsymbol{\beta})\end{aligned} \tag{2-32}$$

求 $S(\boldsymbol{\beta})$关于 ver($\boldsymbol{\beta}$)的偏导数，我们得到

$$\frac{\partial S(\beta)}{\partial\mathrm{vec}(\beta)}=-2\left(\sum_a^{-1}\otimes\boldsymbol{X}'\right)\mathrm{ver}(\boldsymbol{Z})+2\left(\sum_a^{-1}\otimes\boldsymbol{X}'\boldsymbol{X}\right)\mathrm{vec}(\boldsymbol{\beta}) \tag{2-33}$$

令此偏导数等于 0，可得正态方程

$$\left(\sum_a^{-1}\otimes\boldsymbol{X}'\boldsymbol{X}\right)\mathrm{vec}(\hat{\boldsymbol{\beta}})=\left(\sum_a^{-1}\otimes\boldsymbol{X}'\right)\mathrm{vec}(\boldsymbol{Z})$$

因此，VAR(p)模型的 GLS 估计为

$$\mathrm{vec}(\hat{\boldsymbol{\beta}})=\left(\sum_a^{-1}\otimes\boldsymbol{X}'\boldsymbol{X}\right)^{-1}\left(\sum_a^{-1}\otimes\boldsymbol{X}'\right)\mathrm{vec}(\boldsymbol{Z})=\left[\boldsymbol{\Sigma}_a\otimes(\boldsymbol{X}'\boldsymbol{X})^{-1}\right]\left(\sum_a^{-1}\otimes\boldsymbol{X}'\right)\mathrm{vec}(\boldsymbol{Z})$$

45 $$=[\boldsymbol{I}_k \otimes (\boldsymbol{X}'\boldsymbol{X})^{-1}\boldsymbol{X}']\mathrm{vec}(\boldsymbol{Z}) = \mathrm{vec}[(\boldsymbol{X}'\boldsymbol{X})^{-1}(\boldsymbol{X}'\boldsymbol{Z})] \tag{2-34}$$

其中最后一个等式成立的理由是 $\mathrm{vec}(\boldsymbol{BD})=(\boldsymbol{I}\otimes\boldsymbol{D})\mathrm{vec}(\boldsymbol{B})$。换句话说，我们得到

$$\hat{\boldsymbol{\beta}} = (\boldsymbol{X}'\boldsymbol{X})^{-1}(\boldsymbol{X}'\boldsymbol{Z}) = \left[\sum_{t=p+1}^{T}\boldsymbol{x}_t\boldsymbol{x}_t'\right]^{-1}\sum_{t=p+1}^{T}\boldsymbol{x}_t\boldsymbol{z}_t' \tag{2-35}$$

比较有意思的是它不依赖于 $\boldsymbol{\Sigma}_a$。

注记：式(2-35)的结果表明，通过多个方程可以得到 VAR(p)模型的 GLS 估计。即，我们可以考虑 z_{it} 分别关于 $\boldsymbol{x}_t$ 的 k 个多元线性回归，其中 $i=1, \cdots, k$。当考虑 VAR(p)模型的参数约束时用此估计方法比较方便。

2.5.1.2　普通最小二乘估计

你可能已经注意到了式(2-35)中的 VAR(p)模型的 GLS 估计方法与式(2-28)中的多因变量多元线性回归的 OLS 估计方法相同。用 $\boldsymbol{I}_k$ 代替式(2-31)中的 $\boldsymbol{\Sigma}_a$，OLS 估计的目标函数为

$$S_0(\boldsymbol{\beta}) = \mathrm{tr}[(\boldsymbol{Z}-\boldsymbol{X}\boldsymbol{\beta})(\boldsymbol{Z}-\boldsymbol{X}\boldsymbol{\beta})'] \tag{2-36}$$

前面讨论的偏导数继续一步一步用 $\boldsymbol{I}_k$ 代替 $\boldsymbol{\Sigma}_a$。因此，式(2-35)给出的 $\boldsymbol{\beta}$ 的估计相同。在 Zellner(1962)中首次提出，VAR(p)模型的 GLS 估计与 OLS 估计相同。下面，我们把式(2-35)的估计简单地称为 LS 估计。

LS 估计的残差为

$$\hat{\boldsymbol{a}}_t = \boldsymbol{z}_t - \hat{\boldsymbol{\phi}}_0 - \sum_{i=1}^{p}\hat{\boldsymbol{\phi}}_i\boldsymbol{z}_{t-i},\ t = p+1,\cdots,T$$

并令 $\hat{\boldsymbol{A}}$ 为残差矩阵，即 $\hat{\boldsymbol{A}}=\boldsymbol{Z}-\boldsymbol{X}\hat{\boldsymbol{\beta}}=[\boldsymbol{I}_{T-p}-\boldsymbol{X}(\boldsymbol{X}'\boldsymbol{X})^{-1}\boldsymbol{X}']\boldsymbol{Y}$。新息协方差矩阵 $\boldsymbol{\Sigma}_a$ 的 LS 估计为

$$\tilde{\boldsymbol{\Sigma}}_a = \frac{1}{T-(k+1)p-1}\sum_{t=p+1}^{T}\hat{\boldsymbol{a}}_t\hat{\boldsymbol{a}}_t' = \frac{1}{T-(k+1)p-1}\hat{\boldsymbol{A}}'\hat{\boldsymbol{A}}$$

其中分母 $[T-p-(kp+1)]$ 是有效样本数，对每一个分量 z_{jt}，有效样本数比方程的参数数
46 少。根据式(2-28)可知，

$$\hat{\boldsymbol{\beta}} - \boldsymbol{\beta} = (\boldsymbol{X}'\boldsymbol{X})^{-1}\boldsymbol{X}'\boldsymbol{A} \tag{2-37}$$

因为 $E(\boldsymbol{A})=0$，所以我们可知 LS 估计是无偏估计。VAR(p)模型的 LS 估计有下面性质。

定理 2.1　对于式(2-21)中的平稳 VAR(p)模型，假定 $\boldsymbol{a}_t$ 是独立同分布的且均值为 0、正定协方差矩阵为 $\boldsymbol{\Sigma}_a$。那么，(ⅰ)$E(\hat{\boldsymbol{\beta}})=\boldsymbol{\beta}$，其中 $\boldsymbol{\beta}$ 在式(2-28)中已定义；(ⅱ)$E(\tilde{\boldsymbol{\Sigma}}_a)=\boldsymbol{\Sigma}_a$；(ⅲ)残差 $\hat{\boldsymbol{A}}$ 和 LS 估计 $\hat{\boldsymbol{\beta}}$ 不相关；(ⅳ)参数估计的协方差为

$$\mathrm{Cov}[\mathrm{vec}(\hat{\boldsymbol{\beta}})] = \tilde{\boldsymbol{\Sigma}}_a \otimes (\boldsymbol{X}'\boldsymbol{X})^{-1} = \tilde{\boldsymbol{\Sigma}}_a \otimes \left(\sum_{t=p+1}^{T}\boldsymbol{x}_t\boldsymbol{x}_t'\right)^{-1}$$

定理 2.1 满足多因变量多元线性回归的 LS 理论。详细证明见 Lutkepoh(2005)或者 Johnson 和 Wichern(2007，第 7 章)。

2.5.2　极大似然估计

进一步假定 VAR(p)模型的 $\boldsymbol{a}_t$ 服从多元正态分布。令 $z_{h:q}$ 表示从 $t=h$ 到 $t=q$(包括 h、q)的观测值。数据的条件似然函数可以写成

$$\begin{aligned} L(\boldsymbol{z}_{(p+1):T} \mid \boldsymbol{z}_{1:p}, \boldsymbol{\beta}, \boldsymbol{\Sigma}_a) &= \prod_{t=p+1}^{T} p(\boldsymbol{z}_t \mid \boldsymbol{z}_{1:(t-1)}, \boldsymbol{\beta}, \boldsymbol{\Sigma}_a) \\ &= \prod_{t=p+1}^{T} p(\boldsymbol{a}_t \mid \boldsymbol{z}_{1:(t-1)}, \boldsymbol{\beta}, \boldsymbol{\Sigma}_a) = \prod_{t=p+1}^{T} p(\boldsymbol{a}_t \mid \boldsymbol{\beta}, \boldsymbol{\Sigma}_a) \\ &= \prod_{t=p+1}^{T} \frac{1}{(2\pi)^{k/2} |\boldsymbol{\Sigma}_a|^{1/2}} \exp\left[\frac{-1}{2} \boldsymbol{a}_t' \boldsymbol{\Sigma}_a^{-1} \boldsymbol{a}_t\right] \\ &\propto |\boldsymbol{\Sigma}_a|^{-(T-p)/2} \exp\left[\frac{-1}{2} \sum_{t=p+1}^{T} \mathrm{tr}(\boldsymbol{a}_t' \boldsymbol{\Sigma}_a^{-1} \boldsymbol{a}_t)\right] \end{aligned}$$ 47

对数似然函数变为

$$\begin{aligned} \ell(\boldsymbol{\beta}, \boldsymbol{\Sigma}_a) &= c - \frac{T-p}{2} \log(|\boldsymbol{\Sigma}_a|) - \frac{1}{2} \sum_{t=p+1}^{T} \mathrm{tr}\left(\boldsymbol{a}_t' \boldsymbol{\Sigma}_a^{-1} \boldsymbol{a}_t\right) \\ &= c - \frac{T-p}{2} \log(|\boldsymbol{\Sigma}_a|) - \frac{1}{2} \mathrm{tr}\left(\boldsymbol{\Sigma}_a^{-1} \sum_{t=p+1}^{T} \boldsymbol{a}_t' \boldsymbol{a}_t\right) \end{aligned}$$

其中 c 是常数，我们使用了 $\mathrm{tr}(\boldsymbol{CD}) = \mathrm{tr}(\boldsymbol{DC})$ 和 $\mathrm{tr}(\boldsymbol{C}+\boldsymbol{D}) = \mathrm{tr}(\boldsymbol{C}) + \mathrm{tr}(\boldsymbol{D})$ 的性质。记 $\sum_{t=p+1}^{T} \boldsymbol{a}_t \boldsymbol{a}_t' = \boldsymbol{A}'\boldsymbol{A}$，其中 $\boldsymbol{A}=\boldsymbol{Z}-\boldsymbol{X\beta}$ 是式(2-28)的误差矩阵，我们可以将对数似然函数重写成

$$\ell(\boldsymbol{\beta}, \boldsymbol{\Sigma}_a) = c - \frac{T-p}{2} \log(|\boldsymbol{\Sigma}_a|) - \frac{1}{2} S(\boldsymbol{\beta}) \tag{2-38}$$

其中 $S(\boldsymbol{\beta})$ 由式(2-31)给出。

因为参数矩阵 $\boldsymbol{\beta}$ 仅仅在 $\ell(\boldsymbol{\beta}, \boldsymbol{\Sigma}_a)$ 的最后一项出现，所以求关于 $\boldsymbol{\beta}$ 的极大对数似然函数值等价于求 $S(\boldsymbol{\beta})$ 的最小值。因此，$\boldsymbol{\beta}$ 的 ML 估计与它的 LS 估计相同。接下来，求对数似然函数关于 $\boldsymbol{\Sigma}_a$ 的偏导数并利用附录 A 中结果 3 的性质(i)和(j)，我们得到

$$\frac{\partial \ell(\hat{\boldsymbol{\beta}}, \boldsymbol{\Sigma}_a)}{\partial \boldsymbol{\Sigma}_a} = -\frac{T-p}{2} \boldsymbol{\Sigma}_a^{-1} + \frac{1}{2} \boldsymbol{\Sigma}_a^{-1} \hat{\boldsymbol{A}}' \hat{\boldsymbol{A}} \boldsymbol{\Sigma}_a^{-1} \tag{2-39}$$

令前面的正则方程为 0，我们得到 $\boldsymbol{\Sigma}_a$ 的 ML 估计为

$$\hat{\boldsymbol{\Sigma}}_a = \frac{1}{T-p} \hat{\boldsymbol{A}}' \hat{\boldsymbol{A}} = \frac{1}{T-p} \sum_{t=p+1}^{T} \hat{\boldsymbol{a}}_t \hat{\boldsymbol{a}}_t' \tag{2-40}$$

此结果与多元线性回归的结果相同。$\boldsymbol{\Sigma}_a$ 的 ML 估计只是渐近无偏估计。最后，通过求式(2-23)的偏导数，我们得到 $\boldsymbol{\beta}$ 的海森(Hessiàn)矩阵，即，

$$-\frac{\partial^2 \ell(\boldsymbol{\beta}, \boldsymbol{\Sigma}_a)}{\partial \mathrm{vec}(\beta)\, \partial \mathrm{vec}(\beta)'} = \frac{1}{2} \frac{\partial^2 S(\boldsymbol{\beta})}{\partial \mathrm{vec}(\beta)\, \partial \mathrm{vec}(\boldsymbol{\beta})'} = \boldsymbol{\Sigma}_a^{-1} \otimes \boldsymbol{X}'\boldsymbol{X}$$

海森矩阵的逆给出了 $\mathrm{vec}(\boldsymbol{\beta})$ 的 ML 估计的渐近协方差矩阵。下面利用附录 A 中结果 3
48 的性质(e)和乘积原则，并对式(2-39)求导数，我们得到

$$\frac{\partial^2 \ell(\hat{\beta},\boldsymbol{\Sigma}_a)}{\partial \mathrm{vec}(\boldsymbol{\Sigma}_a)\,\partial \mathrm{vec}(\boldsymbol{\Sigma}_a)'}=\frac{T-p}{2}\left[\boldsymbol{\Sigma}_a^{-1}\otimes\boldsymbol{\Sigma}_a^{-1}\right]-\frac{1}{2}\left[\left[\boldsymbol{\Sigma}_a^{-1}\otimes\boldsymbol{\Sigma}_a^{-1}\right]\hat{\boldsymbol{A}}'\hat{\boldsymbol{A}}\boldsymbol{\Sigma}_a^{-1}\right]$$
$$-\frac{1}{2}\left[\boldsymbol{\Sigma}_a^{-1}\hat{\boldsymbol{A}}'\hat{\boldsymbol{A}}\left(\boldsymbol{\Sigma}_a^{-1}\otimes\boldsymbol{\Sigma}_a^{-1}\right)\right]$$

因此，我们有

$$-E\left(\frac{\partial^2 \ell(\hat{\beta},\boldsymbol{\Sigma}_a)}{\partial \mathrm{vec}(\boldsymbol{\Sigma}_a)\,\partial \mathrm{vec}(\boldsymbol{\Sigma}_a)'}\right)=\frac{T-p}{2}\left(\boldsymbol{\Sigma}_a^{-1}\otimes\boldsymbol{\Sigma}_a^{-1}\right)$$

这个结果给出了 $\boldsymbol{\Sigma}_a$ 的元素 ML 估计的渐进协方差矩阵。

定理 2.2 假定一个平稳 VAR(p)模型的新息 $\boldsymbol{a}_t$ 服从多元正态分布且均值为 0，正定协方差矩阵为 $\boldsymbol{\Sigma}_a$。那么，ML 估计为 $\mathrm{vec}(\hat{\boldsymbol{\beta}})=(\boldsymbol{X}'\boldsymbol{X})^{-1}\boldsymbol{X}'\boldsymbol{Z}$ 和 $\hat{\boldsymbol{\Sigma}}_a=(1/T-p)\sum_{t=p+1}^{T}\hat{\boldsymbol{a}}_t\hat{\boldsymbol{a}}'_t$。另外，(i) $(T-p)\hat{\boldsymbol{\Sigma}}_a$ 服从 $\boldsymbol{W}_{k,T-(k+1)p-1}(\boldsymbol{\Sigma}_a)$ 分布，一个 Wishart 分布；(ii) $\mathrm{vec}(\hat{\boldsymbol{\beta}})$ 是正态分布且均值为 $\mathrm{vec}(\boldsymbol{\beta})$，协方差矩阵为 $\boldsymbol{\Sigma}_a\otimes(\boldsymbol{X}'\boldsymbol{X})^{-1}$；(iii) $\mathrm{vec}(\hat{\boldsymbol{\beta}})$ 和 $\hat{\boldsymbol{\Sigma}}_a$ 是独立的，其中 $\boldsymbol{Z}$ 和 $\boldsymbol{X}$ 已在式(2-28)中定义。此外，$\sqrt{T}[\mathrm{vec}(\hat{\boldsymbol{\beta}})-\boldsymbol{\beta}]$ 和 $\sqrt{T}[\mathrm{vec}(\hat{\boldsymbol{\Sigma}}_a)-\mathrm{vec}(\boldsymbol{\Sigma}_a)]$ 是渐近正态分布，均值为 0，协方差矩阵分别为 $\boldsymbol{\Sigma}_a\otimes\boldsymbol{G}^{-1}$ 和 $2\boldsymbol{\Sigma}_a\otimes\boldsymbol{\Sigma}_a$，其中 $\boldsymbol{G}=E(\boldsymbol{x}_t\boldsymbol{x}'_t)$ 且 $\boldsymbol{x}_t$ 已在式(2-28)中定义。

最后，给定数据集$\{\boldsymbol{z}_1, \cdots, \boldsymbol{z}_T\}$，VAR($p$)模型的极大似然函数为

$$L(\hat{\boldsymbol{\beta}},\hat{\boldsymbol{\Sigma}}_a\,|\,\boldsymbol{z}_{1:p})=(2\pi)^{-k(T-p)/2}\,|\hat{\boldsymbol{\Sigma}}_a|^{-(T-p)/2}\exp\left[\frac{-k(T-p)}{2}\right]\tag{2-41}$$

这个值在后面讨论似然比检验中很有用。

2.5.3 LS 估计的极限性质

考虑式(2-21)中的 k 维平稳 VAR(p)模型。为了研究式(2-35)中的 LS 估计 $\hat{\boldsymbol{\beta}}$ 的渐近性质，需要假定新息序列$\{\boldsymbol{a}_t\}$是独立同分布随机向量序列且均值为 0，正定协方差矩阵为 $\boldsymbol{\Sigma}_a$。而且 $\boldsymbol{a}_t=\{\boldsymbol{a}_{1t}, \cdots, a_{kt}\}'$ 是连续的且满足

49
$$E|\boldsymbol{a}_{it}\boldsymbol{a}_{jt}\boldsymbol{a}_{ut}\boldsymbol{a}_{vt}|<\infty,\ \text{对于所有的 } t \text{ 和 } i,j,u,v=1,\cdots,k\tag{2-42}$$

换句话说，$\boldsymbol{a}_t$ 的四阶矩是有限的。在这个假设下，我们有下面的结论。

引理 2.3 如果式(2-21)的 VAR(p)模型过程 z_t 是平稳的且满足式(2-24)中的条件，那么，当 $T\to\infty$ 时，我们有

(i) $\boldsymbol{X}'\boldsymbol{X}/(T-p)\to_p G$；

(ii) $(1/\sqrt{T-p})\mathrm{vec}(\boldsymbol{X}'\boldsymbol{A})=(1/\sqrt{T-p})(\boldsymbol{I}_k\otimes\boldsymbol{X}')\mathrm{vec}(\boldsymbol{A})\to_d N(0,\ \boldsymbol{\Sigma}_a\otimes\boldsymbol{G})$

其中 $\to_p$ 和 $\to_d$ 分别表示依概率收敛和依分布收敛。$\boldsymbol{X}$ 和 $\boldsymbol{A}$ 已在式(2-28)中定义，同时 $\boldsymbol{G}$ 是非奇异矩阵并可以表示为

$$G=\begin{bmatrix}1 & \mathbf{0}' \\ \mathbf{0} & \boldsymbol{\Gamma}_0^*\end{bmatrix}+\begin{bmatrix}\mathbf{0} \\ \boldsymbol{u}\end{bmatrix}[\mathbf{0},\boldsymbol{u}']$$

其中 $\mathbf{0}$ 是一个 kp 维零向量。$\boldsymbol{\Gamma}_0^*$ 已在式(2-26)中定义并有 $\boldsymbol{u}=\mathbf{1}p\otimes\boldsymbol{u}$ 且 $\mathbf{1}_p$ 是一个 p 维单位向量。

引理 2.3 的证明可以在 Fuller(1976，p. 340)或者 Lutkepohl(2005，p. 73)的引理 3.1 中找到。利用引理 2.3 可以建立 LS 估计 $\hat{\boldsymbol{\beta}}$ 的渐进分布。

定理 2.3　假定式(2-21)中的 VAR(p)时间序列 z_t 是平稳的且它的新息满足式(2-24)中的假设。那么，当 $T\to\infty$ 时，

(ⅰ) $\hat{\boldsymbol{\beta}}\to_p\boldsymbol{\beta}$；

(ⅱ) $\sqrt{T-p}[\mathrm{vec}(\hat{\boldsymbol{\beta}})-\mathrm{vec}(\boldsymbol{\beta})]=\sqrt{T-p}[\mathrm{vec}(\hat{\boldsymbol{\beta}}-\boldsymbol{\beta})]\to_d N(\mathbf{0},\ \boldsymbol{\Sigma}_a\otimes\boldsymbol{G}^{-1})$

其中，$\boldsymbol{G}$ 已在引理 2.3 中定义。

证明：根据式(2-37)，我们有

$$\hat{\boldsymbol{\beta}}-\boldsymbol{\beta}=\left(\frac{\boldsymbol{X}'\boldsymbol{X}}{T-p}\right)^{-1}\left(\frac{\boldsymbol{X}'\boldsymbol{A}}{T-p}\right)\to_p\mathbf{0}$$

因为最后一项趋于 $\mathbf{0}$，这建立了 $\hat{\boldsymbol{\beta}}$ 的一致性。对于结果(ⅱ)，利用式(2-34)得到

$$\begin{aligned}\sqrt{T-p}[\mathrm{vec}(\hat{\boldsymbol{\beta}})-\mathrm{vec}(\beta)]&=\sqrt{T-p}[\boldsymbol{I}_k\otimes(\boldsymbol{X}'\boldsymbol{X})^{-1}\boldsymbol{X}']\mathrm{vec}(\boldsymbol{A})\\&=\sqrt{T-p}[\boldsymbol{I}_k\otimes(\boldsymbol{X}'\boldsymbol{X})^{-1}][\boldsymbol{I}_k\otimes\boldsymbol{X}']\mathrm{vec}(\boldsymbol{A})\\&=\left[\boldsymbol{I}_k\otimes\left(\frac{\boldsymbol{X}'\boldsymbol{X}}{T-p}\right)^{-1}\right]\frac{1}{\sqrt{T-p}}[\boldsymbol{I}_k\otimes\boldsymbol{X}']\mathrm{vec}(\boldsymbol{A})\end{aligned}$$

50

因此，$\sqrt{T-p}[\mathrm{vec}(\hat{\boldsymbol{\beta}})-\mathrm{vec}(\boldsymbol{\beta})]$的极限分布与下面的极限分布相同。

$$(\boldsymbol{I}_k\otimes\boldsymbol{G}^{-1})\ \frac{1}{\sqrt{T-p}}[\boldsymbol{I}_k\otimes\boldsymbol{X}']\mathrm{vec}(\boldsymbol{A})$$

因此，根据引理 2.3，$\sqrt{T-p}[\mathrm{vec}(\hat{\boldsymbol{\beta}})-\mathrm{vec}(\boldsymbol{\beta})]$的极限分布是正态分布且协方差矩阵为

$$(\boldsymbol{I}_k\otimes G^{-1})(\boldsymbol{\Sigma}_a\otimes G)(\boldsymbol{I}_k\otimes \boldsymbol{G}^{-1})=\boldsymbol{\Sigma}_a\otimes G^{-1}$$

证毕。□

例 2.3　考虑 1980 年第二季度到 2011 年第二季度的英国、加拿大、美国实际国内生产总值(GDP)的季度增长率。数据经过季节调整，从圣路易斯联邦储备银行的数据库下载。GDP 是指以本国货币百亿为单位，增长率表示为的对数 GDP 的差分序列。图 2-1 给出了 3 个 GDP 增长率的时序图。在我们的讨论中我们采用 VAR(2)模型，在这个特例中，我们有 $k=3$，$p=2$，和 $T=125$。用 2.5 节定义的符号，我们有

$$\hat{\boldsymbol{\Sigma}}_a=\begin{bmatrix}0.299 & 0.028 & 0.079\\0.028 & 0.309 & 0.148\\0.079 & 0.148 & 0.379\end{bmatrix},\ \hat{\boldsymbol{\Sigma}}_a\begin{bmatrix}0.282 & 0.027 & 0.074\\0.027 & 0.292 & 0.139\\0.074 & 0.139 & 0.357\end{bmatrix}$$

同时在下面的 R 代码示例中给出了 LS 估计 vec($\hat{\boldsymbol{\beta}}$)和它们的标准误差以及 t 比率。协方差

矩阵的两个估计相差一个因子 116/123＝0.943。根据输出变量，t 比率表明在通常 5％水平下有些 LS 估计统计上不显著。后面我们将讨论模型的检验与改进。

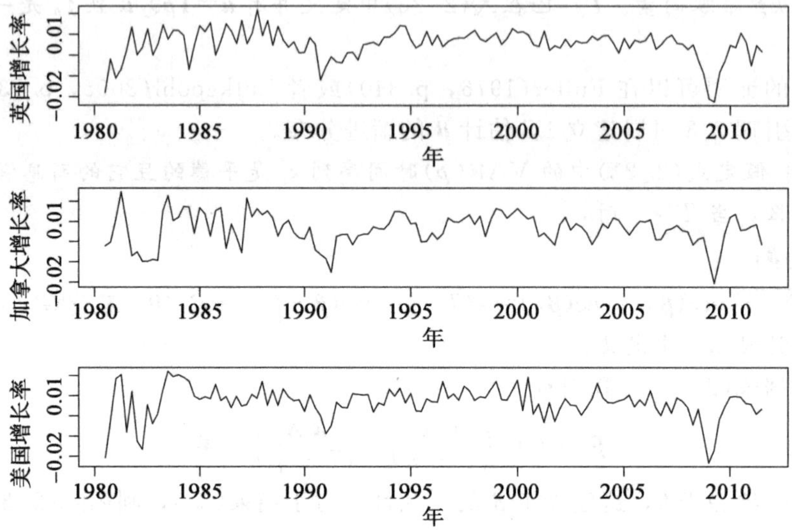

图 2-1　1980 年第二季度到 2011 年第二季度的英国、加拿大、美国实际 GDP 的季度增长率时序图

R 代码示例：

```
> da=read.table("q-gdp-ukcaus.txt",header=T)
> gdp=log(da[,3:5])
> dim(gdp)
[1] 126   3
> z=gdp[2:126,]-gdp[1:125,]  ## Growth rate
> z=z*100   ## Percentage growth rates
> dim(z)
[1] 125   3
> Z=z[3:125,]
> X=cbind(rep(1,123),z[2:124,],z[1:123,])
> X=as.matrix(X)
> XPX=t(X)%*%X
> XPXinv=solve(XPX)
> Z=as.matrix(Z)
> XPZ=t(X)%*%Z
> bhat=XPXinv%*%XPZ
> bhat
                      uk           ca          us
rep(1, 123) 0.12581630  0.123158083  0.28955814
uk          0.39306691  0.351313628  0.49069776
ca          0.10310572  0.338141505  0.24000097
us          0.05213660  0.469093555  0.23564221
uk          0.05660120 -0.191350134 -0.31195550
ca          0.10552241 -0.174833458 -0.13117863
us          0.01889462 -0.008677767  0.08531363
> A=Z-X%*%bhat
```

```
> Sig=t(A)%*%A/(125-(3+1)*2-1)
> Sig
           uk         ca         us
uk 0.29948825 0.02814252 0.07883967
ca 0.02814252 0.30917711 0.14790523
us 0.07883967 0.14790523 0.37850674
> COV=kronecker(Sig,XPXinv)
> se=sqrt(diag(COV))
> para=cbind(beta,se,beta/se)
> para
              beta         se    t-ratio
 [1,]  0.125816304 0.07266338  1.7314953
 [2,]  0.393066914 0.09341839  4.2075968
 [3,]  0.103105720 0.09838425  1.0479901
 [4,]  0.052136600 0.09112636  0.5721353
 [5,]  0.056601196 0.09237356  0.6127424
 [6,]  0.105522415 0.08755896  1.2051584
 [7,]  0.018894618 0.09382091  0.2013903
 [8,]  0.123158083 0.07382941  1.6681440
 [9,]  0.351313628 0.09491747  3.7012536
[10,]  0.338141505 0.09996302  3.3826660
[11,]  0.469093555 0.09258865  5.0664259
[12,] -0.191350134 0.09385587 -2.0387658
[13,] -0.174833458 0.08896401 -1.9652155
[14,] -0.008677767 0.09532645 -0.0910321
[15,]  0.289558145 0.08168880  3.5446492
[16,]  0.490697759 0.10502176  4.6723437
[17,]  0.240000969 0.11060443  2.1699038
[18,]  0.235642214 0.10244504  2.3001819
[19,] -0.311955500 0.10384715 -3.0039871
[20,] -0.131178630 0.09843454 -1.3326484
[21,]  0.085313633 0.10547428  0.8088572
> Sig1=t(A)%*%A/(125-2)  ## MLE of Sigma_a
> Sig1
           uk         ca         us
uk 0.28244420 0.02654091 0.07435286
ca 0.02654091 0.29158166 0.13948786
us 0.07435286 0.13948786 0.35696571
```

前面提到的 R 代码示例给出了关于 VAR 模型的 LS 和 ML 估计的详细内容。实践中，我们利用 R 中的添加包进行估计。例如，我们可以利用 MTS 添加包中的 VAR 命令来估计一个 VAR 模型。下面我们将给出命令和输出结果，相应的结果以矩阵形式给出。

R 代码示例：评估 VAR 模型。

```
> da=read.table("q-gdp-ukcaus.txt",header=T)
> gdp=log(da[,3:5])
> z=gdp[2:126,]-gdp[1:125,]
> z=z*100
> m1=VAR(z,2)
Constant term:
Estimates:  0.1258163 0.1231581 0.2895581
Std.Error:  0.07266338 0.07382941 0.0816888
AR coefficient matrix
AR( 1 )-matrix
      [,1]  [,2]   [,3]
```

```
[1,] 0.393 0.103 0.0521
[2,] 0.351 0.338 0.4691
[3,] 0.491 0.240 0.2356
standard error
       [,1]   [,2]   [,3]
[1,] 0.0934 0.0984 0.0911
[2,] 0.0949 0.1000 0.0926
[3,] 0.1050 0.1106 0.1024
AR( 2 )-matrix
        [,1]   [,2]     [,3]
[1,]  0.0566  0.106  0.01889
[2,] -0.1914 -0.175 -0.00868
[3,] -0.3120 -0.131  0.08531
standard error
       [,1]   [,2]   [,3]
[1,] 0.0924 0.0876 0.0938
[2,] 0.0939 0.0890 0.0953
[3,] 0.1038 0.0984 0.1055

Residuals cov-mtx:
           [,1]       [,2]       [,3]
[1,] 0.28244420 0.02654091 0.07435286
[2,] 0.02654091 0.29158166 0.13948786
[3,] 0.07435286 0.13948786 0.35696571

det(SSE) =  0.02258974
AIC =  -3.502259
BIC =  -3.094982
HQ  =  -3.336804
```

从输出结果来看英国、加拿大和美国季度 GDP 增长率的拟合 VAR(2)模型为

$$\boldsymbol{z}_t = \begin{bmatrix} 0.13 \\ 0.12 \\ 0.29 \end{bmatrix} + \begin{bmatrix} 0.38 & 0.10 & 0.05 \\ 0.35 & 0.34 & 0.47 \\ 0.49 & 0.24 & 0.24 \end{bmatrix} \boldsymbol{z}_{t-1} + \begin{bmatrix} 0.06 & 0.11 & 0.02 \\ -0.19 & -0.18 & -0.01 \\ 0.31 & -0.13 & 0.09 \end{bmatrix} \boldsymbol{z}_{t-2} + \boldsymbol{a}_t$$

51~54 其中残差协方差矩阵为

$$\hat{\boldsymbol{\Sigma}}_a = \begin{bmatrix} 0.28 & 0.03 & 0.07 \\ 0.03 & 0.29 & 0.14 \\ 0.07 & 0.14 & 0.36 \end{bmatrix}$$

输出结果已经给出了系数估计的标准误差。而且，有些估计在通常的 5%水平下统计上不显著。

注记：在推导中，利用式(2-28)。另一种方法是使用

$$\boldsymbol{Y} = \tilde{\boldsymbol{\omega}}\boldsymbol{W} + \boldsymbol{U}$$

其中 $\boldsymbol{Y}=[z_{p+1}, z_{p+z}, \cdots, z_T]$，一个 $k\times(T-p)$ 矩阵，$\bar{\omega}=[\boldsymbol{\phi}_0, \boldsymbol{\phi}_1, \cdots, \boldsymbol{\phi}_p]$，一个 $k\times(kp+1)$ 参数矩阵，$\boldsymbol{W}=[\boldsymbol{x}_{p+1}, \cdots, \boldsymbol{x}_T]$ 且 $\boldsymbol{x}_t$ 已在式(2-28)中定义，同时 $\boldsymbol{U}=[\boldsymbol{a}_{p+1}, \cdots, \boldsymbol{a}_T]$。显然，我们有 $\boldsymbol{Y}=\boldsymbol{Z}'$、$\tilde{\boldsymbol{\omega}}=\boldsymbol{\beta}'$、$\boldsymbol{W}=\boldsymbol{X}'$ 和 $\boldsymbol{U}=\boldsymbol{A}'$。然后，可以通过利用前面讨论的方法得到 $\tilde{\boldsymbol{\omega}}$ 的 LS 估计 $\hat{\tilde{\boldsymbol{\omega}}}$ 的极限分布。用这种方法，引理 2.3(ⅱ)可以变为

$$\frac{1}{\sqrt{T_p}}\mathrm{vec}(\boldsymbol{U}\boldsymbol{W}') = \frac{1}{\sqrt{T_p}}(\boldsymbol{W}\otimes\boldsymbol{I}_k)\mathrm{vec}(\boldsymbol{U}) \to_d N(\boldsymbol{0},\boldsymbol{G}\otimes\boldsymbol{\Sigma}_a)$$

其中 $T_p=T-p$ 和 $\boldsymbol{G}=\lim(\boldsymbol{W}\boldsymbol{W}')/T_p$，它们与引理 2.3 中的定义相同。此外，定理 2.3 变为

$$\sqrt{T_p}\,\mathrm{vec}(\hat{\boldsymbol{\omega}}-\tilde{\omega}) = \sqrt{T_p}\,\mathrm{vec}(\hat{\boldsymbol{\beta}}'-\boldsymbol{\beta}') \to_d N(\boldsymbol{0},\boldsymbol{G}^{-1}\otimes\boldsymbol{\Sigma}_a) \qquad (2\text{-}43)$$

□

2.5.4　贝叶斯估计

本节考虑一个平稳 VAR(p)模型的贝叶斯估计。使用的基本框架是式(2-28)的多因变量多元线性回归方程。首先我们简单回顾贝叶斯推理。

2.5.4.1　贝叶斯模型

考虑统计推断问题。令一系列未知参数为 Θ。Θ 的先验信息可以通过概率分布用密度函数 $f(\boldsymbol{\Theta})$来表示。令 $\boldsymbol{D}$ 为观测数据，通过 $\boldsymbol{D}$ 提供的信息是似然函数 $f(\boldsymbol{D}|\boldsymbol{\Theta})$。通过贝叶 55
斯理论，我们可以将先验分布和似然函数结合得到以数据和先验分布为条件的参数分布

$$f(\boldsymbol{\Theta}|\boldsymbol{D}) = \frac{f(\boldsymbol{D},\boldsymbol{\Theta})}{f(\boldsymbol{D})} = \frac{f(\boldsymbol{D}|\boldsymbol{\Theta})f(\boldsymbol{\Theta})}{f(\boldsymbol{D})} \qquad (2\text{-}44)$$

其中 $f(\boldsymbol{D}) = \int f(\boldsymbol{D},\boldsymbol{\Theta})\mathrm{d}\boldsymbol{\Theta} = \int f(\boldsymbol{D}|\boldsymbol{\Theta})f(\boldsymbol{\Theta})\mathrm{d}\boldsymbol{\Theta}$ 为 $\boldsymbol{D}$ 的边际分布函数，可以通过对 $\boldsymbol{\Theta}$ 积分得到。密度函数 $f(\boldsymbol{\Theta}|\boldsymbol{D})$称为*后验分布*。关于 $\boldsymbol{\Theta}$ 的贝叶斯推理可以从这个后验分布得到。

式(2-24)的边际分布 $f(\boldsymbol{D})$为正则化常数，称作比例常数，假设该常数存在，它的实际值在许多应用中不是很重要。因此，我们可以将式(2-44)写成

$$f(\boldsymbol{\Theta}|\boldsymbol{D}) \propto f(\boldsymbol{D}|\boldsymbol{\Theta})f(\boldsymbol{\Theta}) \qquad (2\text{-}45)$$

如果先验分布函数 $f(\boldsymbol{\Theta})$和后验分布函数 $f(\boldsymbol{\Theta}|\boldsymbol{D})$属于同一分布族，那么先验称为*共轭先验*。贝叶斯理论中经常用到共轭先验，因为我们能用共轭先验分布得到后验分布分析表达式。

2.5.4.2　VAR 估计

为了得到平稳 VAR(p)模型的贝叶斯估计，我们采用式(2-28)中的模型，即

$$\boldsymbol{Z} = \boldsymbol{X}\boldsymbol{\beta} + \boldsymbol{A} \qquad (2\text{-}46)$$

其中 $\boldsymbol{Z}'$和 $\boldsymbol{A}$ 是$(T-p)\times k$ 矩阵，$\boldsymbol{\beta}'=[\boldsymbol{\phi}_0,\ \boldsymbol{\phi}_1,\ \cdots,\ \boldsymbol{\phi}_p]$是一个 $k\times(kp+1)$系数参数矩阵，Z 和 A 的第 i 行元素分别为 $\boldsymbol{z}'_{p+i}$和 $\boldsymbol{a}'_{p+i}$。矩阵 $\boldsymbol{X}$ 是一个$(T-p)\times(kp+1)$矩阵且第 i 行为$\{1,\ \boldsymbol{z}'_{p+i-1},\ \cdots,\ \boldsymbol{z}'_i\}$。VAR($p$)模型的未知参数为 $\boldsymbol{\Theta}=[\boldsymbol{\beta}',\ \boldsymbol{\Sigma}_a]$。Rossi、Allenby 和 McCulloch(2005)给出了式(2-46)中模型的贝叶斯估计方法。我们采用他们的方法。

为了简化记号，令 $n=T-p$ 为估计的有效样本数。此外，我们将从所有方程中忽略条件 $\boldsymbol{z}_{1:p}$。如 2.5.2 节所述，数据的似然函数为

$$f(\boldsymbol{Z}|\boldsymbol{\beta},\boldsymbol{\Sigma}_a) \propto |\boldsymbol{\Sigma}_a|^{-n/2}\exp\left[-\frac{1}{2}\mathrm{tr}\{(\boldsymbol{Z}-\boldsymbol{X}\boldsymbol{\beta})'(\boldsymbol{Z}-\boldsymbol{X}\boldsymbol{\beta})\}\sum_a^{-1}\right]$$ 56

利用附录 A 中的 LS 性质，我们有

$$(\boldsymbol{Z}-\boldsymbol{X\beta})'(\boldsymbol{Z}-\boldsymbol{X\beta})=\hat{\boldsymbol{A}}'\hat{\boldsymbol{A}}+(\boldsymbol{\beta}-\hat{\boldsymbol{\beta}})'\boldsymbol{X}'\boldsymbol{X}(\boldsymbol{\beta}-\hat{\boldsymbol{\beta}})$$

其中 $\hat{\boldsymbol{\beta}}=(\boldsymbol{X}'\boldsymbol{X})^{-1}\boldsymbol{X}'\boldsymbol{Z}$ 是 $\boldsymbol{\beta}$ 的 LS 估计，$\hat{\boldsymbol{A}}=\boldsymbol{Z}-\boldsymbol{X}\hat{\boldsymbol{\beta}}$ 是残差矩阵。似然函数可以重写成

$$f(\boldsymbol{Z}|\boldsymbol{\beta},\boldsymbol{\Sigma}_a)\propto|\boldsymbol{\Sigma}_a|^{-(n-k)/2}\exp\left[-\frac{1}{2}\mathrm{tr}(\boldsymbol{S}\boldsymbol{\Sigma}_a^{-1})\right]$$

$$\times|\boldsymbol{\Sigma}_a|^{-k/2}\exp\left[-\frac{1}{2}\mathrm{tr}\left\{(\boldsymbol{\beta}-\hat{\boldsymbol{\beta}})'\boldsymbol{X}'\boldsymbol{X}(\boldsymbol{\beta}-\hat{\boldsymbol{\beta}})\boldsymbol{\Sigma}_a^{-1}\right\}\right] \tag{2-47}$$

其中，$\boldsymbol{S}=\hat{\boldsymbol{A}}'\hat{\boldsymbol{A}}$，式(2-47)的首项不依赖于 $\boldsymbol{\beta}$。这表明 $\boldsymbol{\Sigma}_a$ 的自然共轭先验分布是可逆的 Wishart 分布，并且 $\boldsymbol{\beta}$ 的先验以 $\boldsymbol{\Sigma}_a$ 为条件。令 $\boldsymbol{K}=(\boldsymbol{\beta}-\hat{\boldsymbol{\beta}})'\boldsymbol{X}'\boldsymbol{X}(\boldsymbol{\beta}-\hat{\boldsymbol{\beta}})\boldsymbol{\Sigma}_a^{-1}$ 为式(2-47)的指数矩阵。式(2-47)的第二项的指数可以写成

$$\mathrm{tr}(\boldsymbol{K})=[\mathrm{vec}(\boldsymbol{\beta}-\hat{\boldsymbol{\beta}})]'\mathrm{vec}\left[\boldsymbol{X}'\boldsymbol{X}(\boldsymbol{\beta}-\hat{\boldsymbol{\beta}})\boldsymbol{\Sigma}_a^{-1}\right]=[\mathrm{vec}(\boldsymbol{\beta}-\hat{\boldsymbol{\beta}})]'\left(\boldsymbol{\Sigma}_a^{-1}\otimes\boldsymbol{X}'\boldsymbol{X}\right)\mathrm{vec}(\boldsymbol{\beta}-\hat{\boldsymbol{\beta}})$$

$$=[\mathrm{vec}(\boldsymbol{\beta})-\mathrm{vec}(\hat{\boldsymbol{\beta}})]'\left(\boldsymbol{\Sigma}_a^{-1}\otimes\boldsymbol{X}'\boldsymbol{X}\right)[\mathrm{vec}(\boldsymbol{\beta})-\mathrm{vec}(\hat{\boldsymbol{\beta}})]$$

因此，式(2-47)的第二项是多元正态分布核。这就意味着 $\mathrm{vec}(\boldsymbol{\beta})$ 的自然共轭先验是以 $\boldsymbol{\Sigma}_a$ 为条件的多元正态分布。

式(2-46)中的 VAR(p)模型的共轭先验的形式为

$$\begin{aligned} f(\boldsymbol{\beta},\boldsymbol{\Sigma}_a)&=f(\boldsymbol{\Sigma}_a)f(\boldsymbol{\beta}|\boldsymbol{\Sigma}_a)\\ \boldsymbol{\Sigma}_a&\sim W^{-1}(\boldsymbol{V}_0,n_0)\\ \mathrm{vec}(\boldsymbol{\beta})&\sim N[\mathrm{vec}(\boldsymbol{\beta}_0),\boldsymbol{\Sigma}_a\otimes\boldsymbol{C}^{-1}]\end{aligned} \tag{2-48}$$

其中 V_o 是 $k\times k$ 矩阵，并且 $\boldsymbol{C}$ 是$(kp+1)\times(kp+1)$矩阵，这两个矩阵都是正定的，$\boldsymbol{\beta}_o$ 是 $k\times(kp+1)$矩阵，n_o 是一个实数。在贝叶斯推理中这些量称为超级参数，并且在本节中这
57 些量是已知的。关于威沙特(Wishart)分布和逆 Wishart 分布的知识，见附录 A。

利用式(A-12)中的逆 Wishart 分布的概率密度函数(pdf)，后验分布为

$$f(\boldsymbol{\beta},\boldsymbol{\Sigma}_a|\boldsymbol{Z},\boldsymbol{X})\propto|\boldsymbol{\Sigma}_a|^{-(v_o+k+1)/2}\exp\left[-\frac{1}{2}\mathrm{tr}\left(\boldsymbol{V}_o\boldsymbol{\Sigma}_a^{-1}\right)\right]$$

$$\times|\boldsymbol{\Sigma}_a|^{-k/2}\exp\left[-\frac{1}{2}\mathrm{tr}\left\{(\boldsymbol{\beta}-\boldsymbol{\beta}_o)'C(\boldsymbol{\beta}-\boldsymbol{\beta}_o)\boldsymbol{\Sigma}_a^{-1}\right\}\right]$$

$$\times|\boldsymbol{\Sigma}_a|^{-n/2}\exp\left[-\frac{1}{2}\mathrm{tr}\left\{(\boldsymbol{Z}-\boldsymbol{X\beta})'(\boldsymbol{Z}-\boldsymbol{X\beta})\boldsymbol{\Sigma}_a^{-1}\right\}\right] \tag{2-49}$$

为了简化，我们利用附录 A 的 LS 性质并且结合式(2-49)中与 $\boldsymbol{\beta}$ 相关的两项。特别地，记 $\boldsymbol{C}$ 的 Cholesky 分解为 $\boldsymbol{C}=\boldsymbol{U}'\boldsymbol{U}$，其中 $\boldsymbol{U}$ 是一个上三角形矩阵。定义

$$\boldsymbol{W}=\begin{bmatrix}\boldsymbol{X}\\ \boldsymbol{U}\end{bmatrix},\ \boldsymbol{Y}=\begin{bmatrix}\boldsymbol{Z}\\ \boldsymbol{U\beta}_o\end{bmatrix}$$

那么，我们有

$$(\boldsymbol{\beta}-\boldsymbol{\beta}_o)'\boldsymbol{C}(\boldsymbol{\beta}-\boldsymbol{\beta}_o)+(\boldsymbol{Z}-\boldsymbol{X\beta})'(\boldsymbol{Z}-\boldsymbol{X\beta})=(\boldsymbol{Y}-\boldsymbol{W\beta})'(\boldsymbol{Y}-\boldsymbol{W\beta})$$

应用附录 A 中 LS 估计的性质（ⅱ），我们有

$$\begin{aligned}(\boldsymbol{Y}-\boldsymbol{W\beta})'(\boldsymbol{Y}-\boldsymbol{W\beta})&=(\boldsymbol{Y}-\boldsymbol{W}\tilde{\boldsymbol{\beta}})'(\boldsymbol{Y}-\boldsymbol{W}\tilde{\boldsymbol{\beta}})+(\boldsymbol{\beta}-\tilde{\boldsymbol{\beta}})'\boldsymbol{W}'\boldsymbol{W}(\boldsymbol{\beta}-\tilde{\boldsymbol{\beta}})\\&=\tilde{\boldsymbol{S}}+(\boldsymbol{\beta}-\tilde{\boldsymbol{\beta}})'\boldsymbol{W}'\boldsymbol{W}(\boldsymbol{\beta}-\tilde{\boldsymbol{\beta}})\end{aligned}\tag{2-50}$$

其中

$$\tilde{\boldsymbol{\beta}}=(\boldsymbol{W}'\boldsymbol{W})^{-1}\boldsymbol{W}'\boldsymbol{Y}=(\boldsymbol{X}'X+\boldsymbol{C})^{-1}(\boldsymbol{X}'\boldsymbol{X}\hat{\boldsymbol{\beta}}+\boldsymbol{C\beta}_o)$$

且

$$\tilde{\boldsymbol{S}}=(\boldsymbol{Y}-\boldsymbol{W}\tilde{\boldsymbol{\beta}})'(\boldsymbol{Y}-\boldsymbol{W}\tilde{\boldsymbol{\beta}})=(\boldsymbol{Z}-\boldsymbol{X}\tilde{\boldsymbol{\beta}})'(\boldsymbol{Z}-\boldsymbol{X}\tilde{\boldsymbol{\beta}})+(\tilde{\boldsymbol{\beta}}-\boldsymbol{\beta}_o)'\boldsymbol{C}(\tilde{\boldsymbol{\beta}}-\boldsymbol{\beta}_o)$$

利用式(2-50)，可以将后验分布写成

$$\begin{aligned}f(\boldsymbol{\beta},\boldsymbol{\Sigma}_a\,|\,\boldsymbol{Z},\boldsymbol{X})\propto|\boldsymbol{\Sigma}_a|^{-k/2}\exp\left[-\frac{1}{2}\mathrm{tr}\left\{(\beta-\tilde{\boldsymbol{\beta}})'\boldsymbol{W}'\boldsymbol{W}(\boldsymbol{\beta}-\tilde{\boldsymbol{\beta}})\sum_a^{-1}\right\}\right]\\\times|\boldsymbol{\Sigma}_a|^{-(n_o+n+k+1)/2}\exp\left[-\frac{1}{2}\mathrm{tr}\left\{(\boldsymbol{V}_o+\tilde{\boldsymbol{S}})\sum_a^{-1}\right\}\right]\end{aligned}\tag{2-51}$$

式(2-51)的第一项是多元正态分布核，而第二项为 Wishart 分布核。因此，$\boldsymbol{\beta}$ 的后验分布和 $\boldsymbol{\Sigma}_a$ 为

$$\begin{aligned}\boldsymbol{\Sigma}_a\,|\,\boldsymbol{Z},\boldsymbol{X}&\sim\boldsymbol{W}^{-1}(\boldsymbol{V}_o+\tilde{\boldsymbol{S}},n_o+n)\\\mathrm{vec}(\boldsymbol{\beta})\,|\,\boldsymbol{Z},\boldsymbol{X},\boldsymbol{\Sigma}_a&\sim N[\mathrm{vec}(\tilde{\boldsymbol{\beta}}),\boldsymbol{\Sigma}_a\otimes(\boldsymbol{X}'\boldsymbol{X}+\boldsymbol{C})^{-1}]\end{aligned}\tag{2-52}$$

其中 $n=T-p$ 且

$$\begin{aligned}\tilde{\boldsymbol{\beta}}&=(\boldsymbol{X}'\boldsymbol{X}+\boldsymbol{C})^{-1}(\boldsymbol{X}'\boldsymbol{X}\hat{\boldsymbol{\beta}}+\boldsymbol{C\beta}_o)\\\tilde{\boldsymbol{S}}&=(\boldsymbol{Z}-\boldsymbol{X}\tilde{\boldsymbol{\beta}})'(\boldsymbol{Z}-\boldsymbol{X}\tilde{\boldsymbol{\beta}})+(\tilde{\boldsymbol{\beta}}-\boldsymbol{\beta}_o)'\boldsymbol{C}(\tilde{\boldsymbol{\beta}}-\boldsymbol{\beta}_o)\end{aligned}$$

多元正态分布的协方差矩阵的逆称为精度矩阵。我们可以将 $X'X$ 和 C 分别解释为 LS 估计 $\hat{\boldsymbol{\beta}}$ 的精度矩阵和 $\boldsymbol{\beta}$ 的先验分布。(当协方差矩阵包括 $\boldsymbol{\Sigma}_a$ 时，它们是相对精度矩阵。)后验均值 $\tilde{\boldsymbol{\beta}}$ 是 LS 估计和先验均值的加权平均。$\boldsymbol{\beta}$ 的后验分布的精度矩阵为两个精度矩阵的和。这些结果是多元线性回归的推广；例子见 Tsay(2010，第 12 章)。

我们可以用后验均值作为 VAR(p)模型参数的点估计。因此，$\boldsymbol{\beta}$ 和 $\boldsymbol{\Sigma}_a$ 的贝叶斯估计为

$$\breve{\boldsymbol{\beta}}=\tilde{\boldsymbol{\beta}}\ \text{且}\ \breve{\boldsymbol{\Sigma}}_a=\frac{\boldsymbol{V}_o+\tilde{\boldsymbol{S}}}{n_o+T-p-k-1}$$

vec($\breve{\boldsymbol{\beta}}$)的协方差矩阵为 $\breve{\boldsymbol{\Sigma}}_a\otimes(\boldsymbol{X}'\boldsymbol{X}+\boldsymbol{C})^{-1}$。

实际中，我们不太关注平稳 VAR(p)模型关于 $\boldsymbol{\beta}$ 的先验信息，尤其是参数之间的相关性。这种情况下，我们选择 $\beta_o=0$ 和大的协方差矩阵 $\boldsymbol{C}^{-1}$，即 $\boldsymbol{C}^{-1}=\delta\boldsymbol{I}_{kp+1}$ 且 δ 比较大。这些特殊的先验选择称为*模糊先验*并且它导致小的 $\boldsymbol{C}=\delta^{-1}\boldsymbol{I}_{kp+1}$，式(2-52)表明贝叶斯估计 $\tilde{\boldsymbol{\beta}}$ 非常接近 LS 估计 $\hat{\boldsymbol{\beta}}$。小的 $\boldsymbol{C}$ 将导致 $\tilde{\boldsymbol{S}}$ 是接近式(2-47)给出的 LS 估计 $\boldsymbol{S}$。因此，如果我们

给 $\boldsymbol{\Sigma}_a$ 的先验也选择一个小的 $\boldsymbol{V}_o$，那么 $\boldsymbol{\Sigma}_a$ 的贝叶斯估计也接近 LS 估计。

在实际应用中，先验分布的选择比较主观。为了方便，我们使用共轭先验和 $\boldsymbol{C}=\lambda\boldsymbol{I}_{kp+1}$ 且 $\boldsymbol{\lambda}$ 比较小。我们应用多个先验来研究分析结果对所设定的先验分布的敏感度。例如，我们可以设定 $\boldsymbol{C}$ 为一个对角矩阵且不同的对角元素反映共同的先验信念：高阶 AR 滞后期项的重要性降低。对于平稳 VAR(p)模型，贝叶斯估计对任何合理的先验设定都比较
59 敏感，尤其是当样本数比较大时。在文献中，Litterman(1986)，以及 Doan、Litterman 和 Sim(1984)描述了平稳 VAR(p)模型的具体先验。众所周知，先验也称为 Minnesota 先验。对于 $\boldsymbol{\beta}$，先验是多元正态分布且均值为 0，协方差矩阵为对角矩阵。Minnesota 先验用对角矩阵 $\boldsymbol{V}$ 来代替 $\boldsymbol{\Sigma}_a\otimes\boldsymbol{C}^{-1}$。对 AR 系数 $\boldsymbol{\phi}_{\ell,ij}$，先验方差为

$$\mathrm{Var}(\boldsymbol{\phi}_{\ell,ij})=\begin{cases}(\lambda/\ell)^2 & i=j\\(\lambda\theta/\ell)^2\times(\sigma_{ii}/\sigma_{jj}) & i\neq j\end{cases}$$

其中 $\boldsymbol{\lambda}$ 是实数，$0<\theta<1$，σ_{ii} 是 $\boldsymbol{\Sigma}_a$ 的第(i，i)个元素($\ell=1$，…，p)。从这个设定中，先验可以表示为随着 ℓ 增加，$\boldsymbol{\phi}_{\ell,ij}$ 趋于 0。对于 Minnesota 先验，λ 和 θ 在应用中是主观选择。

例 2.4　再次考虑例 2.3 采用的英国、加拿大和美国实际 GDP 的季度增长率的例子。我们指定一个 VAR(2)模型，并使用非信息共轭先验，满足

$$\boldsymbol{C}=0.1\times\boldsymbol{I}_7,\ \boldsymbol{V}_o=\boldsymbol{I}_3,\ n_o=5,\ \boldsymbol{\beta}_o=0$$

下面的 R 代码示例给出了估计结果。正如期望的那样，$\boldsymbol{\phi}_i$ 和 $\boldsymbol{\Sigma}_a$ 的贝叶斯估计接近 LS 估计。在 MTS 添加包中贝叶斯 VAR 估计命令为 BVAR。

R 代码示例：贝叶斯估计。

60

```
> da=read.table("q-gdp-ukcaus.txt",header=T)
> x=log(da[,3:5])
> dim(x)
[1] 126   3
> dx=x[2:126,]-x[1:125,]
> dx=dx*100
> C=0.1*diag(7)  ### lambda = 0.1
> V0=diag(3) ### Vo = I_3
> mm=BVAR(dx,p=2,C,V0)
Bayesian estimate:
                Est       s.e.     t-ratio
 [1,]   0.125805143 0.07123059  1.76616742
 [2,]   0.392103983 0.09150764  4.28493158
 [3,]   0.102894946 0.09633822  1.06805941
 [4,]   0.052438976 0.08925487  0.58751947
 [5,]   0.056937547 0.09048722  0.62923303
 [6,]   0.105553695 0.08578002  1.23051603
 [7,]   0.019147973 0.09188759  0.20838475
 [8,]   0.123256168 0.07237470  1.70302833
 [9,]   0.350253306 0.09297745  3.76707803
[10,]   0.337525508 0.09788562  3.44816232
[11,]   0.468440207 0.09068850  5.16537628
[12,]  -0.190144541 0.09194064 -2.06812294
[13,]  -0.173964344 0.08715783 -1.99596908
[14,]  -0.008627966 0.09336351 -0.09241262
[15,]   0.289317667 0.07987129  3.62229886
```

```
[16,]  0.489072359 0.10260807  4.76641231
[17,]  0.239456311 0.10802463  2.21668257
[18,]  0.235601116 0.10008202  2.35408023
[19,] -0.310286945 0.10146386 -3.05810301
[20,] -0.130271750 0.09618566 -1.35437813
[21,]  0.085039470 0.10303411  0.82535258
Covariance matrix:
           uk         ca         us
uk 0.28839063 0.02647455 0.07394349
ca 0.02647455 0.29772937 0.13875034
us 0.07394349 0.13875034 0.36260138
```

2.6 阶选择

回到模型建立。我们遵循 Box 和 Jenkins 的迭代步骤，它包括模型设定、估计和诊断性检验。参见 Box、Jenkins 和 Reinsel(2008)。对于 VAR 模型，模型设定是选择阶 p。关于选择 VAR 的阶数，文献中已经提到许多方法。我们讨论两种方法。一种方法采用多因变量多元线性回归的框架并使用序列似然比检验。第二种方法采用信息准则。

2.6.1 序列似然比检验

选择 VAR 模型阶的序列似然比检验方法由 Tiao 和 Box(1981)提出。这种方法的基本思想是比较 VAR(ℓ)模型和 VAR($\ell-1$)模型。在统计上，这意味着要考虑假设检验

$$H_0: \boldsymbol{\phi}_\ell = \mathbf{0} \quad \text{与} \quad H_a: \boldsymbol{\phi}_\ell \neq \mathbf{0} \tag{2-53}$$

这是一个嵌套假设问题，一个自然的检验统计量是使用似然比统计量。如 2.5 节所述，对 VAR 模型可以采用多元线性回归框架。令 $\boldsymbol{\beta}'_\ell=[\boldsymbol{\phi}_0, \boldsymbol{\phi}_1, \cdots, \boldsymbol{\phi}_\ell]$为 VAR($\ell$)模型的系数参数的矩阵并且 $\boldsymbol{\Sigma}_{a,\ell}$为相应的新息协方差矩阵。在正态分布假设下，式(2-53)中的检验问题的似然比检验是

$$\Lambda = \frac{\max L(\boldsymbol{\beta}_{\ell-1}, \Sigma_a)}{\max L(\beta_\ell, \boldsymbol{\Sigma}_a)} = \left(\frac{|\hat{\boldsymbol{\Sigma}}_{a,\ell}|}{|\hat{\boldsymbol{\Sigma}}_{a,\ell-1}|}\right)^{(T-\ell)/2}$$ 61

此式服从式(2-41)中的 VAR 模型的极大似然函数。注意我们用 VAR(ℓ)模型的逐步回归方法来估计 VAR($\ell-1$)模型。换句话说，式(2-28)中的 $\boldsymbol{Z}$ 矩阵包含 $\boldsymbol{z}_{\ell+1}, \cdots, \boldsymbol{z}_T$。当下式的值比较大时，$H_0$ 的似然比检验等价于拒绝 H_0。

$$-2\ln(\Lambda) = -(T-\ell)\ln\left(\frac{|\hat{\boldsymbol{\Sigma}}_{a,\ell}|}{|\hat{\boldsymbol{\Sigma}}_{a,\ell-1}|}\right)$$

然后通常使用的检验统计量为

$$M(\ell) = -(T-\ell-1.5-k\ell)\ln\left(\frac{|\hat{\boldsymbol{\Sigma}}_{a,\ell}|}{|\hat{\boldsymbol{\Sigma}}_{a,\ell-1}|}\right)$$

此统计量渐进服从自由度为 k^2 的卡方分布。这个检验统计量在多元统计分析中应用比较广泛。例子见 Johnson 和 Wichern(2007)的结果 7.11。

为了简化计算，Tiao 和 Box(1981)给出了计算 $M(\ell)$统计量的步骤和选择 VAR 阶的步骤：

1)选择正整数 P，这是 VAR 模型所允许的最大阶。

2)建立式(2-28)中的 VAR(p)模型的多因变量多元线性回归框架。也就是，在 $\boldsymbol{Z}$ 数据矩阵中有 $T-P$ 个观测值要估计。

3)对于 $\ell=1, \cdots, P$，计算 AR 系数矩阵的 LS 估计，即计算 $\hat{\boldsymbol{\beta}}_\ell$。对于 $\ell=0$，$\boldsymbol{\beta}'$为简单的常数向量 $\boldsymbol{\phi}_0$。然后，计算 $\boldsymbol{\Sigma}_a$ 的 ML 估计，即计算 $\hat{\boldsymbol{\Sigma}}_{a,\ell}=(1/T-P)\hat{\boldsymbol{A}}'_\ell\hat{\boldsymbol{A}}_\ell$，其中 $\hat{\boldsymbol{A}}_\ell=\boldsymbol{Z}-\boldsymbol{X}\hat{\boldsymbol{\beta}}_\ell$ 是拟合 VAR(ℓ)模型的残差矩阵。

4)对于 $\ell=1, \cdots, P$，计算改进的似然比检验统计量

$$M(\ell)=-(T-P-1.5-k\ell)\ln\left(\frac{|\hat{\boldsymbol{\Sigma}}_{a,\ell}|}{|\hat{\boldsymbol{\Sigma}}_{a,\ell-1}|}\right) \tag{2-54}$$

和它的 p 值，此统计量基于渐进 $\chi^2_{k^2}$ 分布。

5)从 $\ell=1$ 开始检验这个检验统计量。如果 $M(\ell)$检验统计量的所有 p 值比指定的第Ⅰ类错误大($\ell>p$)，那么 VAR(p)模型就是指定的模型。这是因为对于 $\ell>p$ 该检验拒绝原假设 $\boldsymbol{\phi}_p=0$，但不能拒绝 $\boldsymbol{\phi}_\ell=0$。

事实上，简单模型比较受欢迎。因此，我们经常以小 p 开始。当维数 k 比较大时，也
62 有特例。

2.6.2　信息准则

信息准则在选择一个统计模型中是非常有效的。时间序列文献提到过许多信息准则。所有的信息准则都包括两部分。第一部分是关于数据模型的拟合优度，而第二部分是惩罚更复杂模型。模型的拟合优度通常用极大似然函数来测量。对于正态分布，极大似然值等于新息的协方差矩阵的行列式值，见式(2-41)。这个行列式在多元分析中称为*广义方差*。另一方面，惩罚因子的选择相对来说比较主观。不同的惩罚因子导致不同的信息准则。

3 个准则函数通常用于决定 VAR 的阶。在正态分布假设下，VAR(ℓ)模型的 3 个准则为

$$\mathrm{AIC}(\ell)=\ln|\hat{\boldsymbol{\Sigma}}_{a,\ell}|+\frac{2}{T}\ell k^2$$

$$\mathrm{BIC}(\ell)=\ln|\hat{\boldsymbol{\Sigma}}_{a,\ell}|+\frac{\ln(T)}{T}\ell k^2$$

$$\mathrm{HQ}(\ell)=\ln|\hat{\boldsymbol{\Sigma}}_{a,\ell}|+\frac{2\ln[\ln(T)]}{T}\ell k^2$$

其中 T 是样本数，$\hat{\boldsymbol{\Sigma}}_{a,\ell}$是 2.5.2 节中已经讨论过的 $\boldsymbol{\Sigma}_a$ 的 ML 估计，AIC 是 Akaike(1973)提出来的赤池(Akaike)信息准则。BIC 代表贝叶斯信息准则(见 Schwarz 1978)，HQ(ℓ)是由 Han 和 Quinn(1979)以及 Quinn(1980)提出的。AIC 用因子 2 来惩罚每个参数。另一方面，BIC 和 HQ 采用的惩罚因子依赖于样本数。T 越大，BIC 更加严重地惩罚复杂模型。例如，当 $\ln(T)>2$ 时，HQ 用 2 ln(ln(T))来惩罚每个参数，当 $T>15$ 时，这个惩罚因子大于 2。

如果 $\boldsymbol{z}_t$ 的确是一个高斯 VAR(p)时间序列且 $p<\infty$，那么 BIC 和 HQ 在某种程度上是一

致的，它们选择真 VAR(p)模型且当 $T\to\infty$时概率为 1。另一方面，AIC 是不一致的，对于 $\ell>p$，它以正的概率选择 VAR(ℓ)模型。然而，当 $T\to\infty$时，对于 $\ell<p$，这个准则不选择 VAR(ℓ)模型。见 Quinn(1980)。已有文献讨论了关于比较信息的一致性的有效准则，因为一致性要求真模型存在。然而，在实际的应用中没有真模型。Shibata(1980)给出了一元时间序列 AIC 的渐近最优性质。

例 2.5 再次考虑从 1980 年第二季度到 2011 年第二季度，英国、加拿大和美国实际 GDP 季度增长率的例子。我们应用序列似然比检验和数据的所有三种信息准则。允许的最大阶为 13。表 2-1 总结了这些统计量。从表 2-1 中可以看到，AIC、BIC 和 HQ 所选择的阶分别为 2、1 和 1。式(2-54)的 M 统计量选择阶 $p=2$，除了在 $p=8$ 处不满足外。这个例子表明，对于多元时间序列，不同的准则将选择不同的阶。然而，这些统计量是估计的。这样，取值就不能太严格。图 2-2 给出了 3 个信息准则的时序图。对于 $p\in\{1, 2, 3, 4\}$，AIC 显示了一个相对较近的值，BIC 在 $p=1$ 显示最小，而 HQ 在 $p=1$ 显示最小且在 $p=2$ 次之。所有 3 个信息准则在 $p=8$ 处显示下降。总之，VAR(1)或 VAR(2)模型将作为三维 GDP 序列的开始模型。 63

表 2-1 从 1980 年第二季度到 2011 年第二季度，英国、加拿大、美国实际 GDP 的季度增长率的阶选择统计量

p	AIC	BIC	HQ	$M(p)$	p 值
0	−30.956	−30.956	−30.956	0.000	0.000
1	−31.883	−31.679	−31.800	115.13	0.000
2	−31.964	−31.557	−31.799	23.539	0.005
3	−31.924	−31.313	−31.675	10.486	0.313
4	−31.897	−31.083	−31.566	11.577	0.238
5	−31.782	−30.764	−31.368	2.741	0.974
6	−31.711	−30.489	−31.215	6.782	0.660
7	−31.618	−30.192	−31.039	4.547	0.872
8	−31.757	−30.128	−31.095	24.483	0.004
9	−31.690	−29.857	−30.945	6.401	0.669
10	−31.599	−29.563	−30.772	4.322	0.889
11	−31.604	−29.364	−30.694	11.492	0.243
12	−31.618	−29.175	−30.626	11.817	0.224
13	−31.673	−29.025	−30.596	14.127	0.118

注：使用的信息准则为 AIC、BIC 和 HQ。式(2-54)给出了 M 统计量。

R 代码示例：阶选择。

```
> z1=z/100   ### Original growth rates
> m2=VARorder(z1)
selected order: aic =  2
selected order: bic =  1
```

```
selected order: hq =  1
M statistic and its p-value
       Mstat       pv
 [1,] 115.133 0.000000
 [2,]  23.539 0.005093
 [3,]  10.486 0.312559
 [4,]  11.577 0.238240
 [5,]   2.741 0.973698
 [6,]   6.782 0.659787
 [7,]   4.547 0.871886
 [8,]  24.483 0.003599
 [9,]   6.401 0.699242
[10,]   4.323 0.888926
[11,]  11.492 0.243470
[12,]  11.817 0.223834
[13,]  14.127 0.117891
Summary table:
       p     AIC     BIC      HQ     M(p)   p-value
 [1,]  0 -30.956 -30.956 -30.956   0.0000 0.0000000
 [2,]  1 -31.883 -31.679 -31.800 115.1329 0.0000000
 [3,]  2 -31.964 -31.557 -31.799  23.5389 0.0050930
 [4,]  3 -31.924 -31.313 -31.675  10.4864 0.3125594
 [5,]  4 -31.897 -31.083 -31.566  11.5767 0.2382403
 [6,]  5 -31.782 -30.764 -31.368   2.7406 0.9736977
 [7,]  6 -31.711 -30.489 -31.215   6.7822 0.6597867
 [8,]  7 -31.618 -30.192 -31.039   4.5469 0.8718856
 [9,]  8 -31.757 -30.128 -31.095  24.4833 0.0035992
[10,]  9 -31.690 -29.857 -30.945   6.4007 0.6992417
[11,] 10 -31.599 -29.563 -30.772   4.3226 0.8889256
[12,] 11 -31.604 -29.364 -30.694  11.4922 0.2434698
[13,] 12 -31.618 -29.175 -30.626  11.8168 0.2238337
[14,] 13 -31.672 -29.025 -30.596  14.1266 0.1178914

> names(m2)
[1] "aic"   "aicor" "bic"   "bicor" "hq"    "hqor"   "Mstat" "Mpv"
```

注记：有不同的方法来计算给定时间序列实现$\{z_1, \cdots, z_T\}$的信息准则。第一种方法与式(2-54)中讨论的计算$M(\ell)$统计量具有相同的观测数。这里我们用从$t=P+1$到T的数据来估计似然函数，其中p是最大的 AR 阶。在 MTS 添加包中，命令 `VARorder` 使用这种方法。第二种方法使用从$t=\ell+1$到T的数据来拟合一个VAR(L)模型。这种情况下，在估计中不同的 VAR 模型用不同的观测数。对于一个大的T，两种方法将给出相似的结果。然而，与维数k相比，当样本数T比较适合时，即使是同样的信息准则，两种方法也可能给出不同的阶选择。在 MTS 添加包中，命令 `VARorderI` 用于第二种方法。

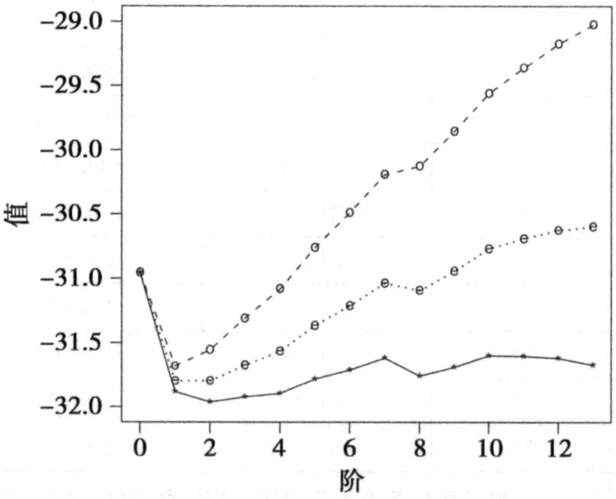

图 2-2 从 1980 年第二季度到 2011 年第二季度，英国、加拿大、美国的实际 GDP 的季度增长率的信息准则。实线、虚线和圆点线分别表示 AIC、BIC 和 HQ

2.7 模型检验

模型检验，也就是众所周知的诊断检验或残差分析，在模型建立中发挥了重要作用。模型检验主要包括：(ⅰ)确保拟合模型的准确性；(ⅱ)如果需要，给出模型的进一步改进方向。根据某些选择准则来判断拟合模型的准确性，可能依赖于分析结果。说明拟合模型的准确性有以下几点：a)所有拟合参数都是统计显著的(如果在给定显著性水平下)；b)残差没有显著序列或横截面相关；c)不存在结构变化或反常值；d)残差没有破坏分布假设，如多元正态分布。本节讨论模型检验的一些方法。

2.7.1 残差交叉相关性

准确模型的残差应该是白噪声序列。因此检验残差连续性及交叉相关性就成为模型检验的重要组成部分。利用式(2-28)中的符号，令 $\hat{\boldsymbol{A}}=\boldsymbol{Z}-\boldsymbol{X}\hat{\boldsymbol{\beta}}$ 为拟合 VAR(p)模型的残差矩阵。$\hat{\boldsymbol{A}}$ 的第 i 行包括 $\hat{\boldsymbol{a}}_{p+i}=\boldsymbol{z}_{p+i}-\hat{\boldsymbol{\phi}}_0-\sum_{i=1}^{p}\hat{\boldsymbol{\phi}}_i\boldsymbol{z}_{t-i}$。将残差序列滞后 ℓ 的交叉相关矩阵定义为

$$\hat{\boldsymbol{C}}_\ell=\frac{1}{T-p}\sum_{t=p+\ell+1}^{T}\hat{\boldsymbol{a}}_t\hat{\boldsymbol{a}}'_{t-\ell}$$ 64~66

特别地，我们记 $\hat{\boldsymbol{C}}_0=\hat{\boldsymbol{\Sigma}}_a$ 为残差协方差矩阵。在矩阵表示中，我们重写滞后 ℓ 残差交叉协方差矩阵 $\hat{\boldsymbol{C}}_\ell$ 为

$$\hat{\boldsymbol{C}}_\ell=\frac{1}{T-p}\hat{\boldsymbol{A}}'\boldsymbol{B}^\ell\hat{\boldsymbol{A}},\ \ell\geqslant 0 \tag{2-55}$$

其中 $\boldsymbol{B}$ 是一个$(T-p)\times(T-p)$后移矩阵且定义为

$$\boldsymbol{B}=\begin{bmatrix}0 & \boldsymbol{0}'_{T-p-1}\\ \boldsymbol{I}_{T-p-1} & \boldsymbol{0}_{T-p-1}\end{bmatrix}$$

其中 $\boldsymbol{0}_h$ 为 h 维零向量。我们将滞后 ℓ 的残差交叉相关矩阵定义为

$$\hat{\boldsymbol{R}}_\ell=\hat{\boldsymbol{D}}^{-1}\hat{\boldsymbol{C}}_\ell\hat{\boldsymbol{D}}^{-1} \tag{2-56}$$

其中 $\hat{\boldsymbol{D}}$ 是残差序列标准误差的对角矩阵，即 $\hat{\boldsymbol{D}}=\sqrt{\text{diag}(\hat{\boldsymbol{C}}_0)}$。特别地，$\hat{\boldsymbol{R}}_0$ 为残差相关矩阵。

残差交叉协方差相关矩阵是检验模型的有用工具，因此下面我们研究它们的极限性质。为此，我们考虑残差交叉协方差矩阵 $\hat{\boldsymbol{\Xi}}=[\hat{\boldsymbol{C}}_1,\cdots,\hat{\boldsymbol{C}}_m]$的渐进联合分布。用式(2-55)中的符号，我们有

$$\hat{\boldsymbol{\Xi}}_m=\frac{1}{T-p}\hat{\boldsymbol{A}}'[\boldsymbol{B}\hat{\boldsymbol{A}},\boldsymbol{B}^2\hat{\boldsymbol{A}},\cdots,\boldsymbol{B}^m\hat{\boldsymbol{A}}]=\frac{1}{T-p}\hat{\boldsymbol{A}}'\boldsymbol{B}_m(\boldsymbol{I}_m\otimes\hat{\boldsymbol{A}}) \tag{2-57}$$

其中 $\boldsymbol{B}_m=[\boldsymbol{B},\boldsymbol{B}^2,\cdots,\boldsymbol{B}^m]$是一个$(T-p)\times m(T-p)$矩阵。下面，根据式(2-28)，我们有

$$\hat{\boldsymbol{A}}=\boldsymbol{Z}-\boldsymbol{X}\hat{\boldsymbol{\beta}}=\boldsymbol{Z}-\boldsymbol{X}\boldsymbol{\beta}+\boldsymbol{X}\boldsymbol{\beta}-\boldsymbol{X}\hat{\boldsymbol{\beta}}=\boldsymbol{A}-\boldsymbol{X}(\boldsymbol{\beta}-\hat{\boldsymbol{\beta}})$$

因此，通过式(2-57)并令 $T_p=T-p$，我们有

$$T_p\hat{\boldsymbol{\Xi}}_m=\boldsymbol{A}'\boldsymbol{B}_m(\boldsymbol{I}_m\otimes\boldsymbol{A})-\boldsymbol{A}'\boldsymbol{B}_m[\boldsymbol{I}_m\otimes\boldsymbol{X}(\hat{\boldsymbol{\beta}}-\boldsymbol{\beta})]$$
$$-(\hat{\boldsymbol{\beta}}-\boldsymbol{\beta})'\boldsymbol{X}'\boldsymbol{B}_m(\boldsymbol{I}_m\otimes\boldsymbol{A})+(\hat{\boldsymbol{\beta}}-\boldsymbol{\beta})'\boldsymbol{X}'\boldsymbol{B}_m[\boldsymbol{I}_m\otimes\boldsymbol{X}(\hat{\boldsymbol{\beta}}-\boldsymbol{\beta})]\tag{2-58}$$

我们可以利用式(2-58)来研究 $\hat{\boldsymbol{\Xi}}_m$ 的极限分布。采用与 Lutkepohl(2005)相似的方法，可以将求导分成多步。

67 **引理 2.4** 假定 $\boldsymbol{z}_t$ 服从式(2-21)中的平稳 VAR(p)模型且 $\boldsymbol{a}_t$ 是白噪声过程，均值为 0，正定协方差矩阵为 $\boldsymbol{\Sigma}_a$。此外，假定式(2-42)中的假设成立，式(2-28)模型的参数矩阵 $\boldsymbol{\beta}$ 是用 2.5 节讨论的估计方法进行一致性估计，并且残差交叉协方差矩阵已在式(2-55)中定义。那么，$\sqrt{T_p}\,\mathrm{vec}(\hat{\boldsymbol{\Xi}}_m)$ 与 $\sqrt{T_p}\,\mathrm{vec}(\boldsymbol{\Xi}_m)-\sqrt{T_p}\boldsymbol{H}\,\mathrm{vec}[(\hat{\boldsymbol{\beta}}-\boldsymbol{\beta})']$ 有相同的极限分布，其中 $T_p=T-p$，$\boldsymbol{\Xi}_m$ 是 $\hat{\boldsymbol{\Xi}}_m$ 的理论对应值，$\hat{\boldsymbol{\Xi}}_m$ 是通过式(2-58)的第一项除以 T_p 得到，并且 $\boldsymbol{H}=\boldsymbol{H}'_*\otimes\boldsymbol{I}_k$ 且

$$\boldsymbol{H}_*=\begin{bmatrix}\boldsymbol{0}' & \boldsymbol{0}' & \cdots & \boldsymbol{0}'\\ \boldsymbol{\Sigma}_a & \boldsymbol{\psi}_1\boldsymbol{\Sigma}_a & \cdots & \boldsymbol{\psi}_{m-1}\boldsymbol{\Sigma}_a\\ \boldsymbol{0}_k & \boldsymbol{\Sigma}_a & \cdots & \boldsymbol{\psi}_{m-2}\boldsymbol{\Sigma}_a\\ \vdots & \vdots & & \vdots\\ \boldsymbol{0}_k & \boldsymbol{0}_k & \cdots & \boldsymbol{\psi}_{m-p}\boldsymbol{\Sigma}_a\end{bmatrix}_{(kp+1)\times km}$$

其中 0 是 k 维零向量，0_k 是一个 $k\times k$ 零矩阵，并且 $\boldsymbol{\psi}_i$ 是式(2-27)中的 VAR(p)模型的 MA 表达式的系数矩阵。

引理 2.4 的证明在 2.12 节已经给出，式(2-58)的第 1 项为

$$\boldsymbol{A}'\boldsymbol{B}_m(\boldsymbol{I}_m\otimes\boldsymbol{A})=[\boldsymbol{A}'\boldsymbol{B}\boldsymbol{A},\boldsymbol{A}'\boldsymbol{B}^2\boldsymbol{A},\cdots,\boldsymbol{A}'\boldsymbol{B}^m\boldsymbol{A}]=\boldsymbol{T}_p\boldsymbol{\Xi}_m$$

显然，

$$\sqrt{T_p}\,\mathrm{vec}(\boldsymbol{\Xi}_m)\rightarrow_d N(\boldsymbol{0},\boldsymbol{I}_m\otimes\boldsymbol{\Sigma}_a\otimes\boldsymbol{\Sigma}_a)$$

实际上，利用引理 2.3 的部分(ⅱ)并直接计算，可以有下面结果。详见 Ann(1988)。

引理 2.5 假定 $\boldsymbol{z}_t$ 是一个平稳 VAR(p)模型序列且满足引理 2.4 的条件，那么

$$\begin{bmatrix}\dfrac{1}{T_p}\mathrm{vec}(\boldsymbol{A}'\boldsymbol{X})\\ \sqrt{T_p}\,\mathrm{vec}(\boldsymbol{\Xi}_m)\end{bmatrix}\rightarrow_d N\left(\boldsymbol{0},\begin{bmatrix}\boldsymbol{G} & H_*\\ \boldsymbol{H}'_* & \boldsymbol{I}_m\otimes\boldsymbol{\Sigma}_a\end{bmatrix}\otimes\boldsymbol{\Sigma}_a\right)$$

其中 $\boldsymbol{G}$ 在引理 2.3 中已定义且 $\boldsymbol{H}_*$ 在引理 2.4 中已定义。

利用引理 2.4 和 2.5，我们可以得到一个平稳 VAR(p)模型时间序列的交叉协方差矩阵的极限分布。

定理 2.4 假定 $\boldsymbol{z}_t$ 服从式(2-21)中的平稳 VAR(p)模型且 $\boldsymbol{a}_t$ 是白噪声过程，均值为
68 0，正定协方差矩阵为 $\boldsymbol{\Sigma}_a$。此外，假定式(2-42)的假设成立，并且式(2-28)中的模型的参数矩阵 $\boldsymbol{\beta}$ 是用 2.5 节所讨论的方法进行一致估计，并且残差交叉协方差矩阵在式(2-55)中已定义，那么，

$$\sqrt{T_p}\,\mathrm{vec}(\boldsymbol{\Xi}_m)\rightarrow_d \boldsymbol{N}(\boldsymbol{0},\boldsymbol{\Sigma}_{c,m})$$

其中

$$\boldsymbol{\Sigma}_{c,m}=(\boldsymbol{I}_m\otimes\boldsymbol{\Sigma}_a-\boldsymbol{H}'_*\boldsymbol{G}^{-1}\boldsymbol{H}_*)\otimes\boldsymbol{\Sigma}_a=\boldsymbol{I}_m\otimes\boldsymbol{\Sigma}_a\otimes\boldsymbol{\Sigma}_a-\tilde{\boldsymbol{H}}[(\boldsymbol{\Gamma}_0^*)^{-1}\otimes\boldsymbol{\Sigma}_a]\tilde{\boldsymbol{H}}'$$

其中 $\boldsymbol{H}_*$ 和 $\boldsymbol{G}$ 在引理 2.5 中已定义，$\boldsymbol{\Gamma}_0^*$ 为式(2-26)定义的扩展协方差矩阵，同时 $\tilde{\boldsymbol{H}}=\tilde{\boldsymbol{H}}_*\otimes\boldsymbol{I}_k$ 且 $\tilde{\boldsymbol{H}}_*$ 是去掉第一行元素 0 的 $\boldsymbol{H}_*$ 的子矩阵。

证明：利用引理 2.4，$\sqrt{T_p}\,\mathrm{vec}(\hat{\boldsymbol{\Xi}}_m)$的极限分布可以通过下式得到。

$$\begin{aligned}&\sqrt{T_p}\,\mathrm{vec}(\boldsymbol{\Xi}_m)-(T_p)\mathrm{vec}[(\hat{\boldsymbol{\beta}}-\boldsymbol{\beta})']\\&=[-\boldsymbol{H},\boldsymbol{I}_{mk^2}]\begin{bmatrix}\sqrt{T_p}\,\mathrm{vec}[(\hat{\boldsymbol{\beta}}-\boldsymbol{\beta})']\\ \sqrt{T_p}\,\mathrm{vec}(\boldsymbol{\Xi}_m)\end{bmatrix}\\&=[-\boldsymbol{H}'_*\otimes\boldsymbol{I}_k,\boldsymbol{I}_{mk^2}]\begin{bmatrix}\left(\dfrac{\boldsymbol{X}'\boldsymbol{X}}{\boldsymbol{T}_p}\right)^{-1}\otimes\boldsymbol{I}_k & \boldsymbol{0}\\ \boldsymbol{0}' & \boldsymbol{I}_{mk^2}\end{bmatrix}\begin{bmatrix}\dfrac{1}{T_p}\mathrm{vec}(\boldsymbol{A}'\boldsymbol{X})\\ \sqrt{T_p}\,\mathrm{vec}(\boldsymbol{\Xi}_m)\end{bmatrix}\end{aligned}$$

其中 0 是 $k(kp+1)\times mk^2$ 的零矩阵，并且根据 $\hat{\boldsymbol{\beta}}-\boldsymbol{\beta}=(\boldsymbol{X}'\boldsymbol{X})^{-1}\boldsymbol{X}'\boldsymbol{A}$ 和向量算子(vec)的性质。因为 $\boldsymbol{X}'\boldsymbol{X}/\boldsymbol{T}_p$ 收敛于引理 2.3 定义的非奇异矩阵 $\boldsymbol{G}$，所以可以应用引理 2.5 和多元正态分布的性质来完成这个证明。特别地，上式的前两项收敛于

$$[-\boldsymbol{H}'_*\otimes\boldsymbol{I}_k,\boldsymbol{I}_{mk^2}]\begin{bmatrix}\boldsymbol{G}^{-1}\otimes\boldsymbol{I}_k & \boldsymbol{0}\\ \boldsymbol{0}' & \boldsymbol{I}_{mk^2}\end{bmatrix}=[-\boldsymbol{H}'_*\boldsymbol{G}^{-1}\otimes\boldsymbol{I}_k,\boldsymbol{I}_{mk^2}]$$

同时有

$$\begin{aligned}&[-\boldsymbol{H}'_*\boldsymbol{G}^{-1}\otimes\boldsymbol{I}_k,\boldsymbol{I}_{mk^2}]\left\{\begin{bmatrix}\boldsymbol{G} & \boldsymbol{H}_*\\ \boldsymbol{H}'_* & \boldsymbol{I}_m\otimes\boldsymbol{\Sigma}_a\end{bmatrix}\otimes\boldsymbol{\Sigma}_a\right\}\begin{bmatrix}-\boldsymbol{G}^{-1}\boldsymbol{H}_*\otimes\boldsymbol{I}_k\\ \boldsymbol{I}_{mk^2}\end{bmatrix}\\&=(\boldsymbol{I}_m\otimes\boldsymbol{\Sigma}_a-\boldsymbol{H}'_*\boldsymbol{G}^{-1}\boldsymbol{H}_*)\otimes\boldsymbol{\Sigma}_a\\&=\boldsymbol{I}_m\otimes\boldsymbol{\Sigma}_a\otimes\boldsymbol{\Sigma}_a-(\boldsymbol{H}'_*\otimes\boldsymbol{I}_k)(\boldsymbol{G}^{-1}\otimes\boldsymbol{\Sigma}_a)(\boldsymbol{H}_*\otimes\boldsymbol{I}_k)\\&=\boldsymbol{I}_m\otimes\boldsymbol{\Sigma}_a\otimes\boldsymbol{\Sigma}_a-\tilde{\boldsymbol{H}}[(\boldsymbol{\Gamma}_0^*)^{-1}\otimes\boldsymbol{\Sigma}_a]\tilde{\boldsymbol{H}}'\end{aligned}$$

其中最后一个式子成立的理由是 $\boldsymbol{H}_*$ 的第一行为 0。□ 69

比较引理 2.5 和定理 2.4 的结果，可以看出残差 $\hat{\boldsymbol{a}}_t$ 的交叉协方差矩阵的元素的渐进方差小于或等于白噪声序列 a_t 的交叉协方差矩阵的元素的渐进方差。这似乎违反直觉，但严格地讲，残差不是独立的。

令 $\boldsymbol{D}$ 为 $\boldsymbol{a}_t$ 分量的标准误差的对角矩阵，即 $\boldsymbol{D}=\mathrm{diag}\{\sqrt{\boldsymbol{\sigma}_{11,a}},\cdots,\sqrt{\sigma_{kk,a}}\}$，其中 $\boldsymbol{\Sigma}_a=[\boldsymbol{\sigma}_{ij,a}]$。可以应用定理 2.4 得到交叉相关矩阵的极限分布 $\hat{\boldsymbol{\xi}}_m=[\hat{\boldsymbol{R}}_1,\cdots,\hat{\boldsymbol{R}}_m]$，其中交叉相关矩阵 $\hat{\boldsymbol{R}}_j$ 在式(2-56)中已定义。

定理 2.5 假定定理 2.4 的条件成立。那么

$$\sqrt{T_p}\,\mathrm{vec}(\hat{\boldsymbol{\xi}}_m)\to_d N(0,\boldsymbol{\Sigma}_{r,m})$$

其中 $\boldsymbol{\Sigma}_{r,m}=[(\boldsymbol{I}_m\otimes\boldsymbol{R}_0)-\boldsymbol{H}'_0\boldsymbol{G}^{-1}\boldsymbol{H}_0]\otimes\boldsymbol{R}_0$，$\boldsymbol{R}_0$ 是 $\boldsymbol{a}_t$ 的滞后 0 交叉协方差矩阵，与前面一样 $\boldsymbol{H}_0=\boldsymbol{H}_*(\boldsymbol{I}_m\otimes\boldsymbol{D}^{-1})$和 G 在引理 2.3 中已定义。

证明：令 $\hat{\boldsymbol{D}}^{-1}$ 为式(2-56)定义的对角矩阵。可以很容易看到 $\hat{D}^{-1}$ 是 D^{-1} 的一致估计。我们可以将相关的统计量表示为

$$\text{vec}(\hat{\boldsymbol{\xi}}_m)=\text{vec}[\hat{\boldsymbol{D}}^{-1}\hat{\boldsymbol{\Xi}}_m(\boldsymbol{I}_m\otimes\hat{\boldsymbol{D}}^{-1})]=(\boldsymbol{I}_m\otimes\hat{\boldsymbol{D}}^{-1}\otimes\hat{\boldsymbol{D}}^{-1})\text{vec}(\hat{\boldsymbol{\Xi}}_m)$$

应用定理 2.4 的结果，可以得到 $\sqrt{T_p}\,\text{vec}(\hat{\boldsymbol{\xi}}_m)$ 近似服从一个多元正态分布，均值为 0 且协方差矩阵为

$$\begin{aligned}&(\boldsymbol{I}_m\otimes\boldsymbol{D}^{-1}\otimes\boldsymbol{D}^{-1})[(\boldsymbol{I}_m\otimes\boldsymbol{\Sigma}_a-\boldsymbol{H}'_*\boldsymbol{G}^{-1}\boldsymbol{H}_*)\otimes\boldsymbol{\Sigma}_a](\boldsymbol{I}_m\otimes\boldsymbol{D}^{-1}\otimes\boldsymbol{D}^{-1})\\&=[(\boldsymbol{I}_m\otimes\boldsymbol{R}_0)-\boldsymbol{H}'_0\boldsymbol{G}^{-1}\boldsymbol{H}_0]\otimes\boldsymbol{R}_0\end{aligned}$$

其中 $\boldsymbol{R}_0=\boldsymbol{D}^{-1}\boldsymbol{\Sigma}_a\boldsymbol{D}^{-1}$。 □

基于定理 2.5，我们可以得到滞后 j 交叉相关矩阵 $\hat{\boldsymbol{R}}_j$ 的极限分布。具体地，

$$\sqrt{\boldsymbol{T}_p}\,\text{vec}(\hat{\boldsymbol{R}}_j)\to_d N(\boldsymbol{0},\boldsymbol{\Sigma}_{r,(j)})$$

其中

70

$$\boldsymbol{\Sigma}_{r,(j)}=[\boldsymbol{R}_0-\boldsymbol{D}^{-1}\boldsymbol{\Sigma}_a\boldsymbol{\Psi}_p\boldsymbol{G}^{-1}\boldsymbol{\Psi}'_p\boldsymbol{\Sigma}_a\boldsymbol{D}^{-1}]\otimes\boldsymbol{R}_0$$

其中 $\boldsymbol{\Psi}_p=[\boldsymbol{0},\boldsymbol{\psi}'_{j-1},\cdots,\boldsymbol{\psi}'_{j-p}]$ 且 $\boldsymbol{\psi}_\ell$ 是 $\boldsymbol{z}_t$ 的 MA 表达式的系数矩阵，因此对于 $\ell<0$，$\boldsymbol{\psi}_\ell=0$，并且 0 是 k 维零向量。

2.7.2　多元混成统计

令 $\boldsymbol{R}_\ell$ 是新息 $\boldsymbol{a}_t$ 的理论滞后 ℓ 的交叉相关矩阵。模型检验的相关假设为

$$H_0:\boldsymbol{R}_1=\cdots=\boldsymbol{R}_m=0\text{ 与 }H_a:\boldsymbol{R}_j\neq\boldsymbol{0},\text{对于某些 }1\leqslant j\leqslant m\tag{2-59}$$

其中 m 是预先设定的正整数。经常用式(1-11)的混成统计来进行检验。对于残差序列，统计量变为

$$\begin{aligned}Q_k(m)&=T^2\sum_{\ell=1}^{m}\frac{1}{T-\ell}\text{tr}(\hat{\boldsymbol{R}}'_\ell\hat{\boldsymbol{R}}_0^{-1}\hat{\boldsymbol{R}}_\ell\hat{\boldsymbol{R}}_0^{-1})=T^2\sum_{\ell=1}^{m}\frac{1}{T-\ell}\text{tr}(\hat{\boldsymbol{R}}'_\ell\hat{\boldsymbol{R}}_0^{-1}\hat{\boldsymbol{R}}_\ell\hat{\boldsymbol{R}}_0^{-1}\hat{\boldsymbol{D}}^{-1}\hat{\boldsymbol{D}})\\&=T^2\sum_{\ell=1}^{m}\frac{1}{T-\ell}\text{tr}(\hat{\boldsymbol{D}}\hat{\boldsymbol{R}}'_\ell\hat{\boldsymbol{D}}\hat{\boldsymbol{D}}^{-1}\hat{\boldsymbol{R}}_0^{-1}\hat{\boldsymbol{D}}^{-1}\hat{\boldsymbol{D}}\hat{\boldsymbol{R}}_\ell\hat{\boldsymbol{D}}\hat{\boldsymbol{D}}^{-1}\hat{\boldsymbol{R}}_0^{-1}\hat{\boldsymbol{D}}^{-1})\\&=T^2\sum_{\ell=1}^{m}\frac{1}{T-\ell}\text{tr}(\hat{\boldsymbol{C}}'_\ell\hat{\boldsymbol{C}}_0^{-1}\hat{\boldsymbol{C}}_\ell\hat{\boldsymbol{C}}_0^{-1})\end{aligned}\tag{2-60}$$

定理 2.6　假定 $\boldsymbol{z}_t$ 服从式(2-21)中的平稳 VAR(p)模型且 $\boldsymbol{a}_t$ 是白噪声过程，均值为 0，正定协方差矩阵为 $\boldsymbol{\Sigma}_a$。此外，假定式(2-42)中的假设满足，并且式(2-28)中的模型的参数矩阵 $\boldsymbol{\beta}$ 是用 2.5 节所讨论方法进行一致估计，残差交叉协方差矩阵在式(2-25)中已定义。那么，检验统计量 $Q_k(m)$ 是渐进服从自由度为 $(m-p)k^2$ 的卡方分布。

定理 2.6 的证明相对比较复杂。读者可以参考 Li 和 McLeod(1981)、Hosking(1981)以及 Lutkepohl(2005)的结果，进一步了解此方面的知识。与第 1 章的混成检验比较，定理 2.6 中的卡方分布的自由度可以调整为 pk^2，这是 VAR(p)模型中的 AR 的参数个数。实际上，在 VAR(p)模型中的某些 AR 的参数固定为 0。这种情况下，卡方分布的自由度设置为估计 AR 参数的个数。

在文献中，已经提出用拉格朗日(Lagrange)乘子检验来检验拟合 VAR 模型。然而，人们发现拉格朗日乘子检验的渐进卡方分布近似效果不好。例如，见 Edgerton 和 Shukur (1999)。鉴于这个原因，我们不讨论拉格朗日乘子检验。 71

例 2.6 再次考虑例 2.3 采用的英国、加拿大和美国 GDP 的季度增长率的例子。我们将多元混成检验统计量应用到拟合 VAR(2)模型的残差。下面的 R 代码示例给出了结果。我们使用 $p=2$，统计量 $Q_2(m)$需要 $m\geqslant 2$ 才有近似卡方分布的正自由度。鉴于这个理由，对于 $m=1$ 和 2，设 p 值为 1。从代码示例中看到，拟合 VAR(2)模型已经在 GDP 增长率中剔除了动态相关性，除了在 $m=4$ 有一些小波动外。由于在拟合 VAR(2)模型中存在一些不显著参数估计，所以后面我们将回到这点上。

R 代码示例：多元混成统计。

```
> names(m1)
 [1] "data"      "cnst"     "order"    "coef"     "aic"     "bic"
 [7] "residuals" "secoef"   "Sigma"    "Phi"      "Ph0"
> resi=m1$residuals   ### Obtain the residuals of VAR(2) fit.
> mq(resi,adj=18) ## adj is used to adjust the degrees of
freedom. Ljung-Box Statistics:
          m        Q(m)    p-value
 [1,]   1.000     0.816     1.00
 [2,]   2.000     3.978     1.00
 [3,]   3.000    16.665     0.05
 [4,]   4.000    35.122     0.01
 [5,]   5.000    38.189     0.07
 [6,]   6.000    41.239     0.25
 [7,]   7.000    47.621     0.37
 [8,]   8.000    61.677     0.22
 [9,]   9.000    67.366     0.33
[10,]  10.000    76.930     0.32
[11,]  11.000    81.567     0.46
[12,]  12.000    93.112     0.39
```

2.7.3 模型简化

如果维数 k 中等大小或比较大，多元时间序列模型将包括多个参数。事实上，我们经常观测到有些参数在给定的显著水平下统计不显著。剔除不显著参数有利于简化模型。尤其是当没有先验知识用于支持这些参数时，就要剔除这些参数。然而，不存在最优方法来简化拟合模型。我们讨论实际中经常用的一些方法。 72

2.7.3.1 检验零参数

简化一个拟合 VAR(p)模型的明显方法是剔除不显著参数。给定特定的显著水平，例如 $\alpha=0.05$，可以识别要剔除的目标参数。所谓目标参数，我们是指这些参数各自的 t 比率小于具有第Ⅰ类错误 α 的正态分布的临界值。说它们是可以剔除的目标参数，是因为参数估计是相关的，并且边际统计量可能有误导性。为了确定确实剔除这些参数，考虑用定理 2.3 的极限分布的检验步骤。

令 $\hat{\boldsymbol{\omega}}$ 是一个包括目标参数的 v 维向量。换句话说，v 是将要设置为 0 的参数个数。令

$\boldsymbol{\omega}$ 是式(2-28)中的参数矩阵 $\boldsymbol{\beta}$ 中 $\hat{\boldsymbol{\omega}}$ 中的对应值。相关假设为

$$H_0:\boldsymbol{\omega}=\mathbf{0} \text{ 与 } H_a:\boldsymbol{\omega}\neq\mathbf{0}$$

显然，存在一个 $v\times k(kp+1)$ 定位矩阵 $\boldsymbol{K}$，使得

$$\boldsymbol{K}\text{vec}(\boldsymbol{\beta})=\omega,\text{和 } \boldsymbol{K}\text{vec}(\hat{\boldsymbol{\beta}})=\hat{\boldsymbol{\omega}} \tag{2-61}$$

通过定理 2.3 和多元正态分布的性质，我们有

$$\sqrt{T_p}\,(\hat{\boldsymbol{\omega}}-\boldsymbol{\omega})\rightarrow_d N[\mathbf{0},\boldsymbol{K}(\boldsymbol{\Sigma}_a\otimes\boldsymbol{G}^{-1})\boldsymbol{K}'] \tag{2-62}$$

其中 $T_p=T-p$ 是有效样本数。因此，在 $\boldsymbol{H}_0$ 条件下，我们有

$$T_p\hat{\boldsymbol{\omega}}'[\boldsymbol{K}(\boldsymbol{\Sigma}_a\otimes\boldsymbol{G}^{-1})\boldsymbol{K}']^{-1}\hat{\boldsymbol{\omega}}\rightarrow_d\chi_v^2 \tag{2-63}$$

其中 $v=\text{din}(\boldsymbol{\omega})$，在 $\boldsymbol{a}_t$ 为正态分布假设下，此卡方分布可以解释为似然比检验。零假设 $H_0:\boldsymbol{\omega}=0$ 定义了一个简化的 VAR(p)模型。因此，可以使用似然比统计量，它近似等于式(2-63)的卡方检验。

如果相关假设为

$$H_0:\boldsymbol{\omega}=\boldsymbol{\omega}_o \text{ 与 } H_a:\boldsymbol{\omega}\neq\boldsymbol{\omega}_o$$

其中 $\boldsymbol{\omega}_o$是预先设定的 v 维向量，可以用它们的估计代替 $\boldsymbol{\Sigma}_a$ 和 $\boldsymbol{G}$，那么式(2-63)中的检验统计量变为

73

$$\begin{aligned}\lambda_W &= T_p(\hat{\boldsymbol{\omega}}-\boldsymbol{\omega}_o)'[K(\boldsymbol{\Sigma}_a\otimes\hat{\boldsymbol{G}}^{-1})\boldsymbol{K}']^{-1}(\hat{\boldsymbol{\omega}}-\boldsymbol{\omega}_o)\\ &=(\hat{\boldsymbol{\omega}}-\boldsymbol{\omega}_o)'[\boldsymbol{K}\{\hat{\boldsymbol{\Sigma}}_a\otimes(\boldsymbol{X}'\boldsymbol{X})^{-1}\}\boldsymbol{K}']^{-1}(\hat{\boldsymbol{\omega}}-\boldsymbol{\omega}_o)\end{aligned} \tag{2-64}$$

这是 Ward 统计量且渐进服从 χ^2 分布，假设定理 2.3 的假设成立，因此 $\hat{\boldsymbol{\Sigma}}_a$与 $\boldsymbol{X}'\boldsymbol{X}/T_p$ 是一致的。我们可以参考 Ward 检验，如格兰杰因果检验。

例 2.7　再次考虑例 2.3 采用的英国、加拿大和美国 GDP 的季度增长率的例子。基于例 2.3 中的 R 代码示例。在拟合 VAR(2)模型中有不显著参数。为了简化模型，应用式(2-63)中的卡方检验。分别用第Ⅰ类错误 $\alpha=0.05$ 和 $\alpha=0.1$ 来识别目标参数。相应的临界值分别为 1.96 和 1.645。结果表明对于 α 的两种选择有 10 个和 8 个可能的零参数。所有 10 个目标参数为 0 的卡方检验值为 31.69，p 值为 0.0005。因此，我们不能同时设具有最小绝对值 t 比率的 10 个参数为 0。另一方面，当我们用具有最小绝对值 t 比率为 0 来检验 8 个参数时，卡方检验为 15.16，其 p 值为 0.056。因此，我们设定具有最小绝对值 t 比率的 8 个参数为 0 来简化拟合 VAR(2)模型。

注记：为了给出零参数的卡方检验，可以使用 MTS 添加包中的 VARchi 命令。VARchi 的子命令 thres 可以用来设第Ⅰ类错误以便选择目标参数，默认 thres= 1.645。

R 代码示例：检验零参数。

```
> m3=VARchi(z,p=2)
Number of targeted parameters:  8
Chi-square test and p-value:  15.16379 0.05603778
> m3=VARchi(z,p=2,thres=1.96)
Number of targeted parameters:  10
Chi-square test and p-value:  31.68739 0.000451394
```

2.7.3.2 信息准则

卡方检验的另一种方法是使用 2.6 节讨论的信息准则。例如，我们可以估计无约束 VAR (p)模型(在 H_a 条件下)并估计约束 VAR(p)模型(在 H_0 条件下)。如果约束模型有一个较小的选择准则值，那么根据这个准则我们不能拒绝 H_0。

2.7.3.3 逐步回归

最后，我们给出一个事实，即对于 VAR(p)模型，可以一个接一个方程地进行估计，见 2.5 节的讨论。这样，每个方程是多元线性回归，我们可以用传统的逐步回归来剔除不显著参数。为了进一步获得关于逐步回归的信息，读者可以参考多元线性回归的变量选择。 74

注记：我们使用 MTS 添加包的 refVAR 命令来实现一个拟合 VAR 模型的模型简化。该命令使用一个阈值来选择剔除目标参数并计算简化模型有效的信息准则。默认阈值为 1.00。命令还允许用户使用子命令 fixed 来设定零参数。

再次考虑例 2.7 采用的英国、加拿大和美国 GDP 的季度增长率的例子。对无约束的 VAR(2)模型，简化 VAR(2)模型有 12 个参数而不是 21 个。简化模型的 AIC 值为−3.53，这个数比无约束模型的−3.5 小。对于这个特例，约束模型的所有 3 个准则都有较小的值。事实上，不同的准则可能导致不同的结论。

R 代码示例：模型简化。

```
> m1=VAR(zt,2)  # fit a un-constrained VAR(2) model.
> m2=refVAR(m1,thres=1.96)  # Model refinement.
Constant term:
Estimates:  0.1628247 0 0.2827525
Std.Error:  0.06814101 0 0.07972864
AR coefficient matrix
AR( 1 )-matrix
      [,1]  [,2]  [,3]
[1,] 0.467 0.207 0.000
[2,] 0.334 0.270 0.496
[3,] 0.468 0.225 0.232
standard error
       [,1]   [,2]   [,3]
[1,] 0.0790 0.0686 0.0000
[2,] 0.0921 0.0875 0.0913
[3,] 0.1027 0.0963 0.1023
AR( 2 )-matrix
       [,1] [,2] [,3]
[1,]  0.000    0    0
[2,] -0.197    0    0
[3,] -0.301    0    0
standard error
       [,1] [,2] [,3]
[1,] 0.0000    0    0
[2,] 0.0921    0    0
[3,] 0.1008    0    0

Residuals cov-mtx:
           [,1]       [,2]       [,3]
[1,] 0.29003669 0.01803456 0.07055856
[2,] 0.01803456 0.30802503 0.14598345
```

```
[3,] 0.07055856 0.14598345 0.36268779
det(SSE) =  0.02494104
AIC = -3.531241
BIC =  -3.304976
HQ  =  -3.439321
```

从输出可知，英国、加拿大和美国 GDP 的季度增长率的简化 VAR(2)模型为

$$\boldsymbol{z}_t=\begin{bmatrix}0.16\\ -\\ 0.28\end{bmatrix}+\begin{bmatrix}0.47 & 0.21 & -\\ 0.33 & 0.27 & 0.50\\ 0.47 & 0.23 & 0.23\end{bmatrix}\boldsymbol{z}_{t-1}+\begin{bmatrix}- & - & -\\ -0.20 & - & -\\ -0.30 & - & -\end{bmatrix}\boldsymbol{z}_{t-2}+\boldsymbol{a}_t \qquad (2\text{-}65)$$

其中，残差协方差矩阵为

$$\hat{\boldsymbol{\Sigma}}_a\begin{bmatrix}0.29 & 0.02 & 0.07\\ 0.02 & 0.31 & 0.15\\ 0.07 & 0.15 & 0.36\end{bmatrix}$$

现在所有估计在 5%水平下都是显著的。下一节将讨论约束参数估计的极限性质。

最后，我们回到式(2-65)中的简化 VAR(2)模型的模型检验。因为所有估计在 5%水平下都是统计显著的，所以我们给出详细的残差分析。图 2-3 给出了 3 个残差序列的时序图，而图 2-4 给出了残差交叉相关矩阵。图 2-4 中的虚线表明交叉相关的近似 2 倍的标准误差极限值，即 $\pm 2/\sqrt{T}$。严格地讲，这些极限值仅仅对高阶滞后有效，见定理 2.5。然而，计算交叉相关的近似标准误差是比较复杂的，所以在模型检验中使用简单的近似方法。为此，式(2-65)中的模型的残差没有任何强序列相关或交叉相关性。唯一可能的例外是滞后 4 交叉相关矩阵的第(1，3)位置。

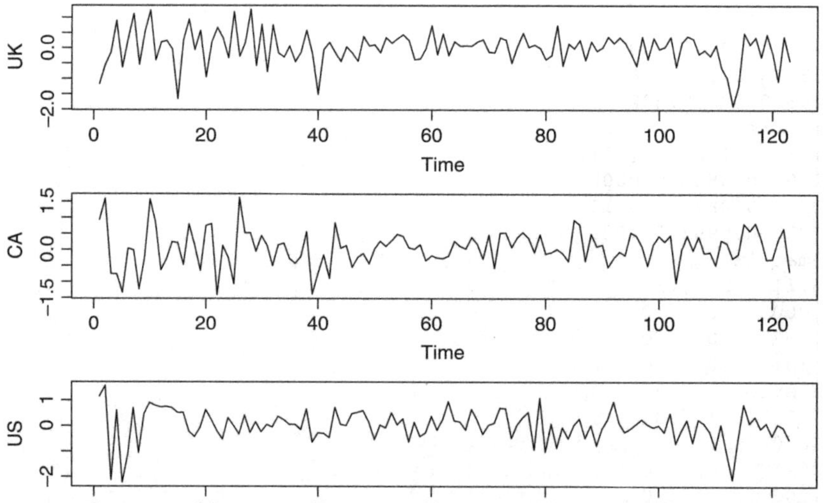

图 2-3　从 1980 年第二季度到 2011 年第二季度，英国、加拿大和美国实际 GDP 的季度增长率的式(2-65)中的简化 VAR(2)模型的残差图。增长率为百分比

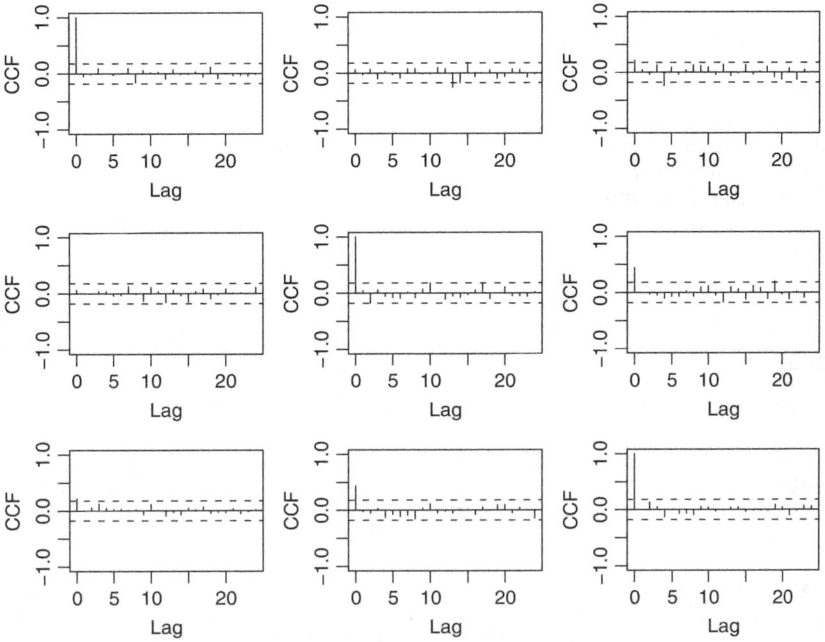

图 2-4　从 1980 年第二季度到 2011 年第二季度，英国、加拿大和美国实际 GDP 的季度增长率的式(2-65)中的简化 VAR(2)模型的残差交叉相关矩阵。增长率为百分比

可以用多元混成检验来检验残差交叉相关性。下面的 R 代码示例给出了结果。图 2-5 详细给出了统计量 $Q_3(m)$的 p 值，式(2-65)中的简化 VAR(2)模型的残差使用了此统计量。因为有 12 个参数，所以 $Q_k(m)$的卡方分布的自由度为 $9m-12$。因此，如果 $m \geqslant 2$，近似卡方分布成立。根据图 2-5 和 R 代码示例，$Q_k(m)$统计量表明简化 VAR(2)模型的残差没有强序列或交叉相关性。基于 $Q_k(4)$，我们可以考虑某些进一步改进，如使用一个VAR(4)模型。我们将这个留作练习。

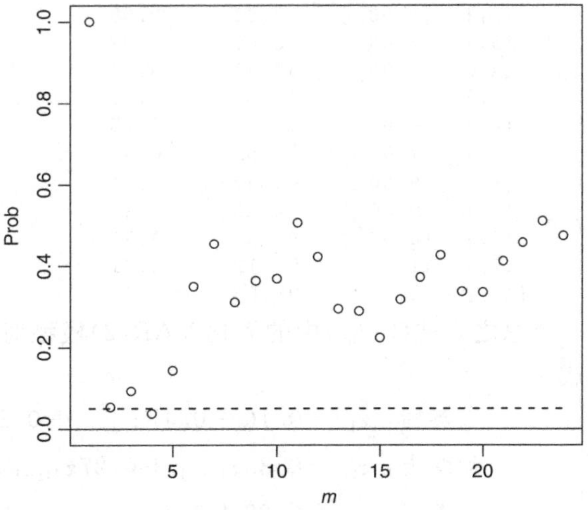

图 2-5　$Q_k(m)$统计量的 p 值和 m 的散点图。到从 1980 年第二季度到 2011 年第二季度，英国、加拿大和美国实际 GDP 的季度增长率的式(2-65)中的简化 VAR(2)模型的残差中应用到该 $Q_R(m)$统计量。增长率为百分比 75~79

注记：*拟合 VARMA 模型的模型检验可以通过 MTS 添加包中的命令 MTSdiag 来实现。默认选项检验交叉相关矩阵的 24 滞后。*

R 代码示例：模型检验。

```
> MTSdiag(m2,adj=12)
[1] "Covariance matrix:"
       [,1]    [,2]    [,3]
```

```
[1,] 0.2924 0.0182 0.0711
[2,] 0.0182 0.3084 0.1472
[3,] 0.0711 0.1472 0.3657
CCM at lag:  0
       [,1]   [,2]  [,3]
[1,] 1.0000 0.0605 0.218
[2,] 0.0605 1.0000 0.438
[3,] 0.2175 0.4382 1.000
Simplified matrix:
CCM at lag:  1
. . .
. . .
. . .
CCM at lag:  2
. . .
. . .
. . .
CCM at lag:  3
. . .
. . .
. . .
CCM at lag:  4
. . -
. . .
. . .
Hit Enter to compute MQ-statistics:

Ljung-Box Statistics:
         m       Q(m)    p-value
 [1,]   1.00      1.78     1.00
 [2,]   2.00     12.41     0.05
 [3,]   3.00     22.60     0.09
 [4,]   4.00     37.71     0.04
 [5,]   5.00     41.65     0.14
 [6,]   6.00     44.95     0.35
 [7,]   7.00     51.50     0.45
 [8,]   8.00     64.87     0.31
 [9,]   9.00     72.50     0.36
[10,]  10.00     81.58     0.37
[11,]  11.00     86.12     0.51
[12,]  12.00     98.08     0.42
```

总之，式(2-65)中的简化 VAR(2)模型对于 GDP 的增长率序列是合适的。模型可以写成

$$\text{英国：} z_{1t} = 0.16 + 0.47z_{1,t-1} + 0.21z_{2,t-1} + a_{1t}$$

$$\text{加拿大：} z_{2t} = 0.33z_{1,t-1} + 0.27z_{2,t-1} + 0.5z_{3,t-1} - 0.2z_{1,t-2} + a_{2t}$$

$$\text{美国：} z_{3t} = 0.28 + 0.47z_{1,t-1} + 0.23z_{2,t-1} + 0.23z_{3,t-1} - 0.3z_{1,t-2} + a_{3t}$$

残差的相关矩阵为

$$\boldsymbol{R}_0 = \begin{bmatrix} 1.00 & 0.06 & 0.22 \\ 0.06 & 1.00 & 0.44 \\ 0.22 & 0.44 & 1.00 \end{bmatrix}$$

相关矩阵表明英国和加拿大 GDP 的季度增长率不是即期相关的。拟合三维模型显示英国 GDP 增长率在滞后的加拿大 GDP 增长率面前不依赖于美国的滞后增长率，但是英国增长率依赖于加拿大过去的增长率。另一方面，加拿大的 GDP 增长率与英国的增长率和美国的增长率是动态相关的。类似地，美国 GDP 增长率依赖于英国和加拿大的滞后 GDP 增长率。如果进一步考虑 z_{1t} 关于 $z_{3,t-4}$ 的相依性，那么所有 3 个 GDP 增长率直接动态相关。总之，简化 VAR(2)模型表明在给定加拿大 GDP 增长率的情况下，英国 GDP 增长率与美国 GDP 增长率是条件独立的。

2.8　线性约束

我们在 VAR(p)模型估计中很容易处理线性参数约束。考虑式(2-28)中的矩阵表达式。任意线性参数约束可以表示为

$$\text{vec}(\boldsymbol{\beta}) = \boldsymbol{J}\boldsymbol{\gamma} + \boldsymbol{r} \tag{2-66}$$

其中 $\boldsymbol{J}$ 是秩为 $\boldsymbol{P}$ 的 $k(kp+1)\times P$ 常数矩阵，$\boldsymbol{r}$ 是一个 $k(kp+1)$ 维常数向量，$\boldsymbol{\gamma}$ 表示未知参数的 $\boldsymbol{P}$ 维向量。这里 $\boldsymbol{J}$ 和 $\boldsymbol{\gamma}$ 已知。例如，考虑二维 VAR(1)模型，$\boldsymbol{z}_t = \boldsymbol{\phi}_0 + \boldsymbol{\phi}_1 \boldsymbol{z}_{t-1} + \boldsymbol{a}_t$。这里我们有

$$\boldsymbol{\beta} = \begin{bmatrix} \phi_{0,1} & \phi_{0,2} \\ \phi_{1,11} & \phi_{1,21} \\ \phi_{1,12} & \phi_{1,22} \end{bmatrix}，\text{其中 } \boldsymbol{\phi}_0 = \begin{bmatrix} \phi_{0,1} \\ \phi_{0,2} \end{bmatrix}，\boldsymbol{\phi}_1 = [\phi_{1,ij}]$$

假定实际模型为

$$\boldsymbol{z}_t = \begin{bmatrix} 1 \\ 0 \end{bmatrix} + \begin{bmatrix} 0.6 & 0 \\ 0.2 & 0.8 \end{bmatrix} \boldsymbol{z}_{t-1} + \boldsymbol{a}_t$$

有 4 个参数。这种特殊情况下，有 $\boldsymbol{r} = \boldsymbol{0}_6$ 和

$$\text{vec}(\boldsymbol{\beta}) = \begin{bmatrix} \phi_{0,1} \\ \phi_{1,11} \\ \phi_{1,12} \\ \phi_{0,2} \\ \phi_{1,21} \\ \phi_{1,22} \end{bmatrix} = \begin{bmatrix} 1 & 0 & 0 & 0 \\ 0 & 1 & 0 & 0 \\ 0 & 0 & 0 & 0 \\ 0 & 0 & 0 & 0 \\ 0 & 0 & 1 & 0 \\ 0 & 0 & 0 & 1 \end{bmatrix} \begin{bmatrix} 1.0 \\ 0.6 \\ 0.2 \\ 0.8 \end{bmatrix} = \boldsymbol{J}\boldsymbol{\gamma}$$

80

在式(2-66)中的线性约束下，式(2-29)变为

$$\text{vec}(\boldsymbol{Z}) = (\boldsymbol{I}_k \otimes \boldsymbol{X})(\boldsymbol{J}\boldsymbol{\gamma} + \boldsymbol{r}) + \text{vec}(\boldsymbol{A}) = (\boldsymbol{I}_k \otimes \boldsymbol{X})\boldsymbol{J}\boldsymbol{\gamma} + (\boldsymbol{I}_k \otimes \boldsymbol{X})\boldsymbol{r} + \text{vec}(\boldsymbol{A})$$

因为 $\boldsymbol{r}$ 已知，所以$(\boldsymbol{I}_k \otimes \boldsymbol{X})$是一个已知的 $k(T-p)\times 1$ 向量。因此，我们可以将上式重写成

$$\text{vec}(\boldsymbol{Z}_*) = (\boldsymbol{I}_k \otimes \boldsymbol{X})\boldsymbol{J}\boldsymbol{\gamma} + \text{vec}(\boldsymbol{A})$$

其中 $\text{vec}(\boldsymbol{Z}_*) = \text{vec}(\boldsymbol{Z}) - (\boldsymbol{I}_k \otimes \boldsymbol{X})\boldsymbol{r}$。下面开展与式(2-30)中的 VAR($p$)估计类似的讨论，通过最小化下式可以得到 $\boldsymbol{\gamma}$ 的 GLS 估计。

$$\boldsymbol{S}(\boldsymbol{\gamma}) = [\text{vec}(\boldsymbol{A})]'(\boldsymbol{\Sigma}_a \otimes \boldsymbol{I}_{T-p})^{-1}\text{vec}(\boldsymbol{A})$$

$$=[\mathrm{vec}(\boldsymbol{Z}_*)-(\boldsymbol{I}_k\otimes\boldsymbol{X})\boldsymbol{J\gamma}]'(\boldsymbol{\Sigma}_a^{-1}\otimes\boldsymbol{I}_{T-p})[\mathrm{vec}(\boldsymbol{Z}_*)-(\boldsymbol{I}_k\otimes\boldsymbol{X})\boldsymbol{J\gamma}] \tag{2-67}$$

使用与式(2-32)相同的方法，我们有

$$\begin{aligned}\hat{\boldsymbol{\gamma}}&=[J'(\boldsymbol{\Sigma}_a^{-1}\otimes\boldsymbol{X}'\boldsymbol{X})\boldsymbol{J}]^{-1}[\boldsymbol{J}'(\boldsymbol{\Sigma}_a^{-1}\otimes\boldsymbol{X}')\mathrm{vec}(\boldsymbol{Z}_*)]\\&=[\boldsymbol{J}'(\boldsymbol{\Sigma}_a^{-1}\otimes\boldsymbol{X}'\boldsymbol{X})\boldsymbol{J}]^{-1}\boldsymbol{J}'(\boldsymbol{\Sigma}_a^{-1}\otimes\boldsymbol{X}')[(\boldsymbol{I}_k\otimes\boldsymbol{X})\boldsymbol{J\gamma}+\mathrm{vec}(\boldsymbol{A})]\\&=\gamma+[\boldsymbol{J}'(\boldsymbol{\Sigma}_a^{-1}\otimes\boldsymbol{X}'\boldsymbol{X})\boldsymbol{J}]^{-1}\boldsymbol{J}'(\boldsymbol{\Sigma}_a^{-1}\otimes\boldsymbol{X}')\mathrm{vec}(\boldsymbol{A})\\&=\boldsymbol{\gamma}+[\boldsymbol{J}'(\boldsymbol{\Sigma}_a^{-1}\otimes\boldsymbol{X}'\boldsymbol{X})\boldsymbol{J}]^{-1}\boldsymbol{J}'\mathrm{vec}(\boldsymbol{X}'\boldsymbol{A}\boldsymbol{\Sigma}_a^{-1})\\&=\boldsymbol{\gamma}+[\boldsymbol{J}'(\boldsymbol{\Sigma}_a^{-1}\otimes\boldsymbol{X}'\boldsymbol{X})\boldsymbol{J}]^{-1}\boldsymbol{J}'(\boldsymbol{\Sigma}_a^{-1}\otimes\boldsymbol{I}_{kp+1})\mathrm{vec}(\boldsymbol{X}'\boldsymbol{A})\end{aligned} \tag{2-68}$$

根据式(2-68)，我们有

$$\sqrt{T_p}(\hat{\boldsymbol{\gamma}}-\boldsymbol{\gamma})=\left[\boldsymbol{J}'\left(\boldsymbol{\Sigma}_a^{-1}\otimes\frac{\boldsymbol{X}'\boldsymbol{X}}{T_p}\right)\boldsymbol{J}\right]^{-1}\boldsymbol{J}'(\boldsymbol{\Sigma}_a^{-1}\otimes\boldsymbol{I}_{kp+1})\frac{1}{\sqrt{T_p}}\mathrm{vec}(\boldsymbol{X}'\boldsymbol{A}) \tag{2-69}$$

其中，与前面一样 $T_p=T-p$。

定理 2.7　假定平稳 VAR(p)过程 $\boldsymbol{z}_t$ 满足定理 2.3 的条件。进一步假定模型的参数满足式(2-66)的线性约束，其中 $\boldsymbol{J}$ 的秩为 p，它也是要估计的系数参数的个数。那么式(2-68)的 GLS 估计$\hat{\gamma}$是 $\boldsymbol{\gamma}$ 的一致估计且有

81

$$\sqrt{T_p}(\hat{\boldsymbol{\gamma}}-\boldsymbol{\gamma})\to_d N(\boldsymbol{0},[\boldsymbol{J}'(\boldsymbol{\Sigma}_a^{-1}\otimes\boldsymbol{G})\boldsymbol{J}]^{-1})$$

其中 $T_p=T-p$，并且当 $T\to\infty$ 时，$\boldsymbol{G}$ 是 $\boldsymbol{X}'\boldsymbol{X}/T_p$ 的极限，在引理 2.3 中已定义。

证明：根据引理 2.3 的部分(ii)

$$\frac{1}{\sqrt{T_p}}\mathrm{vec}(\boldsymbol{X}'\boldsymbol{A})\to_d N(\boldsymbol{0},\boldsymbol{\Sigma}_a^{-1}\otimes\boldsymbol{G})$$

根据式(2-69)，定理得证。□

2.9　预测

令 h 为预测原点，$\ell>0$ 为预测步长，F_h 为在时间 h(包括 h)的有用信息。本节讨论 VAR(p)模型的预测。

2.9.1　给定模型的预测

首先，假定 VAR 模型是已知的，即我们此刻忽略估计参数。接着 1.6 节中的讨论，$\boldsymbol{z}_{h+\ell}$的最小均方误差预测是在给定 F_h 时 $\boldsymbol{z}_{h+\ell}$的简单条件期望。对于式(2-21)中的VAR(p)

模型，1 步超前预测是最简单的，

$$\boldsymbol{z}_h(1)=E(\boldsymbol{z}_{h+1}\mid F_h)=\boldsymbol{\phi}_0+\sum_{i=1}^{p}\boldsymbol{\phi}_i\boldsymbol{z}_{h+1-i}$$

对于 2 步超前预测，我们有

$$\boldsymbol{z}_h(2)=E(\boldsymbol{z}_{h+2}\mid F_h)=\boldsymbol{\phi}_0+\boldsymbol{\phi}_1E(\boldsymbol{z}_{h+1}\mid F_h)+\sum_{i=2}^{p}\boldsymbol{\phi}_i\boldsymbol{z}_{h+2-i}=\boldsymbol{\phi}_0+\boldsymbol{\phi}_1\boldsymbol{z}_h(1)+\sum_{i=2}^{p}\boldsymbol{\phi}_i\boldsymbol{z}_{h+2-i}$$

一般地，对于 ℓ 步超前预测，我们有

$$\boldsymbol{z}_h(\ell)=E(\boldsymbol{z}_{h+\ell}\mid F_h)=\boldsymbol{\phi}_0+\sum_{i=1}^{p}\boldsymbol{\phi}_i\boldsymbol{z}_h(\ell-i)\tag{2-70}$$ 82

其中，对于 $j\leqslant 0$，$\boldsymbol{z}_h(j)=\boldsymbol{z}_{h+j}$。因此，VAR($p$)模型的点预测可以通过递归方法来计算。

利用 $\boldsymbol{\phi}_0=(\boldsymbol{I}_k-\sum_{i=1}^{p}\boldsymbol{\phi}_1)\mu$，式(2-70)可以重写成

$$\boldsymbol{z}_h(\ell)-\boldsymbol{\mu}=\sum_{i=1}^{p}\boldsymbol{\phi}_i[\boldsymbol{z}_h(\ell-i)-\boldsymbol{\mu}]$$

上式表明

$$[\boldsymbol{z}_h(\ell)-\boldsymbol{\mu}]-\sum_{i=1}^{p}\boldsymbol{\phi}_i[\boldsymbol{z}_h(\ell-i)-\boldsymbol{\mu}]=\boldsymbol{0}$$

它也可以写成

$$\left(\boldsymbol{I}_k-\sum_{i=1}^{p}\boldsymbol{\phi}_iB^i\right)[\boldsymbol{z}_h(\ell)-\boldsymbol{\mu}]=\boldsymbol{0}，\text{或简写成 }\boldsymbol{\phi}(B)[\boldsymbol{z}_h(\ell)-\boldsymbol{\mu}]=\boldsymbol{0}\tag{2-71}$$

其中当预测原点 h 是固定的时，B 为关于 ℓ 的后移算子。定义扩展预测向量 $\boldsymbol{Z}_h(\ell)$ 为

$$\boldsymbol{Z}_h(\ell)=([\boldsymbol{z}_h(\ell)-\boldsymbol{\mu}]',[\boldsymbol{z}_h(\ell-1)-\boldsymbol{\mu}]',\cdots,[\boldsymbol{z}_h(\ell-p+1)-\mu]')'$$

那么，式(2-71)表明

$$\boldsymbol{Z}_h(\ell)=\boldsymbol{\Phi}\boldsymbol{Z}_h(\ell-1),\ \ell>1\tag{2-72}$$

其中 $\boldsymbol{\Phi}$ 在式(2-23)中已定义，这是多项式矩阵 $\boldsymbol{\phi}(B)=\boldsymbol{I}_k-\sum_{i=1}^{p}\boldsymbol{\phi}_iB^i$ 的伴随矩阵，通过反复应用式(2-72)，我们有

$$\boldsymbol{Z}_h(\ell)=\boldsymbol{\Phi}^{\ell-1}\boldsymbol{Z}_h(1),\ \ell>1\tag{2-73}$$

对于一个平稳 VAR(p)模型，$\boldsymbol{\Phi}$ 的所有特征值的绝对值都小于 1。因此，当 $j\to\infty$时，$\boldsymbol{\Phi}_i\to 0$。所以有

$$\boldsymbol{z}_h(\ell)-\boldsymbol{\mu}\to\boldsymbol{0}，\text{当 }\ell\to\infty\text{ 时}$$

这说明平稳 VAR(p)过程是均值回归过程，因为随着预测步长的增加它的点预测收敛于该过程的均值。均值回归的速度是由 $\boldsymbol{\Phi}$ 的最大特征值的模来决定的。 83

再回到预测误差。对于 ℓ 步超前预测，预测误差为

$$\boldsymbol{e}_h(\ell)=\boldsymbol{z}_{h+\ell}-\boldsymbol{z}_h(\ell)$$

为了研究预测误差，使用 VAR(p)模型的 MA 表达式是最方便的，

$$z_t = \boldsymbol{\mu} + \sum_{i=0}^{\infty} \boldsymbol{\psi}_i \boldsymbol{a}_{t-i}$$

其中 $\boldsymbol{\mu}=[\boldsymbol{\phi}(1)]^{-1}\boldsymbol{\phi}_0$，$\boldsymbol{\psi}_0=\boldsymbol{I}_k$，并且 $\boldsymbol{\psi}_i$ 可以通过式(2-27)递归地得到。如式(1-14)所示，ℓ 步超前预测的误差为

$$\boldsymbol{e}_h(\ell) = \boldsymbol{a}_{h+\ell} + \boldsymbol{\psi}_1 \boldsymbol{a}_{h+\ell-1} + \cdots + \boldsymbol{\psi}_{\ell-1} \boldsymbol{a}_{h+1}$$

因此，预测误差的协方差矩阵为

$$\mathrm{Cov}[\boldsymbol{e}_h(\ell)] = \boldsymbol{\Sigma}_a + \sum_{i=1}^{\ell-1} \boldsymbol{\psi}_i \boldsymbol{\Sigma}_a \boldsymbol{\psi}'_i \tag{2-74}$$

随着预测步长的增加，我们可以看到

$$\mathrm{Cov}[\boldsymbol{e}_h(\ell)] \to \boldsymbol{\Sigma}_a + \sum_{i=1}^{\infty} \boldsymbol{\psi}_i \boldsymbol{\Sigma}_a \boldsymbol{\psi}'_i = \mathrm{Cov}(\boldsymbol{z}_t)$$

这与 $\boldsymbol{z}_t$ 的均值回归是一致的，因为 $\boldsymbol{z}_h(\ell)$趋于 $\boldsymbol{\mu}$ 的预测不确定性与 $\boldsymbol{z}_t$ 的情形一样。此外，根据式(2-74)，我们很容易看到

$$\mathrm{Cov}[\boldsymbol{e}_h(\ell)] = \mathrm{Cov}[\boldsymbol{e}_h(\ell-1)] + \boldsymbol{\psi}_{\ell-1} \boldsymbol{\Sigma}_a \boldsymbol{\psi}'_{\ell-1}, \ \ell > 1$$

因此，预测误差的协方差也可以通过递归方法来计算。

2.9.2　估计模型的预测

实际上，VAR(p)模型的参数是未知的，并且人们喜欢考虑预测中的参数不确定性。为了简化并符合实际应用，我们假定使用预测原点 $t=h$ 的有用信息对参数进行估计。即基于有用信息 F_h 进行参数估计。在这个假设下，参数估计是 F_h 的函数，因此带有参数估计的 $\boldsymbol{z}_{h+\ell}$的 ℓ 步超前最小均方误差(MSE)预测为

84

$$\hat{\boldsymbol{z}}_h(\ell) = \hat{\boldsymbol{\phi}}_0 + \sum_{i=1}^{p} \hat{\boldsymbol{\phi}}_i \hat{\boldsymbol{z}}_h(\ell-i) \tag{2-75}$$

其中，与前面一样，对于 $j\leqslant 0$，$\hat{\boldsymbol{z}}_h(j)=\boldsymbol{z}_{h+j}$。因此，使用估计参数的点预测与前面一样。这是因为估计是无偏差的且预测是样本外预测。然而，相关的预测误差为

$$\hat{\boldsymbol{e}}_h(\ell) = \boldsymbol{z}_{h+\ell} - \hat{\boldsymbol{z}}_h(\ell) = \boldsymbol{z}_{h+\ell} - \boldsymbol{z}_h(\ell) + \boldsymbol{z}_h(\ell) - \hat{\boldsymbol{z}}_h(\ell) = \boldsymbol{e}_h(\ell) + [\boldsymbol{z}_h(\ell) - \hat{\boldsymbol{z}}_h(\ell)] \tag{2-76}$$

注意 $\boldsymbol{e}_h(\ell)$是$\{\boldsymbol{a}_{h+1}, \cdots, \boldsymbol{a}_{h+\ell}\}$的函数且式(2-76)右边的第二项是 F_h 的函数。因此预测误差 $\hat{\boldsymbol{e}}_h(\ell)$的前两项是不相关的，我们有

$$\begin{aligned}\mathrm{Cov}[\hat{\boldsymbol{e}}_h(\ell)] &= \mathrm{Cov}[\boldsymbol{e}_h(\ell)] + E\{[\boldsymbol{z}_h(\ell) - \hat{\boldsymbol{z}}_h(\ell)][\boldsymbol{z}_h(\ell) - \hat{\boldsymbol{z}}_h(\ell)]'\} \\ &\equiv \mathrm{Cov}[\boldsymbol{e}_h(\ell)] + \mathrm{MSE}[\boldsymbol{z}_h(\ell) - \hat{\boldsymbol{z}}_h(\ell)]\end{aligned} \tag{2-77}$$

其中符号≡表示等价。为了得到式(2-77)中的 MSE，我们参照 Samaranayake 和 Hasza (1988)以及 Basu 和 Sen Roy(1986)中的方法。

使用式(2-28)中的 VAR(p)模型形式，我们用 $\boldsymbol{\beta}$ 表示参数矩阵。令 $T_p=T-p$ 为估计中有效的样本数，假定参数估计满足

$$\sqrt{T_p}\,\mathrm{vec}(\hat{\boldsymbol{\beta}}'-\boldsymbol{\beta}')\to_d N(\mathbf{0},\boldsymbol{\Sigma}_{\boldsymbol{\beta}'})$$

与 2.5 节的讨论一样，有些估计方法可以给出平稳 VAR(p)模型的估计。因为 $\boldsymbol{z}_h(\ell)$是 vec($\boldsymbol{\beta}'$)的可微函数，可以表示为

$$\sqrt{T_p}\left[\hat{\boldsymbol{z}}_h(\ell)-\boldsymbol{z}_h(\ell)\mid F_h\right]\to_d N\left(\mathbf{0},\frac{\partial\boldsymbol{z}_h(\ell)}{\partial\mathrm{vec}(\boldsymbol{\beta}')'}\boldsymbol{\Sigma}_{\beta}\frac{\partial\boldsymbol{z}_h(\ell)'}{\partial\mathrm{vec}(\boldsymbol{\beta}')}\right)$$

这个结果表明可以将式(2-77)的 MSE 近似为

$$\boldsymbol{\Omega}_{\ell}=E\left[\frac{\partial\boldsymbol{z}_h(\ell)}{\partial\mathrm{vec}(\boldsymbol{\beta}')'}\boldsymbol{\Sigma}_{\beta}\frac{\partial\boldsymbol{z}_h(\ell)'}{\partial\mathrm{vec}(\boldsymbol{\beta}')}\right]$$

如果我们进一步假定 $\boldsymbol{a}_t$ 是多元正态分布，那么我们有

$$\sqrt{T_p}\left[\hat{\boldsymbol{z}}_h(\ell)-\boldsymbol{z}_h(\ell)\right]\to_d N(\mathbf{0},\boldsymbol{\Omega}_{\ell})$$

85

因此，我们有

$$\mathrm{Cov}[\hat{\boldsymbol{e}}_h(\ell)]=\mathrm{Cov}[\boldsymbol{e}_h(\ell)]+\frac{1}{T_p}\boldsymbol{\Omega}_{\ell}\qquad(2\text{-}78)$$

仍然可以得到量 $\boldsymbol{\Omega}_{\ell}$，为此，我们需要得到导数 $\partial\boldsymbol{z}_h(\ell)/\partial\mathrm{vec}(\boldsymbol{\beta}')$(使用 $\boldsymbol{\beta}'$而不使用$\boldsymbol{\beta}$ 的原因是为了后面简化矩阵导数)。如式(2-70)所示，$\boldsymbol{z}_h(\ell)$可以通过递归方法来计算。此外，可以进一步推广序列使其包括常数 $\boldsymbol{\phi}_0$，具体地，令 $\boldsymbol{x}_h=(1,\ \boldsymbol{z}'_h,\ \boldsymbol{z}'_{h-1},\ \cdots,\ \boldsymbol{z}'_{h-p+1})$是预测原点 $t=h$ 的($kp+1$)维向量。然后，根据式(2-70)，我们有

$$\boldsymbol{z}_h(\ell)=\boldsymbol{J}\boldsymbol{P}^{\ell}\boldsymbol{x}_h,\ \ell\geqslant 1\qquad(2\text{-}79)$$

其中

$$P=\begin{bmatrix}1 & \mathbf{0}'_{kp}\\ & \boldsymbol{\Phi}\end{bmatrix}_{(kp+1)\times(kp+1)},\ \boldsymbol{J}=[\mathbf{0}_k,\boldsymbol{I}_k,\mathbf{0}_{k\times k(p-1)}]_{k\times(kp+1)}$$

且 $=[\boldsymbol{\phi}'_0,\ \mathbf{0}_{k(p-1)}]'$，这里 $\boldsymbol{\Phi}$ 是式(2-23)定义的 $\boldsymbol{\phi}(B)$的伴随矩阵，$\mathbf{0}_m$ 是一个 m 维零向量，$\mathbf{0}_{m\times n}$是一个 $m\times n$ 零矩阵。这是式(2-73)的广义版本，它包括递归中的常数向量 $\boldsymbol{\phi}_0$，可以通过数学归纳来说明。用式(2-79)和附录 A 中的**结果 3** 的部分(k)，我们有

$$\begin{aligned}\frac{\partial\boldsymbol{z}_h(\ell)}{\partial\mathrm{vec}(\boldsymbol{\beta}')'}&=\frac{\partial\mathrm{vec}(\boldsymbol{J}\boldsymbol{P}^{\ell}\boldsymbol{x}_h)}{\partial\mathrm{vec}(\boldsymbol{\beta}')'}=(\boldsymbol{x}'_h\otimes\boldsymbol{J})\frac{\partial\mathrm{vec}(\boldsymbol{P}^{\ell})}{\partial\mathrm{vec}(\boldsymbol{\beta}')'}\\&=(\boldsymbol{x}'_h\otimes\boldsymbol{J})\left[\sum_{i=0}^{\ell-1}(\boldsymbol{P}')^{\ell-1-i}\otimes\boldsymbol{P}^i\right]\frac{\partial\mathrm{vec}(\boldsymbol{P}^{\ell})}{\partial\mathrm{vec}(\boldsymbol{\beta}')'}\\&=(\boldsymbol{x}'_h\otimes\boldsymbol{J})\left[\sum_{i=0}^{\ell-1}(\boldsymbol{P}')^{\ell-1-i}\otimes\boldsymbol{P}^i\right](\boldsymbol{I}_{kp+1}\otimes\boldsymbol{J}')\\&=\sum_{i=0}^{\ell-1}\boldsymbol{x}'_h(\boldsymbol{P}')^{\ell-1-i}\otimes\boldsymbol{J}\boldsymbol{P}^i\boldsymbol{J}'=\sum_{i=0}^{\ell-1}\boldsymbol{x}'_h(\boldsymbol{P}')^{\ell-1-i}\otimes\boldsymbol{\psi}_i\end{aligned}$$

其中我们已经使用 $\boldsymbol{J}\boldsymbol{P}^i\boldsymbol{J}=\boldsymbol{\psi}_i$。用 LS 估计 $\hat{\boldsymbol{\beta}}$，通过式(2-43)，我们有 $\boldsymbol{\Sigma}_{\boldsymbol{\beta}'}=\boldsymbol{G}^{-1}\otimes\boldsymbol{\Sigma}_a$。因此， 86

$$\boldsymbol{\Omega}_{\ell}=E\left[\frac{\partial\boldsymbol{z}_h(\ell)}{\partial\mathrm{vec}(\beta')'}(\boldsymbol{G}^{-1}\otimes\boldsymbol{\Sigma}_a)\frac{\partial\boldsymbol{z}_h(\ell)'}{\partial\mathrm{vec}(\boldsymbol{\beta}')}\right]$$

$$
\begin{aligned}
&= \sum_{i=0}^{\ell-1}\sum_{j=0}^{\ell-1} E(\boldsymbol{x}_h'(\boldsymbol{P}')^{\ell-1-i}\boldsymbol{G}^{-1}\boldsymbol{P}^{\ell-1-j}\boldsymbol{x}_h) \otimes \boldsymbol{\psi}_i\boldsymbol{\Sigma}_a\boldsymbol{\psi}_j' \\
&= \sum_{i=0}^{\ell-1}\sum_{j=0}^{\ell-1} E[\mathrm{tr}(\boldsymbol{x}_h'(\boldsymbol{P}')^{\ell-1-i}\boldsymbol{G}^{-1}\boldsymbol{P}^{\ell-1-j}\boldsymbol{x}_h)]\boldsymbol{\psi}_i\boldsymbol{\Sigma}_a\boldsymbol{\psi}_j' \\
&= \sum_{i=0}^{\ell-1}\sum_{j=0}^{\ell-1} \mathrm{tr}[(\boldsymbol{P}')^{\ell-1-i}\boldsymbol{G}^{-1}\boldsymbol{P}^{\ell-1-j}E(\boldsymbol{x}_h\boldsymbol{x}_h')]\boldsymbol{\psi}_i\boldsymbol{\Sigma}_a\boldsymbol{\psi}_j' \\
&= \sum_{i=0}^{\ell-1}\sum_{j=0}^{\ell-1} \mathrm{tr}[(\boldsymbol{P}')^{\ell-1-i}\boldsymbol{G}^{-1}\boldsymbol{P}^{\ell-1-j}\boldsymbol{G}]\boldsymbol{\psi}_i\boldsymbol{\Sigma}_a\boldsymbol{\psi}_j' \qquad (2\text{-}80)
\end{aligned}
$$

特别地，如果 $\ell=1$，那么

$$\boldsymbol{\Omega}_1 = \mathrm{tr}(\boldsymbol{I}_{kp+1})\boldsymbol{\Sigma}_a = (kp+1)\boldsymbol{\Sigma}_a$$

和

$$\mathrm{Cov}[\hat{\boldsymbol{z}}_h(1)] = \boldsymbol{\Sigma}_a + \frac{kp+1}{T_p}\boldsymbol{\Sigma}_a = \frac{T_p+kp+1}{T_p}\boldsymbol{\Sigma}_a$$

因为 $kp+1$ 是 z_{it} 模型方程中参数的个数，所以前面的结果可以解释为每个参数通过一个因子 $1/T_p$ 来增加 1 步超前预测的 MSE，其中 T_p 是估计中使用的有效样本数。当 k 或 p 比较大但 T_p 比较小时，在预测中使用估计参数的影响可能是巨大的。因此，结果对剔除 VAR(p)模型的不显著参数提供了有力证据。换句话说，采用简约模型是值得的。

事实上，可以用 LS 估计代替式(2-80)的量来计算 $\mathrm{Cov}[\hat{\boldsymbol{z}}_h(\ell)]$。

例 2.8　再次考虑例 2.6 中英国、加拿大和美国 GDP 的季度增长率的例子，其中 VAR(2) 模型是适合的。使用这个模型，我们考虑预测原点为 2011 年第二季度的 GDP 增长率 1～8 步超前预测。我们也给出了预测的标准误差和均方根误差。均方根误差包含了使用估计参数产生的不确定性。结果在表 2-2 中给出。从表 2-2 中，我们得到下面的观测值。第一，3 个序列的点预测随着步长的增加移向数据的样本均值，给出了均值回归的有效证据。第二，如期望的那样，预测的标准误差和均方根误差随着预测步长增加。随着预测步长的增加，标准误差收敛于时间序列的标准误差。第三，当预测步长比较小时使用估计参数的影响是显而易见的。随着预测步长的增加有效性很快消失。这是合理的，因为平稳 VAR 模型是均值回归。预测的标准误差和均方误差收敛于序列的标准误差。表 2-2 的标准误差和预测均方根误差可以用来构建区间预测。例如，美国 GDP 增长率的 2 步超前 95％区间预测在没有参数不确定性和具有参数不确定性的情况下分别为 0.49±1.96×0.71 和 0.49±1.96×0.75。

表 2-2　通过 VAR(2)模型，对英国、加拿大和美国 GDP 的季度增长率的预测

步	预　测			标准误差			均方根误差		
	英国	加拿大	美国	英国	加拿大	美国	英国	加拿大	美国
1	0.31	0.05	0.17	0.53	0.54	0.60	0.55	0.55	0.61
2	0.26	0.32	0.49	0.58	0.72	0.71	0.60	0.78	0.75
3	0.31	0.48	0.52	0.62	0.77	0.73	0.64	0.79	0.75

（续）

步	预 测			标准误差			均方根误差		
	英国	加拿大	美国	英国	加拿大	美国	英国	加拿大	美国
4	0.38	0.53	0.60	0.65	0.78	0.74	0.66	0.78	0.75
5	0.44	0.57	0.63	0.66	0.78	0.75	0.67	0.78	0.75
6	0.48	0.59	0.65	0.67	0.78	0.75	0.67	0.78	0.75
7	0.51	0.61	0.66	0.67	0.78	0.75	0.67	0.78	0.75
8	0.52	0.62	0.67	0.67	0.78	0.75	0.67	0.78	0.75
数据	0.52	0.62	0.65	0.71	0.79	0.79	0.71	0.79	0.79

注：预测原点是 2011 年的第二季节。表中的最后一行给出了序列的样本均值和样本标准误差。

最后，在下面的 R 代码示例中我们给出 $\boldsymbol{\Omega}_\ell$ 矩阵的估计。如期望的那样，随着预测步长的增加 $\boldsymbol{\Omega}$ 的模递减。通过使用 MTS 添加包中的命令 VARpred，可以得到例子的预测结果。 □

R 代码示例：预测。

```
> VARpred(m1,8)
Forecasts at origin:  125
     uk      ca     us
 0.3129 0.05166 0.1660
 0.2647 0.31687 0.4889
 ....
 0.5068 0.60967 0.6630
 0.5247 0.61689 0.6688
Standard Errors of predictions:
       [,1]   [,2]   [,3]
[1,] 0.5315 0.5400 0.5975
[2,] 0.5804 0.7165 0.7077
 ....
[7,] 0.6719 0.7842 0.7486
[8,] 0.6729 0.7843 0.7487
Root Mean square errors of predictions:
       [,1]   [,2]   [,3]
[1,] 0.5461 0.5549 0.6140
[2,] 0.6001 0.7799 0.7499
 ....
[7,] 0.6730 0.7844 0.7487
[8,] 0.6734 0.7844 0.7487
> colMeans(z)  ## Compute sample means
       uk        ca        us
0.5223092 0.6153672 0.6473996
> sqrt(apply(z,2,var))  ## Sample standard errors
       uk        ca        us
0.7086442 0.7851955 0.7872912
>
Omega matrix at horizon:  1
            [,1]        [,2]        [,3]
[1,] 0.015816875 0.001486291 0.00416376
[2,] 0.001486291 0.016328573 0.00781132
```

```
[3,] 0.004163760 0.007811320 0.01999008
Omega matrix at horizon:  2
           [,1]        [,2]        [,3]
[1,] 0.02327855 0.03708068 0.03587541
[2,] 0.03708068 0.09490535 0.07211282
[3,] 0.03587541 0.07211282 0.06154730
Omega matrix at horizon:  3
           [,1]        [,2]        [,3]
[1,] 0.02044253 0.02417433 0.01490480
[2,] 0.02417433 0.03218999 0.02143570
[3,] 0.01490480 0.02143570 0.01652968
Omega matrix at horizon:  4
            [,1]        [,2]         [,3]
[1,] 0.015322037 0.010105520 0.009536199
[2,] 0.010105520 0.007445308 0.006700067
[3,] 0.009536199 0.006700067 0.006181433
```

2.10　脉冲响应函数

87~89 在研究 VAR 模型的结构时，我们讨论了格兰杰因果关系和与传递函数模型的关系。有另一种方法可以探索变量之间关系。事实上，我们经常对多元时间序列分析中一个变量的变化对另一变量的影响感兴趣。例如，假定二元时间序列 $\boldsymbol{z}_t$ 包括家庭的月收入和月支出，我们将对家庭月收入增加或减少一定数量(如 5%)对家庭支出产生的影响感兴趣。这类研究在统计学文献和经济学文献的多元分析中称为*脉冲响应函数*。本节用 VAR(p)模型的 MA 表达式来确定这些影响。

在多元分析中，我们假定 $E(\boldsymbol{z}_t)=\boldsymbol{0}$，因为均值对任意冲击都不影响 $\boldsymbol{z}_t$ 的响应模型。为了研究 z_{1t}的变化对 $\boldsymbol{z}_{t+j}$ 的影响($j>0$)，而其他量保持不变时，我们假定对于 $t\leqslant 0$，$t=0$，$\boldsymbol{z}_t=0$ 和 $\boldsymbol{a}_0=(1, 0, \cdots)'$。换句话说，我们将研究当 z_{10} 增加 1，$\boldsymbol{z}_t(t>0)$的行为。为此，我们追踪 $\boldsymbol{z}_t$，($t=1, 2, \cdots$)，并假设 $\boldsymbol{a}_t=\boldsymbol{0}(t>0)$。使用 VAR($p$)模型的 MA 表示和式(2-27)给出的系数矩阵 $\boldsymbol{\psi}_\ell=[\psi_{\ell,ij}]$，我们有

$$\boldsymbol{z}_0=\boldsymbol{a}_0=\begin{bmatrix}1\\0\\\vdots\\0\end{bmatrix},\ \boldsymbol{z}_1=\boldsymbol{\psi}_1\boldsymbol{a}_0=\begin{bmatrix}\psi_{1,11}\\\psi_{1,21}\\\vdots\\\psi_{1,k1}\end{bmatrix},\ \boldsymbol{z}_2=\boldsymbol{\psi}_2\boldsymbol{a}_0=\begin{bmatrix}\psi_{2,11}\\\psi_{2,21}\\\vdots\\\psi_{2,k1}\end{bmatrix},\cdots$$

结果是系数矩阵 $\boldsymbol{\psi}_t$ 的第一列。因此，在这个例子中，有 $\boldsymbol{z}_t=\boldsymbol{\psi}_{t,.1}$其中 $\boldsymbol{\psi}_{t,.1}$表示 ψ_t 的第一列。类似地，为了研究第 i 个序列增加 1 对 $\boldsymbol{z}_{t+j}$的影响，我们有 $\boldsymbol{a}_0=\boldsymbol{e}_i$，其中 $\boldsymbol{e}_i$ 是 $\boldsymbol{k}$ 维欧氏空间 R^k 中的第 i 个单位向量，我们有

$$\boldsymbol{z}_0=\boldsymbol{e}_i,\ \boldsymbol{z}_1=\boldsymbol{\psi}_{1,i},\ \boldsymbol{z}_2=\boldsymbol{\psi}_{2,i},\cdots$$

它们是 $\boldsymbol{z}_t$ 的 MA 表达式的系数矩阵 $\boldsymbol{\psi}_i$ 的第 i 列。由于这个原因，VAR(p)模型的 MA 表达式的系数矩阵 $\boldsymbol{\psi}_i$ 称为脉冲响应函数的系数。总之，

$$\underline{\boldsymbol{\psi}}_n=\sum_{i=0}^{n}\boldsymbol{\psi}_i$$

表示对 z_t 的单位冲击的 n 周期累积响应。$\underline{\boldsymbol{\psi}}_n$ 的元素称为第 n 个短期乘数。所有长期的总累积响应定义为 90

$$\underline{\boldsymbol{\psi}}_\infty = \sum_{i=0}^{n} \boldsymbol{\psi}_i.$$

$\underline{\boldsymbol{\psi}}_\infty$ 经常称为总乘数或长期效应。

为了说明，再次考虑式(2-65)中的简化 VAR(2)模型的英国、加拿大和美国季度 GDP 增长率的例子。图 2-6 表示拟合三维模型的脉冲响应函数。从图中可以看出，脉冲响应函数很快衰减为 0。这正是期望的平稳序列。右上角图表明如果将美国增长率改变为 1，那么就对英国 GDP 增长率有延迟影响。这个延迟影响是由于美国在时间 t 的增长率影响加拿大在时间 $t+1$ 的增长率，反过来它影响英国在时间 $t+2$ 的增长率。这个图说明脉冲响应函数给出的是边际效应而不是条件效应。以加拿大滞后增长率为条件，英国 GDP 增长率不依赖于美国过去增长率的滞后值。图 2-7 说明简化 VAR(2)模型隐含累积响应。如期望的那样，累积响应很快收敛于总的乘数。

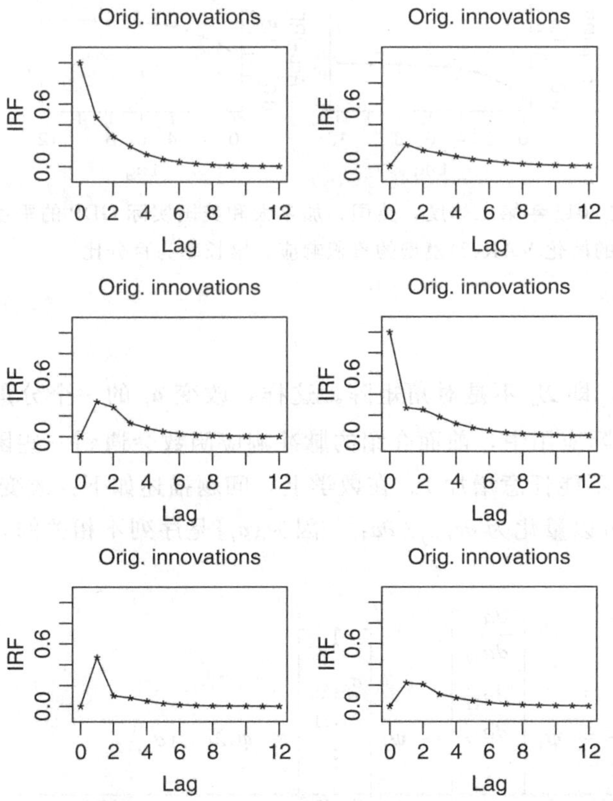

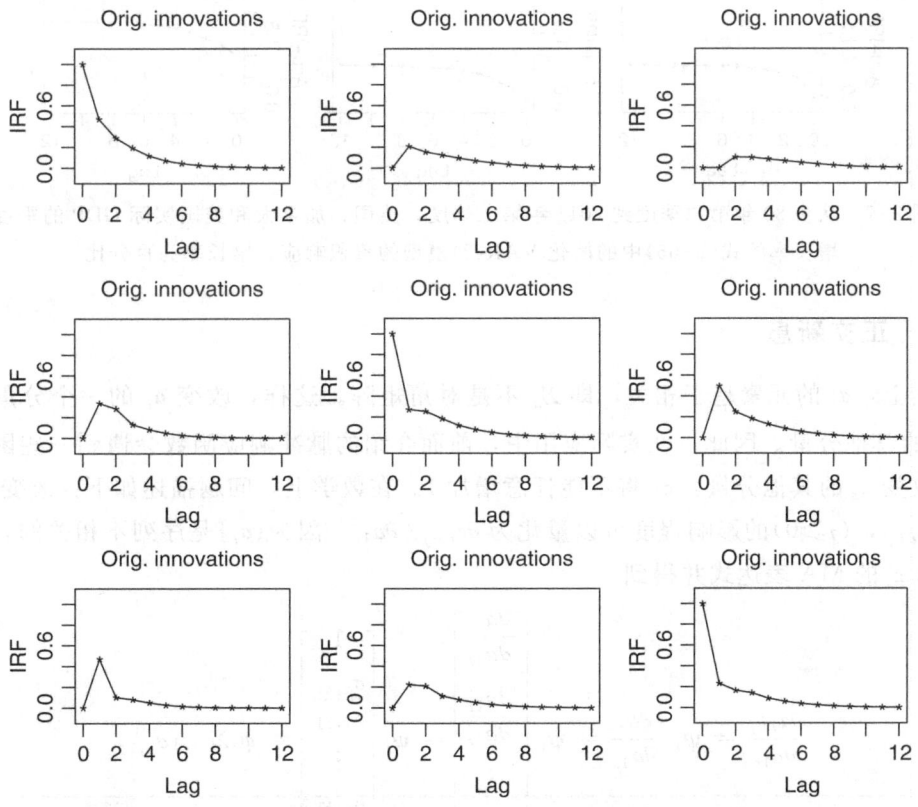

图 2-6　从 1980 年第二季度到 2011 年第二季度，英国、加拿大和美国实际 GDP 的季度增长率的式(2-65)中的简化 VAR(2)模型的脉冲响应函数。增长率为百分比

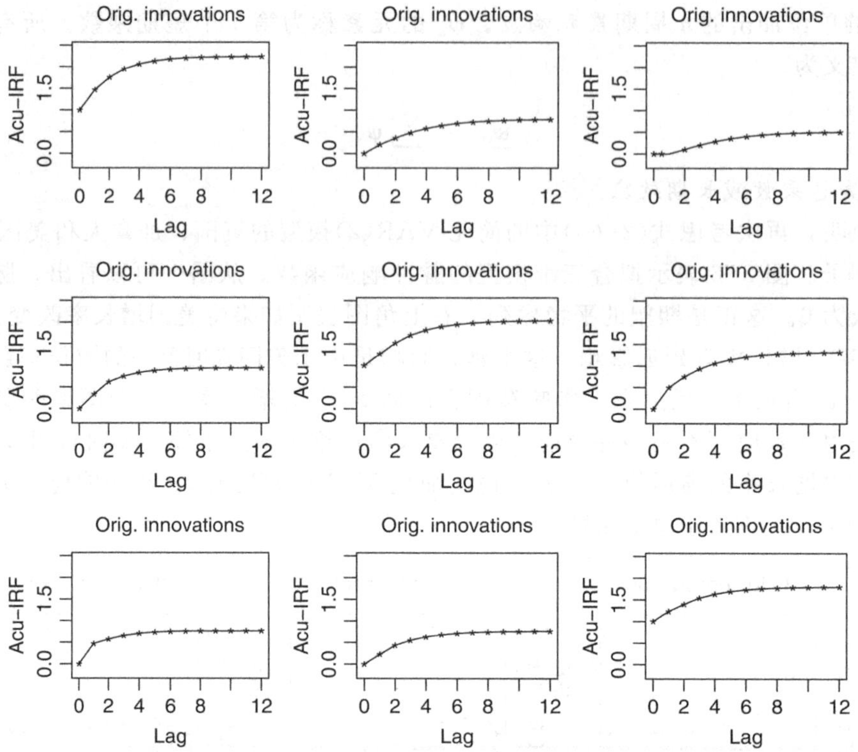

图 2-7 从 1980 年第二季度到 2011 年第二季度，英国、加拿大和美国实际 GDP 的季度增长率的式(2-65)中的简化 VAR(2)模型的累积响应。增长率为百分比

2.10.1 正交新息

事实上，$\boldsymbol{a}_t$ 的元素趋于相关，即 $\boldsymbol{\Sigma}_a$ 不是对角矩阵。这样，改变 $\boldsymbol{a}_t$ 的一个分量将同时影响 $\boldsymbol{a}_t$ 的其他分量。因此，在实际应用中，前面介绍的脉冲响应函数会遇到一些困难，因为没有改变 z_{it} 的其他分量，z_{1t}将不能任意增加 1。在数学上，问题描述如下：改变 a_{1t}对未
91~92 来序列 $\boldsymbol{z}_{t+j}$，($j\geqslant 0$)的影响程度可以量化为 $\partial \boldsymbol{z}_{t+j}/\partial a_{1t}$。因为$\{\boldsymbol{a}_t\}$是序列不相关的，所以可以使用 $\boldsymbol{z}_{t+j}$ 的 MA 表达式并得到

$$\frac{\partial \boldsymbol{z}_{t+j}}{\partial a_{1t}}=\boldsymbol{\psi}_j\frac{\partial \boldsymbol{a}_t}{\partial a_{1t}}=\boldsymbol{\psi}_j\begin{bmatrix}\dfrac{\partial a_{1t}}{\partial a_{1t}}\\ \dfrac{\partial a_{2t}}{\partial a_{1t}}\\ \vdots\\ \dfrac{\partial a_{kt}}{\partial a_{1t}}\end{bmatrix}=\boldsymbol{\psi}_i\begin{bmatrix}1\\ \dfrac{\sigma_{a,21}}{\sigma_{a,11}}\\ \vdots\\ \dfrac{\sigma_{a,k1}}{\sigma_{a,11}}\end{bmatrix}=\boldsymbol{\psi}_j\boldsymbol{\Sigma}_{a,.1}\sigma_{a,11}^{-1}$$

其中 $\boldsymbol{\Sigma}_{a,.1}$表示 $\boldsymbol{\Sigma}_a$ 的第一列，我们已经使用 $\boldsymbol{\Sigma}_a=[\sigma_{a,ij}]$和简单线性回归 $a_{it}=(\sigma_{a,i1}/\sigma_{a,11})a_{1t}+$

ε_{it}(ε_{it} 表示误差项)。一般地，我们有 $\partial \boldsymbol{z}_{t+j} / \partial a_{it} = \boldsymbol{\psi}_j \boldsymbol{\Sigma}_{a,\cdot i} \sigma_{a,ii}^{-1}$。因此，我们不能忽略 $\boldsymbol{a}_t$ 分量之间的相关性。

为了克服这些困难，我们对 $\boldsymbol{a}_t$ 做适当变换使新息的分量变为不相关，即对角化协方差矩阵 $\boldsymbol{\Sigma}_a$。得到新息正交化的简单方法是考虑第 1 章讨论的 Cholesky 分解。特别地，我们有

$$\boldsymbol{\Sigma}_a = \boldsymbol{U}'\boldsymbol{U}$$

其中 U 是一个上三角形矩阵且对角元素为正。令 $\boldsymbol{\eta}_t = (\boldsymbol{U}')^{-1}\boldsymbol{a}_t$。那么，

$$\mathrm{Cov}(\boldsymbol{\eta}_t) = (\boldsymbol{U}')^{-1}\mathrm{Cov}(\boldsymbol{a}_t)\boldsymbol{U}^{-1} = (\boldsymbol{U}')^{-1}(\boldsymbol{U}'\boldsymbol{U})(\boldsymbol{U})^{-1} = \boldsymbol{I}_k$$

因此，$\boldsymbol{\eta}_t$ 的分量不相关且有单位方差。

根据 $\boldsymbol{z}_t$ 的 MA 表达式，我们有

$$\begin{aligned} \boldsymbol{z}_t &= \boldsymbol{\psi}(B)\boldsymbol{a}_t = \boldsymbol{\psi}(B)\boldsymbol{U}'(\boldsymbol{U}')^{-1}\boldsymbol{a}_t, \\ &= [\boldsymbol{\psi}(B)\boldsymbol{U}']\boldsymbol{\eta}_t, \\ &= [\underline{\boldsymbol{\psi}}_0 + \underline{\boldsymbol{\psi}}_1 B + \underline{\boldsymbol{\psi}}_2 B^2 + \cdots]\boldsymbol{\eta}_t \end{aligned} \tag{2-81}$$

其中对于 $\ell \geqslant 0$，$\underline{\psi}_\ell = \psi_\ell U'$。

令 $[\underline{\psi}_{\ell,ij}] = \underline{\boldsymbol{\psi}}_\ell$，我们可以很容易看到 $\partial \boldsymbol{z}_{t+l} / \partial \eta_{it} = \underline{\boldsymbol{\psi}}_{l,\cdot i}$ $(\ell > 0)$。我们称 $\underline{\boldsymbol{\psi}}_\ell$ 为具有正交新息 $\boldsymbol{z}_t$ 的脉冲响应系数。对 ℓ 的 $\underline{\boldsymbol{\psi}}_{\ell,ij}$ 称为正交新息 $\boldsymbol{z}_t$ 的脉冲响应函数。特别地，$\underline{\psi}_{\ell,ij}$ 表示一个冲击对 $z_{i,t+\ell}$ 的未来值的影响，大小为在时间 t 第 j 个新息的标准偏差。尤其是，变换矩阵 $(\boldsymbol{U}')^{-1}$(其中 $i > j$)的第 (i, j) 元素表示冲击 $\boldsymbol{\eta}_{jt}$ 对 z_{it} 的即期影响。我们可以像以前一样使用类似方式通过求系数矩阵 $\underline{\boldsymbol{\psi}}_\ell$ 的和来定义累积响应函数。 93

当新息为正交化时，图 2-8 给出了式(2-65)中的简化 VAR(2)模型的脉冲响应函数。对于这个特例，$\boldsymbol{a}_t$ 的分量之间的即期相关性不是很强烈，所以新息的正交化有很小的影响。

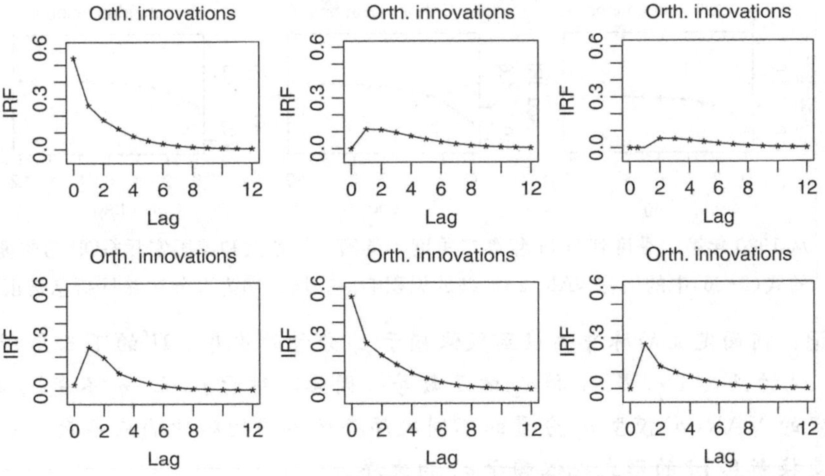

图 2-8　从 1980 年第二季度到 2011 年第二季度，英国、加拿大和美国实际 GDP 的季度增长率的式(2-65)中的简化 VAR(2)模型的脉冲响应函数。增长率为百分比并且新息是正交化的

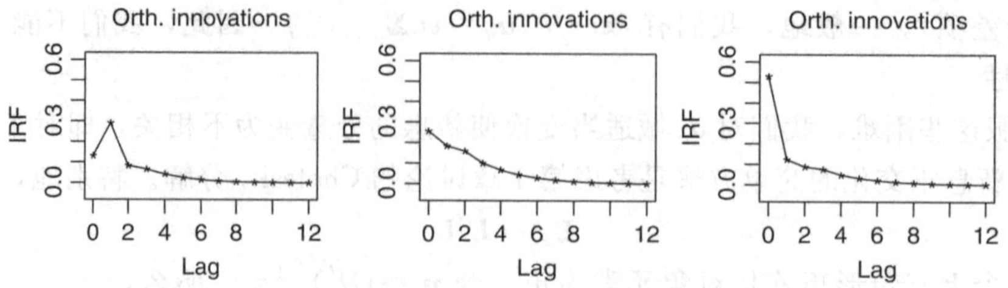

图 2-8 （续）

图 2-9 给出了具有正交新息的 GDP 序列的累积响应函数。脉冲响应函数的形式与图 2-7 给出的脉冲响应函数的形式类似。

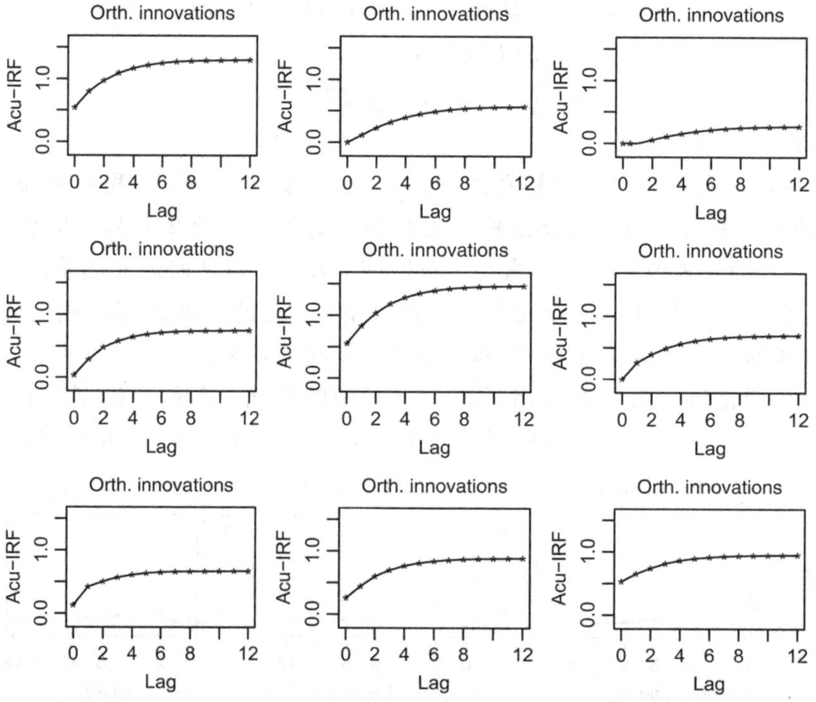

图 2-9 从 1980 年第二季度到 2011 年第二季度，英国、加拿大和美国实际 GDP 的季度增长率的式(2-65)中的简化 VAR(2)模型的累积响应。增长率为百分比并且新息是正交化的

注记：前面定义的脉冲响应函数依赖于 z_t 分量的次序。$\boldsymbol{U}'$ 的下三角形结构表明 η_{1t} 是 a_{1t} 的函数，η_{2t} 是 a_{1t} 和 a_{2t} 的函数等。因此，对于 $j>i$，η_{it} 不受 a_{jt} 的影响。对于给定的 VAR(p)模型 $\boldsymbol{a}_t$ 分量的不同次序导致不同的脉冲响应函数。然而，应该记住变换新息 $\boldsymbol{\eta}_t$ 的形式也依赖于 $\boldsymbol{a}_t$ 的次序。

注记：带有或不带有正交化新息的 VAR(p)模型的脉冲响应函数可以通过 MTS 添加包中的命令 VARirf 得到。输入包括 AR 系数矩阵 $\boldsymbol{\Phi}=[\boldsymbol{\phi}_1, \cdots, \boldsymbol{\phi}_p]$ 和新息协方差矩阵 $\boldsymbol{\Sigma}_a$。默认选择使用正交化新息。

R 代码示例：一个 VAR 模型的脉冲响应函数。

```
> Phi = m2$Phi   ### m2 is the simplified VAR(2) model
> Sig = m2$Sigma
> VARirf(Phi,Sig)   ### Orthogonal innovations
> VARirf(Phi,Sig,orth=F) ## Original innovations
```
94~95

2.11 预测误差方差分解

用式(2-81)中的 VAR(p)模型的 MA 表达式和 $\text{Cov}(\boldsymbol{\eta}_t)=\boldsymbol{I}_k$，我们看到在预测原点 $t=h$，$\boldsymbol{z}_{h+\ell}$的 ℓ 步超前预测误差可以写成

$$\boldsymbol{e}_h(\ell)=\underline{\boldsymbol{\psi}}_0\boldsymbol{\eta}_{h+\ell}+\underline{\boldsymbol{\psi}}_1\boldsymbol{\eta}_{h+\ell-1}+\cdots+\underline{\boldsymbol{\psi}}_{\ell-1}\boldsymbol{\eta}_{h+1}$$

同时预测误差的协方差矩阵为

$$\text{Cov}[\boldsymbol{e}_h(\ell)]=\sum_{v=0}^{t-1}\underline{\boldsymbol{\psi}}_v\underline{\boldsymbol{\psi}}'_v \tag{2-82}$$

根据式(2-82)，预测误差 $\boldsymbol{e}_h(\ell)$的第 i 个分量 $e_{h,i}(\ell)$的方差为

$$\text{Var}[e_{h,i}(l)]=\sum_{v=0}^{l-1}\sum_{j=1}^{k}\underline{\psi}_{v,ij}^2=\sum_{j=1}^{k}\sum_{v=0}^{l-1}\underline{\psi}_{v,ij}^2 \tag{2-83}$$

根据式(2-83)，我们定义

$$\omega_{ij}(\ell)=\sum_{v=0}^{t-1}\underline{\psi}_{v,ij}^2$$

并得到

$$\text{Var}[\boldsymbol{e}_{h,i}(\ell)]=\sum_{j=1}^{k}\omega_{ij}(\ell) \tag{2-84}$$

因此，$\omega_{ij}(\ell)$为第 j 个冲击 η_{jt} 对 z_{it} 的 ℓ 步超前预测误差方差的贡献。式(2-84)称为预测误差的分解。特别地，$\omega_{ij}(\ell)/\text{Var}[e_{h,i}(\ell)]$为冲击 η_{jt} 贡献的百分比。

为了说明，再次考虑式(2-65)中的简化 VAR(2)模型的英国、加拿大和美国 GDP 的季度增长率的例子。表 2-3 给出了预测原点为 2011 年第二季度的 1～5 步超前预测的预测误差方差分解。从表中我们看到，分解依赖于 z_t 中分量的次序。然而，结果表明 3 个增长率序列是相互关联的。 96

表 2-3　英国、加拿大和美国 GDP 的季度增长率的 1～5 步超前预测的预测误差方差分解

变　量	步	英　国	加 拿 大	美　国
英国	1	1.0000	0.0000	0.0000
	2	0.9645	0.0355	0.0000
	3	0.9327	0.0612	0.0071
	4	0.9095	0.0775	0.0130
	5	0.8956	0.0875	0.0170
加拿大	1	0.0036	0.9964	0.0000
	2	0.1267	0.7400	0.1333
	3	0.1674	0.6918	0.1407
	4	0.1722	0.6815	0.1462
	5	0.1738	0.6767	0.1495

（续）

变　量	步	英　国	加 拿 大	美　国
美国	1	0.0473	0.1801	0.7726
	2	0.2044	0.1999	0.5956
	3	0.2022	0.2320	0.5658
	4	0.2028	0.2416	0.5556
	5	0.2028	0.2460	0.5512

注：预测原点为 2011 年第二季度。使用式(2-65)中的简化 VAR(2)模型。

R 代码示例：预测误差分解。

```
> m1=VAR(z,2)
> m2=refVAR(m1)
> names(m2)
 [1] "data"  "order"      "cnst"    "coef"   "aic"  "bic"
 [7] "hq"    "residuals"  "secoef"  "Sigma"  "Phi"  "Ph0"
> Phi=m2$Phi
> Sig=m2$Sigma
> Theta=NULL
> FEVdec(Phi,Theta,Sig,lag=5)
Order of the ARMA mdoel:
[1] 2 0
Standard deviation of forecast error:
          [,1]      [,2]      [,3]      [,4]      [,5]
# Forecat horison
[1,] 0.5385505 0.6082891 0.6444223 0.6644656 0.6745776
[2,] 0.5550000 0.7197955 0.7839243 0.8100046 0.8217975
[3,] 0.6022357 0.7040833 0.7317336 0.7453046 0.7510358
Forecast-Error-Variance Decomposition
Forecast horizon:  1
            [,1]      [,2]      [,3]
[1,] 1.000000000 0.0000000 0.0000000
[2,] 0.003640595 0.9963594 0.0000000
[3,] 0.047327504 0.1801224 0.7725501
Forecast horizon:  2
          [,1]      [,2]      [,3]
[1,] 0.9645168 0.0354832 0.0000000
[2,] 0.1266584 0.7400392 0.1333023
[3,] 0.2044415 0.1999232 0.5956353
```

2.12　证明

我们给出本章一些引理和定理的证明。

引理 2.1 的证明：

$$
|\boldsymbol{I}-\boldsymbol{\Phi}B|=\begin{vmatrix}
\boldsymbol{I}_k-\boldsymbol{\phi}_1B & -\boldsymbol{\phi}_2B & \cdots & -\boldsymbol{\phi}_{p-1}B & -\boldsymbol{\phi}_pB \\
-\boldsymbol{I}_kB & \boldsymbol{I}_k & \cdots & \mathbf{0} & \mathbf{0} \\
0 & -\boldsymbol{I}_kB & \cdots & \mathbf{0} & \mathbf{0} \\
\vdots & \vdots & \cdots & \vdots & \vdots \\
\mathbf{0} & \mathbf{0} & \cdots & \boldsymbol{I}_k & \mathbf{0} \\
\mathbf{0} & \mathbf{0} & \cdots & -\boldsymbol{I}_kB & \boldsymbol{I}_k
\end{vmatrix}
$$

最后一列乘以 B，然后加到第$(p-1)$列上，我们有

$$|\boldsymbol{I}-\boldsymbol{\Phi}B|=\begin{vmatrix}\boldsymbol{I}_k-\boldsymbol{\phi}_1B & -\boldsymbol{\phi}_2B & \cdots & -\boldsymbol{\phi}_{p-1}B-\boldsymbol{\phi}_pB^2 & -\boldsymbol{\phi}_pB \\ -\boldsymbol{I}_kB & \boldsymbol{I}_k & \cdots & \boldsymbol{0} & \boldsymbol{0} \\ \boldsymbol{0} & -\boldsymbol{I}_kB & \cdots & \boldsymbol{0} & \boldsymbol{0} \\ \vdots & \vdots & \cdots & \vdots & \vdots \\ \boldsymbol{0} & \boldsymbol{0} & \cdots & \boldsymbol{I}_k & \boldsymbol{0} \\ \boldsymbol{0} & \boldsymbol{0} & \cdots & 0 & \boldsymbol{I}_k\end{vmatrix}$$

接下来，第$(p-1)$列乘以 B 并加到第$(p-2)$列上，我们在$(1, p-2)$有$-\boldsymbol{\phi}_{p-2}B-\boldsymbol{\phi}_{p-1}B^2-\boldsymbol{\phi}_p^3$ 且在$(p-1, p-2)$有 0。重复这个步骤，我们得到

$$\begin{vmatrix}\boldsymbol{\phi}(B) & -\sum_{j=2}^{p}\boldsymbol{\phi}_jB^{j-1} & \cdots & -\boldsymbol{\phi}_{p-1}B-\boldsymbol{\phi}_pB^2 & -\boldsymbol{\phi}_pB \\ \boldsymbol{0} & \boldsymbol{I}_k & \cdots & \boldsymbol{0} & \boldsymbol{0} \\ \boldsymbol{0} & \boldsymbol{0} & \cdots & \boldsymbol{0} & \boldsymbol{0} \\ \vdots & \vdots & \cdots & \vdots & \vdots \\ \boldsymbol{0} & \boldsymbol{0} & \cdots & \boldsymbol{I}_k & \boldsymbol{0} \\ \boldsymbol{0} & \boldsymbol{0} & \cdots & \boldsymbol{0} & \boldsymbol{I}_k\end{vmatrix}=|\boldsymbol{\phi}(B)|$$

□ 97~98

引理 2.4 的证明：我们使用式(2-58)、引理 2.2 和估计值 $\hat{\boldsymbol{\beta}}$ 的极限分布。式(2-58)的倒数第二项除以 $\sqrt{T_p}$ 并应用向量算子，我们有

$$\begin{aligned}\operatorname{vec}\{\boldsymbol{A}'\boldsymbol{B}_m[\boldsymbol{I}_m\otimes\boldsymbol{X}(\hat{\boldsymbol{\beta}}-\boldsymbol{\beta})]/\sqrt{T_p}\}&=\sqrt{T_p}\operatorname{vec}\left[\frac{1}{T_p}\boldsymbol{A}'\boldsymbol{B}_m(\boldsymbol{I}_m\otimes\boldsymbol{X})[\boldsymbol{I}_m\otimes(\hat{\boldsymbol{\beta}}-\boldsymbol{\beta})]\right]\\&=\left[\boldsymbol{I}_k\otimes\frac{1}{T_p}\boldsymbol{A}'\boldsymbol{B}_m(\boldsymbol{I}_m\otimes\boldsymbol{X})\right]\sqrt{T_p}\operatorname{vec}[\boldsymbol{I}_m\otimes(\hat{\boldsymbol{\beta}}-\boldsymbol{\beta})]\end{aligned}$$

上式的第一个因子收敛于 $\boldsymbol{0}$，而第二个因子有极限的正态分布。因此，式(2-58)除以 $\sqrt{T_p}$ 后依概率收敛于 $\boldsymbol{0}$。

式(2-58)的最后一项除以 $\sqrt{T_p}$ 并应用向量算子，我们有

$$\begin{aligned}&\sqrt{T_p}\operatorname{vec}\{(\hat{\boldsymbol{\beta}}-\boldsymbol{\beta})'\boldsymbol{X}'\boldsymbol{B}_m[\boldsymbol{I}_m\otimes\boldsymbol{X}(\hat{\boldsymbol{\beta}}-\boldsymbol{\beta})]\}\\&=\left\{[\boldsymbol{I}_m\otimes(\hat{\boldsymbol{\beta}}-\boldsymbol{\beta})']\frac{(\boldsymbol{I}_m\otimes\boldsymbol{X}')\boldsymbol{B}'_m\boldsymbol{X}}{T_p}\otimes\boldsymbol{I}_k\right\}\sqrt{T_p}\operatorname{vec}[(\hat{\boldsymbol{\beta}}-\boldsymbol{\beta})']\end{aligned}$$

上式的最后一个因子服从极限分布，第二个因子收敛于固定矩阵，但是第一个因子收敛于 $\boldsymbol{0}$。因此，式(2-58)的最后一项除以 $\sqrt{T_p}$ 后依概率收敛于 $\boldsymbol{0}$。

我们仍然考虑式(2-58)的第三项。为此，考虑

$$\boldsymbol{X}'\boldsymbol{B}_m(\boldsymbol{I}_m\otimes\boldsymbol{A})=\boldsymbol{X}'[\boldsymbol{BA},\boldsymbol{B}^2\boldsymbol{A},\cdots,\boldsymbol{B}^m\boldsymbol{A}]=[\boldsymbol{X}'\boldsymbol{BA},\boldsymbol{X}'\boldsymbol{B}^2A,\cdots,\boldsymbol{X}'\boldsymbol{B}^m\boldsymbol{A}]$$

对于 $i=1$，……，m，也有

$$\boldsymbol{X}'\boldsymbol{B}^i\boldsymbol{A}=\sum_{t=p+1}^{n}\boldsymbol{x}_t\boldsymbol{a}'_{t-i}=\sum_{t=p+1}^{T}\begin{bmatrix}1\\ \boldsymbol{z}_{t-1}\\ \vdots\\ \boldsymbol{z}_{t-p}\end{bmatrix}\boldsymbol{a}'_{t-i}$$

99

对于 $\boldsymbol{z}_{t-j}(j=1,\cdots,p)$用 MA 表达式和引理 2.2，我们得到

$$\frac{1}{T_p}\boldsymbol{X}'\boldsymbol{B}^i\boldsymbol{A}\rightarrow_p\begin{bmatrix}\boldsymbol{0}'\\ \boldsymbol{\psi}_{i-1}\boldsymbol{\Sigma}_a\\ \boldsymbol{\psi}_{i-2}\boldsymbol{\Sigma}_a\\ \vdots\\ \boldsymbol{\psi}_{i-p}\boldsymbol{\Sigma}_a\end{bmatrix}$$

其中对于 $j<0$，$\boldsymbol{\psi}_j=\boldsymbol{0}$，因此，

$$\frac{1}{T_p}\boldsymbol{X}'\boldsymbol{B}_m(\boldsymbol{I}_j\otimes\boldsymbol{A})\rightarrow_p\boldsymbol{H}_*$$

其中 $\boldsymbol{H}_*$ 已在引理 2.4 中定义。式(2-58)除以 $\sqrt{T_p}=\sqrt{T-p}$，求向量算子并利用向量算子的性质，我们有

$$\begin{aligned}\sqrt{T_p}\,\mathrm{vec}(\hat{\boldsymbol{\Xi}}_m)&\approx\sqrt{T_p}\,\mathrm{vec}(\boldsymbol{\Xi}_m)-\frac{1}{\sqrt{T_p}}(\hat{\boldsymbol{\beta}}-\boldsymbol{\beta})'\boldsymbol{X}'\boldsymbol{B}_m(\boldsymbol{I}_m\otimes\boldsymbol{A})\\&=\sqrt{T_p}\,\mathrm{vec}(\boldsymbol{\Xi}_m)-\sqrt{T_p}\left[\frac{(\boldsymbol{I}_m\otimes\boldsymbol{A}')\boldsymbol{B}'_m\boldsymbol{X}}{T_p}\otimes\boldsymbol{I}_k\right]\mathrm{vec}[(\hat{\boldsymbol{\beta}}-\boldsymbol{\beta})']\end{aligned}$$

其中≈表示近似相等。引理 2.4 证毕。 □

练习

2.1 证明引理 2.2。

2.2 考虑本章使用的英国、加拿大和美国实际 GDP 的季度增长率的例子。用 VAR(4)模型来拟合，通过第Ⅰ类错误 $\alpha=0.05$ 剔除不显著参数来简化模型并进行模型检验。最后，比较简化 VAR(4)模型和 2.7.3 节的简化 VAR(2)模型。

2.3 考虑一个二元时间序列 $\boldsymbol{z}_t$，其中 z_{1t} 是期限为 3 个月的美国国债每月的变化并且 z_{2t} 为美国月消费者物价指数(CPI)的波动率。CPI 是指所有城市消费者消费物价指数：所有物品(CPIAUCSL)。原始数据是从圣路易斯联邦储备银行的数据库下载的。CPI 率为对数 CPI 指数 1 阶差分的 100 倍。样本时间是从 1947 年 1 月到 2012 年 12 月。原
100 始数据在文件 m-cpitb3m.txt 中。

- 构建 $\boldsymbol{z}_t$ 序列，得到 $\boldsymbol{z}_t$ 时序图。
- 用 BIC 准则选择 $\boldsymbol{z}_t$ 序列的 VAR 阶。
- 拟合指定的 VAR 模型并通过命令 ref VAR 简化模型，阈值为 1.65。写出拟合模型。
- 拟合模型准确吗？为什么？

- 用正交化计算拟合模型的脉冲响应函数。给出图并分析图的结论。
- 考虑残差协方差矩阵。得到它的 Cholesky 分解和变换的新息。绘出正交化新息图。

2.4 考虑从 1947 年第一季度到 2012 年第三季度美国季度私人储蓄总值(GPSAVE)和国内私人投资总额(GPDI)。数据是从圣路易斯联邦储备银行的数据库下载的并且以 10 亿美元为单位。见文件 q-gpsavedi.txt。

- 通过取对数数据的一阶差分来构建增长序列，记增长序列为 z_t，绘出增长序列图。
- 建立 z_t 序列的 VAR 模型，包括简化模型和检验模型。写出拟合模型。
- 用卡方检验确定在 5%显著水平下可以剔除的不显著参数。
- 得到拟合模型的脉冲响应函数。储蓄和投资之间有什么关系？
- 得到在预测原点 2012. Ⅲ(最后的数据点)上 z_t 的 1～8 步超前预测。
- 得到预测误差方差分解。

2.5 再次考虑练习 2.4 的季度增长序列 z_t。得到 VAR(4)模型的贝叶斯估计。写出拟合模型。

2.6 考虑从 1947 年 1 月到 2012 年 12 月美国月工业生产指数的 4 个元素的 792 个数据点。这 4 个元素为耐用消费品(IPDCONGD)、非耐用消费品(IPN-CONGD)、生意等价(IPBUSEQ)、原料(IPMAT)。原始数据是从圣路易斯联邦储备银行的数据库下载的且这些数据是经季节调整的。见文件 m-ip4comp.txt。

- 构建 4 个工业生产指数增长序列 z_t，即取对数数据的一阶差分，得到 z_t 的时序图。评价时序图。
- 建立 z_t 的 VAR 模型，包括简化和模型检验。写出拟合模型。
- 计算预测原点 $h=791$(2012 年 12 月)的 1 步～6 步超前预测。得到每个分量序列的 95%区间预测。 101

2.7 再次考虑练习 2.6 的 z_t 序列。时序图显示可能的异常观测值，尤其是在序列的开始。重新分析练习 2.6，但使用 t 从 201～791 的子样本。

2.8 考虑从 1970 年第一季度到 2012 年第三季度美国联邦政府债务。第一个序列是外国和国际投资者持有的联邦债务，并且第二个序列是联邦储备银行持有的联邦债务。数据是从圣路易斯联邦储备银行的数据库下载的且这些数据没有经季节调整。见文件 q-fdebt.txt。

- 通过取对数数据的一阶差分来构建二元时间序列 z_t，绘出数据图。
- 对 z_t 序列用 VAR(6)模型拟合，给出模型检验。模型准确吗？为什么？
- 执行卡方检验来验证 VAR(6)模型的所有系数估计。基于近似 5%的第Ⅰ类错误，t 值小于 1.96 的系统估计可以剔除。
- 基于简化模型，两个序列之间有格兰杰因果关系吗？为什么？

2.9 考虑从 1997 年第一季度到 2012 年第二季度巴西、韩国和以色列实际 GDP 的季度增长率(一年前的百分比变化)，有 62 个观测值，数据来自圣路易斯联邦储备银行的数据库。见文件 q-rdgp-brkris.txt。

- 给定一个三维序列的 VAR 模型。
- 拟合给定模型，如果有必要改进模型并给出模型检验。模型准确吗？为什么？
- 计算拟合模型的脉冲响应函数(用观测的新息)。陈述模型的含义。

2.10 考虑从 1976 年 1 月到 2009 年 11 月伊利诺伊州、密歇根和美国俄亥俄州的月失业率，数据经过季节调整并来自圣路易斯联邦储备银行数据库。也见文件 m-3state-un.txt。
- 建立一个含有 3 个失业率序列的 VAR 模型。写出拟合模型。
- 用建立的 VAR 模型脉冲响应函数来研究 3 个失业率之间的关系。描述它们之间的关系。
- 用拟合模型给出预测原点为 2009 年 11 月的 2009 年 12 月和 2010 年 1 月失业率的
102 点预测和区间预测。

参考文献

Ahn, S. K. (1988). Distribution for residual autocovariances in multivariate autoregressive models with structured parameterization. *Biometrika*, **75**: 590–593.

Akaike, H. (1973). Information theory and an extension of the maximum likelihood principle. In B. N. Petrov and F. Csaki (eds.). *2nd International Symposium on Information Theory*, pp. 267–281. Akademia Kiado, Budapest.

Basu, A. K. and Sen Roy, S. (1986). On some asymptotic results for multivariate autoregressive models with estimated parameters. *Calcutta Statistical Association Bulletin*, **35**: 123–132.

Box, G. E. P., Jenkins, G. M., and Reinsel, G. (2008). *Time Series Analysis: Forecasting and Control*. 4th Edition. John Wiley & Sons, Inc, Hoboken, NJ.

Doan, T., Litterman, R. B., and Sims, C. A. (1984). Forecasting and conditional projection using realistic prior distributions. *Econometric Reviews*, **3**: 1–144.

Edgerton, D. and Shukur, G. (1999). Testing autocorrelation in a system perspective. *Econometric Reviews*, **18**: 343–386.

Fuller, W. A. (1976). *Introduction to Statistical Time Series*. John Wiley & Sons, Inc, New York.

Granger, C. W. J. (1969). Investigating causal relations by econometric models and cross-spectral methods. *Econometrica*, **37**: 424–438.

Hannan, E. J. and Quinn, B. G. (1979). The determination of the order of an autoregression. *Journal of the Royal Statistical Society, Series B* **41**: 190–195.

Hosking, J. R. M. (1981). Lagrange-multiplier tests of multivariate time series model. Journal of the Royal Statistical Society, Series B, **43**: 219–230.

Johnson, R. A. and Wichern, D. W. (2007). *Applied Multivariate Statistical Analysis*. 6th Edition. Pearson Prentice Hall, Upper Saddle River, NJ.

Li, W. K. and McLeod, A. I. (1981). Distribution of the residual autocorrelations in multivariate time series models. *Journal of the Royal Statistical Society, Series B*, **43**: 231–239.

Litterman, R. B. (1986). Forecasting with Bayesian vector autoregressions – five years of experience. *Journal of Business & Economic Statistics*, **4**: 25–38.

Lütkepohl, H. (2005). *New Introduction to Multiple Time Series Analysis*. Springer, New York.

Quinn, B. G. (1980). Order determination for a multivariate autoregression. *Journal of the*

Royal Statistical Society, Series B, **42**: 182–185.

Rossi, P. E., Allenby, G. M., and McCulloch, R. E. (2005). *Bayesian Statistics and Marketing*. John Wiley & Sons, Inc, Hoboken, NJ.

Samaranayake, V. A. and Hasza, D. P. (1988). Properties of predictors for multivariate autoregressive models with estimated parameters. *Journal of Time Series Analysis*, **9**: 361–383.

Schwarz, G. (1978). Estimating the dimension of a model. *Annals of Statistics*, **6**: 461–464.

Shibata, R. (1980). Asymptotically efficient selection of the order of the model for estimating parameters of a linear process. *Annals of Statistics*, **8**: 147–164.

Tiao, G. C. and Box, G. E. P.. (1981). Modeling multiple time series with applications. *Journal of the American Statistical Association*, **76**: 802–816.

Tsay, R. S. (2010). *Analysis of Financial Time Series*. 3rd Edition. John Wiley & Sons, Inc, Hoboken, NJ. 103

Zellner, A. (1962). An efficient method of estimating seemingly unrelated regressions and tests of aggregation bias. *Journal the American Statistical Association*, **57**: 348–368. ~ 104

第 3 章　向量自回归移动平均时间序列

为了参数精简和进一步简化多元时间序列模型，本章中我们考虑向量移动平均(VMA)模型和向量自回归移动平均(VARMA)模型。见式(1-21)。我们研究模型的性质和它们的影响。我们也讨论一些 VARMA 模型的新挑战，这些在第 2 章研究 VAR 模型中没有提到。类似于 VAR 模型，首先，我们研究简单模型并给出使用这个模型的理由。然后，我们给出一般平稳可逆 VARMA(p，q)模型的结果。为了简化模型的阶，通过扩展标准时间序列的维数得到一些广义形式。应该特别注意 VARMA 模型的精确似然函数和似然函数的计算。

我们也研究 VARMA 模型的线性变换和时间聚合(temporal aggregation)。我们用真实的例子和某些模拟来说明 VARMA 模型的应用并强调它的重要部分。最后，我们通过 VARMA 模型分析某些真实的时间序列。

在 3.9 节和 3.10 节我们使用大量的矩阵符号来刻画 VARMA 时间序列模型的似然函
105 数。主要对 VARMA 模型应用感兴趣的读者可以先跳过这两节。

3.1　向量 MA 模型

一个 k 维时间序列 $\boldsymbol{z}_t$ 服从阶为 q 的 VMA 模型，如果

$$\boldsymbol{z}_t = \boldsymbol{\mu} + \boldsymbol{a}_t - \sum_{i=1}^{q} \boldsymbol{\theta}_i \boldsymbol{a}_{t-i} \tag{3-1}$$

其中 $\boldsymbol{\mu}$ 是常数向量，它表示 $\boldsymbol{z}_t$ 的均值，$\boldsymbol{\theta}_i$ 是 $k\times k$ 矩阵且 $\boldsymbol{\theta}_q \neq \boldsymbol{0}$，$\{\boldsymbol{a}_t\}$为式(2-1)定义的白噪声序列且 $\mathrm{Var}(\boldsymbol{a}_t)=\boldsymbol{\Sigma}_a=[\sigma_a, ij]$是正定矩阵。使用后移算子，模型变成 $\boldsymbol{z}_t=\boldsymbol{\mu}+\boldsymbol{\theta}(B)\boldsymbol{a}_t$，其中 $\boldsymbol{\theta}(B) = \boldsymbol{I}_k - \sum_{i=1}^{q}\boldsymbol{\theta}_i B^i$ 是次数为 q 的矩阵多项式。

VMA 模型的存在有很多理由。在金融领域，众所周知买入价和卖出价波动可以在高频收益率中引入负的滞后 1 阶序列相关，例如，每分钟的收益和非同步交易可以导致资产收益率中的序列相关。在经济学领域，通常使用调查数据。如果调查设计采用轮换面板(rotating panel)来代替抽样单元的周期性和系统性部分，那么研究结果可以显示一些序列相依性。当有限滞后依赖于调查循环的期数后，这种相依性就消失。另一个例子，在数据处理中常使用平滑来减少变异性。这项技术很容易导致序列相关，如果平滑中使用的窗口的长度不是很长，那么可以用 MA 模型来处理这种序列相关。最后，在向量时间序列分析中，过度差分可以导致 MA 相依性。这个问题与第 5 章中讨论的协整问题相关。

3.1.1　VMA(1)模型

为了研究 VMA 模型，我们从最简单的二维 VMA(1)模型开始，

$$\boldsymbol{z}_t = \boldsymbol{\mu} + \boldsymbol{a}_t - \boldsymbol{\theta}_1 \boldsymbol{a}_{t-1} \tag{3-2}$$

令 $\boldsymbol{\theta}_1=[\theta_{1,ij}]$，该模型可以写成

$$\begin{bmatrix} z_{1t} \\ z_{2t} \end{bmatrix}=\begin{bmatrix} \mu_1 \\ \mu_2 \end{bmatrix}+\begin{bmatrix} a_{1t} \\ a_{2t} \end{bmatrix}-\begin{bmatrix} \theta_{1,11} & \theta_{1,12} \\ \theta_{1,21} & \theta_{1,22} \end{bmatrix}\begin{bmatrix} a_{1,t-1} \\ a_{2,t-1} \end{bmatrix}$$

或等价于

$$z_{1t}=\mu_1+a_{1t}-\theta_{1,11}a_{1,t-1}-\theta_{1,12}a_{2,t-1}$$

$$z_{2t}=\mu_2+a_{2t}-\theta_{1,21}a_{1,t-1}-\theta_{1,22}a_{2,t-1}$$

根据上式，系数 $\theta_{1,12}$ 测量了在 $a_{1,t-1}$ 存在时 $a_{2,t-1}$ 对 z_{1t} 的影响，$\theta_{1,21}$ 表示在 $a_{2,t-1}$ 存在时 $a_{1,t-1}$ 对 z_{2t} 的影响。一般情况下，VMA(1)模型通常是以多元时间序列的 MA 表达式的形式出现，并且当 $i>1$ 时脉冲响应矩阵为 $\boldsymbol{\psi}_1=-\boldsymbol{\theta}_1$ 和 $\boldsymbol{\psi}_i=\mathbf{0}$。元素 $\theta_{1,ij}$ 可以用第 2 章讨论的脉冲响应函数来解释。

3.1.1.1 矩方程

只要$\{\boldsymbol{a}_t\}$是白噪声序列，式(3-2)中的 VMA(1)模型就是平稳的。对该模型取期望，我们有 $E(\boldsymbol{z}_t)=\boldsymbol{\mu}$，这表示 $\boldsymbol{\mu}$ 是 $\boldsymbol{z}_t$ 的均值。而且，容易看到

$$\mathrm{Var}(\boldsymbol{z}_t)=\boldsymbol{\Gamma}_0=\boldsymbol{\Sigma}_a+\boldsymbol{\theta}_1\boldsymbol{\Sigma}_a\boldsymbol{\theta}_1'$$

此外，我们有

$$\boldsymbol{\Gamma}_1=-\boldsymbol{\theta}_1\boldsymbol{\Sigma}_a,\ \boldsymbol{\Gamma}_j=\mathbf{0},\ j>1 \tag{3-3}$$

因此，类似于一元 MA(1)模型，VMA(1)模型的动态相依性只持续一个时间周期。基于式(3-3)，VMA(1)模型的交叉相关矩阵满足：(ⅰ)$\boldsymbol{\rho}_1\neq\mathbf{0}$；(ⅱ)$\boldsymbol{\rho}_j=\mathbf{0}(j>1)$。

例 3.1 考虑从证券价格研究中心(CRSP)得到的一些基于投资组合的月对数收益率。数据是从 1961 年 1 月到 2011 年 12 月，样本数 $T=612$。投资组合包括 NYSE、AMEX 和 NASDAQ 上市的股票。两个投资组合是第 5 个十分位数和第 8 个十分位数，收益率为总收益率，包括资本增值和分红。图 3-1 给出了两个对数收益率序列，图 3-2 给出了样本交叉相关矩阵图。从样本交叉相关图可以看出，两个收益率序列有显著的滞后 1 动态相依性，这表明 VMA(1)模型对这些序列是适合的。下面的 R 代码示例给出了投资组合收益率的进一步详细内容。□

R 代码示例：二元月投资组合收益率。

```
> da=read.table("m-dec15678-6111.txt",header=T)
> head(da)
      date      dec1      dec5      dec6      dec7      dec8
1 19610131  0.058011  0.081767  0.084824  0.087414  0.099884
2 19610228  0.029241  0.055524  0.067772  0.079544  0.079434
 ...
> x=log(da[,2:6]+1)*100
> rtn=cbind(x$dec5,x$dec8)
> tdx=c(1:612)/12+1961
> par(mfcol=c(2,1))
> plot(tdx,rtn[,1],type='l',xlab='year',ylab='d5')
> plot(tdx,rtn[,2],type='l',xlab='year',ylab='d8')
> ccm(rtn)
[1] "Covariance matrix:"
```

```
     [,1] [,2]
[1,] 30.7 34.3
[2,] 34.3 41.2
CCM at lag:  0
      [,1]  [,2]
[1,] 1.000 0.964
[2,] 0.964 1.000
Simplified matrix:
CCM at lag:  1
+ +
+ +
CCM at lag:  2
. .
. .
CCM at lag:  3
. .
. .
```

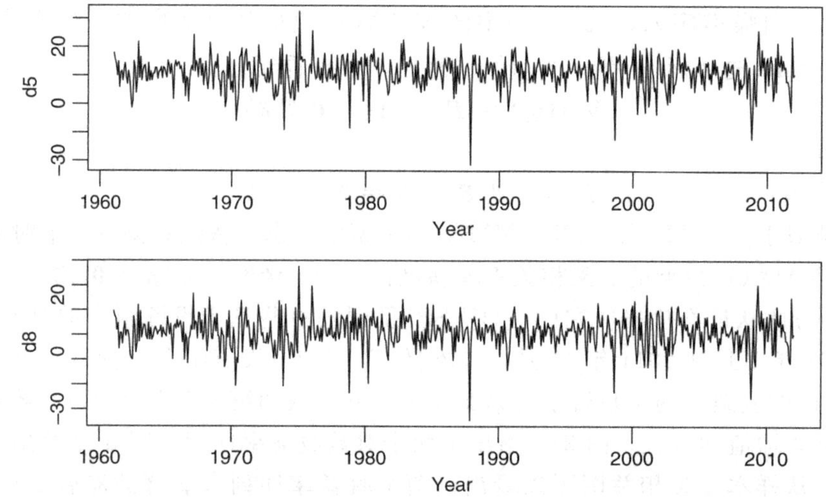

图 3-1　从 1961 年 1 月到 2011 年 12 月 CRSP 第 5 个十分位数和第 8 个十分位数的投资组合月对数收益时间图。收益为总收益

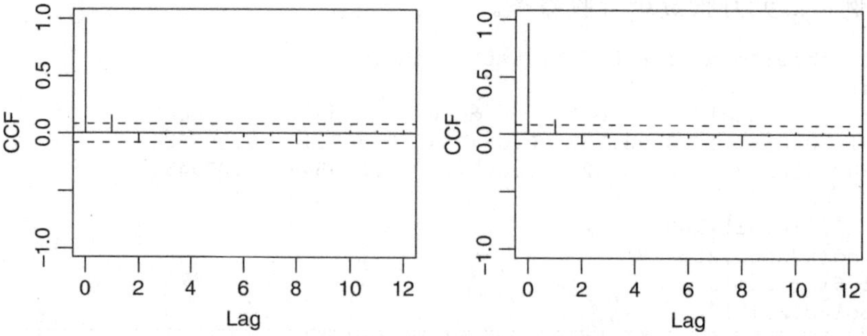

图 3-2　从 1961 年 1 月到 2011 年 12 月 CRSP 第 5 个十分位数和第 8 个十分位数的投资组合月对数收益率样本交叉相关矩阵图。收益率为总收益率

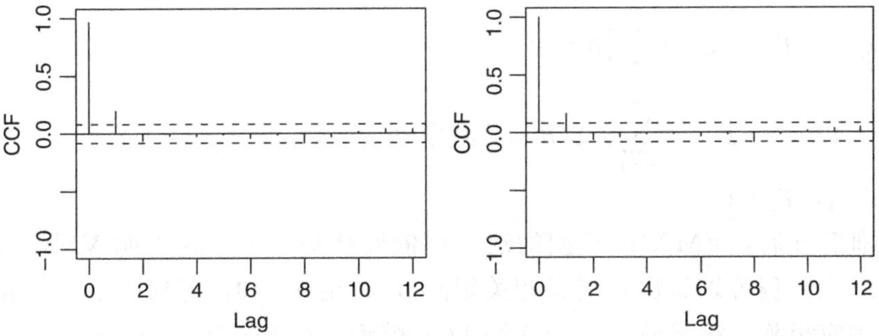

图 3-2 （续）

3.1.1.2　传递函数模型的关系

如果 $\theta_{1,12}=0$，但是 $\theta_{1,21}\neq 0$，那么式(3-2)中的 VMA(1)模型表明系统中的传递函数(或格兰杰因果关系)存在且 z_{1t} 作为输入变量、z_{2t} 作为输出变量。我们进一步考虑正交化 $a_{2t}=\beta a_{1t}+\varepsilon_t$，其中 $\beta=\sigma_{a,12}/\sigma_{a,11}$，$a_{1t}$ 与 ε_t 是不相关的，同时得到传递模型为

$$z_{2t} = \mu_2 + [\beta - (\theta_{1,22}\beta + \theta_{1,21})B]a_{1t} + (1-\theta_{1,22}B)\varepsilon_t$$

其中 $a_{1t}=(1-\theta_{1,11}B)^{-1}z_{1t}$。如果 $\theta_{1,21}=0$，但是 $\theta_{1,12}\neq 0$，那么 z_{1t} 变为输出变量，z_{2t} 变为输入变量。如果 $\theta_{1,21}=\theta_{1,12}=0$，那么 z_{1t} 和 z_{2t} 不是动态相关的。如果 $\sigma_{a,12}\neq 0$，它们可能是即期相关的。

3.1.1.3　可逆性条件

因为均值向量不影响可逆性，所以我们假定 $\boldsymbol{\mu}=0$。对于式(3-2)中的 VMA(1)模型，我们有 $\boldsymbol{a}_t=\boldsymbol{z}_t+\boldsymbol{\theta}_1\boldsymbol{a}_{t-1}$。通过重复替代，我们有

$$\boldsymbol{a}_t = \boldsymbol{z}_t + \boldsymbol{\theta}_1\boldsymbol{z}_{t-1} + \boldsymbol{\theta}_1^2\boldsymbol{z}_{t-2} + \boldsymbol{\theta}_1^3\boldsymbol{z}_{t-3} + \cdots$$

因此，对有 VAR 表达式的 VMA(1)模型，上式必须是收敛序列，并且当 $j\to\infty$ 时，$\boldsymbol{\theta}^j\to\boldsymbol{0}$。106~109
如果 $\boldsymbol{\theta}_1$ 的所有特征值的绝对值都小于 1，那么就可以满足这一点。因此，一个VMA(1)模型的可逆性条件是 $\boldsymbol{\theta}_1$ 的所有特征值的模都小于 1。

3.1.1.4　边际分量模型

对于白噪声序列$\{\boldsymbol{a}_t\}$，考虑扩展的 $2k$ 维随机向量 $\boldsymbol{y}_t=(\boldsymbol{a}'_t,\ \boldsymbol{a}'_{t-1})'$。很容易看到，对于 $j\geqslant 2$，$\mathrm{Cov}(\boldsymbol{y}_t,\ \boldsymbol{y}_{t-j})=\boldsymbol{0}$，因此，滞后 1 后，$x_t=\boldsymbol{c}'\boldsymbol{y}_t$ 没有任何序列相关，其中 $\boldsymbol{c}$ 是任意 $2k$ 维非零常数向量。利用这个性质，我们可以看到 VMA(1)过程 $\boldsymbol{z}_t$ 的每个分量 z_{it} 都服从一个一元 MA(1)模型。

3.1.2　VMA(q)模型的性质

前一节讨论的 VMA(1)模型的性质很容易可以推广到 VMA(q)模型，其中 q 是固定的正整数。我们简要概括这些性质。假定 $\boldsymbol{a}_t$ 是一个白噪声序列，那么 VMA(q)模型总是为弱平稳。VMA(q)模型的矩方程可以概况如下：

(a) $E(\boldsymbol{z}_t)=\boldsymbol{\mu}$

(b) $\mathrm{Var}(\boldsymbol{z}_t)=\boldsymbol{\Gamma}_0=\boldsymbol{\Sigma}_a+\sum_{i=1}^{q}\boldsymbol{\theta}_i\boldsymbol{\Sigma}_a\boldsymbol{\theta}'_i$

(c) $\mathrm{Cov}(\boldsymbol{z}_t,\boldsymbol{z}_{t-j})=\boldsymbol{\Gamma}_j=\sum_{i=j}^{q}\boldsymbol{\theta}_j\boldsymbol{\Sigma}_a\boldsymbol{\theta}'_{i-j}$，其中 $\boldsymbol{\theta}_0=-\boldsymbol{I}_k(j=1,\cdots,q)$

(d)对于 $j>q$，$\boldsymbol{\Gamma}_j=\boldsymbol{0}$

因此，在滞后 q 后，VMA(q)模型的动态相依性就消失了，这表明 VMA(1)模型的记忆是有限的。从矩方程可以看出，交叉相关矩阵 $\boldsymbol{\rho}_\ell$ 满足 $\boldsymbol{\rho}_q\neq\boldsymbol{0}$，但对于 $j>q$，$\boldsymbol{\rho}_j=\boldsymbol{0}$。

回到脉冲响应矩阵。很显然，对于 VMA(q)模型，(a)对于 $j=1$，…，q，$\boldsymbol{\psi}_j=-\boldsymbol{\theta}_j$；(b)对于 $j>q$，$\boldsymbol{\psi}_j=\boldsymbol{0}$。此外，如果 MA 系数矩阵显示出某些零块或三角形模式，那么可以从 VMA(q)模型推断出格兰杰因果关系或传递函数。例如，对于所有的 $\ell\in\{1,\cdots,q\}$，如果 $\theta_{\ell,ij}=0$，那么在其他分量的滞后值之前 z_{it} 不依赖于 z_{jt} 的任何滞后值。在正态分布假设下，这导致 z_{it} 与 z_{jt} 之间的条件独立。

3.1.2.1　可逆性条件

从 VMA(1)模型的可逆性条件可以推断出 VMA(q)模型的可逆性条件。鉴于这一点，我们可以将 VMA(q)模型表示成 kq 维 VMA(1)模型($q>1$)。特别地，不失一般性，我们假定 $\boldsymbol{\mu}=\boldsymbol{0}$ 并考虑下式：

$$\boldsymbol{z}_t=\boldsymbol{a}_t-\sum_{i=1}^{q}\boldsymbol{\theta}_i\boldsymbol{a}_{t-i}$$

110

$$\boldsymbol{0}=\boldsymbol{a}_{t-i}-\boldsymbol{I}_k\boldsymbol{a}_{t-i},\quad i=1,\cdots,q-1$$

其中 $\boldsymbol{0}$ 是 k 维零向量。将它们结合起来，有

$$\begin{bmatrix}\boldsymbol{z}_t\\ \boldsymbol{0}\\ \vdots\\ \boldsymbol{0}\end{bmatrix}=\begin{bmatrix}\boldsymbol{a}_t\\ \boldsymbol{a}_{t-1}\\ \vdots\\ \boldsymbol{a}_{t-q+1}\end{bmatrix}-\begin{bmatrix}\boldsymbol{\theta}_1 & \boldsymbol{\theta}_2 & \cdots & \boldsymbol{\theta}_{q-1} & \boldsymbol{\theta}_q\\ \boldsymbol{I}_k & \boldsymbol{0}_k & \cdots & \boldsymbol{0}_k & \boldsymbol{0}_k\\ \vdots & \vdots & & \vdots & \vdots\\ \boldsymbol{0}_k & \boldsymbol{0}_k & \cdots & \boldsymbol{I}_k & \boldsymbol{0}_k\end{bmatrix}\begin{bmatrix}\boldsymbol{a}_{t-1}\\ \boldsymbol{a}_{t-2}\\ \vdots\\ \boldsymbol{a}_{t-q}\end{bmatrix}$$

其中 $\boldsymbol{0}_k$ 表示 $k\times k$ 零矩阵，上式可以写成

$$\boldsymbol{y}_t=\boldsymbol{b}_t-\boldsymbol{\Theta}b_{t-1}\tag{3-4}$$

其中 $\boldsymbol{y}_t=(\boldsymbol{z}'_t,\ \boldsymbol{0})'$且 $\boldsymbol{0}$ 是一个 $k(q-1)$维零行向量，$\boldsymbol{b}_t=(\boldsymbol{a}'_t,\ \cdots,\ \boldsymbol{a}'_{t-q+1})'$，$\boldsymbol{\Theta}$ 是矩阵多项式 $\boldsymbol{\theta}(B)$的 $kq\times kq$ 维伴随矩阵(companion matrix)。$\boldsymbol{b}_t$ 的均值为 0，$\mathrm{Cov}(\boldsymbol{b}_t)=\boldsymbol{I}_q\otimes\boldsymbol{\Sigma}_a$。对于一个 kq 维可逆序列 $\boldsymbol{y}_t$，$\boldsymbol{\Theta}$ 的所有特征值的绝对值必须小于 1。根据引理 2.1，我们看到这等价于特征方程 $|\boldsymbol{\theta}(B)|=0$ 的所有解的绝对值大于 1。

3.1.2.2　AR 表达式

对于式(3-1)中的可逆 VMA(q)模型，我们可以得到 $\boldsymbol{z}_t$ 的 AR 表达式。用 $\boldsymbol{z}_t-\boldsymbol{\mu}=\boldsymbol{\theta}(B)\boldsymbol{a}_t$ 和 $\boldsymbol{\pi}(B)(\boldsymbol{z}_t-\boldsymbol{\mu})=\boldsymbol{a}_t$，其中 $\boldsymbol{\pi}(B)=\boldsymbol{I}_k-\sum_{i=1}^{\infty}\boldsymbol{\pi}_iB^i$，我们有$[\boldsymbol{\pi}(B)]^{-1}=\boldsymbol{\theta}(B)$。换句话说，$\boldsymbol{\theta}(B)\boldsymbol{\pi}(B)=\boldsymbol{I}$。通过令 $B^i(i>0)$的系数矩阵相等，我们得到

$$\boldsymbol{\pi}_i = \sum_{j=1}^{\min\{i,q\}} \boldsymbol{\theta}_i \boldsymbol{\pi}_{i-j},\ i > 0 \tag{3-5}$$

其中，可以理解 $\boldsymbol{\pi}_0 = -\boldsymbol{I}_k$。例如，对于式(3-2)中的 VMA(1)模型，我们有 $\boldsymbol{\pi}_i = -\boldsymbol{\theta}_1^i$。

3.1.2.3　边际模型

考虑式(3-1)中的 VMA(q)模型。令 $\boldsymbol{C}$ 是一个秩 $g>0$ 的 $k\times g$ 矩阵并定义 $\boldsymbol{x}_t=\boldsymbol{C}'\boldsymbol{z}_t$。根据前面讨论的 $\boldsymbol{z}_t$ 的矩方程，我们有

(a) $E(\boldsymbol{x}_t)=\boldsymbol{C}'\boldsymbol{\mu}$

(b) $\mathrm{Var}(\boldsymbol{x}_t) = \boldsymbol{C}'\boldsymbol{\Sigma}_a\boldsymbol{C} + \sum_{i=1}^{q}\boldsymbol{C}'\boldsymbol{\theta}_i\boldsymbol{\Sigma}_a\boldsymbol{\theta}_i'\boldsymbol{C}$

(c) $\mathrm{Cov}(\boldsymbol{x}_t,\boldsymbol{x}_{t-j}) = \sum_{i=j}^{q}\boldsymbol{C}'\boldsymbol{\theta}_j\boldsymbol{\Sigma}_a\boldsymbol{\theta}_{i-j}'\boldsymbol{C},\quad \boldsymbol{\theta}_0 = -\boldsymbol{I}_k$

(d) $\mathrm{Cov}(\boldsymbol{x}_t,\boldsymbol{x}_{t-j}) = \boldsymbol{0},\quad j>q$

因此，线性变换序列 $\boldsymbol{x}_t$ 服从一个 VMA(q)模型。特别地，在 R^k 中选择 $\boldsymbol{C}$ 为 R^k 的第 i 111
个单位向量，我们看到 $\boldsymbol{z}_t$ 的分量 z_{it} 服从一个一元 MA(q)模型。与 VAR 情形一样，阶 q 是允许的最大阶。我们将这个结果概况为一个定理。

定理 3.1　*假定 $\boldsymbol{z}_t$ 服从式(3-1)中的 VMA(q)模型且 $\boldsymbol{C}$ 是一个秩 $g>0$ 的 $k\times g$ 常数矩阵。那么，$\boldsymbol{x}_t=\boldsymbol{C}'\boldsymbol{z}_t$ 是一个 g 维 VMA(q)序列。*

3.2　设定 VMA 阶

通过交叉相关矩阵可以很容易识别 VMA 过程的阶。对于 VMA(q)模型，交叉相关矩阵满足 $\boldsymbol{\rho}_j=0(j>q)$。因此，对于给定的 j，我们考虑原假设 H_0：$\boldsymbol{\rho}_j=\boldsymbol{\rho}_{j+1}=\cdots=\boldsymbol{\rho}_m=\boldsymbol{0}$ 与备择假设 H_a：$\boldsymbol{\rho}_\ell\neq 0$，其中 ℓ 在 j 和 m 之间，m 是预先给定的正整数。那么一个可以使用的简单统计量是：

$$Q_k(j,m) = T^2\sum_{\ell=j}^{m}\frac{1}{T-\ell}\mathrm{tr}(\hat{\boldsymbol{\Gamma}}_\ell'\hat{\boldsymbol{\Gamma}}_0^{-1}\hat{\boldsymbol{\Gamma}}_\ell\hat{\boldsymbol{\Gamma}}_0) = T^2\sum_{\ell=j}^{m}\frac{1}{T-\ell}\boldsymbol{b}_\ell'(\hat{\boldsymbol{\rho}}_o^{-1}\otimes\hat{\boldsymbol{\rho}}_0^{-1})\boldsymbol{b}_\ell \tag{3-6}$$

其中 T 是样本数，$\boldsymbol{b}_\ell=\mathrm{vec}(\hat{\boldsymbol{\rho}}'_\ell)$，$\hat{\boldsymbol{\Gamma}}$ 是滞后 ℓ 样本自协方差矩阵，$\hat{\rho}_\ell$ 是 $\boldsymbol{z}_t$ 的滞后 ℓ 样本交叉相关矩阵。在第 1 章陈述的正则条件下，如果 $\boldsymbol{z}_t$ 服从一个 VMA(q)模型且 $j>q$，则检验统计量 $Q_k(j,m)$ 近似服从 $\chi^2_{k^2(m-j+1)}$ 分布。实际上，我们考虑 $Q_k(j,m)(j=1,2,\cdots)$。对于一个 VMA(q)模型，$Q_k(q,m)$ 应该是显著的，但对于所有 $j>q$，$Q_k(j,m)$是不显著的。

为了说明，考虑例 3.1 使用的从 1961 年到 2011 年 CRSP 第 5 个十分位数和第 8 个十分位数的投资组合月对数收益率。这里，我们在式(3-6)中应用检验统计量来说明序列很容易用VMA(1)模型识别。如期望的那样，在这个特例中，只有 $Q_k(1,20)$在 5%水平下是显著的。见下面 R 代码示例。图 3-3 给出了当 $m=20$ 时数据 $Q_k(j,m)$的 p 值时序图。水平虚线表示 5%概率出现第 Ⅰ 类错误。

R 代码示例：VMA 阶设定。编辑输出。

```
> VMAorder(zt,lag=20)  # Command for identifying MA order
Q(j,m) Statistics:
          j     Q(j,m)   p-value
 [1,]   1.00   109.72     0.02
 [2,]   2.00    71.11     0.64
 [3,]   3.00    63.14     0.76
 [4,]   4.00    58.90     0.78
.....
[19,]  19.00      5.23      0.73
[20,]  20.00      3.97      0.41
```

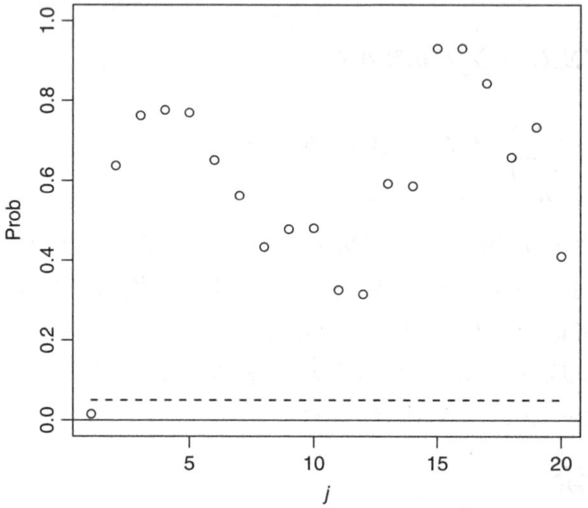

图 3-3 从1961年到2011年CRSP第5个十分位数和第8个十分位数的投资组合月对数收益率的式(3-6)的检验统计量 $Q_k(j, m)$ 的 p 值时序图。虚线表示第Ⅰ类错误的大小

3.3 VMA 模型的估计

与VAR模型不同，MA参数的估计量没有封闭解。参数通常通过似然方法来估计。假定冲击 $\boldsymbol{a}_t$ 服从一个多元正态分布。两种似然方法都是有用的。第一种方法是条件似然方法，第二种方法是精确似然方法。对于给定的VMA(q)模型，常数项 $\boldsymbol{\mu}$ 为均值向量且它的极大似然估计(MLE)是样本均值。因此，我们集中讨论关于零均值序列的VMA估计。此外，通过式(3-4)，VMA(q)模型可以表示为 kq 维VMA(1)模型，这样可以得到高斯VMA(1)模型

$$\boldsymbol{z}_t = \boldsymbol{a}_t - \boldsymbol{\theta}_1 \boldsymbol{a}_{t-1}$$

3.3.1 条件似然估计

112~113 条件似然估计方法假定 $\boldsymbol{a}_t = \boldsymbol{0}(t \leqslant 0)$。它等价于假定 $\boldsymbol{z}_t = \boldsymbol{0}(t \leqslant 0)$。使用AR表达式，我们有

$$\boldsymbol{a}_1 = \boldsymbol{z}_1$$

$$
\begin{aligned}
\boldsymbol{a}_2 &= \boldsymbol{z}_2 + \boldsymbol{\theta}_1 \boldsymbol{z}_1 \\
\vdots &= \vdots \\
\boldsymbol{a}_T &= \boldsymbol{z}_T + \sum_{j=1}^{T-1} \boldsymbol{\theta}_1^{T-j} \boldsymbol{z}_{T-j}
\end{aligned}
$$

采用矩阵形式，上式变为

$$
\begin{bmatrix} \boldsymbol{a}_1 \\ \boldsymbol{a}_2 \\ \boldsymbol{a}_3 \\ \vdots \\ \boldsymbol{a}_T \end{bmatrix} = \begin{bmatrix} \boldsymbol{I}_k & \boldsymbol{0}_k & \boldsymbol{0}_k & \cdots & \boldsymbol{0}_k \\ \boldsymbol{\theta}_1 & \boldsymbol{I}_k & \boldsymbol{0}_k & \cdots & \boldsymbol{0}_k \\ \boldsymbol{\theta}_1^2 & \boldsymbol{\theta}_1 & \boldsymbol{I}_k & \cdots & \boldsymbol{0}_k \\ \vdots & \vdots & \vdots & \ddots & \vdots \\ \boldsymbol{\theta}_1^{T-1} & \boldsymbol{\theta}_1^{T-2} & \boldsymbol{\theta}_1^{T-3} & \cdots & I_k \end{bmatrix} \begin{bmatrix} \boldsymbol{z}_1 \\ \boldsymbol{z}_2 \\ \boldsymbol{z}_3 \\ \vdots \\ \boldsymbol{z}_T \end{bmatrix} \tag{3-7}
$$

从式(3-7)中可以看出，从$\{\boldsymbol{z}_t\}_{t=1}^T$到$\{\boldsymbol{a}_t\}_{t=1}^T$的变换有一个单位雅克比矩阵。因此，数据的条件似然函数为

$$
p(\boldsymbol{z}_1,\cdots,\boldsymbol{z}_T \mid \boldsymbol{\theta}_1,\boldsymbol{\Sigma}_a) = p(\boldsymbol{a}_1,\cdots,\boldsymbol{a}_T \mid \boldsymbol{\theta}_1,\boldsymbol{\Sigma}_a) = \prod_{t=1}^T p(\boldsymbol{a}_t \mid \boldsymbol{\theta}_1,\boldsymbol{\Sigma}_a)
$$

当我们用递归方法估计 $\boldsymbol{a}_t$ 时，VMA(1)模型的条件似然估计是非常有用的。显然，从似然函数可以推导出，条件似然函数是 MA 参数的非线性函数，且参数估计不存在封闭解。可以使用迭代方法(如 Newton-Raphson 方法)计算估计。此外，可以证明这与条件 MLE 是一致的，并且近似服从正态分布。详细的证明过程读者可参考 Reinsel(1993，5.1.4 节)。

例 3.2 再次考虑例 3.1 使用的 CRSP 的第 5 个十分位数和第 8 个十分位数投资组合的月对数收益率。样本交叉相关矩阵和式(3-6)的 $Q_k(j, m)$统计量给出了一个 VMA(1)模型。令 $\boldsymbol{z}_t=(z_{1t}, z_{2t})'$且 $\boldsymbol{z}_{1t}$是第 5 个十分位数的对数收益，应用条件似然方法，我们得到拟合模型

$$
\boldsymbol{z}_t = \begin{bmatrix} 0.92 \\ 0.98 \end{bmatrix} + \boldsymbol{a}_t - \begin{bmatrix} -0.43 & 0.23 \\ -0.60 & 0.31 \end{bmatrix} \boldsymbol{a}_{t-1}, \quad \hat{\boldsymbol{\Sigma}}_a = \begin{bmatrix} 29.6 & 32.8 \\ 32.8 & 39.1 \end{bmatrix}
$$

除了 $\theta_{1,12}$是 0.23 且边际 t 比率为 1.82 外，在 5%水平下其他估计参数都是显著的。第 2 章讨论的模型检验说明这个拟合模型是精确的。例如，残差的 Ljung-Box 统计量给出 114 $Q_2(12)=43.40$，其 p 值为 0.50。这个 p 值是基于自由度为 44 的卡方分布，因为这个拟合模型使用了 4 个 MA 系数。拟合模型的详细内容见下面的 R 代码示例。$\hat{\boldsymbol{\theta}}_1$ 的特征值为 -0.089和-0.031，表明拟合模型是可逆的，并且十分位数投资组合收益的动态相依性比较弱。然而，这两个收益率序列有强烈的同期相关性，见 $\hat{\boldsymbol{\Sigma}}_a$。

如果我们将 $\theta_{1,12}$视为 0，那么拟合 VMA(1)模型表明第 5 个十分位数的对数收益不动态依赖于第 8 个十分位数，但是第 8 个十分位数的对数收益率动态依赖于第 5 个十分位数的过去收益率。这似乎是可信的，因为第 5 个十分位数由相对大的公司构成，它们可能影响第 8 个十分位数的小公司的收益率。

R 代码示例：VMA 模型的估计。编辑输出。基于 `MTS` 添加包的命令 `VMA`。

```
> m1=VMA(rtn,q=1)
Number of parameters:  6
initial estimates:  0.893 0.946 -0.371 0.185 -0.533 0.266
Final   Estimates:
Coefficient(s):
      Estimate  Std. Error  t value Pr(>|t|)
[1,]    0.9203      0.2595    3.546 0.000392 ***
[2,]    0.9838      0.3026    3.251 0.001151 **
[3,]   -0.4322      0.1448   -2.985 0.002832 **
[4,]    0.2301      0.1255    1.833 0.066764 .
[5,]   -0.5978      0.1676   -3.568 0.000360 ***
[6,]    0.3122      0.1454    2.147 0.031807 *
---
Estimates in matrix form:
Constant term:
Estimates:  0.9202588 0.9838202
MA coefficient matrix
MA( 1 )-matrix
       [,1]  [,2]
[1,] -0.432 0.230
[2,] -0.598 0.312
Residuals cov-matrix:
         [,1]     [,2]
[1,] 29.64753 32.81584
[2,] 32.81584 39.13148
----
aic=  4.44172; bic=  4.422112
> MTSdiag(m1)
[1] "Covariance matrix:"
     [,1] [,2]
[1,] 29.7 32.9
[2,] 32.9 39.2
CCM at lag:  0
      [,1]  [,2]
[1,] 1.000 0.963
[2,] 0.963 1.000
Simplified matrix:
CCM at lag:  1
. .
. .
CCM at lag:  2
. .
. .
CCM at lag:  3
. .
. .
> r1=m1$residuals
> mq(r1,adj=4) ## Adjust the degrees of freedom.
Ljung-Box Statistics:
        m       Q(m)   p-value
 [1,] 1.000     0.112    1.00
 [2,] 2.000     9.379    0.05
...
[12,] 12.000   43.399    0.50
...
[24,] 24.000   90.118    0.54
```

3.3.2 精确似然估计

精确似然方法将时间序列的初始值看作随机变量。在估计中必须相应地处理这些变量。对于 VMA(1)模型，初始值为 $\boldsymbol{a}_0$，因为 $\boldsymbol{z}_1=\boldsymbol{a}_1-\boldsymbol{\theta}_1\boldsymbol{a}_0$。数据的似然函数依赖于这个初始值。得到数据的似然函数的适当步骤是对 $\boldsymbol{a}_0$ 的影响进行积分。为此，考虑下面的方程组：

$$
\begin{aligned}
\boldsymbol{a}_0 &= \boldsymbol{a}_0 \\
\boldsymbol{a}_1 &= \boldsymbol{z}_1+\boldsymbol{\theta}_1\boldsymbol{a}_0 \\
\boldsymbol{a}_2 &= \boldsymbol{z}_2+\boldsymbol{\theta}_1\boldsymbol{a}_1=\boldsymbol{z}_2+\boldsymbol{\theta}_1\boldsymbol{z}_1+\boldsymbol{\theta}_1^2\boldsymbol{a}_0 \\
\boldsymbol{a}_3 &= \boldsymbol{z}_3+\boldsymbol{\theta}_1\boldsymbol{a}_2=\boldsymbol{z}_3+\boldsymbol{\theta}_1\boldsymbol{z}_2+\boldsymbol{\theta}_1^2\boldsymbol{z}_1+\boldsymbol{\theta}_1^3\boldsymbol{a}_0 \\
\vdots &= \vdots \\
\boldsymbol{a}_T &= \boldsymbol{z}_T+\sum_{j=1}^{T-1}\boldsymbol{\theta}_1^j\boldsymbol{z}_{T-j}+\boldsymbol{\theta}_1^T\boldsymbol{a}_0
\end{aligned}
$$

115~116

类似于条件似然方法的情形，可以将上式以矩阵形式给出

$$
\begin{bmatrix}\boldsymbol{a}_0\\ \boldsymbol{a}_1\\ \boldsymbol{a}_2\\ \vdots\\ \boldsymbol{a}_T\end{bmatrix}=\begin{bmatrix}\boldsymbol{I}_k & \boldsymbol{0}_k & \boldsymbol{0}_k & \cdots & \boldsymbol{0}_k\\ \boldsymbol{\theta}_1 & I_k & \boldsymbol{0}_k & \cdots & \boldsymbol{0}_k\\ \boldsymbol{\theta}_1^2 & \boldsymbol{\theta}_1 & \boldsymbol{I}_k & \cdots & 0_k\\ \vdots & \vdots & \vdots & \ddots & \vdots\\ \boldsymbol{\theta}_1^T & \theta_1^{T-1} & \boldsymbol{\theta}_1^{T-2} & \cdots & \boldsymbol{I}_k\end{bmatrix}\begin{bmatrix}\boldsymbol{a}_0\\ \boldsymbol{z}_1\\ \boldsymbol{z}_2\\ \vdots\\ \boldsymbol{z}_T\end{bmatrix} \tag{3-8}
$$

根据式(3-8)，我们可以用单位雅克比将$\{\boldsymbol{a}_0, \boldsymbol{z}_1, \cdots, \boldsymbol{z}_T\}$变换成$\{\boldsymbol{a}_0, \boldsymbol{a}_1, \cdots, \boldsymbol{a}_T\}$。因此，我们有

$$
\begin{aligned}
p(\boldsymbol{a}_0,\boldsymbol{z}_1,\cdots,\boldsymbol{z}_T\mid\boldsymbol{\theta}_1,\boldsymbol{\Sigma}_a)&=p(\boldsymbol{a}_0,\cdots,\boldsymbol{a}_T\mid\boldsymbol{\theta}_1,\boldsymbol{\Sigma}_a)=\prod_{t=0}^{T}p(\boldsymbol{a}_t\mid\boldsymbol{\theta}_1,\boldsymbol{\Sigma}_a)\\
&=\frac{1}{(2\pi|\boldsymbol{\Sigma}_a|)^{(T+1)/2}}\exp\left[-\frac{1}{2}\mathrm{tr}\left(\sum_{t=0}^{T}\boldsymbol{a}_t\boldsymbol{a}_t'\boldsymbol{\Sigma}_a^{-1}\right)\right]
\end{aligned} \tag{3-9}
$$

接下来，通过对 $\boldsymbol{a}_0$ 积分，我们可以得到数据的似然函数，即，

$$
p(\boldsymbol{z}_1,\cdots,\boldsymbol{z}_T\mid\boldsymbol{\theta}_1,\boldsymbol{\Sigma}_a)=\int p(\boldsymbol{a}_0,\boldsymbol{z}_1\cdots,\boldsymbol{z}_T\mid\boldsymbol{\theta}_1,\boldsymbol{\Sigma}_a)\mathrm{d}\boldsymbol{a}_0 \tag{3-10}
$$

剩下的问题是如何对 $\boldsymbol{a}_0$ 进行积分。附录 A 的最小二乘(LS)性质很有用。为此，我们将式(3-8)右边矩阵第一列分拆从而重写式(3-8)：

$$
\begin{bmatrix}\boldsymbol{a}_0\\ \boldsymbol{a}_1\\ \boldsymbol{a}_2\\ \vdots\\ \boldsymbol{a}_T\end{bmatrix}=\begin{bmatrix}\boldsymbol{0}_k & \boldsymbol{0}_k & \cdots & \boldsymbol{0}_k\\ \boldsymbol{I}_k & \boldsymbol{0}_k & \cdots & \boldsymbol{0}_k\\ \boldsymbol{\theta}_1 & \boldsymbol{I}_k & \cdots & \boldsymbol{0}_k\\ \vdots & \vdots & \ddots & \vdots\\ \boldsymbol{\theta}_1^{T-1} & \boldsymbol{\theta}_1^{T-2} & \cdots & \boldsymbol{I}_k\end{bmatrix}\begin{bmatrix}\boldsymbol{z}_1\\ \boldsymbol{z}_2\\ \vdots\\ \boldsymbol{z}_T\end{bmatrix}+\begin{bmatrix}\boldsymbol{I}_k\\ \boldsymbol{\theta}_1\\ \boldsymbol{\theta}_1^2\\ \vdots\\ \boldsymbol{\theta}_1^T\end{bmatrix}\boldsymbol{a}_0
$$

上式是一个多元线性回归形式：

117

$$\begin{bmatrix} \mathbf{0}_k & \mathbf{0}_k & \cdots & \mathbf{0}_k \\ \boldsymbol{I}_k & \mathbf{0}_k & \cdots & \mathbf{0}_k \\ \boldsymbol{\theta}_1 & \boldsymbol{I}_k & \cdots & \mathbf{0}_k \\ \vdots & \vdots & \ddots & \vdots \\ \boldsymbol{\theta}_1^{T-1} & \boldsymbol{\theta}_1^{T-2} & \cdots & \boldsymbol{I}_k \end{bmatrix} \begin{bmatrix} \boldsymbol{z}_1 \\ \boldsymbol{z}_2 \\ \vdots \\ \boldsymbol{z}_T \end{bmatrix} = \begin{bmatrix} -\boldsymbol{I}_k \\ -\boldsymbol{\theta}_1 \\ -\boldsymbol{\theta}_1^2 \\ \vdots \\ -\boldsymbol{\theta}_1^T \end{bmatrix} \boldsymbol{a}_0 + \begin{bmatrix} \boldsymbol{a}_0 \\ \boldsymbol{a}_1 \\ \boldsymbol{a}_2 \\ \vdots \\ \boldsymbol{a}_T \end{bmatrix} \tag{3-11}$$

$\boldsymbol{a}_0$ 为未知参数的向量。特别地，令 $\boldsymbol{Y}$ 为式(3-11)左边的 $k(T+1)$ 维向量，$\boldsymbol{A}$ 为 $k(T+1)$ 维误差向量，$\boldsymbol{X}$ 是该式中 $\boldsymbol{a}_0$ 的 $k(T+1)\times k$ 系数矩阵，我们有

$$\boldsymbol{Y} = \boldsymbol{X}\boldsymbol{a}_0 + \boldsymbol{A} \tag{3-12}$$

除了 $\mathrm{Cov}(\boldsymbol{A})=\boldsymbol{I}_{T+1}\otimes\boldsymbol{\Sigma}_a$ 外，这实际上一个是多元线性回归方程。从数据和给定的 $\boldsymbol{\theta}_1$ 中，向量 $\boldsymbol{Y}$ 非常有用。令 $\boldsymbol{\Sigma}_a^{1/2}$ 为协方差矩阵 $\boldsymbol{\Sigma}_a$ 的正定平方根矩阵，且 $\boldsymbol{\Sigma}^{-1/2}=\boldsymbol{I}_{T+1}\otimes\boldsymbol{\Sigma}_a^{-1/2}$，它是一个 $k(T+1)\times k(T+1)$ 矩阵。式(3-12)右乘 $\boldsymbol{\Sigma}^{-1/2}$，得到普通多元线性回归

$$\tilde{\boldsymbol{Y}} = \tilde{\boldsymbol{X}}\boldsymbol{a}_0 + \tilde{\boldsymbol{A}} \tag{3-13}$$

其中 $\tilde{\boldsymbol{Y}}=\boldsymbol{\Sigma}^{-1/2}\boldsymbol{Y}$ 与 $\tilde{\boldsymbol{X}}$ 和 $\tilde{\boldsymbol{A}}$ 的定义类似。显然，$\mathrm{Cov}(\tilde{\boldsymbol{A}})=\boldsymbol{I}_{k(T+1)}$。初始值的 LS 估计为

$$\hat{\boldsymbol{a}}_0 = (\tilde{\boldsymbol{X}}'\tilde{\boldsymbol{X}})^{-1}\tilde{\boldsymbol{X}}'\tilde{\boldsymbol{Y}} \tag{3-14}$$

根据式(3-13)，我们有

$$\tilde{\boldsymbol{A}} = \tilde{\boldsymbol{Y}} - \tilde{\boldsymbol{X}}\boldsymbol{a}_0 = \tilde{\boldsymbol{Y}} - \tilde{\boldsymbol{X}}\hat{\boldsymbol{a}}_0 + \tilde{\boldsymbol{X}}(\hat{\boldsymbol{a}}_0 - \boldsymbol{a}_0)$$

利用附录 A 中的 LS 估计的性质(ⅱ)，我们有

$$\tilde{\boldsymbol{A}}'\tilde{\boldsymbol{A}} = (\tilde{\boldsymbol{Y}} - \tilde{\boldsymbol{X}}\hat{\boldsymbol{a}}_0)'(\tilde{\boldsymbol{Y}} - \tilde{\boldsymbol{X}}\hat{\boldsymbol{a}}_0) + (\hat{\boldsymbol{a}}_0 - \boldsymbol{a}_0)'\tilde{\boldsymbol{X}}'\tilde{\boldsymbol{X}}(\hat{\boldsymbol{a}}_0 - \boldsymbol{a}_0) \tag{3-15}$$

根据式(3-12)和式(3-13)中 $\boldsymbol{A}$ 和 $\tilde{\boldsymbol{A}}$ 的定义，我们很容易看出

$$\tilde{\boldsymbol{A}}'\tilde{\boldsymbol{A}} = \boldsymbol{A}'(\boldsymbol{I}_{T+1}\otimes\boldsymbol{\Sigma}_a^{-1})\boldsymbol{A} = \sum_{t=0}^{T}\boldsymbol{a}_t'\boldsymbol{\Sigma}_a^{-1}\boldsymbol{a}_t = \sum_{t=0}^{T}\mathrm{tr}(\boldsymbol{a}_t'\boldsymbol{\Sigma}_a^{-1}\boldsymbol{a}_t)$$

118

$$= \sum_{t=0}^{T}\mathrm{tr}(\boldsymbol{a}_t\boldsymbol{a}_t'\boldsymbol{\Sigma}_a^{-1}) = \mathrm{tr}\Big(\sum_{t=0}^{T}\boldsymbol{a}_t\boldsymbol{a}_t'\boldsymbol{\Sigma}_a^{-1}\Big) \tag{3-16}$$

使用式(3-15)和式(3-16)，我们可以将式(3-9)中的联合密度函数的指数写成

$$S = \mathrm{tr}\Big(\sum_{t=0}^{T}\boldsymbol{a}_t\boldsymbol{a}'_t\boldsymbol{\Sigma}_a^{-1}\Big) = (\tilde{\boldsymbol{Y}} - \tilde{\boldsymbol{X}}\hat{\boldsymbol{a}}_0)'(\tilde{\boldsymbol{Y}} - \tilde{\boldsymbol{X}}\hat{\boldsymbol{a}}_0) + (\hat{\boldsymbol{a}}_0 - \boldsymbol{a}_0)'\tilde{\boldsymbol{X}}'\tilde{\boldsymbol{X}}(\hat{\boldsymbol{a}}_0 - \boldsymbol{a}_0) \tag{3-17}$$

忽略正规化常数，式(3-9)变为

$$\begin{aligned} p(\boldsymbol{a}_0,\boldsymbol{z}_1,\cdots,\boldsymbol{z}_T\,|\,\boldsymbol{\theta}_1,\boldsymbol{\Sigma}_a) &\propto \exp\Big[-\frac{1}{2}(\tilde{\boldsymbol{Y}} - \tilde{\boldsymbol{X}}\hat{\boldsymbol{a}}_0)'(\tilde{\boldsymbol{Y}} - \tilde{\boldsymbol{X}}\hat{\boldsymbol{a}}_0)\Big] \\ &\quad \times\exp\Big[-\frac{1}{2}(\hat{\boldsymbol{a}}_0 - \boldsymbol{a}_0)'\tilde{\boldsymbol{X}}'\tilde{\boldsymbol{X}}(\hat{\boldsymbol{a}}_0 - \boldsymbol{a}_0)\Big] \end{aligned} \tag{3-18}$$

注意式(3-18)的第一个指数不包含 $\boldsymbol{a}_0$。因此，式(3-10)的积分只包含式(3-18)的第二个指数。此外，第二个指数是一个 k 维正态密度且均值为 $\hat{\boldsymbol{a}}_0$，协方差矩阵为 $(\tilde{\boldsymbol{X}}'\tilde{\boldsymbol{X}})^{-1}$。利

用多元正态分布的性质，可以对式(3-10)进行积分并得到数据 $\boldsymbol{Z}=[\boldsymbol{z}_1, \cdots, \boldsymbol{z}_T]$ 的精确似然函数

$$p(\boldsymbol{Z}|\boldsymbol{\theta}_1, \boldsymbol{\Sigma}_a) = \frac{1}{(2\pi|\boldsymbol{\Sigma}_a|)^{T/2}\ |\tilde{\boldsymbol{X}}'\tilde{\boldsymbol{X}}|^{1/2}}\exp\left[-\frac{1}{2}(\tilde{\boldsymbol{Y}}-\tilde{\boldsymbol{X}}\hat{\boldsymbol{a}}_0)'(\tilde{\boldsymbol{Y}}-\tilde{\boldsymbol{X}}\hat{\boldsymbol{a}}_0)\right] \quad (3\text{-}19)$$

似然函数可以通过对给定的 $\boldsymbol{\theta}_1$ 和 $\boldsymbol{\Sigma}_a$ 进行迭代计算得到。特别地，给定 $\boldsymbol{\theta}_1$ 和 $\boldsymbol{\Sigma}_a$，我们可以给出式(3-13)中的多元线性回归。式(3-19)的指数为多元线性回归的残差平方和。行列式 $|\tilde{\boldsymbol{X}}'\tilde{\boldsymbol{X}}|$ 也很容易得到。如期望的那样，精确的 MLF 也是一致的和渐近正态的。

从推导过程看，VMA 模型估计用精确似然估计比用条件似然估计需要更多的计算。因为前者需要估计初始值 $\boldsymbol{a}_0$ 来估计似然函数。经验表明当样本数 T 比较大时，尤其是 VMA(q)模型是可逆的时，这两个似然函数的估计相似。然而，如果 VMA(q)模型近似不可逆，那么精确似然函数估计比较受欢迎。例子见 Hillmer 和 Tiao(1979)。

例 3.3　再次考虑例 3.2 采用的从 1961 年 1 月到 2011 年 12 月 CRSP 第 5 个十分位数和第 8 个十分位数投资组合的月对数收益率。我们采用精确似然估计方法并得到拟合模型 119

$$\boldsymbol{z}_t = \begin{bmatrix}0.92\\0.98\end{bmatrix} + \boldsymbol{a}_t - \begin{bmatrix}-0.43 & 0.23\\-0.60 & 0.31\end{bmatrix}\boldsymbol{a}_{t-1}, \quad \hat{\boldsymbol{\Sigma}}_a = \begin{bmatrix}29.6 & 32.8\\32.8 & 39.1\end{bmatrix}$$

在这个特例中，样本数为 $T=612$，这是足够大的样本数，所以估计值和条件似然方法的估计值在后 2 位小数上都是接近的。而且模型检验表明拟合模型是精确的。例如，残差的 Ljung-Box 统计量 $Q_2(12)=43.40$，其 p 值为 0.50。下面 R 代码示例给出了精确似然估计的详细内容。□

R 代码示例：精确似然估计。编辑输出。基于 MTS 添加包中的命令 VMAe。

```
> m2=VMAe(rtn,q=1)
Number of parameters:  6
initial estimates:  0.893 0.946 -0.371 0.185 -0.533 0.266
Final   Estimates:
Coefficient(s):
      Estimate  Std. Error  t value Pr(>|t|)
[1,]    0.9196      0.2594    3.544 0.000394 ***
[2,]    0.9829      0.3025    3.249 0.001158 **
[3,]   -0.4332      0.1447   -2.993 0.002760 **
[4,]    0.2306      0.1255    1.838 0.066102 .
[5,]   -0.5992      0.1676   -3.576 0.000349 ***
[6,]    0.3129      0.1454    2.152 0.031423 *
---
Estimates in matrix form:
Constant term:
Estimates:  0.9195531 0.9828963
MA coefficient matrix
MA( 1 )-matrix
       [,1]  [,2]
[1,] -0.433 0.231
[2,] -0.599 0.313
```

```
Residuals cov-matrix:
          [,1]     [,2]
[1,] 29.64754 32.81583
[2,] 32.81583 39.13143
----
aic=  4.44172; bic=  4.422112
> MTSdiag(m2)   % Model checking
[1] "Covariance matrix:"
     [,1] [,2]
[1,] 29.7 32.9
[2,] 32.9 39.2
CCM at lag:  0
      [,1]  [,2]
[1,] 1.000 0.963
[2,] 0.963 1.000
Simplified matrix:
CCM at lag:  1
. .
. .
CCM at lag:  2
. .
. .
> r2=m2$residuals
> mq(r2,adj=4)
Ljung-Box Statistics:
          m      Q(m)   p-value
 [1,]  1.000     0.117     1.00
 [2,]  2.000     9.380     0.05
 ...
[12,] 12.000    43.399     0.50
 ...
[24,] 24.000    90.115     0.54
```

例 3.4　为了说明 VMA 模型的条件估计和精确似然估计之间的不同，考虑从 2001 年 1 月到 2011 年 12 月 IBM 月对数收益率和可口可乐股票月对数收益率的 132 个观测值。图 3-4 给出了两个月对数收益的时间图。图 3-5 绘出了样本数据的交叉相关矩阵。从图中可以看出这两个收益率序列不具有动态相依性。此外，Ljung-Box 统计量 $Q_2(5)=25.74$ 且 p 值为 0.17，认为是不显著序列不显著或交叉相关系数。简单的 t 检验说明这两支股票的平均收益率在 5%水平下不显著等于 0。此外，这两个收益率序列本质上是两个变量的白噪声序列。为了确认这一观测现象，用条件似然估计和精确似然估计方法来估计序列的 VMA(1)模型。令 z_{1t} 和 z_{2t} 分别为 IBM 和 KO 股票的百分比对数收益率。基于条件似然估计方法，拟合模型为

$$\boldsymbol{z}_t=\boldsymbol{a}_t-\begin{bmatrix}0.067 & 0.192\\ -0.015 & 0.013\end{bmatrix}\boldsymbol{a}_{t-1},\quad \hat{\boldsymbol{\Sigma}}_a=\begin{bmatrix}57.4 & 7.0\\ 7.0 & 26.3\end{bmatrix}$$

其中所有的估计在 5%水平下是统计不显著的。精确似然估计方法的拟合模型为

$$\boldsymbol{z}_t=\boldsymbol{a}_t-\begin{bmatrix}0.074 & 0.213\\ -0.019 & 0.009\end{bmatrix}\boldsymbol{a}_{t-1},\quad \hat{\boldsymbol{\Sigma}}_a=\begin{bmatrix}57.4 & 7.0\\ 7.0 & 26.3\end{bmatrix}$$

120 ~ 121 如期望的那样，所有估计 MA 系数在 5%水平下是统计不显著的。

在多元时间序列分析中，过度差分导致不可逆模型。当资产收益率中没有发生过度差分时，我们用它来说明初始值 $\boldsymbol{a}_0$ 对 VMA 模型估计的影响。为此，我们有目的地对两个月

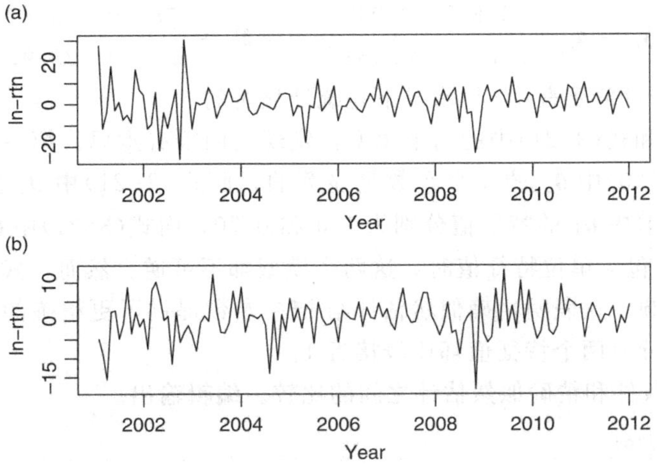

图 3-4　从 2001 年 1 月到 2011 年 12 月(a)IBM 和(b)Coca Cola 股票月对数收益率的时序图

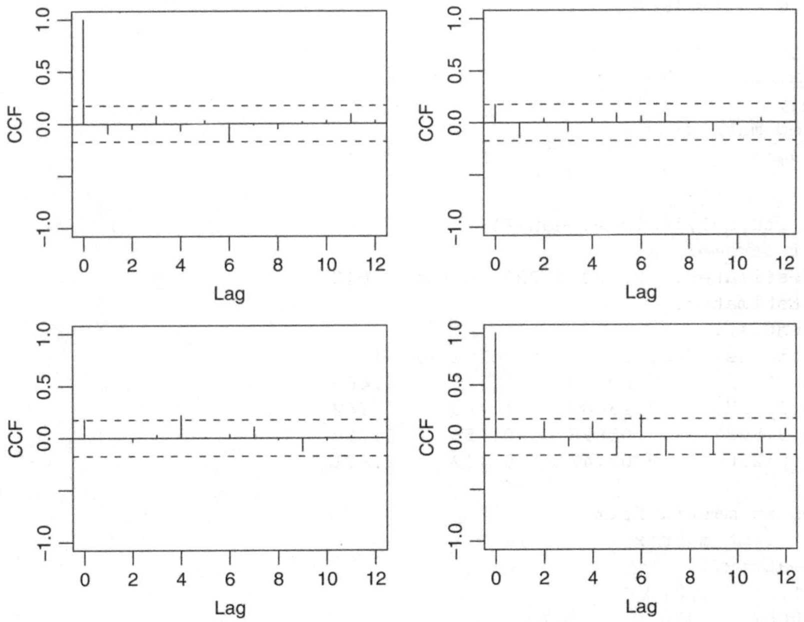

图 3-5　从 2001 年 1 月到 2011 年 12 月 IBM 和 Coca Cola 股票月对数收益率的交叉相关矩阵

收益率序列进行差分。即考虑 $\boldsymbol{y}_t=(1-B)\boldsymbol{z}_t$。$\boldsymbol{y}_t$ 的样本交叉相关矩阵表明这两个序列是 VMA(1)模型。$\boldsymbol{y}_t$ 的 VMA(1)模型的条件似然估计为

$$\boldsymbol{y}_t=\boldsymbol{a}_t-\begin{bmatrix}0.734 & 0.176\\ 0.053 & 0.965\end{bmatrix}\boldsymbol{a}_{t-1},\ \hat{\boldsymbol{\Sigma}}_a=\begin{bmatrix}76.1 & 6.2\\ 6.2 & 26.0\end{bmatrix} \tag{3-20}$$

其中所有 MA 系数在 5%水平下是统计显著的。另一方面，$\boldsymbol{y}_t$ 的 VMA(1)模型的精确似然估计为

$$\boldsymbol{y}_t=\boldsymbol{a}_t-\begin{bmatrix}0.877 & 0.087\\ 0.025 & 0.982\end{bmatrix}\boldsymbol{a}_{t-1},\ \hat{\boldsymbol{\Sigma}}_a=\begin{bmatrix}83.9 & 5.8\\ 5.8 & 25.9\end{bmatrix} \tag{3-21}$$

其中仅有 $\hat{\boldsymbol{\theta}}_1$ 的两个对角元素在 5%水平下是统计显著的。

122 比较式(3-20)和式(3-21)中的两个模型，发现它们很有意思。第一，这两个拟合模型不同。例如，式(3-20)中 $\hat{\boldsymbol{\theta}}_1$ 的 4 个系数是显著的，而式(3-21)中 $\hat{\boldsymbol{\theta}}_1$ 的非对角元素不显著。第二，式(3-20)中 $\hat{\boldsymbol{\theta}}_1$ 的特征值分别为 1.0 和 0.70，而式(3-21)中 $\hat{\boldsymbol{\theta}}_1$ 的特征值分别为 1.0 和 0.86。当 $\hat{\boldsymbol{\theta}}_1$ 包含单位特征值时，这两个模型都不可逆。然而，式(3-21)的第二个特征值非常接近单位圆。这表明精确似然估计给 MA 参数提供了更精确的估计，因为我们希望通过人工过度差分后两个特征值都比较接近 1。 □

R 代码示例：条件和精确似然估计之间的比较。编辑输出。

```
> rtn=cbind(ibm,ko)
> mq(rtn,10)
Ljung-Box Statistics:
        m       Q(m)   p-value
 [1,]  1.00      3.46     0.48
 ...
 [5,]  5.00     25.74     0.17
> yt=diffM(rtn)
> mm=ccm(yt)
Simplified matrix:
CCM at lag:  1
- -
. -
> m1=VMA(rtn,q=1,include.mean=F)
Number of parameters:  4
initial estimates:  0.022 0.228 -0.060 0.048
Final   Estimates:
Coefficient(s):
      Estimate  Std. Error  t value Pr(>|t|)
[1,]   0.06672     0.09223    0.723    0.469
[2,]   0.19217     0.13083    1.469    0.142
[3,]  -0.01508     0.05896   -0.256    0.798
[4,]   0.01256     0.07747    0.162    0.871
---
Estimates in matrix form:
MA coefficient matrix
MA( 1 )-matrix
        [,1]   [,2]
[1,]  0.0667 0.1922
[2,] -0.0151 0.0126
  Residuals cov-matrix:
          [,1]      [,2]
[1,] 57.375878  7.024367
[2,]  7.024367 26.326870
----
> m2=VMAe(rtn,q=1,include.mean=F)
Number of parameters:  4
initial estimates:  0.022 0.228 -0.060 0.048
Final   Estimates:
Coefficient(s):
      Estimate  Std. Error  t value Pr(>|t|)
```

```
[1,]  0.074385     0.096034    0.775     0.439
[2,]  0.213643     0.136284    1.568     0.117
[3,] -0.019201     0.059104   -0.325     0.745
[4,]  0.009468     0.076993    0.123     0.902
---
Estimates in matrix form:
MA coefficient matrix
MA( 1 )-matrix
        [,1]    [,2]
[1,]  0.0744 0.21364
[2,] -0.0192 0.00947
  Residuals cov-matrix:
          [,1]      [,2]
[1,] 57.403576  7.022986
[2,]  7.022986 26.324071
----
> yt=diffM(rtn) ### difference the returns
> m1=VMA(yt,q=1,include.mean=F)
Number of parameters:  4
initial estimates:  0.861 0.242 -0.033 0.877
Final  Estimates:
Coefficient(s):
      Estimate  Std. Error  t value Pr(>|t|)
[1,]  0.733690    0.004071   180.23   <2e-16 ***
[2,]  0.175509    0.015932    11.02   <2e-16 ***
[3,]  0.053132    0.004843    10.97   <2e-16 ***
[4,]  0.964984    0.001383   697.74   <2e-16 ***
---
Estimates in matrix form:
MA coefficient matrix
MA( 1 )-matrix
       [,1]  [,2]
[1,] 0.7337 0.176
[2,] 0.0531 0.965
  Residuals cov-matrix:
          [,1]      [,2]
[1,] 76.118900  6.218605
[2,]  6.218605 26.026172
----
> m2=VMAe(yt,q=1,include.mean=F)
Number of parameters:  4
initial estimates:  0.861 0.242 -0.033 0.877
Final   Estimates:
Coefficient(s):
      Estimate  Std. Error  t value Pr(>|t|)
[1,]  0.876916    0.003838  228.455   <2e-16 ***
[2,]  0.087439    0.075615    1.156    0.248
[3,]  0.024876    0.021511    1.156    0.248
[4,]  0.982328    0.001452  676.615   <2e-16 ***
---
Estimates in matrix form:
MA coefficient matrix
MA( 1 )-matrix
       [,1]   [,2]
[1,] 0.8769 0.0874
[2,] 0.0249 0.9823
```

```
  Residuals cov-matrix:
          [,1]      [,2]
[1,] 83.868320  5.793222
[2,]  5.793222 25.887593
----
> t1=m1$Theta; t2=m2$Theta
> eigen(t1)
$values
[1] 1.0000000 0.6986745
> eigen(t2)
$values
[1] 1.0000000 0.8592442
```

3.3.3 初始参数估计

估计 VMA 模型的条件和精确似然估计方法需要迭代最优步骤，如 Newton-Raphson 法，以便得到参数估计。反过来，任何迭代方法都需要初始参数估计。一个好的初始估计可以简化估计，尤其是约束估计。对于 VMA 模型，由于估计前没有使用 $\boldsymbol{a}_t$，所以可以使用 VAR 近似来得到 $\boldsymbol{a}_t$ 的代替值。特别地，对于给定的 VAR(q)序列 $\boldsymbol{z}_t$，可以使用赤池信息准则来选择 VAR 模型。其他的准则函数也可以使用。假定选择的模型为 VAR(p)。我们用第 2 章的普通 LS 方法来拟合 VAR(p)模型。令拟合 VAR(p)模型的残差序列为 $\tilde{\boldsymbol{a}}_t$。那么通过普通 LS 方法拟合模型

$$\boldsymbol{z}_t = \boldsymbol{c} + \sum_{i=1}^{q} \boldsymbol{\beta}_i \tilde{\boldsymbol{a}}_{t-i} + \boldsymbol{\varepsilon}_t,\ t = q+1,\cdots,T \tag{3-22}$$

VMA 参数的初始值估计定义为 $\hat{\boldsymbol{\mu}}_0 = \hat{\boldsymbol{c}}$ 和 $\hat{\boldsymbol{\theta}}_i = -\hat{\boldsymbol{\beta}}_i$ ($i=1,\cdots,q$)。如果 VMA 参数满足某些零约束，那么用零约束拟合式(3-22)中的模型来得到 VMA 参数的初始值估计。在 MTS 添加包中我们就采用这个步骤。

3.4 VMA 模型预测

VMA 模型具有有限的记忆，因此在有限步后它们的预测是均值回归。假定 t 是预测原点且模型是已知的。式(3-1)中 VAR(q)模型的 1 步超前预测为

$$\boldsymbol{z}_t(1) = E(\boldsymbol{z}_{t+1} \mid F_t) = E(\boldsymbol{\mu} + \boldsymbol{a}_{t+1} - \boldsymbol{\theta}_1 \boldsymbol{a}_t - \cdots - \boldsymbol{\theta}_q \boldsymbol{a}_{t+1-q} \mid F_t) = \boldsymbol{\mu} - \boldsymbol{\theta}_1 \boldsymbol{a}_t - \cdots - \boldsymbol{\theta}_q \boldsymbol{a}_{t+1-q}$$

123~126 相关的预测误差和协方差矩阵为

$$\boldsymbol{e}_t(1) = \boldsymbol{a}_{t+1},\ \mathrm{Cov}[\boldsymbol{e}_t(1)] = \boldsymbol{\Sigma}_a$$

一般地，对于 h 步超前预测且 $h \leqslant q$，我们有

$$\boldsymbol{z}_t(h) = \boldsymbol{\mu} - \sum_{i=h}^{q} \boldsymbol{\theta}_i \boldsymbol{a}_{t+h-i}$$

$$\boldsymbol{e}_t(h) = \boldsymbol{a}_{t+h} - \sum_{i=1}^{h-1} \boldsymbol{\theta}_i \boldsymbol{a}_{t+h-i}$$

$$\mathrm{Cov}[\boldsymbol{e}_t(h)] = \boldsymbol{\Sigma}_a + \sum_{i=1}^{h-1} \boldsymbol{\theta}_i \boldsymbol{\Sigma}_a \boldsymbol{\theta}_i'$$

对于 $h>q$，我们有

$$\boldsymbol{z}_t(h) = \boldsymbol{\mu}$$

$$\boldsymbol{e}_t(h) = \boldsymbol{a}_{t+h} - \sum_{i=1}^{q} \boldsymbol{\theta}_i \boldsymbol{a}_{t+h-i}$$

$$\mathrm{Cov}[\boldsymbol{e}_t(h)] = \boldsymbol{\Sigma}_a + \sum_{i=1}^{q} \boldsymbol{\theta}_i \boldsymbol{\Sigma}_a \boldsymbol{\theta}_i' = \mathrm{Cov}(\boldsymbol{z}_t)$$

因此，VNA(q)模型在 $q+1$ 步是均值回归。

3.5 VARMA 模型

如果

$$\boldsymbol{\phi}(B)\boldsymbol{z}_t = \boldsymbol{\phi}_0 + \boldsymbol{\theta}(B)\boldsymbol{a}_t \tag{3-23}$$

那么 k 维时间序列 $\boldsymbol{z}_t$ 是一个向量自回归移动平均 VARMA(p，q)过程，其中 $\boldsymbol{\phi}_0$ 是常数向量，$\boldsymbol{\phi}(B) = \boldsymbol{I}_k - \sum_{i=1}^{p} \boldsymbol{\phi}_i \boldsymbol{B}^i$ 和 $\boldsymbol{\theta}(B) = \boldsymbol{I}_k - \sum_{i=1}^{q} \boldsymbol{\theta}_i \boldsymbol{B}^i$ 是两个矩阵向量多项式，$\boldsymbol{a}_t$ 是独立同分布随机向量序列且均值为 0，正定协方差矩阵为 $\boldsymbol{\Sigma}_a$。见第 1 章式(1-21)。在式(3-23)中，需要两个附加条件：

1) $\boldsymbol{\phi}(B)$和 $\boldsymbol{\theta}(B)$是左互质，即如果 $\boldsymbol{u}(B)$是 $\boldsymbol{\phi}(B)$和 $\boldsymbol{\theta}(B)$的左共同因子，那么 $|\boldsymbol{u}(B)|$是非零常数。这样的多项式矩阵 $\boldsymbol{\mu}(B)$称为幺模矩阵。理论上，当且仅当 $\boldsymbol{u}^{-1}(B)$存在并且是阶数有限的矩阵多项式时，$\boldsymbol{\mu}(B)$为幺模矩阵。

2) MA 的阶 q 尽可能小，AR 的阶 p 也尽可能小，同时矩阵 $\boldsymbol{\phi}_p(p>0)$和 $\boldsymbol{\theta}_q(p>0)$满足联合矩阵[$\boldsymbol{\phi}_p$，$\boldsymbol{\theta}_q$]的秩为 k 的条件，k 是 $\boldsymbol{z}_t$ 的维数。 127

这两个条件是识别 VARMA 模型的充分条件。在文献中，这些条件称为块可识别性。条件 1)可以很容易地理解为为了减小阶 p 和 q，$\boldsymbol{\phi}(B)$和 $\boldsymbol{\theta}(B)$之间的任意非幺模左共同因子可以被约简从而降低阶数 p 和 q。因此，条件(1)很容易理解。条件 2)在 Dunsmuir 和 Hannan(1976)中已经讨论过。可以通过考虑改进 $\boldsymbol{\phi}(B)$和 $\boldsymbol{\theta}(B)$的列次数而不是总次数 p 和 q，见 Hannan 和 Deistler(1988，2.7 节)。下一节讨论 VARMA 模型的一些可识别性问题。

3.5.1 可识别性

与 VAR 或 VMA 模型不同，VARMA 模型涉及可识别性问题。考虑线性向量过程，

$$\boldsymbol{z}_t = \boldsymbol{\mu} + \sum_{i=0}^{\infty} \boldsymbol{\psi}_i \boldsymbol{a}_{t-i} \tag{3-24}$$

其中 $\boldsymbol{\psi}_0 = \boldsymbol{I}_k$，$\{\boldsymbol{a}_t\}$是一系列独立同分布随机向量且均值为 0，正定协方差矩阵为 $\boldsymbol{\Sigma}_a$，见式(1-1)。如果它的矩阵多项式 $\boldsymbol{\phi}(B)$和 $\boldsymbol{\theta}(B)$是通过式(3-24)中的 $\underline{\boldsymbol{\psi}}$ 权重矩阵 $\boldsymbol{\psi}_i$ 唯一确

定的，那么 VARMA 模型是可识别的。在某些情形下，多对 AR 和 MA 矩阵多项式产生同样的 $\boldsymbol{\psi}_i$ 矩阵。在这种情况下，多练习有助于理解基础模型的结构。我们用简单的二元模型来讨论这个问题。

例 3.5　考虑 VMA(1)模型

$$\begin{bmatrix} z_{1t} \\ z_{2t} \end{bmatrix} = \begin{bmatrix} a_{1t} \\ a_{2t} \end{bmatrix} - \begin{bmatrix} 0 & 2 \\ 0 & 0 \end{bmatrix} \begin{bmatrix} a_{1,t-1} \\ a_{2,t-1} \end{bmatrix} \tag{3-25}$$

这是一个严格定义的 VMA(1)模型。然而，也可以将 VAR(1)模型写成

$$\begin{bmatrix} z_{1t} \\ z_{2t} \end{bmatrix} - \begin{bmatrix} 0 & -2 \\ 0 & 0 \end{bmatrix} \begin{bmatrix} z_{1,t-1} \\ z_{2,t-1} \end{bmatrix} = \begin{bmatrix} a_{1t} \\ a_{2t} \end{bmatrix} \tag{3-26}$$

为此，式(3-25)中的 VMA(1)模型表明

$$z_{1t} = a_{1t} - 2a_{2,t-1}, \quad z_{2t} = a_{2t}$$

换句话说，z_{2t}是白噪声序列。这样，我们有

128 $$z_{1t} = a_{1t} - 2a_{2,t-1} = a_{1t} - 2z_{2,t-1}$$

因此，我们有

$$z_{1t} + 2z_{2,t-1} = a_{1t} \quad 且\ z_{2t} = a_{2t}$$

它是式(3-26)中 VAR(1)模型的精确形式。因此，在这个特例中，有两个 AR 和 MA 矩阵多项式的集合，它们给出式(3-24)中相同的 MA 表达式。在模型设定中，此类不唯一性是没有坏处的，因为在实际应用中两个模型都可以用。

注意式(3-25)中的 VMA(1)模型，我们有 $|\boldsymbol{\theta}(B)|=1$，它表明 $\boldsymbol{\theta}(B)$是幺模矩阵。它的逆是式(3-26)中 VAR(1)模型的幺模矩阵 $\boldsymbol{\phi}(B)$。此外，对于式(3-25)中的 VMA(1)模型，我们有 $p=0$ 和 $q=1$，但是 $\boldsymbol{\theta}_1$ 不是满秩，因此条件 2)不满足。□

例 3.6　考虑 VARMA(1, 1)模型

$$\begin{bmatrix} z_{1t} \\ z_{2t} \end{bmatrix} - \begin{bmatrix} 0.8 & 2 \\ 0 & 0 \end{bmatrix} \begin{bmatrix} z_{1,t-1} \\ z_{2,t-1} \end{bmatrix} = \begin{bmatrix} a_{1t} \\ a_{2t} \end{bmatrix} - \begin{bmatrix} 0.3 & 0 \\ 0 & 0 \end{bmatrix} \begin{bmatrix} a_{1,t-1} \\ a_{2,t-1} \end{bmatrix} \tag{3-27}$$

很容易看到，该模型与下面的模型相同。

$$\begin{bmatrix} z_{1t} \\ z_{2t} \end{bmatrix} - \begin{bmatrix} 0.8 & 2+\omega \\ 0 & \beta \end{bmatrix} \begin{bmatrix} z_{1,t-1} \\ z_{2,t-1} \end{bmatrix} = \begin{bmatrix} a_{1t} \\ a_{2t} \end{bmatrix} - \begin{bmatrix} 0.3 & \omega \\ 0 & \beta \end{bmatrix} \begin{bmatrix} a_{1,t-1} \\ a_{2,t-1} \end{bmatrix} \tag{3-28}$$

对于任意 $\omega \neq 0$ 和 $\beta \neq 0$。根据式(3-27)，我们有

$$z_{1t} = 0.8z_{1,t-1} + 2z_{2,t-1} + a_{1t} - 0.3a_{1,t-1} \tag{3-29}$$

$$z_{2t} = a_{2t} \tag{3-30}$$

因此，z_{2t}是白噪声序列。对于 $t-1$，在式(3-30)两边乘以 ω 并加到式(3-29)中，得到式(3-28)的左边。式(3-28)的右边也满足，因为 $z_{2,t-1}=a_{2,t-1}$。这种类型的可识别性是严谨的，因为如果没有适当的约束，VARMA(1, 1)模型的似然函数就不能唯一定义。换句话说，如果没有适当的约束，我们就不能估计 VARMA(1, 1)模型。□

对于式(3-27)中的 VARMA(1, 1)模型，我们有秩$[\boldsymbol{\phi}_1, \boldsymbol{\theta}_1]=1$，它比 $\boldsymbol{z}_t$ 的维数小。

这明显不符合式(3-23)的条件 2)。而且，式(3-28)的两个多项式矩阵不是左互质，因为 129

$$\begin{bmatrix}1-0.8B & -(2+\omega)B\\ 0 & 1-\beta B\end{bmatrix}=\begin{bmatrix}1 & -\omega B\\ 0 & 1-\beta B\end{bmatrix}\begin{bmatrix}1-0.8B & -2B\\ 0 & 1\end{bmatrix}$$

$$\begin{bmatrix}1-0.3B & -\omega B\\ 0 & 1-\beta B\end{bmatrix}=\begin{bmatrix}1 & -\omega B\\ 0 & 1-\beta B\end{bmatrix}\begin{bmatrix}1-0.3B & 0\\ 0 & 1\end{bmatrix}$$

且左共同因子不是幺模矩阵。去掉左共同因子可以将式(3-28)简化为式(3-27)。

最后，即使 $\boldsymbol{z}_t$ 的分量没有一个是白噪声，也会出现可识别性问题。因此，可识别性是 VARMA 模型的重要问题。这表明 VARMA 模型的设定不仅仅是识别阶(p，q)的阶数。的确，VARMA 模型识别必须包括结构设定来解决可识别性问题。在文献中，有两种设定 VARMA 模型结构的方法。第一种方法使用 Kronecker 推断的状态空间公式，第二种方法使用标量分量模型。见 Tsay(1991)。第 4 章将讨论这两种方法。这里，我们假定满足与式(3-23)中 VARMA(p，q)模型相关的这两种可识别性条件。

3.5.2　VARMA(1，1)模型

为更深地理解 VARMA 模型，更详细地考虑最简单的 VARMA(1，1)模型，

$$\boldsymbol{z}_t=\boldsymbol{\phi}_0+\boldsymbol{\phi}_1\boldsymbol{z}_{t-1}+\boldsymbol{a}_t-\boldsymbol{\theta}_1\boldsymbol{a}_{t-1} \tag{3-31}$$

或等价地，$(\boldsymbol{I}_k-\boldsymbol{\phi}_1B)\boldsymbol{z}_t=\boldsymbol{\phi}_0+(\boldsymbol{I}_k-\boldsymbol{\theta}_1B)\boldsymbol{a}_t$。在块可识别性条件 1)和 2)下，不能约简模型的阶。假定 $\boldsymbol{z}_t$ 是平稳的。对式(3-31)中的模型取期望，我们有

$$\boldsymbol{\mu}=\boldsymbol{\phi}_0+\boldsymbol{\phi}_1\boldsymbol{\mu}\quad\text{或}\quad(\boldsymbol{I}_k-\boldsymbol{\phi}_1)\boldsymbol{\mu}=\boldsymbol{\phi}_0$$

因此，我们将模型重写为

$$\tilde{\boldsymbol{z}}_t=\boldsymbol{\phi}_1\tilde{\boldsymbol{z}}_{t-1}+\boldsymbol{a}_t-\boldsymbol{\theta}_1\boldsymbol{a}_{t-1} \tag{3-32}$$

其中 $\tilde{\boldsymbol{z}}_t=\boldsymbol{z}_t-\boldsymbol{\mu}$ 是均值调整序列。令 $\boldsymbol{w}_t=\boldsymbol{a}_t-\boldsymbol{\theta}_1\boldsymbol{a}_{t-1}$。显然，$\boldsymbol{w}_t$ 是一个 VMA(1)过程，因此它是平稳的。利用 $\tilde{\boldsymbol{z}}_t=\boldsymbol{\phi}_1\tilde{\boldsymbol{z}}_{t-1}+\boldsymbol{w}_t$ 并通过重复替代，我们有

$$\tilde{\boldsymbol{z}}_t=\boldsymbol{w}_t+\boldsymbol{\phi}_1\boldsymbol{w}_{t-1}+\boldsymbol{\phi}_1^2\boldsymbol{w}_{t-2}+\cdots$$

因此，对于平稳的 $\tilde{\boldsymbol{z}}_t$，随着 i 的递增，$\boldsymbol{\phi}_1^i$ 必须收敛于 0。这个表明 $\boldsymbol{z}_t$ 的平稳性条件是 $\boldsymbol{\phi}_1$ 的所有特征值的绝对值都小于 1 或等价于行列式方程 $|\boldsymbol{I}_k-\boldsymbol{\phi}_1B|=0$ 的解的绝对值大于 1。这与第 2 章中的 VAR(1)模型的弱平稳性条件相同。 130

接下来，利用

$$(\boldsymbol{I}_k-\boldsymbol{\phi}_1B)(\boldsymbol{I}_k+\boldsymbol{\phi}_1B+\boldsymbol{\phi}_1^2B^2+\cdots)=\boldsymbol{I}_k$$

我们有 $(\boldsymbol{I}_k-\boldsymbol{\phi}_1B)^{-1}=\boldsymbol{I}_k+\boldsymbol{\phi}_1B+\boldsymbol{\phi}_1^2B^2+\cdots$。因此，得到

$$\tilde{\boldsymbol{z}}_t=(\boldsymbol{I}_k-\boldsymbol{\phi}_1B)^{-1}(\boldsymbol{I}_k-\boldsymbol{\theta}_1B)\boldsymbol{a}_t=\boldsymbol{a}_t+(\boldsymbol{\phi}_1-\boldsymbol{\theta}_1)\boldsymbol{a}_{t-1}+\boldsymbol{\phi}_1(\boldsymbol{\phi}_1-\boldsymbol{\theta}_1)\boldsymbol{a}_{t-2}+\cdots=\sum_{i=0}^{\infty}\boldsymbol{\psi}_i\boldsymbol{a}_{t-i}$$

其中 $\boldsymbol{\psi}_0=\boldsymbol{I}_k$ 和 $\boldsymbol{\psi}_i=\boldsymbol{\phi}_1^{i-1}(\boldsymbol{\phi}_1-\boldsymbol{\theta}_1)$。这是 VARMA(1，1)模型的 MA 表达式。从上述提到的 MA 表达式中，可以得到 $\mathrm{Cov}(\boldsymbol{z}_t,\boldsymbol{a}_{t-j})=\boldsymbol{\psi}_j\boldsymbol{\Sigma}_a\ (j\geqslant 0)$。然后，式(3-32)右乘 $\tilde{\boldsymbol{z}}'_{t-j}\ (j\geqslant 0)$ 并取期望，可以得到

$$\boldsymbol{\Gamma}_0 = \boldsymbol{\phi}_1 \boldsymbol{\Gamma}_{-1} + \boldsymbol{\Sigma}_a - \boldsymbol{\theta}_1 \boldsymbol{\Sigma}_a \boldsymbol{\psi}'_1 \tag{3-33}$$

$$\boldsymbol{\Gamma}_1 = \boldsymbol{\phi}_1 \boldsymbol{\Gamma}_0 - \boldsymbol{\theta}_1 \boldsymbol{\Sigma}_a \tag{3-34}$$

$$\boldsymbol{\Gamma}_j = \boldsymbol{\phi}_1 \boldsymbol{\Gamma}_{j-1}, \ j > 1 \tag{3-35}$$

根据式(3-35)，VARMA(1，1)模型的自协方差矩阵满足矩阵多项式方程$(\boldsymbol{I}_k-\boldsymbol{\phi}_1 B)\boldsymbol{\Gamma}_j=0(j>1)$，其中滞后算子 B 应用到 j。因此，为了得到 VARMA(1，1)过程 $\boldsymbol{z}_t$ 的所有自协方差矩阵，需要找到上述两个自协方差矩阵 $\boldsymbol{\Gamma}_0$ 和 $\boldsymbol{\Gamma}_1$。为此，式(3-33)和式(3-34)是有用的。利用 $\boldsymbol{\Gamma}_{-1}=\boldsymbol{\Gamma}'_1$ 和式(3-34)，可以将式(3-33)重写成

$$\boldsymbol{\Gamma}_0 - \boldsymbol{\phi}_1 \boldsymbol{\Gamma}_0 \boldsymbol{\phi}'_1 = \boldsymbol{\Sigma}_a - \boldsymbol{\theta}_1 \boldsymbol{\Sigma}_a \boldsymbol{\phi}'_1 - (\boldsymbol{\phi}_1 - \boldsymbol{\theta}_1)\boldsymbol{\Sigma}_a \boldsymbol{\theta}'_1$$

令 $\boldsymbol{S}$ 表示上述方程的右边。显然，对于给定的 VARMA(1，1)模型，可以得到 $\boldsymbol{S}$。然后上式变成

$$\boldsymbol{\Gamma}_0 - \boldsymbol{\phi}_1 \boldsymbol{\Gamma}_0 \boldsymbol{\phi}'_1 = \boldsymbol{S}$$

或等价于，

131 $$\text{vec}(\boldsymbol{\Gamma}_0) - (\boldsymbol{\phi}_1 \otimes \boldsymbol{\phi}_1)\text{vec}(\boldsymbol{\Gamma}_0) = \text{vec}(\boldsymbol{S})$$

因此，对于给定的平稳 VARMA(1，1)模型，我们有

$$\text{vec}(\boldsymbol{\Gamma}_0) = (\boldsymbol{I}_{k^2} - \boldsymbol{\phi}_1 \otimes \boldsymbol{\phi}_1)^{-1}\text{vec}(\boldsymbol{S})$$

其中 $\boldsymbol{S}=\boldsymbol{\Sigma}_a-\boldsymbol{\theta}_1\boldsymbol{\Sigma}_a\boldsymbol{\theta}'_1-(\boldsymbol{\phi}_1-\boldsymbol{\theta}_1)\boldsymbol{\Sigma}_a\boldsymbol{\theta}'_1$。相反，假定对于 $i=0$，1 和 2，$\boldsymbol{\Gamma}_i$ 是已知的，满足秩$[\phi_1, \theta_1]=k$。我们看到 $\boldsymbol{\Gamma}_1=[\boldsymbol{\phi}_1, -\boldsymbol{\theta}_1](\boldsymbol{\Gamma}_0, \boldsymbol{\Sigma}_a)'$是满秩 k；否则，秩$[\boldsymbol{\Gamma}_0, \boldsymbol{\Sigma}_a]$小于 k，表明线性组合 $\boldsymbol{z}_t$ 和 $\boldsymbol{a}_t$ 的是退化的，对于一个严格定义的 VARMA(1，1)模型这是不可能的。因此，有 $\boldsymbol{\phi}_1=\boldsymbol{\Gamma}_2\boldsymbol{\Gamma}_1^{-1}$。如果 $\boldsymbol{\phi}_1$ 是已知的，尽管通过复杂的二次矩阵方程，还是可以从 $\boldsymbol{\Gamma}_0$ 和 $\boldsymbol{\Gamma}_1$ 求解 $\boldsymbol{\theta}_1$ 和 $\boldsymbol{\Sigma}_a$。

最后，因为 $\boldsymbol{w}_t=\tilde{\boldsymbol{z}}_t-\boldsymbol{\phi}_1\tilde{\boldsymbol{z}}_{t-1}$是一个平稳过程，并且服从 VAM(1)模型，所以很容易发现 $\boldsymbol{z}_t$ 可逆性的充分条件是所有 $\boldsymbol{\theta}_1$ 的特征值的绝对值小于 1，或等价于行列式方程 $|\boldsymbol{I}_k-\boldsymbol{\theta}_1 B|=0$ 的所有解的绝对值大于 1。这个条件与 3.1 节的 VMA(1)模型的可逆性条件相同。利用$(\boldsymbol{I}_k-\boldsymbol{\theta}_1 B)^{-1}=\boldsymbol{I}_k+\boldsymbol{\theta}_1 B+\boldsymbol{\theta}_1^2 B^2+\cdots$，可以得到 $\boldsymbol{z}_t$ 的 AR 表达式

$$\tilde{\boldsymbol{z}}_t = \boldsymbol{a}_t + (\boldsymbol{\phi}_1 - \boldsymbol{\theta}_1)\tilde{\boldsymbol{z}}_{t-1} + \boldsymbol{\theta}_1(\boldsymbol{\phi}_1 - \boldsymbol{\theta}_1)\tilde{\boldsymbol{z}}_{t-2} + \cdots$$

一般地，对于 $i\geqslant 1$，我们有 $\boldsymbol{\pi}_i=\boldsymbol{\theta}_1^{i-1}(\boldsymbol{\phi}_1-\boldsymbol{\theta}_1)$。

为了说明，考虑一个二维 VARMA(1，1)模型且参数为

$$\boldsymbol{\phi}_1 = \begin{bmatrix} 0.2 & 0.3 \\ -0.6 & 1.1 \end{bmatrix}, \boldsymbol{\theta}_1 = \begin{bmatrix} -0.5 & -0.2 \\ -0.1 & -0.6 \end{bmatrix}, \boldsymbol{\Sigma}_a = \begin{bmatrix} 4 & 1 \\ 1 & 1 \end{bmatrix} \tag{3-36}$$

基于本节讨论的结果，我们得到 $\boldsymbol{\psi}$ 权重矩阵

$$\boldsymbol{\psi}_1 = \begin{bmatrix} 0.7 & 0.5 \\ -0.5 & 1.7 \end{bmatrix}, \boldsymbol{\psi}_2 = \begin{bmatrix} -0.01 & 0.61 \\ -0.97 & 1.57 \end{bmatrix}, \boldsymbol{\psi}_3 = \begin{bmatrix} -0.29 & 0.59 \\ -1.06 & 1.36 \end{bmatrix}$$

和 π 权重矩阵

$$\boldsymbol{\pi}_1 = \begin{bmatrix} 0.7 & 0.5 \\ -0.5 & 1.7 \end{bmatrix}, \boldsymbol{\pi}_2 = \begin{bmatrix} -0.25 & -0.59 \\ 0.23 & -1.07 \end{bmatrix}, \boldsymbol{\pi}_3 = \begin{bmatrix} 0.08 & 0.51 \\ -0.11 & 0.70 \end{bmatrix}$$

和自协方差矩阵

$$\boldsymbol{\Gamma}_0=\begin{bmatrix}9.56 & 7.16\\7.16 & 19.8\end{bmatrix},\ \boldsymbol{\Gamma}_1=\begin{bmatrix}6.26 & 8.08\\3.14 & 18.1\end{bmatrix},\ \boldsymbol{\Gamma}_2=\begin{bmatrix}2.19 & 7.05\\-0.30 & 15.1\end{bmatrix}$$ 132

以及交叉相关矩阵

$$\boldsymbol{\rho}_0=\begin{bmatrix}1.00 & 0.52\\0.52 & 1.00\end{bmatrix},\ \boldsymbol{\rho}_1=\begin{bmatrix}0.65 & 0.59\\0.23 & 0.92\end{bmatrix},\ \boldsymbol{\rho}_2=\begin{bmatrix}0.23 & 0.51\\-0.02 & 0.77\end{bmatrix}$$

注记：通过 MTS 添加包中的命令 PSIwgt、PIwgt、VARMAcov，可以得到给定 VARMA(1，1)模型的 Ψ 权重、π 权重、自协方差矩阵和交叉相关矩阵。输入变量包括 $\boldsymbol{\Phi}=[\boldsymbol{\phi}_1,\ \cdots,\ \boldsymbol{\phi}_p]$、$\boldsymbol{\Theta}=[\boldsymbol{\theta}_1,\ \cdots,\ \boldsymbol{\theta}_q]$ 和矩阵 $\boldsymbol{\Sigma}_a$。通过 Ψ 权重且默认 120 滞后，可以计算自协方差矩阵。如果有需要，可以给定这个截断滞后。见下一节中的式(3-42)。下一节将给出计算自协方差矩阵的另一种方法。 □

3.5.3 VARMA 模型的一些性质

本节研究 VARMA(p，q)模型的一些性质($p>0$，$q>0$)。假定模型是可识别的且新息 $\boldsymbol{a}_t$ 的均值为 0、正定协方差矩阵为 $\boldsymbol{\Sigma}_a$。这些性质是 VARMA(1，1)模型性质的扩展。

3.5.3.1 弱平稳性

类似于 VAR(p)模型，式(3-23)中的 $\boldsymbol{z}_t$ 过程是弱平稳的充分和必要条件是行列式方程 $|\boldsymbol{\phi}(B)|=0$ 的所有解都在单位圆外，即它们的绝对值比 1 大。令 $\boldsymbol{w}_t=\boldsymbol{\theta}(B)\boldsymbol{a}_t$，它是弱平稳的。然后 $\boldsymbol{z}_t$ 的模型变成 $\boldsymbol{\phi}(B)\boldsymbol{z}_t=\boldsymbol{\phi}_0+\boldsymbol{w}_t$，可以应用 VAR($p$)模型讨论的相同结果来得到平稳性条件。

对于一个平稳 VARMA(p，q)模型，有 $|\boldsymbol{\phi}(1)|\neq 0$ 因为 1 不是 $|\boldsymbol{\phi}(B)|=0$ 的解。对式(3-23)取期望，有 $\boldsymbol{\phi}(1)\boldsymbol{\mu}=\boldsymbol{\phi}_0$。见第 1 章中的式(1-23)。因此，$\boldsymbol{\mu}=[\boldsymbol{\phi}(1)]^{-1}\boldsymbol{\phi}_0$ 且模型可以写成

$$\boldsymbol{\phi}(B)(\boldsymbol{z}_t-\boldsymbol{\mu})=\boldsymbol{\theta}(B)\boldsymbol{a}_t$$

令 $\tilde{\boldsymbol{z}}_t=\boldsymbol{z}_t-\boldsymbol{\mu}$ 为均值调整序列，那么 VARMA(p，q)模型变成

$$\boldsymbol{\phi}(B)\tilde{\boldsymbol{z}}_t=\boldsymbol{\theta}(B)\boldsymbol{a}_t \tag{3-37}$$

为了便于表示，我们经常利用式(3-37)来得到 VARMA(p，q)序列的性质。

当 $\boldsymbol{z}_t$ 是平稳的时，它的 MA 表达式为

$$\tilde{\boldsymbol{z}}_t=\boldsymbol{a}_t+\boldsymbol{\psi}_1\boldsymbol{a}_{t-1}+\boldsymbol{\psi}_2\boldsymbol{a}_{t-2}+\cdots=\boldsymbol{\psi}(B)\boldsymbol{a}_t \tag{3-38}$$ 133

其中 $\boldsymbol{\psi}(B)=\sum_{i=0}^{\infty}\boldsymbol{\psi}_i\boldsymbol{B}^i$（$\boldsymbol{\psi}_0=\boldsymbol{I}_k$）为 $k\times k$ 单位矩阵。通过令下式中 B^i 的系数相等，系数矩阵 $\boldsymbol{\psi}_i$ 可以递归地得到，

$$\boldsymbol{\phi}(B)\boldsymbol{\psi}(B)=\boldsymbol{\theta}(B)$$

为了简单起见，如果 $i>q$，令 $\boldsymbol{\theta}_i=\boldsymbol{0}$；如果 $i>p$，令 $\boldsymbol{\phi}_i=\boldsymbol{0}$，且 $m=\max\{p,\ q\}$。那

么，通过如下递归方法可以得到系数矩阵 $\boldsymbol{\psi}_i$，

$$\begin{aligned}
\boldsymbol{\psi}_1 &= \boldsymbol{\phi}_1 - \boldsymbol{\theta}_1 \\
\boldsymbol{\psi}_2 &= \boldsymbol{\phi}_1\boldsymbol{\psi}_1 + \boldsymbol{\phi}_2 - \boldsymbol{\theta}_2 \\
\boldsymbol{\psi}_3 &= \boldsymbol{\phi}_1\boldsymbol{\psi}_2 + \boldsymbol{\phi}_2\boldsymbol{\psi}_1 + \boldsymbol{\phi}_3 - \boldsymbol{\theta}_3 \\
\vdots &= \vdots \\
\boldsymbol{\psi}_m &= \boldsymbol{\phi}_1\boldsymbol{\psi}_{m-1} + \boldsymbol{\phi}_2\boldsymbol{\psi}_{m-2} + \cdots + \boldsymbol{\phi}_{m-1}\boldsymbol{\psi}_1 + \boldsymbol{\phi}_m - \boldsymbol{\theta}_m \\
\boldsymbol{\psi}_\ell &= \boldsymbol{\phi}_1\boldsymbol{\psi}_{\ell-1} + \boldsymbol{\phi}_2\boldsymbol{\psi}_{\ell-2} + \cdots + \boldsymbol{\phi}_m\boldsymbol{\psi}_{\ell-m}, \ \ell > m
\end{aligned}$$

$\boldsymbol{\psi}_i$ 的统一方程为

$$\boldsymbol{\psi}_i = \sum_{j=1}^{\min\{p,i\}} \boldsymbol{\phi}_i\boldsymbol{\psi}_{i-j} - \boldsymbol{\theta}_i, \quad i = 1,2,\cdots \tag{3-39}$$

其中，$\boldsymbol{\theta}_i=\mathbf{0}(i>q)$ 和 $\boldsymbol{\psi}_0=\boldsymbol{I}_k$。特别地，我们有

$$\boldsymbol{\psi}_i = \sum_{j=1}^{\min\{p,i\}} \boldsymbol{\phi}_j\boldsymbol{\psi}_{j-i}, \quad i > q$$

很多情况下，VARMA 模型的 MA 表达式非常有用。本书利用表达式的扩展形式。

3.5.3.2 可逆性

式(3-23)中的 VARMA(p, q)过程 $\boldsymbol{z}_t$ 的充分和必要可逆性条件是行列式方程 $|\boldsymbol{\theta}(B)|=0$ 的所有解在单位圆外。这是因为模型的可逆性由 MA 多项式矩阵 $\boldsymbol{\theta}(B)$决定，并且可以应用 VMA(q)模型的结果。如果 $\boldsymbol{z}_t$ 是可逆的，那么它有 AR 表达式，即

$$\boldsymbol{\pi}(B)(\boldsymbol{z}_t - \boldsymbol{\mu}) = \boldsymbol{a}_t \tag{3-40}$$

其中 $\boldsymbol{\pi}(B)=\boldsymbol{I}-\boldsymbol{\pi}_1B-\boldsymbol{\pi}_2B^2-\cdots$，并且系数矩阵 $\boldsymbol{\pi}_i$ 可以通过令下式中的 B^i 的系数相等得到

134

$$\boldsymbol{\theta}(B)\boldsymbol{\pi}(B) = \boldsymbol{\phi}(B)$$

$\boldsymbol{\pi}_i$ 矩阵的统一表达式为

$$\boldsymbol{\pi}_i = \boldsymbol{\phi}_i + \sum_{j=1}^{\min\{q,i\}} \boldsymbol{\theta}_j\boldsymbol{\pi}_{i-j}, \quad i = 1,2\cdots \tag{3-41}$$

其中，$\boldsymbol{\phi}_i=\mathbf{0}(i>p)$ 和 $\boldsymbol{\pi}_0=-\boldsymbol{I}_k$。特别地，对于 $i>p$，我们有

$$\boldsymbol{\pi}_i = \sum_{j=1}^{\min\{q,i\}} \boldsymbol{\theta}_j\boldsymbol{\pi}_{i-j}, \quad i > p$$

注意，$\boldsymbol{\pi}(B)\boldsymbol{\psi}(B)=\boldsymbol{I}_k=\boldsymbol{\psi}(B)\boldsymbol{\pi}(B)$。

3.5.3.3 自协方差和交叉相关矩阵

对于一个平稳 VARMA(p, q)模型，可以利用 MA 表达式来得到滞后 ℓ 自协方差矩阵和交叉协方差矩阵

$$\mathrm{Cov}(\boldsymbol{z}_t, \boldsymbol{z}_{t-\ell}) = \boldsymbol{\Gamma}_\ell = \sum_{i=0}^{\infty} \boldsymbol{\psi}_{\ell+i}\boldsymbol{\Sigma}_a\boldsymbol{\psi}_i' \tag{3-42}$$

其中 $\boldsymbol{\psi}_0=\boldsymbol{I}_k$。滞后 ℓ 交叉相关矩阵可以通过下式得到

$$\boldsymbol{\rho}_\ell = D^{-1}\boldsymbol{\Gamma}_\ell\boldsymbol{D}^{-1} \tag{3-43}$$

其中 $\boldsymbol{D}=\operatorname{diag}\{\sqrt{\gamma_{0,11}}, \cdots, \sqrt{\gamma_{0,kk}}\}$ 且 $\boldsymbol{\Gamma}_0=[\gamma_{0,ij}]$。

式(3-42)的自协方差矩阵 $\boldsymbol{\Gamma}_\ell$ 包括一个无限序列总和。对于给定的平稳 VARMA(p，q)模型，存在直接计算 Γ_ℓ 的其他方法。下面我们采用 Mittnik(1990)的方法来得到 $\boldsymbol{\Gamma}_\ell$ 的显式解。为此，我们需要下面的结果，它利用 $\boldsymbol{z}_t$ 的 MA 表达式来说明。

定理 3.2　对于一个平稳 VARMA(p，q)序列 $\boldsymbol{z}_t$，

$$E(\boldsymbol{a}_t\boldsymbol{z}'_{t+\ell})=\begin{cases}\boldsymbol{0}, & \ell<0,\\ \boldsymbol{\Sigma}_a, & \ell=0,\\ \boldsymbol{\Sigma}_a\boldsymbol{\psi}'_\ell, & \ell>0\end{cases}$$

式(3-37)右乘 $\tilde{z}'_{t-\ell}$，取期望，并利用定理 3.2 的结果，可以得到 $\boldsymbol{z}_t$ 的矩方程为

$$\boldsymbol{\Gamma}_\ell-\sum_{i=1}^{p}\boldsymbol{\phi}_i\boldsymbol{\Gamma}_{\ell-i}=\begin{cases}-\sum_{j=\ell}^{q}\boldsymbol{\theta}_j\boldsymbol{\Sigma}_a\boldsymbol{\psi}'_{j-\ell}, & \ell=0,1,\cdots,q\\ \boldsymbol{0}, & \ell>q\end{cases}\tag{3-44}$$ 135

其中，为了方便，$\boldsymbol{\theta}_0=-\boldsymbol{I}$。式(3-44)的右边可以从模型中得到。因此，得到 $\boldsymbol{z}_t$ 的所有自协方差矩阵的关键是得到 $\boldsymbol{\Gamma}_0$，…，$\boldsymbol{\Gamma}_p$。为此，我们关注对于 $\ell=0$，…，p，式(3-44)矩方程组。令 $\boldsymbol{\Gamma}=[\boldsymbol{\Gamma}'_0, \boldsymbol{\Gamma}'_1, \cdots, \boldsymbol{\Gamma}'_p]'$、$\boldsymbol{\Gamma}_*=[\boldsymbol{\Gamma}_0, \boldsymbol{\Gamma}_1, \cdots, \boldsymbol{\Gamma}_p]'$ 和 $\boldsymbol{\psi}=[\boldsymbol{\psi}_0, \boldsymbol{\psi}_1, \cdots, \boldsymbol{\psi}_q]'$，其中 $\boldsymbol{\psi}_0=\boldsymbol{I}_k$。那么，对于 $\ell=0$，1，…，p，式(3-44)的矩方程组可以写成

$$\boldsymbol{\Gamma}=\boldsymbol{\Phi}_L\boldsymbol{\Gamma}+\boldsymbol{\Phi}_U\boldsymbol{\Gamma}_*-\boldsymbol{\Omega}\boldsymbol{\psi}\tag{3-45}$$

其中

$$\boldsymbol{\Phi}_L=\begin{bmatrix}\boldsymbol{0}_{k\times kp} & \boldsymbol{0}_{k\times k}\\ \boldsymbol{L}_{kp\times kp} & \boldsymbol{0}_{kp\times k}\end{bmatrix},\ \Phi_U=\begin{bmatrix}\boldsymbol{0}_{kp\times k} & \boldsymbol{U}_{kp\times kp}\\ \boldsymbol{0}_{k\times k} & \boldsymbol{0}_{k\times kp}\end{bmatrix}$$

且

$$\boldsymbol{L}=\begin{bmatrix}\boldsymbol{\phi}_1 & \boldsymbol{0}_k & \cdots & \boldsymbol{0}_k\\ \boldsymbol{\phi}_2 & \boldsymbol{\phi}_1 & \cdots & \boldsymbol{0}_k\\ \vdots & \vdots & \ddots & \vdots\\ \boldsymbol{\phi}_p & \boldsymbol{\phi}_{p-1} & \cdots & \boldsymbol{\phi}_1\end{bmatrix},\ U=\begin{bmatrix}\boldsymbol{\phi}_1 & \boldsymbol{\phi}_2 & \cdots & \boldsymbol{\phi}_{p-1} & \boldsymbol{\phi}_p\\ \boldsymbol{\phi}_2 & \boldsymbol{\phi}_3 & \cdots & \boldsymbol{\phi}_p & \boldsymbol{0}_k\\ \vdots & \vdots & & \vdots & \vdots\\ \boldsymbol{\phi}_p & \boldsymbol{0}_k & \cdots & \boldsymbol{0}_k & \boldsymbol{0}_k\end{bmatrix}$$

其中 $\boldsymbol{0}_k$ 为 $k\times k$ 零矩阵，$\boldsymbol{\Omega}$ 为通过 $\boldsymbol{\Omega}=\boldsymbol{\Omega}_1(\boldsymbol{I}_{q+1}\otimes\boldsymbol{\Sigma}_a)$ 定义的一个 $k(p+1)\times k(q+1)$ 矩阵，其中 $\boldsymbol{\Omega}_1$ 由下式给出。如果 $q>p$，那么

$$\boldsymbol{\Omega}_1=\begin{bmatrix}\boldsymbol{\theta}_0 & \boldsymbol{\theta}_1 & \cdots & \boldsymbol{\theta}_{q-1} & \boldsymbol{\theta}_q\\ \boldsymbol{\theta}_1 & \boldsymbol{\theta}_2 & \cdots & \boldsymbol{\theta}_q & \boldsymbol{0}_k\\ \boldsymbol{\theta}_2 & \boldsymbol{\theta}_3 & \cdots & \boldsymbol{0}_k & \boldsymbol{0}_k\\ \vdots & \vdots & \cdots & \vdots & \vdots\\ \boldsymbol{\theta}_p & \cdots & \boldsymbol{\theta}_q & \cdots & \boldsymbol{0}_k\end{bmatrix}$$

其中 $\boldsymbol{\theta}_0=-\boldsymbol{I}_k$，如果 $q\leqslant p$，那么

$$\boldsymbol{\Omega}_1=\begin{bmatrix}\boldsymbol{\theta}_0 & \boldsymbol{\theta}_1 & \cdots & \boldsymbol{\theta}_{q-1} & \boldsymbol{\theta}_q\\ \boldsymbol{\theta}_1 & \boldsymbol{\theta}_2 & \cdots & \boldsymbol{\theta}_q & \mathbf{0}_k\\ \boldsymbol{\theta}_2 & \boldsymbol{\theta}_3 & \cdots & \mathbf{0}_k & \mathbf{0}_k\\ \vdots & \vdots & \cdots & \vdots & \vdots\\ \boldsymbol{\theta}_q & \mathbf{0}_k & \cdots & \mathbf{0}_k & \mathbf{0}_k\\ \mathbf{0}_{(p-q)} & \mathbf{0}_{(p-q)} & \cdots & \mathbf{0}_{(p-q)} & \mathbf{0}_{(p-q)}\end{bmatrix}$$

其中 $\mathbf{0}_{(p-q)}$ 为 $k(p-q)\times k$ 零矩阵。对式(3-45)转置并对其向量化，可以得到

136

$$\mathrm{vec}(\boldsymbol{\Gamma}')=(\boldsymbol{\Phi}_L\otimes \boldsymbol{I}_k)\mathrm{vec}(\boldsymbol{\Gamma}')+(\boldsymbol{\Phi}_U\otimes \boldsymbol{I}_k)\mathrm{vec}(\boldsymbol{\Gamma}'_*)-(\boldsymbol{\Omega}\otimes \boldsymbol{I}_U)\mathrm{vec}(\boldsymbol{\psi}') \tag{3-46}$$

下面用 $\boldsymbol{\Gamma}'_\ell=\boldsymbol{\Gamma}_{-\ell}$ 和附录A中向量化的性质，有 $\mathrm{vec}(\boldsymbol{\Gamma}'_*)=\boldsymbol{I}_{p+1}\otimes\boldsymbol{K}_{kk}\,\mathrm{vec}(\boldsymbol{\Gamma}')$，其中 $\boldsymbol{K}_{kk}$ 是沟通矩阵。为了简单起见，令 $\boldsymbol{K}=\boldsymbol{I}_{p+1}\otimes\boldsymbol{K}_{kk}$，可以将式(3-46)重写成

$$[\boldsymbol{I}_{k^2(p+1)}-\boldsymbol{\Phi}_L\otimes \boldsymbol{I}_k-(\boldsymbol{\Phi}_U\otimes \boldsymbol{I}_k)\boldsymbol{K}]\mathrm{vec}(\boldsymbol{\Gamma}')=-(\boldsymbol{\Omega}\otimes \boldsymbol{I}_U)\mathrm{vec}(\boldsymbol{\psi}')$$

因此，我们有

$$\mathrm{vec}(\boldsymbol{\Gamma}')=-[\boldsymbol{I}_{k^2(p+1)}-\boldsymbol{\Phi}_L\otimes \boldsymbol{I}_k-(\boldsymbol{\Phi}_U\otimes \boldsymbol{I}_k)\boldsymbol{K}]^{-1}(\boldsymbol{\Omega}\otimes \boldsymbol{I}_U)\mathrm{vec}(\boldsymbol{\psi}') \tag{3-47}$$

对于 $\ell=0，1，\cdots，p$，可以用式(3-47)得到 $\boldsymbol{\Gamma}_\ell$。从式(3-44)的矩方程中可以得到其他的 $\boldsymbol{\Gamma}_\ell(\ell>p)$。

最后，对于一个平稳VARMA(p，q)过程 $\boldsymbol{z}_t$，方程组

$$\boldsymbol{\Gamma}_\ell=\boldsymbol{\phi}_1\boldsymbol{\Gamma}_{\ell-1}+\cdots+\boldsymbol{\phi}_p\boldsymbol{\Gamma}_{\ell-p},\quad \ell=q+1,\cdots,q+p$$

称为多元广义Yule-Walk方程。

例 3.7 考虑VARMA(2，1)模型

$$\boldsymbol{z}_t=\boldsymbol{\phi}_1\boldsymbol{z}_{t-1}+\boldsymbol{\phi}_2\boldsymbol{z}_{t-2}+\boldsymbol{a}_t-\theta_1\boldsymbol{a}_{t-1}$$

其中参数为

$$\boldsymbol{\phi}_1=\begin{bmatrix}0.816 & -0.623\\ -1.116 & 1.074\end{bmatrix},\quad \boldsymbol{\phi}_2=\begin{bmatrix}-0.643 & 0.592\\ 0.615 & -0.133\end{bmatrix}$$

$$\boldsymbol{\theta}_1=\begin{bmatrix}0 & -1.248\\ -0.801 & 0\end{bmatrix},\quad \boldsymbol{\Sigma}_a=\begin{bmatrix}4 & 2\\ 2 & 5\end{bmatrix}$$

从Reinsel(1993，p.144)中的实证VARMA(2，1)模型中可以得到AR和MA系数矩阵。我们将用式(3-47)计算 $\boldsymbol{z}_t$ 的自协方差和交叉相关矩阵的理论值。对于这个特例，我们有

$$\boldsymbol{L}=\begin{bmatrix}0.816 & -0.623 & 0.000 & 0.000\\ -1.116 & 1.074 & 0.000 & 0.000\\ -0.643 & 0.592 & 0.816 & -0.623\\ 0.615 & -0.133 & -1.116 & 1.074\end{bmatrix},\quad \boldsymbol{\Phi}_L=\begin{bmatrix}\mathbf{0}_{2\times4} & \mathbf{0}_{2\times2}\\ \boldsymbol{L} & \mathbf{0}_{4\times2}\end{bmatrix}$$

137

$$\boldsymbol{U}=\begin{bmatrix}0.816 & -0.623 & -0.643 & 0.592\\ -1.116 & 1.074 & 0.615 & -0.133\\ -0.643 & 0.592 & 0.000 & 0.000\\ 0.615 & -0.133 & 0.000 & 0.000\end{bmatrix},\quad \boldsymbol{\Phi}_U=\begin{bmatrix}\mathbf{0}_{4\times2} & \boldsymbol{U}\\ \mathbf{0}_{2\times2} & \mathbf{0}_{2\times4}\end{bmatrix}$$

$$\boldsymbol{\Omega}=\begin{bmatrix}-4.000 & -2.000 & -2.496 & -6.240\\ -2.000 & -5.000 & -3.204 & -1.602\\ -2.496 & -6.240 & 0.000 & 0.000\\ -3.204 & -1.602 & 0.000 & 0.000\\ 0.000 & 0.000 & 0.000 & 0.000\\ 0.000 & 0.000 & 0.000 & 0.000\end{bmatrix},\quad \boldsymbol{\psi}=\begin{bmatrix}1 & 0\\ 0 & 1\\ 0.816 & -0.315\\ 0.625 & 1.074\end{bmatrix}$$

应用式(3-47)，可以得到自协方差矩阵

$$\boldsymbol{\Gamma}_0=\begin{bmatrix}15.71 & 3.20\\ 3.20 & 29.33\end{bmatrix},\quad \boldsymbol{\Gamma}_1=\begin{bmatrix}10.87 & 7.69\\ -5.22 & 23.23\end{bmatrix},\quad \boldsymbol{\Gamma}_2=\begin{bmatrix}3.92 & 7.10\\ -8.51 & 14.44\end{bmatrix}$$

和交叉相关矩阵

$$\boldsymbol{\rho}_0=\begin{bmatrix}1.00 & 0.15\\ 0.15 & 1.00\end{bmatrix},\quad \boldsymbol{\rho}_1=\begin{bmatrix}0.69 & 0.36\\ -0.24 & 0.79\end{bmatrix},\quad \boldsymbol{\rho}_2=\begin{bmatrix}0.25 & 0.33\\ -0.40 & 0.49\end{bmatrix}$$

如期望的那样，结果非常接近 MTS 添加包的命令 VARMAcov 所得到的结果。

R 代码示例：计算自协方差矩阵。 □

```
> phi=matrix(c(.816,-1.116,-.623,1.074,-.643,.615,.592,
            -.133),2,4)
> phi
      [,1]   [,2]   [,3]   [,4]
[1,]  0.816 -0.623 -0.643  0.592
[2,] -1.116  1.074  0.615 -0.133
> theta=matrix(c(0,-.801,-1.248,0),2,2)
> sig=matrix(c(4,2,2,5),2,2)
> VARMAcov(Phi=phi,Theta=theta,Sigma=sig,lag=2)
Auto-Covariance matrix of lag:  0
         [,1]     [,2]
[1,] 15.70537  3.20314
[2,]  3.20314 29.33396
Auto-Covariance matrix of lag:  1
         [,1]     [,2]
[1,] 10.87468  7.68762
[2,] -5.21755 23.23317
Auto-Covariance matrix of lag:  2
         [,1]     [,2]
[1,]  3.92198  7.10492
[2,] -8.50700 14.44155
cross correlation matrix of lag:  0
       [,1]   [,2]
[1,] 1.0000 0.1492
[2,] 0.1492 1.0000
cross correlation matrix of lag:  1
        [,1]   [,2]
[1,]  0.6924 0.3582
[2,] -0.2431 0.7920
cross correlation matrix of lag:  2
        [,1]   [,2]
[1,]  0.2497 0.3310
[2,] -0.3963 0.4923
```

3.6 VARMA 模型的隐含关系

在刻画变量之间的动态关系中，VARMA 模型是比较灵活的。它们包括许多常用的计量经济学和统计模型。本节讨论 VARMA(p，q)模型组成元素之间的一些隐含关系。

3.6.1 格兰杰因果关系

VARMA 模型的 MA 表达式仍然是推断变量之间动态关系的一种简单方法。不失一般性，我们假定 $E(\boldsymbol{z}_t)=\boldsymbol{0}$ 并考虑划分 $\boldsymbol{z}_t=(\boldsymbol{x}'_t, \boldsymbol{y}'_t)'$ 的简单情形，其中 $\boldsymbol{x}_t$ 和 $\boldsymbol{y}_t$ 分别为 k_1 和 k_2 维的子向量，其中 $k_1+k_2=k$。我们分解 ψ 权重 、AR 和 MA 矩阵多项式以及新息 $\boldsymbol{a}_t=(\boldsymbol{u}'_t,\ \ '_t)'$。MA 表达式可以写成

$$\begin{bmatrix}\boldsymbol{x}_t\\ \boldsymbol{y}_t\end{bmatrix}=\begin{bmatrix}\boldsymbol{\psi}_{xx}(B) & \boldsymbol{\psi}_{xy}(B)\\ \boldsymbol{\psi}_{yx}(B) & \boldsymbol{\psi}_{yy}(B)\end{bmatrix}\begin{bmatrix}\boldsymbol{u}_t\\ {}_t\end{bmatrix} \tag{3-48}$$

类似于 VAR，如果 $\boldsymbol{\psi}_{xy}(B)=0$，但是 $\boldsymbol{\psi}_{yx}(B)\neq 0$，那么存在从 $\boldsymbol{x}_t$ 到 $\boldsymbol{y}_t$ 的单向关系。在这个特例中，$\boldsymbol{x}_t$ 不依赖于 $\boldsymbol{y}_t$ 的任何过去信息，但是 $\boldsymbol{y}_t$ 依赖于 $\boldsymbol{x}_t$ 的一些滞后值。因此，根据格兰杰因果关系，$\boldsymbol{x}_t$ 是 $\boldsymbol{y}_t$ 的原因，同时 VARMA 模型表明存在一个线性传递函数模型。

条件 $\boldsymbol{\psi}_{xy}(B)=0$ 但 $\boldsymbol{\psi}_{yx}(B)\neq 0$ 可以用 VARMA(p，q)模型的 AR 和 MA 矩阵多项式来表示。在 VARMA 表达式中，我们有

$$\begin{bmatrix}\boldsymbol{\phi}_{xx}(B) & \boldsymbol{\phi}_{xy}(B)\\ \boldsymbol{\phi}_{yx}(B) & \boldsymbol{\phi}_{yy}(B)\end{bmatrix}\begin{bmatrix}\boldsymbol{x}_t\\ \boldsymbol{y}_t\end{bmatrix}=\begin{bmatrix}\boldsymbol{\theta}_{xx}(B) & \boldsymbol{\theta}_{xy}(B)\\ \boldsymbol{\theta}_{yx}(B) & \boldsymbol{\theta}_{yy}(B)\end{bmatrix}\begin{bmatrix}\boldsymbol{u}_t\\ {}_t\end{bmatrix} \tag{3-49}$$

利用 $\boldsymbol{\psi}(B)$的定义，我们有

138~139

$$\begin{bmatrix}\boldsymbol{\phi}_{xx}(B) & \boldsymbol{\phi}_{xy}(B)\\ \boldsymbol{\phi}_{yx}(B) & \boldsymbol{\phi}_{yy}(B)\end{bmatrix}^{-1}\begin{bmatrix}\boldsymbol{\theta}_{xx}(B) & \boldsymbol{\theta}_{xy}(B)\\ \boldsymbol{\theta}_{yx}(B) & \boldsymbol{\theta}_{yy}(B)\end{bmatrix}=\begin{bmatrix}\boldsymbol{\psi}_{xx}(B) & \boldsymbol{\psi}_{xy}(B)\\ \boldsymbol{\psi}_{yx}(B) & \boldsymbol{\psi}_{yy}(B)\end{bmatrix}$$

利用附录 A 中矩阵分块的性质，我们有$[\boldsymbol{\phi}(B)]^{-1}=$

$$\begin{bmatrix}\boldsymbol{D}(B) & -\boldsymbol{D}(B)\boldsymbol{\phi}_{xy}(B)\boldsymbol{\phi}_{yy}^{-1}(B)\\ -\boldsymbol{\phi}_{yy}^{-1}(B)\boldsymbol{\phi}_{yx}(B)\boldsymbol{D}(B) & \boldsymbol{\phi}_{yy}^{-1}(B)[\boldsymbol{I}_{k2}+\boldsymbol{\phi}_{yx}(B)\boldsymbol{D}(B)\boldsymbol{\phi}_{xy}(B)\boldsymbol{\phi}_{yy}^{-1}(B)]\end{bmatrix}$$

其中 $\boldsymbol{D}(B)=[\boldsymbol{\phi}_{xx}(B)-\boldsymbol{\phi}_{xy}(B)\boldsymbol{\phi}_{yy}^{-1}(B)\boldsymbol{\phi}_{yx}(B)]^{-1}$。因此，条件 $\boldsymbol{\psi}_{xy}(B)=\boldsymbol{0}$ 等价于

$$\boldsymbol{D}(B)[\boldsymbol{\theta}_{xy}(B)-\boldsymbol{\phi}_{xy}(B)\boldsymbol{\phi}_{yy}^{-1}(B)\boldsymbol{\theta}_{yy}(B)]=\boldsymbol{0}$$

或等价于

$$\boldsymbol{\theta}_{xy}(B)-\boldsymbol{\phi}_{xy}(B)\boldsymbol{\phi}_{yy}^{-1}(B)\boldsymbol{\theta}_{yy}(B)=\boldsymbol{0} \tag{3-50}$$

使用同样的技术但$[\boldsymbol{\phi}(B)]^{-1}$的不同表达式，得到条件 $\boldsymbol{\psi}_{yx}(B)\neq\boldsymbol{0}$ 等价于

$$\boldsymbol{\theta}_{yx}(B)-\boldsymbol{\phi}_{yx}(B)\boldsymbol{\phi}_{xx}^{-1}(B)\boldsymbol{\theta}_{xx}(B)\neq\boldsymbol{0} \tag{3-51}$$

根据式(3-50)，条件 $\boldsymbol{\phi}_{xy}(B)=\boldsymbol{\theta}_{xy}(B)=\boldsymbol{0}$，这导致 $\boldsymbol{z}_t$ 的 AR 和 MA 矩阵多项式有相似的下三角形矩阵，这仅仅是从 $\boldsymbol{x}_t$ 到 $\boldsymbol{y}_t$ 格兰杰因果关系存在的一个充分条件。如果式(3-50)

满足并且式(3-51)将不等式变成相等式，那么，$\boldsymbol{x}_t$ 和 $\boldsymbol{y}_t$ 是非耦合的，从某种意义上来讲，它们之间不存在动态相关性。我们将上述推导总结成理论。

定理 3.3 考虑 k 维 VARMA(p, q)过程 $\boldsymbol{z}_t$。假定 $\boldsymbol{z}_t=(\boldsymbol{x}_t', \boldsymbol{y}_t')'$，其中 $\boldsymbol{x}_t$ 和 $\boldsymbol{y}_t$ 分别是 $\boldsymbol{z}_t$ 的 k_1 和 k_2 维子向量，并有 $k_1+k_2=k$。根据 $\boldsymbol{x}_t$ 和 $\boldsymbol{y}_t$ 的维数，划分 $\boldsymbol{z}_t$ 的 AR 和 MA 矩阵多项式，那么从 $\boldsymbol{x}_t$ 到 $\boldsymbol{y}_t$ 的格兰杰因果关系存在当且仅当

$$\boldsymbol{\theta}_{xy}(B)=\boldsymbol{\phi}_{xy}(B)\boldsymbol{\phi}_{yy}^{-1}(B)\boldsymbol{\theta}_{yy}(B), \quad \boldsymbol{\theta}_{yx}(B)\neq\boldsymbol{\phi}_{yx}(B)\boldsymbol{\phi}_{xx}^{-1}(B)\boldsymbol{\theta}_{xx}(B)$$

为了进一步说明，考虑二元 VARMA(1, 1)过程 $\boldsymbol{z}_t=(x_t, y_t)'$，$\begin{bmatrix}1-\phi_{1,11}B & -\phi_{1,12}B\\ -\phi_{1,21}B & 1-\phi_{1,22}B\end{bmatrix}$ $\begin{bmatrix}x_t\\ y_t\end{bmatrix}=\begin{bmatrix}1-\theta_{1,11}B & -\theta_{1,12}B\\ -\theta_{1,21}B & 1-\theta_{1,22}B\end{bmatrix}\begin{bmatrix}u_t\\ v_t\end{bmatrix}$

定理 3.3 的第一个条件表明

$$\theta_{1,12}B=\phi_{1,12}B(1-\phi_{1,22}B)^{-1}(1-\theta_{1,22}B)$$ 140

反过来，即是

$$\theta_{1,12}=\phi_{1,12}, \quad \phi_{1,22}\theta_{1,12}=\phi_{1,12}\theta_{1,22}$$

因此，如果 $\theta_{1,12}=0$，那么 $\phi_{1,12}=0$ 且有无限多个 $\theta_{1,22}$ 和 $\phi_{1,22}$ 满足条件。另一方面，如果 $\theta_{1,12}\neq 0$，那么我们需要 $\phi_{1,12}=\theta_{1,12}$ 和 $\phi_{1,22}=\theta_{1,22}$。后一种情形的模型可以写成

$$y_t=v_t+\frac{\phi_{1,21}x_{t-1}-\theta_{1,21}u_{t-1}}{1-\phi_{1,22}B}$$

$$x_t=\frac{1-\theta_{1,11}B}{1-\phi_{1,11}B}u_t+\frac{\phi_{1,12}(\phi_{1,21}x_{t-2}-\theta_{1,21}u_{t-2})}{(1-\phi_{1,11}B)(1-\phi_{1,22}B)}$$

$\boldsymbol{y}_t$ 的模型本质上是一个传递函数模型，$\boldsymbol{x}_t$ 不依赖于 $\boldsymbol{y}_t$ 的任何过去值。

注记：定理 3.3 仅仅考虑 $\boldsymbol{z}_t$ 的两个子向量 $\boldsymbol{x}_t$ 和 $\boldsymbol{y}_t$ 情况。实际上，可以连续地将定理应用到 $\boldsymbol{z}_t$ 的嵌套划分或者将定理推广到 $\boldsymbol{z}_t$ 的其他划分。

3.6.2 脉冲响应函数

我们也可以用 VARMA(p, q)的 MA 表达式来得到 z_t 的脉冲响应函数或者在预测 z_t 中给出预测误差方差分解。继续可以使用第 2 章讨论的关于 *VAR* 的方法。因此，详细内容就省略了。

注记：通过 MTS 添加包中的命令 VARMAirf 可以得到拟合 VARMA 模型的脉冲响应函数。类似于命令 VARirf，可以用命令 VARMAirf 给出新息的正交变换。 □

3.7 VARMA 过程的线性变换

首先，考虑 $\boldsymbol{z}_t$ 的非奇异线性变换。特别地，令 $\boldsymbol{y}_t=\boldsymbol{H}\boldsymbol{z}_t$，其中 $\boldsymbol{H}$ 是一个 $k\times k$ 非奇异变换矩阵。这种情况下，$\boldsymbol{y}_t$ 服一个 VARMA(p, q)模型，它通过下式给出

$$\boldsymbol{\phi}^*(B)\boldsymbol{y}_t=\boldsymbol{\phi}_0^*+\boldsymbol{\theta}^*(B)\boldsymbol{b}_t \tag{3-52}$$

其中 $\boldsymbol{\phi}_0^*=\boldsymbol{H}\boldsymbol{\phi}_0$，$\boldsymbol{\phi}^*(B)=\boldsymbol{H}\boldsymbol{\phi}(B)\boldsymbol{H}^{-1}$ 和 $\boldsymbol{\theta}^*(B)=\boldsymbol{H}\boldsymbol{\theta}(B)\boldsymbol{H}^{-1}$ 并且 $\boldsymbol{b}_t=\boldsymbol{H}\boldsymbol{a}_t$ 是独立同分布随
141 机向量序列，其均值为 0 且正定协方差矩阵为 $\boldsymbol{\Sigma}_b=\boldsymbol{H}\boldsymbol{\Sigma}_a\boldsymbol{H}'$。换句话说，有 $\boldsymbol{\phi}_i^*=\boldsymbol{H}\boldsymbol{\phi}_i\boldsymbol{H}^{-1}$ 和 $\boldsymbol{\theta}_j^*=\boldsymbol{H}\boldsymbol{\theta}_j\boldsymbol{H}^{-1}$。通过 $\boldsymbol{z}_t$ 的 VARMA(p，q)模型左乘 $\boldsymbol{H}$，并在 $\boldsymbol{z}_{t-i}$ 和 $\boldsymbol{a}_{t-j}$ 之前插入 $\boldsymbol{H}^{-1}\boldsymbol{H}$，可以很容易地得到了这个结果。因为$[\boldsymbol{\phi}_p, \boldsymbol{\theta}_q]$的秩是 k(在 $\boldsymbol{z}_t$ 的可识别性条件下)且 $\boldsymbol{H}$ 是满秩的，所以我们看到$[\boldsymbol{\phi}_p^*, \boldsymbol{\theta}_q^*]$的秩也是 k。因此，$\boldsymbol{y}_t$ 的 VARMA(p，q)模型也是可识别的。

下面，我们考虑将定理 3.1 推广到 VARMA(p，q)过程。假定 $\boldsymbol{y}_t=\boldsymbol{H}\boldsymbol{z}_t$，其中 $\boldsymbol{H}$ 是一个秩为 m 的 $m\times k$ 矩阵并且 $m<k$。

定理 3.4　*假定 $\boldsymbol{z}_t$ 是一个 k 维平稳可逆 VARMA(p，q)过程。令 $\boldsymbol{x}_t=\boldsymbol{H}\boldsymbol{z}_t$，其中 $\boldsymbol{H}$ 是一个秩为 m 的 $m\times k$ 矩阵且 $m<k$。那么，变换过程 $\boldsymbol{x}_t$ 有 VARMA(p_*，q_*)模型表达式且 $p_*\leqslant kp$ 和 $q_*\leqslant(k-1)p+q$。*

证明：利用均值调整形式，$\boldsymbol{z}_t$ 的模型为

$$\boldsymbol{\phi}(B)\tilde{\boldsymbol{z}}_t=\boldsymbol{\theta}(B)\boldsymbol{a}_t$$

令 $\boldsymbol{\phi}^a(B)$为 $\boldsymbol{\phi}(B)$的伴随矩阵。那么，我们有 $\boldsymbol{\phi}^a(B)\boldsymbol{\phi}(B)=|\boldsymbol{\phi}(B)|\boldsymbol{I}_k$。上式左乘 $\boldsymbol{\phi}^a(B)$，我们有

$$|\boldsymbol{\phi}(B)|\tilde{\boldsymbol{z}}_t=\boldsymbol{\phi}^a(B)\boldsymbol{\theta}(B)\boldsymbol{a}_t$$

因为 $\boldsymbol{z}_t$ 是弱平稳的，所以对于 $|x|\leqslant 1$，$|\boldsymbol{\phi}(x)|\neq 0$。上式也是 $\boldsymbol{z}_t$ 的有效模型表达式。上式左乘 $\boldsymbol{H}$，我们有

$$|\boldsymbol{\phi}(B)|\tilde{\boldsymbol{x}}_t=\boldsymbol{H}\boldsymbol{\phi}^a(B)\boldsymbol{\theta}(B)\boldsymbol{a}_t \tag{3-53}$$

注意$|\boldsymbol{\phi}(B)|$的最大次数为 kp，因为行列式的每一项是次数为 p 的 k 多项式的乘积。另一方面，$\boldsymbol{\phi}^a(B)$和 $\boldsymbol{\theta}(B)$的元素的次数分别为$(k-1)p$ 和 q。根据定理 3.1，式(3-53)为最大$(k-1)p+q$ 阶的 VMA 模型。因此，$\tilde{\boldsymbol{x}}_t$ 的阶(p_*，q_*)满足条件 $p_*\leqslant kp$ 和 $q_*\leqslant(k-1)p+q$。　□

将 H 在 R^k 中的第 i 个单位向量应用到定理 3.4，我们有下面推论。

推论 3.1　*假定 $\boldsymbol{z}_t$ 是一个 k 维平稳可逆 VARMA(p，q)过程。那么，$\boldsymbol{z}_t$ 的每一个分量 z_{it} 服从一元 VARMA(p_*，q_*)模型，其中 $p_*\leqslant kp$ 和 $q_*\leqslant(k-1)p+q$。*

类似于 VAR 模型，定理 3.4 的阶 p_* 和 q_* 是所允许的最大阶。实际的阶更低。事实
142 上，我们可得下面推论，当 $\boldsymbol{z}_t$ 的子集是向量过程时，给出比较低的阶。

推论 3.2　*假定 $\boldsymbol{z}_t$ 是一个 k 维平稳可逆 VARMA(p，q)过程。令 $\boldsymbol{H}$ 是秩为 m 的 $m\times k$ 矩阵，其中 $m<k$。那么，过程 $\boldsymbol{x}_t=\boldsymbol{H}\boldsymbol{z}_t$ 服从 m 维 VARMA(p_*，q_*)模型，其中 $p_*\leqslant(k-m+1)p$ 和 $q_*\leqslant(k-m)p+q$。*

证明：首先考虑 $\boldsymbol{H}=[\boldsymbol{I}_m, \boldsymbol{0}_{m,k-m}]$。即 $\boldsymbol{x}_t$ 包括 $\boldsymbol{z}_t$ 的前 m 个分量。划分 $\boldsymbol{z}_t=(\boldsymbol{x}_t', \boldsymbol{y}_t')'$，其中 $\boldsymbol{y}_t$ 包括 $\boldsymbol{z}_t$ 的后 $k-m$ 个分量。我们也相应地划分 AR 和 MA 矩阵多项式以及新息 $\boldsymbol{a}_t=(\boldsymbol{u}_t', \ '_t)'$。不失一般性，利用式(3-49)并假设 $E(\boldsymbol{z}_t)=\boldsymbol{0}$，我们有

$$\boldsymbol{\phi}_{xx}(B)\boldsymbol{x}_t+\boldsymbol{\phi}_{xy}(B)\boldsymbol{y}_t=\boldsymbol{\theta}_{xx}(B)\boldsymbol{u}_t+\boldsymbol{\theta}_{xy}(B)\ \ _t \tag{3-54}$$

$$\boldsymbol{\phi}_{yx}(B)\boldsymbol{x}_t+\boldsymbol{\phi}_{yy}(B)\boldsymbol{y}_t=\boldsymbol{\theta}_{yx}(B)\boldsymbol{u}_t+\boldsymbol{\theta}_{yy}(B)\quad{}_t \tag{3-55}$$

式(3-55)左乘 $\boldsymbol{\phi}_{yy}(B)$ 的伴随矩阵 $\boldsymbol{\phi}_{yy}^a(B)$，我们得到

$$|\boldsymbol{\phi}_{yy}(B)|\boldsymbol{y}_t=-\boldsymbol{\phi}_{yy}^a(B)\boldsymbol{\phi}_{yx}(B)\boldsymbol{x}_t+\boldsymbol{\phi}_{yy}^a(B)\boldsymbol{\theta}_{yx}(B)\boldsymbol{u}_t+\boldsymbol{\phi}_{yy}^a(B)\boldsymbol{\theta}_{yy}(B)\quad{}_t \tag{3-56}$$

然后，式(3-54)左乘 $\boldsymbol{\phi}_{yy}(B)$，用式(3-56)的右边代替 $|\boldsymbol{\phi}_{yy}(B)|\boldsymbol{y}_t$ 并重新排列各项，得到

$$\begin{aligned}&[|\boldsymbol{\phi}_{yy}(B)|\boldsymbol{\phi}_{xx}(B)-\boldsymbol{\phi}_{xy}(B)\boldsymbol{\phi}_{yy}^a(B)\boldsymbol{\phi}_{yx}(B)]\boldsymbol{x}_t\\&=[|\boldsymbol{\phi}_{yy}(B)|\boldsymbol{\theta}_{xx}(B)-\boldsymbol{\phi}_{xy}(B)\boldsymbol{\phi}_{yy}^a(B)\boldsymbol{\theta}_{yx}(B)]\boldsymbol{u}_t\\&\quad+[|\boldsymbol{\phi}_{yy}(B)|\boldsymbol{\theta}_{xy}(B)-\boldsymbol{\phi}_{xy}(B)\boldsymbol{\phi}_{yy}^a(B)\boldsymbol{\theta}_{yy}(B)]\quad{}_t\end{aligned} \tag{3-57}$$

式(3-57)的 AR 矩阵多项式的阶为

$$p_*\leqslant\max\{(k-m)p+p,\quad p+(k-m-1)p+p\}=(k-m+1)p$$

式(3-57)的 MA 矩阵多项式的阶为

$$q_*\leqslant\max\{(k-m)p+q,\quad p+(k-m-1)p+q\}=(k-m)p+q$$

因此，当 $\boldsymbol{H}=[\boldsymbol{I}_m,\ \boldsymbol{0}_{m,k-m}]$时，我们已经证明了推论 3.2。

对于一般秩为 m 的 $m\times k$ 矩阵 $\boldsymbol{H}$，可以建立非奇异矩阵 $\boldsymbol{H}_*=[\boldsymbol{H}',\ \boldsymbol{H}'_\perp]$，其中 $\boldsymbol{H}_\perp$ 是一个秩为 $k-m$ 的$(k-m)\times k$ 矩阵使得 $\boldsymbol{H}'\boldsymbol{H}'_\perp=\boldsymbol{0}$。换句话说，$\boldsymbol{H}_\perp$ 是 R^k 中 $\boldsymbol{H}$ 的正交矩阵。然后，把 $\boldsymbol{z}_t$ 变换为 $\boldsymbol{w}_t=\boldsymbol{H}_*\boldsymbol{z}_t$，它仍然是一个平稳可逆 VARMA$(p,\ q)$过程。很显然，$\boldsymbol{x}_t$ 是 $\boldsymbol{w}_t$ 的前 m 个分量。证毕。□ 143

为了进一步说明，我们考虑简单二元 VARMA(1，1)模型，

$$\boldsymbol{z}_t-\begin{bmatrix}0.4&-0.1\\0.4&0.9\end{bmatrix}\boldsymbol{z}_{t-1}=\boldsymbol{a}_t-\begin{bmatrix}-0.4&-0.5\\-0.4&-0.5\end{bmatrix}a_{t-1} \tag{3-58}$$

$\boldsymbol{\phi}_1$ 的特征值为 0.8 和 0.5，而 $\boldsymbol{\theta}_1$ 的特征值为 -0.9 和 0。$[\boldsymbol{\phi}_1,\ \boldsymbol{\theta}_1]$的秩为 2，AR 和 MA 矩阵多项式为

$$\boldsymbol{\phi}(B)=\begin{bmatrix}1-0.4B&0.1B\\-0.4B&1-0.9B\end{bmatrix},\quad\boldsymbol{\theta}(B)=\begin{bmatrix}1+0.4B&0.5B\\0.4B&1+0.5B\end{bmatrix}$$

这两个矩阵多项式是左互质的，所以模型是可识别的。模型左乘 $\boldsymbol{\phi}(B)$的伴随矩阵，我们得到

$$(1-0.3B+0.4B^2)\boldsymbol{z}_t=\begin{bmatrix}1-0.5B-0.36B^2&0.4B-0.5B^2\\0.8B&1+0.1B\end{bmatrix}\boldsymbol{a}_t$$

从该模型中可知，第一个分量 z_{1t}服从一元 ARMA(2，2)模型，而第二个分量 z_{2t}服从一元 ARMA(2，1)模型。如果我们进一步假设

$$\mathrm{Cov}(\boldsymbol{a}_t)=\boldsymbol{\Sigma}_a=\begin{bmatrix}4&1\\1&2\end{bmatrix}$$

那么我们可以给出精确的 z_{2t}模型。特别地，令 $b_t=0.8Ba_{1t}+(1+0.1B)a_{2t}$，它是一个 MA(1)过程且 $\mathrm{Var}(b_t)=4.58$ 和 $\mathrm{Cov}(b_t,\ b_{t-1})=1.0$。将 b_t 模型写成 $b_t=u_t-\theta u_{t-1}$，其中 u_t 表示一个一元白噪声序列且均值为 0，协方差为 σ_u^2。我们有$(1+\theta^2)\sigma_u^2=4.58$ 和 $-\theta\sigma_u^2=1.0$。简单计算表明 $\theta\approx-0.23$ 和 $\sigma_u^2\approx4.35$。因此，z_{2t}模型为

$$(1-1.3B+0.4B^2)z_{2t}=(1+0.23B)u_t,\quad\sigma_u^2=4.35$$

推论 3.1 说明 z_{1t} 和 z_{2t} 都服从一元 ARMA(2，2)模型。在这个特例中，z_{2t} 的实际模型比较简单。另一方面，z_{1t} 过程没有简化。

3.8 VARMA 过程的时间聚合

可以用上一节关于 VARMA 模型的线性变换的结果来研究 VARMA 过程的时间聚合(temporal aggregation)。我们用简单例子来说明它的应用。然而，所用的思想和方法可以
144 应用到具有有限阶 p 和 q 的 VARMA 过程的一般时间聚合。

假定 k 维过程 $\boldsymbol{z}_t$ 服从 VARMA(2，1)模型

$$(\boldsymbol{I}_k - \boldsymbol{\phi}_1 B - \boldsymbol{\phi}_2 B^2)\boldsymbol{z}_t = (\boldsymbol{I}_k - \boldsymbol{\theta}_1 B)\boldsymbol{a}_t$$

假定我们希望将 $\boldsymbol{z}_t$ 对 $h=3$ 的连续时间进行聚合。例如，我们可以将月时间序列聚合到季度时间序列。令 ℓ 为聚合序列的时间指标。为了应用上一节的结果，我们构建一个 hk 维时间序列 $\boldsymbol{y}_\ell=(\boldsymbol{z}'_{h(\ell-1)+1}, \boldsymbol{z}'_{h(\ell-1)+2}, \boldsymbol{z}'_{h\ell})'$，其中 $h=3$ 和 $\ell=1, 2, \cdots$。根据 $\boldsymbol{z}_t$ 的 VARMA(2，1)模型，我们有

$$\begin{bmatrix} \boldsymbol{I}_k & \boldsymbol{0}_k & \boldsymbol{0}_k \\ -\boldsymbol{\phi}_1 & \boldsymbol{I}_k & \boldsymbol{0}_k \\ -\boldsymbol{\phi}_2 & -\boldsymbol{\phi}_1 & \boldsymbol{I}_k \end{bmatrix} \begin{bmatrix} \boldsymbol{z}_{h(\ell-1)+1} \\ \boldsymbol{z}_{h(\ell-1)+2} \\ \boldsymbol{z}_{h\ell} \end{bmatrix} = \begin{bmatrix} \boldsymbol{0}_k & \boldsymbol{\phi}_2 & \boldsymbol{\phi}_1 \\ \boldsymbol{0}_k & \boldsymbol{0}_k & \boldsymbol{\phi}_2 \\ \boldsymbol{0}_k & \boldsymbol{0}_k & \boldsymbol{0}_k \end{bmatrix} \begin{bmatrix} \boldsymbol{z}_{h(\ell-2)+1} \\ \boldsymbol{z}_{h(\ell-2)+2} \\ \boldsymbol{z}_{h(\ell-1)} \end{bmatrix} + \begin{bmatrix} \boldsymbol{I}_k & \boldsymbol{0}_k & \boldsymbol{0}_k \\ -\boldsymbol{\theta}_1 & \boldsymbol{I}_k & \boldsymbol{0}_k \\ \boldsymbol{0}_k & -\boldsymbol{\theta}_1 & \boldsymbol{I}_k \end{bmatrix} \begin{bmatrix} \boldsymbol{a}_{h(\ell-1)+1} \\ \boldsymbol{a}_{h(\ell-1)+2} \\ \boldsymbol{a}_{h\ell} \end{bmatrix}$$

$$- \begin{bmatrix} \boldsymbol{0}_k & \boldsymbol{0}_k & \boldsymbol{\theta}_1 \\ \boldsymbol{0}_k & \boldsymbol{0}_k & \boldsymbol{0}_k \\ \boldsymbol{0}_k & \boldsymbol{0}_k & \boldsymbol{0}_k \end{bmatrix} \begin{bmatrix} \boldsymbol{a}_{h(\ell-2)+1} \\ \boldsymbol{a}_{h(\ell-2)+2} \\ \boldsymbol{a}_{h(\ell-1)} \end{bmatrix}$$

其中，与前面一样，$\boldsymbol{0}_k$ 为 $k\times k$ 零矩阵。上式为 hk 维序列 $\boldsymbol{y}_t$ 的 VARMA(1，1)模型且形式为

$$\boldsymbol{\Phi}_0 \boldsymbol{y}_\ell = \boldsymbol{\Phi}_1 \boldsymbol{y}_{\ell-1} + \boldsymbol{\Theta}_0 \boldsymbol{b}_\ell - \boldsymbol{\Theta}_1 \boldsymbol{b}_{\ell-1}$$

其中 $\boldsymbol{b}_t=(\boldsymbol{a}'_{h(\ell-1)+1}, \boldsymbol{a}'_{h(\ell-1)+2}, \boldsymbol{a}'_{h\ell})'$。因为 $\boldsymbol{\Phi}_0$ 和 $\boldsymbol{\Theta}_0$ 是可逆的，所以我们可以将这个模型写成

$$\begin{aligned} \boldsymbol{y}_\ell &= \boldsymbol{\Phi}_0^{-1}\boldsymbol{\Phi}_1 \boldsymbol{y}_{\ell-1} + \boldsymbol{\Phi}_0^{-1}\boldsymbol{\Theta}_0 \boldsymbol{b}_\ell - \boldsymbol{\Phi}_0^{-1}\boldsymbol{\Theta}_1\boldsymbol{\Theta}_0^{-1}\boldsymbol{\Phi}_0(\boldsymbol{\Phi}_0^{-1}\boldsymbol{\Theta}_0 \boldsymbol{b}_{\ell-1}) \\ &= (\boldsymbol{\Phi}_0^{-1}\boldsymbol{\Phi}_1)\boldsymbol{y}_{\ell-1} + \boldsymbol{c}_\ell - (\boldsymbol{\Phi}_0^{-1}\boldsymbol{\Theta}_1\boldsymbol{\Theta}_0^{-1}\boldsymbol{\Phi}_0)\boldsymbol{c}_{\ell-1} \end{aligned} \tag{3-59}$$

其中 $\boldsymbol{c}_\ell=\boldsymbol{\Phi}_0^{-1}\boldsymbol{\Theta}_0\boldsymbol{b}_\ell$。可以把推论 3.2 应用到式(3-59)的 VARMA(1，1)模型中，得到 $\boldsymbol{z}_t$ 的任意 h 聚合序列的 VARMA 模型。例如，对于简单的聚合 $\boldsymbol{x}_\ell=\boldsymbol{z}_{h(\ell-1)+1}+\boldsymbol{z}_{h(\ell-1)+2}+\boldsymbol{z}_{h\ell}$，我们有 $\boldsymbol{x}_\ell=\boldsymbol{H}\boldsymbol{y}_\ell$，其中 $\boldsymbol{H}=[1, 1, 1]\otimes\boldsymbol{I}_k$ 为 $k\times hk$ 矩阵。使用向量[1，1，1]，因为在我们的说明中我们假定 $h=3$。应用推论 3.2 可知，$\boldsymbol{x}_\ell$ 服从一个 k 维 VARMA(p，q)模型且
145 $p_*\leqslant k(h-1)+1$ 和 $q_*\leqslant k(h-1)+1$。

3.9 VARMA 模型的似然函数

我们用条件或精确似然函数来对 VARMA 模型进行估计。首先，我们简要描述条件似然函数，然后，我们重点介绍精确似然函数。

3.9.1 条件似然函数

对于一个平稳可逆 VARMA(p, q)模型，数据的条件似然函数可以通过递归方法进行估计，在这种方法中，假定对于 $t\leqslant 0$，$\boldsymbol{a}_t=\boldsymbol{0}$ 和 $\boldsymbol{z}_t=\bar{\boldsymbol{z}}$，其中 $\bar{\boldsymbol{z}}$ 表示 $\boldsymbol{z}_t$ 的样本均值。为了简单起见，我们假定 $E(\boldsymbol{z}_t)=0$，因此所有取样时间之前的序列值(presample)为 0，即对于 $t\leqslant 0$，$\boldsymbol{a}_t=\boldsymbol{0}=\boldsymbol{z}_t$。给定数据 $\{\boldsymbol{z}_t \mid t=1, \cdots, T\}$，我们定义两个 kT 维随机变量 $\boldsymbol{Z}=(\boldsymbol{z}'_1, \boldsymbol{z}'_2, \cdots, \boldsymbol{z}'_t)'$和 $\boldsymbol{A}=(\boldsymbol{a}'_1, \boldsymbol{a}'_2, \cdots, \boldsymbol{a}'_T)'$。在简化条件 $\boldsymbol{a}_t=\boldsymbol{z}_t=\boldsymbol{0}(t\leqslant 0)$下，我们有

$$\boldsymbol{\Phi Z} = \boldsymbol{\Theta A} \tag{3-60}$$

其中 $kT\times kT$ 矩阵 $\boldsymbol{\Phi}$ 和 $\boldsymbol{\Theta}$ 分别为

$$\boldsymbol{\Phi}=\begin{bmatrix} \boldsymbol{I}_k & \boldsymbol{0}_k & \boldsymbol{0}_k & \cdots & \boldsymbol{0}_k \\ -\boldsymbol{\phi}_1 & \boldsymbol{I}_k & \boldsymbol{0}_k & \cdots & \boldsymbol{0}_k \\ -\boldsymbol{\phi}_2 & -\boldsymbol{\phi}_1 & \boldsymbol{I}_k & \cdots & \boldsymbol{0}_k \\ \vdots & \vdots & \vdots & \ddots & \vdots \\ \boldsymbol{0}_k & \boldsymbol{0}_k & \boldsymbol{0}_k & \cdots & \boldsymbol{I}_k \end{bmatrix}, \quad \boldsymbol{\Theta}=\begin{bmatrix} \boldsymbol{I}_k & \boldsymbol{0}_k & \boldsymbol{0}_k & \cdots & \boldsymbol{0}_k \\ -\boldsymbol{\theta}_1 & \boldsymbol{I}_k & \boldsymbol{0}_k & \cdots & \boldsymbol{0}_k \\ -\boldsymbol{\theta}_2 & -\boldsymbol{\theta}_2 & \boldsymbol{I}_k & \cdots & \boldsymbol{0}_k \\ \vdots & \vdots & \vdots & \ddots & \vdots \\ \boldsymbol{0}_k & \boldsymbol{0}_k & \boldsymbol{0}_k & \cdots & \boldsymbol{I}_k \end{bmatrix}$$

其中 $\boldsymbol{0}_k$ 表示 $k\times k$ 零矩阵。更精确地，$\boldsymbol{\Phi}$ 和 $\boldsymbol{\Theta}$ 都是下三角块矩阵且对角块矩阵为 $\boldsymbol{I}_k$。对于 $\boldsymbol{\Phi}$，第一个非对角块为$-\boldsymbol{\phi}_1$，第二个非对角块为$-\boldsymbol{\phi}_2$ 等。对于 $j>p$，所有第 j 个非对角块为 0。用同样方式定义 $\boldsymbol{\Theta}$ 矩阵且用 $\boldsymbol{\theta}_i$ 代替 $\boldsymbol{\phi}_i$，用 p 代替 q。在取样时间之前的序列值为零的简化条件下，式(3-60)只是模型 $\boldsymbol{\phi}(B)\boldsymbol{z}_t=\boldsymbol{\theta}(B)\boldsymbol{a}_t$ 的递归表达式的结果。如果我们定义一个 $T\times T$ 滞后矩阵 $\boldsymbol{L}=[L_{ij}]$，其中对于 $i=2, \cdots, T$，$L_{i,i-1}=1$；否则为 0，那么我们有 $\boldsymbol{\Phi}=(\boldsymbol{I}_T\otimes\boldsymbol{I}_k)-\sum_{i=1}^{p}(\boldsymbol{L}^i\otimes\boldsymbol{\phi}_i)$ 和 $\boldsymbol{\Theta}=(\boldsymbol{I}_T\otimes\boldsymbol{I}_k)-\sum_{j=1}^{q}(\boldsymbol{L}^j\otimes\boldsymbol{\theta}_j)$。

令 $\boldsymbol{W}=\boldsymbol{\Phi Z}$。我们有 $\boldsymbol{W}=\boldsymbol{\Theta A}$ 或等价地 $\boldsymbol{A}=\boldsymbol{\Theta}^{-1}\boldsymbol{W}$。$\boldsymbol{\Theta}^{-1}$存在，因为$|\boldsymbol{\Theta}|=1$。因此，从 $\boldsymbol{A}$ 到 $\boldsymbol{W}$ 的变换有一个单位雅克比。在正态假设下，有 $\boldsymbol{A}\sim N(\boldsymbol{0}, \boldsymbol{I}_T\otimes\boldsymbol{\Sigma}_a)$。因此，数据的条件对数似然函数为

$$\begin{aligned}\ell(\boldsymbol{\beta},\boldsymbol{\Sigma}_a;\boldsymbol{Z}) &= -\frac{T}{2}\log(|\boldsymbol{\Sigma}_a|)-\frac{1}{2}\sum_{t=1}^{T}\boldsymbol{a}'_t\boldsymbol{\Sigma}_a^{-1}\boldsymbol{a}_t \\ &= -\frac{T}{2}\log(|\boldsymbol{\Sigma}_a|)-\frac{1}{2}\boldsymbol{A}'(\boldsymbol{I}_T\otimes\boldsymbol{\Sigma}_a^{-1})\boldsymbol{A}\end{aligned} \tag{3-61}$$

146

其中 $\boldsymbol{\beta}=\mathrm{vec}[\boldsymbol{\phi}_1, \cdots, \boldsymbol{\phi}_p, \boldsymbol{\theta}_1, \cdots, \boldsymbol{\theta}_q]$表示 AR 和 MA 参数的向量并忽略包含 2π 的项。

3.9.1.1 条件似然估计的正则方程

用附录 A 中矩阵可微性质(i)和(j)，我们有

$$\frac{\partial\ell(\boldsymbol{\beta},\boldsymbol{\Sigma}_a;\boldsymbol{Z})}{\partial\boldsymbol{\Sigma}_a}=-\frac{T}{2}\boldsymbol{\Sigma}_a^{-1}+\frac{1}{2}\sum_{t=1}^{n}(\boldsymbol{\Sigma}_a^{-1}\boldsymbol{a}_t\boldsymbol{a}'_t\boldsymbol{\Sigma}_a^{-1})$$

因此，给定 $\boldsymbol{\beta}$，$\boldsymbol{\Sigma}_a$ 的条件 MLS 为 $\hat{\boldsymbol{\Sigma}}_a=(1/T)\sum_{t=1}^{T}\boldsymbol{a}_t\boldsymbol{a}'_t$。

用 $\text{vec}(\boldsymbol{AB})=(\boldsymbol{B}'\otimes\boldsymbol{I})\text{vec}(\boldsymbol{A})$ 使得 $\boldsymbol{\theta}_i\boldsymbol{a}_{t-i}=(\boldsymbol{a}'_{t-i}\otimes\boldsymbol{I}_k)\text{vec}(\boldsymbol{\theta}_i)$，我们可以将 VARMA (p,q) 模型的新息 $\boldsymbol{a}_t$ 写成

$$\boldsymbol{a}_t=\boldsymbol{z}_t-\sum_{i=1}^{p}(\boldsymbol{z}'_{t-i}\otimes\boldsymbol{I}_k)\text{vec}(\boldsymbol{\phi}_i)+\sum_{i=1}^{q}\boldsymbol{\theta}_i\boldsymbol{a}_{t-i} \tag{3-62}$$

取期望，然后求偏导数，我们有

$$\frac{\partial\boldsymbol{a}'_t}{\partial\text{vec}(\boldsymbol{\phi}_i)}=\sum_{j=1}^{q}\frac{\partial\boldsymbol{a}'_{t-j}}{\partial\text{vec}(\phi_i)}\theta'_j-(\boldsymbol{z}_{t-i}\otimes\boldsymbol{I}_k),\quad i=1,\cdots,p \tag{3-63}$$

$$\frac{\partial\boldsymbol{a}'_t}{\partial\text{vec}(\boldsymbol{\theta}_i)}=\sum_{j=1}^{q}\frac{\partial\boldsymbol{a}'_{t-j}}{\partial\text{vec}(\boldsymbol{\theta}_i)}\boldsymbol{\theta}'_j+(\boldsymbol{a}_{t-i}\otimes\boldsymbol{I}_k),\quad i=1,\cdots,q \tag{3-64}$$

对于 $i=1,\cdots,p$，定义 $\boldsymbol{u}_{i,t}=\partial\boldsymbol{a}'_t/\partial\text{vec}(\boldsymbol{\phi}'_i)$ 和对于 $i=1,\cdots,q$，定义 $\ _{i,t}=\partial\boldsymbol{a}'_t/\partial\text{vec}(\boldsymbol{\theta}'_i)$。式(3-63)和式(3-64)表明这些偏导数服从模型

$$\boldsymbol{u}_{i,t}-\sum_{j=1}^{q}\boldsymbol{u}_{i,t-j}\boldsymbol{\theta}'_j=-\boldsymbol{z}_{t-i}\otimes\boldsymbol{I}_k,\quad i=1,\cdots,p \tag{3-65}$$

$$\ _{i,t}-\sum_{j=1}^{q}\ _{i,t-j}\boldsymbol{\theta}'_j=\boldsymbol{a}_{t-i}\otimes\boldsymbol{I}_k,\quad i=1,\cdots,q \tag{3-66}$$

从式(3-61)的对数似然函数中，我们看到

$$\partial\ell(\boldsymbol{\beta})/\partial\boldsymbol{\beta}=-\partial\boldsymbol{A}'/\partial\boldsymbol{\beta}(\boldsymbol{I}_T\otimes\boldsymbol{\Sigma}_a^{-1})\boldsymbol{A}$$

这里，为了简单起见，我们先不讨论似然函数的 $\boldsymbol{\Sigma}_a$ 和 $\boldsymbol{Z}$。因此，我们需要求 $-\boldsymbol{a}'_t$ 关于 $\boldsymbol{\beta}$ 的

147 偏导数，即

$$\frac{-\partial\boldsymbol{a}'_t}{\partial\text{vec}(\boldsymbol{\beta})}=-\begin{bmatrix}\boldsymbol{u}_{1,t}\\ \vdots\\ \boldsymbol{u}_{p,t}\\ \ _{1,t}\\ \vdots\\ \ _{q,t}\end{bmatrix}\equiv\boldsymbol{m}_t$$

是 $k^2(p+q)\times k$ 矩阵。$-\boldsymbol{A}'$ 关于 $\boldsymbol{\beta}$ 的偏导数为 $\boldsymbol{M}=[m_1,\cdots,m_T]$，它是 $k^2(p+q)\times kT$ 矩阵。

为了得到偏导数矩阵 $\boldsymbol{M}$ 的简化表达式，我们利用式(3-65)和式(3-66)中的模型。特别地，根据这两个方程，我们定义

$$\boldsymbol{n}_t=\begin{bmatrix}\boldsymbol{z}_{t-1}\otimes\boldsymbol{I}_k\\ \vdots\\ \boldsymbol{z}_{t-p}\otimes\boldsymbol{I}_k\\ -\boldsymbol{a}_{t-1}\otimes\boldsymbol{I}_k\\ \vdots\\ -\boldsymbol{a}_{t-q}\otimes\boldsymbol{I}_k\end{bmatrix}_{k^2(p+q)\times k},\quad t=1,\cdots,T$$

然后可以将式(3-65)和式(3-66)放在一起写成

$$\boldsymbol{M}\times\begin{bmatrix}\boldsymbol{I}_k & -\boldsymbol{\theta}_1' & -\boldsymbol{\theta}_2' & \cdots & \boldsymbol{0}_k\\ \boldsymbol{0}_k & \boldsymbol{I}_k & -\boldsymbol{\theta}_1' & \cdots & \boldsymbol{0}_k\\ \vdots & \vdots & \ddots & \ddots & \vdots\\ \boldsymbol{0}_k & \boldsymbol{0}_k & \cdots & \boldsymbol{I}_k & -\boldsymbol{\theta}_1'\\ \boldsymbol{0}_k & \boldsymbol{0}_k & \cdots & \boldsymbol{0}_k & \boldsymbol{I}_k\end{bmatrix}=\boldsymbol{N} \tag{3-67}$$

其中 $\boldsymbol{N}=[\boldsymbol{n}_1, \boldsymbol{n}_2, \cdots, \boldsymbol{n}_T]$。式(3-67)说明 $-\boldsymbol{A}'$ 关于 $\boldsymbol{M}$ 的偏导数矩阵满足

$$\boldsymbol{M\Theta}'=\boldsymbol{N}$$

其中 $\boldsymbol{\Theta}$ 在式(3-67)中已定义。因此，我们有

$$\frac{-\partial\boldsymbol{A}'}{\partial\boldsymbol{\beta}}=\boldsymbol{M}=\boldsymbol{N}(\boldsymbol{\Theta}')^{-1} \tag{3-68}$$

将上述各式放到一起，我们有

$$\frac{-\partial\ell(\boldsymbol{\beta})}{\partial\boldsymbol{\beta}}=\boldsymbol{N}(\boldsymbol{\Theta}')^{-1}(\boldsymbol{I}_T\otimes\boldsymbol{\Sigma}_a^{-1})\boldsymbol{A} \tag{3-69}$$ 148

其中 $\boldsymbol{N}$ 在式(3-67)中已定义。令上式为 0，可以得到平稳可逆 VARMA(p, q)模型的条件对数似然函数的正则方程。

为了领会上述得到的结果，我们考虑 VAR(p)模型，条件 MLE 的封闭解是有用的，见第 2 章。当 $q=0$ 时，式(3-67)的 $\boldsymbol{n}_t$ 矩阵为

$$\boldsymbol{n}_t=\begin{bmatrix}\boldsymbol{z}_{t-1}\otimes\boldsymbol{I}_k\\ \vdots\\ \boldsymbol{z}_{t-p}\otimes\boldsymbol{I}_k\end{bmatrix}=\boldsymbol{x}_t\otimes\boldsymbol{I}_k$$

其中 $\boldsymbol{x}_t=(\boldsymbol{z}_{t-1}', \boldsymbol{z}_{t-2}', \cdots, \boldsymbol{z}_{t-p}')'$ 和 $\boldsymbol{\Theta}=\boldsymbol{I}_{kT}$。因此，我们有 $\boldsymbol{N}=\boldsymbol{X}\otimes\boldsymbol{I}_k$，其中 $\boldsymbol{X}=[\boldsymbol{x}_1, \cdots, \boldsymbol{x}_T]$ 是一个 $k\times T$ 数据矩阵。而且，对于 VAR(p)模型，可以将式(3-62)的表达式写成 $\boldsymbol{a}_t=\boldsymbol{z}_t-(\boldsymbol{x}'_t\otimes\boldsymbol{I}_k)\boldsymbol{\beta}$，其中 $\boldsymbol{x}_t=(\boldsymbol{z}'_{t-1}, \cdots, \boldsymbol{x}'_{t-p})'$。采用矩阵形式，有

$$\boldsymbol{A}=\boldsymbol{Z}-(\boldsymbol{X}'\otimes\boldsymbol{I}_k)\boldsymbol{\beta}$$

因此，式(3-69)中的 VAR(p)模型的正则方程为

$$(\boldsymbol{X}\otimes\boldsymbol{I}_k)(\boldsymbol{I}_T\otimes\boldsymbol{\Sigma}_a^{-1})[\boldsymbol{Z}-(\boldsymbol{X}'\otimes\boldsymbol{I}_k)\beta]=\boldsymbol{0}$$

然后，由于

$$(\boldsymbol{X}\otimes\boldsymbol{I}_k)(\boldsymbol{I}_T\otimes\boldsymbol{\Sigma}_a^{-1})=\boldsymbol{X}\otimes\boldsymbol{\Sigma}_a^{-1}=(\boldsymbol{I}_{kp}\otimes\boldsymbol{\Sigma}_a^{-1})(\boldsymbol{X}\otimes\boldsymbol{I}_k)$$

所以正则方程可以简化为

$$(\boldsymbol{X}\otimes\boldsymbol{I}_k)\boldsymbol{Z}=(\boldsymbol{X}\otimes\boldsymbol{I}_k)(\boldsymbol{X}'\otimes\boldsymbol{I}_k)\boldsymbol{\beta}=(\boldsymbol{XX}'\otimes\boldsymbol{I}_k)\boldsymbol{\beta}$$

而且，利用 $(\boldsymbol{B}'\otimes\boldsymbol{I}_k)\mathrm{vec}(\boldsymbol{A})=\mathrm{vec}(\boldsymbol{AB})$ 和 $\boldsymbol{\beta}=\mathrm{vec}[\boldsymbol{\phi}_1, \cdots, \boldsymbol{\phi}_p]$，上式等价于

$$\boldsymbol{YX}'=\boldsymbol{\phi XX}'$$

其中 $\boldsymbol{Y}=[\boldsymbol{z}_1, \cdots, \boldsymbol{z}_T]$ 和 $\boldsymbol{\phi}=[\boldsymbol{\phi}_1, \cdots, \boldsymbol{\phi}_p]$。那么 AR 系数向量的条件 MLE 为

$$\hat{\boldsymbol{\phi}}=\boldsymbol{YX}'[\boldsymbol{XX}']^{-1}$$

这是第 2 章中的 OLS 估计。 149

最后，当除以 $T(T\to\infty)$时，我们可以看到忽略的项依概率收敛于 0，对数似然函数的海森(Hessian)矩阵为

$$-\frac{\partial^2}{\partial\boldsymbol{\beta}\,\partial\boldsymbol{\beta}'}\approx\frac{\partial\boldsymbol{A}'}{\partial\boldsymbol{\beta}}(\boldsymbol{I}_T\otimes\boldsymbol{\Sigma}_a^{-1})\frac{\partial\boldsymbol{A}}{\partial\boldsymbol{\beta}'}=\sum_{t=1}^{T}\frac{\partial\boldsymbol{a}'_t}{\partial\boldsymbol{\beta}}\boldsymbol{\Sigma}_a^{-1}\frac{\partial\boldsymbol{a}_t}{\partial\boldsymbol{\beta}'}$$

$$\approx\boldsymbol{N}(\boldsymbol{\Theta}')^{-1}(\boldsymbol{I}_T\otimes\boldsymbol{\Sigma}_a^{-1})\boldsymbol{\Theta}^{-1}\boldsymbol{N}' \tag{3-70}$$

其中 $\boldsymbol{N}$ 在式(3-67)中已定义。

3.9.2 精确似然函数

很多研究者已经给出了式(3-23)平稳可逆 VARMA(p, q)模型的精确似然函数，例如，Hillmer 和 Tiao(1979)、Nicholls 和 Hall(1979)。本节采用 Reinsel(1993，5.3 节)来得到似然函数。为了简单起见，假定 $E(\boldsymbol{z}_t)=\boldsymbol{0}$，或者等价于采用式(3-37)中的模型。假设数据集为$\{\boldsymbol{z}_1, \cdots, \boldsymbol{z}_T\}$。

令 $\boldsymbol{Z}=(\boldsymbol{z}'_1, \boldsymbol{z}'_2, \cdots, \boldsymbol{z}'_T)'$为数据的 $kT\times1$ 向量，并且 $\boldsymbol{A}=(\boldsymbol{a}'_1, \boldsymbol{a}'_2, \cdots, \boldsymbol{a}'_T)'$。而且，令 $\boldsymbol{Z}_*=(\boldsymbol{z}'_{1-p}, \boldsymbol{z}'_{2-p}, \cdots, \boldsymbol{z}'_0)'$为取样时间之前的时间序列数据，它是一个向量；$\boldsymbol{A}_*=(\boldsymbol{a}'_{1-q}, \boldsymbol{a}'_{2-q}, \cdots, \boldsymbol{a}'_0)'$为取样时间之前的 $kq\times1$ 的新息向量。最后，令 $\boldsymbol{U}_0=(\boldsymbol{Z}'_*, \boldsymbol{A}'_*)'$为取样时间之前的时间序列变量的向量。利用这些新定义的变量，向量时间序列的数据可以写成

$$\boldsymbol{\Phi Z}=\boldsymbol{\Theta A}+\boldsymbol{P U}_0 \tag{3-71}$$

其中 $\boldsymbol{\Phi}=(\boldsymbol{I}_T\otimes\boldsymbol{I}_k)-\sum_{i=1}^{p}(\boldsymbol{L}^i\otimes\boldsymbol{\phi}_i)$，$\boldsymbol{\Theta}=(\boldsymbol{I}_T\otimes\boldsymbol{I}_k)-\sum_{j=1}^{q}(\boldsymbol{L}^i\otimes\boldsymbol{\theta}_j)$，$\boldsymbol{L}$ 是 $T\times T$ 滞后矩阵，该矩阵的主要次对角为 1，其他元素为 0。更具体地，$\boldsymbol{L}=[L_{ij}]$使得 $L_{i,i-1}=1(i=2, \cdots, T)$，否则为 0。式(3-71)中的矩阵可以表示为

$$\boldsymbol{P}=\begin{bmatrix}\boldsymbol{G}_p & \boldsymbol{H}_q\\ \boldsymbol{0}_{k(T-p),kp} & \boldsymbol{0}_{k(T-q),kq}\end{bmatrix}$$

其中

$$\boldsymbol{G}_p=\begin{bmatrix}\boldsymbol{\phi}_p & \boldsymbol{\phi}_{p-1} & \cdots & \boldsymbol{\phi}_1\\ \boldsymbol{0}_k & \boldsymbol{\phi}_p & \cdots & \boldsymbol{\phi}_2\\ \vdots & \vdots & \ddots & \vdots\\ \boldsymbol{0}_k & \boldsymbol{0}_k & \cdots & \boldsymbol{\phi}_p\end{bmatrix},\quad \boldsymbol{H}_q=-\begin{bmatrix}\boldsymbol{\theta}_q & \boldsymbol{\theta}_{q-1} & \cdots & \boldsymbol{\theta}_1\\ \boldsymbol{0}_k & \boldsymbol{\theta}_q & \cdots & \boldsymbol{\theta}_2\\ \vdots & \vdots & \ddots & \vdots\\ \boldsymbol{0}_k & \boldsymbol{0}_k & \cdots & \boldsymbol{\theta}_q\end{bmatrix}$$

150 因为 $\boldsymbol{A}$ 与 $\boldsymbol{U}_0$ 和 $\mathrm{Cov}(\boldsymbol{A})=\boldsymbol{I}_T\otimes\boldsymbol{\Sigma}_a$ 是独立的，所以式(3-71)中 $\boldsymbol{Z}$ 的协方差矩阵为

$$\boldsymbol{\Gamma}_Z=\boldsymbol{\Phi}^{-1}[\boldsymbol{\Theta}(\boldsymbol{I}_T\otimes\boldsymbol{\Sigma}_a)\boldsymbol{\Theta}'+\boldsymbol{P\Xi P}'](\boldsymbol{\Phi}')^{-1} \tag{3-72}$$

其中 $\boldsymbol{\Xi}=\mathrm{Cov}(\boldsymbol{U}_0)$。对于式(3-23)中的平稳 VARMA($p$, q)模型 $\boldsymbol{z}_t$，协方差矩阵 $\boldsymbol{\Xi}$ 可以写成

$$\boldsymbol{\Xi}=\begin{bmatrix}\boldsymbol{\Gamma}(p) & \boldsymbol{C}'\\ \boldsymbol{C} & \boldsymbol{I}_q\otimes\boldsymbol{\Sigma}_a\end{bmatrix}$$

其中$\boldsymbol{\Gamma}(p)$是$\boldsymbol{Z}_*$的$kp\times kp$协方差矩阵，它的第(i,j)个矩阵块为$\boldsymbol{\Gamma}_{i-j}$且$\boldsymbol{\Gamma}_\ell$为$\boldsymbol{z}_t$的滞后$\ell$期的自协方差矩阵。通过定理3.2　$\boldsymbol{C}=(\boldsymbol{I}_q\otimes\boldsymbol{\Sigma}_a)\boldsymbol{\Psi}$和下式可以得到$\boldsymbol{C}=\mathrm{Cov}(\boldsymbol{A}_*,\boldsymbol{Z}_*)$。

$$\boldsymbol{\Psi}=\begin{bmatrix}\boldsymbol{\psi}'_{q-p} & \cdots & \boldsymbol{\psi}'_{q-2} & \boldsymbol{\psi}'_{q-1}\\ \boldsymbol{\psi}'_{q-1-p} & \cdots & \boldsymbol{\psi}'_{q-3} & \boldsymbol{\psi}'_{q-2}\\ \vdots & & \vdots & \vdots\\ \boldsymbol{0}_k & \cdots & \boldsymbol{I}_k & \boldsymbol{\psi}'_1\\ \boldsymbol{0}_k & \cdots & \boldsymbol{0}_k & \boldsymbol{I}_k\end{bmatrix}$$

为一个$kq\times kp$的ψ权重矩阵的$\boldsymbol{z}_t$矩阵，其中如果$j<0$，则$\boldsymbol{\psi}_j=\boldsymbol{0}$和$\boldsymbol{\psi}_0=\boldsymbol{I}_k$。利用矩阵逆公式

$$[\boldsymbol{C}+\boldsymbol{B}\boldsymbol{D}\boldsymbol{B}']^{-1}=\boldsymbol{C}^{-1}-\boldsymbol{C}^{-1}\boldsymbol{B}(\boldsymbol{B}'\boldsymbol{C}^{-1}\boldsymbol{B}+\boldsymbol{D}^{-1})^{-1}\boldsymbol{B}'\boldsymbol{C}^{-1}$$

可以得到$\boldsymbol{\Gamma}_Z$的逆为

$$\boldsymbol{\Gamma}_Z^{-1}=\boldsymbol{\Phi}'(\boldsymbol{\Omega}^{-1}-\boldsymbol{\Omega}^{-1}\boldsymbol{P}\boldsymbol{Q}^{-1}\boldsymbol{P}'\boldsymbol{\Omega}^{-1})\boldsymbol{\Phi}\tag{3-73}$$

其中$\boldsymbol{\Omega}=\boldsymbol{\Theta}(\boldsymbol{I}_T\otimes\boldsymbol{\Sigma}_a)\boldsymbol{\Theta}'=\mathrm{Cov}(\boldsymbol{\Theta}\boldsymbol{A})$和$\boldsymbol{Q}=\boldsymbol{\Xi}^{-1}+\boldsymbol{P}'\boldsymbol{\Omega}^{-1}\boldsymbol{P}$。注意也有$\boldsymbol{\Omega}^{-1}=(\boldsymbol{\Theta}')^{-1}(\boldsymbol{I}_T\otimes\boldsymbol{\Sigma}_a^{-1})\boldsymbol{\Theta}^{-1}$。然后，利用下面的矩阵逆公式

$$\begin{bmatrix}\boldsymbol{H} & \boldsymbol{C}'\\ \boldsymbol{C} & \boldsymbol{E}\end{bmatrix}^{-1}=\begin{bmatrix}\boldsymbol{D}^{-1} & -\boldsymbol{D}^{-1}\boldsymbol{C}'\boldsymbol{E}^{-1}\\ -\boldsymbol{E}^{-1}\boldsymbol{C}\boldsymbol{D}^{-1} & \boldsymbol{E}^{-1}+\boldsymbol{E}^{-1}\boldsymbol{C}\boldsymbol{D}^{-1}\boldsymbol{C}'\boldsymbol{E}^{-1}\end{bmatrix}$$

其中$\boldsymbol{D}=\boldsymbol{H}-\boldsymbol{C}'\boldsymbol{D}^{-1}\boldsymbol{C}$，且$\boldsymbol{C}=(\boldsymbol{I}_q\otimes\boldsymbol{\Sigma}_a)\boldsymbol{\Psi}$和$\boldsymbol{E}=I_q\otimes\boldsymbol{\Sigma}_a$，我们有

$$\boldsymbol{\Xi}^{-1}=\begin{bmatrix}\boldsymbol{\Delta}^{-1} & -\boldsymbol{\Delta}^{-1}\boldsymbol{\Psi}'\\ -\boldsymbol{\Psi}\boldsymbol{\Delta}^{-1} & (\boldsymbol{I}_q\otimes\boldsymbol{\Sigma}_a^{-1})+\boldsymbol{\Psi}\boldsymbol{\Delta}^{-1}\boldsymbol{\Psi}'\end{bmatrix}$$

其中$\boldsymbol{\Delta}=\boldsymbol{\Gamma}_{(p)}-\boldsymbol{\Psi}'(\boldsymbol{I}_q\otimes\boldsymbol{\Sigma}_a)\boldsymbol{\Psi}$。

我们准备写出样本$\boldsymbol{Z}$的似然函数。利用行列式的性质

$$\begin{vmatrix}\boldsymbol{C} & \boldsymbol{J}\\ \boldsymbol{B} & \boldsymbol{D}\end{vmatrix}=|\boldsymbol{C}|\,|\boldsymbol{D}-\boldsymbol{B}\boldsymbol{C}^{-1}\boldsymbol{J}|$$

151

和$\boldsymbol{\Xi}$的定义，我们得到

$$|\boldsymbol{\Xi}|=|(\boldsymbol{I}_q\otimes\boldsymbol{\Sigma}_a)|\,|\boldsymbol{\Gamma}_{(p)}-\boldsymbol{\Psi}'(\boldsymbol{I}_p\otimes\boldsymbol{\Sigma}_a)\boldsymbol{\Psi}|=|(\boldsymbol{I}_q\otimes\boldsymbol{\Sigma}_a)|\,|\boldsymbol{\Delta}|=|\boldsymbol{\Sigma}_a|^q|\boldsymbol{\Delta}|$$

对于给定的阶(p,q)，令$\boldsymbol{\beta}$为包括VARMA(p,q)模型的所有参数的向量。令$\boldsymbol{W}=(\boldsymbol{w}'_1,\cdots,\boldsymbol{w}'_T)'=\boldsymbol{\Phi}\boldsymbol{Z}$。即，$\boldsymbol{w}_t=\boldsymbol{z}_t-\sum_{i=1}^{t-1}\boldsymbol{\phi}_i\boldsymbol{z}_{t-i}\ (t=1,\cdots,p)$和$\boldsymbol{w}_t=\boldsymbol{z}_t-\sum_{i=1}^{p}\boldsymbol{\phi}_i\boldsymbol{z}_{t-i}$，这里它可以理解为如果下极限超过上极限，那么求和项消失。根据式(3-72)并利用恒等式

$$|\boldsymbol{A}_{22}|\,|\boldsymbol{A}_{11}-\boldsymbol{A}_{12}\boldsymbol{A}_{22}^{-1}\boldsymbol{A}_{21}|=|\boldsymbol{A}_{11}|\,|\boldsymbol{A}_{22}-\boldsymbol{A}_{21}\boldsymbol{A}_{11}^{-1}\boldsymbol{A}_{12}|$$

其中所有的矩阵逆存在，可以得到$\boldsymbol{\Gamma}_Z$的行列式为

$$|\boldsymbol{\Gamma}_Z|=\frac{1}{|\boldsymbol{\Phi}|^2}|\boldsymbol{\Omega}+\boldsymbol{P}\boldsymbol{\Xi}\boldsymbol{P}'|=|\boldsymbol{\Omega}|\,|\boldsymbol{\Xi}|\,|\boldsymbol{\Xi}^{-1}+\boldsymbol{P}'\boldsymbol{\Omega}^{-1}\boldsymbol{P}|=|\boldsymbol{\Omega}|\,|\boldsymbol{\Xi}|\,|\boldsymbol{Q}|=|\boldsymbol{\Sigma}_a|^T|\boldsymbol{\Xi}|\,|\boldsymbol{Q}|$$

这里我们已经利用$|\boldsymbol{\Phi}|=1$和$|\boldsymbol{\Omega}|=|\boldsymbol{\Sigma}_a|^T$。因此，忽略包括$2\pi$的正规化因子，$\boldsymbol{Z}$的精确似然函数可以写成

$$L(\boldsymbol{\beta};\boldsymbol{Z}) = |\boldsymbol{\Sigma}|^{-(T+q)/2}|\boldsymbol{Q}|^{-1/2}|\boldsymbol{\Delta}|^{-1/2} \times \exp\left\{-\frac{1}{2}\boldsymbol{W}'[\boldsymbol{\Omega}^{-1}-\boldsymbol{\Omega}^{-1}\boldsymbol{P}\boldsymbol{Q}^{-1}\boldsymbol{P}'\boldsymbol{Q}^{-1}]\boldsymbol{W}\right\} \tag{3-74}$$

在式(3-74)指数中的二次形式也可以写成

$$\boldsymbol{Z}'\boldsymbol{\Gamma}_Z^{-1}\boldsymbol{Z} = \boldsymbol{W}'\boldsymbol{\Omega}^{-1}\boldsymbol{W} - \hat{\boldsymbol{U}}'_0\boldsymbol{Q}\hat{\boldsymbol{U}}_0 \tag{3-75}$$

其中 $\hat{\boldsymbol{U}}_0=\boldsymbol{Q}^{-1}\boldsymbol{P}'\boldsymbol{\Omega}^{-1}\boldsymbol{W}$，这是取样时间之前数据的估计。

3.9.3 解释似然函数

为了进一步了解式(3-74)中 VARMA(p, q)模型的精确似然函数，我们给出一些解
152 释。考虑式(3-71)并利用变换变量 $\boldsymbol{W}=\boldsymbol{\Phi}\boldsymbol{Z}$，我们有

$$\boldsymbol{W} = \boldsymbol{P}\boldsymbol{U}_0 + \boldsymbol{\Theta}\boldsymbol{A} \tag{3-76}$$

它为非奇异多元线性回归，误差项的协方差矩阵为 $\text{Cov}(\boldsymbol{\Theta}\boldsymbol{A})=\boldsymbol{\Theta}(\boldsymbol{I}_T\otimes\boldsymbol{\Sigma}_a)\boldsymbol{\Theta}'=\boldsymbol{\Omega}$，它在式(3-73)中已定义。因此，取样时间之前变量 $\boldsymbol{U}_0$ 的广义最小二乘(GLS)估计为

$$\hat{\boldsymbol{U}}_0^g = (\boldsymbol{P}'\boldsymbol{\Omega}^{-1}P)^{-1}(\boldsymbol{P}'\boldsymbol{\Omega}^{-1}\boldsymbol{W}) \tag{3-77}$$

且协方差 $\text{Cov}(\hat{\boldsymbol{U}}_0^g)=(\boldsymbol{P}'\boldsymbol{\Omega}^{-1}\boldsymbol{P})^{-1}$，其中上标 g 表示 GLS 估计。

另一方面，给定 VARMA(p, q)模型，我们有下面的 $\boldsymbol{U}_0$ 的先验分布

$$\boldsymbol{U}_0 \sim N(\boldsymbol{0},\boldsymbol{\Xi})$$

其中 $\boldsymbol{\Xi}$ 已在式(3-72)中给出。在正态分布的假设下，这是共轭先验，所以 $\boldsymbol{U}_0$ 的后验分布是多元正态分布且均值 $\boldsymbol{U}_0$ 和协方差 $\boldsymbol{Q}^{-1}$ 通过下式得到

$$\hat{\boldsymbol{U}}_0 = \boldsymbol{Q}^{-1}(\boldsymbol{P}'\boldsymbol{\Omega}^{-1}\boldsymbol{P})\hat{\boldsymbol{U}}_0^q = \boldsymbol{Q}^{-1}\boldsymbol{P}'\boldsymbol{\Omega}^{-1}W \tag{3-78}$$

$$\boldsymbol{Q} = \boldsymbol{\Xi}^{-1} + \boldsymbol{P}'\boldsymbol{\Omega}^{-1}\boldsymbol{P} \tag{3-79}$$

其中精度矩阵 $\boldsymbol{Q}$ 在式(3-73)中已定义。这些结论是多元正态分布的贝叶斯推断中的标准结论。例如，见 Box 和 Tiao(1973)、Tsay(2010，第 12 章)。式(3-78)是(3-74)中的 $\boldsymbol{z}_t$ 的精
153 确似然函数利用的精确估计。因此，给定模型和数据，我们本质上利用取样时间之前变量的贝叶斯估计。

根据式(3-76)和 $\boldsymbol{A}$ 与 $\boldsymbol{U}_0$ 不相关的事实，经过代数运算后，可以得到下面的恒等式

$$\begin{aligned}\boldsymbol{A}'(\boldsymbol{I}_T\otimes\boldsymbol{\Sigma}_a^{-1})\boldsymbol{A}+\boldsymbol{U}'_0\boldsymbol{\Xi}^{-1}\boldsymbol{U}_0 &= (\boldsymbol{W}-\boldsymbol{P}\boldsymbol{U}_0)'\boldsymbol{\Omega}^{-1}(\boldsymbol{W}-\boldsymbol{P}\boldsymbol{U}_0)+\boldsymbol{U}'_0\boldsymbol{\Xi}^{-1}\boldsymbol{U}_0\\ &= \boldsymbol{W}'\boldsymbol{\Omega}^{-1}\boldsymbol{W}-\hat{\boldsymbol{U}}'_0\boldsymbol{Q}\hat{\boldsymbol{U}}_0+(\boldsymbol{U}_0-\hat{\boldsymbol{U}}_0)'\boldsymbol{Q}(\boldsymbol{U}_0-\hat{\boldsymbol{U}}_0)\end{aligned} \tag{3-80}$$

其中在式(3-73)中，$\boldsymbol{Q}$ 和 $\boldsymbol{\Omega}$ 相等。这个恒等式给式(3-74)中给出的 $\boldsymbol{Z}$ 的密度函数的行列式提供了很好的解释。式(3-80)的左边用($\boldsymbol{A}$，$\boldsymbol{U}_0$)的联合密度函数的指数形式表示二次型；式(3-80)的中间表达式给出了在式(3-71)变换下($\boldsymbol{Z}$，$\boldsymbol{U}_0$)的联合密度的指数形式；式(3-80)的右边表示同样的密度，当表示为 $\boldsymbol{Z}$ 的边际密度(见式(3-75))和给定 $\boldsymbol{Z}$ 时 $\boldsymbol{U}_0$ 的条件密度[见式(3-80)的最后一项]的乘积时。因此，通过对($\boldsymbol{Z}$，$\boldsymbol{U}_0$)的联合密度中的变量 $\boldsymbol{U}_0$ 积分就可以得到 $\boldsymbol{Z}$ 的边际密度。这个思想与前面讨论的 VMA(1)模型的思想相同。唯

一不同是，使用 $\boldsymbol{U}_0$ 的贝叶斯估计。

3.9.4　似然函数计算

为了计算式(3-74)的似然函数，我们注意到

$$\boldsymbol{W}'\boldsymbol{\Omega}^{-1}\boldsymbol{W}=\boldsymbol{Z}'\boldsymbol{\Phi}'[\boldsymbol{\Theta}^{-1}(\boldsymbol{I}_T\otimes\boldsymbol{\Sigma}_a^{-1})\boldsymbol{\Theta}^{-1}]\boldsymbol{\Phi}\boldsymbol{Z}=\boldsymbol{A}_0'(\boldsymbol{I}_T\otimes\boldsymbol{\Sigma}_a^{-1})\boldsymbol{A}_0=\sum_{t=1}^{T}\boldsymbol{a}'_{t,0}\boldsymbol{\Sigma}_a^{-1}\boldsymbol{a}_{t,0}$$

其中，通过递归方法求解方程 $\boldsymbol{\Theta}\boldsymbol{A}_0=\boldsymbol{\Phi}\boldsymbol{Z}$ 可以得到 $\boldsymbol{A}_0=\boldsymbol{\Theta}^{-1}\boldsymbol{\Phi}\boldsymbol{Z}=(\boldsymbol{a}'_{1,0},\cdots,\boldsymbol{a}'_{T,0})'$，$\boldsymbol{a}_{t,0}$ 可以表示为

$$\boldsymbol{a}_{t,0}=\boldsymbol{z}_t-\sum_{i=1}^{p}\boldsymbol{\phi}_i\boldsymbol{z}_{t-i}+\sum_{j=1}^{q}\boldsymbol{\theta}_j\boldsymbol{a}_{t-j,0},\quad t=1,\cdots,T$$

它是通过设置在取样时间之前变量为 0(即 $U_0=\boldsymbol{0}$)得到的条件残差。假定式(3-74)的结果中的指数部分仅有 $\boldsymbol{W}'\boldsymbol{\Omega}^{-1}\boldsymbol{W}$，而忽略 $|\boldsymbol{Q}|$ 和 $|\boldsymbol{\Delta}|$，其结果就是应用条件似然函数。例如，见 Tunnicliffe-Wilson(1973)。

注意，$\hat{\boldsymbol{U}}_0=\boldsymbol{Q}^{-1}\boldsymbol{P}'\boldsymbol{\Omega}^{-1}\boldsymbol{W}=\boldsymbol{Q}^{-1}\boldsymbol{P}'(\boldsymbol{\Theta}')^{-1}(\boldsymbol{I}_T\otimes\boldsymbol{\Sigma}_a^{-1})\boldsymbol{\Theta}^{-1}\boldsymbol{\Phi}\boldsymbol{Z}=\boldsymbol{Q}^{-1}\boldsymbol{P}'(\boldsymbol{\Theta}')^{-1}(\boldsymbol{I}_T\otimes\boldsymbol{\Sigma}_a^{-1})\boldsymbol{A}_0$，它可以写成

$$\hat{\boldsymbol{U}}_0=\boldsymbol{Q}^{-1}\boldsymbol{P}'\boldsymbol{D}$$

其中 $\boldsymbol{D}=(\boldsymbol{\Theta}')^{-1}(\boldsymbol{I}_T\otimes\boldsymbol{\Sigma}_a^{-1})\boldsymbol{A}_0=(\boldsymbol{d}'_1,\cdots,\boldsymbol{d}'_T)'$，它可以通过下式递归计算得到

$$\boldsymbol{d}_t=\boldsymbol{\Sigma}_a^{-1}\boldsymbol{a}_{t,0}+\sum_{j=1}^{q}\boldsymbol{\theta}'_j\boldsymbol{d}_{t+j},\quad t=T,\cdots,1,\boldsymbol{d}_{T+1}=\boldsymbol{d}_{T+q}=0$$

它对应于 Box、Jenkins 和 Reinsel(2008)的一元 ARMA 模型向后预测，并且它也说明了在估计精确似然函数中向后预测的性质。

然后，精度矩阵 $\boldsymbol{Q}=\boldsymbol{\Xi}^{-1}+\boldsymbol{P}'\boldsymbol{\Omega}^{-1}\boldsymbol{P}=\boldsymbol{\Xi}^{-1}+\boldsymbol{P}'(\boldsymbol{\Theta}')^{-1}(\boldsymbol{I}_T\otimes\boldsymbol{\Sigma}_a^{-1})\boldsymbol{\Theta}\boldsymbol{P}$ 需要计算 $\boldsymbol{\Theta}^{-1}\boldsymbol{P}$，它也可以通过下面的递归方法计算。令 $\boldsymbol{K}=\boldsymbol{\Theta}^{-1}\boldsymbol{P}$，那么，$\boldsymbol{\Theta}\boldsymbol{K}=\boldsymbol{P}$。所以可以用计算 $\boldsymbol{K}$ 的相同方法计算 $\boldsymbol{a}_{t,0}$，而且用 $\boldsymbol{P}$ 代替 $\boldsymbol{\Phi}\boldsymbol{Z}$。 154

根据式(3-71)，当设置 $\hat{\boldsymbol{U}}_0$ 等于 $\boldsymbol{U}_0$ 时，有 $\hat{\boldsymbol{A}}=\boldsymbol{\Theta}^{-1}(\boldsymbol{\Phi}\boldsymbol{Z}-\boldsymbol{P}\hat{\boldsymbol{U}}_0)$。应用式(3-80)中的恒等式并用 $\hat{\boldsymbol{U}}_0$ 代替 $\boldsymbol{U}_0$，可以得到恒等式

$$\boldsymbol{W}'\boldsymbol{\Omega}^{-1}\boldsymbol{W}-\hat{\boldsymbol{U}}'_0\boldsymbol{Q}\hat{\boldsymbol{U}}_0=\hat{\boldsymbol{A}}'(\boldsymbol{I}_T\otimes\boldsymbol{\Sigma}_a^{-1})\hat{\boldsymbol{A}}+\hat{\boldsymbol{U}}'_0\boldsymbol{\Xi}^{-1}\hat{\boldsymbol{U}}_0 \tag{3-81}$$

这也可以直接将 $\boldsymbol{X}=\boldsymbol{\Phi}\boldsymbol{Z}=\boldsymbol{\Theta}\hat{\boldsymbol{A}}+\boldsymbol{P}\hat{\boldsymbol{U}}_0$ 代入式(3-75)中得到。利用 $\boldsymbol{\Xi}^{-1}$ 的结果，定义 $\boldsymbol{U}_0=(\boldsymbol{Z}'_*,\boldsymbol{A}'_*)'$和一些代数运算，我们有

$$\boldsymbol{U}'_0\boldsymbol{\Xi}^{-1}\boldsymbol{U}_0=\boldsymbol{A}'_*(\boldsymbol{I}_q\otimes\boldsymbol{\Sigma}_a^{-1})\boldsymbol{A}_*+(\boldsymbol{Z}_*-\boldsymbol{\Psi}'\boldsymbol{A}_*)'\Delta^{-1}(\boldsymbol{Z}_*-\boldsymbol{\Psi}'\boldsymbol{A}_*) \tag{3-82}$$

其中右边第一项表示 $\boldsymbol{A}_*$ 的边际分布，第二项表示 $\boldsymbol{A}_*$ 关于 $\boldsymbol{Z}_*$ 的条件密度。利用式(3-82)并用 $\hat{\boldsymbol{U}}_0$ 代替 $\boldsymbol{U}_0$，可以得到式(3-75)的另一个表达式

$$\begin{aligned}\boldsymbol{W}'\boldsymbol{\Omega}^{-1}\boldsymbol{W}-\boldsymbol{U}'_0\boldsymbol{Q}\boldsymbol{U}_0&=\hat{\boldsymbol{A}}'(\boldsymbol{I}_T\otimes\boldsymbol{\Sigma}_a^{-1})\hat{\boldsymbol{A}}+\hat{\boldsymbol{A}}'_*(\boldsymbol{I}_q\otimes\boldsymbol{\Sigma}_a^{-1})\hat{\boldsymbol{A}}_*+(\hat{\boldsymbol{Z}}_*-\boldsymbol{\Psi}'\hat{\boldsymbol{A}}_*)'\Delta^{-1}(\hat{\boldsymbol{Z}}_*-\boldsymbol{\Psi}'\hat{\boldsymbol{A}}_*)\\&=\sum_{t=1-q}^{T}\hat{\boldsymbol{a}}'_t\boldsymbol{\Sigma}_a^{-1}\hat{\boldsymbol{a}}_t+(\hat{\boldsymbol{Z}}_*-\boldsymbol{\Psi}'\hat{\boldsymbol{A}}_*)'\boldsymbol{\Delta}^{-1}(\hat{\boldsymbol{Z}}_*-\boldsymbol{\Psi}'\hat{\boldsymbol{A}}_*)\end{aligned} \tag{3-83}$$

其中 $\hat{\boldsymbol{a}}_t$ 是 $\hat{\boldsymbol{A}}_*$ 和 $\hat{\boldsymbol{A}}$ 的元素，也是精确似然函数的残差，它可以通过下式得到

$$\hat{\boldsymbol{a}}_t = \boldsymbol{z}_t - \sum_{i=1}^{p} \boldsymbol{\phi}_i \boldsymbol{z}_{t-i} + \sum_{j=1}^{q} \boldsymbol{\theta}_j \hat{\boldsymbol{a}}_{t-j}, \quad t = 1, \cdots, T \tag{3-84}$$

其中 $\boldsymbol{z}_t$ 和 $\boldsymbol{a}_t$ 的取样时间之前的值取自式(3-75)中的 $\hat{\boldsymbol{U}}_0$。

总之，式(3-74)、式(3-75)和式(3-84)为计算平稳可逆 VARMA(p，q)模型的精确似然函数提供简便表达式。还有另一种方法来表示 VARMA(p，q)模型的精确似然函数。例如，下一节将考虑用新息算法的方法。

3.10　精确似然函数的新息方法

一个平稳可逆 VARMA(p，q)模型的精确似然函数可以通过构造一步新息和数据$\{\boldsymbol{z}_t | t=$
155 1，…，$T\}$的协方差矩阵得到。这种方法可以看作预测方法，并且 Ansley(1979)在一元 ARMA 模型中已经考虑了这种方法。还可见 Brockwell、Davies(1987，第 11 章)和参考文献。这种方法和卡尔曼滤波法也有关，例如见 Tsay(2010，第 11 章)。

为了简单起见，再次假设 $E(\boldsymbol{z}_t)=\boldsymbol{0}$ 并令 $m=\max\{p, q\}$，它是 AR 和 MA 矩阵多项式的最大次数。考虑式(3-73)中的 VARMA(p，q)模型的数据矩阵。它可以重写成

$$\boldsymbol{W} = \boldsymbol{\Phi Z} = \boldsymbol{\Theta A} + \boldsymbol{P U}_0$$

其中 $\boldsymbol{W}=(\boldsymbol{w}'_1,\cdots,\boldsymbol{w}'_T)'$ 且对于 $t=1,\cdots,p$，$\boldsymbol{w}_t = \boldsymbol{z}_t - \sum_{i=1}^{p} \boldsymbol{\phi}_i \boldsymbol{z}_{t-i}$，对于 $t>p$，$\boldsymbol{w}_t = \boldsymbol{z}_t - \sum_{i=1}^{t-1} \boldsymbol{\phi}_i \boldsymbol{z}_{t-i}$。$\boldsymbol{W}$ 的协方差矩阵为

$$\boldsymbol{\Gamma}_w = \boldsymbol{E}(\boldsymbol{WW}') = \boldsymbol{\Theta}(\boldsymbol{I}_T \otimes \boldsymbol{\Sigma}_a)\boldsymbol{\Theta}' + \boldsymbol{P\Xi P}'$$

根据这个定义，对于 $|\ell|>m$，有 $\mathrm{Cov}(\boldsymbol{w}_t, \boldsymbol{w}_{t-\ell})=\boldsymbol{0}$，因为对于 $t>p$，$\boldsymbol{w}_t = \boldsymbol{a}_t - \sum_{j=1}^{q} \boldsymbol{\theta}_j \boldsymbol{a}_{t-j}$ 是一个 VMA(q)过程。因此，$kT \times kT$ 协方差矩阵 $\boldsymbol{\Gamma}_w$ 仅在主对角块中有最大带宽为 w 的非零块。实际上，在前 m 行后，块带宽是 q。对 $\boldsymbol{\Gamma}_w$ 应用 Cholesky 分解，可以得到块分解形式

$$\boldsymbol{\Gamma}_w = \boldsymbol{GDG}' \tag{3-85}$$

其中 $\boldsymbol{G}$ 是关于 $\boldsymbol{\Gamma}_w$ 的下三角块矩阵且块带宽对应于 $\boldsymbol{\Gamma}_w$ 的宽度，并且其对角块为 $\boldsymbol{I}_k$。矩阵 $\boldsymbol{D}$ 是块对角矩阵，表示为 $\boldsymbol{D}=\mathrm{diag}\{\boldsymbol{\Sigma}_{1|0}, \boldsymbol{\Sigma}_{2|1}, \boldsymbol{\Sigma}_{T|T-1}\}$，其中 $\boldsymbol{\Sigma}_{t|t-1}$ 是 $k \times k$ 协方差矩阵。后面将讨论块 Cholesky 分解和相关的递归计算。注意 $\boldsymbol{Z}=\boldsymbol{\Phi}^{-1}\boldsymbol{W}$，因此 $\boldsymbol{W}$ 的协方差矩阵为

$$\boldsymbol{\Gamma}_z = \boldsymbol{\Phi}^{-1}\boldsymbol{\Gamma}_w(\boldsymbol{\Phi}')^{-1} = \boldsymbol{\Phi}^{-1}\boldsymbol{GDG}'(\boldsymbol{\Phi}')^{-1}$$

因为 $\boldsymbol{G}$ 和 $\boldsymbol{\Phi}$ 都为下三角形矩阵且对角块为 $\boldsymbol{I}_k$，所以还有 $|\boldsymbol{\Gamma}_z| = |\boldsymbol{D}| = \prod_{t=1}^{T} |\boldsymbol{\Sigma}_{t|t-1}|$。

下面，定义 $\boldsymbol{A}^* = \boldsymbol{G}^{-1}\boldsymbol{W} = \boldsymbol{G}^{-1}\boldsymbol{\Phi Z} \equiv (\boldsymbol{a}'_{1|0}, \boldsymbol{a}'_{2|1}, \cdots, \boldsymbol{a}'_{T|T-1})'$，我们有 $\mathrm{Cov}(\boldsymbol{A}^*) = \boldsymbol{D}$ 和

156 $$\boldsymbol{Z}'\boldsymbol{\Gamma}_z^{-1}\boldsymbol{Z} = (\boldsymbol{A}^*)'\boldsymbol{D}^{-1}\boldsymbol{A}^* = \sum_{t=1}^{T} \boldsymbol{a}'_{t|t-1} \sum_{t|t-1}^{-1} \boldsymbol{a}'_{t|t-1}$$

注意，从 $\boldsymbol{Z}$ 到 $\boldsymbol{A}^*$ 的变换是一个下三角形矩阵，每个向量 $\boldsymbol{a}_{t|t-1}$ 等于 $\boldsymbol{z}_t$ 减去 $\{\boldsymbol{z}_1, \cdots, \boldsymbol{z}_{t-1}\}$ 的线性组合，并且 $\{\boldsymbol{z}_{t-1}, \cdots, \boldsymbol{z}_t\}$ 和 $\boldsymbol{a}_{t|t-1}$ 不相关。（关于分解的进一步讨论见下一节。）$\boldsymbol{a}_{t|t-1}$ 为给定模型 $\boldsymbol{z}_t$ 和数据 $\{\boldsymbol{z}_1, \cdots, \boldsymbol{z}_{t-1}\}$ 的 1 步超前预测误差，即 $\boldsymbol{a}_{t\mid t-1}=\boldsymbol{z}_t-E(\boldsymbol{z}_t|F_{t-1})$，其中 F_{t-1} 表示在时间 $t-1$（包括 $t-1$）的可用信息。协方差矩阵 $\boldsymbol{\Sigma}_{t\mid t-1}=\mathrm{Cov}(\boldsymbol{a}_{t\mid t-1})$ 是 1 步超前预测误差的协方差矩阵。基于上述的讨论，对于给定数据，$\boldsymbol{z}_t$ 的精确似然函数为

$$L(\boldsymbol{\beta};\boldsymbol{Z})=\Big[\prod_{t=1}^{T}|\boldsymbol{\Sigma}_{t|t-1}|^{-1/2}\Big]\exp\Big[-\frac{1}{2}\sum_{t=1}^{n}\boldsymbol{a}'_{t|t-1}\boldsymbol{\Sigma}_{t|t-1}^{-1}\boldsymbol{a}_{t|t-1}\Big] \tag{3-86}$$

其中，为了简单起见，忽略包含 2π 的项且 $\boldsymbol{\beta}$ 为 VARMA(p, q) 模型的参数向量。这个似然函数可以通过递归方法来估计。详细内容见下一节。

3.10.1　块 Cholesky 分解

如多元线性回归中的传统 Cholesky 分解，可以由多因变量多元线性回归替代多元线性回归，式(3-85)中的块 Cholesky 分解也可以通过类似的方式得到。具体地，令 $\boldsymbol{a}_{1\mid 0}=\boldsymbol{w}_1=\boldsymbol{z}_1$ 和 $\boldsymbol{\Sigma}_{1\mid 0}=\mathrm{Cov}(\boldsymbol{a}_{1\mid 0})$。对于第二个行块，考虑多变量多元线性回归 $\boldsymbol{w}_2=\boldsymbol{\theta}_{2,1}^*\boldsymbol{w}_1+\boldsymbol{a}_{2\mid 1}$。那么，我们有 $\boldsymbol{\theta}_{2,1}^*=\mathrm{Cov}(\boldsymbol{w}_2, \boldsymbol{w}_1)[\mathrm{Cov}(\boldsymbol{w}_1)]^{-1}$ 和在给定 $\boldsymbol{x}_1$ 的条件下，$\boldsymbol{a}_{2\mid 1}$ 是 $\boldsymbol{w}_2$ 的 1 步超前新息。这里 $\boldsymbol{a}_{2\mid 1}$ 和 $\boldsymbol{a}_{1\mid 0}$ 是不相关的。一般地，对于第 t 行块 $(t>1)$，有

$$\boldsymbol{w}_t=\sum_{j=1}^{\min\{m,t-1\}}\boldsymbol{\theta}_{t-1,j}^*\boldsymbol{w}_{t-j}+\boldsymbol{a}_{t|t-1} \tag{3-87}$$

其中对于 $\ell>m$，$\boldsymbol{w}_t$ 不依赖 $\boldsymbol{w}_{t-\ell}$；并且对于 $t>p$，用 q 代替 m。残差协方差矩阵为 $\boldsymbol{\Sigma}_{t|t-1}=\mathrm{Cov}(\boldsymbol{a}_{t|t-1})$。根据式(3-87)，式(3-85)的块 Cholesky 分解可以写成线性变换的形式

$$\boldsymbol{\Theta}^*\boldsymbol{W}=\boldsymbol{A}^*$$

其中 $\boldsymbol{A}^*=(\boldsymbol{a}'_{1|0}, \boldsymbol{a}'_{2|1}, \cdots, \boldsymbol{a}'_{T\mid T-1})$，$\boldsymbol{\Theta}^*$ 的行块由下面内容给出：

1)第一行块为 $[\boldsymbol{I}_k, \boldsymbol{0}_{k,k(T-1)}]$。

2)对于 $1<t\leqslant m$，第 t 行块为

$$[-\boldsymbol{\theta}_{t-1,t-1}^*, -\boldsymbol{\theta}_{t-1,t-2}^*, \cdots, -\boldsymbol{\theta}_{t-1,1}^*, \boldsymbol{I}_k, \boldsymbol{0}_{k,k(T-t)}]$$ 157

3)对于 $t>m$，第 t 行块为

$$[\boldsymbol{0}_{k,k(t-q-1)}, -\boldsymbol{\theta}_{t-1,q}^*, \cdots, -\boldsymbol{\theta}_{t-1,1}^*, \boldsymbol{I}_k, \boldsymbol{0}_{k,k(T-t)}]$$

式(3-85)的 $\boldsymbol{G}$ 矩阵就是 $[\boldsymbol{\Theta}^*]^{-1}$，因为 $\boldsymbol{X}=[\boldsymbol{\Theta}^*]^{-1}\boldsymbol{A}^*$。注意矩阵 $\boldsymbol{G}$ 的块是多因变量多元线性回归的系数矩阵

$$\boldsymbol{w}_t=\sum_{j=1}^{\min(m,t-1)}\boldsymbol{g}_{t-1,j}\boldsymbol{a}_{t-j|t-j-1}+\boldsymbol{a}_{t|t-1} \tag{3-88}$$

这等价于式(3-87)。

式(3-88)清晰地说明了用新息方法给出的 VARMA(p, q) 模型的精确似然函数的良好性质。第一，由于回归量 $\boldsymbol{a}_{t-j\mid t-j-1}$ 是互不相关的，所以式(3-88)中的多因变量多元线性

回归的系数矩阵很容易得到。更具体地，系数矩阵 $\boldsymbol{g}_{t-1,j}$ 可以表示为

$$\boldsymbol{g}_{t-1,j}=\operatorname{Cov}(\boldsymbol{w}_t,\boldsymbol{a}_{t-j|t-j-1})[\operatorname{Cov}(\boldsymbol{a}_{t-j|t-j-1})]^{-1},\quad j=1,\cdots,\min\{m,t-1\} \tag{3-89}$$

其中，对于 $t>p$，用 q 代替 m。第二，新的 1 步超前新息为

$$\boldsymbol{a}_{t|t-1}=\boldsymbol{w}_t-\sum_{j=1}^{\min(m,t-1)}\boldsymbol{g}_{t-1,j}\boldsymbol{a}_{t-j|t-j-1}$$

且它的协方差矩阵为

$$\operatorname{Cov}(\boldsymbol{a}_{t|t-1})=\boldsymbol{\Sigma}_{t|t-1}=\boldsymbol{\Gamma}_0^w-\sum_{j=1}^{\min(m,t-1)}\boldsymbol{g}_{t-1,j}\boldsymbol{\Sigma}_{t-j|t-j-1}\boldsymbol{g}'_{t-1,j} \tag{3-90}$$

其中 $\boldsymbol{\Gamma}_\ell^w$ 表示 $\boldsymbol{\omega}_t$ 的滞后 ℓ 自协方差矩阵。

式(3-89)和式(3-90)给出了估计式(3-89)中的精确似然函数极好的递归步骤。递归的初始值可以通过 $\boldsymbol{w}_t$ 的定义得到。具体地，考虑 $\boldsymbol{w}_t(t=1,\cdots,m)$，其中 $m=\max\{p,q\}$。我们有

$$\begin{bmatrix}\boldsymbol{w}_1\\\boldsymbol{w}_2\\\vdots\\\boldsymbol{w}_m\end{bmatrix}=\begin{bmatrix}\boldsymbol{I}_k & \boldsymbol{0}_k & \cdots & \boldsymbol{0}_k\\-\boldsymbol{\phi}_1 & \boldsymbol{I}_k & \cdots & \boldsymbol{0}_k\\\vdots & \vdots & \ddots & \vdots\\-\boldsymbol{\phi}_{m-1} & -\boldsymbol{\phi}_{m-2} & \cdots & \boldsymbol{I}_k\end{bmatrix}\begin{bmatrix}\boldsymbol{z}_1\\\boldsymbol{z}_2\\\vdots\\\boldsymbol{z}_m\end{bmatrix}$$

158

其中 $\boldsymbol{\phi}_i=\boldsymbol{0}(i>p)$。因此，根据 $\boldsymbol{z}_t$ 的自协方差矩阵 $\boldsymbol{\Gamma}_i$，可以得到 $\operatorname{Cov}(\boldsymbol{w}_t,\boldsymbol{w}_i)$，其中 $1\leqslant t,i\leqslant m$，$i=0,\cdots,m$。而 $\boldsymbol{\Gamma}_i$ 可以通过 3.5 节中的式(3-47)中的平稳可逆 VARMA(p,q) 模型得到。对于 $t>p$，$\boldsymbol{w}_t$ 服从 VMA(q) 模型，并且如 3.1 节所讨论的那样，它的自协方差矩阵可以很容易得到。递归方法如下所示。

1)对于 $t=1$，我们有 $\boldsymbol{x}_1=\boldsymbol{z}_1$ 使得 $\boldsymbol{a}_{1|0}=\boldsymbol{z}_1$ 和 $\boldsymbol{\Sigma}_{1|0}=\boldsymbol{\Gamma}_0$。

2)对于 $t=2$，我们有

$$\begin{aligned}\boldsymbol{g}_{1,1}&=\operatorname{Cov}(\boldsymbol{w}_2,\boldsymbol{a}_{1|0})[\operatorname{Cov}(\boldsymbol{a}_{1|0})]^{-1}=\operatorname{Cov}(\boldsymbol{z}_2-\boldsymbol{\phi}_1\boldsymbol{z}_1,\boldsymbol{z}_1)[\operatorname{Cov}(\boldsymbol{z}_1)]^{-1}\\&=(\boldsymbol{\Gamma}_1-\boldsymbol{\phi}_1\boldsymbol{\Gamma}_0)\boldsymbol{\Gamma}_0^{-1}=\boldsymbol{\Gamma}_1\boldsymbol{\Gamma}_0^{-1}-\boldsymbol{\phi}_1\\\boldsymbol{a}_{2|1}&=\boldsymbol{w}_2-\boldsymbol{g}_{1,1}\boldsymbol{a}_{1|0}\\\boldsymbol{\Sigma}_{2|1}&=\operatorname{Cov}(\boldsymbol{w}_2)-\boldsymbol{g}_{1,1}\boldsymbol{\Sigma}_{1|0}\boldsymbol{g}'_{1,1}\end{aligned}$$

3)对于 $t=3,\cdots,m$，我们有

$$\begin{aligned}\boldsymbol{g}_{t-1,j}&=\operatorname{Cov}(\boldsymbol{w}_t,\boldsymbol{a}_{t-j|t-j-1})[\operatorname{Cov}(\boldsymbol{a}_{t-j|t-j-1})]^{-1},\ j=t-1,\cdots,1\\\boldsymbol{a}_{t|t-1}&=\boldsymbol{w}_t-\sum_{j=1}^{t-1}\boldsymbol{g}_{t-1,j}\boldsymbol{a}_{t-j|t-j-1}\\\boldsymbol{\Sigma}_{t|t-1}&=\operatorname{Cov}(\boldsymbol{w}_t)-\sum_{j=1}^{t-1}\boldsymbol{g}_{t-1,j}\boldsymbol{\Sigma}_{t-j|t-j-1}\boldsymbol{g}'_{t-1,j}\end{aligned}$$

$\boldsymbol{g}_{t-1,j}$ 可以通过向后递归得到：

(a)对于 $j=t-1$，我们有

$$\boldsymbol{g}_{t-1,t-1} = \text{Cov}(\boldsymbol{w}_t, \boldsymbol{a}_{1|0})[\text{Cov}(\boldsymbol{a}_{1|0})]^{-1} = \text{Cov}(\boldsymbol{w}_t, \boldsymbol{w}_1)\boldsymbol{\Sigma}_{1|0}^{-1}$$

(b)对于 $j=t-2$，…，1，令 $v=t-j$。那么，$v=2$，…，$t-1$ 和

$$\begin{aligned}\boldsymbol{g}_{t-1,t-v} &= \text{Cov}(\boldsymbol{w}_t, \boldsymbol{a}_{v|v-1})[\text{Cov}(\boldsymbol{a}_{v|v-1})]^{-1} = \text{Cov}\left(\boldsymbol{w}_t, \boldsymbol{w}_v - \sum_{i=1}^{v-1}\boldsymbol{g}_{v-1,i}\boldsymbol{a}_{v-i|v-i-1}\right)\boldsymbol{\Sigma}_{v|v-1}^{-1} \\ &= \left[\text{Cov}(\boldsymbol{w}_t, \boldsymbol{w}_v) - \sum_{i=1}^{v-1}\text{Cov}(\boldsymbol{w}_t, \boldsymbol{a}_{v-i|v-i-1})\boldsymbol{g}'_{v-1,i}\right]\boldsymbol{\Sigma}_{v|v-1}^{-1} \\ &= \left[\text{Cov}(\boldsymbol{w}_t, \boldsymbol{w}_{t-j}) - \sum_{i=1}^{v-1}\boldsymbol{g}_{t-1,t-v+i}\boldsymbol{\Sigma}_{v-i|v-i-1}\boldsymbol{g}'_{v-1,i}\right]\boldsymbol{\Sigma}_{v|v-1}^{-1}\end{aligned}$$ 159

4)对于 $t>m$，我们有 $\boldsymbol{w}_t = \boldsymbol{a}_t - \sum_{i=1}^{q}\boldsymbol{\theta}_i\boldsymbol{a}_{t-i}$，$\text{Cov}(\boldsymbol{w}_t) = \boldsymbol{\Sigma}_a + \sum_{i=1}^{q}\boldsymbol{\theta}_i\boldsymbol{\Sigma}_a\boldsymbol{\theta}'_i$ 和 $\text{Cov}(\boldsymbol{w}_t, \boldsymbol{w}_j) = \boldsymbol{\Gamma}_{t-j}^{w}$，它在 3.1 节进行了讨论，其中 $j>m$。递归方法可以简化为

$$\begin{aligned}\boldsymbol{g}_{t-1,q} &= \boldsymbol{\Gamma}_q^{w}\boldsymbol{\Sigma}_{t-q|t-q-1}^{-1} \\ \boldsymbol{g}_{t-1,i} &= \left[\boldsymbol{\Gamma}_i^{w} - \sum_{j=i+1}^{q}\boldsymbol{g}_{t-1,j}\boldsymbol{\Sigma}_{t-j|t-j-1}\boldsymbol{g}'_{t-i-1,j-i}\right]\boldsymbol{\Sigma}_{t-i|t-i-1}^{-1}, \quad i = q-1, \cdots, 1 \\ \boldsymbol{a}_{t|t-1} &= \boldsymbol{w}_t - \sum_{i=1}^{q}\boldsymbol{g}_{t-1,i}\boldsymbol{a}_{t-i|t-i-1} \\ \boldsymbol{\Sigma}_{t|t-1} &= \boldsymbol{\Gamma}_0^{w} - \sum_{i=1}^{q}\boldsymbol{g}_{t-1,i}\boldsymbol{\Sigma}_{t-i|t-i-1}\boldsymbol{g}'_{t-1,i}\end{aligned}$$

前两个递归方程成立，因为 $\boldsymbol{w}_t$ 是一个 VMA 序列($t>m$)，使得

1) $\text{Cov}(\boldsymbol{w}_t, \boldsymbol{a}_{t-q|t-q-1}) = \text{Cov}(\boldsymbol{w}_t, \boldsymbol{w}_{t-q})$ 和 2)对 $i=q-1$，…，1，

$$\begin{aligned}\text{Cov}(\boldsymbol{w}_t, \boldsymbol{a}_{t-i|t-i-1}) &= \text{Cov}\left(\boldsymbol{w}_t, \boldsymbol{w}_{t-i} - \sum_{v=1}^{q}\boldsymbol{g}_{t-i-1,v}\boldsymbol{a}_{t-i-v|t-i-v-1}\right) \\ &= \text{Cov}\left(\boldsymbol{w}_t, \boldsymbol{w}_{t-i} - \sum_{v=1}^{q-i}\boldsymbol{g}_{t-i-1,v}\boldsymbol{a}_{t-i-v|t-i-v-1}\right) \\ &= \text{Cov}\left(\boldsymbol{w}_t, \boldsymbol{w}_{t-i} - \sum_{j=i+1}^{q}\boldsymbol{g}_{t-i-1,j-i}\boldsymbol{a}_{t-j|t-j-1}\right) \\ &= \boldsymbol{\Gamma}_i^{w} - \sum_{j=i+1}^{q}\text{Cov}(\boldsymbol{w}_t, \boldsymbol{a}_{t-j|t-j-1})\boldsymbol{g}'_{t-i-1,j-i} \\ &= \boldsymbol{\Gamma}_i^{w} - \sum_{j=i+1}^{q}\boldsymbol{g}_{t-1,j}\boldsymbol{\Sigma}_{t-j|t-j-1}\boldsymbol{g}'_{t-i-1,j-i}\end{aligned}$$

3.11 极大似然估计的渐近分布

考虑一个平稳可逆 VARMA(p，q)时间序列 $\boldsymbol{z}_t$。为了简单起见，假定 $E(\boldsymbol{z}_t)=\boldsymbol{0}$；新息$\{\boldsymbol{a}_t\}$为白噪声序列且均值为 0，正定协方差矩阵为 $\boldsymbol{\Sigma}_a$，并且其 4 阶矩有限。令 $\boldsymbol{\beta}=$

$\mathrm{vec}[\boldsymbol{\phi}_1，\cdots，\boldsymbol{\phi}_p，\theta_1，\cdots，\boldsymbol{\theta}_q]$为 AR 和 MA 参数的向量。许多学者已经研究了 $\hat{\boldsymbol{\beta}}$ 的渐近性
160 质。例如，参见 Dunsmuir 和 Hannan (1976)、Hannan 和 Deistler(1988，第 4 章)以及 Rissanen 和 Caines(1979)和本书中的参考文献。下面总结主要的结论。

定理 3.5　令 z_t 为一个 k 维零均值的平稳可逆 VARMA(p, q)过程。假定新息 $\boldsymbol{a}_t$ 满足(a)$E(\boldsymbol{a}_t|F_{t-1})=0$；(b)$\mathrm{Cov}(\boldsymbol{a}_t|F_{t-1})=\boldsymbol{\Sigma}_a$ 为正定的；(c)$\boldsymbol{a}_t$ 的 4 阶矩是有限的，其中 F_{t-1}是由$\{\boldsymbol{a}_{t-1}，\boldsymbol{a}_{t-2}，\cdots\}$生成的 σ 域。那么，当 $T\to\infty$时，

1) $\hat{\boldsymbol{\beta}}\to_{a.s.}\boldsymbol{\beta}$，

2) $T^{1/2}(\hat{\boldsymbol{\beta}}-\boldsymbol{\beta})\to_d N(\boldsymbol{0}, \boldsymbol{V}^{-1})$，

其中 T 表示样本数。$\boldsymbol{V}$ 是$\boldsymbol{\beta}=\mathrm{vec}[\boldsymbol{\phi}_1，\cdots，\boldsymbol{\phi}_p，\boldsymbol{\theta}_1，\cdots，\boldsymbol{\theta}_q]$的渐近信息矩阵，下标 $a.s.$ 和 d 分别表示以概率 1 收敛和依分布收敛。

定理 3.5 可以通过标准的泰勒展开式和鞅中心极限定理来证明。这里我们只给出大概的介绍，详细过程读者参考上述文献。定义 $\boldsymbol{N}_t=[\boldsymbol{u}_{t-1}，\cdots，\boldsymbol{u}_{t-p}，\ {}_{t-1}，\cdots，\ {}_{t-p}]'$，其中

$$\boldsymbol{u}_t=\sum_{i=1}^{q}\boldsymbol{\theta}_i\boldsymbol{u}_{t-i}+(\boldsymbol{z}'_t\otimes\boldsymbol{I}_k),\qquad {}_t=\sum_{i=1}^{q}\boldsymbol{\theta}_i\ {}_{t-i}-(\boldsymbol{a}'_t\otimes\boldsymbol{I}_k)$$

$\boldsymbol{N}_t$ 是一个 $k^2(p+q)\times k$ 随机矩阵，$\boldsymbol{u}_t$ 和 ${}_t$是 $k\times k^2$ 随机过程。$\boldsymbol{u}_t$ 和 ${}_t$都可以通过求微分得到，即，对于 VARMA(p, q)过程 $\boldsymbol{z}_t$，有

$$\boldsymbol{u}'_{t-i}=\frac{-\partial\boldsymbol{a}'_t}{\partial\mathrm{vec}(\boldsymbol{\phi}_i)},\qquad {}'_{t-j}=\frac{-\partial\boldsymbol{a}'_t}{\partial\mathrm{vec}(\boldsymbol{\theta}_j)}$$

渐近信息矩阵 $\boldsymbol{V}$ 可以通过下式给出

$$\boldsymbol{V}=E(\boldsymbol{N}_t\boldsymbol{\Sigma}_a^{-1}\boldsymbol{N}'_t)=\lim_{T\to\infty}T^{-1}E[-\partial^2\ell(\boldsymbol{\beta};\boldsymbol{Z})/\partial\boldsymbol{\beta}\,\partial\boldsymbol{\beta}']$$

其中 $\ell(\boldsymbol{\beta};\boldsymbol{Z})$表示数据的对数似然函数。例如，考虑 VAR(1)模型 $\boldsymbol{z}_t=\boldsymbol{\phi}_1\boldsymbol{z}_{t-1}+\boldsymbol{a}_t$。我们有 $\boldsymbol{u}_t=\boldsymbol{z}'_t\otimes\boldsymbol{I}_k$ 和 $\boldsymbol{N}_t=\boldsymbol{u}'_{t-1}$，使得

$$\boldsymbol{V}=E(\boldsymbol{N}_t\boldsymbol{\Sigma}_a^{-1}\boldsymbol{N}'_t)=E(\boldsymbol{z}_{t-1}\boldsymbol{z}'_{t-1}\otimes\boldsymbol{\Sigma}_a^{-1})=\boldsymbol{\Gamma}_0\otimes\boldsymbol{\Sigma}_a^{-1}$$

在这个方程中，我们用 $\boldsymbol{\Sigma}_a^{-1}=1\otimes\boldsymbol{\Sigma}_a^{-1}$。对于这个特例，渐近信息矩阵与定理 2.1 的 VAR(1)模型相同，其中估计为 $\mathrm{vec}(\boldsymbol{\phi}'_1)$。

161 应用对数似然函数关于 $\boldsymbol{\beta}$ 的偏导数的向量泰勒展开式，这表明

$$T^{1/2}(\hat{\boldsymbol{\beta}}-\boldsymbol{\beta})\approx\Big[T^{-1}\sum_{t=1}^{T}\boldsymbol{N}_t\boldsymbol{\Sigma}_a^{-1}\boldsymbol{Z}'_t\Big]^{-1}T^{-1/2}\sum_{t=1}^{T}\boldsymbol{N}_t\boldsymbol{\Sigma}_a^{-1}\boldsymbol{a}_t\to_d N(\boldsymbol{0},\boldsymbol{V}^{-1})$$

其中当 $T\to\infty$时，$T^{-1}\sum_{t=1}^{T}\boldsymbol{N}_t\boldsymbol{\Sigma}_a^{-1}\boldsymbol{N}'_t\to_p\boldsymbol{V}$（依概率收敛），并且

$$T^{-1/2}\sum_{t=1}^{T}\boldsymbol{N}_t\boldsymbol{\Sigma}_a^{-1}\boldsymbol{a}_t\to_d N(\boldsymbol{0},\boldsymbol{V}),\ T\to\infty$$

后面的结果可以应用鞅中心极限定理得到，因为

$$\mathrm{Cov}(\boldsymbol{N}_t\boldsymbol{\Sigma}_a^{-1}\boldsymbol{a}_t)=E(\boldsymbol{N}_t\boldsymbol{\Sigma}_a^{-1}\boldsymbol{a}_t\boldsymbol{a}'_t\boldsymbol{\Sigma}_a^{-1}\boldsymbol{N}'_t)=E(\boldsymbol{N}_t\boldsymbol{\Sigma}_a^{-1}\boldsymbol{N}'_t)=\boldsymbol{V}$$

基于性质 $E(\boldsymbol{a}_t\boldsymbol{a}'_t|F_{t-1})=\boldsymbol{\Sigma}_a$。

3.11.1　线性参数约束

实际上，VARMA(p，q)模型经常满足某些线性约束，如设某些参数为 0。可以将线性约束表示为

$$\boldsymbol{\beta} = \boldsymbol{R\gamma} \tag{3-91}$$

其中 $\boldsymbol{R}$ 是一个已知的 $k^2(p+q)\times s$ 约束矩阵，并且 γ 是一个 s 维无限制参数向量，其中 $s<k^2(p+q)$。当 $s<k^2(p+q)$时，式(3-91)的线性约束等价于条件 $\boldsymbol{S\beta}=\mathbf{0}$，其中 $\boldsymbol{S}$ 是由 $\boldsymbol{R}$ 决定的一个$[k^2(p+q)-s]\times k^2(p+q)$已知矩阵。如果约束仅仅是通过设置一些参数为 0 来简化，那么 R 和 S 仅仅是一些选择矩阵。

在约束条件下，$\boldsymbol{z}_t$ 的似然函数是无限制参数 $\boldsymbol{\gamma}$ 的一个函数，正则方程可以通过下式得到

$$\frac{\partial \ell}{\partial \boldsymbol{\gamma}} = \frac{\partial \boldsymbol{\beta}'}{\partial \boldsymbol{\gamma}}\frac{\partial \ell}{\partial \boldsymbol{\beta}} = \boldsymbol{R}'\frac{\partial \ell}{\boldsymbol{\beta}} = \boldsymbol{R}'\boldsymbol{N}(\boldsymbol{\Theta}')^{-1}(\boldsymbol{I}_T\otimes\boldsymbol{\Sigma}_a^{-1})\boldsymbol{A} \tag{3-92}$$

并且近似海森矩阵为

$$-\frac{\partial^2 \ell}{\partial \boldsymbol{\gamma}\,\partial \boldsymbol{\gamma}'} = -\boldsymbol{R}'\left(\frac{\partial^2 \ell}{\partial \boldsymbol{\gamma}\,\partial \boldsymbol{\gamma}'}\right)\boldsymbol{R} \approx \boldsymbol{R}'\boldsymbol{Z}(\boldsymbol{\Theta}')^{-1}(\boldsymbol{I}_T\otimes\boldsymbol{\Sigma}_a^{-1})\boldsymbol{\Theta}^{-1}\boldsymbol{N}'\boldsymbol{R} \tag{3-93}$$ 162

因此可以继续应用极大似然函数且 $\hat{\boldsymbol{\gamma}}$ 的渐近协方差为

$$\boldsymbol{V}_\gamma = \lim_{T\to\infty} E(\boldsymbol{R}'\boldsymbol{N}_t\boldsymbol{\Sigma}_a^{-1}\boldsymbol{N}_t'\boldsymbol{R}) = \boldsymbol{R}'\boldsymbol{V}\boldsymbol{R}$$

更具体地，我们有

$$T^{1/2}(\hat{\gamma}-\gamma) \to_d \quad N[\mathbf{0},(\boldsymbol{R}'\boldsymbol{V}\boldsymbol{R})^{-1}]$$

令 $\tilde{\boldsymbol{a}}_t$ 是限制模型下的残差，该模型在简化约束下也称为简化模型。残差协方差矩阵的 MLE 为 $\hat{\boldsymbol{\Sigma}}_\gamma = \boldsymbol{T}^{-1}\sum_{t=1}^{t}\tilde{\boldsymbol{a}}_t\tilde{\boldsymbol{a}}'_\ell$。对于 VARMA($p$，$q$)模型，可以执行似然比检验或 Wald 检验来进行统计推断。例如，检验假设 H_0：$\boldsymbol{\beta}=\boldsymbol{R\gamma}$ 与 H_α：$\boldsymbol{\beta}\neq\boldsymbol{R\gamma}$。似然比检验为$-T\log(|\hat{\boldsymbol{\Sigma}}_a|/|\hat{\boldsymbol{\Sigma}}_\gamma|)$。在 H_0 下，这个检验统计量渐近服从自由度为 $k^2(p+q)-s$ 的卡方分布，其中 s 是 $\boldsymbol{\gamma}$ 的维数。例子见 Kohn(1979)。

3.12　拟合 VARMA 模型的模型检验

类似于第 2 章的 VAR，拟合 VARMA(p，q)模型的模型检验关注残差分析

$$\hat{\boldsymbol{a}}_t = \boldsymbol{z}_t - \hat{\boldsymbol{\phi}}_0 - \sum_{i=1}^{p}\hat{\boldsymbol{\phi}}_i\boldsymbol{z}_{t-i} + \sum_{j=1}^{q}\hat{\boldsymbol{\theta}}_j\hat{\boldsymbol{a}}_{t-j} \tag{3-94}$$

其中 $\hat{\boldsymbol{\phi}}$ 和 $\hat{\boldsymbol{\theta}}_j$ 为 $\hat{\boldsymbol{\phi}}_i$ 和 $\boldsymbol{\theta}_j$ 的 MLE。如果拟合 VARMA 模型是恰当的，则残差序列$\{\hat{\boldsymbol{a}}_t\}$应该为 k 维白噪声。因此，我们继续用第 2 章中的多元 Ljung-Box 统计(或混成统计)量来检验残差的序列相关和交叉相关性。

定义残差 $\hat{\boldsymbol{a}}_t$ 的滞后 ℓ 自协方差矩阵为

$$\hat{\boldsymbol{C}}_\ell = \frac{1}{T}\sum_{t=\ell+1}^{T}\hat{\boldsymbol{a}}_t\hat{\boldsymbol{a}}'_{t-\ell} \equiv [\hat{C}_{\ell,ij}] \tag{3-95}$$

且滞后 ℓ 残差交叉相关矩阵 $\hat{\boldsymbol{R}}_\ell$ 为

$$\hat{\boldsymbol{R}}_\ell = \hat{\boldsymbol{D}}^{-1}\hat{\boldsymbol{C}}_\ell\hat{\boldsymbol{D}}^{-1}$$

163 其中 $\hat{\boldsymbol{D}}$ 为残差标准误差的对角矩阵，即 $\hat{\boldsymbol{D}}=\text{diag}\{\hat{C}_{0,11}^{1/2},\ \cdots,\ \hat{C}_{0,kk}^{1/2}\}$。令 $\boldsymbol{R}_\ell$ 为 $\boldsymbol{a}_t$ 的滞后 ℓ 交叉相关矩阵。感兴趣的原假设为 H_0：$\boldsymbol{R}_1=\cdots=\boldsymbol{R}_m=\boldsymbol{0}$ 且 Ljung-Box 统计量为

$$Q_k(m) = T^2\sum_{\ell=1}^{m}\frac{1}{T-\ell}\text{tr}(\hat{\boldsymbol{R}}'_\ell\hat{\boldsymbol{R}}_0^{-1}\hat{\boldsymbol{R}}_\ell\hat{\boldsymbol{R}}_0^{-1}) = T^2\sum_{\ell=1}^{m}\frac{1}{T-\ell}\text{tr}(\hat{\boldsymbol{C}}'_\ell\hat{\boldsymbol{C}}_0^{-1}\hat{\boldsymbol{C}}_\ell\hat{\boldsymbol{C}}_0^{-1}) \tag{3-96}$$

在该假设下，$\boldsymbol{z}_t$ 服从 VARMA(p，q)模型，$\boldsymbol{a}_t$ 为白噪声序列，其均值为 0，协方差为正定，其 4 阶矩有限。式(3-96)的 Ljung-Box 统计量渐近服从自由度为 $k^2(m-p-q)$ 的卡方分布。见 Hosking(1980)、Poskitt 和 Tremayne(1982)、Li(2004)以及 Mcleod(1981)。

3.13　VARMA 模型预测

类似于第 2 章的 VAR 模型，我们使用最小均方误差准则来讨论 VARMA(p，q)时间序列 $\boldsymbol{z}_t$ 的预测。为了简单起见，我们假定参数是已知的。Yamamoto(1981)已经研究了估计参数对 VARM 预测的影响。

假定预测原点为 h，令 F_h 是在 h 的有效信息。对于 1 步超前预测，根据该模型，我们有

$$\boldsymbol{z}_h(1) = E(\boldsymbol{z}_{h+1}\mid F_h) = \boldsymbol{\phi}_0 + \sum_{i=1}^{p}\boldsymbol{\phi}_i\boldsymbol{z}_{h+1-i} - \sum_{j=1}^{q}\boldsymbol{\theta}_j\boldsymbol{a}_{h+1-j}$$

且相关预测误差为

$$\boldsymbol{e}_h(1) = \boldsymbol{z}_{h+1} - \boldsymbol{z}_h(1) = \boldsymbol{a}_{h+1}$$

1 步超前预测误差的协方差矩阵为 $\text{Cov}[\boldsymbol{e}_h(1)]=\text{Cov}(\boldsymbol{a}_{h+1})=\boldsymbol{\Sigma}_a$。对于 2 步超前预测，我们有

$$\boldsymbol{z}_h(2) = E(\boldsymbol{z}_{h+2}\mid F_h) = \boldsymbol{\phi}_0 + \boldsymbol{\phi}_1\boldsymbol{z}_h(1) + \sum_{i=2}^{p}\boldsymbol{\phi}_i\boldsymbol{z}_{h+2-i} + \sum_{j=2}^{q}\boldsymbol{\theta}_j\boldsymbol{a}_{h+2-j}$$

164 其中我们已经使用了 $E(\boldsymbol{a}_{h+i}\mid F_h)=0(i>0)$。这个结果可以通过下面的简单规则得到。

$$E(\boldsymbol{z}_{h+i}\mid F_h) = \begin{cases}\boldsymbol{z}_{h+i} & \text{如果 } i\leqslant 0\\ \boldsymbol{z}_h(i) & \text{如果 } i>0,\end{cases}\quad E(\boldsymbol{a}_{h+i}\mid F_h) = \begin{cases}\boldsymbol{a}_{h+i} & \text{如果 } i\leqslant 0\\ \boldsymbol{0} & \text{如果 } i>0\end{cases} \tag{3-97}$$

对于 VARMA(p，q)模型，式(3-97)中的简单规则表明

$$\boldsymbol{z}_h(\ell) = \boldsymbol{\phi}_0 + \sum_{i=1}^{p}\boldsymbol{\phi}_i\boldsymbol{z}_h(\ell-i),\quad \ell>q \tag{3-98}$$

然而，对于 $\ell>q$，VARMA(p，q)模型的点预测满足矩阵多项式方程

$$\boldsymbol{\phi}(B)\boldsymbol{z}_h(\ell) = \boldsymbol{\phi}_0 \text{ 或 } \boldsymbol{\phi}(B)[\boldsymbol{z}_h(\ell) - \boldsymbol{\mu}] = \boldsymbol{0}$$

其中 $\boldsymbol{\mu}=E(\boldsymbol{z}_t)$。对于 $\ell>q$，VARMA(p, q)模型的点预测可以通过递归方法来计算。

回到预测误差。这里，用 $\boldsymbol{z}_t$ 的 MA 表达式最方便，见式(3-38)。ℓ 步超前预测误差为

$$\boldsymbol{e}_h(\ell)=\boldsymbol{a}_{h+\ell}+\boldsymbol{\Psi}_1\boldsymbol{a}_{h+\ell-1}+\cdots+\boldsymbol{\psi}_{\ell-1}\boldsymbol{a}_{h+1} \tag{3-99}$$

因此，ℓ 步超前预测误差的协方差为

$$\mathrm{Cov}[\boldsymbol{e}_h(\ell)]=\boldsymbol{\Sigma}_a+\boldsymbol{\psi}_1\boldsymbol{\Sigma}_a\boldsymbol{\psi}_1'+\cdots+\boldsymbol{\psi}_{h-1}\boldsymbol{\Sigma}_a\boldsymbol{\psi}'_{h-1} \tag{3-100}$$

上述两式的重要结果是，一个平稳 VARMA 过程是均值回归。式(3-99)表明当 ℓ 增加时，预测误差趋于 $\boldsymbol{z}_t$ 的随机部分(因为 $\boldsymbol{\psi}_j\to 0$)。即当 $\ell\to 0$ 时，$\boldsymbol{z}_h(\ell)\to\boldsymbol{\mu}$。此外，式(3-100)表明当 $\ell\to\infty$时，$\mathrm{Cov}[\boldsymbol{e}_h(\ell)]$收敛于 $\mathrm{Cov}(\boldsymbol{z}_t)$。这是可以理解的，因为随着时间滞后增加，平稳可逆 VARMA 模型的动态相依性呈指数衰减为 0。式(3-100)也提供了计算预测误差的协方差矩阵的有效方法。

根据式(3-99)和式(3-100)，第 2 章讨论的 VAR 模型的预测误差协方差分解继续可以应用到 VARMA 预测。此外，利用 MA 模型表达式，可以用与拟合 VAR 模型的脉冲响应函数相同方式给出拟合 VARMA 模型的脉冲响应函数。

本节讨论的预测结果表明，平稳 VARMA 模型主要进行短期预测。它们的长期预测实质上是样本均值。这个均值回归性质在应用中有许多重要意义，尤其在金融领域中。 165

3.13.1　预测更新

基于 MA 表达式，在预测原点 h，$\boldsymbol{z}_{h+\ell}$的 ℓ 步超前预测为

$$\boldsymbol{z}_h(\ell)=E(\boldsymbol{z}_{h+\ell}|F_h)=\boldsymbol{\psi}_\ell\boldsymbol{a}_h+\boldsymbol{\psi}_{\ell+1}\boldsymbol{a}_{h-1}+\cdots \tag{3-101}$$

并且在预测原点 $t=h+1$，$\boldsymbol{z}_{h+\ell}$的 $\ell-1$ 步超前预测为

$$\boldsymbol{z}_{h+1}(\ell-1)=\boldsymbol{\psi}_{\ell-1}\boldsymbol{a}_{h+1}+\boldsymbol{\psi}_\ell\boldsymbol{a}_h+\boldsymbol{\psi}_{\ell+1}\boldsymbol{a}_{h-1}+\cdots \tag{3-102}$$

式(3-102)减去式(3-101)，可以得到 VARMA 预测的校正方程为

$$\boldsymbol{z}_{h+1}(\ell-1)=\boldsymbol{z}_h(\ell)+\boldsymbol{\psi}_{\ell-1}\boldsymbol{a}_{h+1} \tag{3-103}$$

因为 $\boldsymbol{a}_{h+1}$是时间序列在 $h+1$ 时获得的新信息，所以式(3-103)可以简单地说在时间 $h+1$，$\boldsymbol{a}_{h+1}$的新预测是时间 h 的预测加上时间 $h+1$ 的新信息的 $\boldsymbol{\psi}_{\ell-1}$倍。这个结果是一元 ARMA 模型的校正公式的直接推广。

3.14　初次阶识别

在介绍下一章的结构设定之前，我们考虑一种方法，此方法可以在不用估计任何混合 VARMA 模型的条件下识别 VARMA 模型的阶(p, q)。该方法主要识别阶 p 和 q。它不处理 VARMA 模型的可识别性问题。

基于 Tiao 和 Tsay(1983)的扩展的交叉相关矩阵及 Tsay 和 Tiao(1984)的一元时间序列的扩展自相关函数(EACF)来考虑这个方法。考虑式(3-23)的平稳可逆 VARMA(p, q)模型。如果可以得到 AR 矩阵多项式 $\boldsymbol{\phi}(B)$的一致估计，就可以将 VARMA 过程转换为可以用交叉相关矩阵确定阶 q 的 VMA 序列。

3.14.1 一致AR估计

为了简单起见，我们使用简单的VARMA(1，q)模型来介绍迭代向量自回归，它可以在MA多项式前给出AR系数的一致估计。然而，这个方法可以应用到一般VARMA(p，q)模型，因为它是基于模型的矩方程。

166 假定$\boldsymbol{z}_t$是一个平稳的零均值VARMA(1，q)过程。即$\boldsymbol{z}_t$的模型为

$$\boldsymbol{z}_t=\boldsymbol{\phi}_1\boldsymbol{z}_{t-1}+\boldsymbol{a}_1-\boldsymbol{\theta}_1\boldsymbol{a}_{t-1}-\cdots-\boldsymbol{\theta}_q\boldsymbol{a}_{t-q} \tag{3-104}$$

我们目的是得到AR系数矩阵$\boldsymbol{\phi}_1$的一致估计。对于式(3-104)中的VARMA(1，q)过程，矩方程为

$$\boldsymbol{\Gamma}_\ell=\boldsymbol{\phi}_1\boldsymbol{\Gamma}_{\ell-1},\quad \ell>q$$

其中$\boldsymbol{\Gamma}_\ell$是$\boldsymbol{z}_t$的滞后ℓ自协方差矩阵。

首先考虑VAR(1)拟合：

$$\boldsymbol{z}_t=\boldsymbol{\phi}_1^{(0)}\boldsymbol{z}_{t-1}+\boldsymbol{a}_t^{(0)} \tag{3-105}$$

其中上标(0)表示初始VAR(1)拟合。式(3-105)右乘$\boldsymbol{z}'_{t-1}$并取期望，我们有

$$\boldsymbol{\Gamma}_1=\boldsymbol{\phi}_1^{(0)}\boldsymbol{\Gamma}_0\text{或者}\ \boldsymbol{\phi}_1^{(0)}=\boldsymbol{\Gamma}_1\boldsymbol{\Gamma}_0^{-1} \tag{3-106}$$

这是$\boldsymbol{\phi}_1^{(0)}$的VAR(1)模型的正则方程。根据VARMA(1，q)模型的矩方程，我们有，如果$q=0$，则$\boldsymbol{\phi}_1^{(0)}=\boldsymbol{\phi}_1$；如果$q>0$，则$\boldsymbol{\phi}_1^{(0)}\neq\boldsymbol{\phi}_1$。模型的残差为

$$\boldsymbol{a}_t^{(0)}=\boldsymbol{z}_t-\boldsymbol{\phi}_1^{(0)}\boldsymbol{z}_{t-1}$$

下面考虑第一次迭代VAR(1)拟合：

$$\boldsymbol{z}_t=\boldsymbol{\phi}_1^{(1)}\boldsymbol{z}_{t-1}+\boldsymbol{\gamma}_1^{(1)}\boldsymbol{a}_{t-1}^{(0)}+\boldsymbol{a}_t^{(1)}=\boldsymbol{\phi}_1^{(1)}\boldsymbol{z}_{t-1}+\boldsymbol{\gamma}_1^{(1)}[\boldsymbol{z}_{t-1}-\boldsymbol{\phi}_1^{(0)}\boldsymbol{z}_{t-2}]+\boldsymbol{a}_t^{(1)} \tag{3-107}$$

其中$\boldsymbol{a}_{t-1}^{(0)}$是式(3-105)的滞后1残差，式(3-107)右乘$\boldsymbol{z}'_{t-2}$并取期望，我们有

$$\boldsymbol{\Gamma}_2=\boldsymbol{\phi}_1^{(1)}\boldsymbol{\Gamma}_1+\boldsymbol{\gamma}_1^{(1)}[\boldsymbol{\Gamma}_1-\boldsymbol{\phi}_1^{(0)}\boldsymbol{\Gamma}_0]$$

利用式(3-106)，可以简化上式，得到

$$\boldsymbol{\Gamma}_2=\boldsymbol{\phi}_1^{(1)}\boldsymbol{\Gamma}_1\quad\text{或}\quad\boldsymbol{\phi}_1^{(1)}=\boldsymbol{\Gamma}_2\boldsymbol{\Gamma}_1^{-1} \tag{3-108}$$

根据VARMA(1，q)模型的矩方程，我们有，如果$q\leqslant1$，则$\boldsymbol{\phi}_1^{(1)}=\boldsymbol{\phi}_1$；如果$q>1$，则
167 $\boldsymbol{\phi}_1^{(1)}\neq\boldsymbol{\phi}_1$。因此，第一次迭代VAR(1)拟合给VARMA(1，q)模型的$\boldsymbol{\phi}_1$提供一致估计，其中$q\leqslant1$。从这个意义上讲，第一次迭代VAR(1)拟合可以看作求解VARMA(1，1)模型的广义多元Yule-Walker方程的回归方法。

下面考虑第二次迭代VAR(1)拟合：

$$\begin{aligned}\boldsymbol{z}_t&=\boldsymbol{\phi}_1^{(2)}\boldsymbol{z}_{t-1}+\boldsymbol{\gamma}_2^{(2)}\boldsymbol{a}_{t-2}^{(0)}+\boldsymbol{\gamma}_1^{(2)}\boldsymbol{a}_{t-1}^{(1)}+\boldsymbol{a}_t^{(2)}\\&=\boldsymbol{\phi}_1^{(2)}\boldsymbol{z}_{t-1}+\boldsymbol{\gamma}_2^{(2)}[\boldsymbol{z}_{t-2}-\boldsymbol{\phi}_1^{(0)}\boldsymbol{z}_{t-3}]+\boldsymbol{\gamma}_1^{(2)}\{\boldsymbol{z}_{t-1}-\boldsymbol{\phi}_1^{(1)}\boldsymbol{z}_{t-2}-\boldsymbol{\gamma}_1^{(1)}[\boldsymbol{z}_{t-2}-\boldsymbol{\phi}_1^{(0)}\boldsymbol{z}_{t-3}]\}+\boldsymbol{a}_t^{(2)}\end{aligned} \tag{3-109}$$

注意，上述残差分别使用滞后2和滞后1。式(3-109)右乘$\boldsymbol{z}'_{t-3}$并取期望，我们有

$$\boldsymbol{\Gamma}_3=\boldsymbol{\phi}_1^{(2)}\boldsymbol{\Gamma}_2+\boldsymbol{\gamma}_2^{(2)}[\boldsymbol{\Gamma}_1-\boldsymbol{\phi}_1^{(0)}\boldsymbol{\Gamma}_0]+\boldsymbol{\gamma}_1^{(2)}\{\boldsymbol{\Gamma}_2-\boldsymbol{\phi}_1^{(1)}\boldsymbol{\Gamma}_1-\boldsymbol{\gamma}_1^{(1)}[\boldsymbol{\Gamma}_1-\boldsymbol{\phi}_1^{(0)}\boldsymbol{\Gamma}_0]\}$$

使用式(3-108)和式(3-106)，我们有

$$\boldsymbol{\Gamma}_3 = \boldsymbol{\phi}_1^{(2)} \boldsymbol{\Gamma}_2 \text{ 或 } \boldsymbol{\phi}_1^{(2)} = \boldsymbol{\Gamma}_3 \boldsymbol{\Gamma}_2^{-1} \tag{3-110}$$

它可以用于求解 VARMA(1，2)模型的广义多元 Yule-Walker 方程。换句话说，第二次迭代 VAR(1)拟合给 VARMA(1，q)模型的 $\boldsymbol{\phi}_1$ 提供一致估计，其中 $q \leqslant 2$。

显然，可以重复迭代 VAR(1)拟合。一般第 j 次迭代 VAR(1)拟合为

$$\boldsymbol{z}_t = \boldsymbol{\phi}_1^{(j)} \boldsymbol{z}_{t-1} + \sum_{v=1}^{j} \boldsymbol{\gamma}_v^{(j)} \boldsymbol{a}_{t-v}^{(j-v)} + \boldsymbol{a}_t^{(j)} \tag{3-111}$$

并有

$$\boldsymbol{\Gamma}_{j+1} = \boldsymbol{\phi}_1^{(j)} \boldsymbol{\Gamma}_j, \quad \boldsymbol{\phi}_1^{(j)} = \boldsymbol{\Gamma}_{j+1} \boldsymbol{\Gamma}_j^{-1} \tag{3-112}$$

因此，第 j 次迭代 VAR(1)拟合给 $\boldsymbol{\phi}_1$ 提供一致估计，也就是，如果 $\boldsymbol{z}_t$ 服从 VARMA(1，q)模型且 $q \leqslant j$，$\boldsymbol{\phi}_1 = \boldsymbol{\Gamma}_{j+1} \boldsymbol{\Gamma}_j^{-1}$。

对于一个平稳零均值 VARMA(p，q)模型，从传统的 VAR(p)拟合开始，第 j 次迭代 VAR(p)拟合可以表示为

$$\boldsymbol{z}_t = \sum_{i=1}^{p} \boldsymbol{\phi}_i^{(j)} \boldsymbol{z}_{t-i} + \sum_{v=1}^{j} \boldsymbol{\gamma}_v^{(j)} \boldsymbol{a}_{t-v}^{(j-v)} + \boldsymbol{a}_t^{(j)} \tag{3-113}$$

通过数学推理可知，AR 系数矩阵 $\boldsymbol{\phi}_i^{(j)}$ 满足广义多元 Yule-Walker 方程 168

$$\begin{bmatrix} \boldsymbol{\Gamma}_j & \boldsymbol{\Gamma}_{j-1} & \cdots & \boldsymbol{\Gamma}_{j+1-p} \\ \boldsymbol{\Gamma}_{j+1} & \boldsymbol{\Gamma}_j & \cdots & \boldsymbol{\Gamma}_{j+2-p} \\ \vdots & \vdots & \ddots & \vdots \\ \boldsymbol{\Gamma}_{j+p+1} & \boldsymbol{\Gamma}_{j+p-2} & \cdots & \boldsymbol{\Gamma}_j \end{bmatrix} \begin{bmatrix} \boldsymbol{\phi}_1^{(j)} \\ \boldsymbol{\phi}_2^{(j)} \\ \vdots \\ \boldsymbol{\phi}_p^{(j)} \end{bmatrix} = \begin{bmatrix} \boldsymbol{\Gamma}_{j+1} \\ \boldsymbol{\Gamma}_{j+2} \\ \vdots \\ \boldsymbol{\Gamma}_{j+p} \end{bmatrix} \tag{3-114}$$

因此，如果 $q \leqslant j$ 且所涉及的矩阵是可逆的，那么 $\boldsymbol{\phi}_i^{(j)}$ 的 LS 估计是 $\boldsymbol{\phi}_i$ 的一致估计。

3.14.2　扩展的交叉相关矩阵

利用迭代 VAR 拟合的一致性结果，Tiao 和 Tsay(1983)定义了扩展的交叉相关矩阵，该矩阵可以用来设定 VARMA 模型的阶(p，q)。而且，我们用 VARMA(1，q)模型来介绍这个思想，它可以很好地应用于一般 VARMA 模型。考虑第 j 次迭代 VAR(1)的系数矩阵 $\boldsymbol{\phi}_1^{(j)}$。假定 $q \leqslant j$，有 $\boldsymbol{\phi}_1^{(j)} = \boldsymbol{\phi}_i$。定义第 j 次变换过程

$$\boldsymbol{w}_{1,t}^{(j)} = \boldsymbol{z}_t - \boldsymbol{\phi}_1^{(j)} \boldsymbol{z}_{t-1} \tag{3-115}$$

其中 $\boldsymbol{w}_{1,t}^{(j)}$ 的下标 1 表示变换序列是阶 $p=1$ 的 AR。显然，假设 $q \leqslant j$，根据 $\boldsymbol{\phi}_1^{(j)}$ 的一致性，$\boldsymbol{w}_{1,t}^{(j)}$ 服从 VMA(q)模型

$$\boldsymbol{w}_{1,t}^{(j)} = \boldsymbol{a}_t - \boldsymbol{\theta}_1 \boldsymbol{a}_{t-1} - \cdots - \boldsymbol{\theta}_a \boldsymbol{a}_{t-q}$$

因此，$\boldsymbol{w}_{1,t}^{(j)}$ 的交叉相关矩阵满足条件：对于 $\ell \geqslant q+1$ 和 $j \geqslant q$，$\boldsymbol{\rho}_\ell(\boldsymbol{w}_{1,t}^{(j)}) = 0$，其中参数 $\boldsymbol{w}_{1,t}^{(j)}$ 表示正在研究的过程。为了系统地总结变换序列 $\boldsymbol{w}_{1,t}^{(j)}$ 的信息从而进行阶的确定，考虑下面 $\boldsymbol{w}_{1,t}^{(j)}$($j=0$，1，…)序列的交叉相关矩阵的表。

序　列	交叉相关矩阵				
$\boldsymbol{w}_{1,t}^{(0)}$	$\boldsymbol{\rho}_1(\boldsymbol{w}_{1t}^{(0)})$	$\boldsymbol{\rho}_2(\boldsymbol{w}_{1t}^{(0)})$	$\boldsymbol{\rho}_3(\boldsymbol{w}_{1t}^{(0)})$	…	$\boldsymbol{\rho}_\ell(\boldsymbol{w}_{1t}^{(0)})$
$\boldsymbol{w}_{1,t}^{(1)}$	$\boldsymbol{\rho}_1(\boldsymbol{w}_{1t}^{(1)})$	$\boldsymbol{\rho}_2(\boldsymbol{w}_{1t}^{(1)})$	$\boldsymbol{\rho}_3(\boldsymbol{w}_{1t}^{(1)})$	…	$\boldsymbol{\rho}_\ell(\boldsymbol{w}_{1t}^{(1)})$
$\boldsymbol{w}_{1,t}^{(2)}$	$\boldsymbol{\rho}_1(\boldsymbol{w}_{1t}^{(2)})$	$\boldsymbol{\rho}_2(\boldsymbol{w}_{1t}^{(2)})$	$\boldsymbol{\rho}_3(\boldsymbol{w}_{1t}^{(2)})$	…	$\boldsymbol{\rho}_\ell(\boldsymbol{w}_{1t}^{(2)})$
169 $\boldsymbol{w}_{1,t}^{(3)}$	$\boldsymbol{\rho}_1(\boldsymbol{w}_{1t}^{(3)})$	$\boldsymbol{\rho}_2(\boldsymbol{w}_{1t}^{(3)})$	$\boldsymbol{\rho}_3(\boldsymbol{w}_{1t}^{(3)})$	…	$\boldsymbol{\rho}_\ell(\boldsymbol{w}_{1t}^{(3)})$

对于 $q=0$，$\boldsymbol{z}_t$ 是 VARMA(1，0)过程，表中所有的交叉相关矩阵为 $\boldsymbol{0}$。对于 $q=1$，$\boldsymbol{z}_t$ 是 VARMA(1，1)过程，有(a)对于一些 v，$\boldsymbol{\rho}_v(\boldsymbol{w}_{1,t}^{(0)})\neq 0$，因为 $\boldsymbol{\phi}_1^{(0)}\neq\boldsymbol{\phi}_1$；(b)对于 $j\geqslant 1$，滞后 1 交叉相关矩阵 $\boldsymbol{\rho}_1(w_{1,t}^{(j)})$不为 0，因为 $\boldsymbol{w}_{1,t}^{(j)}$ 是 VMA(1)序列；(c)对于 $v>1$ 和 $j\geqslant 1$，$\boldsymbol{\rho}_v(\boldsymbol{w}_{1,t}^{(j)})=0$。上表中的这 3 个性质意味着一个很好的模式。特别地，第一列块包括非零相关矩阵，第一行块包括一些非零相关矩阵，其余的所有相关矩阵为 0。

继续这类模式。当 $q=2$ 时，有(a)对于 $v\geqslant 2$，$\boldsymbol{\rho}_v(\boldsymbol{w}_{1,t}^{(1)})$应该是非零的，因为 $\boldsymbol{\phi}_1^{(1)}$ 和 $\boldsymbol{\phi}_1$ 不一致；(b)$\boldsymbol{\rho}_2(\boldsymbol{w}_{1,t}^{(2)})\neq 0$，因为 $\boldsymbol{w}_{1,t}^{(2)}$ 是 VMA(2)序列；(c)对于 $v>2$ 和 $j\geqslant 2$，$\boldsymbol{\rho}_v(w_{1,t}^{(j)})=0$。一般地，对于一个 VARMA(1，$q$)序列 $\boldsymbol{z}_t$，有(a)对于一些 $v>q$，$\boldsymbol{\rho}_v(\boldsymbol{w}_{1,t}^{(q-1)})$应该是非零的，因为 $\boldsymbol{\phi}_1^{(q-1)}\neq\boldsymbol{\phi}_1$；(b)$\boldsymbol{\rho}_j(\boldsymbol{w}_{1,t}^{(q)})\neq 0$，因为 $\boldsymbol{w}_{1,t}^{(q)}$ 是一个 VMA(q)序列；(c)对于所有的 $v\geqslant q+1$ 和 $j\geqslant q$，$\boldsymbol{\rho}_v(\boldsymbol{w}_{1,t}^{(j)})=0$。

为了应用上述的性质，Tiao 和 Tsay(1983)重点讨论了上表中的对角元素，并定义 $\boldsymbol{z}_t$ 的滞后 j 一阶扩展的交叉相关矩阵为变换序列 $\boldsymbol{w}_{1,t}^{(j-1)}$ 的滞后 j 交叉相关矩阵($j>0$)。具体地，$\boldsymbol{z}_t$ 的滞后 1 一阶扩展的交叉相关矩阵为变换序列 $\boldsymbol{w}_{1,t}^{(0)}=\boldsymbol{z}_t-\boldsymbol{\phi}_1^{(0)}\boldsymbol{z}_{t-1}$ 的滞后 1 交叉相关矩阵，$\boldsymbol{z}_t$ 的滞后 2 一阶扩展的交叉相关矩阵为变换序列 $\boldsymbol{w}_{1,t}^{(1)}=\boldsymbol{z}_t-\boldsymbol{\phi}_1^{(1)}\boldsymbol{z}_{t-1}$ 的滞后 2 交叉相关矩阵等。记滞后 j 阶扩展的交叉相关矩阵为 $\boldsymbol{\rho}_j(1)$，我们有 $\boldsymbol{\rho}_j(1)=\boldsymbol{\rho}_j(\boldsymbol{w}_{1,t}^{(j)})$。根据 $\boldsymbol{\phi}_1^{(j)}$ 的一致性，对于 VARMA(1，q)过程($q<j$)，我们有 $\boldsymbol{\rho}_j(1)=0$。这个性质可以用来设定 VARMA(1，q)序列的阶 q。

上述思想可以扩展到一般 VARMA(p，q)模型。具体地，为了设定 VARMA(p，q)模型的阶 q，我们考虑迭代 VAR(p)拟合和相关的变换序列

$$\boldsymbol{w}_{p,t}^{(j)}=\boldsymbol{z}_t-\sum_{i=1}^{p}\boldsymbol{\phi}_i^{(j)}\boldsymbol{z}_{t-i},\quad t=p+j,\cdots,T \tag{3-116}$$

定义 $\boldsymbol{z}_t$ 的滞后 j 第 p 阶扩展的交叉相关矩阵为

$$\boldsymbol{\rho}_j(p)=\boldsymbol{\rho}_j(\boldsymbol{w}_{p,t}^{(j-1)}) \tag{3-117}$$

那么，对于 $j>q$，我们有 $\boldsymbol{\rho}_j(p)=\boldsymbol{0}$。Tiao 和 Tsay(1983)用双向表列出了扩展的交叉相关矩阵，其中行表示 AR 阶 p，列表示 MA 阶 q。基于式(3-117)定义的扩展的交叉相关矩
170 阵，可以通过查找零交叉相关矩阵的左上顶点值来确定阶(p，q)。

注记：严格地讲，Tiao 和 Tsay(1983)没有采用变换序列 $\boldsymbol{w}_{m,t}^{(0)}$，也没有将滞后 j 第 j 阶扩展的交叉相关矩阵定义为 $\boldsymbol{w}_{m,t}^{(j)}$ 的滞后 j 交叉相关矩阵。从这个意义

上讲，他们使用了 $\boldsymbol{w}_{1,t}^{(j)}$ 的交叉相关矩阵表的次对角元素。这是定义的另一种说法，Tiao 和 Tsay(1983)建议查找扩展的交叉相关矩阵表中的三角形模式的左上顶点来确定阶(p，q)。后面将看到，本节采用的方法寻找矩形区域大的 p 值的左上顶点来确定阶(p，q)。

3.14.3 汇总双向表

本章考虑另一种方法来总结式(3-116)变换序列 $\boldsymbol{w}_{p,t}^{(j)}$ 的信息。考虑这种方法是出于两个主要因素。第一，当维数 k 比较大时，理解由 Tiao 和 Tsay(1983)给出的扩展的交叉相关矩阵的双向表就比较困难，因为每一个扩展的交叉相关矩阵是一个 $k\times k$ 矩阵。我们不喜欢用矩阵来表示汇总统计量。第二，如上所述，扩展的交叉相关矩阵主要考虑 $\boldsymbol{w}_{p,t}^{(j)}$($j=0$，$1\cdots$)的交叉相关矩阵的对角元素。因此，他们从每一个变换序列 $\boldsymbol{w}_{p,t}^{(j)}$ 中仅仅使用一个交叉相关矩阵。$\boldsymbol{w}_{p,t}^{(j)}$ 的其他交叉相关矩阵应该也包含关于 MA 阶 q 的有用信息。考虑到这些，我们采用多元混成检验统计量。详细内容见下面。

为了介绍提到的汇总统计量，我们再次使用上述给出的变换序列 $w_{1,t}^{(j)}$。考虑变换序列 $\boldsymbol{w}_{1,t}^{(0)}$。这个序列主要用于检验 $q=0$。因此代替 $\boldsymbol{\rho}_1(\boldsymbol{w}_{1,t}^{(0)})$，我们考虑假设

$$H_0:\boldsymbol{\rho}_1(w_{1t}^{(0)})=\cdots=\boldsymbol{\rho}_\ell(w_{1t}^{(0)})=\mathbf{0} \text{ 与 } H_a:\boldsymbol{\rho}_v(w_{1t}^{(0)})\neq\mathbf{0}\text{，对于某些 } v$$

其中 ℓ 是预先给定的滞后数。使用的检验统计量自然为多元 Ljung-Box 统计量

$$Q_{1:\ell}^{(1)}=T^2\sum_{v=1}^{\ell}\frac{1}{T-v}\mathrm{tr}[\boldsymbol{\Gamma}'_v(w_{1t}^{(0)})\boldsymbol{\Gamma}_0^{-1}(w_{1t}^{(0)})\boldsymbol{\Gamma}_v(w_{1t}^{(0)})\boldsymbol{\Gamma}_0^{-1}(w_{1t}^{(0)})]$$

其中 $\boldsymbol{\Gamma}_v(w_{1t}^{(0)})$表示 $w_{1,t}^{(0)}$ 的滞后 v 自相关协方差矩阵，下标 1：ℓ 表示采用的滞后数。在原假设 $\boldsymbol{z}_t$ 服从 VARMA(1，0)模型下，$Q_{1:\ell}^{(1)}$ 渐近服从自由度为 $k^2\ell$ 的卡方分布。记 $Q_{1:\ell}^{(1)}$ 的 p 值为 p_{10}。

考虑下面变换序列 $\boldsymbol{w}_{1,t}^{(1)}$。这个变换序列主要用于检查 $q=1$。因此，我们考虑假设 171

$$H_0:\boldsymbol{\rho}_2(w_{1t}^{(1)})=\cdots=\boldsymbol{\rho}_\ell(w_{1t}^{(1)})=\mathbf{0}$$
$$\text{与 } H_a:\boldsymbol{\rho}_v(w_{1t}^{(1)})\neq\mathbf{0}\text{，} \quad \text{对于某些 } v>1$$

并采用 Ljung-Box 统计量

$$Q_{2:\ell}^{(1)}=T^2\sum_{v=2}^{\ell}\frac{1}{T-v}\mathrm{tr}[\boldsymbol{\Gamma}'_v(w_{1t}^{(1)})\boldsymbol{\Gamma}_0^{-1}(w_{1t}^{(1)})\boldsymbol{\Gamma}_v(w_{1t}^{(1)})\boldsymbol{\Gamma}_0^{-1}(w_{1t}^{(1)})]$$

在原假设 $\boldsymbol{z}_t$ 是 VARMA(1，1)过程下，$Q_{2:\ell}^{(1)}$ 渐近服从自由度为 $k^2(\ell-1)$ 的卡方分布。记 $Q_{2:\ell}^{(1)}$ 的 p 值为 p_{11}。重复这个步骤，对于第 j 次变换序列 $\boldsymbol{w}_{1,t}^{(j)}$，我们的目的是检查 $q=j$，相关的假设为

$$H_0:\boldsymbol{\rho}_{j+1}(w_{1t}^{(j)})=\cdots=\boldsymbol{\rho}_\ell(w_{1t}^{(j)})=\mathbf{0} \text{ 与}$$
$$H_a:\boldsymbol{\rho}_v(w_{1t}^{(j)})\neq\mathbf{0}\text{，} \quad \text{对于某些 } v>j$$

并且我们采用 Ljung-Box 统计量

$$Q_{(j+1):\ell}^{(1)}=T^2\sum_{v=j+1}^{\ell}\frac{1}{T-v}\mathrm{tr}[\boldsymbol{\Gamma}'_v(w_{1t}^{(j)})\boldsymbol{\Gamma}_0^{-1}(w_{1t}^{(j)})\boldsymbol{\Gamma}_v(w_{1t}^{(j)})\boldsymbol{\Gamma}_0^{-1}(w_{1t}^{(j)})]$$

在原假设 z_t 服从 VARMA(1，j)模型下，$Q_{(j+1):\ell}^{(1)}$渐近服从自由度为 $k^2(\ell-j)$的卡方分布。记 $Q_{(j+1):\ell}^{(1)}$的 p 值为 p_{1j}。通过检验 p 值序列 $p_{1j}(j=0，1，\cdots)$，如将它们与第Ⅰ类错误 α 比较，就可以确定 VARMA(1，q)序列的阶 q。

另外，我们将 Ljung-Box 统计量和它们的 p 值应用于变换序列 $w_{m,t}^{(j)}(j=0，1，\cdots)$，其中 m 是正整数。相关的假设为

$$H_0:\boldsymbol{\rho}_{j+1}(w_{mt}^{(j)})=\cdots=\boldsymbol{\rho}_\ell(w_{mt}^{(j)})=0\quad 与$$

$$H_a:\boldsymbol{\rho}_v(w_{mt}^{(j)})\neq 0,\quad 对于某些\ v>j$$

并且我们采用 Ljung-Box 统计量

172 $$Q_{j+1:\ell}^{(m)}=T^2\sum_{v=j+1}^{\ell}\frac{1}{T-v}\mathrm{tr}[\boldsymbol{\Gamma}'_v(w_{mt}^{(j)})\boldsymbol{\Gamma}_0^{-1}(w_{mt}^{(j)})\boldsymbol{\Gamma}_v(w_{mt}^{(j)})\Gamma_0^{-1}(w_{mt}^{(j)})]\tag{3-118}$$

表 3-1　多元 Q 统计量双向表和 p 值的相关表，其中 $Q_{(j+1):\ell}^{(m)}$在式(3-118)中定义

AR 阶	MA 阶：q				
p	0	1	2	…	$\ell-1$
		a)多元 Ljung-Box 统计量			
0	$Q_{1:\ell}^{(0)}$	$Q_{2:\ell}^{(0)}$	$Q_{3:\ell}^{(0)}$	…	$Q_{(\ell-1):\ell}^{(0)}$
1	$Q_{1:\ell}^{(1)}$	$Q_{2:\ell}^{(1)}$	$Q_{3:\ell}^{(1)}$	…	$Q_{(\ell-1):\ell}^{(1)}$
⋮	⋮	⋮	⋮		⋮
m	$Q_{1:\ell}^{(m)}$	$Q_{2:\ell}^{(m)}$	$Q_{3:\ell}^{(m)}$	…	$Q_{(\ell-1):\ell}^{(m)}$
		b)多元 Ljung-Box 统计量的 p 值			
0	p_{00}	p_{01}	p_{02}	…	$p_{0,\ell-1}$
1	p_{10}	p_{11}	p_{12}	…	$p_{1,\ell-1}$
⋮	⋮	⋮	⋮		⋮
m	p_{m0}	p_{m1}	p_{m2}	…	$p_{m,\ell-1}$

在原假设 z_t 服从 VARMA(m，j)模型下，$Q_{(j+1):\ell}^{(m)}$渐近服从自由度为 $k^2(\ell-j)$的卡方分布。记 $Q_{(j+1):\ell}^{(m)}$的 p 值为 p_{mj}。我们可以使用 p 值的序列，即$\{p_{m0}，\cdots，p_{mj}\}$，来确定 VARMA(m，q)模型的阶 q。

最后，因为 p 和 q 是未知的，所以我们考虑多元 Ljung-Box 统计量 $Q_{(j+1):\ell}^{(v)}$的 p 值的双向表，其中 $j=0，1，\cdots，\ell$，$v=0，1，\cdots，m$，ℓ 为允许的最大 MA 阶，m 为允许的最大 AR 阶。对于 $v=0$，Ljung-Box 统计量应用于时间序列 z_t 的交叉相关矩阵，因为 $v=0$ 对应于 VARMA(0，q)模型。记 $Q_{j+1:\ell}^{(0)}$的 p 值为 p_{0j}。这个表称为双向 p 值表，如表 3-1b 所示。通过将双向 p 值表的元素与第Ⅰ类错误 α 比较，如 0.05，可以确定 VARMA 序列的阶(p，q)。

表 3-2 给出了 VARMA(2，1)模型的双向 p 值表的近似模式，其中“X”表示统计显著

项，“O”表示不显著项。从表中可以看出，“O”的左上顶点坐标对应于阶(2，1)。

例 3.8 考虑例 3.7 使用的二维 VARMA(2，1)模型。从模型中产生 400 个观测值，计算样本交叉相关矩阵并得到双向 p 值表。表 3-3 给出了结果，如期望的那样，说明时间序列的阶是(2，1)。 □

表 3-2 一个 k 维 VARMA(2，1)时间序列的双向 p 值表

AR 阶	MA 阶：q				
p	0	1	2	…	$\ell-1$
0	X	X	X	…	X
1	X	X	X	…	X
2	X	O	O	…	O
3	X	O	O	…	O
4	X	O	O	…	O

表 3-3 例 3.8 的扩展的交叉相关矩阵的双向 p 值表

AR	MA 阶：q						
p	0	1	2	3	4	5	6
0	0.00	0.00	0.00	0.00	0.00	0.00	0.00
1	0.00	0.00	0.00	0.00	0.00	0.00	0.58
2	0.00	0.99	0.98	0.84	0.71	0.99	0.80
3	0.00	0.99	0.07	0.54	0.08	0.99	0.93
4	0.00	1.00	0.97	0.98	0.92	0.99	0.93
5	0.04	1.00	0.83	0.93	0.97	0.98	0.98

注：样本数为 400。

R 代码示例：扩展的交叉相关矩阵。

```
> p1=matrix(c(.816,-1.116,-.623,1.074),2,2)
> p2=matrix(c(-.643,.615,.592,-.133),2,2)
> phi=cbind(p1,p2)
> t1=matrix(c(0,-.801,-1.248,0),2,2)
> Sig=matrix(c(4,2,2,5),2,2)
> m1=VARMAsim(400,arlags=c(1,2),malags=c(1),phi=phi,
          theta=t1,sigma=Sig)
> zt=m1$series
> m2=Eccm(zt,maxp=5,maxq=6)
p-values table of Extended Cross-correlation Matrices:
Column: MA order
Row    : AR order
         0        1        2        3        4        5    6
0 0.00e+00 0.00e+00 0.00e+00 0.00e+00 0.00e+00 0.00e+00 0.00
1 0.00e+00 0.00e+00 0.00e+00 0.00e+00 0.00e+00 7.32e-04 0.58
2 2.78e-15 9.88e-01 9.78e-01 8.44e-01 7.14e-01 9.89e-01 0.80
3 5.31e-08 9.94e-01 7.04e-02 5.39e-01 8.39e-02 9.91e-01 0.93
4 1.95e-04 9.98e-01 9.72e-01 9.80e-01 9.17e-01 9.94e-01 0.93
5 3.66e-02 1.00e+00 8.30e-01 9.29e-01 9.72e-01 9.82e-01 0.98
> names(m2)
[1] "pEccm"   "vEccm"    "ARcoef" <== Details of output.
```

表 3-4 应用于美国猪数据的扩展的交叉相关矩阵的双向 p 值表

AR 阶	MA 阶：q						
p	0	1	2	3	4	5	6
0	0.00	0.00	0.00	0.00	0.00	0.00	0.00
1	0.04	0.67	0.69	1.00	1.00	1.00	0.79
2	0.84	0.86	0.93	1.00	1.00	1.00	0.99
3	0.98	1.00	1.00	1.00	1.00	1.00	0.99
4	1.00	1.00	1.00	1.00	1.00	1.00	1.00
5	1.00	1.00	1.00	1.00	1.00	1.00	1.00

注：样本数为 82。

例 3.9 为了说明扩展的交叉相关矩阵的性能，我们考虑五维美国猪数据，它已广泛应用于多元时间序列文献中。见 Quenouille(1957)、Box 和 Tiao(1977)、Tiao 和 Tsay(1983)以及本书中的参考文献。这些年度数据包括：(a)猪的数量；(b)每头猪的价格(美元)；(c)蒲式耳玉米供应量；(d)每蒲式耳玉米的价格(美元)；(e)农场工资水平。Quenouille 已经对数据进行了线性处理，我们采用对数数据。样本数为 82。表 3-4 给出了猪数据的交叉相关矩阵的双向 p 值表。从表中可以清晰地看到，序列为 VAR(2)或 VARMA(1，1)模型。即使我们更改扩展的交叉相关矩阵的定义，并用 Ljung-Box 统计量，VARMA(1，1)模型设定与 Tiao 和 Tsay (1983)给出的模型还是一致的。R 代码示例给出了 VAR 阶选择结果。当最大阶固定在 9 时，BIC 和 HQ 准则选择的阶都为 2，但是 AIC 选择的阶为 8。 □

R 代码示例：美国猪数据。

```
> da=read.table("ushog.txt",header=T)
> head(da)
   hogsup  hogpri cornsup cornpri    wages
1 6.28786 6.39192 6.80239 6.85013 6.58203
 .....
> m1=Eccm(da,maxp=5,maxq=6)
p-values table of Extended Cross-correlation Matrices:
Column: MA order
Row   : AR order
         0        1        2        3        4        5    6
0 0.00e+00 0.00e+00 0.00e+00 0.00e+00 0.00e+00 4.48e-13 0.00
1 3.81e-02 6.73e-01 6.88e-01 9.97e-01 9.98e-01 9.98e-01 0.79
2 8.43e-01 8.58e-01 9.27e-01 1.00e+00 1.00e+00 9.97e-01 0.99
3 9.77e-01 1.00e+00 1.00e+00 1.00e+00 1.00e+00 1.00e+00 0.99
4 1.00e+00 9.99e-01 1.00e+00 1.00e+00 1.00e+00 1.00e+00 1.00
5 1.00e+00 9.84e-01 1.00e+00 1.00e+00 1.00e+00 1.00e+00 1.00
> VARorder(da,maxp=9) ## Use VAR models only.
selected order: aic =  9
selected order: bic =  2
selected order: hq =  2
M statistic and its p-value
      Mstat        pv
 [1,] 442.75 0.000e+00
 [2,]  83.41 3.306e-08
```

```
[3,]  34.49 9.784e-02
[4,]  43.27 1.306e-02
[5,]  20.53 7.183e-01
[6,]  28.85 2.704e-01
[7,]  37.82 4.812e-02
[8,]  31.78 1.645e-01
[9,]  19.31 7.821e-01
```

3.15 VARMA 模型的实证分析

本节通过考虑两个例子来说明 VARMA 模型的应用。我们也将这个结果与 VAR 模型进行比较。使用的数据来源于圣路易斯美联储银行(FRED 经济数据)。

3.15.1 个人收入与支出

考虑从 1959 年 1 月到 2012 年 3 月美国第一个月个人消费支出(PCE)和个人可支配收入(DSPI)的 639 个观测值。这些数据的单位是 10 亿美元，并经过季节调整。由于显而易见的原因，这两个原始序列是不平稳的，所以我们主要考虑 PCE 和 DSPI 的增长率，即这些对数数据的差分。令 z_{1t} 和 z_{2t} 分别为 PCE 和 DSPI 的百分比增长率。图 3-6 给出了两个增长率序列的时序图。该图表明数据中存在一些异常观测值，尤其是可支配收入序列。然而，在分析中我们将不讨论这些异常观测值。

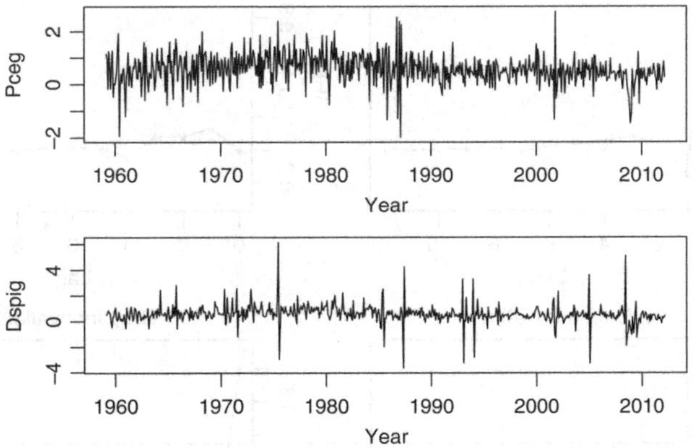

图 3-6 从 1959 年 2 月到 2012 年 3 月美国个人消费支出和个人可支配收入的月增长率的时序图

我们首先采用 VAR 模型来分析。为此，我们采用第 2 章给出的阶设定方法来选择 AR 阶。从辅助输出结果看，采用 AIC、BIC 和 HQ 准则选择的阶分别是 8、3 和 3。序列的卡方统计量给出一个 VAR(6)模型。为了简单起见，我们选择 VAR(3)模型。剔除不显著的 AR 参数后，拟合模型为

$$\begin{aligned}\boldsymbol{z}_t &= \begin{bmatrix}0.403\\0.396\end{bmatrix}+\begin{bmatrix}-0.154 & 0.131\\0.151 & -0.194\end{bmatrix}\boldsymbol{z}_{t-1}+\begin{bmatrix}0.000 & 0.128\\0.198 & -0.124\end{bmatrix}\boldsymbol{z}_{t-2}\\&\quad+\begin{bmatrix}0.052 & 0.129\\0.349 & -0.100\end{bmatrix}\boldsymbol{z}_{t-3}+\hat{\boldsymbol{a}}_t,\quad \hat{\boldsymbol{\Sigma}}_a=\begin{bmatrix}0.295 & 0.109\\0.109 & 0.468\end{bmatrix}\end{aligned} \tag{3-119}$$

R 代码示例中给出了估计的标准误差。图 3-7 给出了式(3-119)中 VAR(3)模型的多元 Ljung-Box 统计量的 p 值图。这个模型成功地处理了低阶动态相依性，但是不能很好地处理较高阶的交叉相关性。基于拟合 VAR(3)模型，这两个增长率序列彼此动态相关。图 3-8 给出了使用初始新息，模型的脉冲响应函数。通常，这两个增长率是正相关关系。

回到 VARMA 模型。我们再次应用扩展的交叉相关矩阵来确定阶。从表 3-5 的 p 值看，当第Ⅰ类错误的概率采用传统的 5%时，这两个序列模型为 VARMA(3，1)。其他可能选择的模型包括 VARMA(2，3)、VARMA(1，3)和 VARMA(6，0)。这些可选模型或者采用更多的参数或者没有模型 VARMA(3，1)清晰。

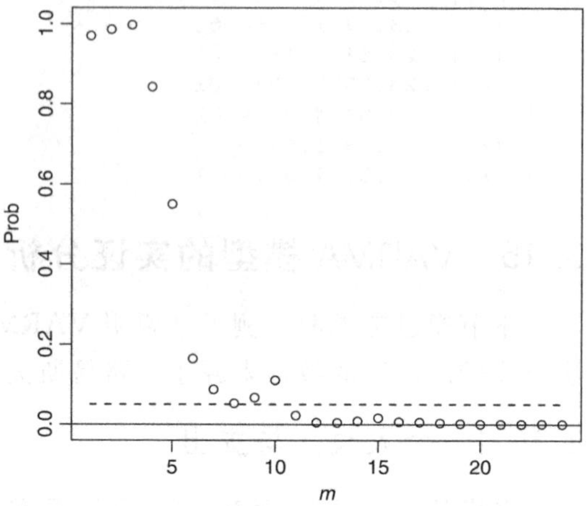

图 3-7 拟合从 1959 年 2 月到 2012 年 3 月美国个人月消费支出和月可支配收入增长率(百分比)的 VAR(3)模型的残差的多元 Ljung-Box 统计量的 p 值

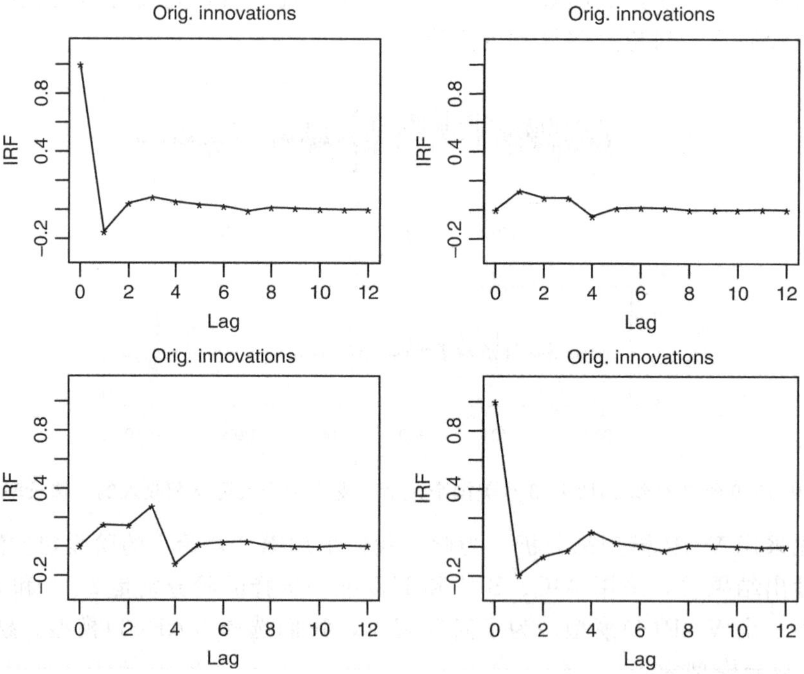

图 3-8 从 1959 年 2 月到 2012 年 3 月美国个人消费支出和个人可支配收入的月增长率的 VAR(3)模型的脉冲响应函数

利用条件 MLE 方法并剔除 3 个不显著参数，可以得到拟合模型

$$
\boldsymbol{z}_t = \begin{bmatrix} 0.017 \\ 0.000 \end{bmatrix} + \begin{bmatrix} 0.485 & 0.315 \\ 0.549 & 0.266 \end{bmatrix} \boldsymbol{z}_{t-1} + \begin{bmatrix} 0.000 & 0.094 \\ 0.141 & -0.094 \end{bmatrix} \boldsymbol{z}_{t-2} + \begin{bmatrix} 0.000 & 0.077 \\ 0.253 & -0.116 \end{bmatrix} \boldsymbol{z}_{t-3} + \hat{\boldsymbol{a}}_t - \begin{bmatrix} 0.662 & 0.225 \\ 0.423 & 0.536 \end{bmatrix} \hat{\boldsymbol{a}}_{t-1} \tag{3-120}
$$

表 3-5　美国个人消费支出和个人可支配收入的月增长率的扩展的交叉相关矩阵的 p 值表

AR	MA 阶：q						
p	0	1	2	3	4	5	6
0	0.0000	0.0000	0.0000	0.0000	0.0000	0.0001	0.0120
1	0.0000	0.0005	0.0003	0.0874	0.2523	0.2738	0.7914
2	0.0000	0.0043	0.0054	0.9390	0.4237	0.3402	0.8482
3	0.0000	0.8328	0.9397	0.9965	0.9376	0.9100	0.8193
4	0.0003	0.9643	0.9797	0.9937	0.9701	0.9810	0.9620
5	0.0150	1.0000	1.0000	1.0000	0.9995	0.9997	0.9851
6	0.1514	1.0000	1.0000	1.0000	1.0000	1.0000	0.9985

注：数据是从 1959 年 2 月到 2012 年 3 月。

其中 $\hat{\boldsymbol{a}}_t$ 的协方差矩阵为

$$
\hat{\boldsymbol{\Sigma}}_a = \begin{bmatrix} 0.281 & 0.092 \\ 0.092 & 0.445 \end{bmatrix}
$$

R 代码示例中给出了估计的标准误差。图 3-9 给出了式(3-120)中模型的残差的多元 Ljung-Box 统计量的 p 值。从图中看出，该模型成功地刻画了数据的动态相依性。不能拒绝原假设，即残差中不存在交叉相关性。图 3-10 给出了拟合 VARMA(3，1)模型的残差的时间图。如上所述，数据中存在一些异常观测值。

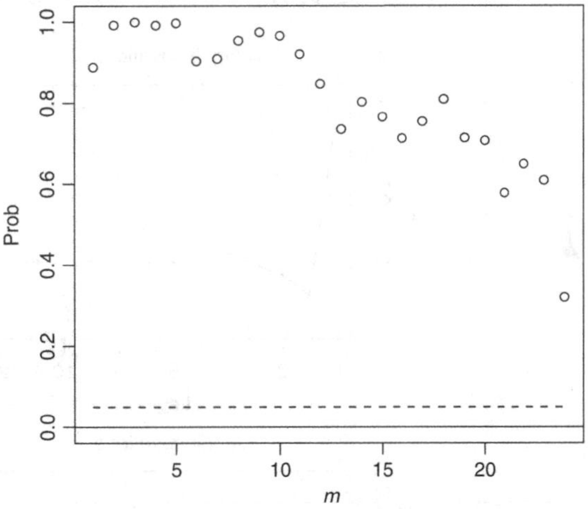

图 3-9　从 1959 年 2 月到 2012 年 3 月美国个人消费支出和个人可支配收入的月增长率的拟合 VARMA(3，1)模型的残差的多元 Ljung-Box 统计量的 p 值

3.15.1.1　模型比较

比较 PCE 和 DSPI 这两个增长率的拟合模型很有意思。第一，拟合 VARMA(3，1)模型的 AIC 和 BIC 比式(3-119)中的 VAR(3)模型的 AIC 和 BIC 小。第二，多元 Ljung-Box 统计量表明 VARMA(3，1)模型的残差交叉相关不显著。这个结果意味着 VARMA(3，1)模型能够更好地描述这两个增长率序列的动态相依性。第三，图 3-11 给出了式(3-120)中 VARMA(3，1)模型的脉冲响应函数。与图 3-8 中的脉冲响应相比较，尽管它们的一般模式是类似的，但我们还是看出两个模型之间有一些细微的差别。例如，在个人消费支出(PCE)的 VARMA(3，1)模型中，对于其冲击，脉冲响应在初始的下降之后，有 3 个连续

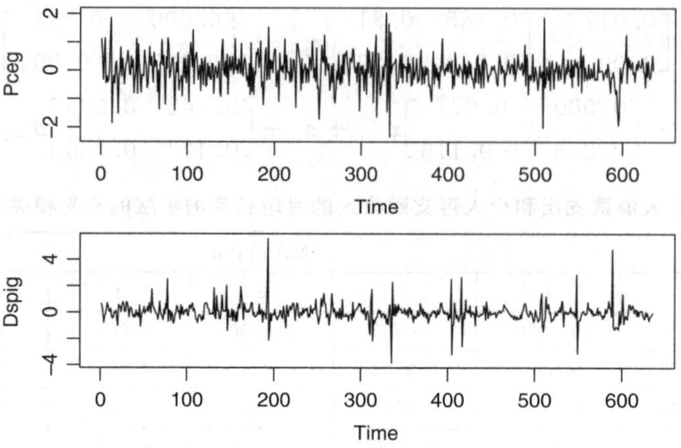

图 3-10　从 1959 年 2 月到 2012 年 3 月美国个人消费支出和个人可支配收入的月增长率的式(3-120)中的拟合 VARMA(3，1)模型的残差序列

的递增。而对于 VAR(3)模型，仅有两个连续的递增。第四，两个模型的残差协方差矩阵
173~180 的对角元素说明 VARMA(3，1)模型的残差方差较小。此外，MA 矩阵的特征值分别为 0.913 和 0.284，这表明 VARMA(3，1)模型的确是可逆的。

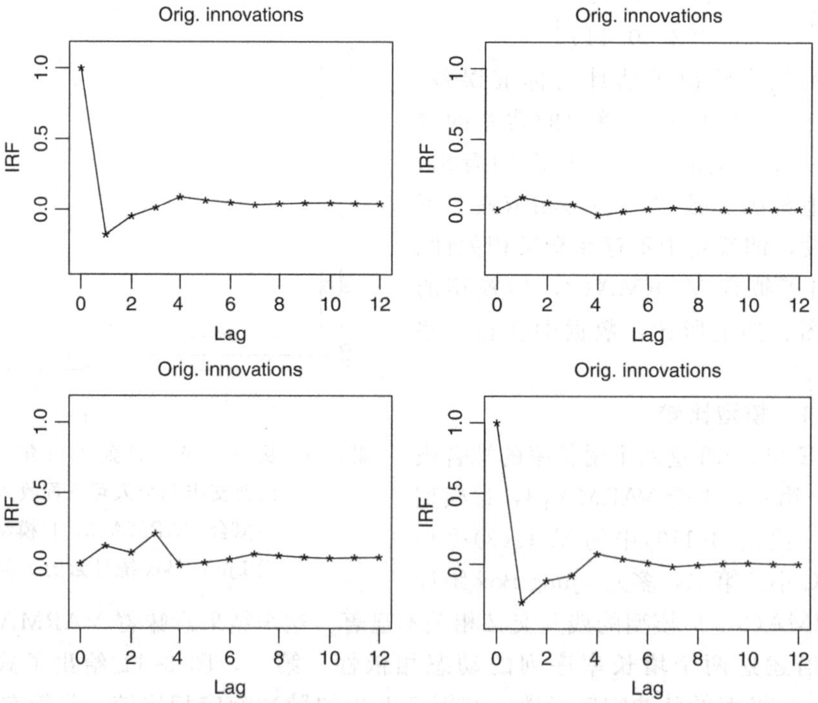

图 3-11　从 1959 年 2 月到 2012 年 3 月美国个人消费支出和个人可支配收入的月增长率的 VARMA(3，1)模型的脉冲响应函数

R 代码示例：消费支出和收入。编辑输出。

```
> z1=diff(log(da1$pce)); z2=diff(log(da2$dspi))
> zt=cbind(z1,z2)*100
> colnames(zt) <- c("pceg","dspig")
> VARorder(zt)
selected order: aic =  8
selected order: bic =  3
selected order: hq =  3
Summary table:
       p     AIC     BIC      HQ    M(p) p-value
 [1,]  0 -1.8494 -1.8494 -1.8494  0.0000  0.0000
 ...
 [4,]  3 -2.0291 -1.9452 -1.9965 68.5648  0.0000
 [5,]  4 -2.0386 -1.9268 -1.9952 13.5685  0.0088
 [6,]  5 -2.0485 -1.9087 -1.9942 13.7797  0.0080
 [7,]  6 -2.0544 -1.8867 -1.9893 11.2718  0.0237
 [8,]  7 -2.0544 -1.8588 -1.9785  7.6679  0.1045
 [9,]  8 -2.0546 -1.8310 -1.9678  7.7194  0.1024
...
[14,] 13 -2.0423 -1.6789 -1.9013  7.7812  0.0999
> m1=VAR(zt,3)  ## fit a VAR(3) model
AIC =  -2.0325; BIC =  -1.948644; HQ  =  -1.999946
> m1a=refVAR(m1,thres=1)  ## refine the VAR(3) model
Constant term:
Estimates:  0.4026613 0.3960725
Std.Error:  0.04297581 0.05873444
AR coefficient matrix
AR( 1 )-matrix
       [,1]   [,2]
[1,] -0.154  0.131
[2,]  0.151 -0.194
standard error
       [,1]   [,2]
[1,] 0.0404 0.0315
[2,] 0.0515 0.0402
AR( 2 )-matrix
      [,1]   [,2]
[1,] 0.000  0.128
[2,] 0.198 -0.124
standard error
       [,1]   [,2]
[1,] 0.0000 0.0309
[2,] 0.0518 0.0411
AR( 3 )-matrix
       [,1]   [,2]
[1,] 0.0524  0.129
[2,] 0.3486 -0.100
standard error
       [,1]   [,2]
[1,] 0.0398 0.0316
[2,] 0.0508 0.0406

Residuals cov-mtx:
          [,1]       [,2]
```

```
[1,] 0.2948047 0.1088635
[2,] 0.1088635 0.4681942

AIC =  -2.035606; BIC =  -1.958738; HQ  =  -2.005766
> MTSdiag(m1a)  ## model checking
Ljung-Box Statistics:
           m       Q(m)   p-value
 [1,]    1.000     0.531     0.97
 [2,]    2.000     1.820     0.99
 [3,]    3.000     2.692     1.00
 [4,]    4.000    10.446     0.84
 [5,]    5.000    18.559     0.55
....
[23,]  23.000   142.923     0.00
[24,]  24.000   149.481     0.00
> Eccm(zt,maxp=6,maxq=6)
p-values table of Extended Cross-correlation Matrices:
Column: MA order
Row    : AR order
       0      1      2      3      4      5      6
0 0.0000 0.0000 0.0000 0.0000 0.0000 0.0001 0.0120
1 0.0000 0.0005 0.0003 0.0874 0.2523 0.2738 0.7914
2 0.0000 0.0043 0.0054 0.9390 0.4237 0.3402 0.8482
3 0.0000 0.8328 0.9397 0.9965 0.9376 0.9100 0.8193
4 0.0003 0.9643 0.9797 0.9937 0.9701 0.9810 0.9620
5 0.0150 1.0000 1.0000 1.0000 0.9995 0.9997 0.9851
6 0.1514 1.0000 1.0000 1.0000 1.0000 1.0000 0.9985
>
> m2=VARMA(zt,p=3,q=1)  ## fit a VARMA(3,1) model
aic=  -2.097311; bic=  -1.971527
> m2a=refVARMA(m2,thres=0.8) # refine the fit
aic=  -2.100075; bic=  -1.981279
> m2b=refVARMA(m2a,thres=1) # refine further the fit.
Coefficient(s):
       Estimate  Std. Error  t value Pr(>|t|)
        0.01693     0.01158    1.462 0.143744
pceg    0.48453     0.09151    5.295 1.19e-07 ***
dspig   0.31547     0.05524    5.711 1.12e-08 ***
dspig   0.09407     0.03873    2.429 0.015143 *
dspig   0.07706     0.03753    2.053 0.040048 *
pceg    0.54854     0.14828    3.699 0.000216 ***
dspig   0.26599     0.13219    2.012 0.044195 *
pceg    0.14120     0.06197    2.278 0.022703 *
dspig  -0.09406     0.06094   -1.544 0.122667
pceg    0.25305     0.06108    4.143 3.43e-05 ***
dspig  -0.11638     0.05955   -1.954 0.050654 .
       -0.66154     0.07139   -9.267  < 2e-16 ***
       -0.22501     0.04607   -4.883 1.04e-06 ***
       -0.42284     0.13842   -3.055 0.002253 **
       -0.53556     0.13021   -4.113 3.90e-05 ***
---
Estimates in matrix form:
Constant term:
Estimates:  0.01692972 0
AR coefficient matrix
AR( 1 )-matrix
```

```
       [,1]  [,2]
[1,] 0.485 0.315
[2,] 0.549 0.266
AR( 2 )-matrix
       [,1]    [,2]
[1,] 0.000  0.0941
[2,] 0.141 -0.0941
AR( 3 )-matrix
       [,1]    [,2]
[1,] 0.000  0.0771
[2,] 0.253 -0.1164
MA coefficient matrix
MA( 1 )-matrix
       [,1]  [,2]
[1,] 0.662 0.225
[2,] 0.423 0.536

Residuals cov-matrix:
           [,1]       [,2]
[1,] 0.28073730 0.09236968
[2,] 0.09236968 0.44521036
----
aic=  -2.103228; bic=  -1.998409
> MTSdiag(m2b)
> names(m2b)
 [1] "data"  "coef"  "secoef"  "ARorder"  "MAorder"  "cnst"
 [7] "residuals"  "Phi"  "Theta"  "Sigma"  "aic"  "bic"
> phi=m2b$Phi; theta=m2b$Theta; sig=m2b$Sigma
> VARMAirf(Phi=phi,Theta=theta,Sigma=sig,orth=F)
```

3.15.2 房屋开工率和房贷利率

本节讨论从 1971 年 4 月到 2012 年 3 月美国月房屋开工率和 30 年常规房贷利率的 492 个观测值。房屋开工率表示总的新增私人住房，用 1 000 单位来度量，并且是经季节调整的。房贷利率为百分比，没有经过季节调整。数据来源于圣路易斯联邦储备银行。在我们的分析中，我们给房屋开工率除以 1000 以便用百万为单位。单个分量序列表明数据存在强序列相关性，所以我们分析变化序列。具体地，我们采用 $\boldsymbol{z}_t=(1-B)\boldsymbol{x}_t$，其中 $\boldsymbol{x}_t=(x_{1t},\ x_{2t})'$，$x_{1t}$代表房屋开工率（单位为百万），$x_{2t}$为 30 年房贷利率。

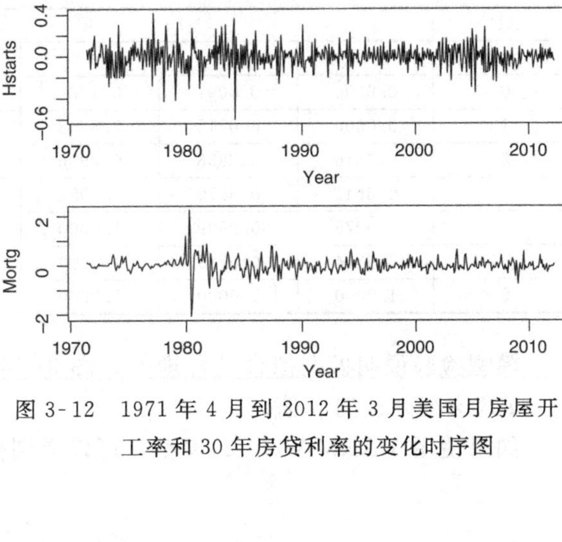

图 3-12　1971 年 4 月到 2012 年 3 月美国月房屋开工率和 30 年房贷利率的变化时序图

图 3-12 给出了两个变换序列的时序图。房贷利率在 1980 年早期波动比较大。如果使用 VAR 模型，则 AIC、HQ 和序列卡方检验都选择 VAR(4)模型，但 BIC 选择 VAR(2)模型。我们考虑 VAR(4)模

型。剔除高度不显著参数后，我们得到模型

$$\boldsymbol{z}_t=\begin{bmatrix}-0.006\\0.000\end{bmatrix}+\begin{bmatrix}-0.43&-0.06\\0.27&0.58\end{bmatrix}\boldsymbol{z}_{t-1}+\begin{bmatrix}-0.16&-0.05\\0.15&-0.34\end{bmatrix}\boldsymbol{z}_{t-2}+\begin{bmatrix}0.00&-0.03\\0.00&0.08\end{bmatrix}\boldsymbol{z}_{t-3}+\begin{bmatrix}0.07&-0.05\\0.00&0.07\end{bmatrix}\boldsymbol{z}_{t-4}+\boldsymbol{a}_t \tag{3-121}$$

其中 R 代码示例给出估计的标准误差，并且残差协方差矩阵为

$$\hat{\boldsymbol{\Sigma}}_a=\begin{bmatrix}0.0108&-0.0028\\-0.0028&0.0636\end{bmatrix}$$

模型检验说明模型拟合是合理的，除非数据中有可能的季节效应。图 3-13 给出了调整估计的自由度后多元 Ljung-Box 统计量的 p 值。

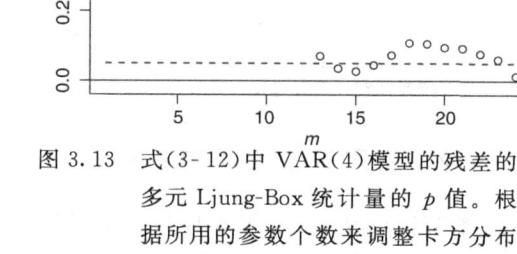

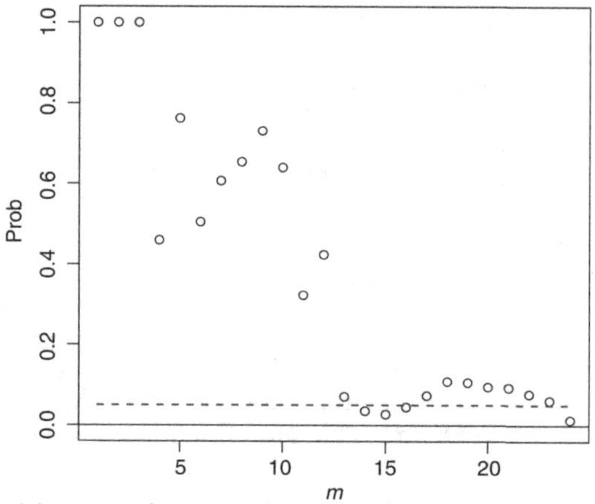

图 3.13　式(3-12)中 VAR(4)模型的残差的多元 Ljung-Box 统计量的 p 值。根据所用的参数个数来调整卡方分布的自由度

回到 VARMA 模型，表 3-6 给出了扩展的交叉相关矩阵的汇总 p 值。根据该表，为了进一步分析，我们将 VARMA(1，2)和 VARMA(2，1)模型作为两个候选模型。简化后，得到 VARMA(2，1)模型

$$\boldsymbol{z}_t=\begin{bmatrix}0.00&0.08\\-0.27&0.40\end{bmatrix}\boldsymbol{z}_{t-1}+\begin{bmatrix}0.00&-0.09\\0.00&-0.28\end{bmatrix}\boldsymbol{z}_{t-2}+\boldsymbol{a}_t-\begin{bmatrix}0.43&0.15\\-0.55&-0.17\end{bmatrix}\boldsymbol{a}_{t-1} \tag{3-122}$$

其中 R 代码示例给出了估计的标准误差并且残差协方差矩阵为

$$\hat{\boldsymbol{\Sigma}}_a=\begin{bmatrix}0.0111&-0.0028\\-0.0028&0.0637\end{bmatrix}$$

表 3-6　从 1971 年 4 月到 2012 年 3 月美国房屋开工率和 30 年房贷利率的扩展的交叉相关矩阵的 p 值表

AR	MA 阶：q						
p	0	1	2	3	4	5	6
0	0.0000	0.0091	0.1380	0.5371	0.7427	0.7291	0.6922
1	0.0000	0.0715	0.5708	0.8020	0.4297	0.4235	0.5915
2	0.0816	0.2858	0.9936	0.9557	0.9869	0.9099	0.7486
3	0.6841	0.9870	0.9993	0.9977	0.9999	0.9971	0.9894
4	0.9975	0.9999	1.0000	1.0000	0.9999	0.9921	0.9769
5	0.9994	0.9999	1.0000	1.0000	1.0000	0.9983	0.9429
6	1.0000	1.0000	1.0000	1.0000	1.0000	1.0000	0.9995

模型检验说明模型拟合是合理的。图 3-14 给出了调整卡方分布的自由度后残差多元 Ljung-Box 统计量的 p 值。

如果使用 VARMA(1，2)模型，可以得到模型

$$z_t = \begin{bmatrix} 0.67 & 0 \\ 1.75 & 0 \end{bmatrix} z_{t-1} + a_t - \begin{bmatrix} 1.12 & 0.07 \\ 1.48 & -0.59 \end{bmatrix} a_{t-1} + \begin{bmatrix} 0.33 & 0.00 \\ 1.01 & -0.15 \end{bmatrix} a_{t-2} \quad (3\text{-}123)$$

其中 R 代码示例再次给出估计的标准误差，并且残差协方差矩阵为

$$\hat{\boldsymbol{\Sigma}}_a = \begin{bmatrix} 0.0108 & -0.0030 \\ -0.0030 & 0.0647 \end{bmatrix}$$

类似于前两个模型，此模型对数据拟合比较好。

3.15.2.1　模型比较

式(3-121)～式(3-123)中的 3 个模型都提供了对数据的合理拟合。事实上，3 个模型彼此接近。例如，它们的残差协方差矩阵比较接近。我们也可以考虑模型的累积脉冲响应函数。图 3-15 和图 3-16 分别给出了 VAR(4)和 VARMA(2，1)模型的累积脉冲响应函数。从这两个图中可以看出，模型隐含的动态相依性彼此很接近。对于式(3-123)中的拟合 VARMA(1，2)模型也是同样的。脉冲响应说明房屋开工率的变化序列的动态相依性是比较弱的。该变化对新息的累积影响比较小。 181~187

拟合 VAR(4)、VARMA(2，1)和 VARMA(1，2)模型的 AIC 分别为 −7.237、−7.233 和 −7.239。它们也是彼此接近的，支持模型的接近性。

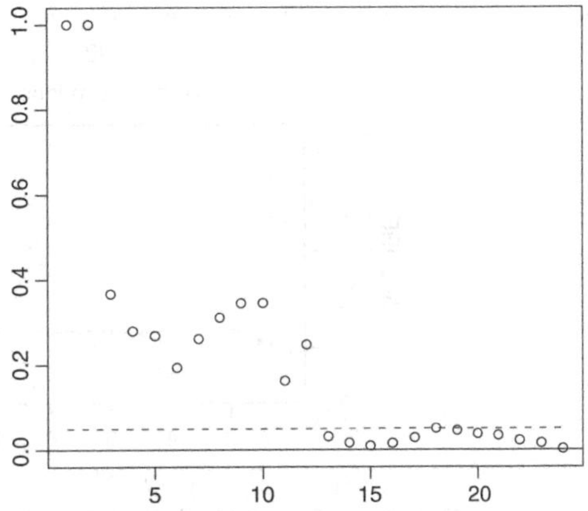

图 3-14　式(3-122)中的 VARMA(2，1)模型的残差的多元 Ljung-Box 统计量的 p 值。根据所用的参数个数来调整卡方分布的自由度

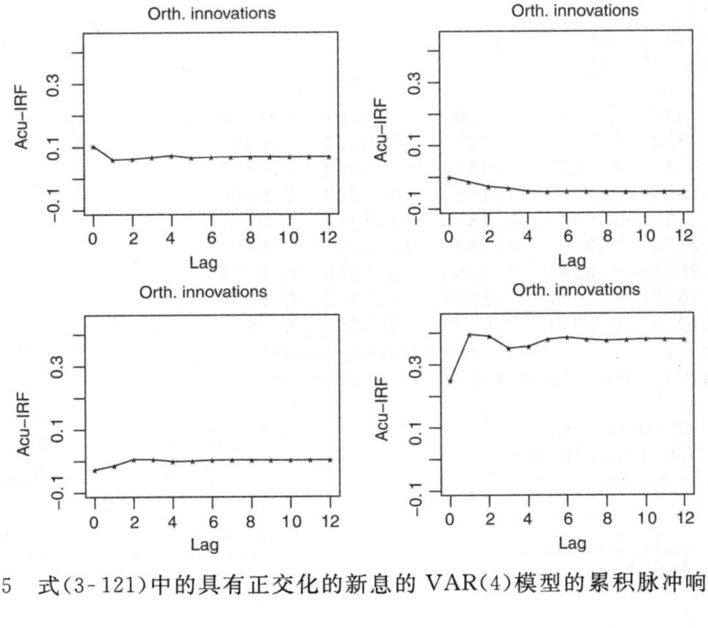

图 3-15　式(3-121)中的具有正交化的新息的 VAR(4)模型的累积脉冲响应函数

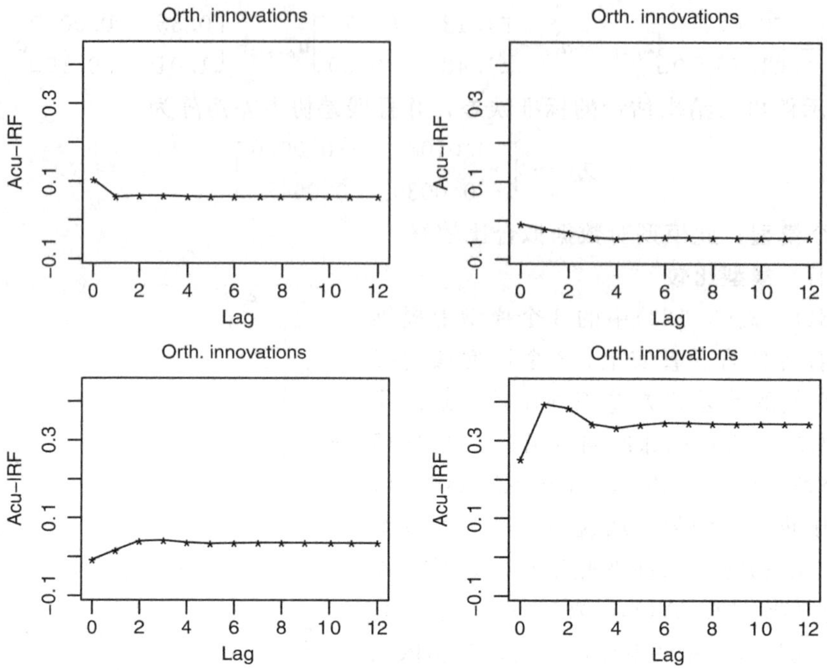

图 3-16　式(3-122)中的具有正交化的新息的 VARMA(2，1)模型的累积脉冲响应函数

R 代码示例：房屋开工率和房贷利率。编辑输出。

```
> da=read.table("m-hsmort7112.txt",header=T)
> zt=da[,3:4]; colnames(zt) <- c("hs","mort")
> dzt=diffM(zt)
> VARorder(dzt)
selected order: aic =  4
selected order: bic =  2
selected order: hq =  4
Summary table:
       p    AIC     BIC      HQ     M(p) p-value
 [1,]  0 -6.7523 -6.7523 -6.7523   0.0000  0.0000
 [2,]  1 -7.0547 -7.0205 -7.0412 151.1868  0.0000
 [3,]  2 -7.1856 -7.1173 -7.1588  69.5808  0.0000
 [4,]  3 -7.2019 -7.0994 -7.1616  15.3277  0.0041
 [5,]  4 -7.2172 -7.0805 -7.1635  14.8115  0.0051
 [6,]  5 -7.2055 -7.0346 -7.1384   2.1248  0.7128
 [7,]  6 -7.1963 -6.9911 -7.1157   3.2756  0.5128
 [8,]  7 -7.1916 -6.9523 -7.0976   5.3665  0.2517
> m1=VAR(dzt,4)              #### VAR(4) model
> m1a=refVAR(m1,thres=1) ### model refinement.
Constant term:
Estimates:  -0.005936007 0
Std.Error:  0.004772269 0
AR coefficient matrix
AR( 1 )-matrix
        [,1]    [,2]
[1,] -0.429 -0.0582
```

```
[2,]  0.272  0.5774
standard error
      [,1]   [,2]
[1,] 0.045 0.0189
[2,] 0.108 0.0457
AR( 2 )-matrix
       [,1]    [,2]
[1,] -0.164 -0.0511
[2,]  0.146 -0.3400
standard error
       [,1]   [,2]
[1,] 0.0451 0.0219
[2,] 0.1088 0.0529
AR( 3 )-matrix
     [,1]    [,2]
[1,]    0 -0.0293
[2,]    0  0.0815
standard error
     [,1]   [,2]
[1,]    0 0.0216
[2,]    0 0.0521
AR( 4 )-matrix
       [,1]   [,2]
[1,] 0.0742 -0.051
[2,] 0.0000  0.071
standard error
       [,1]   [,2]
[1,] 0.0418 0.0192
[2,] 0.0000 0.0459
  Residuals cov-mtx:
             [,1]         [,2]
[1,]  0.010849747 -0.002798639
[2,] -0.002798639  0.063620722

det(SSE) =  0.0006824364
AIC =  -7.236888; BIC =  -7.125781; HQ  =  -7.193256
> MTSdiag(m1a)
> Eccm(dzt,maxp=6,maxq=6)
p-values table of Extended Cross-correlation Matrices:
Column: MA order
Row   : AR order
       0      1      2      3      4      5      6
0 0.0000 0.0091 0.1380 0.5371 0.7427 0.7291 0.6922
1 0.0000 0.0715 0.5708 0.8020 0.4297 0.4235 0.5915
2 0.0816 0.2858 0.9936 0.9557 0.9869 0.9099 0.7486
3 0.6841 0.9870 0.9993 0.9977 0.9999 0.9971 0.9894
4 0.9975 0.9999 1.0000 1.0000 0.9999 0.9921 0.9769
5 0.9994 0.9999 1.0000 1.0000 1.0000 0.9983 0.9429
6 1.0000 1.0000 1.0000 1.0000 1.0000 1.0000 0.9995
> m2=VARMA(dzt,p=2,q=1)          ## VARMA(2,1) model.
aic=  -7.219037; bic=  -7.099382
> m2a=refVARMA(m2,thres=0.8)
aic=  -7.227145; bic=  -7.133131
> m2b=refVARMA(m2a,thres=1)
aic=  -7.229817; bic=  -7.14435
> m2c=refVARMA(m2b,thres=1)
```

```
Coefficient(s):
       Estimate  Std. Error  t value Pr(>|t|)
 [1,]   0.08394     0.05219    1.608 0.107790
 [2,]  -0.08552     0.02350   -3.639 0.000274 ***
 [3,]  -0.27400     0.22236   -1.232 0.217859
 [4,]   0.39608     0.10794    3.669 0.000243 ***
 [5,]  -0.27786     0.06063   -4.583 4.58e-06 ***
 [6,]  -0.43025     0.04284  -10.042  < 2e-16 ***
 [7,]  -0.15004     0.05695   -2.634 0.008430 **
 [8,]   0.54597     0.24839    2.198 0.027950 *
 [9,]   0.17413     0.11151    1.562 0.118396
---
Estimates in matrix form:
Constant term:
Estimates:  0 0
AR coefficient matrix
AR( 1 )-matrix
       [,1]   [,2]
[1,]  0.000 0.0839
[2,] -0.274 0.3961
AR( 2 )-matrix
     [,1]    [,2]
[1,]    0 -0.0855
[2,]    0 -0.2779
MA coefficient matrix
MA( 1 )-matrix
       [,1]   [,2]
[1,]  0.430  0.150
[2,] -0.546 -0.174

Residuals cov-matrix:
             [,1]         [,2]
[1,]  0.011051912 -0.002784296
[2,] -0.002784296  0.063733777
----
aic=  -7.232599; bic=  -7.155679
> MTSdiag(m2c)
> m3=VARMA(dzt,p=1,q=2)    ## VARMA(1,2) model
aic=  -7.229278; bic=  -7.109624
> m3a=refVARMA(m3,thres=0.6)
Coefficient(s):
       Estimate  Std. Error  t value Pr(>|t|)
 [1,]   0.66542     0.08646    7.696 1.40e-14 ***
 [2,]   1.74526     1.11287    1.568   0.1168
 [3,]  -1.11687     0.09628  -11.600  < 2e-16 ***
 [4,]  -0.07449     0.01325   -5.620 1.91e-08 ***
 [5,]   0.32496     0.05643    5.758 8.49e-09 ***
 [6,]  -1.47964     1.11408   -1.328   0.1841
 [7,]   0.58974     0.04805   12.273  < 2e-16 ***
 [8,]   1.00768     0.53292    1.891   0.0586 .
 [9,]   0.15153     0.09133    1.659   0.0971 .
---
Estimates in matrix form:
Constant term:
Estimates:  0 0
AR coefficient matrix
```

```
AR( 1 )-matrix
       [,1] [,2]
[1,] 0.665    0
[2,] 1.745    0
MA coefficient matrix
MA( 1 )-matrix
      [,1]     [,2]
[1,] 1.12  0.0745
[2,] 1.48 -0.5897
MA( 2 )-matrix
        [,1]   [,2]
[1,] -0.325  0.000
[2,] -1.008 -0.152

Residuals cov-matrix:
              [,1]         [,2]
[1,]  0.010840482 -0.002977037
[2,] -0.002977037  0.064684274
----
aic=  -7.238765
bic=  -7.161844
> MTSdiag(m3a)
> resi=m1a$residuals
> mq(resi,adj=14)  ## Adjust the Chi-square degrees of freedom.
```

3.16 附录

在本节中，我们考虑 VARMA 模型的一个 VAR(1)表达式。任何 VARMA(p，q)模型都 188~192
可以表示为具有扩展维数的扩展的 VAR(1)模型。考虑式(3-37)中的均值调整序列 $\tilde{z}_t$。定义

$$\boldsymbol{Z}_t=\begin{bmatrix}\tilde{\boldsymbol{z}}_t\\ \tilde{\boldsymbol{z}}_{t-1}\\ \vdots\\ \tilde{\boldsymbol{z}}_{t-p+1}\\ \boldsymbol{a}_t\\ \vdots\\ \boldsymbol{a}_{t-q+1}\end{bmatrix}_{k(p+q)\times 1},\quad \boldsymbol{A}_t=\begin{bmatrix}\boldsymbol{a}_t\\ \boldsymbol{0}\\ \vdots\\ \boldsymbol{0}\\ \boldsymbol{a}_t\\ \vdots\\ \boldsymbol{0}\end{bmatrix}_{k(p+q)\times 1}$$

其中 $\boldsymbol{0}$ 为 k 维零向量，并且

$$\boldsymbol{\Phi}=\begin{bmatrix}\boldsymbol{\Phi}_{11} & \boldsymbol{\Phi}_{12}\\ \boldsymbol{\Phi}_{21} & \boldsymbol{\Phi}_{22}\end{bmatrix}_{k(p+q)\times k(p+q)}$$

其中 $\boldsymbol{\Phi}_{11}$是 $\boldsymbol{\phi}(B)$的伴随矩阵，$\boldsymbol{\Phi}_{21}$为一个 $kq\times kq$ 零矩阵，并且

$$\boldsymbol{\Phi}_{12}=\begin{bmatrix}-\boldsymbol{\theta}_1 & \cdots & -\boldsymbol{\theta}_{q-1} & -\boldsymbol{\theta}_q\\ \boldsymbol{0}_k & \cdots & \boldsymbol{0}_k & \boldsymbol{0}_k\\ \vdots & & \vdots & \vdots\\ \boldsymbol{0}_k & \cdots & \boldsymbol{0}_k & \boldsymbol{0}_k\end{bmatrix},\quad \boldsymbol{\Phi}_{22}=\begin{bmatrix}\boldsymbol{0}_{k\times k(q-1)} & \boldsymbol{0}_k\\ \boldsymbol{I}_{k(q-1)} & \boldsymbol{0}_{k(q-1)\times k}\end{bmatrix}$$

其中 $\mathbf{0}_k$ 为 $k\times k$ 零矩阵。VARMA(p，q)模型 $\tilde{z}_t$ 变成

$$\boldsymbol{Z}_t = \boldsymbol{\Phi}\boldsymbol{Z}_{t-1} + \boldsymbol{A}_t \tag{3-124}$$

它是一个 $k(p+q)$ 维 VAR(1)模型。式(3-124)给 VARMA(p，q)过程提供了一个状态空间模型表达式。根据 $\boldsymbol{Z}_t$ 的定义，我们有 $\boldsymbol{z}_t=[\boldsymbol{I}_k，\mathbf{0}]=\boldsymbol{Z}_t$，它可以看作状态空间模型的观测方程。

为了说明式(3-124)中的 VAR(1)模型表达式的应用，我们使用它来得到一个给定平稳 VARMA(p，q)过程 $\boldsymbol{z}_t$ 的理论自协方差矩阵 $\boldsymbol{\Gamma}_\ell$。令 $\boldsymbol{\Gamma}_z$ 和 $\boldsymbol{\Sigma}_A$ 分别为 $\boldsymbol{Z}_t$ 和 $\boldsymbol{A}_t$ 的协方差矩阵。应用第 2 章中 VAR(1)模型的结果，我们有

$$\boldsymbol{\Gamma}_Z = \boldsymbol{\Phi}\boldsymbol{\Gamma}_Z\boldsymbol{\Phi}' + \boldsymbol{\Sigma}_A \tag{3-125}$$

利用向量化，我们有

$$\text{vec}(\boldsymbol{\Gamma}_Z) = [\boldsymbol{I}_{k^2(p+q)^2} - \boldsymbol{\Phi}\otimes\boldsymbol{\Phi}]^{-1}\text{vec}(\boldsymbol{\Sigma}_A) \tag{3-126}$$

其中因为 $\boldsymbol{z}_t$ 所以上式中的逆存在，因此 $\boldsymbol{Z}_t$ 是一个平稳过程。下面还剩下把 $\boldsymbol{\Gamma}_Z$ 和 $\boldsymbol{z}_t$ 的交叉
193 协方差矩阵 $\boldsymbol{\Gamma}_\ell$ 联系起来。

采用与 $\boldsymbol{\Phi}$ 同样方式划分 $\boldsymbol{\Gamma}_Z$ 并利用引理 3.2，我们有

$$\boldsymbol{\Gamma}_Z = \begin{bmatrix} \boldsymbol{\Gamma}_{Z,11} & \boldsymbol{\Gamma}_{Z,12} \\ \boldsymbol{\Gamma}'_{Z,12} & \boldsymbol{\Gamma}_{Z,22} \end{bmatrix}$$

其中

$$\boldsymbol{\Gamma}_{Z,11} = \begin{bmatrix} \boldsymbol{\Gamma}_0 & \boldsymbol{\Gamma}_1 & \cdots & \boldsymbol{\Gamma}_{p-1} \\ \boldsymbol{\Gamma}_{-1} & \boldsymbol{\Gamma}_0 & \cdots & \boldsymbol{\Gamma}_{p-2} \\ \vdots & \vdots & \ddots & \vdots \\ \boldsymbol{\Gamma}_{1-p} & \boldsymbol{\Gamma}_{2-p} & \cdots & \boldsymbol{\Gamma}_0 \end{bmatrix}$$

$$\boldsymbol{\Gamma}_{Z,12} = \begin{bmatrix} \boldsymbol{\Sigma}_a & \boldsymbol{\psi}_1\boldsymbol{\Sigma}_a & \cdots & \boldsymbol{\psi}_{q-1}\boldsymbol{\Sigma}_a \\ \mathbf{0}_k & \boldsymbol{\Sigma}_a & \cdots & \boldsymbol{\psi}_{q-2}\boldsymbol{\Sigma}_a \\ \vdots & & \ddots & \vdots \\ \mathbf{0}_k & \mathbf{0}_k & \cdots & \boldsymbol{\psi}_{q-p}\boldsymbol{\Sigma}_a \end{bmatrix}$$

和 $\boldsymbol{\Gamma}_{Z,22}=\boldsymbol{I}_q\otimes\boldsymbol{\Sigma}_a$。

基于上述推导，可以利用式(3-126)得到平稳 VARMA(p，q)过程 $\boldsymbol{z}_t$ 的 $\boldsymbol{\Gamma}_0$，$\boldsymbol{\Gamma}_1$，…，$\boldsymbol{\Gamma}_{p-1}$。然后，通过 $\boldsymbol{z}_t$ 的矩方程，递归地得到 $\boldsymbol{z}_t$ 的高阶自协方差和交叉协方差矩阵 $\boldsymbol{\Gamma}_\ell$。

练习

3.1 考虑从 1961 年 1 月到 2011 年 9 月 CRSP 分位数投资组合 1、2 和 5 的月对数收益率。

(a)设定一个三维对数收益率的 VMA 模型。

(b)通过条件极大似然方法估计设定的 VMA 模型。改进模型使得每个估计的 t 比率大于 1.645。写出拟合模型。

(c)用拟合模型来预测 2011 年 10 月和 11 月的对数收益率，预测原点为 2011 年 9 月。

获得预测原点和 95％预测区间。

3.2　假定 z_t 是一个 k 维弱平稳、零均值时间序列，服从 VARMA(2，q)模型

$$z_t = \phi_1 z_{t-1} + \phi_2 z_{t-2} + a_t - \sum_{j=1}^{q} \theta_j a_{t-j}$$ 194

其中 $\{a_t\}$ 是白噪声序列且具有正定协方差矩阵 Σ_a。令 Γ_j 为 z_t 的滞后 j 自协方差矩阵。

(a)考虑 VAR(2)拟合

$$z_t = \phi_1^{(0)} z_{t-1} + \phi_2^{(0)} z_{t-2} + a_t^{(0)}$$

证明 $\phi_i^{(0)}$ ($i=1$，2)的普通 LS 估计满足方程组

$$[\Gamma_1,\ \Gamma_2] = [\phi_1^{(0)},\ \phi_2^{(0)}]\begin{bmatrix}\Gamma_0 & \Gamma_1 \\ \Gamma'_1 & \Gamma_0\end{bmatrix}$$

(b)令 $a_t^{(0)}$ 为采用普通 LS 方法拟合的 VAR(2)模型的残差。当 $q=0$ 和 $q=1$ 时，讨论 $a_t^{(0)}$ 的自协方差矩阵的性质。

(c)考虑模型

$$z_t = \phi_1^{(1)} z_{t-1} + \phi_2^{(1)} z_{t-2} + \gamma_1^{(1)} a_{t-1}^{(0)} + a_t^{(1)}$$

证明 $\phi_i^{(1)}$ 的普通 LS 估计满足方程组

$$[\Gamma_2,\ \Gamma_3] = [\phi_1^{(1)},\ \phi_2^{(1)}]\begin{bmatrix}\Gamma_1 & \Gamma_2 \\ \Gamma_0 & \Gamma_1\end{bmatrix}$$

(d)令 $a_t^{(1)}$ 为部分(c)中模型的 LS 拟合的残差。当 $q=0$、1 和 2 时，讨论 $a_t^{(1)}$ 的自协方差矩阵的性质。

3.3　考虑美国联邦政府债务，主要是由(a)国内和国际投资商持有；(b)联邦储备银行持有，单位为 10 亿美元，时间从 1970.Ⅰ到 2012.Ⅲ。令 z_t 为债务季度增长率，即对数债务一阶差分。

(a) 设定债务的增长率序列的 VMA 模型。

(b) 拟合设定的 VMA 模型并执行检验模型。

(c)写出拟合的模型。

(d)使用模型给出美国联邦债务增长率的 1 步～3 步超前预测，预测原点为数据最后的数据点。

3.4　考虑从 1963 年 12 月到 2012 年 12 月美国月工业生产指数的两个分量。这两个分量分别为：(a)非耐用消费品和(b)原料。数据是文件 m-ip3com.txt 的第 3 列和第 5 列且这些数据来自圣路易斯联邦储备银行。 195

(a)构建这两个分量的百分增长率序列，即对数数据的 100 倍的一阶差分。记序列为 z_t。

(b)对于 z_t，用 5％作为第Ⅰ类错误的概率，设定简单 VARMA 模型。

(c)拟合设定的模型并将 t 比率小于 1.96 的参数剔除。写出拟合模型。

(d)执行拟合模型的模型检验。模型准确吗？为什么？

(e)计算拟合模型的脉冲响应函数。

3.5 考虑从1963年12月到2012年12月美国月工业生产指数的两个分量。这两个分量分别为：(a)商业设备和(b)原料。数据是文件m-ip3com.txt的第4列和第5列且这些数据来自圣路易斯联邦储备银行。

(a) 构建这两个分量的百分增长率序列，并记序列为$\boldsymbol{z}_t$。

(b) 为$\boldsymbol{z}_t$建立VARMA模型，采用阈值1.645的模型改和模型检验。

(c) 写出拟合模型。在拟合模型中有格兰杰因果关系吗？为什么？

(d) 用拟合模型得到这两个增长率序列的1步～4步超前预测。

3.6 考虑二元VMA(1)模型

$$\boldsymbol{z}_t = \boldsymbol{a}_t - \begin{bmatrix} -0.3 & 0.2 \\ 1.1 & 0.6 \end{bmatrix} \boldsymbol{a}_{t-1}$$

其中$\boldsymbol{a}_t$为高斯白噪声序列且具有零均值和单位协方差矩阵。

(a)从VMA(1)模型中产生300个观测值。通过条件和精确似然估计方法拟合VMA(1)模型。写出拟合模型。

(b)为了进一步了解VMA模型，用给定VMA(1)模型(样本数$T=300$并进行1 000次迭代)构建模拟研究。对于每次迭代，通过条件极大似然估计拟合VMA(1)模型并计算残差的混成统计量$Q_2(5)$。对1 000次迭代存储系数估计$\hat{\boldsymbol{\theta}}_1$和$Q_2(5)$统计量。计算样本均值、标准误差和每个参数估计的2.5和97.5百分位数和$Q_2(5)$统计量。比较汇总统计量和它们的渐近统计量。

196~198

参考文献

Ansley, C. F. (1979). An algorithm for the exact likelihood of a mixed autoregressive moving average process. *Biometrika*, **66**: 59–65.

Box, G. E. P., Jenkins, G. M., and Reinsel, G. (2008). *Time Series Analysis: Forecasting and Control*. 4th Edition. John Wiley & Sons, Inc, Hoboken, NJ.

Box, G. E. P. and Tiao, G. C. (1973). *Bayesian Inference in Statistical Analysis*. Addison-Wesley, Reading, MA.

Box, G. E. P. and Tiao, G. C. (1977). A canonical analysis of multiple time series. *Biometrika*, **64**: 355–365.

Brockwell, P. J. and Davies, R. A. (1987). *Time Series: Theory and Methods*. Springer, New York.

Dunsmuir, W. and Hannan, E. J. (1976). Vector linear time series models. *Advanced Applied Probability*, **8**: 339–364.

Hannan, E. J. and Deistler, M. (1988). *The Statistical Theory of Linear Systems*. John Wiley & Sons, Inc, New York. Republished in 2012 as *Classics in Applied Mathematics*, Society for Industrial and Applied Mathematics.

Hillmer, S. C. and Tiao, G. C. (1979). Likelihood function of stationary multiple autoregressive moving-average models. *Journal of the American Statistical Association*, **74**: 652–660.

Hosking, J. R. M. (1980). The multivariate portmanteau statistic. *Journal of the American*

Statistical Association, **75**: 602–607.

Hosking, J. R. M. (1981). Lagrange-multiplier tests of multivariate time series model. *Journal of the Royal Statistical Society, Series B*, **43**: 219–230.

Kohn, R. (1979). Asymptotic estimation and hypothesis results for vector linear time series models. *Econometrica*, **47**: 1005–1030.

Li, W. K. (2004). *Diagnostic Checks in Time Series*. Chapman & Hall/CRC, Boca Raton, FL.

Li, W. K. and McLeod, A. I. (1981). Distribution of the residual autocorrelations in multivariate time series models. *Journal of the Royal Statistical Society, Series B*, **43**: 231–239.

Mittnik, S. (1990). Computation of theoretical autocovariance matrices of multivariate autoregressive moving-average time series. *Journal of the Royal Statistical Society, Series B*, **52**: 151–155.

Nicholls, D. F. and Hall, A. D. (1979). The exact likelihood function of multivariate autoregressive moving average models. *Biometrika*, **66**: 259–264.

Poskitt, D. S. and Tremayne, A. R. (1982). Diagnostic tests for multiple time series models. *Annals of Statistics*, **10**: 114–120.

Quenouille, M. H. (1957). *The Analysis of Multiple Time Series*. Griffin, London.

Reinsel, G. (1993). *Elements of Multivariate Time Series Analysis*. Springer-Verlag, New York.

Rissanen, J. and Caines, P. E. (1979). The strong consistency of maximum likelihood estimators for ARMA processes. *Annals of Statistics*, **7**: 297–236.

Tiao, G. C. and Tsay, R. S. (1983). Multiple time series modeling and extended sample cross-correlations. *Journal of Business & Economic Statistics*, **1**: 43–56.

Tsay, R. S. (1991). Two canonical forms for vector ARMA processes. *Statistica Sinica*, **1**: 247–269.

Tsay, R. S. (2010). *Analysis of Financial Time Series*. 3rd Edition. John Wiley & Sons, Inc, Hoboken, NJ.

Tsay, R. S. and Tiao, G. C. (1984). Consistent estimates of autoregressive parameters and extended sample autocorrelation function for stationary and nonstationary ARMA models. *Journal of the American Statistical Association*, **79**: 84–96.

Tunnicliffe-Wilson, G. (1973). The estimation of parameters in multivariate time series models. *Journal of the Royal Statistical Society, Series B*, **35**: 76–85.

Yamamoto, T. (1981). Prediction of multivariate autoregressive moving-average models. *Biometrika*, **68**: 485–492.

第 4 章　VARMA 模型的结构设定

结构设定试图发现多元线性时间序列的基础结构，从而可以识别恰当定义的 VARMA 模型。设定的模型克服了第 3 章提到的可识别性困难，并且可以揭示系统中的隐藏结构。在一定程度上，结构设定与多元分析中的降维和变量选择密切相关。这是建立多元线性时间序列的一种有效方法。

为简单起见，我们主要讨论 k 维零均值平稳多元线性时间序列

$$\boldsymbol{z}_t = \sum_{i=0}^{\infty} \boldsymbol{\psi}_i \boldsymbol{a}_{t-i} \tag{4-1}$$

其中 $\boldsymbol{\psi}_0 = \boldsymbol{I}_k$，并且 $\{\boldsymbol{a}_k\}$ 是一个具有零均值、正定协方差矩阵 $\boldsymbol{\Sigma}_a$ 的独立同分布(iid)随机向量序列。在理论上，这种方法继续应用单位根非平稳时间序列，但是所涉及的统计量的极限分布不同。平稳性假定意味着 $\sum_{i=0}^{\infty} \|\boldsymbol{\psi}_i\|^2 < \infty$，其中 $\|\boldsymbol{A}\|$ 是矩阵范数，如矩阵 $\boldsymbol{A}$ 的最大奇异值。有两种方法处理多元线性时间序列的结构设定。第一种方法用 Kronecker 指数的想法，第二种方法应用标量分量模型(SCM)的概念。例如，参见 Tsay(1991)及其相关文献。在实际应用中，这两种方法都可以用典型相关分析进行分析，它是多元分析中很有用的统计方法。

对于一个 k 维 VARMA 时间序列 $\boldsymbol{z}_t$，Kronecker 指数方法为每个分量指定 AR 和 MA 多项式的最大阶。具体地，Kronecker 指数为每个分量 z_{it} 指定一个指数。这些 Kronecker 指数共同为 $\boldsymbol{z}_t$ 确定一个 VARMA 模型。每个分量 z_{it} 的阶在形式上是(p_i，p_i)。因此 Kronecker 指数方法为每个分量 z_{it} 指定 AR 和 MA 多项式的(p_i，q_i)最大阶。另一方面，标量分量方法为每个标量分量指定通用阶。从这个意义上说，SCM 方法可以认为是 Kronecker 指数方法的修正。但是，SCM 方法较难理解，并且需要利用许多统计检验来实现其目标。我们将在这一章比较这两种方法。

注记：本质上，结构设定的目的是发现多元线性时间序列的框架。因此，需要开展系统中各个分量动态相依性的研究，并且这将导致多个上标或下标符号的频繁应用。读者在第一次阅读时应该注意概念而不是符号。

4.1 Kronecker 指数方法

我们从 Kronecker 指数方法开始。在时间指标 t，分别定义过去向量 $\boldsymbol{P}_{t-1}$ 和未来向量 $\boldsymbol{F}_t$，

$$\boldsymbol{P}_{t-1} = (\boldsymbol{z}'_{t-1}, \boldsymbol{z}'_{t-2}, \cdots)', \quad \boldsymbol{F}_t = (\boldsymbol{z}'_t, \boldsymbol{z}'_{t+1}, \cdots)'$$

另外，定义 Hankel 矩阵 $\boldsymbol{H}_\infty$ 为

$$\boldsymbol{H}_\infty = \mathrm{Cov}(\boldsymbol{F}_t, \boldsymbol{P}_{t-1}) = E(\boldsymbol{F}_t \boldsymbol{P}'_{t-1}) = \begin{bmatrix} \boldsymbol{\Gamma}_1 & \boldsymbol{\Gamma}_2 & \boldsymbol{\Gamma}_3 & \cdots \\ \boldsymbol{\Gamma}_2 & \boldsymbol{\Gamma}_3 & \boldsymbol{\Gamma}_4 & \cdots \\ \boldsymbol{\Gamma}_3 & \boldsymbol{\Gamma}_4 & \boldsymbol{\Gamma}_5 & \cdots \\ \vdots & \vdots & \vdots & \vdots \end{bmatrix} \tag{4-2}$$

$\boldsymbol{H}$ 的下标意味着它是一个无限维矩阵，$\boldsymbol{\Gamma}_j$ 是 $\boldsymbol{z}_t$ 滞后 j 自协方差矩阵。Hankel 矩阵的特征是，观察不重叠的 k 行或 k 列块，第二个块行是第一个块行的子集，第二个块列是第一个块列的子集等。这称为矩阵的 Toplitz 形式。如第 1 章讨论的，对于式(4-1)中的线性方程组，我们有

$$\boldsymbol{\Gamma}_i = \sum_{j=0}^{\infty} \boldsymbol{\psi}_{i+j} \boldsymbol{\Sigma}_a \boldsymbol{\psi}'_j$$

因此，为式(4-1)中的线性方程组定义唯一的 Hankel 矩阵。运用向量 ARMA 模型构建多元线性方程组的方法，得到以下引理的证明。199~200

引理 4.1　对于式(4-1)中的线性向量过程 $\boldsymbol{z}_t$，秩$(\boldsymbol{H}_\infty)=m$ 是有限的当且仅当 $\boldsymbol{z}_t$ 服从 VARMA 模型。

证明： 如果 $\boldsymbol{z}_t$ 服从 VARMA(p, q)模型

$$\boldsymbol{\phi}(B)\boldsymbol{z}_t = \boldsymbol{\theta}(B)\boldsymbol{a}_t$$

那么，当 $j>q$ 时，$\boldsymbol{\phi}(B)\boldsymbol{\Gamma}_j=\boldsymbol{0}$，其中后移算子作用于 $\boldsymbol{\Gamma}_j$ 的下标 j，即 $B\boldsymbol{\Gamma}_j=\boldsymbol{\Gamma}_{j-1}$。这些是第 3 章讨论的 $\boldsymbol{z}_t$ 的矩方程。由于 q 是有限的，所以 VARMA 模型的矩方程和 $\boldsymbol{H}_\infty$ 的 Toeplitz 结构共同表明 H_∞ 的秩是有限的。另一方面，如果秩$(\boldsymbol{H}_\infty)=m<\infty$，那么存在一个非负整数 q 使得第 $q+1$ 行块$[\boldsymbol{\Gamma}_{q+1}, \boldsymbol{\Gamma}_{q+2}, \cdots]$是第一个 q 行块的线性组合，即$\{[\boldsymbol{\Gamma}_i, \boldsymbol{\Gamma}_{i+1}, \cdots]\}_{i=1}^{q}$。换句话说，存在矩阵$\{\boldsymbol{\phi}_i\}_{i=1}^{q}$使得

$$\boldsymbol{\Gamma}_j = \sum_{i=1}^{q} \boldsymbol{\phi}_i \boldsymbol{\Gamma}_{j-i}, \quad j > q$$

其中运用了 Hankel 矩阵的特性。这就意味着根据 $\boldsymbol{H}_\infty$ 的定义，当 $\ell \geqslant q$ 时，$\boldsymbol{z}_{t+\ell} - \sum_{i=1}^{q} \boldsymbol{\phi}_i \boldsymbol{z}_{t+\ell-i}$ 与过去向量 $\boldsymbol{P}_{t-1}$ 不相关。因此，$\boldsymbol{z}_t$ 必须服从 VARMA(q, q)模型。□

注记： 在引理 4.1 的证明中讨论的阶(q, q)是 VARMA 模型的最大阶。稍后将看到，在假定秩$(\boldsymbol{H}_\infty)$是有限的时，可以构造一个严格定义的低阶 VARMA 模型。□

根据引理 4.1，我们将假定秩$(\boldsymbol{H}_\infty)$是有限的，所以 $\boldsymbol{z}_t$ 是一个 VARMA 过程。为了发现模型结构，它有助于获得 Hankel 矩阵行空间的基。为此，我们利用 Hankel 矩阵的 Toeplitz 形式从第一行开始检查它的行相依性。即找到一个从 $\boldsymbol{H}_\infty$ 的第一行开始由所有行扩展生成的空间的基。将 $\boldsymbol{H}_\infty$ 的第$[(i-1)k+j]$行表示成 $h(i, j)$，其中 $j=1, \cdots, k$ 和 $i=1, \cdots$。根据这个定义，$h(i, j)=E(z_{j,t+i-1}\boldsymbol{P}'_{t-1})$，它测量 $z_{j,t+i-1}$ 关于过去向量 $\boldsymbol{P}_{t-1}$ 的线性相依性。如果 $(i-1)k+j<(u-1)k+v$，那么 $h(i, j)$ 称为 $h(u, v)$ 的前身

(predecessor)。运用 Toeplitz 形式，很容易得到以下结论。

引理 4.2　对于式(4-2)中的 Hankel 矩阵，如果 $h(i, j)$ 是它前身 $\{h(i_1, j_1), \cdots, h(i_s, j_s)\}$ 的线性组合，那么 $h(i+1, j)$ 是 $\{h(i_1+1, j_1), \cdots, h(i_s+1, j_s)\}$ 的一个线性组合。

201 我们可以定义与 $\boldsymbol{z}_t$ 的第 j 个分量相关的 Kroncker 指数。

定义 4.1　对于 z_{jt} 的第 j 个分量，Kronecker 指数 k_j 被定义为最小的非负整数 i，使得 $h(i+1, j)$ 与它的前身线性相关。

例如，如果 $z_{1t}=a_{1t}$ 是一个白噪声分量，那么 $\boldsymbol{H}_\infty$ 的第一行 $h(1, 1)$ 是零行向量，因此 $k_1=0$。再如，考虑二元 VAR(1)模型

$$\boldsymbol{z}_t = \boldsymbol{\phi}_1 \boldsymbol{z}_{t-1} + \boldsymbol{a}_t, \text{其中 } \boldsymbol{\phi}_1 = \begin{bmatrix} 0.2 & 0.3 \\ -0.6 & 1.1 \end{bmatrix} \tag{4-3}$$

其中 $\boldsymbol{\Sigma}_a=\boldsymbol{I}_2$。因为每个分量 $z_{it}(i=1, 2)$ 服从带有 AR 多项式 $(1-1.3B+0.4B^2)$ 的一元 ARMA(2, 1)模型，所以它具有非零自相关性。见第 2 章讨论的 VAR 模型的特性。$\boldsymbol{H}_\infty$ 的前两行是非零。另一方面，根据矩方程 $\boldsymbol{\Gamma}_j-\boldsymbol{\phi}_1\boldsymbol{\Gamma}_{j-1}=0(j>0)$，我们有 $\boldsymbol{\Gamma}_j=\boldsymbol{\phi}_1\boldsymbol{\Gamma}_{j-1}(j>1)$，因此，$\boldsymbol{H}_\infty$ 的第 2 行块可以由第 1 行块左乘 $\boldsymbol{\phi}_1$ 得到。因此，秩$(\boldsymbol{H}_\infty)=2$，前两行 $h(1, 1)$ 和 $h(1, 2)$ 张成了 $\boldsymbol{H}_\infty$ 的行空间。因此，第 3 行和第 4 行与它们的前身 $\{h(1, 1), h(1, 2)\}$ 线性相关，并且得到 $k_1=1, k_2=1$。

第三个例子，考虑二元模型，

$$\boldsymbol{z}_t = \boldsymbol{a}_t - \boldsymbol{\theta}_1 \boldsymbol{a}_{t-1}, \text{其中 } \boldsymbol{\theta}_1 = \begin{bmatrix} 0.5 & 0.1 \\ 0.2 & 0.4 \end{bmatrix} \tag{4-4}$$

其中 $\boldsymbol{\Sigma}_a=\boldsymbol{I}_2$。在这个特例中，$z_{it}$ 的 Kronecker 指数是 $k_1=1$ 和 $k_2=1$，因为 $\boldsymbol{\Gamma}_1$ 是满秩矩阵，并且 $\boldsymbol{\Gamma}_j=0(j>1)$。接下来，考虑二元模型

$$\boldsymbol{z}_t - \boldsymbol{\phi}_1 \boldsymbol{z}_{t-1} = \boldsymbol{a}_t - \boldsymbol{\theta}_1 \boldsymbol{a}_{t-1}, \quad \boldsymbol{\Gamma}_1 = \begin{bmatrix} 0.36 & 1.76 \\ 0.64 & 4.15 \end{bmatrix}$$

其中 $\boldsymbol{\phi}_1$ 和 $\boldsymbol{\theta}_1$ 分别在式(4-3)和式(4-4)中给出，并且 $\mathrm{Cov}(\boldsymbol{a}_t)=\boldsymbol{I}_2$，$\boldsymbol{\Gamma}_1$ 可以利用第 3 章讨论的方法得到。对于这种特别的 VARMA(1, 1)模型，$\boldsymbol{\Gamma}_1$ 是满秩并且 $\boldsymbol{\Gamma}_j=\boldsymbol{\phi}_1\boldsymbol{\Gamma}_{j-1}(j>1)$。因此也可以得到 $k_1=1, k_2=1$，因为 $\boldsymbol{H}_\infty$ 的第 2 行块可由其第 1 行块左乘 $\boldsymbol{\phi}_1$ 得到。从这些简单的例子中可以看出，Kronecker 指数与 $\boldsymbol{z}_t$ 的线性滞后相依性有关。线性相依性的实际形式，即 AR 或 MA 模型，都不重要。需要了解某些简单 VARMA 模型的 Kronecker 指数。

202 为了有助于进一步讨论，考虑如下 Hankel 矩阵 $\boldsymbol{H}_\infty$ 是非常有益的。

块	分量	$\boldsymbol{P}'_{t-1}=[\boldsymbol{z}'_{t-1}, \boldsymbol{z}'_{t-2}, \cdots]$
1	z_{1t}	$h(1, 1)$
	z_{2t}	$h(1, 2)$
	$\vdots$	$\vdots$
	z_{kt}	$h(1, k)$

（续）

块	分量	$\boldsymbol{P}'_{t-1}=[\boldsymbol{z}'_{t-1},\ \boldsymbol{z}'_{t-2},\ \cdots]$
2	$z_{1,t+1}$	$h(2,\ 1)$
	$z_{2,t+1}$	$h(2,\ 2)$
	$\vdots$	$\vdots$
	$z_{k,t+1}$	$h(2,\ k)$
$\vdots$	$\vdots$	$\vdots$
k_j	$z_{1,t+k_j-1}$	$h(k_j,\ 1)$
	$z_{2,t+k_j-1}$	$h(k_j,\ 2)$
	$\vdots$	$\vdots$
	$z_{k,t+k_j-1}$	$h(k_j,\ k)$
k_j+1	$z_{1,t+k_j}$	$j(k_j+1,\ 1)$
		$\vdots$
	$z_{j-1,t+k_j}$	$h(k_j+1,\ j-1)$
	$z_{j,t+k_j}$	$h(k_j+1,\ j)$

根据定义，z_{jt} 的 Kronecker 指数 k_j 说明 $h(k_j+1,\ j)$与它的前身线性相关。根据 Hankel 矩阵 $\boldsymbol{H}_\infty$ 的先前描述，这反过来说明如果 $k_j>0$，存在常数$\{\alpha^*_{u,i,j}\mid u=1,\ \cdots,\ k_j;\ i=1,\ \cdots k\}$和如果 $j>1$，存在常数$\{\alpha^*_{k_j+1,i,j}\mid i=1,\ \cdots j-1\}$，使得

$$h(k_j+1,j)=\sum_{i=1}^{j-1}\alpha^*_{k_j+1,i,j}h(k_j+1,i)+\sum_{u=1}^{k_j}\sum_{i=1}^{k}\alpha^*_{u,i,j}h(u,i) \tag{4-5}$$

其中，如果它的上限小于它的下限，那么总和是 0。在式(4-5)中，右边第 1 项是未来向量 $\boldsymbol{F}_t$ 的 $\boldsymbol{z}_{t+k_j}$ 的第 i 个分量的和，第 2 项是 $\boldsymbol{F}_t$ 中 $\boldsymbol{z}_{t+\ell}(0\leqslant\ell<k_j)$的和。换句话说，第 1 项所有第$(k_j+1)$块行的和，而第 2 项是第 1，…，$k_j$ 块行的和。简言之，式(4-5)右边的第 1 项表示 $z_{j,t}$关于 $z_{i,t}$的同期相依性($i<j$)。

定义 4.2 $\{k_j\}_{j=1}^{k}$称为 $\boldsymbol{z}_t$ 的 Kronecker 指数集合。$m=\sum_{j=1}^{k}k_j$ 称为 $\boldsymbol{z}_t$ 的 McMillan 度。

考虑下一个主要问题，即怎样从给定的 Hankel 矩阵 $\boldsymbol{H}_\infty$ 的 Kronecker 指数得到完美的 VARMA 模型。为此，通过同时考虑$\{k_i\}_{i=1}^{k}$来简化式(4-5)。根据 $h(i,\ j)$的第二个参数， 203
可以重新排列式(4-5)，即根据 $\boldsymbol{z}_t$ 的分量，我们有

$$h(k_j+1,j)=\sum_{i=1}^{j-1}\sum_{u=1}^{k_j+1}\alpha^*_{u,i,j}h(u,i)+\sum_{i=j}^{k}\sum_{u=1}^{k_j}\alpha^*_{u,i,j}h(u,i) \tag{4-6}$$

然而，对于 z_{it} 的每个分量，如果 $u>k_i$，那么 $h(u,\ i)$是它前身的线性组合。因此，式(4-6)可以简化为

$$h(k_j+1,j)=\sum_{i=1}^{j-1}\sum_{u=1}^{k_j+1\wedge k_i}\alpha_{u,i,j}h(u,i)+\sum_{i=j}^{k}\sum_{u=1}^{k_j\wedge k_i}\alpha_{u,i,j}h(u,i),\quad j=1,\cdots,k \tag{4-7}$$

其中 $u \wedge v=\min\{u, v\}$，$\alpha_{u,i,j}$ 是实数，且是 $\{\alpha^*_{\ell,r,s}\}$ 的线性函数。这 k 个线性组合提供了识别 VARMA 模型的方法。

注意，式(4-7)中的系数 $\alpha_{u,i,j}$ 的个数为

$$\delta_j = \sum_{i=1}^{j-1} \min(k_j+1, k_i) + k_j + \sum_{i=j+1}^{k} \min(k_j, k_i) \tag{4-8}$$

式(4-7)描述向量时间序列中 $z_{j,t+k_j}$ 的线性相依性（包括同期和动态）。利用平稳性，该式提供向量时间序列中 z_{jt} 的结构模型。

对于 $j=1, 2, \cdots, k$，利用引理 4.2 和式(4-7)，可以得到以下结论：

1)下面行的集合

$$\mathscr{B} = \{h(1,1), \cdots, h(k_1,1); h(1,2), \cdots, h(k_2,2); \cdots; h(1,k), \cdots, h(k_k,k)\}$$

形成了 $\boldsymbol{H}_\infty$ 的行空间的基，因为其他所有行是 $\mathscr{B}$ 中元素的线性组合。换句话说，$\mathscr{B}$ 是式(4-7)右边($j=1, 2, \cdots, k$)的 $\boldsymbol{H}_\infty$ 的行集合。注意，如果 $k_j=0$，那么没有 $h(l, j)$ 形式的行属于 $\mathscr{B}$。

2)秩 $(\boldsymbol{H}_\infty) = \sum_{j=1}^{k} k_j$ 即 Kronecker 指数的和是 $\boldsymbol{H}_\infty$ 的秩。因此，对于线性方程组 $\boldsymbol{z}_t$，McMillan 度就是 Hankel 矩阵的秩。

3)根据 Kronecker 指数的定义，从矩阵的最顶部开始，基 $\mathscr{B}$ 由 H_∞ 的前 m 个线性无关
204 行组成。

注记：根据定义，Kronecker 指数 k_j 依赖于 $\boldsymbol{z}_t$ 分量的次序。然而，Hankel 矩阵 $\boldsymbol{H}_\infty$ 的秩对于 z_t 分量的次序是无变化的。因此，Kronecker 指数的集合 $\{k_j\}_{j=1}^{k}$ 对于 $\boldsymbol{z}_t$ 分量的次序是无变化的。　□

4.1.1　预测解释

式(4-7)中的线性组合是一个很好的预测解释。令 α_j 是一个无限维的实值向量，其第 $[(u-1)k+i]$ 个元素是 $\alpha^{(j)}_{u,i}$。对于每个分量 z_{jt}，可以使用源自 Kronecker 指数的式(4-7)来构造一个 $\boldsymbol{\alpha}_j$ 向量：

1)令 $\boldsymbol{\alpha}^{(j)}_{k_j+1,j}=1$。即 $\boldsymbol{\alpha}_j$ 的第$(k_j \times k+j)$个元素是 1。

2)对于式(4-7)右边的 $h(u, i)$，令 $\alpha^{(j)}_{u,i}=-\alpha_{u,i,j}$。

3)对于其他(u, i)，让 $\alpha^{(j)}_{u,i}=0$。

根据式(4-7)，我们有

$$\boldsymbol{\alpha}'_j \boldsymbol{H}_\infty = 0 \tag{4-9}$$

为了了解这个结论的含义，回顾 $\boldsymbol{H}_\infty = E(\boldsymbol{F}_t \boldsymbol{P}'_{t-1})$ 和 $\boldsymbol{F}_t$ 的第$(k_j \times k+j)$个分量是 $\boldsymbol{z}_{j,t+k_j}$。定义 $w_{j,t+k_j}=\boldsymbol{\alpha}'_j \boldsymbol{F}_t$。那么，根据式(4-9)和式(4-2)，$w_{j,t+k_j}$ 与 $\boldsymbol{z}_t$ 的过去向量 $\boldsymbol{P}_t$ 无关。因此，与每个 Kronecker 指数 k_j 相对应，未来向量 $\boldsymbol{F}_t$ 的线性组合与过去向量 $\boldsymbol{P}_{t-1}$ 无关。

而且，运用式(4-1)中的 MA 表示，$w_{j,t+k_j}$ 是 $\{\boldsymbol{a}_\ell \mid \ell \leqslant t+k_j\}$ 的线性函数，而 $\boldsymbol{P}_{t-1}$ 是 $\{\boldsymbol{a}_\ell \mid \ell \leqslant t-1\}$ 的线性函数。显然，根据 $w_{j,t+k_j}$ 和 $\boldsymbol{P}_{t-1}$ 零相关，$w_{j,t+k_j}$ 一定是 $\{\boldsymbol{a}_\ell \mid t \leqslant \ell \leqslant t+k_j\}$ 的线性函数。因此，我们有

$$w_{j,t+k_j} = \sum_{i=0}^{k_j} \boldsymbol{u}_i^{(j)} \boldsymbol{a}_{t+k_j-i} \tag{4-10}$$

其中 $\boldsymbol{u}_i^{(j)}$ 是 k 维行向量，使得

$$\boldsymbol{u}_0^{(j)} = [\alpha_{k_j+1,1}^{(j)}, \cdots, \alpha_{k_j+1,j-1}^{(j)}, 1, 0, \cdots, 0]$$

其中 1 在第 j 个位置，它可以理解为如果 $k_i < k_j+1$ 且 $i<j$，那么 $\alpha_{k_j+1,i}^{(j)}=0$。一般而言，$\boldsymbol{u}_i^{(j)}$ 是 ψ 权重的元素 $\boldsymbol{\psi}_i$ 和 $\boldsymbol{\alpha}_j$ 的非零元素的函数。式(4-10)说明标量过程 $w_{j,t+k_j}$ 最多是一个 MA(k_j)过程。 205

接下来，根据 $\boldsymbol{\alpha}_j$ 和 $w_{j,t+k_j}$ 的定义，我们有

$$w_{j,t+k_j} = z_{j,t+k_j} + \sum_{i=1}^{j-1} \sum_{u=1}^{\min(k_j+1,k_i)} \alpha_{u,i}^{(j)} z_{i,t+u-1} + \sum_{i=j}^{k} \sum_{u=1}^{\min(k_j,k_i)} \alpha_{u,i}^{(j)} z_{i,t+u-1}$$

结合式(4-10)，并且如果 $k_i < k_j+1$ 且 $i<j$ 则 $\alpha_{k_j+1,i}^{(j)}=0$，可以得到

$$\begin{aligned} & z_{j,t+k_j} + \sum_{i=1}^{j-1} \sum_{u=1}^{\min(k_j+1,k_i)} \alpha_{u,i}^{(j)} z_{i,t+u-1} + \sum_{i=j}^{k} \sum_{u=1}^{\min(k_j,k_i)} \alpha_{u,i}^{(j)} z_{i,t+u-1} \\ & = \alpha_{j,t+k_j} + \sum_{i<j,k_i<k_j+1} \alpha_{k_j+1,i}^{(j)} \alpha_{i,t+k_j} + \sum_{i=1}^{k_j} u_i^{(j)} \alpha_{t+k_j-i} \end{aligned} \tag{4-11}$$

考虑给定 P_{t-1}，式(4-11)的条件期望，我们有

$$z_{j,t+k_j \mid t-1} + \sum_{i=1}^{j-1} \sum_{u=1}^{\min(k_j+1,k_i)} \alpha_{u,i}^{(j)} z_{i,t+u-1 \mid t-1} + \sum_{i=j}^{k} \sum_{u=1}^{\min(k_j,k_i)} \alpha_{u,i}^{(j)} z_{i,t+u-1 \mid t-1} = 0 \tag{4-12}$$

这里 $z_{i,t+\ell \mid t-1} = E(z_{i,t+\ell} \mid \boldsymbol{P}_{t-1})$ 是在给定 $\boldsymbol{P}_{t-1}$ 时 $z_{i,t+\ell}$ 的条件期望。令 $\boldsymbol{F}_{t \mid t-1} = E(\boldsymbol{F}_t \mid \boldsymbol{P}_{t-1})$，上式表明，对于每个 Kronecker 指数 k_j，在 $F_{t \mid t-1}$ 中的预测中存在线性关系。由于 k_j 是式(4-12)的最小非负整数，所以可以把 k_j 解释为预测 $z_{j,t \mid t-1}$，$\cdots z_{j,t+k_j-1 \mid t-1}$ 的个数，这些预测用于计算任何预测步长 ℓ 的预测 $z_{j,t+\ell}$。显然，为了计算 $z_{j,t+\ell \mid t+1}$，也需要预测 $z_{i,t+u \mid t-1}(i \neq j)$。然而，这些量可以利用 Kronecker 指数 $k_i(i \neq j)$ 得到。基于这个观点，McMillan 度 m 是计算 $\boldsymbol{F}_{t \mid t-1}$ 中所有元素所需的最小个数。在 $z_{j,t}$ 提供的分量中，Kronecker 指数 k_j 是那些数中的最小数。 206

4.1.2　VARMA 设定

根据 $\boldsymbol{z}_t$ 的平稳性，式(4-11)可以重写成

$$z_{j,t} + \sum_{i=1}^{j-1} \sum_{u=1}^{\min(k_j+1,k_i)} \alpha_{u,i}^{(j)} z_{i,t+u-1-k_j} + \sum_{i=j}^{k} \sum_{u=1}^{\min(k_j,k_i)} \alpha_{u,i}^{(j)} z_{i,t+u-1-k_j}$$

$$= a_{j,t} + \sum_{i<j, k_i<k_j+1} \alpha^{(j)}_{k_j+1,i} a_{i,t} + \sum_{i=1}^{k_j} \boldsymbol{u}_i^{(j)} \boldsymbol{a}_{t-i} \tag{4-13}$$

注意，在式(4-13)中，左边系数 $\alpha_{u,i}^{(j)}$ 的个数是式(4-8)中的 δ_j，右边 $\boldsymbol{u}_i^{(j)}$ 的元素个数是 $k_j \times k$。

对于 $j=1, \cdots k$，考虑式(4-13)，可以得到 $\boldsymbol{z}_t$ 过程的一个 VARMA 模型

$$\boldsymbol{\Xi}_0 \boldsymbol{z}_t + \sum_{i=1}^{p} \boldsymbol{\Xi}_i \boldsymbol{z}_{t-i} = \boldsymbol{\Xi}_0 \boldsymbol{a}_t + \sum_{i=1}^{p} \boldsymbol{\Omega}_i \boldsymbol{a}_{t-i} \tag{4-14}$$

其中 $p=\max_j\{k_j\}$，$\boldsymbol{\Xi}_0$ 是一个具有单位对角元素的下三角形矩阵，它的第(j, i)个元素是 $\alpha^{(j)}_{k_j+1,i}(i<j)$，于是，只有当 $k_j+1 \leqslant k_i$ 时，第(j, i)个元素是未知的，并且式(4-13)给出系数矩阵 $\boldsymbol{\Xi}_i$ 和 $\boldsymbol{\Omega}_i(i=1, \cdots, p)$。更具体地，我们得到以下结论：

1)对于 $\boldsymbol{\Omega}_i$ 矩阵$(i>0)$：(a)如果 $k_j<i\leqslant p$，则第 j 行为 0；(b)所有其他行是未知的，必须估计。

2)对于 $\boldsymbol{\Xi}_i$ 矩阵$(i>0)$：(a) 如果 $k_j<i\leqslant p$，则第 j 行为 0；(b)如果 $i<k_j$，第(j, j)元素是未知的；(c) 只有当 $k_i+i>k_j$ 时，第$(j, l)(j\neq\ell)$元素是未知的。

式(4-14)给出了 $\boldsymbol{z}_t$ 的一个 VARMA 表达式，z_{jt} 的模型包含 AR 多项式中的 δ_j 个未知参数和 MA 多项式中的 $k\times k_j$ 个未知参数，其中 δ_j 在式(4-8)中定义。总的来说，对于式(4-1)中的线性平稳过程 $\boldsymbol{z}_t$，其 Kronecker 指数为$\{k_j \mid j=1, \cdots k\}$且 $m=\sum_{j=1}^{k} k_j<\infty$，可以通过指定 VARMA 表达式来描述这个过程。式(4-14)给出了这种表达式，并且包含

207

$$N = m(1+k) + \sum_{j=1}^{k}\Big[\sum_{i=1}^{j-1}\min(k_j+1, k_i) + \sum_{i=j+1}^{k}\min(k_j, k_i)\Big] \tag{4-15}$$

在 AR 和 MA 多项式中的未知参数，其中，如果它的下限大于上限，那么和为 0。

4.1.3　一个说明性的例子

为了更好地理解上一节的结论，我们考虑一个简单例子。假定 $\boldsymbol{z}_t$ 是三维向量，其 Kronecker 指数是$\{k_1=3, k_2=1, k_3=3\}$。$\boldsymbol{z}_t$ 的 Hankel 矩阵 $\boldsymbol{H}_\infty$ 的行空间的基 $\mathscr{B}$ 是

$$\begin{aligned}\mathscr{B} &= \{h(1,1), h(2,1), h(3,1); h(1,2); h(1,3), h(2,3)\}\\ &= \{h(1,1), h(1,2), h(1,3); h(2,1), h(2,3); h(3,1)\}\end{aligned}$$

其中第 2 个表述式基于 Hankel 矩阵的行数。因此，我们得到以下结论：

1)$\boldsymbol{H}_\infty$ 的第一个线性相关行是 $h(2, 2)$，它为 z_{2t} 提供模型

$$z_{2t} + \alpha^{(2)}_{2,1} z_{1t} + \alpha^{(2)}_{1,3} z_{3,t-1} + \alpha^{(2)}_{1,2} z_{2,t-1} + \alpha^{(2)}_{1,1} z_{1,t-1} = \alpha_{2,t} + \alpha^{(2)}_{2,1} a_{1,t} + u^{(2)}_1 \alpha_{t-1}$$

其中，根据前面定义，$u_1^{(2)}$ 是一个 k 维行向量。据引理 4.2，当 $\ell\geqslant 2$ 时，行 $h(\ell, 2)$ 与它的前身都是线性相关的，所以，为了进一步的讨论，它们可以从 $\boldsymbol{H}_\infty$ 中去掉。

2)下一个线性相关行是 $h(3, 3)$，它为 z_{3t} 给出模型

$$z_{3t} + \alpha^{(3)}_{3,1} z_{1t} + \alpha^{(3)}_{2,3} z_{3,t-1} + \alpha^{(3)}_{2,1} z_{1,t-1} + \alpha^{(3)}_{1,3} z_{3,t-2} + \alpha^{(3)}_{1,2} z_{2,t-2} + \alpha^{(3)}_{1,1} z_{1,t-2}$$

$$=a_{3t}+\alpha_{3,1}^{(3)}a_{1t}+u_1^{(3)}a_{t-1}+u_2^{(3)}a_{t-2}$$

而且，利用引理 4.2，为了进一步考虑，当 $\ell\geqslant 3$ 时，从 $\boldsymbol{H}_\infty$ 中去掉所有行 $h(l,3)$。

3)下一个线性相关行是 $h(4,1)$，它为 z_{1t} 给出模型

$$z_{1t}+\alpha_{3,1}^{(1)}z_{1,t-1}+\alpha_{2,3}^{(1)}z_{3,t-2}+\alpha_{2,1}^{(1)}z_{1,t-2}+\alpha_{1,3}^{(1)}z_{3,t-3}+\alpha_{1,2}^{(1)}z_{2,t-3}+\alpha_{1,1}^{(1)}z_{1,t-3}$$

$$=a_{1t}+\boldsymbol{u}_1^{(1)}\boldsymbol{a}_{t-1}+\boldsymbol{u}_2^{(1)}\boldsymbol{a}_{t-2}+\boldsymbol{u}_3^{(1)}\boldsymbol{a}_{t-3}$$

从表 4-1 中 Hankel 矩阵的说明中可以得到前面的 3 个方程。 208

表 4-1　使用 Kronecker 指数的模型设定的概略，其中指数是 $\{k_1=3,\ k_2=1,\ k_3=3\}$，并且第 3 列的空白空间说明线性相关行

a）找出第一对线性相关行		
	$h(1,1)$	
块 1	$h(1,2)$	
	$h(1,3)$	
	$h(2,1)$	
块 2	$h(2,2)$	线性相关(⇒ z_{2t} 的模型)
b）找出下一对线性相关行		
	$h(1,1)$	
块 1	$h(1,2)$	
	$h(1,3)$	
	$h(2,1)$	
块 2	$h(2,3)$	
	$h(3,1)$	
块 3	$h(3,3)$	线性相关(⇒ z_{3t} 的模型)
c）找出下一对线性相关行		
	$h(1,1)$	
块 1	$h(1,2)$	
	$h(1,3)$	
	$h(2,1)$	
块 2	$h(2,3)$	
块 3	$h(3,1)$	
块 4	$h(4,1)$	线性相关(⇒ z_{1t} 的模型)

把这 3 个等式放在一起，可以得到 VARMA 表达式

$$\begin{bmatrix}1&0&0\\ \alpha_{2,1}^{(2)}&1&0\\ \alpha_{3,1}^{(3)}&0&1\end{bmatrix}\boldsymbol{z}_t+\begin{bmatrix}\alpha_{3,1}^{(1)}&0&0\\ \alpha_{1,1}^{(2)}&\alpha_{1,2}^{(2)}&\alpha_{1,3}^{(2)}\\ \alpha_{2,1}^{(3)}&0&\alpha_{2,3}^{(3)}\end{bmatrix}\boldsymbol{z}_{t-1}+\begin{bmatrix}\alpha_{2,1}^{(1)}&0&\alpha_{2,3}^{(1)}\\ 0&0&0\\ \alpha_{1,1}^{(3)}&\alpha_{1,2}^{(3)}&\alpha_{1,3}^{(3)}\end{bmatrix}\boldsymbol{z}_{t-2}+\begin{bmatrix}\alpha_{1,1}^{(1)}&\alpha_{1,2}^{(1)}&\alpha_{1,3}^{(1)}\\ 0&0&0\\ 0&0&0\end{bmatrix}\boldsymbol{z}_{t-3}$$

$$=\begin{bmatrix}1&0&0\\ \alpha_{2,1}^{(2)}&1&0\\ \alpha_{3,1}^{(3)}&0&1\end{bmatrix}\boldsymbol{a}_t+\begin{bmatrix}u_{1,1}^{(1)}&u_{1,2}^{(1)}&u_{1,3}^{(1)}\\ u_{1,1}^{(2)}&u_{1,2}^{(2)}&u_{1,3}^{(2)}\\ u_{1,1}^{(3)}&u_{1,2}^{(3)}&u_{1,3}^{(3)}\end{bmatrix}\boldsymbol{a}_{t-1}+\begin{bmatrix}u_{2,1}^{(1)}&u_{2,2}^{(1)}&u_{2,3}^{(1)}\\ 0&0&0\\ u_{2,1}^{(3)}&u_{2,2}^{(3)}&u_{2,3}^{(3)}\end{bmatrix}\boldsymbol{a}_{t-2}+\begin{bmatrix}u_{3,1}^{(1)}&u_{3,2}^{(1)}&u_{3,3}^{(1)}\\ 0&0&0\\ 0&0&0\end{bmatrix}\boldsymbol{a}_{t-3}$$

209

其中 $u_{i,j}^{(v)}$ 是 $\boldsymbol{u}_i^{(v)}$ 的第 j 个元素。实际上，符号并不重要，我们总结指定模型为

$$\begin{bmatrix}1&0&0\\X&1&0\\X&0&1\end{bmatrix}\boldsymbol{z}_t+\begin{bmatrix}X&0&0\\X&X&X\\X&0&X\end{bmatrix}\boldsymbol{z}_{t-1}+\begin{bmatrix}X&0&X\\0&0&0\\X&X&X\end{bmatrix}\boldsymbol{z}_{t-2}+\begin{bmatrix}X&X&X\\0&0&0\\0&0&0\end{bmatrix}\boldsymbol{z}_{t-3}$$

$$=\begin{bmatrix}1&0&0\\X&1&0\\X&0&1\end{bmatrix}\boldsymbol{a}_t+\begin{bmatrix}X&X&X\\X&X&X\\X&X&X\end{bmatrix}\boldsymbol{a}_{t-1}+\begin{bmatrix}X&X&X\\0&0&0\\X&X&X\end{bmatrix}\boldsymbol{a}_{t-2}+\begin{bmatrix}X&X&X\\0&0&0\\0&0&0\end{bmatrix}\boldsymbol{a}_{t-3}$$

其中 X 是需要估计的未知参数。参数的总数为 $N=6(1+3)+10=34$

注记：对于给定的 Kronecker 指数集合，我们给出了 VARMA 模型设定的 R 程序。命令是 MTS 添加包中的 Kronspec。为了说明，考虑一个 Kronecker 指数为{2，1，1}的 3 维序列 $\boldsymbol{z}_t$。结果如下：

```
> kdx=c(2,1,1)
> Kronspec(kdx)
Kronecker indices:  2 1 1
Dimension:  3
Notation:
 0: fixed to 0
 1: fixed to 1
 2: estimation
AR coefficient matrices:
     [,1] [,2] [,3] [,4] [,5] [,6] [,7] [,8] [,9]
[1,]    1    0    0    2    0    0    2    2    2
[2,]    2    1    0    2    2    2    0    0    0
[3,]    2    0    1    2    2    2    0    0    0
MA coefficient matrices:
     [,1] [,2] [,3] [,4] [,5] [,6] [,7] [,8] [,9]
[1,]    1    0    0    2    2    2    2    2    2
[2,]    2    1    0    2    2    2    0    0    0
[3,]    2    0    1    2    2    2    0    0    0
```

其中"0"代表零元素，"1"表示系数矩阵 $\boldsymbol{\Xi}_0$ 中的 1，"2"代表需要估计的参数。在该示例中，我们使用式(4-14)中的符号。Kronecker 指数为{2，1，1}，因此，(i)过程的所有模型都是 VARMA(2，2)模型；(ii)对于 $i=1$，2，3，z_{it} 的 AR 和 MA 多项式的阶分别是 2、1、
210 1；(iii)第 2 个和第 3 个分量同时依赖第 1 个分量；(iv)两个元素 $\Xi_{1,12}=\Xi_{1,13}=0$ 设定为 0，因为在给出 $\Omega_{1,12}$ 和 $\Omega_{1,13}$ 的条件下它们是多余的，这里使用的符号是 $\boldsymbol{\Xi}_1=[\Xi_{1,ij}]$ 和 $\boldsymbol{\Omega}_1=[\Omega_{1,ij}]$。 □

4.1.4 Echelon 形式

式(4-14)的模型表达式是 $\boldsymbol{z}_t$ 过程的规范形式。它被认为是 Echelon 形式的逆过程，并且有一些好的性质，我们接下来讨论它们。

4.1.4.1 单个多项式的次数

令 $A_{jv}(B)$ 是矩阵多项式 $\boldsymbol{A}(B)$ 的第(j，v)个元素。令 $\deg[A_{jv}(B)]$ 是多项式 $A_{jv}(B)$ 的

次数。那么，对于所有的 $v=1, \cdots, k$，式(4-14)中 $\boldsymbol{\Xi}(B)=\boldsymbol{\Xi}_0+\sum_{i=1}^{p}\boldsymbol{\Xi}_i B_i$ 的每个多项式的次数是 $\deg[\boldsymbol{\Xi}_{jv}(B)]=k_j$。换句话说，Kronecker 指数 k_j 是 $\boldsymbol{\Xi}(B)$中第 j 行的所有多项式的次数。在式(4-14)中 $\boldsymbol{\Omega}(B)$的每个多项式支持同样的结论。事实上，k_j 是 $\Xi_{jv}(B)$和 $\Omega_{jv}(B)$的最大阶。在估计或进一步分析后，实际的阶可能比较小。

4.1.4.2　单个多项式的未知系数的个数

令 n_{jv} 是式(4-14)中 $\boldsymbol{\Xi}(B)$的 $\Xi_{jv}(B)$的未知系数的个数。那么根据 $\boldsymbol{\Xi}(B)$的结构，我们得到

$$n_{jv}=\begin{cases}\min(k_j,k_v), & \text{如果 } j \leqslant v \\ \min(k_j+1,k_v), & \text{如果 } j>v\end{cases} \tag{4-16}$$

类似地，令 m_{jv} 是 $\boldsymbol{\Omega}(B)$中 $\Omega_{jv}(B)$的未知系数的个数，那么有

$$m_{jv}=\begin{cases}k_j, & \text{如果 } j \leqslant v \text{ 或}(j>v \text{ 和 } k_j \geqslant k_v) \\ k_j+1, & \text{如果 } j>v \text{ 和 } k_j<k_v\end{cases} \tag{4-17}$$

如果 n_{jv} 和 m_{jv} 存在，则它们包括 $\boldsymbol{\Xi}_0$ 中的下三角形矩阵。

4.1.4.3　单个多项式的结构

将 $A_{jv}^{(i)}$ 定义为矩阵 $\boldsymbol{A}^{(i)}$ 的第(j, v)个元素。使用多项式次数和之前讨论的方程，可以很容易识别式(4-14)中 $\boldsymbol{\Xi}(B)$的每个多项式的具体形式。特别地，我们有

$$\Xi_{jj}(B)=1+\sum_{i=1}^{k_j}\Xi_{jj}^{(i)}B^i,\quad j=1,\cdots,k \tag{4-18}$$

$$\Xi_{jv}(B)=\sum_{i=k_j+1-n_{jv}}^{k_j}\Xi_{jv}^{(i)}B^i,\quad j\neq v \tag{4-19}$$ 211

其中 n_{jv} 在式(4-16)中定义。对于 $\boldsymbol{\Omega}(B)$中的多项式，结果是

$$\Omega_{jj}(B)=1+\sum_{i=1}^{k_j}\Omega_{jj}^{(i)}B^i,\qquad j=1,\cdots,k \tag{4-20}$$

$$\Omega_{jv}(B)=\sum_{i=k_j+1-m_{jv}}^{k_j}\Omega_{jv}^{(i)}B^i,\quad \text{如果 } j\neq v \tag{4-21}$$

其中 m_{jv} 在式(4-17)中定义。

前面的结果说明，对于式(4-1)中的 k 维线性过程 $\boldsymbol{z}_t$，Kronecker 指数$\{k_j \mid j=1, \cdots, k\}$为 $\boldsymbol{z}_t$ 指定了一个 VARMA 表达式。从以下意义来讲，这个 VARMA 设定很好地被定义了：(a)定义了 AR 和 MA 矩阵多项式中的所有未知参数；(b)具体给出了每个多项式。在文献中，这样的 VARMA 表达式称为逆 Echelon 形式（Hannan 和 Deistler，1988），并且有如下好的性质。

定理 4.1　假设式(4-1)的 $\boldsymbol{z}_t$ 是一个有 Kronecker 指数$\{k_j \mid j=1, \cdots, k\}$的 k 维平稳时间序列，使得 $m=\sum_{j=1}^{k}k_j<\infty$。那么 $\boldsymbol{z}_t$ 服从式(4-14)中的 VARMA 模型，并且具有由

式(4-16)～式(4-21)指定的 $\boldsymbol{\Xi}(B)$ 和 $\boldsymbol{\Omega}(B)$。而且，$\boldsymbol{\Xi}(B)$ 和 $\boldsymbol{\Omega}(B)$ 是左互质，且 $\deg[|\boldsymbol{\Xi}(B)|]+\deg[|\boldsymbol{\Omega}(B)|]\leqslant 2m$。

4.1.5　续例

对于 4.1.3 节的三维例子，在单个多项式中未知系数的个数为

$$[n_{jv}]=\begin{bmatrix}3&1&2\\2&1&1\\3&1&2\end{bmatrix} \text{和} [m_{jv}]=\begin{bmatrix}3&3&3\\2&1&1\\3&2&2\end{bmatrix}$$

由于 $\boldsymbol{\Xi}_0=\boldsymbol{\Omega}_0$，所以 AR 和 MA 多项式中的未知系数的总个数不同于所有 n_{jv} 和 m_{jv} 的总和，因为后者计算了 $\boldsymbol{\Xi}_0$ 中的未知系数两次。

4.2　标量分量方法

下面是分析向量时间序列 $\boldsymbol{z}_t$ 的结构设定的第二种方法。这种方法称为标量分量模型
212 (Scalar Component Model，SCM)方法。

4.2.1　标量分量模型

Tiao 和 Tsay(1989)提出了 SCM，推广了 VARMA 模型的模型方程概念以便简化数据的结构。考虑 VARMA(p，q)模型

$$\boldsymbol{\phi}(B)\boldsymbol{z}_t=\boldsymbol{\theta}(B)\boldsymbol{a}_t \tag{4-22}$$

其中 $\boldsymbol{z}_t$ 和 $\boldsymbol{a}_t$ 在式(4-1)中定义，并且 $\boldsymbol{\phi}(B)=\boldsymbol{I}-\sum_{i=1}^{p}\boldsymbol{\phi}_iB^i$ 和 $\boldsymbol{\theta}(B)=\boldsymbol{I}-\sum_{i=1}^{q}\boldsymbol{\theta}_iB^i$ 是矩阵多项式，它们的有限阶分别是 p 和 q。令 $\boldsymbol{A}^{(i)}$ 是矩阵 $\boldsymbol{A}$ 的第 i 行。那么 $\boldsymbol{z}_t$ 的第 i 个元素 z_{it} 的方程是

$$\boldsymbol{I}^{(i)}\boldsymbol{z}_t-\sum_{j=1}^{p}\boldsymbol{\phi}_j^{(i)}\boldsymbol{z}_{t-j}=\boldsymbol{I}^{(i)}\boldsymbol{a}_t-\sum_{j=1}^{q}\boldsymbol{\theta}_j^{(i)}a_{t-j}$$

解释上式的方法之一是：给定行向量 ${}_0^{(i)}=\boldsymbol{I}^{(i)}$，存在 pk 维行向量$\{{}_j^{(i)}\}_{j=1}^{p}$且 ${}_j^{(i)}=-\boldsymbol{\phi}_j^{(i)}$ 使得下面的线性组合

$$w_{it}={}_0^{(i)}\boldsymbol{z}_t+\sum_{j=1}^{p}{}_j^{(i)}\boldsymbol{z}_{t-j}$$

与 $\boldsymbol{a}_{t-\ell}$ 无关($\ell>q$)，因为我们还有

$$w_{it}={}_0^{(i)}\boldsymbol{a}_t-\sum_{j=1}^{q}\boldsymbol{\theta}_j^{(i)}\boldsymbol{a}_{t-j}$$

是$\{a_{t-j}\}_{j=0}^{q}$的线性组合。换句话说，过程 w_{it}，它是$\{\boldsymbol{z}_{t-j}\}_{j=0}^{p}$的线性组合 w_{it}，且有限记忆，这意味着当 $\ell>q$ 时它与 $\boldsymbol{a}_{t-\ell}$ 无关。对于一个 k 维过程 $\boldsymbol{z}_t$，存在 k 个阶为(p，q)的线性无关过程。然而，在实际应用和建模中，我们尽可能使每个线性组合的阶(p，q)比较低。

定义 4.3 假设 $\boldsymbol{z}_t$ 是式(4-1)的一个平稳线性向量过程。$\boldsymbol{z}_t$ 的非零线性组合定义为 $y_t = {}_0\boldsymbol{z}_t$，是一个阶为($r$，$s$)的标量分量，如果存在一个 rk 维行向量 $\{\ {}_i\}_{i=1}^{r}$，使得(a)如果 $r>\mathbf{0}$，那么 ${}_r\neq 0$ 和(b)标量过程

$$w_t = y_t + \sum_{i=1}^{r} {}_i\boldsymbol{z}_{t-i} \quad 满足\ E(\boldsymbol{a}_{t-\ell}w_t)\begin{cases} = \mathbf{0}, \ell > s \\ \neq \mathbf{0}, \ell = s \end{cases}$$ 213

根据这个定义，如果标量过程 w_t 与过去向量 $\boldsymbol{P}_{t-l}$ 不相关($l>s$)，但是与 $\boldsymbol{P}_{t-s}$ 相关，那么 $y_t = {}_0\boldsymbol{z}_t$ 是 $\boldsymbol{z}_t$ 的 SCM。如果 $r>0$，${}_r\neq\mathbf{0}$ 的要求和 $E(\boldsymbol{a}_{t-s}w_t)\neq\mathbf{0}$ 一起，用来减少阶(r，s)。

用式(4-1)的 z_{t-i}，并且整理 $\boldsymbol{a}_{t-j}$ 的系数向量，我们可以写出标量过程 w_t 为

$$w_t = {}_0\boldsymbol{a}_t + \sum_{j=1}^{s}\boldsymbol{u}_j\boldsymbol{a}_{t-i} \tag{4-23}$$

其中 $\boldsymbol{u}_j$ 是 k 维行向量，如果 $s>0$，$\boldsymbol{u}_s\neq\mathbf{0}$，并且如果上限比下限小，那么上式中的和为 0。因此，阶(r，s)的 SCM 意味着，存在 $\boldsymbol{z}_t$，…，$\boldsymbol{z}_{t-r}$ 的非零线性组合，其中 $\boldsymbol{a}_t$，…，$\boldsymbol{a}_{t-s}$ 也是线性组合。根据这种解释，$\boldsymbol{z}_t$ 的 Kronecker 指数 k_j 意味着存在 $\boldsymbol{z}_t$ 的一个 SCM(k_j，k_j)。

注意，y_t 是阶(r，s)的 SCM 并不意味着 y_t 需要服从一个一元 ARMA(r，s)模型。SCM 是向量框架内的概念，它利用 $\boldsymbol{z}_t$ 的所有分量来描述一个模型。另一方面，y_t 的一个一元模型仅仅依靠它的过去值 y_{t-j}($j>0$)。而且根据这个定义，SCMy_t 的阶(r，s)并不是唯一的。例如，用非零常数 c 乘以 w_{t-m}($m>0$)，然后加到 w_t，从式(4-23)可以得到一个新的标量过程

$$w_t^* = w_t + cw_{t-m} = {}_0\boldsymbol{a}_t + \sum_{j=1}^{s}\boldsymbol{u}_j\boldsymbol{a}_{t-j} + c\left({}_0\boldsymbol{a}_{t-m} + \sum_{j=1}^{s}\boldsymbol{u}_j\boldsymbol{a}_{t-m-j}\right)$$

它与 $\boldsymbol{a}_{t-l}$ 无关($\ell>s+m$)。这种类型的冗余应该剔除，所以我们需要 SCM 的阶(r，s)满足条件 $r+s$ 尽可能小的条件。注意，即使对阶的和 $r+s$ 有要求，但给定 SCM 的阶仍然不唯一。例如，考虑模型

$$\boldsymbol{z}_t - \begin{bmatrix} 0 & 0 \\ 2 & 0 \end{bmatrix}\boldsymbol{z}_{t-1} = \boldsymbol{a}_t$$

等价于

$$\boldsymbol{z}_t = \boldsymbol{a}_t - \begin{bmatrix} 0 & 0 \\ -2 & 0 \end{bmatrix}\boldsymbol{a}_{t-1}$$

显然，$z_{2t}=[0, 1]\boldsymbol{z}_t$ 是阶为(1，0)或(0，1)的 SCM。这里，两个阶满足 $r+s=1$，是可能最小的值。这种不唯一性并不会引起模型设定的问题，因为和 $r+s$ 是固定的，在 SCM 方法中起着重要作用。我们将在下一节讨论这个问题。 214

4.2.2 模型设定与标量分量模型

假设 $y_{it} = {}_{0,i}\boldsymbol{z}_t$ 是 $\boldsymbol{z}_t$ 的一个 SCM(p_i，q_i)，其中 $i=1$，…，k。这 k 个 SCM 是线性无关的，如果 $k\times k$ 矩阵[${}'_{0,1}$，…，${}'_{0,k}$]是非奇异的，即 $|\boldsymbol{T}|\neq 0$。对于式(4-1)中的 k 维过程

$\boldsymbol{z}_t$，由 k 个线性无关的 SCM 构成的集合决定了 $\boldsymbol{z}_t$ 的 VARMA 模型。根据这个定义，对每个 SCMy_{it}，存在 p_i 个 k 维行向量$\{\ _{j,i}\}_{j=1}^{p_i}$使得标量过程 $w_{it}=\sum_{\ell=0}^{p_i}\ _{\ell,i}\boldsymbol{z}_{t-\ell}$ 与 $\boldsymbol{a}_{t-j}$ 无关($j>q_i$)。令 $\boldsymbol{w}_t=(w_{1t},\cdots,w_{kt})'$，$r=\max\{p_i\}$ 和 $s=\max\{q_i\}$。我们得到

$$\boldsymbol{w}_t = T\boldsymbol{z}_t + \sum_{\ell=1}^{r}\boldsymbol{G}_\ell \boldsymbol{z}_{t-\ell} \tag{4-24}$$

其中 $G'_\ell=[\ _{\ell,1},\cdots\ _{\ell,k}]$且 $_{\ell,i}=\boldsymbol{0}(p_i<\ell\leqslant r)$。而且，根据式(4-23)，$\boldsymbol{w}_t$ 可以写成

$$\boldsymbol{w}_t = \boldsymbol{T}\boldsymbol{a}_t + \sum_{\ell=1}^{s}\boldsymbol{U}_\ell \boldsymbol{a}_{t-\ell} \tag{4-25}$$

其中 $\boldsymbol{U}'_\ell=[\boldsymbol{u}_{\ell,1},\cdots\boldsymbol{u}_{\ell,k}]$是一个 $k\times k$ 矩阵，其第 i 行是 0(当 $q_i<\ell\leqslant s$)。联立式(4-24)和式(4-25)，得到 z_t 的 VARMA(r,s)模型。而且，指定模型中的系数矩阵的行结构是有用的。更具体地，我们得到

$$\boldsymbol{T}\boldsymbol{z}_t + \sum_{\ell=1}^{r}\boldsymbol{G}_\ell \boldsymbol{z}_{t-\ell} = \boldsymbol{T}\boldsymbol{a}_t + \sum_{\ell=1}^{s}\boldsymbol{U}_\ell \boldsymbol{a}_{t-\ell} \tag{4-26}$$

使得

1)如果 $p_i<\ell\leqslant r$，则 $\boldsymbol{G}_\ell$ 的第 i 行是 0。

2)如果 $q_i<\ell\leqslant s$，则 $\boldsymbol{U}_\ell$ 的第 i 行是 0。

3)在某些情况下，进一步减少参数个数是可能的。

最后的结果成立是由于式(4-26)中 AR 和 MA 分量之间存在某些可识别的冗余参数，
215 下节讨论这个问题。根据式(4-26)，可以得到 $\boldsymbol{z}_t$ 的 VARMA(r,s)模型。

注意，在式(4-26)中的 $\boldsymbol{z}_{t-\ell}$和 $\boldsymbol{a}_{t-\ell}$的前面插入 $\boldsymbol{T}^{-1}\boldsymbol{T}$，得到变换过程 $\boldsymbol{y}_t$ 的 VARMA(r,s)模型

$$(\boldsymbol{I}-\boldsymbol{\varphi}_1 B-\cdots-\boldsymbol{\varphi}_r B^r)\boldsymbol{y}_t = (\boldsymbol{I}-\boldsymbol{\Theta}_1 B-\cdots-\boldsymbol{\Theta}_s B^s)\boldsymbol{b}_t \tag{4-27}$$

其中 $\boldsymbol{b}_t=\boldsymbol{T}\boldsymbol{a}_t$，$\boldsymbol{\varphi}_i=-\boldsymbol{G}_i\boldsymbol{T}^{-1}$和 $\boldsymbol{\Theta}_j=-\boldsymbol{U}_j\boldsymbol{T}^{-1}$。因为右乘并不会改变 0 行的结构，所以对于 $i=1,\cdots,r$ 和 $j=1,\cdots,s$，$\boldsymbol{\varphi}_i$ 和 $\boldsymbol{\Theta}_i$ 与 $\boldsymbol{G}_i$ 和 $\boldsymbol{U}_i$ 有相同的结构。根据式(4-27)中的模型，可以清楚地知道 SCM 的阶(p_i,q_i)意味着需要 p_i+q_i 个未知行来描述 $\boldsymbol{y}_t$ 的 VARMA 模型中的 y_{it}的结构。这里，未知行意味着它的参数需要估计。这里用于与其他已知为 0 的行进行比较。

4.2.3 冗余参数

在本节中，我们考虑式(4-27)的 VARMA 模型表达式中可能的冗余参数，并且当它们存在时，讨论一种容易识别这些参数的方法。值得一提的是，即使没有过度指定式(4-27)的全部阶(r,s)，冗余参数也可以出现。

假设前两个 SCM 的 y_{1t}和 y_{2t}的阶(p_1,q_1)和(p_2,q_2)满足 $p_2>p_1$ 和 $q_2>q_1$。在这种情况下，y_{1t}和 y_{2t}的模型结构为

$$y_{it} - [\boldsymbol{\varphi}_1^{(i)} B + \cdots + \boldsymbol{\varphi}_{p_i}^{(i)} B^{p_i}]\boldsymbol{y}_t = b_{it} - [\boldsymbol{\Theta}_1^{(i)} B + \cdots + \boldsymbol{\Theta}_{q_i}^{(i)} B^{q_i}]\boldsymbol{b}_t \tag{4-28}$$

其中 $i=1$，2，$\boldsymbol{A}^{(i)}$ 定义为矩阵 $\boldsymbol{A}$ 的第 i 行。对于 $i=2$，根据式(4-28)可知，y_{2t} 与 $y_{1,t-1}$，…，$y_{1,t-p_2}$ 和 $b_{1,t-1}$，…，$b_{1,t-q_2}$ 相关，利用

$$(\varphi_{1,21} B + \cdots + \varphi_{p_2,21} B^{p_2}) y_{1t} - (\Theta_{1,21} B + \cdots + \Theta_{q_2,21} B^{q_2}) b_{1t} \tag{4-29}$$

其中 $A_{v,ij}$ 定义为矩阵 $\boldsymbol{A}_v$ 的第(i, j)个元素。另一方面，根据式(4-28) 且 $i=1$，我们有

$$B^{\ell}(y_{1t} - b_{1t}) = [\boldsymbol{\varphi}_1^{(1)} B + \cdots + \boldsymbol{\varphi}_{p_1}^{(1)} B^{p_1}] y_{t-\ell} - [\boldsymbol{\Theta}_1^{(1)} B + \cdots + \boldsymbol{\Theta}_{q_1}^{(1)} B^{q_1}] b_{t-\ell} \tag{4-30}$$

因此，如果式(4-30)的右边的所有 $\boldsymbol{y}$ 和 $\boldsymbol{b}$ 在 y_{2t} 的分量模型中，那么这个模型 $y_{1,t-\ell}$ 的系数或者 $b_{1,t-\ell}$ 的系数是冗余的。因此，如果 $p_2 > p_1$ 和 $q_2 > q_1$，那么对于每一对参数 $(\varphi_{\ell,21}, \Theta_{\ell,21})$，$\ell=1$，…，$\min\{p_2 - p_1, q_2 - q_1\}$，则它们中只需要一个。 216

上述在式(4-27)的 VARMA 模型中找出冗余参数的方法在 Tiao 和 Tsay(1989)中称为消除规则。一般而言，通过考虑从 SCM 构建的 ARMA 模型，并且以成对的方式运用消除规则，可以消除式(4-27)中 y_{it} 的模型结构的所有冗余参数。将消除规则应用到每对 SCM，可以得到

$$\eta_i = \sum_{v=1}^{k} \max[0, \min\{p_i - p_v, q_i - q_v\}] \tag{4-31}$$

总之，在式(4-27)的系数矩阵中的未知参数的总数为

$$P = k \times \sum_{i=1}^{k} (p_i + q_i) - \sum_{i=1}^{k} \eta_i \tag{4-32}$$

它比一个 k 维零均值 VARMA(r, s)模型的 $k^2(r+s)$ 小很多。这些参数计数并没有考虑变换矩阵 T 的参数。我们将稍后讨论变换矩阵的情况。

例 4.1 假设 $\boldsymbol{z}_t$ 是一个二元线性过程，其两个线性无关标量分量分别为 $y_{1t} \sim$ SCM(0，1) 和 $y_{2t} \sim$ SCM(2，1)。在这种情况下，我们有 $r=\max(1, 2)=2$ 和 $s=\max(0, 1)=1$。$\boldsymbol{y}_t = (y_{1t}, y_{2t})'$ 的模型是 VARMA(2，1)模型。由于 y_{1t} 是 SCM(0，1)，所以有

$$y_{1t} = \varphi_{1,11} y_{1,t-1} + \varphi_{1,12} y_{2,t-1} + b_{1t} \tag{4-33}$$

其中，$\varphi_{\ell,ij}$ 是矩阵 $\boldsymbol{\varphi}_\ell$ 的第(i, j)个元素。由于 y_{2t} 是 SCM(2，1)，所以有

$$y_{2t} = \varphi_{1,21} y_{1,t-1} + \varphi_{1,22} y_{2,t-1} + \varphi_{2,21} y_{1,t-2} + \varphi_{2,22} y_{2,t-2} + b_{2t} - \Theta_{1,21} b_{1,t-1} - \Theta_{1,22} b_{2,t-1} \tag{4-34}$$

根据系统的时间不变性，式(4-33)给出

$$y_{1,t-1} = \varphi_{1,11} y_{1,t-2} + \varphi_{1,12} y_{2,t-2} + b_{1,t-1} \tag{4-35}$$

注意式(4-35)的所有项都在式(4-34)的右边出现。这种情况发生的原因是两个 SCM 的阶满足 $p_2 > p_1$ 和 $q_2 > q_1$。因此，可以使用式(4-35)代替式(4-34)中的 $y_{1,t-1}$ 或 $b_{1,t-1}$ 来简化这个模型。事实上，参数 $\varphi_{1,21}$ 和 $\Theta_{1,21}$ 在某种程度上是不可识别的，这意味着给定其他 217
参数时，二者之一是冗余的。因此，可以固定这两个参数之一为 0 来简化模型结构。□

4.2.4 VARMA 模型设定

如果给定 k 个线性无关的 SCM，那么可以用上一节的结果设定式(4-1)中线性向量过

程 $\boldsymbol{z}_t$ 的 VARMA 模型，该模型是可以估计的。显然，给出的 SCM 的阶(p_i, q_i)必须满足 p_i+q_i 尽可能小的条件。在本节中，我们提供一个说明。假设 $k=4$，并且 $\boldsymbol{z}_t$ 有 4 个阶数为(0，0)，(0，1)，(1，0)，(2，1)的线性无关的 SCM。由于 $\max\{p_i\}=2$ 和 $\max\{q_i\}=1$，所以 $\boldsymbol{z}_t$ 是 VARMA(2，1)过程。进一步，可以很容易写出变换序列 $\boldsymbol{y}_t=\boldsymbol{T}\boldsymbol{z}_t$ 的指定模型，其中 $\boldsymbol{T}$ 是 SCM 的矩阵。该模型是

$$(\boldsymbol{I}-\boldsymbol{\varphi}_1 B-\boldsymbol{\varphi}_2 B^2)\boldsymbol{y}_t=(\boldsymbol{I}-\boldsymbol{\Theta}_1 B)\boldsymbol{b}_t$$

其中系数矩阵是

$$\boldsymbol{\varphi}_1=\begin{bmatrix}0&0&0&0\\0&0&0&0\\X&X&X&X\\X&X&X&X\end{bmatrix},\ \boldsymbol{\varphi}_2=\begin{bmatrix}0&0&0&0\\0&0&0&0\\0&0&0&0\\X&X&X&X\end{bmatrix}$$

$$\boldsymbol{\Theta}_1=\begin{bmatrix}0&0&0&0\\X&X&X&X\\0&0&0&0\\0&X&0&X\end{bmatrix}$$

其中 0 表示一个参数零，X 表示一个未知参数。注意，通过应用消除规则，$\boldsymbol{\Theta}_1$ 的(4，1)和(4，3)元素设置为 0，一旦 $\boldsymbol{\varphi}_1$ 的(4，1)和(4，3)元素在模型中，它们就是冗余的。因此，在这个特殊例子建模中，变换序列 $\boldsymbol{y}_t$ 涉及系数矩阵中的 18 个参数而不是无约束 VARMA(2，1)模型的 48 个参数。

4.2.5　变换矩阵

实际上，必须估计变换矩阵 $\boldsymbol{T}$。Tiao 和 Tsay(1989)采用了两阶段方法。第一阶段，在识别 SCM 模型过程中估计 $\boldsymbol{T}$。参见 4.5 节。第二阶段，利用已估计的 $\boldsymbol{T}$，将数据变换为 $\boldsymbol{y}_t$，再用 $\boldsymbol{y}_t$ 过程进一步估计。见式(4-27)。通过变换矩阵 $\boldsymbol{T}$，$\boldsymbol{z}_t$ 的模型可从 $\boldsymbol{y}_t$ 得到。有限的经验表明这种两阶段方法非常合理。

218 Athanasopoulos 和 Vahid(2008)提出了一个更直接的方法，它将变换矩阵和模型参数同时估计。这可以通过利用 SCM 模型的性质实现。具体地，$\boldsymbol{z}_t$ 下面的两个 SCM 性质是相关的。

1)已知 SCM(p_1, q_1)分量乘以一个非零常数，并不改变它的阶(p_1, q_1)。

2)考虑两个 SCM，即 $y_{1t}\sim \text{SCM}(p_1, q_1)$和 $y_{2t}\sim \text{SCM}(p_2, q_2)$，满足 $p_1\geqslant p_2$ 和 $q_1\geqslant q_2$。线性组合 $y_{1t}+cy_{2t}$是阶为(p_1, q_1)的 SCM 分量，其中 c 是任意实数。

性质 1 可以由 SCM 的定义直接得到，性质 2 是 Tiao 和 Tsay(1989)的引理 1 的一个特殊情况(当 $v=0$ 时)。性质 2 可以用来消除变换矩阵的一些元素。

考虑变换矩阵 $\boldsymbol{T}'=[\ '_{0,1},\cdots,\ '_{0,k}]$。为了简化符号，我们写成 $\boldsymbol{T}=[T_{ij}]$，其中第 i 行 $\boldsymbol{T}_i=(T_{i1},\cdots,T_{ik})$对应阶为$(p_i, q_i)$的 SCM。利用性质 1，设第 i 行 $\boldsymbol{T}_i$ 的元素是 1(它从每行的估计中消除一个参数)。此外，因为 $\boldsymbol{T}$ 是非奇异的，所以可以选择适当的位置使

得 1 出现在不同行和不同列。设 1 在第 i 行的位置是$(i,\ i_0)$。接下来，考虑阶分别是$(p_i,\ q_i)$和$(p_j,\ q_j)$的第 i 行和第 j 行。如果 $p_i<p_j$ 和 $q_i<q_j$，那么利用性质 2，设 $T_{j,i_0}=0$。这是因为 $\boldsymbol{T}_j-T_{ji}\times\boldsymbol{T}_i$ 仍然是阶为$(p_j,\ q_j)$的 SCM。

为了说明，假设 $k=4$，并且 $\boldsymbol{z}_t$ 有阶分别为(0，0)、(0，1)、(1，0)、(2，1)的 4 个线性无关 SCM。进一步假设每行标准化后，变换矩阵 $\boldsymbol{T}$ 是

$$\boldsymbol{T}=\begin{bmatrix} T_{11} & T_{12} & T_{13} & 1 \\ 1 & T_{22} & T_{23} & T_{24} \\ T_{31} & 1 & T_{33} & T_{34} \\ T_{41} & T_{42} & 1 & T_{44} \end{bmatrix} \tag{4-36}$$

运用 SCM 的这两个性质，在不影响 $\boldsymbol{z}_t$ 的 SCM 模型的情况下，将变换矩阵简化为

$$T=\begin{bmatrix} T_{11} & T_{12} & T_{13} & 1 \\ 1 & T_{22} & T_{23} & 0 \\ T_{21} & 1 & T_{33} & 0 \\ 0 & 0 & 1 & 0 \end{bmatrix} \tag{4-37}$$

例如，设 T_{24} 为 0，因为 $\quad_{0,2}-T_{24}\quad_{0,1}$是阶为(0，1)的 SCM。类似地，设 T_{41} 为 0，因为 $\quad_{0,4}-T_{41}\quad_{0,2}$是阶为(2，1)的 SCM。

根据前面的讨论和说明，无论何时任意两个 SCM 的阶是嵌套的，即 $p_i\leqslant p_j$ 和 $q_i\leqslant q_j$，利用性质 2，在不改变 SCM 设定的行结构的条件下，通过消除非零参数可以简化变换矩阵。更具体地，假设 $\boldsymbol{z}_t$ 的 SCM 的 $\boldsymbol{y}_t$ 阶是$(p_i,\ q_i)(i=1,\ \cdots,\ k)$。那么，为了得到变换矩 219
阵 T 的更简化形式，可以简单地检验 SCM 的 $k(k+1)/2$ 个对。对于任何嵌套对，利用性质 2 可以识别变换矩阵 $\boldsymbol{T}$ 中的 0 参数。数学上，通过这种过程可以得到 0 参数的总数为

$$\tau=\sum_{i=1}^{k-1}\sum_{j=i+1}^{k}\mathrm{Ind}[\min(p_j-p_i,q_j-q_i)\geqslant 0]$$

其中 Ind(.)是一个指示算子，如果参数是真，则它取值为 1，否则值为 0。

4.3　阶数设定的统计量

下面开始数据分析。对一个给定的数据集$\{\boldsymbol{z}_t \mid t=1,\ \cdots,\ T\}$，我们讨论识别 Kronecker 指数和 SCMs 阶的方法。已有结论表明，可以用典型相关分析得到这两种方法的结构设定。详细的典型相关分析，读者可以参照传统教科书中关于多元统计分析的内容，如 Johnson 和 Wichern(2007)的第 10 章。在 4.8 节的评述中也可以看到。

在文献中，Akai(1976)、Cooper 和 Wood(1982)、Tsay(1989)提出了可以用典型相关分析识别 Kronecker 指数。在两个随机向量 $\boldsymbol{P}$ 和 $\boldsymbol{F}$ 之间的典型相关系数ρ 可以从特征值-特征向量分析中得到：

$$\boldsymbol{\Sigma}_{pp}^{-1}\boldsymbol{\Sigma}_{pf}\boldsymbol{\Sigma}_{ff}^{-1}\boldsymbol{\Sigma}_{fp}\quad_p=\rho^2\quad_p,\quad \boldsymbol{\Sigma}_{ff}^{-1}\boldsymbol{\Sigma}_{fp}\boldsymbol{\Sigma}_{pp}^{-1}\boldsymbol{\Sigma}_{pf}\quad_f=\rho^2\quad_f \tag{4-38}$$

其中 $\boldsymbol{\Sigma}_{fp}=\mathrm{Cov}(\boldsymbol{F},\ \boldsymbol{P})$，并且可以类似地定义其他矩阵。$\quad_f$和 $\quad_p$是与特征值ρ^2 相关联的特

征向量。变量 $\boldsymbol{X}= {}'_f\boldsymbol{F}$ 和 $\boldsymbol{Y}= {}'_p\boldsymbol{P}$ 是对应的典型变量。典型相关系数 ρ 是 X 和 Y 交叉相关的绝对值，即 $\rho=|\mathrm{corr}(X, Y)|$。实际上，可以用 $\boldsymbol{P}$ 和 $\boldsymbol{F}$ 的样本协方差矩阵来执行典型相关分析。

对于线性向量时间序列，还有其他的统计方法来研究 Kronecker 指数和 SCM 的阶。稍后将看到，利用统计思想确定样本矩阵 $\boldsymbol{z}_t$ 的秩。为了简单起见，我们使用典型相关分析，特别是，由于这种分析等价于非奇异线性变换。

4.3.1　降秩检验

可以用典型相关来检验两个变量之间的线性相依性，尤其是当两个随机变量服从正态
220 分布时。令 p 和 f 分别是 $\boldsymbol{P}$ 和 $\boldsymbol{F}$ 的维数。不失一般性，假设 $f\leqslant p$。假设 $\boldsymbol{X}=(\boldsymbol{F}', \boldsymbol{P}')'$ 是一个 $(p+f)$ 维正态随机向量，并且我们检验原假设 $H_0: \boldsymbol{\Sigma}_{fp}=\boldsymbol{0}$，这相当于检验 $\boldsymbol{P}$ 和 $\boldsymbol{F}$ 之间的独立性，反过来这相当于在下列多元线性回归中检验 $\boldsymbol{\beta}=\boldsymbol{0}$。

$$\boldsymbol{F}'_i=\boldsymbol{P}'_i\boldsymbol{\beta}'+\boldsymbol{E}'_i,\quad i=1,\cdots,T$$

在回归框架中，使用的检验统计量自然是似然比统计量，它可以写成

$$\mathrm{LR}=-\left[T-1-\frac{1}{2}(p+f+1)\right]\sum_{i=1}^{f}\ln(1-\hat{\rho}_i^2)$$

其中 T 是样本大小，并且 $\hat{\rho}_1^2\geqslant\hat{\rho}_2^2\geqslant\cdots\geqslant\hat{\rho}_f^2$ 是 $\boldsymbol{P}$ 和 $\boldsymbol{F}$ 之间的有序样本典型相关系数的平方。例如，见 Johnson 和 Wichern(2007)。在独立随机样本的假定下，LR 统计量是一个自由度为 $p\times f$ 的渐近卡方分布。

假设拒绝原假设 $H_0: \boldsymbol{\Sigma}_{fp}=\boldsymbol{0}$。检验每个典型相关系数是非常自然的。因为典型相关系数从大到小排列，所以我们可以假设最小典型相关系数的绝对值是 0，其余 $(f-1)$ 个典型相关系数非 0。换句话说，我们感兴趣检验下式

$$H_0: \rho_{f-1}^2>0 \text{ 且 } \rho_f^2=0 \text{ 与 } H_a: \rho_f^2>0 \tag{4-39}$$

Bartlett(1939) 证明，可以利用由下面的统计量构成的似然比准则来检验式 (4-39) 中的假设。

$$C^*=-\left[T-1-\frac{1}{2}(p+f-1)\right]\ln(1-\hat{\rho}_f^2) \tag{4-40}$$

它是一个自由度为 $(p-f+1)$ 的渐近卡方分布。下面继续利用这种似然比统计量。

令 r 是矩阵 $\boldsymbol{\Sigma}_{fp}$ 的秩。假设 $f\leqslant p$，有 $0\leqslant r\leqslant f$。式 (4-39) 中的检验等价于检验 $H_0: r=f-1$ 与 H_a：$r=f$。一般地，我们感兴趣检验

$$H_0: \mathrm{Rank}(\boldsymbol{\Sigma}_{fp})=r \text{ 与 } H_a: \mathrm{Rank}(\boldsymbol{\Sigma}_{fp})>r \tag{4-41}$$

这等价于检验 H_0：$\rho_r^2>0$，$\rho_{r+1}^2=0$ 与 H_a：$\rho_{r+1}^2>0$。另外，它检验原假设：$f-r$ 的最小
221 特征值是 0。检验统计量是

$$\mathrm{LR}=-\left[T-1-\frac{1}{2}(p+f-1)\right]\sum_{i=r+1}^{f}\ln(1-\hat{\rho}_i^2)$$

它服从自由度为 $(p-r)(f-r)$ 的渐近卡方分布。

4.4　求解 Kronecker 指数

如上所述，Kronecker 指数与 $\boldsymbol{z}_t$ 的 Hankel 矩阵的秩以及行相依性密切相关。然而，在实际中，我们只能考虑有限维 Hankel 矩阵。为此，通过一个截断子集来逼近过去向量 $\boldsymbol{P}_{t-1}$。令 $\boldsymbol{P}_{r,t-1}=(\boldsymbol{z}'_{t-1},\ \cdots,\ \boldsymbol{z}'_{t-r})'$是 $\boldsymbol{P}_{t-1}$的一个子集，其中 r 是满足条件的正整数。事实上，r 是预先设定的整数或是通过信息准则(AIC 或 BIC)选择的 $\boldsymbol{z}_t$ 的一个 VAR 模型的阶。后一种选择 r 的方法可以得到验证，因为假设 $\boldsymbol{z}_t$ 服从一个 VARMA 模型，Hankel 矩阵 $\boldsymbol{H}_\infty$的秩 r 是有限的，并且对于可逆向量时间序列，VAR 模型可以提供一个好的近似。

运用 Hankel 矩阵的 Toeplitz 性质，可以从第一行开始，一行一行地检验行相依性来确定 Kronecker 指数。具体地，通过将 $\boldsymbol{F}_t$ 的每个元素分别移给 $\boldsymbol{F}_t^*$ 来构造 $\boldsymbol{F}_t$ 的子向量 $\boldsymbol{F}_t^*$，从 $\boldsymbol{F}_t^*=z_{1t}$开始。为了检查 $\boldsymbol{H}_\infty$的行相依性，使用 $\boldsymbol{P}_{t-1}$和 $\boldsymbol{F}_t^*$，并运用以下过程：

1)假设 $z_{i,t+h}$是 $\boldsymbol{F}_t^*$ 的最后一个元素($h\geqslant 0$)。执行 $\boldsymbol{P}_{r,t-1}$与 $\boldsymbol{F}_t^*$ 之间的典型相关分析。令 $\hat{\rho}$ 是 $\boldsymbol{P}_{r,t-1}$和 $\boldsymbol{F}_t^*$ 之间的模最小的样本典型相关系数。令 $x_{t+h}= {}'_f\boldsymbol{F}_t^*$ 和 $y_{t-1}= {}'_p\boldsymbol{P}_{r,t-1}$是相应的典型变量。下标 $t+h$ 和 $t-1$ 的运用稍后会进一步解释。

2)考虑原假设 H_0：$\rho=0$ 与备择假设 H_a：$\rho\neq 0$，其中，ρ 是 $\boldsymbol{P}_{r,t-1}$和 $\boldsymbol{F}_t^*$ 之间的模最小的典型相关系数。根据该过程的相关性质，$\boldsymbol{P}_{r,t-1}$和 $\boldsymbol{F}_t^*$ 之间的次小典型相关系数是非零的。因此，利用式(4-40)中检验统计量的一个修正形式，即

$$C=-(T-r)\ln\left(1-\frac{\hat{\rho}^2}{\hat{d}}\right)\tag{4-42}$$

这里，T 是样本大小，r 是对 $\boldsymbol{P}_{r,t-1}$预先设定的正整数且 $\hat{d}=1+2\sum_{j=1}^{h}\hat{\rho}_{xx}(j)\hat{\rho}_{yy}(j)$。在式(4-42)中，如果 $h=0$ 并且 $\hat{\rho}_{xx}(j)$和 $\hat{\rho}_{yy}(j)$分别是$\{x_t\}$和$\{y_t\}$的滞后 j 样本自相关系数，则 $\hat{d}=1$。 222

3)比较式(4-42)的 C 检验统计量与自由度为 $kr-f+1$ 的卡方分布，这里 kr 和 f 分别是 $\boldsymbol{P}_{r,t-1}$和 $\boldsymbol{F}_t^*$ 的维数。

(a)如果检验统计量 C 是统计显著的，那么就不存在线性相关。转到第 4 步。

(b)如果检验统计量 C 是不显著的，那么 $z_{i,t+h}$将产生 Hankel 矩阵的线性相关行。在这种情况下，得到 z_{it}的 Kronecker 指数 $k_i=h$ 并从 $\boldsymbol{F}_t$ 中移除所有元素 $z_{i,t+s}$($s\geqslant h$)。

4)如果 $\boldsymbol{F}_t$ 递减至空集，则停止。否则，利用 $\boldsymbol{F}_t$ 的下一个可用元素增强 $\boldsymbol{F}_t^*$ 并转到第 1 步。

渐近极限分布

$$C=-(T-r)\ln\left(1-\frac{\hat{\rho}^2}{\hat{d}}\right)\sim\chi^2_{kr-f+1}$$

在 Tsay(1989)中说明。它是式(4-40)中 Bartlett 检验统计量的一个修正形式。基本的

修正思想如下：因为 $\boldsymbol{F}_t^*$ 的最后一个元素是 $z_{i,t+h}$，所以典型变量 x_{t+h} 是 $\{\boldsymbol{z}_{t+h}, \cdots, \boldsymbol{z}_t\}$ 的线性函数。另一方面，其他典型变量 y_{t-1} 是 $\{\boldsymbol{z}_{t-1}, \cdots, \boldsymbol{z}_{t-r}\}$ 的线性函数。因此，x_{t+h} 和 y_{t+h} 之间的时间滞后是 $h+1$。因为典型相关系数 ρ 是典型变量 x_{t+h} 和 y_{t-1} 之间的交叉相关系数。所以，可以认为 ρ 是 $\{x_t\}$ 和 $\{y_t\}$ 序列之间的滞后 $(h+1)$ 交叉相关系数。

令 $\rho_{xy}(j)$ 是 x_t 和 y_t 之间的滞后 j 交叉相关系数。在原假设 H_0：$\rho_{xy}(\ell)=0$ 下，样本交叉相关系数 $\hat{\rho}_{xy}(\ell)$ 的渐近方差是

$$\operatorname{Var}[\hat{\rho}_{xy}(\ell)] \approx T^{-1}\sum_{v=-\infty}^{\infty}\{\rho_{xx}(v)\rho_{yy}(v)+\rho_{xy}(\ell+v)\rho_{yx}(\ell-v)\} \tag{4-43}$$

参考第1章中样本交叉相关的性质。对于典型相关分析，在 H_0：$\rho=0$ 下，有 $\operatorname{Cov}(x_{t+h}, \boldsymbol{P}_{t-1})=\boldsymbol{0}$。对于所有的 $j>0$，有 $\operatorname{Cov}(x_{t+h}, \boldsymbol{z}_{t-j})=\boldsymbol{0}$。因此，对于所有的 $j\geqslant h+1$ 有 $\operatorname{Cov}(x_t, x_{t-j})=0$，因为 x_{t-j} 是 $\boldsymbol{P}_{t-1}$ 的线性函数。因此，对于 $j\geqslant h+1$ 有 $\rho_{xx}(j)=0$ 并且 x_t 序列是 MA(h)过程。基于这个事实和式(4-43)，样本典型相关系数 $\hat{\rho}$ 的渐近方差是 $\operatorname{Var}(\hat{\rho})=T^{-1}\left[1+2\sum_{v=1}^{h}\rho_{xx}(v)\rho_{yy}(v)\right]\equiv\hat{d}$。式(4-42)中的检验统计量运用标准平方典型相关而不是普通典型相关。标准化是为了处理数据中的序列相关性。如果数据来自一个随机
223 样本，那么在典型变量中不存在序列相关并且 $\hat{d}$ 递减到1，它是文献中使用的最原始形式。

注记：在前面的讨论中，假设时间序列 $\boldsymbol{z}_t$ 是齐次的。如果 $\boldsymbol{z}_t$ 有条件异方差性，那么 $\hat{\rho}$ 的渐近方差包含典型变量 $\{x_t\}$ 和 $\{y_t\}$ 的四阶矩。为了仍然具有极限卡方分布，必须对检验统计量 C 进行修正。参见 Min 和 Tsay(2005)、Tasy 和 Ling(2008)。 □

4.4.1 应用

为了说明上述理论，考虑3个美国城市从1972年8月到1980年11月面粉月价格指数的对数数据，这些城市是 Buffalo、Minneapolis 和 Kansas。在 Tiao 和 Tsay(1989)中清楚地分析了有100个观测数据的数据集。图4-1展示了3个序列的时序图，并且它们看起来是一致的。根据三阶 AR 的增广 Dickey-Fuller 单位根检验，3个序列都有单位根。但是，Johansen 的协整检验不能拒绝没有协整的原假设。检验的结果在表4-2中给出。单位根和协整检验在第5章讨论。这里简单地给出检验结果，因为本章讨论的结构设定的方法可以有效地用于单位根非平稳时间序列，即使严格地说 Hankel 矩阵只用于平稳时间序列。

接下来，指定数据的 Kronecker 指数。令 $\boldsymbol{z}_t$ 是三维时间序列。如果 VAR 模型是可用的，则通过 Tiao 和 Box(1981)的序列卡方检验或者 AIC 准则选择一个 VAR(2)模型。因此，用 $r\geqslant 2$ 来近似过去向量 $\boldsymbol{P}_{t-1}$，选择 $r=3$，也就是，$\boldsymbol{P}_{3,t-1}=(\boldsymbol{z}_{t-1}', \boldsymbol{z}_{t-2}', \boldsymbol{z}_{t-3}')'$。根据本节的主要内容，得到 Kronecker 指数为 $\{k_1=1, k_2=1, k_3=1\}$。式(4-42)的检验统计量 C 的详细情况和相关联的最小平方典型相关系数在表4-3中给出。根据 Kronecker 指数，为数据设定一个 VARMA(1，1)模型。

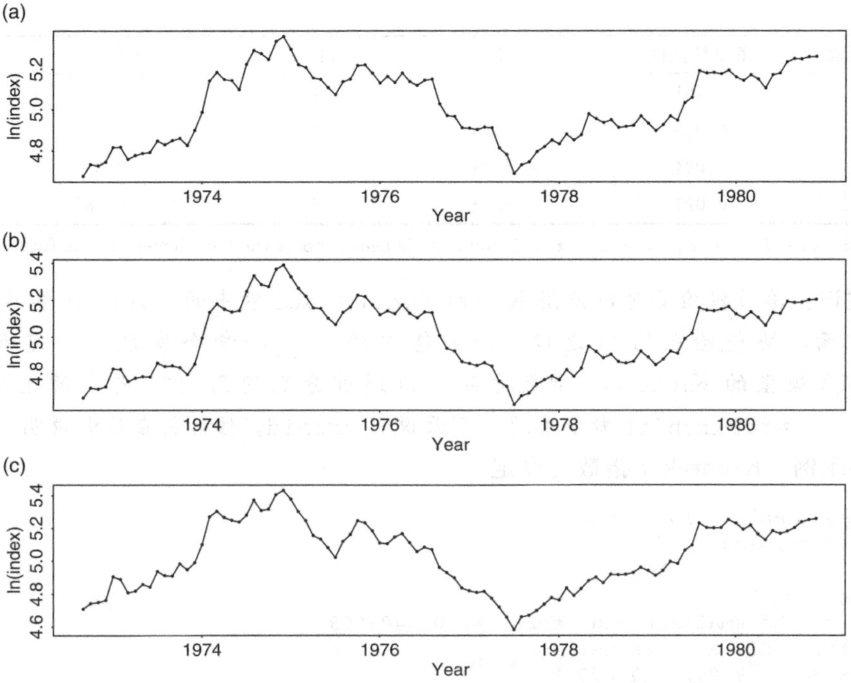

图 4-1 1972 年 8 月到 1980 年 11 月 3 个美国城市月面粉价格指数的对数的时序图。这些城市是 Buffalo、Minneapolis 和 Kansas

表 4-2 Buffalo、Minneapolis 和 Kansas 3 个城市月度面粉价格指数的对数的单位根检验和协整检验

a）一元单位根检验						
序列	检验	p 值	常数	AR 系数		
z_{1t}	−1.87	0.35	0.28	−0.054	0.159	0.048
z_{2t}	−1.84	0.36	0.26	−0.051	0.258	−0.046
z_{3t}	−1.70	0.43	0.24	−0.047	0.206	−0.005

b）Johansen 协整检验					
排序	特征值	迹	95% CV	统计量最大值	95% CV
0	0.142	22.65	29.68	14.97	20.97
1	0.063	7.68	15.41	6.37	14.07
2	0.013	1.31	2.76	1.31	3.76

表 4-3 从 1972 年 8 月到 1980 年 11 月 3 个美国城市月度面粉价格指数的对数的三维序列的 Kronecker 指数

最后一个元素	最小特征值	检验	自由度	p 值	注记
z_{1t}	0.940	266.3	9	0	
z_{2t}	0.810	156.3	8	0	

（续）

最后一个元素	最小特征值	检验	自由度	p 值	注记
z_{3t}	0.761	134.0	7	0	
$z_{1,t+1}$	0.045	4.28	6	0.64	$k_1=1$
$z_{2,t+1}$	0.034	3.04	6	0.80	$k_2=1$
$z_{3,t+1}$	0.027	2.44	6	0.88	$k_3=1$

The past vector is $\boldsymbol{P}_{t-1}=(z'_{t-1},\ z'_{t-2},\ z'_{t-3})'$ and last element denotes the last element of the future subvector.

注记：单位根检验可以使用 R 中的 fUnitRoots 包中的 adfTest 命令实现。另一方面，协整检验可以通过 urca 包中的 ca.jo 命令实现。指定和评估 VARMA 模型的 Kronecker 指数方法可以通过分别使用 MTS 包中的 kronid、kronfit 和 refkronfit 命令实现。下面说明 kronid。估计将在后面说明。 □

R 代码示例：Kronecker 指数的设定

```
> zt=read.table("flourc.txt")
> Kronid(zt,plag=3)
h =  0
Component =  1
square of the smallest can. corr. =  0.9403009
    test,   df, &  p-value:
[1] 266.342   9.000   0.000
Component =  2
square of the smallest can. corr. =  0.8104609
    test,   df, &  p-value:
[1] 156.337   8.000   0.000
Component =  3
square of the smallest can. corr. =  0.761341
    test,   df, &  p-value:
[1] 133.959   7.000   0.000
=============
h =  1
Component =  1
Square of the smallest can. corr. =  0.04531181
    test,     df, p-value & d-hat:
[1] 4.281 6.000 0.639 1.007
A Kronecker found
Component =  2
Square of the smallest can. corr. =  0.03435539
    test,     df, p-value & d-hat:
[1] 3.045 6.000 0.803 1.067
A Kronecker found
Component =  3
Square of the smallest can. corr. =  0.02732133
    test,     df, p-value & d-hat:
[1] 2.435 6.000 0.876 1.057
A Kronecker found
============
    Kronecker indexes identified:
[1] 1 1 1
```

4.5　求解标量分量模型

采用 Tiao 和 Tsay(1989)的方法来识别 $\boldsymbol{z}_t$ 的 SCM。对于式(4-1)的线性过程 $\boldsymbol{z}_t$，定义一个 $k(m+1)$维向量过程 $\boldsymbol{Y}_{m,t}$ 224~226

$$\boldsymbol{Y}_{m,t} = \{\boldsymbol{z}'_t, \boldsymbol{z}'_{t-1}, \cdots, \boldsymbol{z}'_{t-m}\}' \tag{4-44}$$

其中，m 是非负整数。为了求解 $\boldsymbol{z}_t$ 的 SCM，Tiao 和 Tsay(1989)运用 $\boldsymbol{Y}_{m,t}$序列的协方差矩阵的双向表。具体地，给出 (m，j)，其中 $m \geqslant 0$ 且 $j \geqslant 0$，考虑协方差矩阵

$$\boldsymbol{\Gamma}(m,j) = \mathrm{Cov}(\boldsymbol{Y}_{m,t}, \boldsymbol{Y}_{m,t-j-1}) = \begin{bmatrix} \boldsymbol{\Gamma}_{j+1} & \boldsymbol{\Gamma}_{j+2} & \boldsymbol{\Gamma}_{j+3} & \cdots & \boldsymbol{\Gamma}_{j+1+m} \\ \boldsymbol{\Gamma}_{j} & \boldsymbol{\Gamma}_{j+1} & \boldsymbol{\Gamma}_{j+2} & \cdots & \boldsymbol{\Gamma}_{j+m} \\ \vdots & \vdots & \vdots & \ddots & \vdots \\ \boldsymbol{\Gamma}_{j+1-m} & \boldsymbol{\Gamma}_{j+2-m} & \boldsymbol{\Gamma}_{j+3-m} & \cdots & \boldsymbol{\Gamma}_{j+1} \end{bmatrix} \tag{4-45}$$

它是 $\boldsymbol{z}_t$ 的自协方差矩阵，一个 $k(m+1)\times k(m+1)$矩阵。了解 SCM 的重点在于学习当 $m \geqslant 0$ 且$j \geqslant 0$ 时矩阵 $\boldsymbol{\Gamma}(m, j)$的奇异性。这等价于利用第 3 章中讨论的平稳 VARMA 模型的矩方程。

根据定义，$\boldsymbol{\Gamma}(m, j)$是一个方阵。这纯粹是为了简单。事实上，Tiao 和 Tsay(1989)定义了一般矩阵

$$\boldsymbol{\Gamma}(m,h,j) = \mathrm{Cov}(\boldsymbol{Y}_{m,t}, \boldsymbol{Y}_{h,t-j-1}) = E(\boldsymbol{Y}_{m,t} \boldsymbol{Y}'_{h,t-j-1})$$

这里 $h \geqslant m$。如果式(4-45)的 $\boldsymbol{\Gamma}(m, j)$被 $\boldsymbol{\Gamma}(m, h, j)$代替($h \geqslant m$)，那么后面讨论的所有结论将继续有效。

4.5.1　标量分量模型的含义

令 $\boldsymbol{u}$ 是一个 $k(m+1)$维实数行向量。如果 $\boldsymbol{u}\boldsymbol{\Gamma}(m, j)=\boldsymbol{0}$，则 $\boldsymbol{u}$ 是 $\boldsymbol{\Gamma}(m, j)$的一个奇异左向量。这里用行向量代替传统的列向量来简化符号。

假设 $y_t = {}_0\boldsymbol{z}_t$ 是 $\boldsymbol{z}_t$ 的一个 SCM(r, s)。根据定义，存在 rk 维行向量 ${}_i$($i=1$，…，r)使得 $w_t = \sum_{i=0}^{r} {}_i\boldsymbol{z}_{t-i}$ 与 $\boldsymbol{a}_{t-j}$ 无关($j>s$)。因此，定义 4.3 中的 SCM 结构右乘 $\boldsymbol{z}'_{t-j}$并取期望，得到

$$\sum_{i=0}^{r} {}_i\boldsymbol{\Gamma}_{j-i} = \boldsymbol{0}, \quad 对于\ j > s \tag{4-46}$$

令 $=({}_0, \cdots, {}_r)$是由所有 SCM 的 ${}_i$组成的 $k(r+1)$维行向量。那么，得到

$$w_t = \boldsymbol{T}_{r,t} \tag{4-47}$$

其中，$\boldsymbol{Y}_{r,t}$在式(4-44)中定义且 m 被 r 代替。根据式(4-46)，$y_t \sim$SCM(r, s)的存在意味着矩阵 $\boldsymbol{\Gamma}(r, j)$是奇异的($j \geqslant s$)，并且 是对应的奇异左向量。而且，假设阶($r$, s)满足条件 $r+s$ 尽可能小。那么 y_t 的行向量 不是 $\boldsymbol{\Gamma}(r, s-1)$的奇异左向量。 227

为了有助于进一步讨论，定义 的一个扩展 $k(l+1)$维的行向量为

$$(\ell, r, g) = (\boldsymbol{0}_{1g}, \ , \boldsymbol{0}_{2g}) \tag{4-48}$$

这里 ℓ 和 g 是整数使得当 $\ell \geqslant r$，$g>0$ 时，r 与初始行向量 相关，并且 $\mathbf{0}_{1g}$ 和 $\mathbf{0}_{2g}$ 分别为 $k(g-1)$ 维和 $k(\ell+1-r-g)$ 维的零行向量。例如， $(r+1, r, 1)=(\ , 0, \cdots, 0)$ 是一个 $k(r+2)$ 维行向量且 $(r, r, 1)=$ 。

接下来，考虑 $m>r$ 的矩阵 $\boldsymbol{\Gamma}(m, s)$。运用式(4-48)中的定义，得到

$$w_t = \boldsymbol{Y}_{r,t} = (m,r,1)\boldsymbol{Y}_{m,t}$$

因此，$y_t \sim \mathrm{SCM}(r, s)$ 的存在意味着矩阵 $\boldsymbol{\Gamma}(m, s)$ 是奇异的 $(m>r)$。而且，可以很容易看出 y_t 并不意味着 $\boldsymbol{\Gamma}(r-1, s)$ 的任何奇异性，否则，y_t 是阶 $(r-1, s)$ 的 SCM。

最后，考虑 $m>r$ 且 $j>s$ 的矩阵 $\boldsymbol{\Gamma}(m, j)$。首先，主要关注下式给出的矩阵 $\boldsymbol{\Gamma}(r+1, s+1)$。

$$\boldsymbol{\Gamma}(r+1, s+1) = E(\boldsymbol{Y}_{r+1,t} Y'_{r+1,t-s-2})$$

在这个特例中，标量分量 y_t 给出了两个奇异的左向量，因为

(a) $w_t =$ $(r+1, r, 1)\boldsymbol{Y}_{r+1,t}$ 与 $\boldsymbol{a}_{t-j}$ 无关 $(j>s)$。

(b) $w_{t-1} =$ $(r+1, r, 2)\boldsymbol{Y}_{r+1,t}$ 与 $\boldsymbol{a}_{t-j}$ 无关 $(j>s+1)$。

因此，$\mathrm{SCM}(r, s)\, y_t$ 给出了矩阵 $\boldsymbol{\Gamma}(r+1, s+1)$ 的两个奇异左向量。换句话说，从矩阵 $\boldsymbol{\Gamma}(m, s)$ 变动到 $\boldsymbol{\Gamma}(r+1, s+1)$ 增加了一个奇异左向量。同样道理。y_t 还为了 $\boldsymbol{\Gamma}(m, s+1)$ 和 $\boldsymbol{\Gamma}(r+1, j)$ 引入了两个奇异左向量 $(j>s+1, m \geqslant r+1)$，通常，对于矩阵 $\boldsymbol{\Gamma}(m, j)$ 且 $m>r$ 和 $r>s$，$\mathrm{SCM}\, y_t$ 给出了 $h=\min(m-r+1, j-s+1)$ 个奇异左向量。

由前述内容可以得到以下定理。

定理 4.2　假设 $\boldsymbol{z}_t$ 是式(4-1)的一个平稳线性过程并且它的 Hankel 矩阵是有限维的。假设 $y_t = \ _0\boldsymbol{z}_t$ 服从与行向量 相关联的 $\mathrm{SCM}(r, s)$ 结构。令 (ℓ, r, g) 是式(4-48)中定义的

228 的 的扩展行向量。那么

(a) 对于 $j \geqslant s$， 是 $\boldsymbol{\Gamma}(r, j)$ 的奇异左向量。

(b) 对于 $m>r$， $(m, r, 1)$ 是 $\boldsymbol{\Gamma}(m, s)$ 的奇异左向量。

(c) 对于 $m>r$ 且 $j>s$，$\boldsymbol{\Gamma}(m, j)$ 有 $h=\min(m-r+1, j-s+1)$ 个奇异左向量，即， (m, r, g)，$g=1, \cdots, h$。

(d) 对于 $m<r$ 且 $j<s$，向量 (m, r, g) 不是 $\boldsymbol{\Gamma}(m, j)$ 的奇异左向量。

例 4.2　假设 $\boldsymbol{z}_t$ 是式(4-1)的一个线性向量过程，并且 y_{1t} 是 $\boldsymbol{z}_t$ 的 $\mathrm{SCM}(1, 0)$，y_{2t} 是 $\boldsymbol{z}_t$ 的 $\mathrm{SCM}(0, 1)$。而且，假设 y_{it} 不是 $\mathrm{SCM}(0, 0)$。那么，$\boldsymbol{\Gamma}(m, j)$ 的奇异左向量的个数分别由表 4-4a) 和 b) 的 y_{it} 归纳得出。对角递增模式从表中可以很容易看出。另外，非零项的左上顶点坐标 (m, j) 与 SCM 的阶相对应。

表 4-4　由 a) 标量分量模型 $y_{1t} \sim \mathrm{SCM}(1, 0)$ 和 b) 标量分量模型 $y_{2t} \sim \mathrm{SCM}(0, 1)$ 归纳的矩阵 $\boldsymbol{\Gamma}(m, j)$ 的奇异左向量的个数

a)				j				b)				j			
m	0	1	2	3	4	5	…	m	0	1	2	3	4	5	…
0	0	0	0	0	0	0	…	0	0	1	1	1	1	1	…

（续）

a)	j							b)	j						
m	0	1	2	3	4	5	…	m	0	1	2	3	4	5	…
1	1	1	1	1	1	1	…	1	0	1	2	2	2	2	…
2	1	2	2	2	2	2	…	2	0	1	2	3	3	3	…
3	1	2	3	3	3	3	…	3	0	1	2	3	4	4	…
4	1	2	3	4	4	4	…	4	0	1	2	3	4	5	…
⋮	⋮	⋮	⋮					⋮	⋮	⋮	⋮				

4.5.2 可交换标量分量模型

存在这样一种情况：z_t 的 SCM 有两个不同阶(p_1, q_1)和(p_2, q_2)，满足 $p_1+q_1=p_2+q_2$。例如，考虑 VAR(1)和 VMA(1)模型

$$\boldsymbol{z}_t - \begin{bmatrix} 0 & -2 \\ 0 & 0 \end{bmatrix} \boldsymbol{z}_{t-1} = \boldsymbol{a}_t \quad \Leftrightarrow \quad \boldsymbol{z}_t = \boldsymbol{a}_t - \begin{bmatrix} 0 & 2 \\ 0 & 0 \end{bmatrix} \boldsymbol{a}_{t-1} \tag{4-49}$$

在这种特殊情况下，标量序列 $y_t=(1, 0)\boldsymbol{z}_t=z_{1t}$既是 SCM(1，0)又是 SCM(0，1)。这种类型 SCM 阶在 Tiao 和 Tsay(1989)中称为可交换的阶。具有可交换阶的 SCM 有一些特殊性质。

引理 4.3 *假设 $\boldsymbol{z}_t$ 是式(4-1)的一个 k 维线性过程，$\boldsymbol{y}_t$ 既是 $\boldsymbol{z}_t$ 的 SCM(p_1, q_1)又是 SCM(p_2, q_2)，这里 $p_1+q_1=p_2+q_2$。那么存在一个 SCM$(p_3, q_3)x_t$ 使得 $p_3<p_0=\max\{p_1, p_2\}$和 $q_3<q_0=\max\{q_1, q_2\}$。* 229

证明： 根据 $y_t \sim$ SCM(p_1, q_1)，有

$$w_t = \quad {}_0\boldsymbol{z}_t + \sum_{i=1}^{p_1} \quad {}_i\boldsymbol{z}_{t-i} = \quad {}_0\boldsymbol{a}_t + \sum_{j=1}^{q_1} \boldsymbol{u}_j \boldsymbol{a}_{t-j}$$

但 $\boldsymbol{y}_t$ 也是 SCM(p_2, q_2)，于是存在 p_2 个 k 维的行向量 $\quad{}_i^*$ $(i=1, \cdots, p_2)$和 q_2 个 k 维行向量 $\boldsymbol{u}_i^*$ $(j=1, \cdots, q_2)$使得

$$w_t^* = \quad {}_0\boldsymbol{z}_t + \sum_{i=1}^{p_2} \quad {}_i^* \boldsymbol{z}_{t-i} = \quad {}_0\boldsymbol{a}_t + \sum_{j=1}^{q_2} \boldsymbol{u}_j^* \boldsymbol{a}_{t-j}$$

因此，通过减法，得到

$$\sum_{i=1}^{p_0} \boldsymbol{\delta}_i \boldsymbol{z}_{t-i} = \sum_{j=1}^{q_0} \tilde{\boldsymbol{\omega}}_j \boldsymbol{a}_{t-j}$$

这里 $\boldsymbol{\delta}_i$ 是非零的。假设对于 $i<d$，$\boldsymbol{\delta}_d \neq \boldsymbol{0}$ 和 $\boldsymbol{\delta}_i=\boldsymbol{0}$。那么，根据 $\boldsymbol{z}_t$ 的线性，还可以得到对于 $i<d$，$\tilde{\boldsymbol{\omega}}_i=\boldsymbol{0}$ 和 $\boldsymbol{\delta}_d=\tilde{\boldsymbol{\omega}}_d$。令 $x_t=\boldsymbol{\delta}_d\boldsymbol{z}_t$。上式说明 x_t 是 SCM(p_3, q_3)，$p_3<p_0$，$q_3<q_0$。这些就完成了证明。□

为了说明，考虑式(4-49)中的 VAR(1)和 VMA(1)模型。引理说明，在方程组中确实存在 SCM(0，0)。

令　是与 $y_t \sim \text{SCM}(p_1, q_1)$ 相关联的行向量，　* 是与 $y_t \sim \text{SCM}(p_2, q_2)$ 相关联的行向量。很显然，　和　* 的第 k 个元素都是 $_0$。令 $\boldsymbol{\delta}$ 是与 $x_t \sim \text{SCM}(p_3, q_3)$ 相关联的行向量。那么，根据引理 4.3 的证明，可以得到以下结论。

引理 4.4　假设 $\boldsymbol{y}_t$ 是式(4-1)的线性向量过程 $\boldsymbol{z}_t$ 的 SCM 且具有可交换的阶 (p_1, q_1) 和 (p_2, q_2) 使得 $p_1+q_1=p_2+q_2$ 和 $p_1>p_2$。令 x_t 是隐含 $\text{SCM}(p_3, q_3)$ 并用 $\boldsymbol{\delta}$ 表示与 x_t 相关联的行向量。而且，令 $p_0=\max(p_1, p_2)$。那么

$$(p_0, p_1, 1) = \quad {}^*(p_0, p_2, 1) + \sum_{j=1}^{h} \eta_j \boldsymbol{u}(p_0, p_3, j+1)$$

230 这里 $h=p_1-p_2$ 且 $\{\eta_j \mid j=1, \cdots, h\}$ 是常数，使得对于某些 $j>0$，$\eta_j \neq 0$。

引理 4.4 的结论可以扩展到 y_t 有多于两个可交换阶的情况。运用引理 4.4，可将定理 4.2 扩展到具有可交换阶的某个 SCM。

定理 4.3　假设标量分量 y_t 具有引理 4.4 所述的可交换阶。令 $h_1=\min(m-p_1+1, j-q_1+1)$ 和 $h_2=\min(m-p_2+1, j-q_2+1)$。那么，通过 y_t 归纳的 $\boldsymbol{\Gamma}(m, j)$ 的奇异左向量数是 $\max\{h_1, h_2\}$。

例 4.3　假设 $\boldsymbol{z}_t$ 是式(4-1)的一个线性向量过程且 y_t 是具有可交换阶的 $\boldsymbol{z}_t$ 的 SCM。此外，y_t 不是 $\boldsymbol{z}_t$ 的 SCM(0，0)。那么，$\boldsymbol{\Gamma}(m, j)$ 的奇异左向量数可以通过表 4-5 中的 y_{it} 归纳出。在这种情况下，对角递增模式继续保持且非零项的左上顶点的坐标 (m, j) 与 SCM 的阶相对应。□

表 4-5　由具有可交换阶(0，1)和(1，0)的标量分量模型 y_t 归纳出的矩阵 $\boldsymbol{\Gamma}(m, j)$ 的奇异左向量数

m	j						
	0	1	2	3	4	5	…
0	0	1	1	1	1	1	…
1	1	1	2	2	2	2	…
2	1	2	2	3	3	3	…
3	1	2	3	3	4	4	…
4	1	2	3	4	4	5	…
5	1	2	3	4	5	5	…
⋮	⋮	⋮	⋮	⋮	⋮	⋮	

考虑表 4-4 和表 4-5。令 $N(m, j)$ 是由 SCM y_t 归纳的 $\boldsymbol{\Gamma}(m, j)$ 的奇异左向量数。定义对角差分为

$$d(m,j) = \begin{cases} N(m,j), & \text{如果 } m=0 \text{ 或 } j=0 \\ N(m,j)-N(m-1,j-1), & \text{其他} \end{cases}$$

那么，很容易看出所有 3 个不同的表都是由“0”和“1”组成的且左上顶点的“1”精确地指出 SCM 的阶。对于可交换阶的情况，在不同的表中存在两个左上顶点都是“1”。参见表 4-6。

表 4-6　由具有可交换阶(0, 1)和(1, 0)的标量分量模型 y_t 归纳的矩阵 $\boldsymbol{\Gamma}(m, j)$ 的奇异左向量数的对角差分

m	j						
	0	1	2	3	4	5	…
0	0	1	1	1	1	1	…
1	1	1	1	1	1	1	…
2	1	1	1	1	1	1	…
3	1	1	1	1	1	1	…
4	1	1	1	1	1	1	…
5	1	1	1	1	1	1	…
⋮	⋮	⋮	⋮	⋮	⋮	⋮	⋱

在 $r+s$ 尽可能小的条件下，前面讨论的 $\boldsymbol{\Gamma}(m, j)$ 的奇异左向量的个数对于 $\boldsymbol{z}_t$ 的每个 SCM(r, s)也是成立的。这个特点是定理 4.2 和定理 4.3 的结论。事实上，定理 4.2 和定理 4.3 的逆也是成立的。例如，如果存在一个 $k(r+1)$维行向量 ，它的前 k 个元素不全为 0，使得式(4-48)中的 和它的扩展向量 (ℓ, r, g)有定理 4.2 的性质(a)～(d)，那么 $y_t=$ $_0\boldsymbol{z}_t$ 是一个阶为(r, s)的 SCM，这里 $_0$是由 v 的前 k 个向量组成的 的子向量。这里将使用这些结论来寻找 $\boldsymbol{z}_t$ 的 SCM。

4.5.3　求解标量分量

这里的目的是寻找线性向量过程 z_t 的 k 线性相关 SCM，即 SCM(p_i, q_i) ($i=1$, …, k)，使得 p_i+q_i 是尽可能地小。为此，令 $\ell=m+j$，运用以下步骤研究 $\boldsymbol{\Gamma}(m, j)$的奇异左向量数。

1)从 $\ell=0$ 开始，也就是，(m, j)=(0, 0)。

2)由于固定的 ℓ，ℓ 递增 1：

(a)从 $j=0$ 以及 $m=\ell$ 开始。

(b)ℓ 递增 1 直到 $j=\ell$。

对于给定的阶(m, j)，执行 $\boldsymbol{Y}_{m,t}$ 和 $\boldsymbol{Y}_{m,t-j-1}$ 之间的典型相关分析来确认 $\boldsymbol{\Gamma}(m, j)$的奇异左向量数，结果证明是两个扩展随机向量之间的零典型相关系数的个数。在 Kronecker 指数情况下，可以使用似然比检验统计量。具体地，令 $\hat{\lambda}_i(j)$是 $\boldsymbol{Y}_{m,t}$ 和 $\boldsymbol{Y}_{m,t-j-1}$ 之间的第 i 个最小平方典型相关系数，其中 $i=1$, …, $k(m+1)$。为了检验有 s 个零典型相关，Tiao 和 Tsay(1989)运用检验统计量

$$C(j,s) = -(T-m-j)\sum_{i=1}^{s}\ln\left[1-\frac{\hat{\lambda}_i(j)}{d_i(j)}\right] \tag{4-50}$$ 231～232

其中 T 是样本大小，并且 $d_i(j)$定义为

$$d_i(j) = 1 + 2\sum_{u=1}^{j}\hat{\rho}_u(w_{1t})\,\hat{\rho}_u(w_{2t})$$

其中$\hat{\rho}_u(w_t)$是标量时间序列w_t的滞后u样本自相关系数，w_{1t}和w_{2t}是与典型相关系数$\hat{\lambda}_i(j)$相关联的两个典型变量。在原假设$\boldsymbol{Y}_{m,t}$和$\boldsymbol{Y}_{m,t-j-1}$之间恰恰存在s个零典型相关下，检验统计量$C(j, s)$是一个自由度为s^2的渐近卡方随机变量，假设式(4-1)的新息$\boldsymbol{a}_t$是多元高斯分布。注意，如果应用$\boldsymbol{Y}_{m,t}$和$\boldsymbol{Y}_{h,t-j-1}(h \geqslant m)$执行典型相关分析，那么$C(m, j)$的自由度是$s[(h-m)k+s]$。

在这个求解过程中，一旦发现一个新的SCM$(p_i, q_i)y_{it}$，必须运用定理4.2和定理4.3的结论，移除在任何子序列分析中由y_{it}归纳的$\boldsymbol{\Gamma}(m, j)$的奇异左向量。当发现$k$线性相关SCM时，该求解过程就结束了。有关更详细的内容参见Tiao和Tsay(1989)。

4.5.4　应用

再一次运用Buffalo、Minneapolis和Kansas城市月面粉价格指数的对数数据，首先，运用式(4-50)的检验统计量$C(m, j)$来检验扩展向量$\boldsymbol{Y}_{m,t}$和$\boldsymbol{Y}_{m,t-j-1}$之间零典型相关的个数。结果在表4-7a)和b)给出。从表中得知，为数据设定一个VARMA(1，1)或VAR(2)。14个零典型相关的小偏差只出现在$(m, j)=(5, 4)$。理论上，对于三维VARMA(1，1)模型，零典型相关的个数必须是15。在实际应用中很容易出现这样小的偏差。

为了进一步学习，对于某些低阶(m, j)结构，考虑特征值和检验统计量。结果在表4-7c)中给出。这里，应用$\boldsymbol{Y}_{m,t}$和$\boldsymbol{Y}_{m,t-j-1}$来执行典型相关分析。式(4-50)的$C(m, j)$统计量的自由度是s^2，其中s是在原假设下的零典型相关的个数。从表中看到，当设定全部VARMA(1，1)模型时，存在两个SCM(1，0)分量和一个SCM(1，1)分量。可以使用与(1，0)和(1，1)位置上的(估计)零特征值有关的特征向量来得到变换矩阵的估计：

$$\hat{\boldsymbol{T}} = \begin{bmatrix} 0.33 & -0.63 & 0.26 \\ -0.34 & 0.13 & 0.59 \\ 0.14 & 0.20 & 0.00 \end{bmatrix} \tag{4-51}$$

如果设定全部VARMA(2，0)，还可以得到SCM分析的详细说明，包括变换矩阵的估计。在R代码示例中给出了详细的说明。

表4-7　运用标量分量方法分析三维月度面粉价格指数

a) 奇异左向量个数							b) 对角线差异						
m	j						m	j					
	0	1	2	3	4	5		0	1	2	3	4	5
0	0	0	0	0	0	0	0	0	0	0	0	0	0
1	2	3	3	3	3	3	1	2	3	3	3	3	3
2	3	6	6	6	6	6	2	3	3	3	3	3	3
3	3	6	9	9	9	9	3	3	3	3	3	3	3
4	3	6	9	12	12	12	4	3	3	3	3	3	3
5	3	6	9	12	14	15	5	3	3	3	3	2	3

（续）

c）特征值和检验统计量的汇总

m	j	特征值	$C(m, j)$	自由度	p 值
0	0	0.747	137.55	1	0.000
0	0	0.815	306.06	4	0.000
0	0	0.938	584.25	9	0.000
1	0	0.003	0.29	1	0.588
1	0	0.081	8.67	4	0.070
1	0	0.271	39.92	9	0.000
0	1	0.598	90.22	1	0.00
0	1	0.799	249.03	4	0.00
0	1	0.866	447.87	9	0.00
1	1	0.003	0.34	1	0.558
1	1	0.033	3.59	4	0.464
1	1	0.057	7.49	9	0.586
1	1	0.787	158.92	16	0.000
1	1	0.874	362.13	25	0.000
1	1	0.944	644.97	36	0.000

注：应用 1% 的显著性水平。

注记：可以使用 MTS 包中的 SCMid 和 SCMid2 命令执行 SCM 方法，这里 SCMid 用来识别所有的模型，而 SCMid2 用来得到检验的详细信息。参见 Tiao 和 Tsay(1989)两步阶设定。对于给出的所有阶可以直接运用 SCMid2。

R 代码示例：面粉数据的 SCM 分析。

```
> SCMid(da,crit=0.01)  <== Find overall order
Column: MA order
Row   : AR order
Number of zero canonical correlations
   0  1  2  3  4  5
0  0  0  0  0  0  0
1  2  3  3  3  3  3
2  3  6  6  6  6  6
3  3  6  9  9  9  9
4  3  6  9 12 12 12
5  3  6  9 12 14 15
Diagonal Differences:
  0 1 2 3 4 5
0 0 0 0 0 0 0
1 2 3 3 3 3 3
2 3 3 3 3 3 3
3 3 3 3 3 3 3
4 3 3 3 3 3 3
5 3 3 3 3 2 3
> m2=SCMid2(da,maxp=1,maxq=1,crit=0.01) <= Details of
  VARMA(1,1) model
For (pi,qi) = ( 0 , 0 )
Tests:
     Eigvalue St.dev    Test deg p-value
```

```
[1,]     0.747      1 137.548   1        0
[2,]     0.815      1 306.056   4        0
[3,]     0.938      1 584.245   9        0
Summary:
Number of SCMs detected:  0
Cumulative SCMs found 0
For (pi,qi) = ( 1 , 0 )
Tests:
     Eigvalue St.dev   Test deg p-value
[1,]     0.003      1  0.294   1   0.588
[2,]     0.081      1  8.672   4   0.070
[3,]     0.271      1 39.922   9   0.000
Summary:
Number of SCMs detected:  2
Found  2  new SCMs
Updated transformation matrix:
       [,1]   [,2]
V1  0.332 -0.338
V2 -0.628  0.125
V3  0.260  0.588
Cumulative SCMs found 2
For (pi,qi) = ( 0 , 1 )
Tests:
     Eigvalue St.dev    Test deg p-value
[1,]     0.598      1  90.222   1       0
[2,]     0.799      1 249.032   4       0
[3,]     0.866      1 447.866   9       0
Summary:
Number of SCMs detected:  0
Cumulative SCMs found 2
For (pi,qi) = ( 1 , 1 )
Tests:
     Eigvalue St.dev    Test deg p-value
[1,]     0.003  0.998   0.343   1   0.558
[2,]     0.033  1.022   3.589   4   0.464
[3,]     0.057  1.448   7.491   9   0.586
[4,]     0.787  1.000 158.919  16   0.000
[5,]     0.874  1.000 362.131  25   0.000
[6,]     0.944  1.000 644.965  36   0.000
Summary:
Number of SCMs detected:  3
Found  1  new SCMs
Transpose of Transformation-matrix:
       [,1]   [,2]  [,3]
V1  0.332 -0.338 0.136
V2 -0.628  0.125 0.200
V3  0.260  0.588 0.004
Cumulative SCMs found 3
> names(m2)
[1] "Tmatrix"  "SCMorder"
> print(round(m2$Tmatrix,3))
         V1     V2    V3
[1,]  0.332 -0.628 0.260
[2,] -0.338  0.125 0.588
[3,]  0.136  0.200 0.004
```

```
> SCMid2(da,maxp=2,maxq=0,crit=0.01) # Details of VARMA(2,0)
  model
For (pi,qi) = ( 0 , 0 )
Tests:
     Eigvalue St.dev    Test deg p-value
[1,]    0.747      1 137.548   1       0
[2,]    0.815      1 306.056   4       0
[3,]    0.938      1 584.245   9       0
Summary:
Number of SCMs detected:  0
Cumulative SCMs found 0
For (pi,qi) = ( 1 , 0 )
Tests:
     Eigvalue St.dev   Test deg p-value
[1,]    0.003      1  0.294   1   0.588
[2,]    0.081      1  8.672   4   0.070
[3,]    0.271      1 39.922   9   0.000
Summary:
Number of SCMs detected:  2
Found  2  new SCMs
Updated transformation matrix:
      [,1]   [,2]
V1  0.332 -0.338
V2 -0.628  0.125
V3  0.260  0.588
Cumulative SCMs found 2
For (pi,qi) = ( 2 , 0 )
Tests:
     Eigvalue St.dev  Test deg p-value
[1,]    0.001      1 0.070   1   0.791
[2,]    0.007      1 0.753   4   0.945
[3,]    0.034      1 4.180   9   0.899
Summary:
Number of SCMs detected:  3
Found  1  new SCMs
Transpose of Transformation-matrix:
      [,1]   [,2]   [,3]
V1  0.332 -0.338 -0.359
V2 -0.628  0.125  0.024
V3  0.260  0.588 -0.039
Cumulative SCMs found 3
```

最后，对于运用 SCM 方法的最新进展，包括变换矩阵的简化，参见 Athanasopoulos 和 Vahid(2008)以及 Athanasopoulos、Poskitt 和 Vahid(2012)。

4.6　估计

通过 Kronecker 指数或 SCM 方法设定的 VARMA 模型可以用极大似然法估计。如果一些估计参数不是统计显著的，那么可以通过除去不显著的参数来改进模型。然而，去除 VARMA 模型的不显著的参数的方法不是唯一的。事实上，可以采用迭代过程每次剔除一个不显著的。也就是，去除最不显著的参数并重新估计模型。当不显著的参数的数量很大时，这样的迭代过程很容易实现。事实上，可以联合移除多个参数。例如，可以删除所有

t 比率小于给定的参数。在这种情况下，必须关注残差方差的改变。如果那些参数是高度相关的，那么同时删除多个参数可能导致残差方差的大幅度增长。在模型简化时经验总是很重要的。

233~237 对于一个用 SCM 方法设定的模型，可以用两种方法来估计。第一种方法是使用从模型设定阶段得到的变换矩阵。在这种情况下，利用变换序列，可以直接应用第 3 章讨论的 VARMA 估计。第二种方法是执行变换矩阵和其他参数的联合估计。在这种情况下，必须保证设定适当的变换矩阵。

必须仔细检查拟合的 VARMA 模型，以确保对于给定的数据集模型是正确的。这通过模型检验实现。与第 2 章的 VAR 建模型类似，可以应用许多模型检验统计量来验证拟合 VARMA 模型的有效性。例如，多元 Ljung-box 统计量可以用来检验残差中的序列相关和横截面相依性。

本章讨论的结构设定的一个特殊性质是，它可以识别 VARMA 模型中的所有可估计的参数。因此讨论的方法克服了可识别性的困难。另一方面，Kronecker 指数和 SCM 方法可以为具有首项系数矩阵(它是单位矩阵)的 $\boldsymbol{z}_t$ 设定一个 VARMA 模型。参见式(4-14)中的系数矩阵 $\boldsymbol{\Xi}_0$ 和式(4-26)中的变换矩阵 $\boldsymbol{T}$。可以通过修改似然函数来调整非单位首项系数矩阵。在估计过程中可以完成这种修改。

4.6.1　Kronecker 指数方法的解释

为了说明多元时间序列的结构设定，再次考虑 Buffalo、Minneapolis 和 Kansas 城市月面粉价格指数的对数数据。序列的 Kronecker 指数是{1，1，1}，所以对于 $\boldsymbol{\Xi}_0=\boldsymbol{I}_3$ 的数据 Kronecker 指数方法设定了一个 VARMA 模型。而且，利用式(4-15)并增加 3 个参数，设定的 VARMA 模型包含 18 个可估计参数。

运用条件极大似然方法，得到模型

$$\boldsymbol{z}_t=\boldsymbol{\phi}_0+\boldsymbol{\phi}_1\boldsymbol{z}_{t-1}+\boldsymbol{a}_t-\boldsymbol{\theta}_1\boldsymbol{a}_{t-1} \tag{4-52}$$

其中 $\hat{\boldsymbol{\phi}}_0=(0.22, 0.22, 0.31)'$，

$$\hat{\boldsymbol{\phi}}_1=\begin{bmatrix}1.21 & -0.64 & 0.39\\ 0.26 & 0.26 & 0.44\\ 0.21 & -0.63 & 1.36\end{bmatrix},\quad \hat{\boldsymbol{\theta}}_1=\begin{bmatrix}1.38 & -1.80 & 0.42\\ 1.08 & -1.56 & 0.48\\ 0.72 & -1.34 & 0.62\end{bmatrix}$$

且残差协方差矩阵为

$$\hat{\boldsymbol{\Sigma}}_a=\begin{bmatrix}0.18 & 0.19 & 0.18\\ 0.19 & 0.21 & 0.19\\ 0.18 & 0.20 & 0.24\end{bmatrix}\times 10^{-2}$$

估计的标准误差和 t 比率在 R 代码示例的输出中给出。由于所有的 t 比率都比模数 1.55 大，所以不需要从模型中删除任何参数。图 4-2 中展示了残差的时序图，图 4-3 给出了式(4-52)的残差的 Ljung-Box 统计量的 p 值。从图中看出，VARMA(1，1)模型是恰当的。

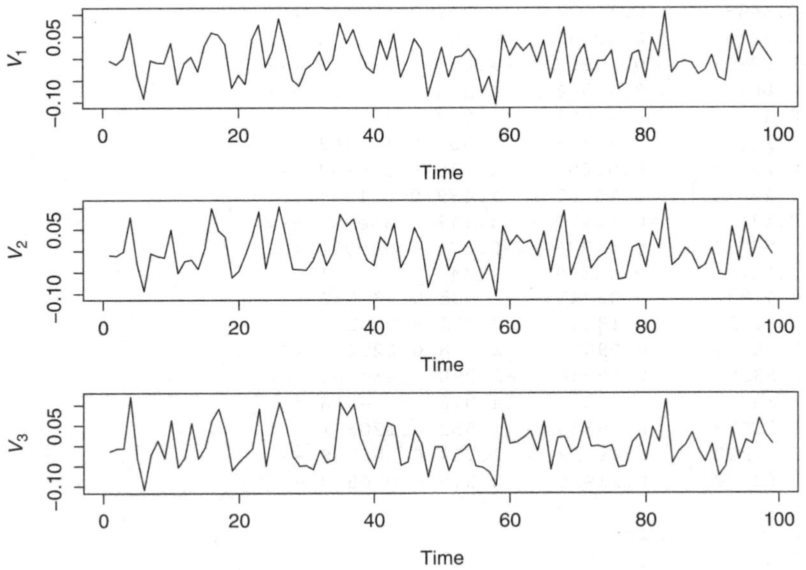

图 4-2 1972 年 8 月到 1980 年 11 月 Buffalo、Minneapolis 和 Kansas 城市的月面粉价格指数在式(4-52)中的 VARMA(1, 1)模型的残差的时序图

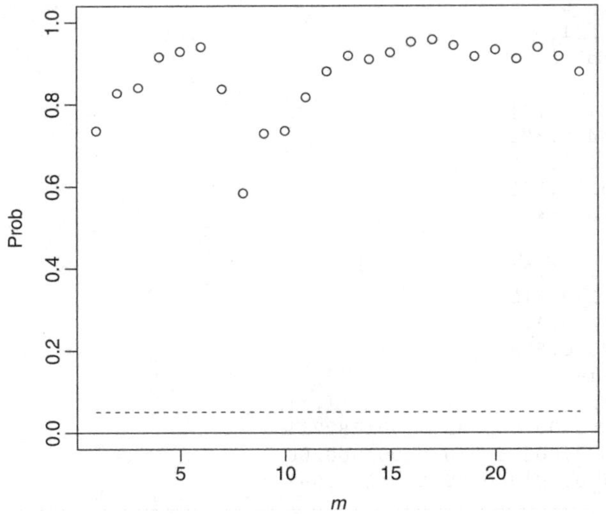

图 4-3 应用于式(4-52)的残差的 Ljung-Box 统计量 p 值图

R 代码示例： 面粉指数。

```
> m2=Kronfit(da,kdx)
Number of parameters:  21
Coefficient(s):
      Estimate  Std. Error  t value Pr(>|t|)
 [1,]  0.22168     0.13084    1.694 0.090204 .
 [2,]  1.20600     0.03674   32.829  < 2e-16 ***
```

```
 [3,]  -0.64388     0.13672   -4.709 2.48e-06 ***
 [4,]   0.39133     0.09638    4.060 4.90e-05 ***
 [5,]  -1.37901     0.38257   -3.605 0.000313 ***
 [6,]   1.80145     0.42586    4.230 2.34e-05 ***
 [7,]  -0.41488     0.21581   -1.922 0.054553 .
 [8,]   0.22433     0.14376    1.560 0.118663
 [9,]   0.26157     0.05257    4.975 6.51e-07 ***
[10,]   0.25614     0.15167    1.689 0.091257 .
[11,]   0.43458     0.10479    4.147 3.36e-05 ***
[12,]  -1.07723     0.41779   -2.578 0.009926 **
[13,]   1.56230     0.45350    3.445 0.000571 ***
[14,]  -0.47832     0.22941   -2.085 0.037072 *
[15,]   0.31130     0.13413    2.321 0.020298 *
[16,]   0.20979     0.09051    2.318 0.020457 *
[17,]  -0.63253     0.15830   -3.996 6.45e-05 ***
[18,]   1.35839     0.09692   14.016  < 2e-16 ***
[19,]  -0.71978     0.46380   -1.552 0.120681
[20,]   1.34290     0.49119    2.734 0.006258 **
[21,]  -0.62388     0.26936   -2.316 0.020550 *
---
Estimates in matrix form:
Constant term:
Estimates:  0.222 0.224 0.311
AR and MA lag-0 coefficient matrix
     [,1] [,2] [,3]
[1,]    1    0    0
[2,]    0    1    0
[3,]    0    0    1
AR coefficient matrix
AR( 1 )-matrix
      [,1]   [,2]  [,3]
[1,] 1.206 -0.644 0.391
[2,] 0.262  0.256 0.435
[3,] 0.210 -0.633 1.358
MA coefficient matrix
MA( 1 )-matrix
      [,1]   [,2]  [,3]
[1,] 1.379 -1.801 0.415
[2,] 1.077 -1.562 0.478
[3,] 0.720 -1.343 0.624
  Residuals cov-matrix:
            [,1]        [,2]        [,3]
[1,] 0.001782430 0.001850533 0.001782211
[2,] 0.001850533 0.002053910 0.001960200
[3,] 0.001782211 0.001960200 0.002374997
----
aic=  -22.43436
bic=  -21.88728
> MTSdiag(m2)
```

4.6.2　SCM 方法的解释

本节开始学习 SCM 方法。如 4.5.4 节所示，SCM 方法为面粉序列设定两种可能的模型。它们分别是 SCM{(1，0)，(1，0)，(1，1)}和 SCM{(1，0)，(1，0)，(2，0)}。因

此，该方法为数据定了 VARMA(1，1)或 VAR(2)模型。本节运用 VARMA(1，1)模型。模型的形式是

$$\boldsymbol{T}\boldsymbol{z}_t = \boldsymbol{g}_0 + \boldsymbol{g}_1\boldsymbol{z}_{t-1} + \boldsymbol{T}\boldsymbol{a}_t - \boldsymbol{\omega}_1\boldsymbol{a}_{t-1} \tag{4-53}$$

其中 $\boldsymbol{T}$ 是转换矩阵，$\boldsymbol{g}_0$ 是常数向量，$\boldsymbol{g}_1$、$\boldsymbol{\omega}_1$ 是 $k\times k$ 矩阵并且 $\boldsymbol{\omega}_1$ 的前两行是 $\boldsymbol{0}$。与式(4-26)比较，得到 $\boldsymbol{g}_1=-\boldsymbol{G}_1$ 和 $\boldsymbol{\omega}_1=-\boldsymbol{U}_1$。

使用 SCM 阶{(1，0)，(1，0)，(1，1)}，存在无冗余参数，使得到 $\boldsymbol{g}_1$ 和 $\boldsymbol{\omega}_1$ 共同包含 12 个可估计参数。而且，根据式(4-51)中的变换矩阵 $\hat{\boldsymbol{T}}$ 的初始估计，可以看出第一行的最大元素的绝对值在(1，2)位置，是 −0.63，第二行的最大元素在(2，3)位置，是 0.59。根据 SCM 的性质，可以测量前两个 SCM 使得变换矩阵的第(1，2)位置和(2，3)位置的元素是 1。再次运用 SCM 的性质，可令转换矩阵的(3，2)位置和(3，3)位置的元素是 0，因为 SCM(1，0)嵌入在 SCM(1，1)中。再者，可以令(2，2)位置的元素是 0，因为两个 SCM(1，0)模型的线性组合仍然是一个 SCM(1，0)模型(在估计(2，2)位置的元素时，可以设置(1，3)位置的元素是 0)。因此，估计的变换矩阵 $\boldsymbol{T}$ 有 3 个自由参数，形式为：

$$\hat{\boldsymbol{T}} = \begin{bmatrix} X & 1 & X \\ X & 0 & 1 \\ 1 & 0 & 0 \end{bmatrix}$$ 238~241

其中“X”表示需估计的未知参数。总之，使用常数项，通过 SCM 方法确定的 VARMA(1，1)模型仍然需要 18 个参数的估计。

对于式(4-53)中具有 18 个可估计参数的 VARMA(1，1)模型，估计的变换矩阵是

$$\hat{\boldsymbol{T}} = \begin{bmatrix} -0.698 & 1.000 & -0.209 \\ -0.851 & - & 1.000 \\ 1.000 & - & - \end{bmatrix}$$

常数项 $\hat{\boldsymbol{g}}_0$ 是(0.007，0.095，0.209)′，其他的参数是

$$\hat{\boldsymbol{g}}_1 = \begin{bmatrix} -0.63 & 0.86 & -0.13 \\ -0.74 & -0.11 & 0.98 \\ 1.21 & -0.61 & 0.35 \end{bmatrix}, \quad \hat{\boldsymbol{\omega}}_1 = \begin{bmatrix} - & - & - \\ - & - & - \\ 1.61 & -1.76 & 0.15 \end{bmatrix}$$

残差协方差矩阵是

$$\hat{\boldsymbol{\Sigma}}_a = \begin{bmatrix} 0.18 & 0.19 & 0.18 \\ 0.19 & 0.21 & 0.20 \\ 0.18 & 0.20 & 0.25 \end{bmatrix} \times 10^{-2}$$

图 4-4 展示了式(4-53)中拟合 SCM(1，1)的残差图，而图 4-5 提供了这些残差序列的 Ljung-Box 统计量的 p 值。拟合模型成功地删除了 3 个面粉指数的动态相依性，因此它是恰当的。

比较面粉价格序列的 Kronecker 指数和 SCM 方法识别的两个 VARMA(1，1)模型是有意义的。第一，两个拟合 VARMA(1，1)模型的残差协方差矩阵是非常相近的，这意味着，这

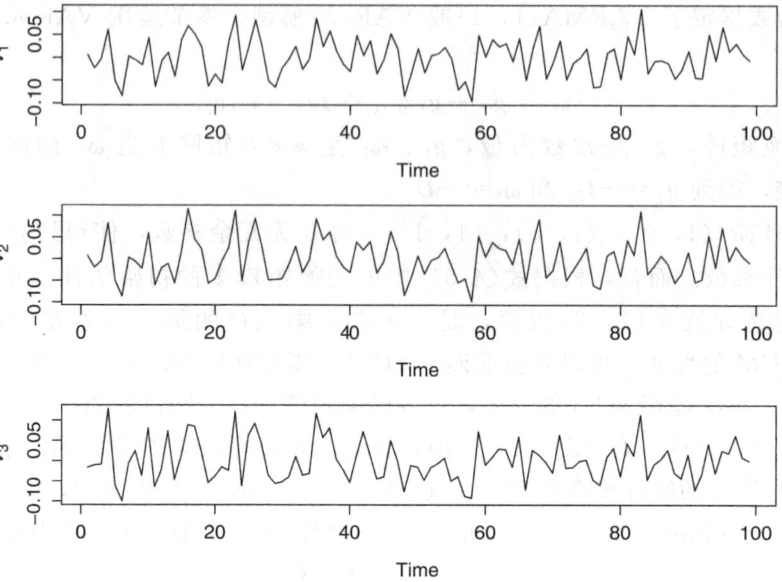

图 4-4　1972 年 8 月到 1980 年 11 月 Buffalo、Minneapolies 和 Kansas 城市的月面粉价格指数的式(4-53)的 VARMA(1，1)模型的残差时序图

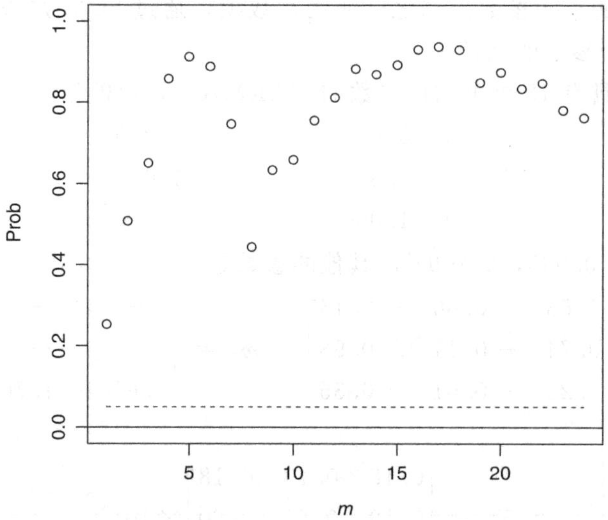

图 4-5　应用于式(4-53)的残差的 Ljung-Box 统计量的 p 值图

两个模型提供了相似的拟合。第二，可以通过将式(4-53)的 VARMA(1，1)模型左乘 $\hat{T}^{-1}$，从而改写后的模型为常见的 VARMA 形式。结果常数是(0.21，0.21，0.27)因系数矩阵是

$$\hat{\boldsymbol{\phi}}_1=\begin{bmatrix}1.21 & -0.61 & 0.35\\ 0.27 & 0.30 & 0.38\\ 0.29 & -0.63 & 1.28\end{bmatrix}\quad \hat{\boldsymbol{\theta}}_1=\begin{bmatrix}1.61 & -1.76 & 0.15\\ 1.41 & -1.54 & 0.13\\ 1.37 & -1.50 & 0.12\end{bmatrix}$$

比较式(4-52)的估计，可以看出常数项和这两个模型的 AR(1)系数矩阵是非常相近的。两个 MA(1)系数矩阵也有相同的通用模式，但是有些元素不同，特别是在第 3 列。然而，当估计的渐近标准误差比较大时，这些区别可能并不重要。可以通过计算这两个拟合模型的 ψ 权重矩阵来证实这两个模型确实是比较相似的。最后，AIC 准则比较适合 SCM 方法指定的 VARMA(1，1)模型。

注记： 通过 SCM 方法确定的 VARMA 模型的估计可以用 MTS 包中的 SCMfit 和 refSCMfit 命令来实现。SCMfit 命令要求识别 SCM 模型的阶和变换矩阵 $\boldsymbol{T}$ 中的固定参数“1”的位置。SCM 阶的形式是一个 $k\times 2$ 的(p_i，q_i)矩阵，然而“1”的位置在定位向量中。例如，定位向量(2，3，1)说明 $\boldsymbol{T}$ 中的(1，2)、(2，3)、(3，1)位置的元素固定为 1。参看下面的 R 代码示例。对于给定 SCM 和变换矩阵的定位向量，MTS 包中的 SCMmod 命令确定相应 VARMA 模型的结构。

R 代码示例： SCM 方法。输出编辑。

```
> scms=matrix(c(1,1,1,0,0,1),3,2) % SCM orders
> Tdx=c(2,3,1) % positions of "1" in the transformation matrix
> m1=SCMfit(da,scms,Tdx)
Maximum VARMA order: ( 1 , 1 )
Locations of estimable parameters: Transformation Matrix
     [,1] [,2] [,3]
[1,]    2    1    2 % 2 denotes estimable parameter
[2,]    2    0    1
[3,]    1    0    0
AR parameters
     [,1] [,2] [,3]
[1,]    2    2    2
[2,]    2    2    2
[3,]    2    2    2
MA parameters
     [,1] [,2] [,3]
[1,]    0    0    0
[2,]    0    0    0
[3,]    2    2    2
Estimates in matrix form:
Constant term:
Estimates:  0.007 0.095 0.209
AR and MA lag-0 coefficient matrix
       [,1] [,2]   [,3]
[1,] -0.698    1 -0.209
[2,] -0.851    0  1.000
[3,]  1.000    0  0.000
AR coefficient matrix
AR( 1 )-matrix
       [,1]   [,2]   [,3]
[1,] -0.634  0.859 -0.134
[2,] -0.742 -0.111  0.982
[3,]  1.213 -0.608  0.351
MA coefficient matrix
MA( 1 )-matrix
       [,1]   [,2]  [,3]
```

```
[1,] 0.000  0.000 0.000
[2,] 0.000  0.000 0.000
[3,] 1.609 -1.763 0.146
  Residuals cov-matrix:
           [,1]         [,2]         [,3]
[1,] 0.001793900 0.001880137 0.001828587
[2,] 0.001880137 0.002108857 0.002042209
[3,] 0.001828587 0.002042209 0.002498876
----
aic=  -22.46955; bic=  -22.07878
> MTSdiag(m1)
> zt=da*100
> m2=SCMfit(zt,scms,Tdx)
> m3=refSCMfit(m2,thres=0.3)
> m4=refSCMfit(m3,thres=1.645)
```

注记：对于面粉指数的例子，SCM 方法估计的 VARMA(1，1)模型通过删除某些不显著的参数得到进一步简化。为此，为了保持数值的稳定性，将指数乘以 100。读者可以重写前面的 R 代码示例中的命令。

4.7 例子

本节运用 Kronecker 指数方法和 SCM 方法来测量从 1980 年第二季度到 2011 年第二季度英国、加拿大、美国的季度 GDP 的增长率。这个三维时间序列在第 2 章和第 3 章中已经讨论过。这里的目的是 (a)证明在多元时间序列分析中结构设定的效力；(b)比较本章中讨论的两种结构设定方法。图 4-6 展示了英国、加拿大、美国的季度 GDP 的增长率。

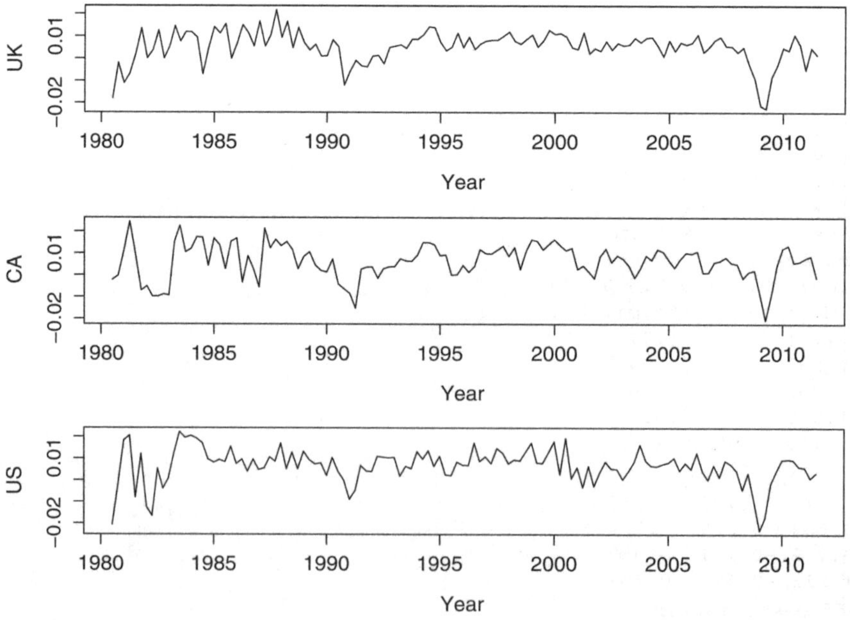

图 4-6　1980 年第二季度到 2011 年第二季度，英国、加拿大、美国的季度 GDP 的增长率

4.7.1 SCM 方法

令 z_t 是英国、加拿大、美国的季度 GDP 增长率的三维序列。从分析 SCM 方法开始。表 4-8 总结了零典型相关的个数、它的对角差分和 z_t 的一些检验统计量。在这个具体的例子中，对角差分的表给出了 z_t 的所有 VARMA(2，1)模型，见表 4-8b)。另一方面，奇异左向量数的表说明：(i)存在一个 SCM(0，0)分量；(ii)存在一个新的 SCM(1，0)分量；(iii)存在一个新的 SCM(0，1)分量。见表 4-8a)。基于这些结论确定了一个 VARMA(1，1)模型。

接下来，考虑 SCM 方法的两阶段分析，其中 AR 模型拥有最大阶 2 和 MA 模型最大阶 1。对特征值和检验统计量的总结在表 4-8 中，见表 4-8c)。从表 4-8 中看出 SCM 方法确定了 GDP 序列的 SCM{(0，0)，(1，0)，(0，1)}，具体详情参看 R 代码示例。变换矩阵的一个不确定的估计如下给出

$$\hat{\boldsymbol{T}} = \begin{bmatrix} -0.585 & -0.347 & 1.000 \\ -0.673 & 0.104 & -0.357 \\ -0.572 & 0.704 & -0.090 \end{bmatrix} \tag{4-54}$$

表 4-8　运用标量分量方法分析英国、加拿大、美国的季度 GDP 的增长率

a) 奇异左向量个数

m	j=0	1	2	3	4	5
0	1	2	2	2	3	3
1	2	3	4	4	6	6
2	2	5	6	7	8	8
3	2	5	8	9	10	11
4	3	6	8	11	12	13
5	3	6	9	11	13	15

b) 对角线差异

m	j=0	1	2	3	4	5
0	1	2	2	2	3	3
1	2	2	2	2	3	3
2	2	3	3	3	3	2
3	2	3	3	3	3	3
4	3	3	3	3	3	3
5	3	3	3	3	2	3

c) 特征值和检验统计量的汇总

m	j	特征值	C(m, j)	自由度	p 值
0	0	0.000	0.03	1	0.874
0	0	0.098	12.86	4	0.012
0	0	0.568	117.71	9	0.000
1	0	0.000	0.02	1	0.903
1	0	0.021	2.70	4	0.609
1	0	0.138	21.05	9	0.012
0	1	0.006	0.76	1	0.384
0	1	0.029	4.37	4	0.358
0	1	0.293	47.28	9	0.000

注：应用 5%的显著性水平。

阶为 SCM{(0，0)，(1，0)，(0，1)}的 3 个 SCM 设定 GDP 增长率的 VARMA(1，1)模型。模型可以写成

$$\boldsymbol{T}\boldsymbol{z}_t = \boldsymbol{g}_0 + \boldsymbol{g}_1 \boldsymbol{z}_{t-1} + \boldsymbol{T}\boldsymbol{a}_t - \boldsymbol{\omega}_1 \boldsymbol{a}_{t-1} \tag{4-55}$$

其中 $\boldsymbol{g}_1$ 和 $\boldsymbol{\omega}_1$ 的形式，如下

$$\boldsymbol{g}_1=\begin{bmatrix}0&0&0\\X&X&X\\0&0&0\end{bmatrix},\quad \boldsymbol{\omega}_1=\begin{bmatrix}0&0&0\\0&0&0\\X&X&X\end{bmatrix}$$

其中“X”是可估计参数。此外，根据式(4-54)中的变换矩阵的不确定估计且利用SCM的性质，变换矩阵可以简化为

$$\boldsymbol{T}=\begin{bmatrix}X&X&1\\1&X&0\\X&1&0\end{bmatrix}$$

其中“X”还是表示可估计参数，由于标准化所以系数为“1”，并且根据SCM的性质得到“0”。因此，SCM方法确定了GDP增长率的VARMA(1，1)模型并且这个模型包含了13个可估计参数。这里，参数的个数包含变换矩阵 $\boldsymbol{T}$ 中的3个常数和4个元素。

表4-9a)包含式(4-55)中模型的初始估计。多个估计在通常的5%水平上不显著，通过迭代过程，剔除不显著的估计值来改进模型。这些方法分别用 t 比率的阈值0.8、1.5和1.5的迭代组成。例如，第一次迭代去除模型中所有 t 比率小于0.8的估计值。表4-9b)给出了确定的VARMA(1，1)模型的最后参数估计。下面的R代码示例给出了估计的标准误差和 t 比率。从表中可以看出，最后的VARMA(1，1)模型包含了7个显著的系数估计。

表4-9　运用SCM方法确定英国、加拿大、美国的季度GDP增长率的VARMA(1，1)模型的估计

参数	a)			b)		
	估计			估计		
$\boldsymbol{g}'_0$	0.002	0.002	0.002	0	0.002	0
	−0.43	−0.44	1.00	−0.66	−0.43	1.00
$\boldsymbol{T}$	1.00	0.05	0	1	0	0
	−0.55	1	0	−1.09	1.00	0
	0	0	0	0	0	0
$\boldsymbol{g}_1$	0.45	0.24	0.02	0.34	0.27	0.00
	0	0	0	0	0	0
	0	0	0	0	0	0
$\boldsymbol{\omega}_1$	0	0	0	0	0	0
	−0.02	−0.31	−0.33	0.00	0.00	−0.41
	2.88	0.36	0.74	2.95	0.26	0.70
$\Sigma\times10^{-5}$	0.36	3.17	1.58	0.26	3.11	1.50
	0.74	1.58	3.83	0.70	1.50	3.83
AIC		−31.122			−31.188	

注：The sample period is from 1980.Ⅱ to 2011.Ⅱ.

图4-7展示了表4-9b)中的最后的VARMA(1，1)模型的残差的Ljung-Box统计量的 p 值。从图中看出，当拟合模型成功地捕获数据中的线性动态相依性时，它是适当的。即使包含变换矩阵，这个最后的VARMA(1，1)模型也是简约的，因为它仅仅包括7个估计系数。

在下面的 R 代码示例中，对于一个三维 VARMA(1，1)模型，SCM 方法从 13 个参数开始而不是 21 个参数。这个简单的例子说明，SCM 方法可以在多元时间序列建模中实现高度的简约。

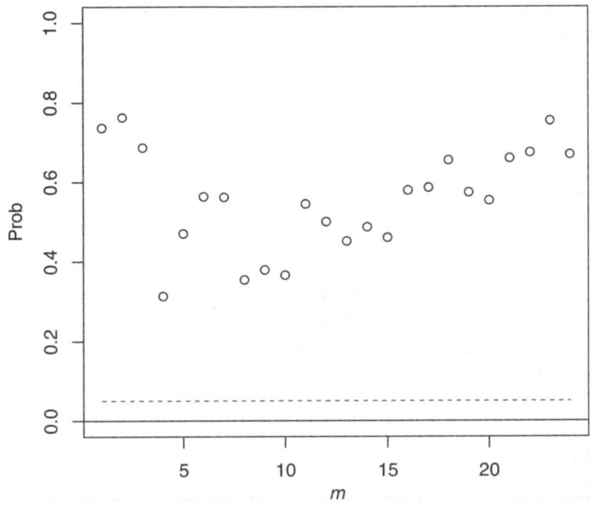

图 4-7 应用于表 4-9b)中的模型的残差的 Ljung-Box 统计量的 p 值图

拟合模型最感兴趣的是 GDP 增长率的线性组合 $y_t=\mathrm{US}-0.66\mathrm{UK}-0.43\mathrm{CA}$ 是白噪声序列，也就是 SCM(0，0)。在第 2 章或第 3 章中也提到以上内容。

R 代码示例： GDP 增长率的 SCM 分析。输出编辑。

```
> da=read.table("q-gdp-ukcaus.txt",header=T)
> gdp=log(da[,3:5])
> zt=diffM(gdp)
> colnames(zt) <- c("uk","ca","us")
> SCMid(zt)
Column: MA order
Row    : AR order
Number of zero canonical correlations
   0  1  2  3  4  5
0  1  2  2  2  3  3
1  2  3  4  4  6  6
2  2  5  6  7  8  8
3  2  5  8  9 10 11
4  3  6  8 11 12 13
5  3  6  9 11 13 15
Diagonal Differences:
  0 1 2 3 4 5
0 1 2 2 2 3 3
1 2 2 2 2 3 3
2 2 3 3 3 3 2
3 2 3 3 3 3 3
4 3 3 3 3 3 3
5 3 3 3 3 2 3
> SCMid2(zt,maxp=2,maxq=1)
For (pi,qi) = ( 0 , 0 )
```

```
Tests:
     Eigvalue St.dev    Test deg p-value
[1,]    0.000      1   0.025   1   0.874
[2,]    0.098      1  12.863   4   0.012
[3,]    0.568      1 117.706   9   0.000
Number of SCMs detected:  1
Newly detected SCMs:
       [,1]
[1,] -0.585
[2,] -0.347
[3,]  1.000
Cumulative SCMs found 1
For (pi,qi) = ( 1 , 0 )
Tests:
     Eigvalue St.dev   Test deg p-value
[1,]    0.000      1  0.015   1   0.903
[2,]    0.021      1  2.701   4   0.609
[3,]    0.138      1 21.049   9   0.012
Number of SCMs detected:  2
Found  1  new SCMs
Transformation-matrix:
       [,1]   [,2]   [,3]
[1,] -0.585 -0.347  1.000
[2,] -0.673  0.104 -0.357
Cumulative SCMs found 2
For (pi,qi) = ( 0 , 1 )
Tests:
     Eigvalue St.dev   Test deg p-value
[1,]    0.006  1.008  0.758   1   0.384
[2,]    0.029  1.016  4.373   4   0.358
[3,]    0.293  1.000 47.283   9   0.000
Number of SCMs detected:  2
Found  1  new SCMs
Transpose of Transformation-matrix:  % Preliminary estimate of
                                     % t(T).
     [,1]   [,2]   [,3]
uk -0.585 -0.673 -0.088
ca -0.347  0.104 -0.033
us  1.000 -0.357 -0.063
Cumulative SCMs found 3
> print(round(m1$Tmatrix,3))
         uk     ca     us
[1,] -0.585 -0.347  1.000
[2,] -0.673  0.104 -0.357
[3,] -0.088 -0.033 -0.063
> scms=matrix(c(0,1,0,0,0,1),3,2) % SCM orders
> Tdx=c(3,1,2)  % Positions of "1" in the transformation
  matrix
> m1=SCMfit(zt,scms,Tdx) % estimation
Number of parameters: 13
Coefficient(s):
        Estimate  Std. Error  t value Pr(>|t|)
 [1,]  0.0016050   0.0008439    1.902  0.05718 .
 [2,] -0.4298622   0.2137662   -2.011  0.04434 *
 [3,] -0.4421370   0.1946831   -2.271  0.02314 *
 [4,]  0.0017418   0.0009978    1.746  0.08088 .
```

```
 [5,]  0.0517923   0.3149038    0.164  0.86936
 [6,]  0.4532122   0.0917305    4.941 7.78e-07 ***
 [7,]  0.2427519   0.1119083    2.169  0.03007 *
 [8,]  0.0147471   0.1151393    0.128  0.89809
 [9,]  0.0032545   0.0016821    1.935  0.05302 .
[10,] -0.5525652   0.2760356   -2.002  0.04531 *
[11,]  0.0162190   0.1565082    0.104  0.91746
[12,]  0.3128620   0.1849435    1.692  0.09071 .
[13,]  0.3311366   0.1047870    3.160  0.00158 **
---
aic=  -31.12173; bic=  -30.91809
> m2=refSCMfit(m1,thres=0.8) % Simplification.
> m3=refSCMfit(m2,thres=1.5)
> m4=refSCMfit(m3,thres=1.5)
Maximum VARMA order: ( 1 , 1 )
Number of parameters:  7
Coefficient(s):
       Estimate  Std. Error  t value Pr(>|t|)
[1,] -0.6574063  0.2071234   -3.174   0.0015 **
[2,] -0.4306281  0.1675213   -2.571   0.0102 *
[3,]  0.0021545  0.0005339    4.035 5.45e-05 ***
[4,]  0.3434554  0.0585798    5.863 4.54e-09 ***
[5,]  0.2645765  0.0507830    5.210 1.89e-07 ***
[6,] -1.0863097  0.1141818   -9.514  < 2e-16 ***
[7,]  0.4130114  0.0755228    5.469 4.53e-08 ***
---
Estimates in matrix form:
Constant term:
Estimates:  0 0.002 0
AR and MA lag-0 coefficient matrix
       [,1]   [,2] [,3]
[1,] -0.657 -0.431    1
[2,]  1.000  0.000    0
[3,] -1.086  1.000    0
AR coefficient matrix
AR( 1 )-matrix
      [,1]  [,2] [,3]
[1,] 0.000 0.000    0
[2,] 0.343 0.265    0
[3,] 0.000 0.000    0
MA coefficient matrix
MA( 1 )-matrix
     [,1] [,2]   [,3]
[1,]    0    0  0.000
[2,]    0    0  0.000
[3,]    0    0 -0.413
Residuals cov-matrix:
             [,1]         [,2]         [,3]
[1,] 2.947774e-05 2.557159e-06 6.978774e-06
[2,] 2.557159e-06 3.109328e-05 1.504319e-05
[3,] 6.978774e-06 1.504319e-05 3.826788e-05
----
aic=  -31.18843; bic=  -31.12055
```

4.7.2　Kronecker 指数方法

本节采用 Kronecker 指数方法来为英国、加拿大、美国的 GDP 增长率数据建模。利用过去向量 $\boldsymbol{P}_t=(\boldsymbol{z}_{t-1}', \cdots, \boldsymbol{z}_{t-4}')'$ 和式(4-42)的检验统计量，得到 3 个 GDP 增长率的 Kronecker 指数{1，1，0}。参见表 4-10 中的总结。因此，Kronecker 指数方法也确定了一个 VARMA(1，1)模型，形式如下

$$\boldsymbol{\Xi}_0\boldsymbol{z}_t=\boldsymbol{\phi}_0+\boldsymbol{\phi}_1\boldsymbol{z}_{t-1}+\boldsymbol{\Xi}_0\boldsymbol{a}_t-\boldsymbol{\theta}_1\boldsymbol{a}_{t-1} \tag{4-56}$$

其中 $\boldsymbol{\phi}_0$ 是常数向量且 $\boldsymbol{\Xi}_0$ 的形式如下

242~252

$$\boldsymbol{\Xi}_0=\begin{bmatrix}1&0&0\\0&1&0\\X&X&1\end{bmatrix}$$

表 4-10　从 1980.Ⅱ到 2011.Ⅱ英国、加拿大和美国季度 GDP 增长率的 Kronecker 指数设定

Last Element	小的典型校正	检验	自由度	p-值	注记
z_{1t}	0.478	76.72	12	0	
z_{2t}	0.250	33.79	11	0	
z_{3t}	0.113	14.03	10	0.172	$k_3=0$
$z_{1,t+1}$	0.073	10.11	9	0.341	$k_1=1$
$z_{2,t+1}$	0.081	9.76	9	0.370	$k_2=1$

注：应用的过去向量为 $\boldsymbol{P}_t=(\boldsymbol{z}_{t-1}', \cdots, \boldsymbol{z}_{t-4}')'$，且最后一个元素表示未来向量的最后一个元素。

这里有两个可以估计的参数。因为 $k_3=0$，这两个参数给出了一个白噪声线性组合。因为 $k_3=0$。式(4-56)的矩阵 $\boldsymbol{\phi}_1$ 和 $\boldsymbol{\theta}_1$ 的形式如下

$$\boldsymbol{\phi}_1=\begin{bmatrix}X&X&0\\X&X&0\\0&0&0\end{bmatrix},\quad \boldsymbol{\theta}_1=\begin{bmatrix}X&X&X\\X&X&X\\0&0&0\end{bmatrix}$$

其中“**X**”表示可估计参数。注意 $\boldsymbol{\phi}_1$ 的最后一列设置为 0，因为它是冗余参数。具体地，当 Kronecker 指数 $k_3=0$ 时，z_{1t} 和 z_{2t} 与 z_{3t} 的一阶滞后值的相关性可能是 $z_{3,t-1}$ 或 $a_{3,t-1}$，但只能取其一(这是可能的，因为模型中应用了 $\boldsymbol{\Xi}_0$)。Echelon 形式自动地将 $z_{3,t-1}$ 的系数设置为 0。总之，对于具有 15 个可估计参数(包含 3 个常数)的三维 GDP 增长率，Kronecker 指数方法确定了式(4-56)中的 VARMA(1，1)模型。

表 4-11a)给出了式(4-56)中 VARMA(1，1)模型的初始估计。与 SCM 方法相似，有些估计在通常的 5%水平上不是统计显著的。采用与 SCM 方法相似的过程改进该模型。表 4-11b)给出了 VARMA(1，1)模型的最后估计。这个模型也是简约的，它具有 9 个估计系数。图 4-8 展示了应用于表 4-11b)中最后拟合模型的残差 Ljung-Box 统计量的 p 值。从图中可以看出，VARMA(1，1)模型也成功地描述了这 3 个 GDP 增长率之间的动态相依性。这个模型是恰当的。图 4-9 展示了 3 个残差序列的时序图。残差变化是随时间变化的。

但是，本章不讨论多元波动率模型。

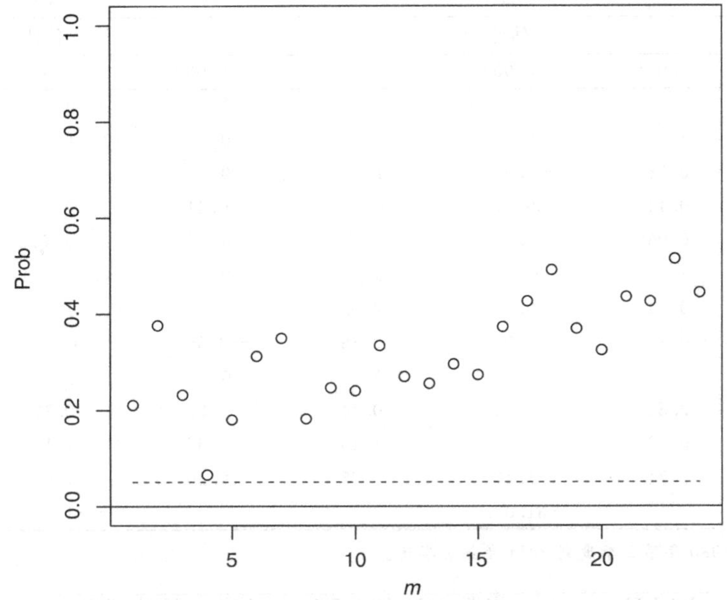

图 4-8　应用于表 4-11b)中模型的残差的 Ljung-Box 统计量的 p 值图

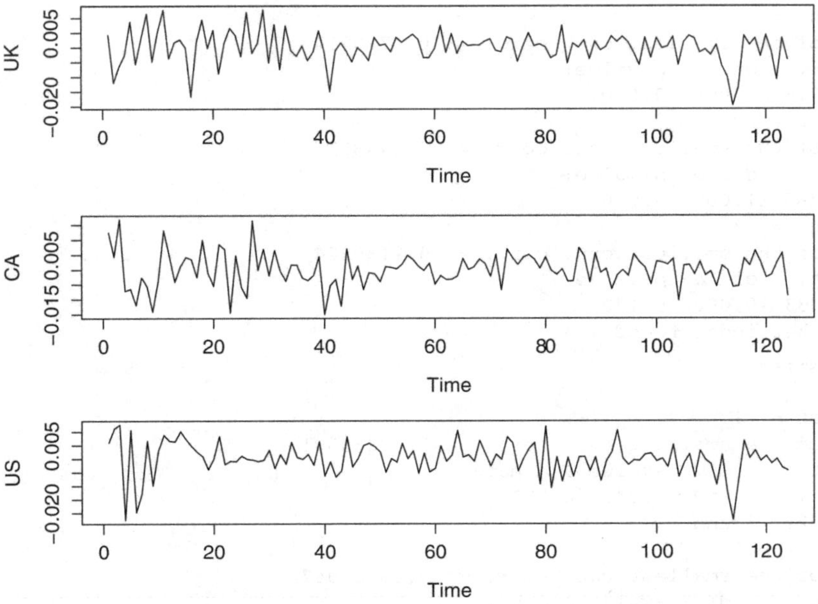

图 4-9　表 4-11b)中模型的残差的时序图

表 4-11　对应用 Kronecker 指数设定的英国、加拿大和美国 GDP 增长率 VARMA(1，1)模型的估计

参数	a)			b)		
	估计			估计		
$\boldsymbol{\phi}_0'$	0.001	0.003	0.001	0.002	0.003	0.002
	1	0	0	1	0	0
$\boldsymbol{\Xi}_0$	0	1	0	0	1	0
	−0.28	−0.61	1	0	−0.77	1
	0.44	0.31	0	0.41	0.23	0
$\boldsymbol{\phi}_1$	0.06	0.46	0	0	0.46	0
	0	0	0	0	0	0
	0.04	0.16	0.02	0	0	0
$\boldsymbol{\theta}_1$	−0.27	0.07	−0.38	−0.36	0	−0.32
	0	0	0	0	0	0
	2.83	0.32	0.74	2.90	0.37	0.80
$\boldsymbol{\Sigma}\times 10^{-5}$	0.32	3.06	1.46	0.37	3.10	1.47
	0.74	1.46	3.75	0.80	1.47	3.79
AIC		−31.078			−31.130	

注：取样周期为 1980 年第 2 季度到 2011 年第 2 季度。

R 代码示例：应用 Kronecker 指数方法的 GDP 增长率。输出编辑。

```
> Kronid(zt,plag=4)  # specify the Kronecker indices
h =  0
Component =  1
square of the smallest can. corr. =  0.4780214
    test,   df, &  p-value:
[1] 76.715 12.000  0.000
Component =  2
square of the smallest can. corr. =  0.2498917
    test,   df, &  p-value:
[1] 33.786 11.000  0.000
Component =  3
square of the smallest can. corr. =  0.1130244
    test,   df, &  p-value:
[1] 14.033 10.000  0.172
A Kronecker index found
=============
h =  1
Component =  1
Square of the smallest can. corr. =  0.07259501
    test,     df, p-value & d-hat:
[1] 10.114  9.000  0.341  0.873
A Kronecker found
Component =  2
Square of the smallest can. corr. =  0.08127047
    test,     df, p-value & d-hat:
[1] 9.759 9.000 0.370 1.011
A Kronecker found
============
Kronecker indexes identified:
```

```
[1] 1 1 0

> kdx=c(1,1,0)    % Kronecker indices
> m1=Kronfit(zt,kdx)  % Estimation
     [,1] [,2] [,3] [,4] [,5] [,6]  % Xi_0 and phi_1
[1,]    1    0    0    2    2    0 % 2 denotes estimable
                                      parameter
[2,]    0    1    0    2    2    0
[3,]    2    2    1    0    0    0
     [,1] [,2] [,3] [,4] [,5] [,6] % Xi_0 and theta_1
[1,]    1    0    0    2    2    2
[2,]    0    1    0    2    2    2
[3,]    2    2    1    0    0    0
Number of parameters:  15
Coefficient(s):
        Estimate  Std. Error  t value Pr(>|t|)
 [1,]  0.0011779   0.0007821    1.506 0.132059
 [2,]  0.4359168   0.2009202    2.170 0.030037 *
 [3,]  0.3115727   0.1457037    2.138 0.032484 *
 [4,] -0.0349292   0.2364209   -0.148 0.882547
 [5,] -0.1574241   0.1607823   -0.979 0.327524
 [6,] -0.0202607   0.0860744   -0.235 0.813909
 [7,]  0.0031470   0.0010095    3.117 0.001825 **
 [8,]  0.0550135   0.2587264    0.213 0.831614
 [9,]  0.4642734   0.1883191    2.465 0.013688 *
[10,]  0.2659062   0.2924283    0.909 0.363190
[11,] -0.0685227   0.2593264   -0.264 0.791600
[12,]  0.3804101   0.0947375    4.015 5.93e-05 ***
[13,]  0.0014249   0.0008304    1.716 0.086169 .
[14,] -0.2773537   0.2279021   -1.217 0.223609
[15,] -0.6050206   0.1707929   -3.542 0.000396 ***
----
aic=  -31.07752; bic=  -30.73812
> m2=refKronfit(m1,thres=0.8) % Simplification
> m3=refKronfit(m2,thres=1.5)
Number of parameters:  9
Coefficient(s):
        Estimate  Std. Error  t value Pr(>|t|)
 [1,]  0.0018025   0.0006393    2.819 0.004813 **
 [2,]  0.4141641   0.0687452    6.025 1.70e-09 ***
 [3,]  0.2290893   0.0632500    3.622 0.000292 ***
 [4,]  0.0034813   0.0007941    4.384 1.17e-05 ***
 [5,]  0.4552192   0.0725278    6.276 3.46e-10 ***
 [6,]  0.3591829   0.0873272    4.113 3.90e-05 ***
 [7,]  0.3228183   0.0756492    4.267 1.98e-05 ***
 [8,]  0.0018911   0.0007950    2.379 0.017373 *
 [9,] -0.7707567   0.0967124   -7.970 1.55e-15 ***
---
Estimates in matrix form:
Constant term:
Estimates:  0.002 0.003 0.002
AR and MA lag-0 coefficient matrix
     [,1]  [,2] [,3]
[1,]    1 0.000    0
[2,]    0 1.000    0
```

```
[3,]    0 -0.771    1
AR coefficient matrix
AR( 1 )-matrix
      [,1]  [,2] [,3]
[1,] 0.414 0.229    0
[2,] 0.000 0.455    0
[3,] 0.000 0.000    0
MA coefficient matrix
MA( 1 )-matrix
       [,1] [,2]   [,3]
[1,]  0.000    0  0.000
[2,] -0.359    0 -0.323
[3,]  0.000    0  0.000
Residuals cov-matrix:
             [,1]         [,2]         [,3]
[1,] 2.902578e-05 3.650548e-06 7.956844e-06
[2,] 3.650548e-06 3.098022e-05 1.469477e-05
[3,] 7.956844e-06 1.469477e-05 3.786774e-05
----
aic=  -31.1301; bic=  -30.92647
> MTSdiag(m3)
```

4.7.3 讨论和比较

本节证明在多元时间序列分析中所使用的结构设定。Kronecker 指数和 SCM 方法揭示了数据的动态结构并实现了参数的精简。结果说明结构设定可以简化多元时间序列分析中的建模过程。对于英国、加拿大、美国的季度 GDP 增长率序列，两种方法都可以确定一个恰当且约简的模型。两种方法说明增长率的线性组合是白噪声序列。表面上，Kronecker 指数方法给出的白噪声组合是

$$y_{1t} = \mathrm{US}_t - 0.771\mathrm{CA}_t$$

而 SCM 方法给出的是

$$y_{2t} = \mathrm{US}_t - 0.657\mathrm{UK}_t - 0.431\mathrm{CA}_t$$

图 4-10 展示了 y_{1t}，y_{2t}的样本自相关函数。从图中可知，两个序列的所有 ACF 都较小且在两个标准误差的区间范围内。因此，该图说明 y_{1t}和 y_{2t}确实是白噪声序列。图 4-11 展示了 y_{1t}与 y_{2t}的散点图。如所期望的，两个白噪声序列高度相关。因此，这两种方法本质上都揭示了数据的相同结构。

为了便于进一步的比较，通过 SCM 和 Kronecker 指数方法，采用传统的 VARMA 形式重写 VARMA(1，1)模型。对于 SCM 方法，表 4-9b)中的最后模型变为

$$\boldsymbol{z}_t - \begin{bmatrix} 0.34 & 0.26 & 0 \\ 0.37 & 0.29 & 0 \\ 0.39 & 0.30 & 0 \end{bmatrix} \boldsymbol{z}_{t-1} = \begin{bmatrix} 0.0021 \\ 0.0023 \\ 0.0024 \end{bmatrix} + \boldsymbol{a}_t - \begin{bmatrix} 0 & 0 & 0 \\ 0 & 0 & -0.41 \\ 0 & 0 & -0.18 \end{bmatrix} \boldsymbol{a}_{t-1} \tag{4-57}$$

另一方面，表 4-11b)中的 Kronecker 指数方法的最后模型是

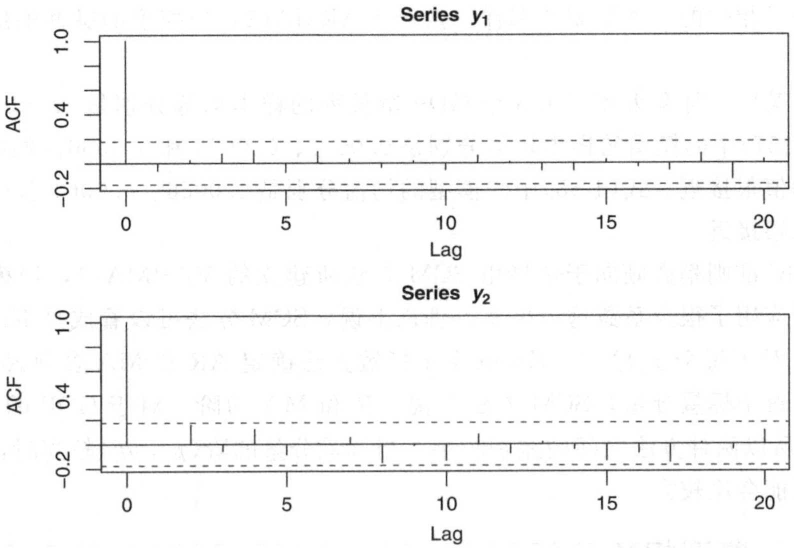

图 4-10　英国、加拿大和美国的季度 GDP 增长率的两个白噪声线性组合的样本自相关函数。上面：$y_{1t} = \mathrm{US}_t - 0.771\mathrm{CA}_t$；下面：$y_{2t} = \mathrm{US}_t - 0.657\mathrm{CK}_t - 0.431\mathrm{CA}_t$

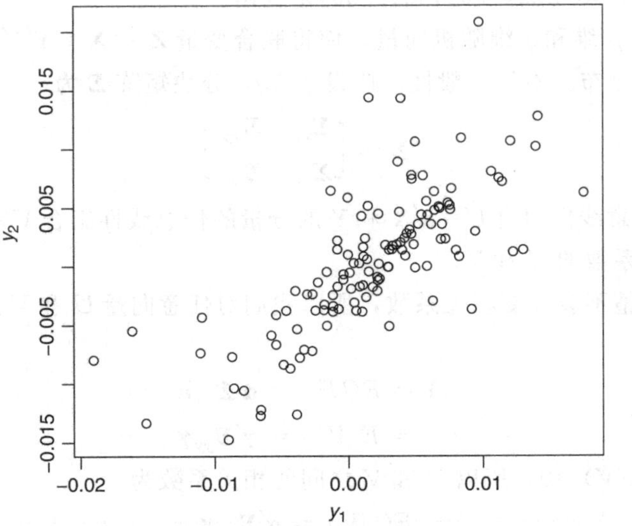

图 4-11　英国、加拿大和美国的季度 GDP 增长率的两个白噪声线性组合的散点图

$$\boldsymbol{z}_t - \begin{bmatrix} 0.41 & 0.23 & 0 \\ 0 & 0.46 & 0 \\ 0 & 0.35 & 0 \end{bmatrix} \boldsymbol{z}_{t-1} = \begin{bmatrix} 0.0018 \\ 0.0035 \\ 0.0046 \end{bmatrix} + \boldsymbol{a}_t - \begin{bmatrix} 0 & 0 & 0 \\ -0.36 & 0 & -0.32 \\ -0.28 & 0 & -0.25 \end{bmatrix} \boldsymbol{a}_{t-1} \quad (4\text{-}58)$$

比较式(4-57)和式(4-58)，可以看出两个模型是相似的。式(4-58)的模型把元素 z_{2t} 和 z_{3t} 的 1 阶滞后与 z_{1t} 的相关放在了 MA 部分，然而式(4-57)则放在了 AR 部分。这些一阶滞

后相关的大小是相似的。如期望的那样，两个 VARMA(1，1)模型的脉冲响应函数也是彼此相似的。

接下来，英国、加拿大和美国 3 个 GDP 增长率的样本均值分别是 0.0052、0.0062 和 0.0065。式(4-57)中的模型的样本均值分别是 0.0058、0.0063 和 0.0066。如所期望的，这些值与样本均值很接近。式(4-58)中的模型的均值分别是 0.0056、0.0064 和 0.0068，它们与样本均值也很接近。

最后，AIC 准则稍微倾向于选择由 SCM 方法所建立的 VARMA(1，1)模型。这可能是由于该模型应用了很少系数这一事实。理论上说，SCM 方法可以看成是 Kronecker 指数方法的改良。对于每个 z_{it} 序列，Kronecker 指数方法确定 AR 和 MA 多项式的最大阶数。另一方面，对每个标量分量，SCM 方法分离 AR 和 MA 的阶。对于 GDP 的增长率序列，阶是 0 或 1，所以两种方法之间的差别较小。当标量分量的阶(p_i，q_i)较高时，这两种方法之间的差别可能会比较大。

4.8 附录：典型相关分析

在本附录中，简单介绍两个具有联合多元正态分布的随机向量之间的典型相关分析。分析的基本理论在 Hotelling(1935)和(1936)中提出。

253~259 假设 $\boldsymbol{X}$ 和 $\boldsymbol{Y}$ 是 p 维和 q 维随机向量，使得联合变量 $\boldsymbol{Z}=(\boldsymbol{X}', \boldsymbol{Y}')'$ 有均值为零和正定协方差矩阵 $\boldsymbol{\Sigma}$ 的联合分布。不失一般性，假设 $p\leqslant q$，分块矩阵 $\boldsymbol{\Sigma}$ 为

$$\boldsymbol{\Sigma}=\begin{bmatrix}\boldsymbol{\Sigma}_{xx} & \boldsymbol{\Sigma}_{xy}\\ \boldsymbol{\Sigma}_{yx} & \boldsymbol{\Sigma}_{yy}\end{bmatrix}$$

考虑 $\boldsymbol{X}$ 的分量的任意线性组合 $U=\boldsymbol{\alpha}'\boldsymbol{X}$ 和 $\boldsymbol{Y}$ 的分量的任意线性组合 $V=\boldsymbol{\gamma}'\boldsymbol{Y}$。典型相关分析寻找具有最大相关系数的 U 和 V。

因为量纲的调整不会改变相关系数，所以我们对任意向量 U 和 V 进行标准化，使得它们的方差为 1，即

$$1=E(U^2)=\boldsymbol{\alpha}'\boldsymbol{\Sigma}_{xx}\boldsymbol{\alpha} \tag{4-59}$$

$$1=E(V^2)=\boldsymbol{\gamma}'\boldsymbol{\Sigma}_{yy}\boldsymbol{\gamma} \tag{4-60}$$

因为 $E(U)=E(V)=0$，所以 U 和 V 之间的相关系数为

$$E(UV)=\boldsymbol{\alpha}'\boldsymbol{\Sigma}_{xy}\boldsymbol{\gamma} \tag{4-61}$$

然后，问题转化为寻找使得式(4-61)达到最大值的 $\boldsymbol{\alpha}$ 和 $\boldsymbol{\gamma}$，并且使它们满足式(4-59)和式(4-60)的约束条件。令

$$\psi=\boldsymbol{\alpha}'\boldsymbol{\Sigma}_{xy}\boldsymbol{\gamma}-\frac{1}{2}\lambda(\boldsymbol{\alpha}'\boldsymbol{\Sigma}_{xx}\boldsymbol{\alpha}-1)-\frac{1}{2}\omega(\boldsymbol{\gamma}'\boldsymbol{\Sigma}_{yy}\boldsymbol{\gamma}-1) \tag{4-62}$$

其中 λ、ω 是拉格朗日乘数。上式中分别对 $\boldsymbol{\alpha}$ 和 $\boldsymbol{\gamma}$ 求微分，并令导数向量为 $\boldsymbol{0}$，得到

$$\frac{\partial\psi}{\partial\boldsymbol{\alpha}}=\boldsymbol{\Sigma}_{xy}\boldsymbol{\gamma}-\lambda\boldsymbol{\Sigma}_{xx}\boldsymbol{\alpha}=\boldsymbol{0} \tag{4-63}$$

$$\frac{\partial \psi}{\partial \boldsymbol{\gamma}} = \boldsymbol{\Sigma}'_{xy}\boldsymbol{\alpha} - \omega \boldsymbol{\Sigma}_{yy}\boldsymbol{\gamma} = \mathbf{0} \tag{4-64}$$

式(4-63)左乘 $\boldsymbol{\alpha}'$ 且式(4-64)左乘 $\boldsymbol{\gamma}'$，得到

$$\boldsymbol{\alpha}'\boldsymbol{\Sigma}_{xy}\boldsymbol{\gamma} - \lambda \boldsymbol{\alpha}'\boldsymbol{\Sigma}_{xx}\boldsymbol{\alpha} = 0 \tag{4-65}$$

$$\boldsymbol{\gamma}'\boldsymbol{\Sigma}'_{xy}\boldsymbol{\alpha} - \omega \boldsymbol{\gamma}'\boldsymbol{\Sigma}_{yy}\boldsymbol{\gamma} = 0 \tag{4-66}$$

根据式(4-59)和式(4-60)，得到 $\lambda = \omega = \boldsymbol{\alpha}'\boldsymbol{\Sigma}_{xy}\boldsymbol{\gamma}$。因此，式(4-64)和式(4-63)可改写为

$$-\lambda \boldsymbol{\Sigma}_{xx}\boldsymbol{\alpha} + \boldsymbol{\Sigma}_{xy}\boldsymbol{\gamma} = \mathbf{0} \tag{4-67}$$

$$\boldsymbol{\Sigma}_{yx}\boldsymbol{\alpha} - \lambda \boldsymbol{\Sigma}_{yy}\boldsymbol{\gamma} = \mathbf{0} \tag{4-68}$$ 260

这里，使用 $\boldsymbol{\Sigma}'_{xy} = \boldsymbol{\Sigma}_{yx}$。采用矩阵形式，上式为

$$\begin{bmatrix} -\lambda \boldsymbol{\Sigma}_{xx} & \boldsymbol{\Sigma}_{xy} \\ \boldsymbol{\Sigma}_{yx} & -\lambda \boldsymbol{\Sigma}_{yy} \end{bmatrix} \begin{bmatrix} \boldsymbol{\alpha} \\ \boldsymbol{\gamma} \end{bmatrix} = \mathbf{0} \tag{4-69}$$

因为 $\boldsymbol{\Sigma}$ 是非奇异的，所以上式有非平凡解的必要条件是左边的矩阵必须是非奇异性，即

$$\begin{vmatrix} -\lambda \boldsymbol{\Sigma}_{xx} & \boldsymbol{\Sigma}_{xy} \\ \boldsymbol{\Sigma}_{yx} & -\lambda \boldsymbol{\Sigma}_{yy} \end{vmatrix} = \mathbf{0} \tag{4-70}$$

因为 $\boldsymbol{\Sigma}$ 是 $(p+q)\times(p+q)$ 阶的，所以该行列式是自由度为 $p+q$ 的多项式。说明行列式的解是 $\lambda_1 \geqslant \lambda_2 \geqslant \cdots \geqslant \lambda_{p+q}$。

根据式(4-65)，得到对某些 λ，当 $\boldsymbol{\alpha}$ 和 $\boldsymbol{\gamma}$ 满足式(4-69)时，$\lambda = \boldsymbol{\alpha}'\boldsymbol{\Sigma}_{xy}\boldsymbol{\gamma}$ 是 $U = \boldsymbol{\alpha}'\boldsymbol{X}$ 和 $V = \boldsymbol{\gamma}'\boldsymbol{Y}$ 之间的相关系数。因为想得到最大相关系数，所以选择 $\lambda = \lambda_1$。说明对于 $\lambda = \lambda_1$，用 $\boldsymbol{\alpha}_1$ 和 $\boldsymbol{\gamma}_1$ 解式(4-69)时，令 $U_1 = \boldsymbol{\alpha}'_1 X$ 和 $V_1 = \boldsymbol{\gamma}'_1 Y$。那么 U_1 和 V_1 分别是 $\boldsymbol{X}$ 和 $\boldsymbol{Y}$ 标准化线性相关值组合，具有最大相关系数。这完成了对第一个典型相关系数和典型变量 U_1 和 V_1 的讨论。

继续介绍第二个典型相关系数和关联典型变量。思想是寻找 $\boldsymbol{X}$ 的线性组合，即 $U_2 = \boldsymbol{\alpha}'\boldsymbol{X}$，且与 U_1 正交以及 $\boldsymbol{Y}$ 的线性组合，即 $V_2 = \boldsymbol{\gamma}'\boldsymbol{Y}$，且与 V_1 正交，使得 U_2 与 V_2 之间相关系数是最大的。这个新的线性组合对必须满足标准化和正交性约束。它们可以通过和第一对典型变量的类似方法来得到。参见 Anderson(2003，第 12 章)获得更详细信息。

通常，可以得到一个关于 $\boldsymbol{\alpha}$ 和 $\boldsymbol{\gamma}$ 的矩阵方程。将式(4-67)乘以 λ 并将式(4-68)左乘 $\boldsymbol{\Sigma}_{yy}^{-1}$，得到

$$\lambda \boldsymbol{\Sigma}_{xy}\boldsymbol{\gamma} = \lambda^2 \boldsymbol{\Sigma}_{xx}\boldsymbol{\alpha} \tag{4-71}$$

$$\boldsymbol{\Sigma}_{yy}^{-1}\boldsymbol{\Sigma}_{yx}\boldsymbol{\alpha} = \lambda \boldsymbol{\gamma} \tag{4-72}$$

用式(4-72)代替式(4-71)，得到

$$\boldsymbol{\Sigma}_{xy}\boldsymbol{\Sigma}_{yy}^{-1}\boldsymbol{\Sigma}_{yx}\boldsymbol{\alpha} = \lambda^2 \boldsymbol{\Sigma}_{xx}\boldsymbol{\alpha}$$

$$(\boldsymbol{\Sigma}_{xy}\boldsymbol{\Sigma}_{yy}^{-1}\boldsymbol{\Sigma}_{yx} - \lambda^2 \boldsymbol{\Sigma}_{xx})\boldsymbol{\alpha} = \mathbf{0} \tag{4-73}$$ 261

λ_1^2，…，λ_p^2 满足

$$|\boldsymbol{\Sigma}_{xy}\boldsymbol{\Sigma}_{yy}^{-1}\boldsymbol{\Sigma}_{yx} - v\boldsymbol{\Sigma}_{xx}| = \mathbf{0} \tag{4-74}$$

且对于每一个 $\lambda^2 = \lambda_1^2$，…，λ_p^2，向量 α_1，…，α_p 都满足式(4-73)。类似的，对每一个 $\lambda^2 =$

λ_1^2，…，λ_p^2，也可以求出满足以下方程的 γ_1，…，γ_q

$$(\boldsymbol{\Sigma}_{yx}\boldsymbol{\Sigma}_{xx}^{-1}\boldsymbol{\Sigma}_{xy}-\lambda^2\boldsymbol{\Sigma}_{yy})\boldsymbol{\gamma}=\mathbf{0}$$

注意，式(4-73)等价于

$$\boldsymbol{\Sigma}_{xx}^{-1}\boldsymbol{\Sigma}_{xy}\boldsymbol{\Sigma}_{yy}^{-1}\boldsymbol{\Sigma}_{yx}\boldsymbol{\alpha}=\lambda^2\boldsymbol{\alpha}$$

练习

4.1　如果向量时间序列的 Kronecker 指数是{1，2，1}，写出三维 VARMA 模型的结构。如果它包含常数向量，那么模型使用多少参数？在计算时你可以不包括新息的协方差矩阵 $\boldsymbol{\Sigma}_a$。

4.2　如果向量时间序列的 Kronecker 指数是{1，0，1}，写出三维 VARMA 模型的结构。

4.3　如果向量时间序列有以下 3 个分量：SCM(0，0)、SCM(0，1)、SCM(2，1)，写出三维 VARMA 模型的结构。存在冗余参数吗？为什么？

4.4　考虑练习 3.1 中的 3 个 SCM。如果变换矩阵 $\boldsymbol{T}$ 的三行的绝对值最大的元素分别是(1，1)、(2，3)和(3，2)。写出只由可估计参数组成的变换矩阵 $\boldsymbol{T}$。该 VARMA 模型包含多少参数？可以包含常数向量，但不包含协方差矩阵 $\boldsymbol{\Sigma}_a$。

4.5　考虑 Alcoa 股票从 2003 年 1 月 2 日到 2004 年 5 月 7 日的 340 个观测数据的实际波动率。实际波动率是当天 m 分钟对数收益率的平方和。在这个具体的例子中，分别考虑 3 个已实现波动率序列，时间分别为日内 5 分钟、10 分钟和 20 分钟的对数收益率。数据在 aa-3rv.txt 中。主要针对已实现波动率的对数序列。

(a) 确定已实现波动率的三维对数序列的 Kronecker 指数。

262 (b) 运用 Kronecker 指数方法为三维已实现波动率对数数据建立一个 VARMA 模型。执行模型检查并写出拟合模型。

(c) 确定已实现波动率的三维对数序列的 SCM。

(d) 运用 SCM 方法为三维已实现波动率对数数据建立一个 VARMA 模型。执行模型检验并写出拟合模型。

(e) 比较并对比两个 VARMA 模型。

4.6　考虑 1976 年 1 月到 2009 年 11 月 Illionois、Michigan 和 Ohio 的月失业率。数据是季节调整的且可以从圣路易斯联邦储备银行(FRED)得到。参见文件 m-3state-un.txt。确定三维失业率的 Kronecker 指数。不需要像第 2 章中的数据分析那样给出估计值。

4.7　再一次考虑 Illionois、Michigan 和 Ohio 的月失业率。确定数据的 3 个 SCM。不需要估计。

参考文献

Akaike, H. (1976). Canonical correlation analysis of time series and the use of an information criterion. In R. K. Methra and D. G. Lainiotis (eds.). *Systems Identification: Advances and Case Studies*, pp. 27–96. Academic Press, New York.

Anderson, T. W. (2003). *An Introduction to Multivariate Statistical Analysis*. 3rd Edition. John Wiley & Sons, Inc, Hoboken, NJ.

Athanasopoulos, G. and Vahid, F. (2008). A complete VARMA modeling methodology based on scalar components. *Journal of Time Series Analysis*, **29**: 533–554.

Athanasopoulos, G., Poskitt, D. S., and Vahid, F. (2012). Two canonical VARMA forms: scalar component models vis-a-vis the Echelon form. *Econometric Reviews*, **31**: 60–83.

Bartlett, M. S. (1939). A note on tests of significance in multivariate analysis, *Proceedings of the Cambridge Philosophical Society*, **35**: 180–185.

Cooper, D. M. and Wood, E. F. (1982). Identifying multivariate time series models, *Journal of Time Series Analysis*, **3**: 153–164.

Hannan, E. J. and Deistler, M. (1988). *The Statistical Theory of Linear Systems*. John Wiley & Sons, Inc., New York.

Hotelling, H. (1935). The most predictable criterion. *Journal of Educational Psychology*, **26**: 139–142.

Hotelling, H. (1936). Relations between two sets of variates. *Biometrika*, **28**: 321–377.

Johnson, R. A. and Wichern, D. W. (2007). *Applied Multivariate Statistical Analysis*. 6th Edition. Prentice Hall, Upper Saddle River, NJ.

Min, W. and Tsay, R. S. (2005). On canonical analysis of multivariate time series. *Statistica Sinica*, **15**: 303–323.

Tiao, G. C. and Box, G. E. P. (1981). Modeling multiple time series with applications. *Journal of the American Statistical Association*, **76**: 802–816.

Tiao, G. C. and Tsay, R. S. (1989). Model specification in multivariate time series (with discussion). *Journal of the Royal Statistical Society, Series B*, **51**: 157–213.

Tsay, R. S. (1989). Identifying multivariate time series models. *Journal of Time Series Analysis*, **10**: 357–371.

Tsay, R. S. (1991). Two canonical forms for vector ARMA processes. *Statistica Sinica*, **1**: 247–269. 263~264

Tsay, R. S. and Ling, S. (2008). Canonical correlation analysis for the vector AR(1) model with ARCH innovations. *Journal of Statistical Planning and Inference*, **138**: 2826–2836.

第 5 章　单位根非平稳过程

在前面的章节中，我们主要研究了一阶矩和二阶矩时间不变的弱平稳过程。但是在实际应用中，很多实证时间序列都呈现了时间变化的性质。例如，股票价格和宏观经济变量均表现出某种随机趋势，使得它们的一阶矩经常是时间变化的。图 5-1 给出了 1948 年第一季度到 2012 年第二季度美国季度实际国内生产总值(GDP)的对数值的时序图。该图说明序列表现出增长趋势。本章介绍具有随机趋势的多元非平稳时间序列。这种时间序列称为单位根非平稳过程。

最简单的单位根非平稳时间序列是一元随机游走过程，它可以定义为：

$$z_t = z_{t-1} + a_t \tag{5-1}$$

其中$\{a_t\}$是具有零均值和有限方差 σ_a^2 的 iid 随机变量序列。令 $\phi_1=1$，则式(5-1)中的模型可以看作 AR(1)模型，即

$$z_t = \phi_1 z_{t-1} + a_t, \phi_1 = 1 \tag{5-2}$$

这个特殊模型的特征方程为 $1-x=0$，它的解为 $x=1$。因此，随机游走过程 z_t 也称为单位根过程。方程的解 $x=1$ 在单位圆上，因此 z_t 是一个非平稳序列。

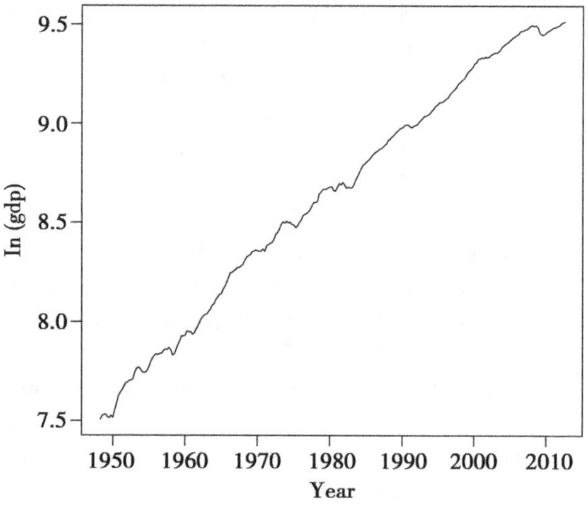

图 5-1　1948 年第一季度到 2012 年第二季度美国季度实际 GDP 的时序图。数据是以 2005 年美元值为基准对原始的 GDP 数据进行调整，精确到 1 位小数

在实际中，人们对检验观察的时间序列 z_t 是否遵循随机游走模型感兴趣。为此，设 $H_0: \phi_1=1$ 与 $H_a: \phi_1<1$，其中ϕ_1是式(5-2)的系数，或者是下式的系数：

$$z_t = \phi_0 + \phi_1 z_{t-1} + a_t \tag{5-3}$$

这个验证问题称为单位根检验。在 20 世纪 80 年代，单位根检验方法备受关注，得到了许多检验统计量。参考 Tsay(2010，第 2 章)、Hamilton(1994，第 15 章)及本书其他参考文献。在本章中，我们将介绍把随机游走模型和单位根检验方法应用到多元的情形，使读者更深刻地理解单位根非平稳过程，并将其运用到实际问题中。

本章主要介绍单位根非平稳过程。首先简要介绍式(5-1)中随机游走模型的基本性质。然后介绍这些基本性质的多元推广，并讨论单位根非平稳多元模型。特别地，讨论协整和误差修正模型表示。与前面的章节类似，我们将对实际案例进行分析，以便说明基本结论。

5.1　一元单位根过程

本节首先简要介绍一元时间序列中的单位根的估计和检验。这部分内容可以参考两篇文献。第一篇文献是 Phillips(1987)，这篇文章主要涉及具有弱相关新息的单个单位根检验问题。这个方法的单位根推导方法在计量经济学文献中得到了广泛应用。第二个参考文献是 Chan 和 Wei(1988)，在这篇文献中，考虑了单位圆上的所有特征根，如复单位根，以及具有高重数的单位根，如双单位根等。第 2 篇文献假设对某个 $\delta>0$，a_t 是满足 265~266
$E(|a_t|^{2+\delta})<\infty$的鞅差。Tsay 和 Tiao(1990)把 Chan 和 Wei(1988)的一些渐近结果拓展到多元时间序列，同样，允许单位圆上高重数的所有特征根。

5.1.1　动机

为了开展单位根理论，首先考虑最简单的情况：

$$z_t = z_{t-1} + \varepsilon_t \tag{5-4}$$

其中 $z_0=0$，$\{\varepsilon_t\}$是 iid 标准高斯随机变量序列，即 $\varepsilon_t \sim N(0,1)$。假设序列$\{z_1, \cdots, z_T\}$已知，我们希望证明式(5-4)中 z_{t-1}的系数确实为 1。为此，我们考虑原假设 H_0：$\pi=1$ 与备择假设 H_a：$\pi<1$，其中 π 为 AR(1)模型中的系数，

$$z_t = \pi z_{t-1} + e_t, \quad t = 1,\cdots,T$$

e_t 为误差项。π 的普通最小二乘法(LSE)估计为

$$\hat{\pi} = \frac{\sum_{t=1}^T z_t z_{t-1}}{\sum_{t=1}^T z_{t-1}^2}$$

$\hat{\pi}$ 与 1 的差可表示为

$$\hat{\pi} - 1 = \frac{\sum_{t=1}^T z_{t-1}\varepsilon_t}{\sum_{t=1}^T z_{t-1}^2} \tag{5-5}$$

为理解式(5-5)中统计量 $\hat{\pi}-1$ 的渐近性质，需要研究 z_t 的极限性质以及式(5-5)中的分子和分母。

对于式(5-4)中的简单模型，有

$$z_t = \sum_{i=1}^t \varepsilon_i = \varepsilon_1 + \varepsilon_2 + \cdots + \varepsilon_t \tag{5-6}$$

因此，$z_t \sim N(0, t)$。而且

$$z_t^2 = (z_{t-1} + \varepsilon_t)^2 = z_{t-1}^2 + 2z_{t-1}\varepsilon_t + \varepsilon_t^2$$

因此，

$$z_{t-1}\varepsilon_t = \frac{z_t^2 - z_{t-1}^2 - \varepsilon_t^2}{2} \tag{5-7}$$ 267

令 $t=1, \cdots, T$ 且 $z_0=0$，对上式求和，可得

$$\sum_{t=1}^T z_{t-1}\varepsilon_t = \frac{z_T^2}{2} - \frac{1}{2}\sum_{t=1}^T \varepsilon_t^2$$

因为 $z_T \sim N(0, T)$，上式除以 T，可得

$$\frac{1}{T}\sum_{t=1}^{T} z_{t-1}\varepsilon_t = \frac{1}{2}\left[\left(\frac{z_T}{\sqrt{T}}\right)^2 - \frac{1}{T}\sum_{t=1}^{T}\varepsilon_t^2\right] \tag{5-8}$$

根据大数定理，式(5-8)的第二项依概率收敛于 1，即 ε_t 的方差。另一方面，$z_t/\sqrt{T} \sim N(0, 1)$。因此，式(5-5)分子的极限分布为

$$\frac{1}{T}\sum_{t=1}^{T} z_{t-1}\varepsilon_t \Rightarrow \frac{1}{2}(\chi_1^2 - 1) \tag{5-9}$$

其中 χ_1^2 为自由度为 1 的卡方分布。

继续研究式(5-6)的分母。这里，z_t 是 iid 随机变量的部分和的事实是非常重要的。见式(5-6)。对于任意实数 $r \in [0, 1]$，定义部分和为

$$\widetilde{X}_T(r) = \frac{1}{\sqrt{T}} z_{[Tr]} = \frac{1}{\sqrt{T}}\sum_{t=1}^{[Tr]}\varepsilon_t \tag{5-10}$$

其中 $[T_r]$ 记为 $T\times r$ 的整数部分，它是小于或等于 Tr 的最大整数。特别地，有 $\widetilde{X}_T(1) = (1/\sqrt{T})z_T$ 是 $N(0, 1)$。已有文献证明 $\widetilde{X}_T(r)$ 的极限分布。更具体地，对于式(5-4)中 z_t 过程，有

$$\widetilde{X}_T(r) \Rightarrow W(r), \quad 当\ T \to \infty\ 时$$

其中 $W(r)$ 为标准布朗(Brownian)运动或维纳(Wiener)过程，⇒表示弱收敛或者以分布收敛。随机过程 $W(t)$ 为标准布朗运动或维纳过程，如果(a) $W(0) = 0$；(b)映射 $t: [0, 1] \to W(t)$ 几乎肯定是连续的；(c)当 $h > 0$ 时，$W(t)$ 存在独立增量，即 $W(t+h) - W(t)$ 独立于 $W(t)$，并且服从 $N(0, h)$ 分布。可以参阅 Billingsley(2012，37 节)。上
268 述结论称为 Donsker 理论，可参考 Donsker(1951)。则式(5-5)的分母就成为标准布朗运动 $W(r)$ 的积分。我们将在下一部分把式(5-4)中 $z(t)$ 的新息 $\varepsilon(t)$ 扩展到一个线性平稳过程。

利用标准布朗运动的性质，可知 $W(1) \sim N(0, 1)$，因此式(5-9)的结果可以重写为

$$\frac{1}{T}\sum_{t=1}^{T} z_{t-1}\varepsilon_t \Rightarrow \frac{1}{2}[W(1)^2 - 1]$$

上式经常在一些相关文献中用到，接下来的章节也会使用这个式子。

5.1.2 平稳单位根

考虑由下式产生的离散时间过程 $\{z_t\}$

$$z_t = \pi z_{t-1} + y_t, \quad t = 1, 2, \cdots \tag{5-11}$$

其中 $\pi = 1$，z_0 为固定的实数，y_t 为将要定义的平稳时间序列。显然，初始值 z_0 对本章所讨论的极限分布没有影响。

定义$\{y_t\}$的部分和为

$$S_t = \sum_{i=1}^{t} y_i \tag{5-12}$$

为简单起见，定义 $S_0=0$。那么，对于 $\pi=1$，$z_t=S_t+z_0$。单位根理论的基本结论是 S_t 的极限行为。为此，令 $T\to\infty$，将部分和 S_T 标准化。在文献中很常见的方法是用 S_T 的平均方差，如下所示

$$\sigma^2 = \lim_{T\to\infty} E(T^{-1}S_T^2) \tag{5-13}$$

其中，假设 S_T 的平均方差存在且为正数。定义

$$X_T(r) = \frac{1}{\sqrt{T}\sigma}S[Tr],\quad 0\leqslant r\leqslant 1 \tag{5-14}$$

其中，与前面一样，$[Tr]$为 Tr 的整数部分。在这些约束条件下，$X_T(r)$弱收敛于标准布朗运动或维纳过程。这称为泛函中心极限定理(FCLT)。 269

假设 A　假设$\{y_t\}$为平稳时间序列，使得(a)对任意的 t，$E(y_t)=0$；(b)当$\beta>2$ 时，$E(|y_t|^\beta)<\infty$；(c)式(5-13)的平均方差 σ^2 存在且大于零；(d)$\{y_t\}$与混合系数 α_m 强混合，α_m 满足下述条件：

$$\sum_{m=1}^{\infty}\alpha_m^{1-2/\beta}<\infty$$

5.1.2.1　强混合

强混合可以衡量时间序列$\{y_t\}$的序列相依性。设 $F_{-\infty}^q$ 和 F_r^∞ 分别为序列$\{y_q,\ y_{q-1},\ \cdots\}$和序列$\{y_r,\ y_{r+1},\ \cdots\}$产生的 σ 域。即 $F_{-\infty}^q=F\{y_q,\ y_{q-1},\ \cdots\}$，$F_r^\infty=F\{y_r,\ y_{r+1},\ \cdots\}$。如果存在正函数 $\alpha(.)$，满足当 $n\to0$ 时，$\alpha_n\to0$，使得

$$|P(A\cap B)-P(A)P(B)|<\alpha_{r-q},\quad A\in F_{-\infty}^q,\quad B\in F_r^\infty$$

则称序列 y_t 满足强混合条件。

如果 y_t 是强混合，则随着 h 的增加，y_t 与 y_{t+h}之间的序列相依性接近 0。一般来讲，强混合条件很难说明。本书所涉及的平稳不可逆 ARMA(p，q) 模型均满足强混合条件，其中 p 和 q 均为有限非负整数。因为 ARMA 过程的自相关呈指数衰变，所以这一点也不难理解。

接下来介绍的两个理论在单位根的研究中得到了广泛应用。有关更详细的内容可以参见 Heendorf(1984)和 Billingsley(1999)。

5.1.2.2　泛函中心极限定理(FCLT)

如果序列$\{y_t\}$满足假设 A，则有 $X_T(r)\Rightarrow W(r)$，其中对于 $r\in[0,1]$，$W(r)$为标准布朗运动，$\Rightarrow$表示弱收敛，即依分布收敛。

5.1.2.3　连续映射定理

若 $X_T(r)\Rightarrow W(r)$，$h(.)$为定义在 $D[0,1]$上的连续函数，其中 $D[0,1]$为区间$[0,1]$上定义的且在该区间任意点都右连续、具有有限左极限的实值函数所构成的区间，则当

$T\to\infty$时，$h(X_T(r))\Rightarrow h(W(r))$。

注记：除了强混合条件外，我们还可以直接处理线性过程 $y_t=\sum_{i=0}^{\infty}\psi_i a_{t-i}$，其中$\psi_0=1$，并且系数满足$\sum_{v=1}^{\infty}v|\psi_v|<\infty$。假设新息 a_t 有限四阶矩。泛函中心极限定理在这些假设条件下仍然成立。随着 ψ_v 呈指数衰变，平稳ARMA模

270 型仍然满足 ψ 权重条件。

式(5-11)中 π 的普通LSE为：

$$\hat{\pi}=\frac{\sum_{t=1}^{T}z_{t-1}z_t}{\sum_{t=1}^{T}z_{t-1}^2}$$

其方差估计值为：

$$\mathrm{Var}(\hat{\pi})=\frac{s^2}{\sum_{t=1}^{T}z_{t-1}^2}$$

其中 s^2 为残差方差，由下式给出

$$s^2=\frac{1}{T-1}\sum_{t=1}^{T}(z_t-\hat{\pi}z_{t-1})^2 \tag{5-15}$$

检验原假设 $H_0:\pi=1$ 与备择假设 $H_a:\pi<1$ 的 t 比率为

$$t_\pi=\left(\sum_{t=1}^{T}z_{t-1}^2\right)^{1/2}\frac{\hat{\pi}-1}{s}=\frac{\sum_{t=1}^{T}z_{t-1}y_t}{s\sqrt{\sum_{t=1}^{T}z_{t-1}^2}} \tag{5-16}$$

可以得到单位根过程 z_t 的以下基本结论。

定理5.1　假设序列$\{y_t\}$满足假设A，并且当$\beta>2$，$\eta>0$时，满足$\sup_t E|y_t|^{\beta+\eta}<\infty$，则当$T\to\infty$时，以下结论成立：

(a) $T^{-2}\sum_{t=1}^{T}z_{t-1}^2\Rightarrow\sigma^2\int_0^1 W(r)^2\mathrm{d}r$

(b) $T^{-1}\sum_{t=1}^{T}z_{t-1}y_t\Rightarrow\sigma^2/2[W(1)^2-\sigma_y^2/\sigma^2]$

(c) $T(\hat{\pi}-1)\Rightarrow\frac{1}{2}(W(1)^2-(\sigma_y^2/\sigma^2))/\int_0^1 W(r)^2\mathrm{d}r$

(d) $\hat{\pi}\to_p 1$，其中，$\to_p$ 表示依概率收敛

(e) $t_\pi\Rightarrow(\sigma/(2\sigma_y))\left[W(1)^2-(\sigma_y^2/\sigma^2)/\int_0^1 W(r)^2\mathrm{d}r\right]^{1/2}$

其中，σ^2 和 σ_y^2 定义为

271

$$\sigma^2=\lim_{T\to\infty}E(T^{-1}S_T^2),\quad \sigma_y^2=\lim_{T\to\infty}T^{-1}\sum_{t=1}^{T}E(y_t^2)$$

证明：对于(a)，有

$$\frac{1}{T^2}\sum_{t=1}^{T}z_{t-1}^2=T^{-2}\sum_{t=1}^{T}(S_{t-1}+z_0)^2$$

$$= T^{-2}\sum_{t=1}^{T}(S_{t-1}^2+2z_0 S_{t-1}+z_0^2)$$

$$= \sigma^2\sum_{t=1}^{T}\left(\frac{1}{\sigma\sqrt{T}}S_{t-1}\right)^2\frac{1}{T}+2z_0\sigma T^{-1/2}\sum_{t=1}^{T}\left(\frac{1}{\sigma\sqrt{T}}S_{t-1}\right)^2\frac{1}{T}+\frac{z_0^2}{T}$$

$$= \sigma^2\sum_{t=1}^{T}\int_{(t-1)/T}^{t/T}\left(\frac{1}{\sigma\sqrt{T}}S_{[Tr]}\right)^2\mathrm{d}r+\frac{2z_0\sigma}{T^{1/2}}\sum_{t=1}^{T}\int_{(t-1)/T}^{t/T}\frac{1}{\sigma\sqrt{T}}S_{[Tr]}\mathrm{d}r+\frac{z_0^2}{T}$$

$$= \sigma^2\int_0^1 X_T^2(r)\mathrm{d}r+2z_0\sigma T^{-1/2}\int_0^1 X_T(r)\mathrm{d}r+\frac{z_0^2}{T}$$

$$\Rightarrow \sigma^2\int_0^1 W(r)^2\mathrm{d}r,\quad T\to\infty$$

对于(b)，有

$$T^{-1}\sum_{t=1}^{T}z_{t-1}y_t = T^{-1}\sum_{t=1}^{T}(S_{t-1}+z_0)y_t$$

$$= T^{-1}\sum_{t=1}^{T}S_{t-1}y_t+z_0\bar{y}$$

$$= T^{-1}\sum_{t=1}^{T}\frac{1}{2}(S_t^2-S_{t-1}^2-y_t^2)+z_0\bar{y}$$

$$= (2T)^{-1}S_T^2-(2T)^{-1}\sum_{t=1}^{T}y_t^2+z_0\bar{y}$$

$$= \frac{\sigma^2}{2}X_T(1)^2-\frac{1}{2}T^{-1}\sum_{t=1}^{T}y_t^2+z_0\bar{y}$$

$$\Rightarrow \frac{\sigma^2}{2}\left[W(1)^2-\frac{\sigma_y^2}{\sigma^2}\right]$$

因为随着 $T\to\infty$，$\bar{y}\to 0$ 且 $T^{-1}\sum_{t=1}^{T}y_t^2\to\sigma_y^2$ 几乎处处收敛。 272

根据结论(a)和结论(b)以及连续映射定理可以得出结论(c)，进而得出结论(d)。

当 $y_t=\varepsilon_t\sim N(0,1)$时，定理 5.1 中的结论(b)就简化为式(5-9)。根据定理 5.1 中的结论(d)，LSE $\hat{\pi}$ 以 T^{-1}的比率收敛于 1，而不是通常的收敛比率 $T^{-1/2}$。这一点可以参阅单位根中的超一致性的相关文献。利用 $\hat{\pi}$ 的快速收敛速率、结论(a)和结论(b)以及式(5-15)，我们有

$$s^2=\frac{1}{T-1}\sum_{t=1}^{T}(z_t-\hat{\pi}z_{t-1})^2=\frac{1}{T-1}\sum_{t=1}^{T}[(z_t-z_{t-1})+(1-\hat{\pi})z_{t-1}]^2$$

$$=\frac{1}{T-1}\sum_{t=1}^{T}y_t^2+\frac{2(1-\hat{\pi})}{T-1}\sum_{t=1}^{T}z_{t-1}y_t+\frac{(1-\hat{\pi})^2}{T-1}\sum_{t=1}^{T}z_{t-1}^2\to_p\sigma_y^2$$

因为当 $T \to \infty$ 时上式的最后两项都趋于 0。因此，t 比率可以写为

$$t_\pi = -\frac{\sum_{t=1}^{T} z_{t-1} y_t}{\sigma_y \left(\sum_{t=1}^{T} z_{t-1}^2\right)^{0.5}} = \frac{\sigma^{-2} T^{-1} \sum_{t=1}^{T} z_{t-1} a_t}{\sigma_y \left[(\sigma^{-2} T^{-1})^2 \sum_{t=1}^{T} z_{t-1}^2\right]^{1/2}}$$

根据定理 5.1 的结论(a)和结论(b)以及连续映射定理，可得

$$t_\pi \to_d \frac{\sigma/2\sigma_y [W(1)^2 - \sigma_y^2/\sigma^2]}{\left[\int_0^1 W(r)^2 \mathrm{d}r\right]^{1/2}}$$

利用与定理 5.1 类似的方法，可以推导出以下结论，当拟合模型具有常量或时间趋势时，这些结论非常有用。

定理 5.2　在定理 5.1 的相同假设下，有如下结论：

(a) $T^{-3/2} \sum_{t=1}^{T} t y_t \Rightarrow \sigma \left[W(1) - \int_0^1 W(r) \mathrm{d}r\right]$

(b) $T^{-3/2} \sum_{t=1}^{T} z_{t-1} \Rightarrow \sigma \int_0^1 W(r) \mathrm{d}r$

(c) $T^{-5/2} \sum_{t=1}^{T} t z_{t-1} \Rightarrow \sigma \int_0^1 r W(r) \mathrm{d}r$

273 (d) $T^{-3} \sum_{t=1}^{T} t z_{t-1}^2 \Rightarrow \sigma^2 \int_0^1 r W^2(r) \mathrm{d}r$

接下来，我们将考虑一些特殊时间序列的单位根性质。因为 y_t 具有零均值的平稳时间序列，所以有

$$E(S_T^2) = T\gamma_0 + 2\sum_{i=1}^{T-1}(T-i)\gamma_i \tag{5-17}$$

其中 γ_i 为 y_t 的滞后 i 自相关系数。此外，对于带有 MA 表达式 $y_t = \sum_{i=0}^{\infty} \psi_i a_{t-i}$ 的平稳线性过程 y_t，其中 $\psi_0 = 0$，有 $\gamma_i = \sigma_a^2 \sum_{j=0}^{\infty} \psi_j \psi_{j+i} (i = 0, 1, \cdots)$。在这个模型中，有

$$\begin{aligned}\sigma^2 &= \lim_{T \to \infty} E(T^{-1} S_T^2) = \gamma_0 + 2\sum_{i=1}^{\infty} \gamma_i \\ &= \sigma_a^2 \left(\sum_{i=0}^{\infty} \psi_i^2 + 2\sum_{i=1}^{\infty}\sum_{j=0}^{\infty} \psi_j \psi_{i+j}\right) = [\sigma_a \psi(1)]^2\end{aligned} \tag{5-18}$$

其中 $\psi(1) = \sum_{i=0}^{\infty} \psi_i$。

5.1.3 AR(1)模型

首先考虑简单的 AR(1)模型 $z_t=\pi z_{t-1}+a_t$，即 $y_t=a_t$ 为具有零均值、方差 $\sigma_a^2>0$ 的随机 iid 变量的序列。在这种情况下，根据式(5-17)，显然可以得到

$$\sigma^2 = \lim_{T\to\infty} E(T^{-1}S_T^2) = \sigma_a^2, \quad \sigma_y^2 = \sigma_a^2$$

因此，对于式(5-1)中的随机游走模型，可以得到如下结论：

1) $T^{-2}\sum_{t=1}^{T} z_{t-1}^2 \Rightarrow \sigma_a^2\int_0^1 W^2(r)\mathrm{d}r$

2) $T^{-1}\sum_{t=1}^{T} z_{t-1}(z_t-z_{t-1}) \Rightarrow \sigma_a^2/2[W^2(1)-1]$

3) $T(\hat{\pi}-1)\Rightarrow 0.5[W^2(1)-1]/\int_0^1 W^2(r)\mathrm{d}r$

4) $t_\pi \Rightarrow 0.5[W^2(1)-1]/\left[\int_0^1 W^2(r)\mathrm{d}r\right]^{1/2}$

对于上式中的 t_π 临界值，不同作者有不同的观点。可以参阅 Fuller(1967，表 8-5-2)。

5.1.4 AR(p)模型

首先讨论 AR(2)模型$(1-B)(1-\phi B)z_t=a_t$，其中 $|\phi|<1$。这个模型可以写成

$$z_t = z_{t-1} + y_t, \quad y_t = \phi y_{t-1} + a_t$$

对于平稳 AR(1)模型 y_t，有 $\sigma_y^2=\sigma_a^2/(1-\phi^2)$ 和 $\gamma_i=\phi^i\gamma_0$。因此，由式(5-17)可得，$\sigma^2=\sigma_a^2/(1-\phi^2)$。所以，我们基于 AR(1)系数 ϕ 讨论极限分布。例如，$\hat{\pi}$ 的 t 比率变为 274

$$t_\pi \Rightarrow \frac{\dfrac{\sqrt{1+\phi}}{2\sqrt{1-\phi}}\left[W(1)^2-\dfrac{1-\phi}{1+\phi}\right]}{\left[\int_0^1 W(r)^2\mathrm{d}r\right]^{1/2}}$$

因此，很难在单位根检验中使用 t_π，因为 t_π 的渐近临界值取决于冗余参数 ϕ。对于一般的 AR(p)过程 y_t，这种相依性依然成立。为了克服这个困难，Said 和 Dickey(1984)提出了增广 Dickey-Fuller 检验统计量。

对于 AR(p)过程，$\phi(B)z_t=a_t(p>1)$，主要考虑 $\phi(B)=\phi^*(B)(1-B)$，其中 $\phi^*(B)$ 为平稳 AR 多项式。此时，z_t 过程存在一个单位根。令 $\phi^*(B)=1-\sum_{i=1}^{p-1}\phi_i^*B^i$。模型变为 $\phi(B)z_t=\phi^*(B)(1-B)z_t=(1-B)z_t-\sum_{i=1}^{p-1}\phi_i^*(1-B)z_{t-i}=a_t$。检验 $\phi(B)$ 中的单位根等价于在下面的模型中检验 $\pi=1$。

$$z_t = \pi z_{t-1} + \sum_{j=1}^{p-1}\phi_j^*(z_{t-j}-z_{t-j-1}) + a_t$$

或者等价于在下面的模型中检验 $\pi-1=0$。

$$\Delta z_t = (\pi - 1)z_{t-1} + \sum_{j=1}^{p-1} \phi_j^* \Delta z_{t-j} + a_t$$

其中 $\Delta z_t = z_t - z_{t-1}$。前述模型表示是误差修正模型的一元版本。可以证明(a)$\pi - 1 = -\phi(1) = \sum_{i=1}^{p} \phi_i - 1$ 和 $\phi_j^* = -\sum_{i=j+1}^{p} \phi_i$。实际上，证明过程中使用了线性模型

$$\Delta z_t = \beta z_{t-1} + \sum_{j=1}^{p-1} \phi_j^* \Delta z_{t-j} + a_t \tag{5-19}$$

其中 $\beta = \pi - 1$。然后 β 的 LSE 可以用在单位根检验中。特别地，检验原假设 $H_0: \pi = 1$ 与备择假设 $H_a: \pi < 1$ 就等价于检验 $H_0: \beta = 0$ 与 H_a：$\beta < 0$。在随机游走情况下，可以看出 $\hat{\beta}$(检验其为 0)的 t 比率与 t_π 有相同的极限分布。换句话说，当 $p > 1$ 时，对于 AR(p)模型，通过在式(5-19)的线性回归中加入 Δz_t 的滞后变量，就可以在单位根检验中消除冗余参数。这就是著名的增广 Dickey-Fuller 单位根检验。此外，式(5-19)中 LSE $\hat{\phi}_i^*$ 的极限分布与 AR($p-1$)模型拟合 Δz_t 的极限分布相同。换句话说，对于平稳部分，当把单位根已知作为先验条件时，估计量的极限性质仍然保持不变。

275 **注记：** 在我们的讨论中，我们假设模型中没有常数项。在模型中包括常数项，得到单位根检验的相关极限分布。极限分布将有所不同，但是结果是相同的。

5.1.5 MA(1)模型

接下来，假设 $z_t = z_{t-1} + y_t$，其中 $y_t = a_t - \theta a_{t-1}$ 和 $|\theta| < 1$。在这种情况下，有 $\gamma_0 = (1+\theta^2)\sigma_a^2$，$\gamma_1 = -\theta\sigma_a^2$，并且当 $i > 1$ 时，$\gamma_i = 0$。因此，$\sigma_y^2 = (1+\theta^2)\sigma_a^2$，根据式(5-17)，$\sigma^2 = (1-\theta)^2\sigma_a^2$。单位根统计量的极限分布为

1) $T^{-2}\sum_{t=1}^{T} z_{t-1}^2 \Rightarrow (1-\theta)^2\sigma_a^2 \int_0^1 W^2(r)\mathrm{d}r$

2) $T^{-1}\sum_{t=1}^{T} z_{t-1}(z_t - z_{t-1}) \Rightarrow (1-\theta)^2\sigma_a^2/2[W^2(1) - 1 + \theta^2/(1-\theta)^2]$

3) $T(\hat{\pi} - 1) \Rightarrow 1 - \theta/2\sqrt{1+\theta^2}[W^2(1) - 1 + \theta^2/(1-\theta)^2]/\int_0^1 W^2(r)\mathrm{d}r$

4) $t_\pi \rightarrow_d 1 - \theta/2\sqrt{1+\theta^2}[W^2(1) - 1 + \theta^2/(1-\theta)^2]/\left[\int_0^1 W^2(r)\mathrm{d}r\right]^{1/2}$

由上述结果可以看出，当 θ 趋于 1 时，与 y_t 为白噪声序列相比，t_π 的渐近行为明显不相同。当 θ 趋于 1 时，z_t 过程趋向于白噪声序列。这可能解释了 Phillips-Perron 单位根检验统计量严重扭曲问题(severe size distortion)，可参见 Phillips 和 Perron(1988)中的表 1。

5.1.6 单位根检验

假设一元时间序列 z_t 服从 AR(p)模型 $\phi(B)z_t = a_t$，其中 $\phi(B) = (1-B)\phi^*(B)$使得 $\phi^*(1) \neq 0$。即，z_t 存在单一的单位根。在本节中，我们总结文献中经常使用的单位根检验

框架。例如，Dickey 和 fuller(1979)。在检验中经常使用以下 3 个模型。

1. 无常数模型

$$\Delta z_t = \beta z_{t-1} + \sum_{i=1}^{p-1} \phi_i^* \Delta z_{t-i} + a_t \tag{5-20}$$

2. 有常数项模型

$$\Delta z_t = \alpha + \beta z_{t-1} + \sum_{i=1}^{p-1} \phi_i^* \Delta z_{t-i} + a_t \tag{5-21}$$

3. 具有常数项和时间趋势模型

$$\Delta z_t = \omega_0 + \omega_1 t + \beta z_{t-1} + \sum_{i=1}^{p-1} \phi_i^* \Delta z_{t-i} + a_t \tag{5-22}$$ 276

令原假设是 $H_0:\beta=0$，备择假设是 $H_a:\beta<0$。检验统计量是 β 的 LSE 的 t 比率。

式(5-20)中 β 的 LSE 的 t 比率的极限分布与之前讨论的 t_π 的极限分布相同。可以参考 Said 和 Dickey(1984)。另一方面，式(5-21)和式(5-22)中 β 的 LSE 的 t 比率的极限分布与下式中检验 $\pi=1$ 的 t 比率的极限分布相同。

$$z_t = \alpha + \pi z_{t-1} + y_t \tag{5-23}$$

和

$$z_t = \omega_0 + \omega_1 t + \pi z_{t-1} + y_t \tag{5-24}$$

这些极限分布可以通过定理 5.2 的结果得到。在单一单位根的原假设下，它们都是标准布朗运动的函数。有兴趣的读者可以参考 Hamilton(1994，第 17 章)查看具体内容。关于 t 比率的临界值可以通过文献中的模拟方法得到。例如，可以参考 Fuller(1976，表 8.5.2)。

Phillips 和 Perron(1988)通过运用式(5-11)、式(5-23)和式(5-24)执行单位根检验。它们使用 π 的 LSE 的修正的 t 比率。主要修正了 y_t 过程中的线性相关性和条件异方差。简要地说，它们提出了 σ_y^2 和 σ^2 的非参数估计方法，从而减小它们对检验统计量的影响。例如，可以利用式(5-17)的结果来估计 σ^2。

> **注记：** 增广 Dickey-Fuller 检验在 `fUnitRoots` 包中获得。许多其他单位根检验，包括 Phillips 和 Perron(1988)检验，可以在 R 的 `urca` 包中获取。 □

5.1.7 例子

考虑从 1948 年第一季度到 2012 年第二季度美国季度国内生产总值的时间序列，数据来自圣路易斯联邦储备银行。数据以 2005 年货币为基准进行的调整，单位为 10 亿美元，并且进行了季度调整。在分析中，采用 GDP 的对数。对于增广 Dickey-Fuller 检验，式(5-20)到式(5-22)中讨论的 3 个模型分别用子命令 `type` 的值 **nc**、**c**、**ct** 来标记。对于 Phillips 和 Perron 检验，我们只考虑具有常数的情况。所有的检验均不能拒绝美国对数 GDP 序列中有的单位根的原假设。

R 代码示例：单位根检验。编辑输出。

```
> library(fUnitRoots)
> da=read.table("q-ungdp-4812.txt",header=T)
> dim(da)
[1] 258   4
```

```
> head(da)
  year mon    unemp      gdp
1 1948   1 3.733333 7.507580
> library(fUnitRoots)
> m1=ar(diff(gdp),method="mle") % Find error-correction lags
> m1$order
[1] 3
> adfTest(gdp,lags=3)
Title: Augmented Dickey-Fuller Test
Test Results:
  PARAMETER:
    Lag Order: 3
  STATISTIC:
    Dickey-Fuller: 5.5707
  P VALUE:
    0.99
> adfTest(gdp,lags=3,type="c")
Title: Augmented Dickey-Fuller Test
Test Results:
  PARAMETER:
    Lag Order: 3
  STATISTIC:
    Dickey-Fuller: -2.0176
  P VALUE:
    0.3056
> adfTest(gdp,lags=3,type="ct")
Title: Augmented Dickey-Fuller Test
Test Results:
  PARAMETER:
    Lag Order: 3
  STATISTIC:
    Dickey-Fuller: -1.625
  P VALUE:
    0.7338
> library(urca)
> urppTest(gdp) % Phillips and Perron test
Title: Phillips-Perron Unit Root Test
Test Results:
    Test regression with intercept
  Coefficients:
              Estimate Std. Error t value Pr(>|t|)
  (Intercept) 0.031192   0.008801   3.544 0.000468 ***
  y.l1        0.997289   0.001018 979.834  < 2e-16 ***
  ---
  Value of test-statistic, type: Z-alpha  is: -0.7218
             aux. Z statistics
  Z-tau-mu          2.7627
```

5.2　多元单位根过程

5.1节中单位根的相关结论可以推广到多元，即多元单位根过程。首先，定义 k 维标准布朗运动。令 $\boldsymbol{W}(r)=(W_1(r),\cdots,W_k(r))'$ 为 k 维过程，其中，$W_i(r)$ 是服从映射 $[0,1]\rightarrow R$ 的函数，R 为实数。

定义 5.1　k 维标准布朗运动 $\boldsymbol{W}(r)$ 是一个从 $[0,1]$ 到 R^k 上的连续时间过程，并满足如下条件：

1) $\boldsymbol{W}(0)=\boldsymbol{0}$。

2)对于任意序列 $\{r_i \mid i=1,\cdots,n\}$，当 $0\leqslant r_1<r_2<\cdots<r_n\leqslant 1$ 时，增量 $\boldsymbol{W}(r_2)-\boldsymbol{W}(r_1)$，$\boldsymbol{W}(r_3)-\boldsymbol{W}(r_2)$，$\cdots$，$\boldsymbol{W}(r_n)-\boldsymbol{W}(r_{n-1})$ 为独立多元高斯随机向量，服从 $[\boldsymbol{W}(t)-\boldsymbol{W}(s)]\sim N-[\boldsymbol{0},(t-s)\boldsymbol{I}_k]$，其中，$t>s$。

3) 对于任意给定的实现，$\boldsymbol{W}(r)$ 是以概率 1 为关于 r 的连续函数。

令 $\{\boldsymbol{\varepsilon}_t\}$ 为均值为 0、方差 $\mathrm{Var}(\boldsymbol{\varepsilon}_t)=\boldsymbol{I}_k$ 的 k 维 iid 随机向量序列。定义部分和

$$\widetilde{\boldsymbol{X}}_{T(r)}=\frac{1}{\sqrt{T}}\sum_{t=1}^{[Tr]}\boldsymbol{\varepsilon}_t$$

5.1 节中的 Donskers 定理可以推广为：

$$\widetilde{\boldsymbol{X}}_{T(r)}\Rightarrow\boldsymbol{W}(r)$$

特别地，$\widetilde{\boldsymbol{X}}_T(1)\Rightarrow\boldsymbol{W}(1)$。极限分布的推广

$$T^{-1}\sum_{t=1}^{T}z_{t-1}\varepsilon_t\Rightarrow\frac{1}{2}[W(1)^2-1]$$

对于多元情况，情况稍微有些复杂。结果是

$$T^{-1}\sum_{t=1}^{T}(\boldsymbol{z}_{t-1}\boldsymbol{\varepsilon}_t'+\boldsymbol{\varepsilon}_t\boldsymbol{z}_{t-1}')\Rightarrow\boldsymbol{W}(1)[\boldsymbol{W}(1)]'-\boldsymbol{I}_k \tag{5-25}$$

Phillips(1988)通过对布朗运动进行微分得出了另一个表达式

$$\frac{1}{T}\sum_{t=1}^{T}\boldsymbol{z}_{t-1}\boldsymbol{\varepsilon}_t'\Rightarrow\int_0^1\boldsymbol{W}(r)[\mathrm{d}\boldsymbol{W}(r)]' \tag{5-26}$$ 277~279

这里涉及式(5-26)的微分 $\mathrm{d}\boldsymbol{W}(r)$ 和式(5-26)的导数的定义。有兴趣的读者可以参考 Phillips(1988)查阅相关内容。比较式(5-25)和式(5-26)，我们有

$$\int_0^1 W_i(r)\mathrm{d}W_j(r)+\int_0^1 W_j(r)\mathrm{d}W_i(r)=W_i(1)W_j(1),\quad i\neq j$$

其中 $W_i(r)$ 为 $\boldsymbol{W}(r)$ 的第 i 项，且

$$\int_0^1 W_i(r)\mathrm{d}W_i(r)=\frac{1}{2}[W_i^2(1)-1]$$

其次，令 $\{\boldsymbol{a}_t\}$ 为 iid k 维随机向量的序列，其均值为 0、协方差矩阵为 $\sum_a$ 且为正定。记 $\sum_a=\boldsymbol{P}_a\boldsymbol{P}_a'$，其中 $\boldsymbol{P}_a$ 为 $k\times k$ 矩阵。例如，$\boldsymbol{P}_a$ 为 Cholesky 因子或者 $\sum_a$ 的正定平方根矩阵。定义 $\boldsymbol{a}_t$ 的部分和

$$\boldsymbol{X}_T^a(r)=\frac{1}{\sqrt{T}}\sum_{t=1}^{[Tr]}\boldsymbol{a}_t$$

令 $\boldsymbol{a}_t=\boldsymbol{P}_a\boldsymbol{\varepsilon}_t$，使得

$$\boldsymbol{X}_T^a(r)=\boldsymbol{P}_a\frac{1}{\sqrt{T}}\sum_{t=1}^{[Tr]}\boldsymbol{\varepsilon}_t=\boldsymbol{P}_a\widetilde{\boldsymbol{X}}_T(\boldsymbol{r})$$

因此，可以得出

$$\boldsymbol{X}_T^a(r)\Rightarrow\boldsymbol{P}_a\boldsymbol{W}(r) \tag{5-27}$$

因为 $\boldsymbol{W}(r)\sim N(\boldsymbol{0}, r\boldsymbol{I}_k)$，所以有 $\boldsymbol{P}_a\boldsymbol{W}(r)\sim N(\boldsymbol{0}, r\boldsymbol{P}_a\boldsymbol{P}'_a)=N(\boldsymbol{0}, r\sum_a)$。在这种情况下，$\boldsymbol{P}_a\boldsymbol{W}(r)$是一个具有协方差矩阵 $r\sum_a$ 的 k 维布朗运动。

最后，我们考虑线性平稳新息 $\boldsymbol{y}_t$，并将定理 5.1 和定理 5.2 推广到多元情况。为此，我们采用 Phillips 和 Solo(1992)提出的方法。考虑 k 维向量过程

$$\boldsymbol{z}_t=\boldsymbol{z}_{t-1}+\boldsymbol{y}_t \tag{5-28}$$

其中，$\boldsymbol{z}_t=(z_{1t}, \cdots, z_{kt})'$和 $\boldsymbol{y}_t=(y_{1t}, \cdots, y_{kt})'$，因此 $\boldsymbol{y}_t$ 为线性过程

280

$$\boldsymbol{y}_t=\sum_{i=0}^{\infty}\boldsymbol{\psi}_i\boldsymbol{a}_{t-i} \tag{5-29}$$

其中，$\{\boldsymbol{a}_t\}$为 iid 随机向量序列，且均值为零，正定协方差矩阵 $\mathbf{Var}(\boldsymbol{a}_t)=\sum_a$，$\boldsymbol{\psi}_0=\boldsymbol{I}_k$，并且 $\boldsymbol{\psi}_v=[\psi_{v,ij}]$是一个 $k\times k$ 实值矩阵，并满足

$$\sum_{v=1}^{\infty}v\mid\psi_{v,ij}\mid<\infty \tag{5-30}$$

对于 $i, j=1, \cdots, k$，我们进一步假设 $\boldsymbol{a}_t$ 存在有限四阶矩。

定义$\{\boldsymbol{y}_t\}$过程的部分和为

$$\boldsymbol{S}_t=\sum_{i=1}^{t}\boldsymbol{y}_i \tag{5-31}$$

为了简单，我们仍然假设 $\boldsymbol{S}_0=\boldsymbol{0}$。

引理 5.1　对于式(5-29)中具有 ψ 权重的线性过程 $\boldsymbol{y}_t$，若满足式(5-30)中的求和条件，则部分和可以表示为

$$\boldsymbol{S}_t=\boldsymbol{\psi}(1)\sum_{v=1}^{t}\boldsymbol{a}_v+\boldsymbol{\eta}_t-\boldsymbol{\eta}_0$$

其中，$\boldsymbol{\alpha}_s=\sum_{v=0}^{s}\boldsymbol{\psi}_v-\boldsymbol{\psi}(1)$，$\boldsymbol{\psi}(1)=\sum_{v=0}^{\infty}\boldsymbol{\psi}_v$ 和 $\boldsymbol{\eta}_t=\sum_{s=0}^{\infty}\boldsymbol{\alpha}_s\boldsymbol{a}_{t-s}$。

关于引理 5.1 的证明可以参考本书附录。可证得系数矩阵$\{\boldsymbol{\alpha}_s|s=0,\cdots,\infty\}$是绝对可和的。引理 5.1 的结果是 Beveridge-Nelson 分解的多元推广。

利用式(5-31)的部分和，定义

$$\boldsymbol{X}_T(r)=\frac{1}{\sqrt{T}}\boldsymbol{S}_{[Tr]}, 0\leqslant r\leqslant 1 \tag{5-32}$$

根据引理 5.1，可得

$$\boldsymbol{X}_T(r)=\frac{1}{\sqrt{T}}\left(\boldsymbol{\psi}(1)\sum_{i=1}^{[Tr]}\boldsymbol{a}_i+\boldsymbol{\eta}_{[Tr]}-\boldsymbol{\eta}_0\right)$$

在有限四阶矩的假设下，根据切比雪夫不等式，可以得到

$$\sup_{r\in[0,1]}\frac{1}{\sqrt{T}}\left|\eta_{i,[Tr]}-\eta_{i,0}\right|\to_p 0$$ 281

其中 $i=1$，…，k，$\eta_{i,t}$ 为 $\boldsymbol{\eta}_t$ 的第 i 项。可以参考 Hamilton(1994，第 17 章)。然后根据式(5-27)中多元 Donskers 定理，可得

$$\boldsymbol{X}_T(r)\to_p\boldsymbol{\psi}(1)\boldsymbol{P}_a\boldsymbol{X}_T(r)\Rightarrow\boldsymbol{\psi}(1)\boldsymbol{P}_a\boldsymbol{W}(r) \tag{5-33}$$

其中，$\boldsymbol{\psi}(1)\boldsymbol{P}_1\boldsymbol{W}(r)$ 的分布为 $N\left(\boldsymbol{0},r\left[\boldsymbol{\psi}(1)\sum_a\boldsymbol{\psi}(1)'\right]\right)$。这就将泛函中心极限定理推广到了具有平稳线性新息过程 y_t 的多元时间序列。由于矩阵乘法的原因，在细心处理的情况下也可以类似得到其他极限性质的推广。我们将其结论概括为定理 5.3。

定理 5.3　令 $\boldsymbol{y}_t$ 是式(5-29)中的平稳线性过程，并且具有满足式(5-30)的 k 权重系数矩阵，以及具有零均值、正定协方差矩阵 $\boldsymbol{\Sigma}_a=\boldsymbol{P}_a\boldsymbol{P}_a'$ 和有限四阶矩的 iid 随机向量序列 $\{\boldsymbol{a}_t\}$。令 $\boldsymbol{S}_t=\boldsymbol{z}_t$ 为式(5-31)中定义的 $\boldsymbol{y}_t$ 的部分和，T 为样本大小。定义 $\boldsymbol{\Lambda}=\boldsymbol{\psi}(1)\boldsymbol{P}_a$，其中 $\boldsymbol{\psi}(1)=\sum_{v=0}^{\infty}\boldsymbol{\psi}_v$，则

(a) $T^{-1/2}\boldsymbol{z}_T\Rightarrow\boldsymbol{\Lambda}\boldsymbol{W}(1)$

(b) $T^{-1}\sum_{t=1}^{T}(\boldsymbol{z}_{t-s}\boldsymbol{y}_t'+\boldsymbol{y}_{t-s}\boldsymbol{z}_{t-1}')\Rightarrow\begin{cases}\boldsymbol{\Xi}-\boldsymbol{\Gamma}_0 & s=0\\ \boldsymbol{\Xi}+\sum_{v=-s+1}^{s-1}\boldsymbol{\Gamma}_v & s=1,2,\cdots\end{cases}$

其中 $\boldsymbol{\Xi}=\boldsymbol{\Lambda}\boldsymbol{W}(1)[\boldsymbol{W}(1)]'\boldsymbol{\Lambda}'$，$\boldsymbol{\Gamma}_j$ 为 $\boldsymbol{y}_t$ 的滞后 j 自协方差矩阵。

(c) $T^{-1}\sum_{t=1}^{T}\boldsymbol{z}_{t-1}\boldsymbol{y}'_t\Rightarrow\boldsymbol{\Lambda}\left[\int_0^1\boldsymbol{W}(r)[\mathrm{d}\boldsymbol{W}(r)]'\right]\boldsymbol{\Lambda}'+\sum_{v=1}^{\infty}\boldsymbol{\Gamma}'_v$

(d) $T^{-3/2}\sum_{t=1}^{T}\boldsymbol{z}_{t-1}\Rightarrow\boldsymbol{\Lambda}\int_0^1\boldsymbol{W}(r)\mathrm{d}r$

(e) $T^{-3/2}\sum_{t=1}^{T}t\boldsymbol{y}_{t-1}\Rightarrow\boldsymbol{\Lambda}\left[\boldsymbol{W}(1)-\int_0^1\boldsymbol{W}(r)\mathrm{d}r\right]$

(f) $T^{-2}\sum_{t=1}^{T}\boldsymbol{z}_{t-1}\boldsymbol{z}'_{t-1}\Rightarrow\boldsymbol{\Lambda}\left[\int_0^1\boldsymbol{W}(r)[\boldsymbol{W}(r)]'\mathrm{d}r\right]\boldsymbol{\Lambda}'$

(g) $T^{-5/2}\sum_{t=1}^{T}t\boldsymbol{z}_{t-1}\Rightarrow\boldsymbol{\Lambda}\int_0^1 r\boldsymbol{W}(r)\mathrm{d}r$

(h) $T^{-3}\sum_{t=1}^{T}t\boldsymbol{z}_{t-1}\boldsymbol{z}'_{t-1}\Rightarrow\boldsymbol{\Lambda}\left[\int_0^1 r\boldsymbol{W}(r)[\boldsymbol{W}(r)]'\mathrm{d}r\right]\boldsymbol{\Lambda}'$

5.2.1 等价模型表示法

为了分析 k 维时间序列 $\boldsymbol{z}_t$ 存在单位根的可能性，我们将 VARMA(p，q)模型记为

$$\boldsymbol{\Phi}(B)\boldsymbol{z}_t = \boldsymbol{c}(t) + \boldsymbol{\Theta}(B)\boldsymbol{a}_t \tag{5-34}$$

其中 $\boldsymbol{\Phi}(B)=\boldsymbol{I}_k-\boldsymbol{\Phi}_1B-\cdots-\boldsymbol{\Phi}_pB^p$，$\boldsymbol{c}(t)=\boldsymbol{c}_0+\boldsymbol{c}_1t$，$\boldsymbol{\Theta}(B)=\boldsymbol{I}_k-\boldsymbol{\Theta}_1B-\cdots-\boldsymbol{\Theta}_qB^q$，$\{\boldsymbol{a}_t\}$为
282 具有零均值、正定协方差矩阵 $\boldsymbol{\Sigma}_a$ 的 iid 随机向量序列。AR 和 MA 的阶 p 和 q 为非负整数，$\boldsymbol{c}_0$ 和 $\boldsymbol{c}_1$ 为 k 维常数向量。而且，假设式(5-34)中的 VARMA 模型是可识别的，可以参考本书第 3、4 章所讨论的条件。这里我们允许 1 为 VARMA 模型的 AR 矩阵多项式的行列式方程 $|\boldsymbol{\Phi}(B)|=0$ 的一个解。如果 $|\boldsymbol{\Phi}(1)|=0$，则 $\boldsymbol{z}_t$ 至少有一个单位根使得 $\boldsymbol{z}_t$ 是非平稳单位根。在实际应用中，VARMA 过程 $\boldsymbol{z}_t$ 通常不包含任何时间趋势，因此 $\boldsymbol{c}_1=\boldsymbol{0}$。在本章的后面，我们将采用一般形式以便于协整检验。

令 $\Delta\boldsymbol{z}_t=\boldsymbol{z}_t-\boldsymbol{z}_{t-1}=(1-B)\boldsymbol{z}_t$ 为 $\boldsymbol{z}_t$ 的一阶差分序列。这说明 $\Delta\boldsymbol{z}_t$ 构成了 $\boldsymbol{z}_t$ 的增量部分。为了更好地对 $\boldsymbol{z}_t$ 的单位根结构进行研究，我们重写 AR 矩阵多项式。可以用多种方式表示新模型，这里采用文献中经常使用的一种方法。首先，考虑当 $p=3$ 的特殊情况。此时，AR 矩阵多项式可以重写为

$$\begin{aligned}
\boldsymbol{\Phi}(B) &= \boldsymbol{I}_k - \boldsymbol{\Phi}_1(B) - \boldsymbol{\Phi}_2B^2 - \boldsymbol{\Phi}_3B^3 \\
&= \boldsymbol{I}_k - \boldsymbol{\Phi}_1B - \boldsymbol{\Phi}_2B^2 - \boldsymbol{\Phi}_3B^2 + \boldsymbol{\Phi}_3B^2 - \boldsymbol{\Phi}_3B^3 \\
&= \boldsymbol{I}_k - \boldsymbol{\Phi}_1B - (\boldsymbol{\Phi}_2 + \boldsymbol{\Phi}_3)B^2 + \boldsymbol{\Phi}_3B^2(1-B) \\
&= \boldsymbol{I}_k - \boldsymbol{\Phi}_1B - (\boldsymbol{\Phi}_2 + \boldsymbol{\Phi}_3)B + (\boldsymbol{\Phi}_2 + \boldsymbol{\Phi}_3)B - (\boldsymbol{\Phi}_2 + \boldsymbol{\Phi}_3)B^2 + \boldsymbol{\Phi}_3B^2(1-B) \\
&= \boldsymbol{I}_k - (\boldsymbol{\Phi}_1 + \boldsymbol{\Phi}_2 + \boldsymbol{\Phi}_3)B + (\boldsymbol{\Phi}_2 + \boldsymbol{\Phi}_3)B(1-B) + \boldsymbol{\Phi}_3B^2(1-B)
\end{aligned} \tag{5-35}$$

上式中的第二个等式成立，因为只是简单地给 $\boldsymbol{\Phi}(B)$减去和加上一个 $\boldsymbol{\Phi}_3B^2$。这样做是为了得到第三步右边的 $\boldsymbol{\Phi}_3B^2(1-B)$。在等式中减去和加上$(\boldsymbol{\Phi}_2+\boldsymbol{\Phi}_3)B$ 就得到第四个等式。定义

$$\begin{aligned}
\boldsymbol{\Pi}^* &= \boldsymbol{\Phi}_1 + \boldsymbol{\Phi}_2 + \boldsymbol{\Phi}_3 \\
\boldsymbol{\Phi}_2^* &= -\boldsymbol{\Phi}_3 \\
\boldsymbol{\Phi}_1^* &= -(\boldsymbol{\Phi}_2 + \boldsymbol{\Phi}_3)
\end{aligned}$$

式(5-35)可以变为

$$\boldsymbol{\Phi}(B) = \boldsymbol{I}_k - \boldsymbol{\Pi}^*B - [\boldsymbol{\Phi}_1^*B + \boldsymbol{\Phi}_2^*B^2](1-B) \tag{5-36}$$

利用式(5-36)，通用 VARMA(3，q)模型可以表示为

283

$$\boldsymbol{z}_t = \boldsymbol{\Pi}^*\boldsymbol{z}_{t-1} + \boldsymbol{\Phi}_1^*\Delta\boldsymbol{z}_{t-1} + \boldsymbol{\Phi}_2^*\Delta\boldsymbol{z}_{t-2} + \boldsymbol{c}(t) + \boldsymbol{\Theta}(B)\boldsymbol{a}_t \tag{5-37}$$

接下来，在式(5-37)的两端同时减去 $\boldsymbol{z}_{t-1}$，得到

$$\Delta\boldsymbol{z}_t = \boldsymbol{\Pi}\boldsymbol{z}_{t-1} + \boldsymbol{\Phi}_1^*\Delta\boldsymbol{z}_{t-1} + \boldsymbol{\Phi}_2^*\Delta\boldsymbol{z}_{t-2} + \boldsymbol{c}(t) + \boldsymbol{\Theta}(B)\boldsymbol{a}_t \tag{5-38}$$

其中 $\boldsymbol{\Pi}=\boldsymbol{\Pi}^*-\boldsymbol{I}_k=-\boldsymbol{\Phi}(1)$。

应用于式(5-35)～式(5-38)的推导方法同样适用于式(5-34)中的一般 VARMA(p，q)模型。一般地，对于 VARMA(p，q)模型，定义

$$\boldsymbol{\Pi} = -\boldsymbol{\Phi}_1 = \boldsymbol{\Phi}_1 + \cdots + \boldsymbol{\Phi}_p - \boldsymbol{I}_k$$

$$\boldsymbol{\Phi}_j^* = -(\boldsymbol{\Phi}_{j+1} + \cdots + \boldsymbol{\Phi}_p), \quad j = 1\cdots, p-1 \tag{5-39}$$

那么，有

$$\boldsymbol{\Phi}(B) = I_k - \boldsymbol{\Pi}^* B - (\boldsymbol{\Phi}_1^* B + \cdots + \boldsymbol{\Phi}_{p-1}^* B^{p-1})(1-B) \tag{5-40}$$

其中 $\boldsymbol{\Pi}^* = \boldsymbol{\Phi}_1 + \cdots + \boldsymbol{\Phi}_p = \boldsymbol{\Pi} + \boldsymbol{I}_k$。从式(5-40)中，使式两边 B^i 的系数矩阵相等，就得到式(5-39)中定义的等式。因此，VARMA 模型可以记为

$$\boldsymbol{z}_t = \boldsymbol{\Pi}^* \boldsymbol{z}_{t-1} + \sum_{j=1}^{p-1} \boldsymbol{\Phi}_j^* \Delta \boldsymbol{z}_{t-j} + \boldsymbol{c}(t) + \boldsymbol{\Theta}(B)\boldsymbol{a}_t \tag{5-41}$$

其中，$\boldsymbol{\Pi}^* = \boldsymbol{\Phi}_1 + \cdots + \boldsymbol{\Phi}_p = \boldsymbol{\Pi} + \boldsymbol{I}_k$，或者等价地得到

$$\Delta \boldsymbol{z}_t = \boldsymbol{\Pi} \boldsymbol{z}_{t-1} + \sum_{j=1}^{p-1} \boldsymbol{\Phi}_j^* \Delta \boldsymbol{z}_{t-j} + \boldsymbol{c}(t) + \boldsymbol{\Theta}(B)\boldsymbol{a}_t \tag{5-42}$$

令 $\boldsymbol{\Phi}^*(B) = \boldsymbol{I}_k - \boldsymbol{\Phi}_1^* B - \cdots - \boldsymbol{\Phi}_{p-1}^* B^{p-1}$。假设行列式方程 $|\boldsymbol{\Phi}^*(B)| = 0$ 的所有解都在单位圆外，即，如果 $|x| \leqslant 1$，则 $|\boldsymbol{\Phi}^*(B)| \neq 0$。

如果 $\boldsymbol{z}_t$ 包含一个单位根，则 $|\boldsymbol{\Phi}(1)| = \boldsymbol{0}$。根据式(5-39)中 $\boldsymbol{\Pi}$ 的定义，我们有 $|\boldsymbol{\Pi}| = 0$。另一方面，$|\boldsymbol{\Pi}| = 0$ 并不能说明 $|\boldsymbol{\Phi}(1)| = 0$。当然，$\boldsymbol{\Pi} = \boldsymbol{0}$ 意味着 $\boldsymbol{\Phi}_1 + \cdots + \boldsymbol{\Phi}_p = \boldsymbol{I}_k$ 和 $|\boldsymbol{\Phi}(1)| = 0$。

根据式(5-40)，可得

$$\begin{aligned}\boldsymbol{\Phi}(B) &= \boldsymbol{I}_k - \boldsymbol{I}_k B + \boldsymbol{I}_k B - \boldsymbol{\Pi}^* B - (\boldsymbol{\Phi}_1^* B + \cdots + \boldsymbol{\Phi}_{p-1}^* B^{p-1})(1-B) \\ &= \boldsymbol{I}_k(1-B) - (\boldsymbol{\Pi}^* - \boldsymbol{I}_k)B - (\boldsymbol{\Phi}_1^* B + \cdots + \boldsymbol{\Phi}_{p-1}^* B^{p-1})(1-B) \\ &= \boldsymbol{\Phi}^*(B)(1-B) - \boldsymbol{\Pi} B\end{aligned} \tag{5-43}$$

该表达式也可以推导出式(5-42)，在以后的证明中也会用到。 284

5.2.2　单位根 VAR 过程

为了进一步观察单位根的性质，得到参数估计的解析表达式，本节将主要讨论 VAR(p) 过程。而且，假设不存在时间趋势，以便 $\boldsymbol{c}(t) = \boldsymbol{c}_0$。换句话说，假设 $\boldsymbol{z}_t$ 满足 VAR(p)模型

$$\boldsymbol{z}_t = \boldsymbol{c}_0 + \boldsymbol{\Phi}_1 \boldsymbol{z}_{t-1} + \cdots + \boldsymbol{\Phi}_p \boldsymbol{z}_{t-p} + \boldsymbol{a}_t \tag{5-44}$$

在这个特殊情况下，式(5-41)和式(5-42)变为

$$\boldsymbol{z}_t = \boldsymbol{c}_0 + \boldsymbol{\Pi}^* \boldsymbol{z}_{t-1} + \sum_{j=1}^{p-1} \boldsymbol{\Phi}_j^* \Delta \boldsymbol{z}_{t-j} + \boldsymbol{a}_t \tag{5-45}$$

和

$$\Delta \boldsymbol{z}_t = \boldsymbol{c}_0 + \boldsymbol{\Pi} \boldsymbol{z}_{t-1} + \sum_{j=1}^{p-1} \boldsymbol{\Phi}_j^* \Delta \boldsymbol{z}_{t-j} + \boldsymbol{a}_t \tag{5-46}$$

其中 $\boldsymbol{\Pi}^*$，$\boldsymbol{\Phi}_j^*$ 和 $\boldsymbol{\Pi}$ 在式(5-39)中给出。

这里原假设是 H_0：$\boldsymbol{\Pi} = \boldsymbol{0}$，或等价地 $\boldsymbol{\Pi}^* = \boldsymbol{\Phi}_1 = \cdots + \boldsymbol{\Phi}_p = \boldsymbol{I}_k$。换句话说，我们对检验 $\boldsymbol{z}_t$ 的每一个分量 z_{it} 存在单位根的假设感兴趣。将根据式(5-45)执行最小二乘估计。

与第 2 章所讨论过的方法类似，式(5-45)中参数的 LSE 可以逐个分量(component-by-component)地估计。因此，考虑分量模型

$$z_{it} = c_{0i} + \boldsymbol{\Pi}_i^* \boldsymbol{z}_{t-1} + \boldsymbol{\Phi}_{1,i}^* \Delta \boldsymbol{z}_{t-1} + \cdots + \boldsymbol{\Phi}_{p-1,i}^* \Delta \boldsymbol{z}_{t-p+1} + a_{it} \tag{5-47}$$

其中 c_{0i} 为 $\boldsymbol{c}_0$ 的第 i 个元素，$\boldsymbol{\Pi}_i^*$ 为 $\boldsymbol{\Pi}^*$ 的第 i 行，$\boldsymbol{\Phi}_{j,i}^*$ 为 $\boldsymbol{\Phi}_j^*$ 的第 i 行。这里，可以将行向量应用于系数矩阵。注意，在原假设下，$\boldsymbol{\Pi}^* = \boldsymbol{I}_k$，以便 $\boldsymbol{\Pi}_i^*$ 为 R^k 中的第 i 个单位向量。根据第 2 章，式(5-47)可以表示为

$$z_{it} = \boldsymbol{x}_t' \boldsymbol{\beta}_i + a_{it}$$

其中，$\boldsymbol{x}_t' = (1, \boldsymbol{z}'_{t-1}, \Delta \boldsymbol{z}'_{t-1}, \cdots, \Delta \boldsymbol{z}'_{t-p+1})$，$\boldsymbol{\beta}_i' = (c_{0i}, \boldsymbol{\Pi}_i^*, \boldsymbol{\Phi}_{1,i}^*, \cdots, \boldsymbol{\Phi}_{p-1,i}^*)$。令 $\hat{\boldsymbol{\beta}}_i$ 是 $\boldsymbol{\beta}_i$ 的普通 LSE 估计。那么，可以得到

285

$$\hat{\boldsymbol{\beta}}_i - \boldsymbol{\beta}_i = \left[\sum_{t=1}^{T} \boldsymbol{x}_t \boldsymbol{x}'_t\right]^{-1} \left[\sum_{t=1}^{T} \boldsymbol{x}_t a_{it}\right] \tag{5-48}$$

1. 情形 I：z_t 不含有漂移项

为了得到 $\hat{\boldsymbol{\beta}}_i$ 的渐近性，我们利用定理 5.3。为此，我们进一步假设 $\boldsymbol{c}_0 = \boldsymbol{0}$，也就是说，在 VAR 过程 $\boldsymbol{z}_t$ 中，不存在漂移项。根据定理 5.3 的概念，有 $\boldsymbol{y}_t = \Delta \boldsymbol{z}_t$，它是一个平稳 VAR($p-1$)过程，其中 $\boldsymbol{\psi}(B) = [\boldsymbol{\Phi}^*(B)]^{-1}$。并且，矩阵 $\boldsymbol{\Lambda}$ 可以变为 $\boldsymbol{\Lambda} = [\boldsymbol{\Phi}^*(1)]^{-1} \boldsymbol{P}_a$，其中 $\boldsymbol{P}_a$ 满足 $\boldsymbol{P}_a \boldsymbol{P}_a' = \boldsymbol{\Sigma}_a = \mathrm{Cov}(\boldsymbol{a}_t)$。在单位根原假设下，$\sum_{t=1}^{T} \boldsymbol{x}_t \boldsymbol{x}'_t$ 中的元素为不同的随机阶数，因此必须对它们进行相应的标准化。定义

$$\boldsymbol{N}_T = \mathrm{diag}\{T^{1/2}, T\boldsymbol{I}_k, T^{1/2} \boldsymbol{I}_{k(p-1)}\}$$

我们有

$$\boldsymbol{N}_T [\hat{\boldsymbol{\beta}}_i - \boldsymbol{\beta}_i] = \left[\boldsymbol{N}_T^{-1} \sum_{t=1}^{T} \boldsymbol{x}_t \boldsymbol{x}'_t \boldsymbol{N}_T^{-1}\right]^{-1} \left[\boldsymbol{N}_T^{-1} \sum_{t=1}^{T} \boldsymbol{x}_t a_{it}\right]$$

令 $\boldsymbol{\Gamma}(p-1)$ 是 $k(p-1)$ 维过程 $(\boldsymbol{y}'_{t-1}, \cdots, \boldsymbol{y}'_{t-p+1})'$ 的协方差矩阵，因为 $\boldsymbol{y}_t = \Delta \boldsymbol{z}_t$ 是一个平稳 VAR($p-1$)过程，所以该协方差矩阵存在。根据定理 5.3 的(a)、(b)、(c)、(d)、(f)和平稳 VAR 过程的性质，可以得到如下结论。

推论 5.1　假设 VAR(p) 过程 $\boldsymbol{z}_t$ 满足式(5-45)中的模型，且 $\boldsymbol{\Pi}^* = \boldsymbol{I}_k$，$\boldsymbol{c}_0 = \boldsymbol{0}$。噪声序列 $\boldsymbol{a}_t$ 为一个具有零均值，正定协方差矩阵 $\boldsymbol{\Sigma}_a$ 和有限四阶矩的 iid 随机向量序列。那么

(a) $\boldsymbol{N}_T^{-1}\left[\sum_{t=1}^{T} \boldsymbol{x}_t \boldsymbol{x}'_t\right] \boldsymbol{N}_T^{-1} \Rightarrow \begin{bmatrix} Q & \boldsymbol{0} \\ \boldsymbol{0} & \boldsymbol{\Gamma}(p-1) \end{bmatrix}$

(b) $\boldsymbol{N}_T^{-1}\left[\sum_{t=1}^{T} \boldsymbol{x}_t a_{it}\right] \Rightarrow \begin{bmatrix} \boldsymbol{g}_1 \\ \boldsymbol{g}_2 \end{bmatrix}$

(c) $\boldsymbol{N}_T [\hat{\boldsymbol{\beta}}_i - \boldsymbol{\beta}_i] \Rightarrow \begin{bmatrix} Q^{-1} g_1 \\ \{\boldsymbol{\Gamma}(p-1)\}^{-1} \boldsymbol{g}_2 \end{bmatrix}$

其中，

$$Q=\begin{bmatrix} 1 & \left[\int_0^1 \boldsymbol{W}(r)\mathrm{d}r\right]'\boldsymbol{\Lambda}' \\ \boldsymbol{\Lambda}\int_0^1 \boldsymbol{W}(r)\mathrm{d}r & \boldsymbol{\Lambda}\left\{\int_0^1 \boldsymbol{W}(r)\left[\boldsymbol{W}(r)\right]'\mathrm{d}r\right\}\boldsymbol{\Lambda}' \end{bmatrix},$$

$$\boldsymbol{g}_1=\begin{bmatrix} \boldsymbol{\Pi}_i^{*}\boldsymbol{P}_a\boldsymbol{W}(1) \\ \boldsymbol{\Lambda}\left\{\int_0^1 \boldsymbol{W}(r)\left[\mathrm{d}\boldsymbol{W}(r)\right]'\right\}\boldsymbol{P}'_a\boldsymbol{\Pi}_i^{*} \end{bmatrix},$$

$$\boldsymbol{g}_2\sim N[\boldsymbol{0},\quad \sigma_{ii}\boldsymbol{\Gamma}(p-1)],\quad \sigma_{ii}=E(a_{it}^2)$$ 286

推论 5.1 在利用式(5-47)进行推断中有许多重要意义。$\hat{\boldsymbol{\Pi}}_i^{*}$ 的渐近分布是非高斯的，因此检验统计量，例如原假设 H_0：$\boldsymbol{\Pi}_i^{*}=\boldsymbol{e}_i$（$\boldsymbol{e}_i$ 为 R^k 的第 i 个单位向量）的 F 比率，具有非标准极限分布特性。这些检验统计量的临界值需要通过模拟来获取。其次，在原假设下，$\boldsymbol{z}_{t-1}$ 为单位根非平稳过程，$\Delta\boldsymbol{z}_t$ 为平稳过程。推论 5.1(a)的对角块结构表明 $\boldsymbol{z}_t$ 和 $\boldsymbol{z}_{t-j}$（$j=1$，…，$p-1$）是渐近不相关的。可以参阅 $\boldsymbol{x}_t$ 的定义。这是可以理解的，因为平稳时间序列不能依赖于单位根非平稳序列。推论 5.1(c)表明(5-47)$\boldsymbol{\Phi}_j^{*}$ 的普通 LSE 与下列模型具有相同的渐近分布。

$$\Delta\boldsymbol{z}_t=c_{0i}+\boldsymbol{\Phi}_{1,i}^{*}\Delta\boldsymbol{z}_{t-1}+\cdots+\boldsymbol{\Phi}_{p-1,i}^{*}\Delta\boldsymbol{z}_{t-p+1}+a_{it} \tag{5-49}$$

因此，任何仅包含 $\boldsymbol{\Phi}_j^{*}$ 的线性假设的检验统计量都有与式(5-49)一样的渐近卡方分布。换句话说，如果目的是想简单地对 $\boldsymbol{\Phi}_j^{*}$ 进行推理，就不需要考虑其是否为布朗运动。在这种情况下，式(5-47)或者式(5-49)都可以用于估计。当然从数值计算上考虑，我们倾向有限样本下的式(5-49)。

由推论 5.1 也可以看出，$\hat{\boldsymbol{\Pi}}_i^{*}$ 的收敛速度为 T，而其他估计的收敛速度为 $T^{1/2}$。因此，包含 $\hat{\boldsymbol{\Pi}}_i^{*}$ 和 $\boldsymbol{\Phi}_j^{*}$ 的单一线性假设的检验统计量将渐近地由 $\hat{\Phi}_{j,i}^{*}$ 的行为所支配。实际上，这样的检验统计量的极限分布与处理 $\boldsymbol{\Pi}_i^{*}=\boldsymbol{e}_i$ 时的情况类似。例如，考虑到式(5-44)中的 VAR(p)模型的普通 LSE。利用式(5-39)中的变换矩阵，有

$$\begin{aligned} \hat{\boldsymbol{\Phi}}_p&=-\hat{\boldsymbol{\Phi}}_{p-1}^{*} \\ \hat{\boldsymbol{\Phi}}_j&=\hat{\boldsymbol{\Phi}}_j^{*}-\hat{\boldsymbol{\Phi}}_{j-1}^{*},\quad j=p-1,\cdots,2 \\ \hat{\boldsymbol{\Phi}}_1&=\hat{\boldsymbol{\Pi}}^{*}+\hat{\boldsymbol{\Phi}}_1^{*} \end{aligned} \tag{5-50}$$

然后，我们可以得出当 $j=1$，…，p 时，$\hat{\boldsymbol{\Phi}}_j$ 的收敛速度为 $T^{1/2}$。因此，式(5-44)的普通 LSE 具有极限高斯分布，并且关于系数 $\boldsymbol{\Phi}_j$ 的通用检验统计量仍然适用。这也证明了统计包中的统计推理方法。在文献中，这一性质也被用到。例如，Tsay(1984)证明了信息准则(如 AIC 准则)，在单变量自回归模型(特征根在单位圆上)中仍然适用。最后，注意包含 $\boldsymbol{\Pi}^{*}$ 的任何推理都有非标准极限分布。

2. 情形 II 有些 z_t 的分量含有漂移项的情况

考虑包含非零常数项的一元随机游走模型

287
$$z_t = c + z_{t-1} + a_t$$
其中，$\{a_t\}$为具有零均值、方差 $\sigma_a^2>0$ 的 iid 随机变量序列。该模型也可以重写为

$$z_t = z_0 + ct + w_t \quad \left(\text{其中 } w_t = \sum_{i=1}^{t} a_i\right)$$

这里，z_0 为初始值，w_t 为随机游走过程。例如，可以参考 Tsay(2010，第 3 章)。利用 $T^{-(v+1)}\sum_{t=1}^{T} t^v \to 1/(v+1)$（对于非负整数 v）和纯随机游走序列 w_t 的性质，可以看出序列 z_t 的渐近性质取决于时间趋势 ct。这种特征在多元情况下仍然成立。但是，在考虑多元序列 $\boldsymbol{z}_t$ 时，为了便于理解 $\boldsymbol{z}_t$ 的渐近性质，需要把漂移项分解出来。在文献中，Chan(1989)，West(1988)，Sims、Stock 和 Waston(1990)曾经研究了具有非零漂移项的单位根 VAR 模型。

具有漂移项的单位根 VAR(p)模型可以表示为

$$\boldsymbol{z}_t = \boldsymbol{c}_0 + \boldsymbol{\Phi}_1 \boldsymbol{z}_{t-1} + \cdots + \boldsymbol{\Phi}_p \boldsymbol{z}_{t-p} + \boldsymbol{a}_t \tag{5-51}$$

其中 $\boldsymbol{c}_0 \neq \boldsymbol{0}$，$|\boldsymbol{\Phi}(1)|=0$，$\{\boldsymbol{a}_t\}$为具有零均值、正定协方差矩阵 $\boldsymbol{\Sigma}_a$ 和有限四阶矩的 iid 随机向量序列。另外，$\Delta\boldsymbol{z}_t=(1-B)\boldsymbol{z}_t$ 为平稳过程，因此不存在双单位根，或者单位圆上的其他特征根。这个 VAR(p)模型也可以重写成式(5-46)的形式，其中 $\boldsymbol{\Pi}=\sum_{i=1}^{p}\boldsymbol{\Phi}_i-\boldsymbol{I}_k$。在本节的原假设和模型假设下，$\boldsymbol{\Pi}=\boldsymbol{0}$，并且多项式方程 $|\boldsymbol{\Phi}^*(B)|=0$ 的所有解均在单位圆外。令$\boldsymbol{\mu}=(\mu_1,\cdots,\mu_k)'=E(\Delta z_t)$。根据第 2 章讨论的 VAR 模型的性质，我们有

$$\boldsymbol{\mu} = (\boldsymbol{I} - \boldsymbol{\Phi}_1^* - \cdots - \boldsymbol{\Phi}_{p-1}^*)^{-1}\boldsymbol{c}_0$$

因此，得到

$$\begin{aligned} \Delta\boldsymbol{z}_t &= \boldsymbol{\mu} + \boldsymbol{y}_t, \\ \boldsymbol{y}_t &= \boldsymbol{\psi}(B)\boldsymbol{a}_t, \quad \text{且 } \boldsymbol{\psi}(B) = [\boldsymbol{\Phi}^*(B)]^{-1} \end{aligned} \tag{5-52}$$

因此，$\boldsymbol{y}_t$ 为平稳 VAR($p-1$)过程，并满足以下模型

$$(\boldsymbol{I}_k - \boldsymbol{\Phi}_1^* B - \cdots - \boldsymbol{\Phi}_{p-1}^* B^{p-1})\boldsymbol{y}_t = \boldsymbol{a}_t$$

其中，$|\boldsymbol{\Phi}^*(B)|=0$ 的所有解均在单位圆外。

由式(5-52)可以看出，

288
$$\boldsymbol{z}_t = \boldsymbol{z}_0 + \boldsymbol{\mu}t + \boldsymbol{y}_1 + \boldsymbol{y}_2 + \cdots + \boldsymbol{y}_t \tag{5-53}$$

其中 $\boldsymbol{z}_0$ 为 $\boldsymbol{z}_t$ 的初始值。因为 $\boldsymbol{c}_0\neq 0$，$\boldsymbol{\mu}\neq\boldsymbol{0}$，不失一般性，假设 $\mu_k\neq 0$。为得到时间趋势的影响，我们考虑如下变换

$$\begin{aligned} z_{k,t}^* &= z_{k,t} \\ z_{i,t}^* &= z_{i,t} - (\mu_1/\mu_k)z_{k,t}, \quad i = 1,\cdots,k-1 \end{aligned}$$

根据式(5-53)，我们有，对于 $i=1$，…，$k-1$，

$$z_{i,t}^* = (z_{i,0} + \mu_i t + y_{i,1} + \cdots + y_{i,t}) - \frac{\mu_i}{\mu_k}(z_{k,0} + \mu_k t + y_{k,1} + \cdots + y_{k,t}) \equiv z_{i,0}^* + s_{i,t}^*$$

其中，$s_{i,t}^*=y_{i,1}^*+\cdots+y_{i,t}^*$，$y_{i,j}^*=y_{i,j}-(\mu_i/\mu_k)y_{k,j}$。$z_{i,t}^*$中不存在时间趋势。

定义$(k-1)$维过程 $\boldsymbol{z}_t^*=(z_{1,t}^*,\ \cdots,\ z_{k-1,t}^*)'$，$\boldsymbol{y}_t^*=(y_{1,t}^*,\ \cdots,\ y_{k-1,t}^*)'$。显然，

$$\boldsymbol{y}_t^* = \boldsymbol{\psi}^*(B)\boldsymbol{a}_t$$

其中 $\boldsymbol{\psi}^*(B)$为$(k-1)\times k$ 多项式矩阵，并且满足下式

$$\boldsymbol{\psi}^*(B) = \boldsymbol{D\psi}(B)$$

其中，$\boldsymbol{D}=[\boldsymbol{I}_{k-1},\ -\boldsymbol{\delta}]$，$\boldsymbol{\delta}=(\mu_1,\ \cdots,\ \mu_{k-1})'/\mu_k$。因为$\{v\boldsymbol{\psi}_v\}_{v=0}^{\infty}$是绝对可和的，所以$\{v\boldsymbol{\psi}_v^*\}_{v=0}^{\infty}$也是绝对可和的。根据新定义的变量，式(5-45)可以表示为

$$\boldsymbol{z}_t = \boldsymbol{c} + \boldsymbol{\omega} z_{t-1}^* + \boldsymbol{\gamma} z_{k,t-1} + \boldsymbol{\Phi}_1^* \boldsymbol{y}_{t-1} + \cdots + \boldsymbol{\Phi}_{p-1}^* \boldsymbol{y}_{t-p+1} + \boldsymbol{a}_t \tag{5-54}$$

其中 $\boldsymbol{\omega}$ 为 $k\times(k-1)$维系数矩阵，$\boldsymbol{\gamma}$ 为 k 维系数向量。上式将 z_t 分解为常数项 $\boldsymbol{c}$、$(k-1)$维无漂移集成回归变量 $\boldsymbol{z}_{t-1}^*$、零均值平稳回归变量 $\boldsymbol{y}_{t-j}$ 和时间趋势 $y_{n,t-1}$。显然地，式(5-44)和式(5-55)中系数矩阵的普通 LSE 可以从式(5-54)得到。

式(5-54)中的第 i 个方程为

$$z_{i,t} = c_i + \boldsymbol{\omega}_i \boldsymbol{z}_{t-1}^* + \gamma_i z_{k,t-1} + \boldsymbol{\Phi}_{1,i}^* \boldsymbol{y}_{t-1} + \cdots + \boldsymbol{\Phi}_{i,p-1}^* \boldsymbol{y}_{t-p+1} + a_{i,t} \tag{5-55}$$

其中，跟前面一样，$\boldsymbol{A}_i$ 表示矩阵 $\boldsymbol{A}$ 的第 i 个行向量。定义 $\boldsymbol{x}'_t=(1-{z_{t-1}^*}',\ z_{k,t-1},\ \boldsymbol{y}'_{t-1},\ \cdots,\ \boldsymbol{y}'_{t-p+1})$，$\boldsymbol{\beta}'=(c_i,\ \boldsymbol{\omega}_i,\ \gamma_i,\ \boldsymbol{\Phi}_{1,i}^*,\ \cdots,\ \boldsymbol{\Phi}_{p-1,i}^*)$，$(kp+1)\times(kp+1)$标准化矩阵 289

$$\boldsymbol{N}_T = \operatorname{diag}\{T^{1/2},T\boldsymbol{I}_{k-1},T^{3/2},T^{1/2}\boldsymbol{I}_{k(p-1)}\}$$

和$\boldsymbol{\Lambda}^*=\boldsymbol{\psi}^*(1)\boldsymbol{P}_a$，其中 $\sum_a=\boldsymbol{P}_a\boldsymbol{P}'_a$。利用定理 5.3 和性质 $T^{-(v+1)}\sum_{t=1}^{T}t=1/(v+1)$（其中 v 为非负整数)，得到以下结论。

推论 5.2　对于式(5-44)中具有非零漂移项 $\boldsymbol{c}_0$ 的单位根 VAR(p)过程，假设$c_k\neq0$，并且定理 5.3 中的条件成立。那么

(a) $\boldsymbol{N}_T^{-1}\left(\sum_{t=1}^{T}\boldsymbol{x}_t\boldsymbol{x}'_t\right)\boldsymbol{N}_T^{-1}\Rightarrow\operatorname{diag}\{\boldsymbol{Q},\boldsymbol{\Gamma}(p-1)\}$，其中 $\boldsymbol{\Gamma}(p-1)$ 为$(\boldsymbol{y}'_t,\cdots,\boldsymbol{y}'_{t-p+2})$的协方差矩阵，并且

$$\boldsymbol{Q}=\begin{bmatrix} 1 & \left[\int_0^1\boldsymbol{W}(r)\mathrm{d}r\right]'\boldsymbol{\Lambda}^{*\prime} & u_k/2 \\ \boldsymbol{\Lambda}^*\int_0^1\boldsymbol{W}(r)\mathrm{d}r & \boldsymbol{\Lambda}^*\left\{\int_0^1\boldsymbol{W}(r)\,[\boldsymbol{W}(r)]'\mathrm{d}t\right\}\boldsymbol{\Lambda}^{*\prime} & u_k\boldsymbol{\Lambda}^*\int r\boldsymbol{W}(r)\mathrm{d}t \\ u_k/2 & u_k\left[\int_0^1 r\boldsymbol{W}(r)\mathrm{d}r\right]'\boldsymbol{\Lambda}^{*\prime} & u_k^2/3 \end{bmatrix}$$

(b) $\boldsymbol{N}_T^{-1}\sum_{t=1}^{T}\boldsymbol{x}_t a_{it}\Rightarrow(g_1,\boldsymbol{g}'_2,g_3,\boldsymbol{g}'_4)'$，其中 $\boldsymbol{g}_4\sim N[\boldsymbol{0},\ \sigma_{ii}\boldsymbol{\Gamma}(p-1)]$，并且 g_1 和 g_3 服从高斯分布。然而 $\boldsymbol{g}_2$ 是多元标准布朗运动的函数。

(c) $\boldsymbol{N}_T(\hat{\boldsymbol{\beta}}-\boldsymbol{\beta})\Rightarrow\begin{bmatrix}\boldsymbol{Q}^{-1}\boldsymbol{g}\\ \boldsymbol{K}^{-1}\boldsymbol{g}_4\end{bmatrix}$，其中 $\boldsymbol{K}=\boldsymbol{\Gamma}(p-1)$且 $\boldsymbol{g}=(g_1,\ \boldsymbol{g}'_2,\ g_3)'$。

推论 5.2 的含义与推论 5.1 的类似。这两个推论的主要不同在于式(5-54)中的 LSE 的 γ 的渐近正态性。

5.3 伪回归

如果线性回归的因变量和自变量均为单位根非平稳时，就必须注意了。考虑线性回归：

$$z_t = \boldsymbol{x}_t' \boldsymbol{\beta} + e_t$$

其中，z_t 和 $\boldsymbol{x}_t$ 的某些元素为单位根非平稳。如果不存在 β 的真值使得残差 $e_t = z_t - \boldsymbol{x}_t' \boldsymbol{\beta}$ 是平稳序列，则 $\boldsymbol{\beta}$ 的普通 LSE 可能产生虚假的结果。这种现象被 Granger 和 Newbold(1974)在模拟研究中首次提出，Phillils(1986)也研究过。

290 为了理解伪回归，我们引用两个独立随机游走过程，

$$\begin{bmatrix} z_{1t} \\ z_{2t} \end{bmatrix} = \begin{bmatrix} 1 & 0 \\ 0 & 1 \end{bmatrix} \begin{bmatrix} z_{1,t-1} \\ z_{2,t-1} \end{bmatrix} + \begin{bmatrix} a_{1t} \\ a_{2t} \end{bmatrix} \tag{5-56}$$

其中，$\{\boldsymbol{a}_t\}$为具有零均值、正定协方差矩阵 $\boldsymbol{\Sigma}_a = \operatorname{diag}\{\sigma_1^2, \sigma_2^2\}$ 的 iid 二维随机向量序列。考虑线性回归

$$z_{1t} = \alpha + \beta z_{2t} + e_t \tag{5-57}$$

其中真参数值为 $\alpha = \beta = 0$。然而，根据定理 5.1 和定理 5.3 中讨论的单位根性质，式(5-57)中的 LSE 满足

$$\begin{bmatrix} T^{-1/2}\hat{a} \\ \hat{\beta} \end{bmatrix} \Rightarrow \begin{bmatrix} \sigma_a g_1 \\ \dfrac{\sigma_1}{\sigma_2} g_2 \end{bmatrix} \tag{5-58}$$

其中

$$\begin{bmatrix} g_1 \\ g_2 \end{bmatrix} = \begin{bmatrix} 1 & \int_0^1 W_2(r)\mathrm{d}r \\ \int_0^1 W_2(r)\mathrm{d}r & \int_0^1 W_2^2(2)\mathrm{d}r \end{bmatrix}^{-1} \begin{bmatrix} \int_0^1 W_1(r)\mathrm{d}r \\ \int_0^1 W_1(r)W_2(2)\mathrm{d}r \end{bmatrix}$$

其中，$W_1(r)$和 $W_2(r)$为两个独立的标量标准布朗运动。

由式(5-58)可以看出，LSE 是不一致的。实际上，$\hat{\beta}$ 是一个随机变量，$\hat{a}$ 为发散的。后一个变量需要除以 $T^{1/2}$ 变为一个具有严格给定分布的随机变量。因此，对于检验原假设 H_0：$\beta=0$的通常的 t 比率可能被拒绝，即使 β 的真值为 0。伪回归的另外一个特征就是残差序列 $\hat{e}_t = z_{1t} - \hat{a} - \hat{\beta} z_{2t}$的行为类似于集成过程(integrated process)，因为 $\Delta\hat{e}_t$ 是 $\Delta\boldsymbol{z}_t$ 的函数。因此，传统的残差平方 $s^2 = \sum_{t=1}^{T} \hat{e}_t^2/(T-2)$ 也是发散的。

为了避免伪回归，当线性回归的因变量和自变量都可能是单位根非平稳时，应该总是检验残差的平稳性。对于式(5-57)中的简单线性回归，可以用具有时间序列误差的线性回归模型推断 β。例如，可以参阅 Tsay(2010，第 2 章)。此外，也可以应用本书所介绍的多

元模型方法对时间序列联合建模。同时对所有分量进行差分将引起过度差分，但可以使用后面讨论的协整方法。

5.4　多元变量指数平滑过程

若一个向量模型的所有分量都含有单个单位根，则它称为多元指数平滑模型。类似于单元的情况，多元指数平滑模型是一种特殊的 VARMA(1，1)模型，且具有下列形式 291

$$\boldsymbol{z}_t = \boldsymbol{z}_{t-1} + \boldsymbol{a}_t - \boldsymbol{\theta}\boldsymbol{a}_{t-1} \tag{5-59}$$

上式中，$k\times k$ 矩阵 $\boldsymbol{\theta}$ 的所有特征值的绝对值均小于 1。在大多数情况下，$\boldsymbol{\theta}$ 的特征值为正数。利用$(\boldsymbol{I}_k-\boldsymbol{\theta}B)^{-1}=\boldsymbol{I}_k+\boldsymbol{\theta}B+\boldsymbol{\theta}^2B^2+\cdots$，可以将式(5-59)重写为

$$(\boldsymbol{I}_k + \boldsymbol{\theta}B + \boldsymbol{\theta}^2 B^2 + \cdots)(\boldsymbol{I}_k - \boldsymbol{I}_k B)\boldsymbol{z}_t = \boldsymbol{a}_t$$

因此，有

$$\boldsymbol{z}_t = (\boldsymbol{I}_k - \boldsymbol{\theta})\boldsymbol{z}_{t-1} + (\boldsymbol{I}_k - \boldsymbol{\theta})\boldsymbol{\theta}\boldsymbol{z}_{t-2} + (\boldsymbol{I}_k - \boldsymbol{\theta})\boldsymbol{\theta}^2\boldsymbol{z}_{t-3} + \cdots + \boldsymbol{a}_t$$

假设预测原点是 T。根据上式，可以得到 $\boldsymbol{z}_{T+1}$ 的 1 步超前预测为

$$\begin{aligned}\boldsymbol{z}_T(1) &= (\boldsymbol{I}_k - \boldsymbol{\theta})\boldsymbol{z}_T + (\boldsymbol{I}_k - \boldsymbol{\theta})\boldsymbol{\theta}\boldsymbol{z}_{T-1} + (\boldsymbol{I}_k - \boldsymbol{\theta})\boldsymbol{\theta}^2\boldsymbol{z}_{T-2} + \cdots \\ &= (\boldsymbol{I}_k - \boldsymbol{\theta})[\boldsymbol{z}_T + \boldsymbol{\theta}\boldsymbol{z}_{T-1} + \boldsymbol{\theta}^2\boldsymbol{z}_{T-2} + \cdots]\end{aligned} \tag{5-60}$$

点预测只是过去观测值的加权平均且权重呈指数递减。主导因子$(\boldsymbol{I}_k-\boldsymbol{\theta})$存在以便确保权重之和为 $\boldsymbol{I}_k$。与一元指数平滑相比，可以看出多元模型的权重以矩阵的形式呈指数衰减，因为这样的权重以特征值呈指数衰减(因此，行列式)，而不是针对每个元素。

为了说明这个结论，假设 $k=2$，并且

$$\boldsymbol{\theta} = \begin{bmatrix} 0.3 & 0.3 \\ -0.5 & 1.1 \end{bmatrix}$$

在这种特殊情况下，我们有$|\boldsymbol{\theta}|=0.48$，$|\boldsymbol{\theta}^2|=(0.48)^2=0.2304$ 等，但是

$$\boldsymbol{\theta}^2 = \begin{bmatrix} -0.06 & 0.42 \\ -0.70 & 1.06 \end{bmatrix},\quad \boldsymbol{\theta}^3 = \begin{bmatrix} -0.228 & 0.444 \\ -0.740 & 0.956 \end{bmatrix}$$

显然，随着 ℓ 的增长，第$(i，j)$个元素 $\theta_{i,j}^{\ell}$ 并不呈现指数衰减。

例 5.1　图 5-2 给出了从 2004 年 1 月 5 日到 2012 年 8 月 23 日标准普尔 500 指数(S&P500 index)和芝加哥交易所波动率指数(CBOE VIX index)的日收盘价的共计 2177 个观测值的时序图。从图中可以清晰地看出，两个序列之间呈现出同期负相关关系。对这两个重要金融指数的预测在金融应用领域中是很重要的。给定这些序列的随机游走特征，多元指数平滑可以对数据建模提供一个相当好的近似。因此，我们将二元指数平滑模型应用到该序列中。这等价于用 VMA(1)模型去拟合一阶差分数据。单样本的 t 检验不能拒绝两个差分序列的均值 0 的原假设，这表明这两个指数序列均不存在漂移项。拟合 VMA(1)模型为

$$\boldsymbol{\Delta z}_t = \boldsymbol{a}_t - \begin{bmatrix} 0.066 & -0.717 \\ 0.000 & 0.195 \end{bmatrix}\boldsymbol{a}_{t-1} \tag{5-61}$$

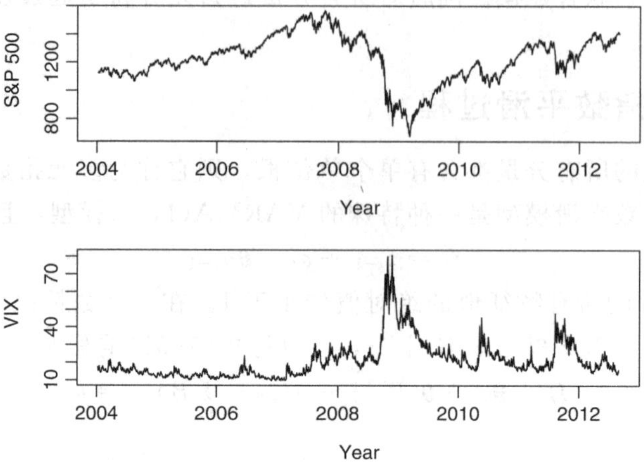

图 5-2　从 2004 年 1 月 5 日到 2012 年 8 月 23 日标准普尔 500 指数和芝加哥交易所波动率指数的日收盘价的时序图

其中，θ_{21}的值固定为 0，因为在传统的 5%水平上它是统计不显著的，并且残差协方差矩阵为

$$\hat{\boldsymbol{\Sigma}}_a=\begin{bmatrix}217.10 & -23.44\\ -23.44 & 3.67\end{bmatrix}$$

模型检验显示，式(5-61)中模型的残差序列中仍然存在小序列相关和交叉相关。图 5-3 给出了多元指数平滑模型的残差序列相关和交叉相关性。从图中可以看到一些小的的显著相关性。因此，二元指数平滑模型只是用于预测的一个近似。在交叉相关性图中也可以清楚地看出同期负相关性。

根据拟合的式(5-61)中求和集成移动平均(IMA)模型，可以得出用于预测的前三个权重矩阵分别为

$$\begin{bmatrix}0.934 & 0.717\\ 0.000 & 0.805\end{bmatrix},\begin{bmatrix}0.062 & -0.530\\ 0.000 & 0.157\end{bmatrix},\begin{bmatrix}0.004 & -0.148\\ 0.000 & 0.031\end{bmatrix}$$

可以参考式(5-60)。在因子 $\hat{\boldsymbol{\theta}}$ 作用下，这些权重值很快衰减。根据权重值，标准普尔 500 指数的预测取决于两个指数的滞后值，而芝加哥交易所波动率指数的预测则只与它自己的过去值有关。$\hat{\boldsymbol{\theta}}$ 的特征值为 0.195 和 0.066，因此权重值迅速衰减。□

最后，因为 $\boldsymbol{a}_t$ 和 $\boldsymbol{a}_{t-1}$ 的任何线性组合都服从一元 MA(1)模型，所以式(5-59)中的多元指数平滑模型 z_{it} 的边际模型是一元指数平滑模型。类似于例 5.1 说明的一元情况，将多元指数平滑模型嵌入 VARMA 框架有一些优点。首先，可以用 VMA(1)模型拟合一阶差分序列来获得多元指数平滑模型。用这种方法，预测的权重的衰减速度仅取决于数据，而不是先验值。其次，模型检验使我们能够对使用的多元指数平滑模型的有效性做出检验。

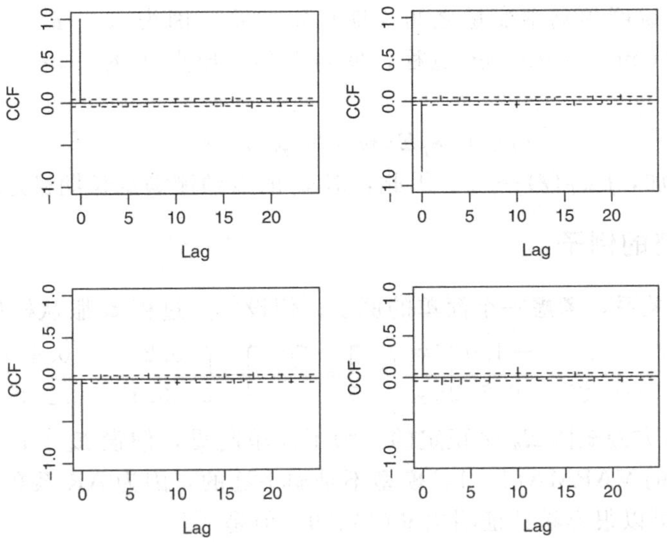

图 5-3　式(5-61)中从 2004 年 1 月 5 日到 2012 年 8 月 23 日日标准普尔 500 指数和芝加哥交易所波动率指数的二元指数模型的残差序列和交叉相关性

5.5　协整关系

单位根在时间序列分析中有很重要的作用。到目前为止，我们所讨论的 k 维过程 $\boldsymbol{z}_t$ 均为平稳序列或者包含 k 个单位根。还有 z_{it} 是单位根非平稳，但是 $\boldsymbol{z}_t$ 不包含 k 个单位根的情况。本节将讨论这些情况。 292~294

在经济学文献中，时间序列 z_t 通常是一个一阶集成过程(integrated process)，也就是说，如果$(1-B)z_t$ 是平稳可逆的，则它是一个 $I(1)$过程。一般来说，如果$(1-B)^d z_t$ 是平稳可逆的，则一元时间序列 z_t 是 $I(d)$过程，其中 $d>0$。阶 d 为集成的阶或者单位根的重数。平稳可逆时间序列均被认为是 $I(0)$过程。

考虑一个多元过程 $\boldsymbol{z}_t$，如果 z_{it} 为 $I(1)$过程，但是非平凡(nontrivial)线性组合 $\boldsymbol{\beta}'\boldsymbol{z}_t$ 为 $I(0)$序列，则 $\boldsymbol{z}_t$ 被认为是具有一阶协整关系。一般来说，如果 z_{it} 为 $I(\mathrm{d})$非平稳过程，并且对于 $h<\mathrm{d}$，$\boldsymbol{\beta}'\boldsymbol{z}_t$ 为 $I(h)$过程，则 $\boldsymbol{z}_t$ 是协整的。在实际应用中，$d=1$ 和 $h=0$ 的情况比较常见。因此，协整关系经常意味着单个单位根非平稳时间序列的线性组合可以变为平稳可逆的序列。线性组合向量 $\boldsymbol{\beta}$ 称为协整向量。

假设 $\boldsymbol{z}_t$ 是单位根非平稳过程，使得对于 z_{it} 边际模型有一个单位根。如果 $\boldsymbol{\beta}$ 是一个满秩 m 的 $k\times m$ 矩阵，其中 $m<k$，使得 $\boldsymbol{w}_t=\boldsymbol{\beta}'\boldsymbol{z}_t$ 为 $I(0)$，则 $\boldsymbol{z}_t$ 为具有 m 个协整向量(即 $\boldsymbol{\beta}$ 的列)的协整序列。这表明 $\boldsymbol{z}_t$ 中有 $k-m$ 个单位根。对于给定的满秩 $k\times m$ 矩阵 $\boldsymbol{\beta}$，其中 $m<k$，令 $\boldsymbol{\beta}_\perp$ 为 $k\times(k-m)$满秩矩阵，使得 $\boldsymbol{\beta}'\boldsymbol{\beta}_\perp=\boldsymbol{0}$。那么 $\boldsymbol{n}_t=\boldsymbol{\beta}'_\perp\boldsymbol{z}_t$ 为单位根非平稳过程。分量$n_{it}[i=1,\cdots,(k-m)]$称为 $\boldsymbol{z}_t$ 的共同趋势(common trend)。我们将后面讨论寻找协整向量和共同趋势的方法。

协整关系可以说明预测中变量之间长期稳定关系。因为 $\boldsymbol{w}_t=\boldsymbol{\beta}'\boldsymbol{z}_t$ 为平稳过程，所以它是一个均值回归(mean-reverting)过程，使得在预测原点 T 的 $\boldsymbol{w}_T+\ell$ 的 l 步超前预测满足：

$$\hat{\boldsymbol{w}}_T(\ell)\to_p E(\boldsymbol{w}_t)\equiv\boldsymbol{\mu}_w,\quad \ell\to\infty$$

这表明随着 ℓ 的增加，$\boldsymbol{\beta}'\hat{\boldsymbol{z}}_T(\ell)\to\mu_w$。因此，对 $\boldsymbol{z}_T$ 的点预测满足长期稳定约束。

5.5.1　一个协整的例子

为了理解协整关系，考虑一个简单的例子。假设二元过程 $\boldsymbol{z}_t$ 服从模型

$$\begin{bmatrix}z_{1t}\\z_{2t}\end{bmatrix}-\begin{bmatrix}0.5&-1.0\\-0.25&0.5\end{bmatrix}\begin{bmatrix}z_{1,t-1}\\z_{2,t-1}\end{bmatrix}=\begin{bmatrix}a_{1t}\\a_{2t}\end{bmatrix}-\begin{bmatrix}0.2&-0.4\\-0.1&0.2\end{bmatrix}\begin{bmatrix}a_{1,t-1}\\a_{2,t-1}\end{bmatrix}$$

其中，冲击 $\boldsymbol{a}_t$ 的协方差矩阵 $\boldsymbol{\Sigma}_a$ 是正定的。为了简单起见，假设 $\boldsymbol{\Sigma}_a=\boldsymbol{I}$。前面讨论的 Tsay (2010，第 8 章)中的 VARMA(1，1,)模型不是弱平稳的，因为 AR 系数矩阵的特征值分别
295 为 0 和 1。我们也可以很容易地证明出 $\boldsymbol{\Phi}(1)\neq\boldsymbol{0}$，但是

$$|\boldsymbol{\Phi}(1)|=\left|\boldsymbol{I}_2-\begin{bmatrix}0.5&-1.0\\-0.25&0.5\end{bmatrix}\right|=\begin{vmatrix}0.5&1.0\\0.25&0.5\end{vmatrix}=0$$

模型可以重写为：

$$\begin{bmatrix}1-0.25B&B\\0.25B&1-0.5B\end{bmatrix}\begin{bmatrix}z_{1t}\\z_{2t}\end{bmatrix}=\begin{bmatrix}1-0.2B&0.4B\\0.1B&1-0.2B\end{bmatrix}\begin{bmatrix}a_{1t}\\a_{2t}\end{bmatrix}\tag{5-62}$$

在上式两端同时左乘下列伴随矩阵：

$$\begin{bmatrix}1-0.5B&-B\\-0.25B&1-0.5B\end{bmatrix}$$

得到

$$\begin{bmatrix}1-B&0\\0&1-B\end{bmatrix}\begin{bmatrix}z_{1t}\\z_{2t}\end{bmatrix}=\begin{bmatrix}1-0.7B&-0.6B\\-0.15B&1-0.7B\end{bmatrix}\begin{bmatrix}a_{1t}\\a_{2t}\end{bmatrix}\tag{5-63}$$

因此，该模型的每一个分量 z_{it} 均为单位根非平稳并且满足 ARIMA(0，1，1)模型。

但是，我们通过如下定义考虑线性变换

$$\begin{bmatrix}y_{1t}\\y_{2t}\end{bmatrix}=\begin{bmatrix}1.0&-2.0\\0.5&1.0\end{bmatrix}\begin{bmatrix}z_{1t}\\z_{2t}\end{bmatrix}\equiv\boldsymbol{L}\boldsymbol{z}_t,$$

$$\begin{bmatrix}b_{1t}\\b_{2t}\end{bmatrix}=\begin{bmatrix}1.0&-2.0\\0.5&1.0\end{bmatrix}\begin{bmatrix}a_{1t}\\a_{2t}\end{bmatrix}\equiv\boldsymbol{L}\boldsymbol{a}_t$$

变换序列 y_t 的 VARMA 模型可以如下获得：

$$\begin{aligned}\boldsymbol{L}\boldsymbol{z}_t&=\boldsymbol{L}\boldsymbol{\Phi}z_{t-1}+\boldsymbol{L}\boldsymbol{a}_t-\boldsymbol{L}\boldsymbol{\Theta}\boldsymbol{a}_{t-1}\\&=\boldsymbol{L}\boldsymbol{\Phi}\boldsymbol{L}^{-1}\boldsymbol{L}\boldsymbol{z}_{t-1}+\boldsymbol{L}\boldsymbol{a}_t-\boldsymbol{L}\boldsymbol{\Theta}\boldsymbol{L}^{-1}\boldsymbol{L}\boldsymbol{a}_{t-1}\\&=\boldsymbol{L}\boldsymbol{\Phi}\boldsymbol{L}^{-1}(\boldsymbol{L}\boldsymbol{z}_{t-1})+\boldsymbol{b}_t-\boldsymbol{L}\boldsymbol{\Theta}\boldsymbol{L}^{-1}\boldsymbol{b}_{t-1}\end{aligned}$$

因此，$\boldsymbol{y}_t$ 的模型为：

$$\begin{bmatrix} y_{1t} \\ y_{2t} \end{bmatrix} - \begin{bmatrix} 1.0 & 0 \\ 0 & 0 \end{bmatrix} \begin{bmatrix} y_{1,t-1} \\ y_{2,t-1} \end{bmatrix} = \begin{bmatrix} b_{1t} \\ b_{2t} \end{bmatrix} - \begin{bmatrix} 0.4 & 0 \\ 0 & 0 \end{bmatrix} \begin{bmatrix} b_{1,t-1} \\ b_{2,t-1} \end{bmatrix} \tag{5-64}$$

根据前面的模型，我们可以看出，(a)除了 b_{1t} 和 b_{2t} 之间的即期相关性外，y_{1t} 和 y_{2t} 并不是动态相关的；(b)y_{1t} 服从一元 ARIMA(0，1，1)模型；(c)y_{2t} 是一个平稳序列。实际上，y_{2t} 是白噪声序列。因此，尽管所有的 z_{it} 均为单位根非平稳，但 $\boldsymbol{z}_t$ 只含有一个单位根。 296
换句话说，z_{it} 的单位根都来自相同的源 y_{1t}，它称为 z_{it} 的共同趋势(common trend)。线性组合 $y_{2t}=(0.5，1)\boldsymbol{z}_t$ 是平稳的，所以 $(0.5，1)'$ 是向量 $\boldsymbol{z}_t$ 的协整向量。如果加上协整关系，则预测 $\boldsymbol{z}_T(\ell)$ 需要满足约束条件 $(0.5，1)\boldsymbol{z}_T(\ell)=0$。

5.5.2　协整性的一些说明

多个单位根非平稳时间序列的线性组合可以变为平稳时间序列的事实在文献中已证明。Box 和 Tiao(1977)利用典型相关分析证明了五维时间序列的协整特性。然而，术语协整关系，第一次在 Granger(1983)中使用。由于种种原因协整关系的概念在经济学文献中备受关注。例如，研究等价购买力的文献中就曾经借用了协整分析的概念。一般说来，购买力平价(Purchasing Power Parity，PPP)理论说明了，除了交通运输费用，理论上商品应该在两个国家以相同的价格出售。当然还有其他的例子，比如，假设 z_{1t} 是一个单位根时间序列，z_{2t} 为对 z_{1t} 的一个合理预测，则 z_{2t} 与 z_{1t} 应该是存在协整关系的。又例如，金融领域里 Campbell 和 Shiller(1988)关于股票分红价格比(dividend-price ratio)的研究。

5.6　误差修正模型

式(5-63)中的模型有以下形式：

$$\Delta \boldsymbol{z}_t = (\boldsymbol{I}_2 - \boldsymbol{\theta}_1 B)\boldsymbol{a}_t, \quad \boldsymbol{\theta}_1 = \begin{bmatrix} 0.7 & 0.6 \\ 0.15 & 0.7 \end{bmatrix} \tag{5-65}$$

与预期结果一样，$\Delta \boldsymbol{z}_t$ 是平稳序列，因为它服从 VMA(1)模型。但是，$\boldsymbol{\theta}_1$ 的特征值为 1 和 0.4，表明了 VMA(1)模型是不可逆的。实际上，可以很容易看出 $\boldsymbol{\theta}(1)\neq 0$，但是 $|\boldsymbol{\theta}(1)|=0$。之所以会出现不可逆性，是因为我们对其进行过度差分造成的。对于这个特殊的例子，$\boldsymbol{z}_t$ 只有一个单位根，但是 $(1-B)\boldsymbol{z}_t$ 出现了两个单位根。$\boldsymbol{\theta}_1$ 的单位根是由过度差分引起的。这个简单例子说明过度差分会引起不可逆模型。

模型的不可逆性在实际应用中也有一些意义。首先，一个不可逆的 VARMA 模型不能用有限阶 VAR 模型来拟合。为证明这一点，我们再次考虑式(5-65)中的过度差分模型。$\Delta \boldsymbol{z}_t$ 的 AR 表达式为

$$(\boldsymbol{I}_2 + \boldsymbol{\theta}_1 B + \boldsymbol{\theta}_1^2 B^2 + \cdots)\Delta \boldsymbol{z}_t = \boldsymbol{a}_t$$

所以 $\Delta \boldsymbol{z}_{t-j}$ 的系数矩阵为 $\boldsymbol{\theta}_1^j$。因为 $\boldsymbol{\theta}_1$ 的一个特征根为 1，所以对于任意的 $j\geqslant 1$，1 也是 $\boldsymbol{\theta}_1^j$ 的一个特征根。因此，随着 j 的增加，$\boldsymbol{\theta}_1^j$ 并不收敛于 $\boldsymbol{0}$。这样，我们不能截断(truncate)AR 297

表达式，其次，与第 3 章讨论的一样，因为像 a_0 这样的初始值对似然方程的影响随着时间指数 t 的增加并不是衰减的，所以建议使用精确极大似然函数来估计不可逆 VARMA 模型。

为避免不可逆性，Engle 和 Granger(1987)提出了一个多元时间序列的误差修正模型，使其保持模型的 MA 结构。为了说明这一点，我们考虑式(5-62)。将模型的 AR(1)部分移到该式的右边，从模型中减去 $\boldsymbol{z}_{t-1}$，可以得到

$$\begin{aligned}\Delta \boldsymbol{z}_t &= \left(\begin{bmatrix} 0.5 & -1 \\ -0.25 & 0.5 \end{bmatrix} - \begin{bmatrix} 1 & 0 \\ 0 & 1 \end{bmatrix}\right)\boldsymbol{z}_{t-1} - \boldsymbol{a}_t - \boldsymbol{\theta}_1 \boldsymbol{a}_{t-1} \\ &= \begin{bmatrix} 0.5 & -1 \\ -0.25 & 0.5 \end{bmatrix}\boldsymbol{z}_{t-1} + \boldsymbol{a}_t - \boldsymbol{\theta}_1 \boldsymbol{a}_{t-1} \\ &= \begin{bmatrix} -1 \\ 0.5 \end{bmatrix}[0.5, 1]\boldsymbol{z}_{t-1} + \boldsymbol{a}_t - \boldsymbol{\theta}_1 \boldsymbol{a}_{t-1} \\ &= \begin{bmatrix} -1.0 \\ -0.5 \end{bmatrix} y_{2,t-1} + \boldsymbol{a}_t - \boldsymbol{\theta}_1 \boldsymbol{a}_t \end{aligned}$$

这是模型的误差修正模型，它具有可逆的 MA 结构，但在模型的右边应用了 $\boldsymbol{z}_{t-1}$。z_{t-1}项被称为误差修正项，它的系数矩阵的秩为 1，表示方程组的协整向量的个数。更重要的是，协整向量(0.5，1)′说明平稳序列 $\Delta \boldsymbol{z}_t$ 依赖于平稳序列 $y_{2t}=(0.5, 1)\boldsymbol{z}_t$ 的滞后值。系数向量(−1.0，−0.5)′突出表现了 $\Delta \boldsymbol{z}_t$ 关于协整序列 $y_{2,t-1}$ 的相依性。

之前讨论的性质可以很容易地扩展到式(5-34)中一般单位根非平稳 VARMA(p，q)过程中。实际上，我们可以从式(5-42)中得到误差修正模型。在文献中，为完整性和易用性，通常将误差修正模型总结如下。考虑式(5-34)中的一般 VARMA(p，q)模型。假设除 $|\boldsymbol{\Phi}(1)|=0$ 外，对于任意的 $|x|\leqslant 1$，$|\boldsymbol{\Phi}(x)|\neq 0$，使得 k 维过程 z_t 是单位根非平稳。另外，假设当 $|x|\leqslant 1$ 时，$|\boldsymbol{\Theta}(x)|\neq 0$，使得 $\boldsymbol{z}_t$ 是可逆的且 $\boldsymbol{c}(t)=\boldsymbol{c}_0+\boldsymbol{c}_1 t$。定义

$$\begin{aligned}\boldsymbol{\Phi}_j^* &= -(\boldsymbol{\Phi}_{j+1} + \cdots + \boldsymbol{\Phi}_p), \quad j = 1\cdots, p-1 \\ \boldsymbol{\Pi} &= -\boldsymbol{\Phi}(1) = \boldsymbol{\Phi}_1 + \cdots + \boldsymbol{\Phi}_p - \boldsymbol{I}_k \end{aligned} \tag{5-66}$$

则，VARMA(p，q)模型可以重写为：

298 $$\Delta \boldsymbol{z}_t = \boldsymbol{\Pi}\boldsymbol{z}_{t-1} + \sum_{i=1}^{p-1} \boldsymbol{\Phi}_i^* \Delta \boldsymbol{z}_{t-i} + \boldsymbol{c}(t) + \boldsymbol{\Theta}(B)\boldsymbol{a}_t \tag{5-67}$$

该模型表示称为 VARMA 模型的误差修正模型。式(5-67)也称为单位根非平稳时间序列 $\boldsymbol{z}_t$ 的误差修正模型(Error-Correction Model，ECM)。注意，MA 部分 $\boldsymbol{\Theta}(B)$和模型的确定性分量 $\boldsymbol{c}(t)$保持不变。因此，误差修正模型是可逆的。

注记：误差修正模型有多种表示方法。例如，除了 z_{t-1} 外，可以从 VARMA(p，q)模型中减去 z_{t-p}，得到误差修正模型的另一种表示方法，如下所示：

$$\Delta \boldsymbol{z}_t = \boldsymbol{\Pi}\boldsymbol{z}_{t-p} + \sum_{i=1}^{p-1} \phi_i^* \Delta \boldsymbol{z}_{t-i} + \boldsymbol{c}(t) + \boldsymbol{\Theta}(B)\boldsymbol{a}_t \tag{5-68}$$

其中 $\boldsymbol{\Pi}=-\boldsymbol{\Phi}(1)$，$\phi_j^*$ 由下式给出

$$\phi_j^* = \sum_{i=1}^{j}\boldsymbol{\Phi}_i - \boldsymbol{I}_k, \quad j=1,\cdots,p-1$$

通过令式(5-68)中 B^i 的系数矩阵相等，上述结果可以很容易证明。第二种误差修正模型(ECM)也是可逆的。我们可以在方程右端应用一个 j 值有限的 z_{t-j} 便可以获得 VARMA(p, q)模型一个 ECM 形式。在文献中，只使用了式(5-67)和式(5-68)。

因为 $\boldsymbol{\Phi}(1)$ 是协整系统的奇异矩阵，所以 $\boldsymbol{\Pi}=-\boldsymbol{\Phi}(1)$ 不是满秩的。假设 Rank($\boldsymbol{\Pi}$)$=m>0$，则存在秩为 m 的 $k\times m$ 矩阵 $\boldsymbol{\alpha}$ 和 $\boldsymbol{\beta}$，使得 $\boldsymbol{\Pi}=\boldsymbol{\alpha\beta}'$。然而这种分解方法并不是唯一的。实际上，对于任意 $m\times m$ 正交矩阵 $\boldsymbol{P}$ 使得 $\boldsymbol{PP}'=\boldsymbol{I}$，很容易得到：

$$\boldsymbol{\alpha\beta}' = \boldsymbol{\alpha PP}'\boldsymbol{\beta}' = (\boldsymbol{\alpha P})(\boldsymbol{\beta P})' \tag{5-69}$$

因此，$\boldsymbol{\alpha P}$ 和 $\boldsymbol{\beta P}$ 均可以看作秩为 m 的矩阵，也可以看作 $\boldsymbol{\Pi}$ 的另一种分解方法。因此，为了唯一确定这样的 $\boldsymbol{\alpha}$ 和 $\boldsymbol{\beta}$，需要对其进行标准化。我们将在后面对此进行讨论。

因为平稳序列 $\Delta \boldsymbol{z}_t$ 并不直接依赖于单位根非平稳序列 $\boldsymbol{z}_{t-1}$，所以因式分解 $\boldsymbol{\Pi}=\boldsymbol{\alpha\beta}'$ 需要产生 $\boldsymbol{z}_t$ 的平稳线性组合。实际上，定义 m 维过程 $\boldsymbol{w}_t=\boldsymbol{\beta}'\boldsymbol{z}_t$，可以得到

$$\Delta \boldsymbol{z}_t = \boldsymbol{\alpha w}_{t-1} + \sum_{i=1}^{p-1}\boldsymbol{\Phi}_i^*\Delta \boldsymbol{z}_{t-i} + \boldsymbol{c}(t) + \boldsymbol{\Theta}(B)\boldsymbol{a}_t \tag{5-70}$$

其中 $\boldsymbol{\alpha}$ 是一个满秩的 $k\times m$ 矩阵，$\Delta \boldsymbol{z}_t$ 对于 $\boldsymbol{w}_{t-1}$ 的非平凡依赖(nontrival dependence)表明 w_{t-1} 必定是平稳的。因此，矩阵 $\boldsymbol{\beta}$ 的列向量为协整向量。因此，我们有 $\boldsymbol{z}_t$ 的 m 个协整向量，且观测序列 $\boldsymbol{z}_t$ 有 $k-m$ 个单位根。换句话说，$\boldsymbol{z}_t$ 有 $k-m$ 个共同趋势。 299

5.7 协整向量的含义

本节将讨论 k 维时间序列中协整关系的含义。为了简单起见，我们假设 $\boldsymbol{z}_t$ 服从式(5-34)中的 VARMA 模型，且 $\boldsymbol{c}(t)=\boldsymbol{c}_0+\boldsymbol{c}_1 t$，与前面一样，$\boldsymbol{a}_t$ 为独立同分布的随机向量序列，且均值为零、正定协方差矩阵 $\boldsymbol{\Sigma}_a$、存在有限四阶矩。假设模型是可逆的，并且与 $k\times m$ 协整矩阵 $\boldsymbol{\beta}$ 存在协整关系，其中 $0<m<k$。

5.7.1 确定性项的含义

式(5-70)中的误差修正模型可以变为：

$$\Delta \boldsymbol{z}_t = \boldsymbol{\alpha w}_{t-1} + \sum_{i=1}^{p-1}\boldsymbol{\Phi}_i^*\Delta \boldsymbol{z}_{t-i} + \boldsymbol{c}_0 + \boldsymbol{c}_1 t + \boldsymbol{\Theta}(B)\boldsymbol{a}_t \tag{5-71}$$

因为 $\Delta \boldsymbol{z}_t$ 和 $\boldsymbol{w}_t$ 均为平稳序列，所以定义：

$$E(\Delta \boldsymbol{z}_t) = \boldsymbol{\mu} \quad 和 \quad E(\boldsymbol{w}_t) = \boldsymbol{\mu}_w$$

对式(5-71)取期望值，可以得到

$$\boldsymbol{\mu} = \boldsymbol{\alpha\mu}_w + \sum_{i=1}^{p-1}\boldsymbol{\Phi}_i^*\boldsymbol{\mu} + \boldsymbol{c}_0 + \boldsymbol{c}_1 t$$

因此

$$\boldsymbol{\Phi}^*(1)\boldsymbol{\mu}=\boldsymbol{\alpha}\boldsymbol{\mu}_w+\boldsymbol{c}_0+\boldsymbol{c}_1 t \tag{5-72}$$

其中，$\boldsymbol{\Phi}^*(1)=\boldsymbol{I}_k-\boldsymbol{\Phi}_1^*-\cdots-\boldsymbol{\Phi}_{p-1}^*$ 是非奇异矩阵，因为 $|\boldsymbol{\Phi}^*(1)|\neq 0$。从式(5-72)中可以看出，在 $\Delta \boldsymbol{z}_t$ 和 $\boldsymbol{w}_t$ 的平稳性假设下，$\boldsymbol{c}_1=\boldsymbol{0}$，并且常数项 $\boldsymbol{c}_0$ 满足以下约束条件：

$$\boldsymbol{c}_0=\boldsymbol{\Phi}^*(1)\boldsymbol{\mu}-\boldsymbol{\alpha}\boldsymbol{\mu}_w$$

如果 $\boldsymbol{\mu}_w$ 与 $\boldsymbol{\alpha}$ 是正交的，则有 $\boldsymbol{\alpha}\boldsymbol{\mu}_w=\boldsymbol{0}$，并且有 $\boldsymbol{c}_0=\boldsymbol{\Phi}^*(1)\boldsymbol{\mu}$，在这种特殊情况下，$\boldsymbol{c}_1=\boldsymbol{0}$，并且 $\boldsymbol{c}_0$ 表现为具有 AR 模型多项式 $\boldsymbol{\Phi}^*(B)$ 的平稳 VARMA 模型常数项。因此，$\boldsymbol{\mu}$ 变为
300 $\boldsymbol{z}_t$ 的漂移项。

另一方面，如果 $\boldsymbol{\alpha}\boldsymbol{\mu}_w\neq\boldsymbol{0}$，则

$$\boldsymbol{\mu}=[\boldsymbol{\Phi}^*(1)]^{-1}(\boldsymbol{\alpha}\boldsymbol{\mu}_w+\boldsymbol{c}_0)$$

在这种情况下，除非 $\boldsymbol{\alpha}\boldsymbol{\mu}_w=-\boldsymbol{c}_0$，否则序列 $\boldsymbol{z}_t$ 将存在漂移参数 $\boldsymbol{\mu}$。

在极少情况下，如果协整过程 $\boldsymbol{w}_t$ 为趋势平稳过程，则式(5-72)意味着：

$$\boldsymbol{\mu}=\boldsymbol{\Phi}^*(1)^{-1}(\boldsymbol{\alpha}\boldsymbol{\mu}_w+\boldsymbol{c}_0+\boldsymbol{c}_1 t)$$

在这种情况下，$\boldsymbol{\mu}_w$ 必须满足条件：$\boldsymbol{\alpha}\boldsymbol{\mu}_w+\boldsymbol{c}_0+\boldsymbol{c}_1 t$ 是时间不变的(time invariant)。如果这种情况成立，则 $\boldsymbol{\mu}$ 的值可能为零，也可能不为零。因此，$\boldsymbol{z}_t$ 可能存在漂移项，也可能不存在漂移项。如果 $\boldsymbol{\mu}=\boldsymbol{0}$，则 $\boldsymbol{\alpha}\boldsymbol{\mu}_w+\boldsymbol{c}_0+\boldsymbol{c}_1 t=\boldsymbol{0}$。因为 $k\times m$ 矩阵 $\boldsymbol{\alpha}$ 为秩 m 的满秩矩阵，所以 $\boldsymbol{\alpha}'\boldsymbol{\alpha}$ 为非奇异 $m\times m$ 矩阵。因此，在 $\mu=\boldsymbol{0}$ 的条件下，根据式(5-72)，我们有

$$\boldsymbol{\mu}_w=-(\boldsymbol{\alpha}'\boldsymbol{\alpha})^{-1}\boldsymbol{\alpha}'(\boldsymbol{c}_0+\boldsymbol{c}_1 t) \tag{5-73}$$

上述结果表明，当 $\boldsymbol{c}_1\neq\boldsymbol{0}$ 时，w_t 为趋势平稳序列。

5.7.2 移动平均表示法的含义

在协整关系框架下，$\Delta \boldsymbol{z}_t$ 为平稳序列。根据 Wold 分解(Wold decomposition)，我们有

$$\Delta \boldsymbol{z}_t=\boldsymbol{\mu}+\boldsymbol{y}_t,\boldsymbol{y}_t=\sum_{i=0}^{\infty}\boldsymbol{\psi}_i\boldsymbol{a}_{t-i} \tag{5-74}$$

其中 $\boldsymbol{\mu}=E(\Delta \boldsymbol{z}_t)$，$\{\boldsymbol{a}_t\}$ 为具有零均值、正定协方差矩阵 $\boldsymbol{\Sigma}_a$ 的不相关新息序列。我们进一步假设 $\boldsymbol{a}_t$ 具有有限四阶矩，并且 $\{v\boldsymbol{\psi}_v \mid v=0,\cdots,\infty\}$ 是绝对可和的，其中 $\boldsymbol{\psi}_0=\boldsymbol{I}_k$。令 $\boldsymbol{\psi}(1)=\sum_{i=1}^{\infty}\boldsymbol{\psi}_i$。这里，$\boldsymbol{y}_t$ 的均值为 0。记 $\boldsymbol{z}_t$ 的初始值为 $\boldsymbol{z}_0$，我们有

$$\boldsymbol{z}_t=\boldsymbol{z}_0+\boldsymbol{\mu}t+\sum_{i=1}^{t}\boldsymbol{y}_t$$

根据引理 5.1，可得

$$\boldsymbol{z}_t=\boldsymbol{z}_0+\boldsymbol{\mu}t+\boldsymbol{\psi}(1)\sum_{v=1}^{t}\boldsymbol{a}_v+\boldsymbol{\eta}_t-\boldsymbol{\eta}_0 \tag{5-75}$$

301 其中，$\boldsymbol{\eta}_t=\sum_{s=0}^{\infty}\boldsymbol{\alpha}_s\boldsymbol{a}_{t-s}$ 为平稳过程，$\boldsymbol{\alpha}_s=\sum_{v=0}^{s}\boldsymbol{\psi}_v-\boldsymbol{\psi}(1)$。

进一步假设协整矩阵 $\boldsymbol{\beta}$ 与序列 $\boldsymbol{z}_t$ 具有协整关系，且 $\boldsymbol{\beta}$ 为 $k \times m$ 满秩矩阵，其中 $0<m<k$。式(5-75)左乘 $\boldsymbol{\beta}'$，可以得到

$$\boldsymbol{w}_t = \boldsymbol{\beta}'\boldsymbol{z}_t = \boldsymbol{\beta}'(\boldsymbol{z}_0 - \boldsymbol{\eta}_0) + \beta'\boldsymbol{\mu}t + \boldsymbol{\beta}'\boldsymbol{\psi}(1)\sum_{v=1}^{t}\boldsymbol{a}_v + \boldsymbol{\beta}'\boldsymbol{\eta}_t \tag{5-76}$$

因为 $\boldsymbol{w}_t$ 是平稳序列，但 $\sum_{v=0}^{t}\boldsymbol{a}_v$ 是一个 $I(1)$ 过程，所以我们有

$$\boldsymbol{\beta}'\boldsymbol{\psi}(1) = \mathbf{0} \quad \text{和} \quad \boldsymbol{\beta}'\boldsymbol{\mu} = \mathbf{0} \tag{5-77}$$

因为 $\boldsymbol{\beta}'\boldsymbol{\psi}(1)=\mathbf{0}$ 和 $\boldsymbol{\beta}\neq\mathbf{0}$，所以 $\boldsymbol{\psi}(1)$ 必须为奇异矩阵。即，$|\boldsymbol{\psi}(1)|=0$。这说明 $\boldsymbol{y}_t=\Delta\boldsymbol{z}_t-\boldsymbol{\mu}$ 是不可逆的。当 $m<k$ 时，这提供了过度差分的另一种证明。

5.8 协整向量的参数化

与前面提到的一样，$\boldsymbol{\beta}$ 中的协整向量并不是唯一定义的。文献中已经使用了多种参数化方法，使模型可识别。一个好的参数化有助于解释模型，而且可以简化对误差修正模型的估计。Phillips(1991)提出的方法将协整矩阵重写为：

$$\boldsymbol{\beta} = \begin{bmatrix} \boldsymbol{I}_m \\ \boldsymbol{\beta}_1 \end{bmatrix} \tag{5-78}$$

其中，$\boldsymbol{\beta}_1$ 为任意的 $(k-m)\times m$ 矩阵。如果需要，通过对 $\boldsymbol{z}_t$ 的分量重新排列实现这种参数化，这种方法与统计因子模型中经常使用的方法类似。式(5-78)的基本思想是协整矩阵 $\boldsymbol{\beta}$ 为一个秩为 m 的满秩矩阵，并且满足式(5-69)。

划分 $\boldsymbol{z}_t=(\boldsymbol{z}_{1t}', \boldsymbol{z}_{2t}')'$，其中 $\boldsymbol{z}_{1t}'$ 和 $\boldsymbol{z}_{2t}'$ 的维数分别为 m 和 $k-m$。则式(5-78)说明

$$\boldsymbol{w}_t^* = [\boldsymbol{I}_m, \boldsymbol{\beta}_1']\boldsymbol{z}_t = \boldsymbol{z}_{1t} + \boldsymbol{\beta}_1'\boldsymbol{z}_{2t}$$

为平稳序列。这里，我们用上标“∗”表示 $\boldsymbol{z}_t$ 的分量可能已经重新排列。利用式(5-74)和 $\boldsymbol{\mu}$ 和 $\boldsymbol{y}_t$ 类似划分，我们还有

$$\boldsymbol{z}_{2t} = \boldsymbol{z}_{2,t-1} + \boldsymbol{\mu}_2 + \boldsymbol{y}_{2t}$$ 302

再假设 $\boldsymbol{z}_t$ 有 m 个协整向量，显然可以看到 $\boldsymbol{z}_{2t}$ 包含 $k-m$ $I(1)$ 个过程，并且 $\boldsymbol{z}_{2t}$ 的分量之间不存在协整关系。在这种情况下，$\boldsymbol{z}_{2t}$ 代表 $\boldsymbol{z}_t$ 的 $k-m$ 个共同趋势。

在某些情况下，我们可以固定 $\boldsymbol{\beta}$ 上部的 $m\times m$ 子矩阵，并估计剩下的 $(k-m)\times m$ 子矩阵，假设 β 的上部矩阵是非奇异的。也可以根据下一节讨论的协整检验，基于 $\boldsymbol{\beta}$ 的初步估计选择参数化方法。

5.9 协整检验

根据前一节的讨论和式(5-67)中的误差修正模型，我们知道矩阵 $\boldsymbol{\Pi}$ 在协整分析中起着非常重要的作用。如果 $\mathrm{Rank}(\boldsymbol{\Pi})=0$，则有 $\boldsymbol{\Pi}=0$ 且不存在协整向量，这意味着系统不存在协整关系。因此，协整检验主要在于对矩阵 $\boldsymbol{\Pi}$ 的秩进行检验。

5.9.1　VAR 模型

因为 VAR 模型的简单性，所以文献中的很多工作包括 VAR 模型的协整检验。Johansen 方法可能是迄今为止对 VAR 模型协整检验最著名的方法。可以参阅 Johhansen(1991)或者 Johansen 和 Katarina(1990)。

考虑一个具有趋势分量的高斯 VAR(p)模型，

$$\boldsymbol{z}_t = \boldsymbol{c}(t) + \sum_{i=1}^{p} \boldsymbol{\phi}_i \boldsymbol{z}_{t-i} + \boldsymbol{a}_t \tag{5-79}$$

其中 $\boldsymbol{c}(t)=\boldsymbol{c}_0+\boldsymbol{c}_1 t$，$\boldsymbol{c}_i$ 为常数项量，$\{\boldsymbol{a}_t\}$为具有零均值、正定协方差矩阵 $\mathrm{Cov}(\boldsymbol{a}_t)=\boldsymbol{\Sigma}_a$ 的独立同分布高斯随机向量序列。对于这个 VAR(p)模型，式(5-67)的误差修正模型(ECM)变为：

$$\Delta \boldsymbol{z}_t = \boldsymbol{c}_0 + \boldsymbol{c}_1 t + \boldsymbol{\Pi} \boldsymbol{z}_{t-1} + \sum_{i=1}^{p} \boldsymbol{\Phi}_i^* \Delta \boldsymbol{z}_{t-i} + \boldsymbol{a}_t \tag{5-80}$$

令矩阵 $\boldsymbol{\Pi}$ 的秩为 m。有两种情况。

1)Rank(Π)＝0：这意味着 $\boldsymbol{\Pi}=\boldsymbol{0}$。因此，不存在协整向量。在这种情况下，$\boldsymbol{z}_t$ 有 k 个单位根，我们可以直接对差分序列 $\Delta \boldsymbol{z}_t$ 进行求解，它是 VAR($p-1$)模型。

2)Rank(Π)＝$m>0$：在这种情况下，$\boldsymbol{z}_t$ 有 m 个协整向量和 $k-m$ 个单位根。如前所
303 述，存在 $k\times m$ 满秩矩阵 $\boldsymbol{\alpha}$ 和 $\boldsymbol{\beta}$，使得

$$\boldsymbol{\Pi} = \boldsymbol{\alpha}\boldsymbol{\beta}'$$

向量序列 $\boldsymbol{w}_t=\boldsymbol{\beta}'\boldsymbol{z}_t$ 是一个 $I(0)$过程，它称为协整序列，$\boldsymbol{\alpha}$ 表示协整序列对 $\Delta \boldsymbol{z}_t$ 的影响。令 $\boldsymbol{\beta}_\perp$ 为 $k\times(k-m)$满秩矩阵，使得 $\boldsymbol{\beta}'_\perp\boldsymbol{\beta}=\boldsymbol{0}$。那么 $\boldsymbol{d}_t=\boldsymbol{\beta}'_\perp \boldsymbol{z}_t$ 有 $k-m$ 个单位根，并称为 $\boldsymbol{z}_t$ 的 $k-m$ 个共同趋势。

5.9.2　确定性项的设定

如 5.7.1 节所讨论的，确定性函数 $\boldsymbol{c}(t)=\boldsymbol{c}_0+c_1 t$ 在协整系统中有很重要的意义。见 Johansen(1995)。因此，在协整检验中需要引用 $\boldsymbol{c}(t)$的模型。

1)$\boldsymbol{c}(t)=\boldsymbol{0}$：在这种情况下，式(5-80)的误差修正模型中没有常数项。因此，$\boldsymbol{z}_t$ 的分量为不含有漂移项的 $I(1)$过程，并且 $\boldsymbol{w}_t=\boldsymbol{\beta}'\boldsymbol{z}_t$ 有均值 0。

2)$\boldsymbol{c}_0=\boldsymbol{\alpha}\boldsymbol{d}_0$ 且 $\boldsymbol{c}_1=\boldsymbol{0}$：这是约束常数情况。误差修正模型变为

$$\Delta \boldsymbol{z}_t = \boldsymbol{\alpha}(\boldsymbol{\beta}'\boldsymbol{z}_{t-1} + \boldsymbol{d}_0) + \sum_{i=1}^{p-1} \boldsymbol{\Phi}_i^* \Delta \boldsymbol{z}_{t-i} + \boldsymbol{a}_t$$

这里，$\boldsymbol{z}_t$ 的分量为不具有漂移项的 $I(1)$序列，并且协整序列 $\boldsymbol{w}_t$ 含有非零均值 $\boldsymbol{d}_0$。

3)$\boldsymbol{c}_1=\boldsymbol{0}$ 并且 $\boldsymbol{c}_0$ 不受约束：这是不受约束常数的情况。误差修正模型变为

$$\Delta \boldsymbol{z}_t = \boldsymbol{c}_o + \boldsymbol{\alpha}\boldsymbol{\beta}'\boldsymbol{z}_{t-1} + \sum_{i=1}^{p-1} \boldsymbol{\Phi}_i^* \Delta \boldsymbol{z}_{t-i} + \boldsymbol{a}_t$$

$\boldsymbol{z}_t$ 序列为具有漂移项 $\boldsymbol{c}_0$ 的 $I(1)$过程，并且 $\boldsymbol{w}_t$ 含有非零均值。

4) $\boldsymbol{c}(t)=\boldsymbol{c}_0+\boldsymbol{\alpha}\boldsymbol{d}_1 t$：这是约束趋势的情况。误差修正模型变为：

$$\Delta \boldsymbol{z}_t = \boldsymbol{c}_0 + \boldsymbol{\alpha}(\boldsymbol{\beta}'\boldsymbol{z}_{t-1} + \boldsymbol{d}_1 t) + \sum_{i=1}^{p-1} \boldsymbol{\Phi}_i^* \Delta \boldsymbol{z}_{t-i} + \boldsymbol{a}_t$$

$\boldsymbol{z}_t$ 序列为具有漂移项 $\boldsymbol{c}_0$ 的 $I(1)$序列，并且协整序列 $\boldsymbol{w}_t$ 具有线性趋势项 $\boldsymbol{d}_1 t$。

5) $\boldsymbol{c}(t)=\boldsymbol{c}_0+\boldsymbol{c}_1 t$：这种情况下，$\boldsymbol{z}_t$ 的分量为具有二次趋势的 $I(1)$序列，并且 $\boldsymbol{w}_t$ 具有线性趋势。 304

因此，有限分布，协整检验中的极限分布、临界值取决于 $\boldsymbol{c}(t)$的设定。利用模拟可以获得协整检验的不同临界值。

5.9.3 似然比检验小结

我们首先对多元正态分布的似然比检验进行简短的复习。考虑一个具有零均值、正定协方差矩阵 $\boldsymbol{\Sigma}_z$ 的多元正态分布随机向量 $\boldsymbol{z}$。假设 $\boldsymbol{z}'=(\boldsymbol{x}', \boldsymbol{y}')$，其中 $\boldsymbol{x}$ 和 $\boldsymbol{y}$ 的维数分别为 p 和 q。不失一般性，假设 $q\leqslant p$，划分协方差矩阵 $\boldsymbol{\Sigma}_z$ 如下

$$\boldsymbol{\Sigma}_z = \begin{bmatrix} \boldsymbol{\Sigma}_{xx} \boldsymbol{\Sigma}_{xy} \\ \boldsymbol{\Sigma}_{yx} \boldsymbol{\Sigma}_{yy} \end{bmatrix}$$

另外，假设原假设为 $\boldsymbol{x}$ 与 $\boldsymbol{y}$ 之间不具有相关性。也就是说，我们的主要目的是检验 $H_o:\boldsymbol{\Sigma}_{xy}=\boldsymbol{0}$ 与 $H_a:\boldsymbol{\Sigma}_{xy}\neq\boldsymbol{0}$。这就等价于检验系数矩阵 $\boldsymbol{\Pi}$ 在以下多元线性回归中是 0，

$$\boldsymbol{x}_i = \boldsymbol{\Pi}\boldsymbol{y}_i + \boldsymbol{e}_i$$

其中记 $\boldsymbol{e}_i$ 为误差项。$\boldsymbol{\Pi}=\boldsymbol{0}$ 的似然比检验具有某些良好的性质，并应用在选择模型的一些实际问题上。

假设存在一个随机样本 $\{\boldsymbol{z}_i\}_{i=1}^T$，在原假设 $\boldsymbol{\Sigma}_{xy}=\boldsymbol{0}$ 下，$\boldsymbol{\Sigma}_z$ 的极大似然估计为：

$$\hat{\boldsymbol{\Sigma}}_o = \begin{bmatrix} \hat{\boldsymbol{\Sigma}}_{xx} & \boldsymbol{0} \\ \boldsymbol{0} & \hat{\boldsymbol{\Sigma}}_{yy} \end{bmatrix}$$

其中 $\hat{\boldsymbol{\Sigma}}_{xx}=1/T\sum_{i=1}^T \boldsymbol{x}_i\boldsymbol{x}_i'$，$\hat{\boldsymbol{\Sigma}}_{yy}=1/T\sum_{i=1}^T \boldsymbol{y}_i\boldsymbol{y}_i'$。若 $E(\boldsymbol{z}_t)\neq\boldsymbol{0}$，则在前述的协方差矩阵估计值中需要均值校正。在原假设下极大似然估计方程为：

$$\ell_o \propto |\hat{\boldsymbol{\Sigma}}_o|^{-T/2} = (|\hat{\boldsymbol{\Sigma}}_{xx}||\hat{\boldsymbol{\Sigma}}_{yy}|)^{-T/2}$$

例如，可以参阅 Johnson 和 Wichern(2007，第 172 页)。另一方面，在备择假设下，因为对协方差矩阵没有约束，所以 $\boldsymbol{\Sigma}_z$ 的极大似然估计为：

$$\hat{\boldsymbol{\Sigma}}_a = \frac{1}{T}\sum_{i=1}^{T}\begin{bmatrix}\boldsymbol{x}_i \\ \boldsymbol{y}_i\end{bmatrix}[\boldsymbol{x}_i', \boldsymbol{y}_i'] \equiv \begin{bmatrix} \hat{\boldsymbol{\Sigma}}_{xx} & \hat{\boldsymbol{\Sigma}}_{xy} \\ \hat{\boldsymbol{\Sigma}}_{yx} & \hat{\boldsymbol{\Sigma}}_{yy} \end{bmatrix}$$ 305

在备择假设下极大似然估计方程为：

$$\ell_a \propto |\hat{\boldsymbol{\Sigma}}_a|^{-T/2} = (|\hat{\boldsymbol{\Sigma}}_{xx}||(\hat{\boldsymbol{\Sigma}}_{yy} - \hat{\boldsymbol{\Sigma}}_{yx}\hat{\boldsymbol{\Sigma}}_{xx}^{-1}\hat{\boldsymbol{\Sigma}}_{xy})|)^{-T/2}$$

因此，似然比检验统计量为

$$L = \frac{\ell_o}{\ell_a} = \left[\left(\frac{|\hat{\boldsymbol{\Sigma}}_a|}{|\hat{\boldsymbol{\Sigma}}_o|}\right)\right]^{T/2} = (|I - \hat{\boldsymbol{\Sigma}}_{yy}^{-1}\hat{\boldsymbol{\Sigma}}_{yx}\hat{\boldsymbol{\Sigma}}_{xx}^{-1}\hat{\boldsymbol{\Sigma}}_{xy}|)^{T/2}$$

如果 L 值很小，则拒绝原假设。接下来，令 $\{\lambda_i\}_{i=1}^{q}$ 为矩阵 $\hat{\boldsymbol{\Sigma}}_{yy}^{-1}\hat{\boldsymbol{\Sigma}}_{yx}\hat{\boldsymbol{\Sigma}}_{xx}^{-1}\hat{\boldsymbol{\Sigma}}_{xy}$ 的特征值。那么 $\{1-\lambda_i\}_{i=1}^{q}$ 是 $\boldsymbol{I}-\hat{\boldsymbol{\Sigma}}_{yy}^{-1}\hat{\boldsymbol{\Sigma}}_{yx}\hat{\boldsymbol{\Sigma}}_{xx}^{-1}\hat{\boldsymbol{\Sigma}}_{xy}$ 的特征值。因此，负对数似然比统计量为

$$\begin{aligned}\mathrm{LR} &= -\frac{T}{2}\ln(|I-\hat{\boldsymbol{\Sigma}}_{yy}^{-1}\hat{\boldsymbol{\Sigma}}_{yx}\hat{\boldsymbol{\Sigma}}_{xx}^{-1}\hat{\boldsymbol{\Sigma}}_{xy}|) \\ &= -\frac{T}{2}\ln\left(\prod_{i=1}^{q}(1-\lambda_i)\right) = -\frac{T}{2}\sum_{i=1}^{q}\ln(1-\lambda_i)\end{aligned} \tag{5-81}$$

如果检验统计量 LR 取值过大，则拒绝原假设。

注意 $\{\lambda_i\}$ 为 $\boldsymbol{x}$ 与 $\boldsymbol{y}$ 之间的样本典型相关系数的平方。因此，$\boldsymbol{\Pi}=\mathbf{0}$ 的似然比检验是基于 $\boldsymbol{x}$ 与 $\boldsymbol{y}$ 之间的典型相关性分析。

5.9.4　对 VAR 模型的协整检验

再回到协整检验，关键在于检验式(5-80)中的矩阵 $\boldsymbol{\Pi}$ 的秩。因为矩阵 $\boldsymbol{\Pi}$ 和 $\boldsymbol{z}_{t-1}$ 与 $\Delta\boldsymbol{z}_t$ 之间的协方差矩阵有关，所以我们可以应用似然比检验来检验它的秩。为简化检验步骤，在估计 $\boldsymbol{\Pi}$ 之前，我们主要根据式(5-80)来检验 $\boldsymbol{c}(t)$ 和 $\Delta\boldsymbol{z}_{t-i}$ 的影响。为此，考虑如下两个线性回归：

$$\Delta\boldsymbol{z}_t = \boldsymbol{c}(t) + \sum_{i=1}^{p-1}\boldsymbol{\varpi}_i\Delta\boldsymbol{z}_{t-i} + \boldsymbol{u}_t \tag{5-82}$$

$$\boldsymbol{z}_{t-1} = \boldsymbol{c}(t) + \sum_{i=1}^{p-1}\boldsymbol{\varpi}_i^{*}\Delta\boldsymbol{z}_{t-i} + \boldsymbol{v}_t \tag{5-83}$$

其中，$\boldsymbol{c}(t)$ 是预先设定的，$\boldsymbol{u}_t$ 和 $\boldsymbol{v}_t$ 为误差项。上述两个回归可以由最小二乘法估计。令 $\hat{\boldsymbol{u}}_t$
306 和 $\hat{\boldsymbol{v}}_t$ 分别为式(5-82)和式(5-83)的残差。则我们有回归

$$\hat{\boldsymbol{u}}_t = \boldsymbol{\Pi}\hat{\boldsymbol{v}}_t + \boldsymbol{e}_t \tag{5-84}$$

其中，记 $\boldsymbol{e}_t$ 为误差项。$\boldsymbol{\Pi}$ 的 LSE 对于式(5-80)和式(5-84)是完全相同的。令

$$H(0)\subset H(1)\subset\cdots\subset H(k)$$

为嵌套模型使得在 $H(m)$ 下在 z_t 中有 m 个协整向量。也就是说，在 $H(m)$ 下，$\mathrm{Rank}(\boldsymbol{\Pi})=m$。特别地，我们在 $H(0)$ 下有 $\boldsymbol{\Pi}=\mathbf{0}$。

应用 5.9.3 节的结果，我们定义

$$\hat{\boldsymbol{\Sigma}}_{00} = \frac{1}{T}\sum_{t=1}^{T}\hat{\boldsymbol{u}}_t\hat{\boldsymbol{u}}_t',\quad \hat{\boldsymbol{\Sigma}}_{11} = \frac{1}{T}\sum_{t=1}^{T}\hat{\boldsymbol{v}}_t\hat{\boldsymbol{v}}_t',\quad \hat{\boldsymbol{\Sigma}}_{01} = \frac{1}{T}\sum_{t=1}^{T}\hat{\boldsymbol{u}}_t\hat{\boldsymbol{v}}_t'$$

令 $\lambda_1\geqslant\lambda_2\geqslant\cdots\geqslant\lambda_k\geqslant 0$ 为样本矩阵 $\hat{\boldsymbol{\Sigma}}_{11}^{-1}\hat{\boldsymbol{\Sigma}}_{10}\hat{\boldsymbol{\Sigma}}_{00}^{-1}\hat{\boldsymbol{\Sigma}}_{01}$ 的有序特征值，$\boldsymbol{g}_i$ 为与 λ_i 相关联的特征向量。即，

$$\hat{\boldsymbol{\Sigma}}_{11}^{-1}\hat{\boldsymbol{\Sigma}}_{10}\hat{\boldsymbol{\Sigma}}_{00}^{-1}\hat{\boldsymbol{\Sigma}}_{01}\boldsymbol{g}_i = \lambda_i\boldsymbol{g}_i \tag{5-85}$$

等价地，我们有

$$\hat{\boldsymbol{\Sigma}}_{10}\hat{\boldsymbol{\Sigma}}_{00}^{-1}\hat{\boldsymbol{\Sigma}}_{01}\boldsymbol{g}_i = \lambda_i\hat{\boldsymbol{\Sigma}}_{11}\boldsymbol{g}_i,\quad i=1,\cdots,k$$

此外，将特征向量标准化，使得

$$\boldsymbol{G}'\hat{\boldsymbol{\Sigma}}_{11}^{-1}\boldsymbol{G} = \boldsymbol{I}$$

其中，$\boldsymbol{G}=[\boldsymbol{g}_1, \cdots, \boldsymbol{g}_k]$为特征向量的矩阵。

注记： 特征值是非负的，特征向量则是与$\hat{\boldsymbol{\Sigma}}_{11}$两两正交的，因为

$$[\hat{\boldsymbol{\Sigma}}_{11}^{-1/2}\hat{\boldsymbol{\Sigma}}_{10}\hat{\boldsymbol{\Sigma}}_{00}^{-1}\hat{\boldsymbol{\Sigma}}_{01}\hat{\boldsymbol{\Sigma}}_{11}^{-1/2}](\hat{\boldsymbol{\Sigma}}_{11}^{1/2}\boldsymbol{g}_i) = \lambda_i(\hat{\boldsymbol{\Sigma}}_{11}^{1/2}\boldsymbol{g}_i), \quad i=1,\cdots,k$$

在上述方程中，方括号中的矩阵是一个对称矩阵。 □

考虑套迭假设(nested hypotheses)：

$$H_0: m = m_0 \text{ 与 } H_a: m > m_0$$ 307

其中，$m=\text{Rank}(\boldsymbol{\Pi})$，$m_0$ 为 $0\sim k-1$ 之间的整数，k 为 $\boldsymbol{z}_t$ 的维数。Johansen 迹统计量定义为

$$L_{tr}(m_0) = -(T-kp)\sum_{i=m_0+1}^{k}\ln(1-\lambda_i) \tag{5-86}$$

其中，λ_i 为式(5-85)定义的特征值。如果 $\text{Rank}(\boldsymbol{\Pi})=m_0$，则 m_0 的最小特征值应该是 0，即，$\lambda_{m_0+1}=\cdots=\lambda_k=0$，且检验统计量值应该很小。另一方面，如果 $\text{Rank}(\boldsymbol{\Pi})>m_0$，则$\{\lambda_i\}_{i=m_0+1}^{k}$中存在非零特征值，并且检验统计量应该很大。因为模型存在单位根，所以 $L_{tr}(.)$统计量的极限分布不服从卡方分布。它是标准布朗运动的函数。具体地，检验统计量 $L_{tr}(m_0)$的极限分布可以由下式给出：

$$L_{tr}(m_0) \Rightarrow tr\left\{\left[\int_0^1 \boldsymbol{W}_v(r)\mathrm{d}\boldsymbol{W}_v(r)'\right]'\left[\int_0^1 \boldsymbol{W}_v(r)\boldsymbol{W}_v(r)'\mathrm{d}r\right]^{-1}\left[\int_0^1 \boldsymbol{W}_v(r)\mathrm{d}\boldsymbol{W}_v(r)'\right]\right\} \tag{5-87}$$

其中 $v=m_0$，并且 $\boldsymbol{W}_v(r)$是 v 维标准布朗运动。其分布仅取决于 m_0，与 VAR 模型的阶和其他参数无关。因此，临界值的选取可以通过数值模拟来实现。例如，可以参阅 Johansen (1998)，Reinsel 和 Ahn(1992)。

因此，可以依次应用迹统计量 $L_{tr}(.)$，从 $m_0=0$ 开始，检验矩阵 $\boldsymbol{\Pi}$ 的秩，即检验协整向量的个数。Johansen 还提出了基于最大特征值的似然比检验来检验协整向量的个数。考虑如下假设

$$H_o: m = m_0 \text{ 与 } H_a: m = m_0 + 1$$

其中 m 和 m_0 与式(5-86)中的定义相同。检验统计量为

$$L_{\max}(m_0) = -(T-kp)\ln(1-\lambda_{m_0+1}) \tag{5-88}$$

与 $L_{tr}(m_0)$统计量的情况类似，$L_{\max}(m_0)$的极限分布不服从卡方分布。它也是标准布朗运动的函数，且检验统计量的临界值可以通过模拟获得。

由于特征值 $\boldsymbol{g}_i$ 产生 $\boldsymbol{z}_t$ 的线性组合，所以它们提供协整向量的估计。换句话说，对于一个给定的 $m_0=\text{Rank}(\boldsymbol{\Pi})$，$\boldsymbol{\beta}$ 的估计为$\hat{\boldsymbol{\beta}}=[\boldsymbol{g}_1, \cdots, \boldsymbol{g}_{m_0}]$。见式(5-85)。

注记： 在我们的讨论中，我们使用了式(5-67)中误差修正模型。如果使用式(5-68)中的误差修正模型，上述所得结论同样成立。在实际应用中，我们使用 308
urca 包(package urca)中的命令 ca.jo 来执行协整分析。这个命令执行 Johansen 协整检验。此命令允许用户选择使用式(5-67)还是式(5-68)中的误差修正模型。式(5-67)中的误差修正模型通过子命令 spec= c("transitory")使用 urca，而式(5-68)通过子命令 spec= c("longrun")来设定。在式(5-86)中的

$L_{tr}(m_0)$和式(5-88)中 $L_{\max}(m_0)$之间选择检验统计量，则分别使用子命令 type= c("trace")和 type= c("eigen")。而且，在 ca.jo 命令中，阶 p 记为 K。最后，对于确定性项 $\boldsymbol{c}(t)$的确定需要借助子命令 ecdet。选项包括"none","const"和"trend"。

5.9.5 案例

考虑从 1954 年 7 月到 2005 年 2 月的穆迪(Moody)Aaa 和 Bbb 债券的月收益率，共 609 个观测数据，数据来自美国圣路易斯美国联邦储蓄银行。图 5-4 给出了债券收益率随时间变化的时序图。如期望的那样，这两个序列平行变化。增广 Dickey-fuller 单位根检验确定这两个债券收益率为单位根非平稳序列。参考下面的 R 代码示例。假设该债券收益率的二元序列服从 VAR 模型，我们使用信息准则来确定模型的阶。通过 BIC 准则和 HQ 准则均可以确定阶$p=3$。因此，在协整检验中，我们采用 VAR(3)模型。由于差分序列 $\Delta \boldsymbol{z}_t$ 的均值向量与 0 没有显著不同，所以在检验中我们不考虑常数项。

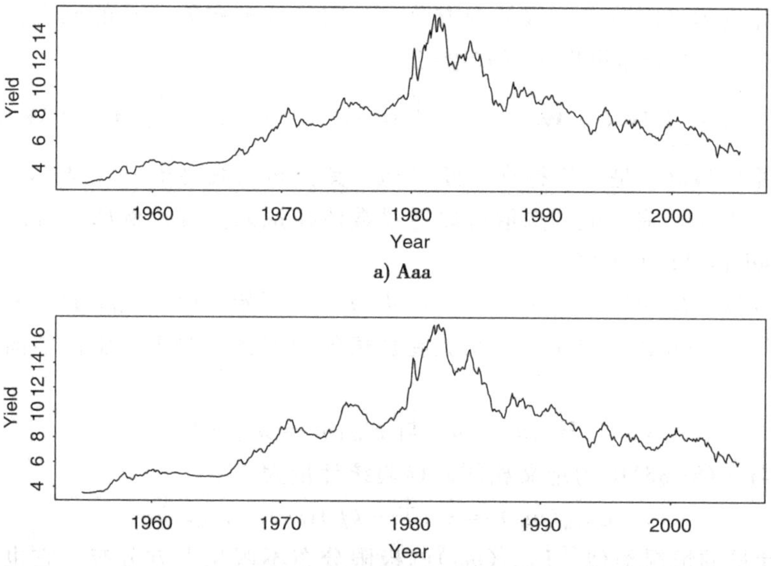

图 5-4　从 1954 年 7 月到 2005 年 2 月穆迪公司(Moody)

在本例中，两个特征值分别为 0.055 和 0.005。如果使用式(5-88)中的检验统计量 $L_{\max}(m_0)$，则可以得到 $L_{\max}(1)=2.84$ 和 $L_{\max}(0)=34.19$。与临界值比较后，我们拒绝 $r=0$，但是不能拒绝 $r=1$。因此，误差修正模型的矩阵 $\boldsymbol{\Pi}$ 的秩为 1，存在协整向量。如果使用式(5-86)中的迹统计量 $L_{tr}(m_0)$，则可以得到 $L_{tr}(1)=2.84$，$L_{tr}(0)=37.03$。而且，协整检验的原假设不能被拒绝。协整序列为 $w_t=(1, -0.886)\boldsymbol{z}_t$，对于 w_t 的 ADF 检验说明序列没有任何单位根。检验统计量为-4.16，p 值为 0.01。图 5-5 给出了协整序列 w_t 的时序图，如预期的一样，该序列说明了平稳时间序列的特性。

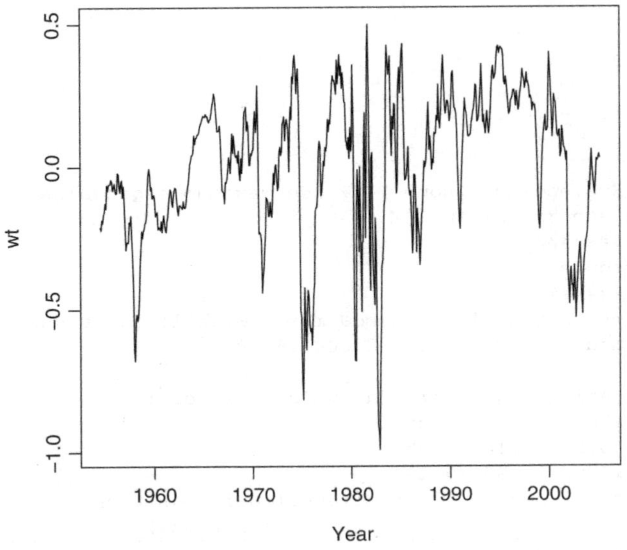

图 5-5 从 1954 年 7 月到 2005 年 2 月穆迪公司(Moody)Aaa 和 Baa 债券收益率的协整时间序列的时序图

R 代码示例：协整检验。编辑输出。

```
> require(fUnitRoots)
> require(urca)
> require(MTS)
> da=read.table("m-bnd.txt")
> head(da)
    V1 V2 V3   V4   V5
1 1954  7  1 2.89 3.50
2 1954  8  1 2.87 3.49
> tail(da)
      V1 V2 V3   V4   V5
608 2005  2  1 5.20 5.82
609 2005  3  1 5.40 6.06
> bnd=da[,4:5]
> colnames(bnd) <- c("Aaa","Baa")
> m1=VARorder(bnd)
selected order: aic =  11
selected order: bic =  3
selected order: hq =  3
> pacf(bnd[,1]); pacf(bnd[,2])
> adfTest(bnd[,1],lags=3,type="c")
Title: Augmented Dickey-Fuller Test
Test Results:
  PARAMETER:
    Lag Order: 3
  STATISTIC:
    Dickey-Fuller: -1.7007
  P VALUE:
    0.425
> adfTest(bnd[,2],lags=2,type="c")
Title: Augmented Dickey-Fuller Test
```

```
Test Results:
  PARAMETER:
    Lag Order: 2
  STATISTIC:
    Dickey-Fuller: -1.6221
  P VALUE:
    0.4544
> m2=ca.jo(bnd,K=2,ecdet=c("none")) % use maximum eigenvalue
> summary(m2) % use z(t-k) in ECM
######################
# Johansen-Procedure #
######################
Test type: maximal eigenvalue (lambda max), with linear trend
Eigenvalues (lambda): 0.054773196 0.004665298

Values of teststatistic and critical values of test:
          test 10pct  5pct  1pct
r <= 1 |  2.84  6.50  8.18 11.65
r = 0  | 34.19 12.91 14.90 19.19
Eigenvectors, normalised to first column:(Co-integration
                                          relations)
           Aaa.l2    Baa.l2
Aaa.l2  1.0000000  1.000000
Baa.l2 -0.8856789 -2.723912

Weights W: (This is the loading matrix)
           Aaa.l2      Baa.l2
Aaa.d -0.04696894 0.002477064
Baa.d  0.04046524 0.002139536

> m3=ca.jo(bnd,K=2,ecdet=c("none"),spec=c("transitory"))
> summary(m3)  % use the z(t-1) in ECM.
######################
# Johansen-Procedure #
######################
Test type: maximal eigenvalue (lambda max), with linear trend

Eigenvalues (lambda): 0.054773196 0.004665298

Values of teststatistic and critical values of test:
          test 10pct  5pct  1pct
r <= 1 |  2.84  6.50  8.18 11.65
r = 0  | 34.19 12.91 14.90 19.19

Eigenvectors, normalised to first column:(Co-integration
                                          relations)
           Aaa.l1    Baa.l1
Aaa.l1  1.0000000  1.000000
Baa.l1 -0.8856789 -2.723912

> m4=ca.jo(bnd,K=2,ecdet=c("none"),type=c("trace"),
  spec=c("transitory"))

> summary(m4)  % use trace test statistic
######################
# Johansen-Procedure #
######################
Test type: trace statistic , with linear trend
```

```
Eigenvalues (lambda):0.054773196 0.004665298

Values of teststatistic and critical values of test:
          test 10pct  5pct  1pct
r <= 1 |  2.84  6.50  8.18 11.65
r = 0  | 37.03 15.66 17.95 23.52

> wt=bnd[,1]-0.886*bnd[,2] % co-integrating series
> adfTest(wt,lags=3,type='c')  % Reject unit root in w(t)
Title: Augmented Dickey-Fuller Test
Test Results:
  PARAMETER:
    Lag Order: 3
  STATISTIC:
    Dickey-Fuller: -4.6054
  P VALUE:
    0.01
```

309~312

注记： urca 包还包含了 Phillips 和 ouliaris(1990)提出的基于残差的协整检验。命令为 ca.po。对于债券收益率收据，基于残差的检验也对协整关系进行检验。

5.9.6 VARMA 模型的协整检验

上一节讨论的协整检验可以推广为式(5-67)中使用 ECM 表达式的 VARMA 模型。然而，所涉及的估计变得更广泛。本节考虑继续使用 LS 估计的近似方法。这种方法可以将式(5-82)和式(5-83)修改为：

$$\Delta \boldsymbol{z}_t = \boldsymbol{c}(t) + \sum_{i=1}^{p-1} \boldsymbol{\Phi}_i^* \Delta \boldsymbol{z}_{t-i} + \sum_{j=1}^{q} \boldsymbol{\Theta}_j \hat{\boldsymbol{a}}_{t-j} + \boldsymbol{u}_t \tag{5-89}$$

$$\boldsymbol{z}_{t-1} = \boldsymbol{c}(t) + \sum_{i=1}^{p-1} \boldsymbol{\Phi}_i^* \Delta \boldsymbol{z}_{t-i} + \sum_{j=1}^{q} \boldsymbol{\Theta}_j \hat{\boldsymbol{a}}_{t-j} + \boldsymbol{v}_t \tag{5-90}$$

其中 $\hat{\boldsymbol{a}}_t$ 是 $\boldsymbol{a}_t$ 的估计。实际上，可以通过对 z_t 拟合一个长 VAR 模型来获得 $\hat{\boldsymbol{a}}_t$ 的值。因为一个可逆的 VARMA 模型可以用 VAR 模型来近似，所以假设选择适当的 VAR 模型的阶，则残差 $\hat{\boldsymbol{a}}_t$ 应该是 $\boldsymbol{a}_t$ 的适当近似。

令 $\hat{\boldsymbol{u}}_t$ 和 $\hat{\boldsymbol{v}}_t$ 分别为式(5-89)和式(5-90)的残差。然后我们可以继续使用式(5-84)并计算式(5-86)和式(5-88)的统计量 $L_{\max}(m_0)$ 和 $L_{tr}(m_0)$ 以便执行协整分析。这种方法只能做近似，并且当样本大小 T 足够大时，模型的拟合效果就比较好。

5.10 误差修正模型的估计

本节将讨论误差修正模型的极大似然估计，假设协整向量的个数是已知的。进一步假设新息 $\{\boldsymbol{a}_t\}$ 服从高斯分布。这等价于使用拟极大似然估计(Quasi Maximum Likelihood Estimate, QMLE)。模型的阶 p 和 q 可以用第4章讨论的方法来确定。例如，可以参考 Tiao 和 Tsay(1989)。

5.10.1 VAR 模型

我们首先来讨论 VAR(p)模型。这里主要有两种情况。第一种情况，协整矩阵 $\boldsymbol{\beta}$ 是已知的，这样协整过程 $w_t=\boldsymbol{\beta}'\boldsymbol{z}_t$ 是已知的。在这种情况下，模型可以简化为

313

$$\Delta \boldsymbol{z}_t=\boldsymbol{\alpha} w_{t-1}+\boldsymbol{c}(t)+\sum_{i=1}^{p-1}\boldsymbol{\Phi}_i^*\,\Delta \boldsymbol{z}_{t-i}+\boldsymbol{a}_t \tag{5-91}$$

它可以由普通最小二乘法进行估计。估计服从浅进正态分布，并且可以应用传统方法进行统计推断。

第二种情况，$\boldsymbol{\beta}$ 是未知的。这里，模型可以变为

$$\Delta \boldsymbol{z}_t=\boldsymbol{\alpha}\boldsymbol{\beta}'\boldsymbol{z}_{t-1}+\boldsymbol{c}(t)+\sum_{i=1}^{p-1}\boldsymbol{\Phi}_i^*\,\Delta \boldsymbol{z}_{t-i}+\boldsymbol{a}_t \tag{5-92}$$

它包含参数的积，并需要非线性预测。我们将利用 5.8 节的参数化，其中 $\boldsymbol{\beta}'=[\boldsymbol{I}_m,\ \boldsymbol{\beta}_1']$，$\boldsymbol{\beta}_1$ 是一个 $(k-m)\times m$ 矩阵。见式(5-78)。我们采用 QMLE 来估计模型。在实际中，协整检验对 $\boldsymbol{\beta}$ 初始估计的值可以和第一种情况的结果用于启动非线性估计。为 $\boldsymbol{z}_{t-1}$ 已知时，$\boldsymbol{\Pi}$ 的估计的有限分布包括布朗运动的函数。

为证明上述结论，我们再一次考虑协整检验中的穆迪 Aaa 和 Baa 月债券收益率情况。令 $p=3$ 和 $m=1$，协整检验的初始协整向量为 $(1,\ -0.886)'$。如果给出 $w_t=(1,\ -0.886)\boldsymbol{z}_t$，则可以通过最小二乘法对误差修正模型进行估计。拟合模型为

$$\begin{aligned}\Delta \boldsymbol{z}_t&=\begin{bmatrix}-0.001\\ 0.064\end{bmatrix}w_t+\begin{bmatrix}0.452 & -0.001\\ 0.293 & 0.204\end{bmatrix}\Delta \boldsymbol{z}_{t-1}\\ &\quad+\begin{bmatrix}-0.300 & 0.054\\ -0.151 & 0.028\end{bmatrix}\Delta \boldsymbol{z}_{t-2}+\boldsymbol{a}_t,\quad \hat{\boldsymbol{\Sigma}}_a=\frac{1}{100}\begin{bmatrix}4.01 & 3.17\\ 3.17 & 3.11\end{bmatrix}\end{aligned} \tag{5-93}$$

估计的标准误差在下面的 R 代码示例中给出。在传统的 5% 水平下，多个估计不是统计显著的。消除不显著的参数，我们将模型改进

$$\begin{aligned}\Delta \boldsymbol{z}_t&=\begin{bmatrix}0.000\\ 0.063\end{bmatrix}w_t+\begin{bmatrix}0.448 & 0.000\\ 0.286 & 0.212\end{bmatrix}\Delta \boldsymbol{z}_{t-1}\\ &\quad+\begin{bmatrix}-0.256 & 0.00\\ -0.129 & 0.00\end{bmatrix}\Delta \boldsymbol{z}_{t-2}+\boldsymbol{a}_t,\quad \hat{\boldsymbol{\Sigma}}_a=\frac{1}{100}\begin{bmatrix}4.01 & 3.17\\ 3.17 & 3.11\end{bmatrix}\end{aligned} \tag{5-94}$$

模型检验说明在滞后 6 存在一些小的序列相关和交叉相关性，但模型是系统动态相依性的合理近似。有趣的是 $\boldsymbol{\alpha}$ 的第一个元素 α_{11} 不是统计显著的，这表明了 Aaa 债券收益率的一阶差分序列是单位根平稳过程。因此，月 Aaa 债券收益率代表债券收益率系统中的共同趋势。

最后，我们估计协整向量 $(1,\ \beta_1)'$，其中 β_1 是未知的，还有其他参数。这个非线性估

314 计的结果是：

$$\begin{aligned}\Delta \boldsymbol{z}_t&=\begin{bmatrix}-0.001\\ 0.064\end{bmatrix}[1,-0.887]\boldsymbol{z}_{t-1}+\begin{bmatrix}0.452 & -0.001\\ 0.293 & 0.204\end{bmatrix}\Delta \boldsymbol{z}_{t-1}\\ &\quad+\begin{bmatrix}-0.300 & 0.054\\ -0.151 & 0.028\end{bmatrix}\Delta \boldsymbol{z}_{t-2}+\boldsymbol{a}_t,\quad \hat{\boldsymbol{\Sigma}}_a=\frac{1}{100}\begin{bmatrix}4.00 & 3.16\\ 3.16 & 3.10\end{bmatrix}\end{aligned} \tag{5-95}$$

与预期的一样，该模型的结果与式(5-93)非常接近，因为估计的协整向量与协整检验中得到的协整向量相同。这不用奇怪因为样本大小相对较大且维数较低。

注记：可以通过 MTS 包中的 ECMvar1 命令和 ECMvar 命令来执行 VAR 过

程的 ECM 估计。第一个命令中的协整序列 w_t 为已知的，而第二个命令执行协整向量和其他参数的联合估计。

R 代码示例：ECM-VAR 模型的估计。编辑输出。

```
> wt=bnd[,1]-0.886*bnd[,2]
> m1=ECMvar1(bnd,3,wt)  ## Co-integrated series is given.
alpha:
             Aaa    Baa
[1,] -0.000976 0.0636
standard error
       [,1]   [,2]
[1,] 0.0347 0.0306
AR coefficient matrix
AR( 1 )-matrix
      Aaa      Baa
Aaa 0.452 -0.00144
Baa 0.293  0.20386
standard error
       [,1]   [,2]
[1,] 0.0879 0.1008
[2,] 0.0774 0.0887
AR( 2 )-matrix
       Aaa    Baa
Aaa -0.300 0.0536
Baa -0.151 0.0275
standard error
       [,1]   [,2]
[1,] 0.0860 0.0940
[2,] 0.0757 0.0827
-----
Residuals cov-mtx:
           Aaa        Baa
Aaa 0.04008513 0.03167097
Baa 0.03167097 0.03105743
-----
AIC =  -8.294184; BIC =  -8.221741
> m2=refECMvar1(m1) ## Refine the model
alpha:
     [,1]   [,2]
[1,]    0 0.0627
standard error
     [,1]   [,2]
[1,]    1 0.0304
AR coefficient matrix
AR( 1 )-matrix
      [,1]  [,2]
[1,] 0.448 0.000
[2,] 0.286 0.212
standard error
       [,1]   [,2]
[1,] 0.0393 1.0000
[2,] 0.0746 0.0855
AR( 2 )-matrix
       [,1] [,2]
[1,] -0.256    0
[2,] -0.129    0
standard error
```

```
        [,1] [,2]
[1,] 0.0393    1
[2,] 0.0382    1
-----
Residuals cov-mtx:
           [,1]       [,2]
[1,] 0.04010853 0.03168199
[2,] 0.03168199 0.03106309
-----
AIC =  -8.306263; BIC =  -8.262797
> m3=ECMvar(bnd,3,beta,include.const=F) % Joint estimation
Order p:  3  Co-integrating rank:  1
Number of parameters:  11
alpha:
          [,1]
[1,] -0.000786
[2,]  0.063779
standard error
       [,1]
[1,] 0.0354
[2,] 0.0311
beta:
       [,1]
[1,]  1.000
[2,] -0.887
standard error
       [,1]
[1,] 1.0000
[2,] 0.0055
AR coefficient matrix
AR( 1 )-matrix
      [,1]     [,2]
[1,] 0.452 -0.00141
[2,] 0.293  0.20392
standard error
       [,1]  [,2]
[1,] 0.0896 0.103
[2,] 0.0786 0.090
AR( 2 )-matrix
       [,1]   [,2]
[1,] -0.300 0.0536
[2,] -0.151 0.0276
standard error
       [,1]   [,2]
[1,] 0.0860 0.0939
[2,] 0.0757 0.0827
-----
Residuals cov-mtx:
          Aaa        Baa
Aaa 0.0399535 0.03156630
Baa 0.0315663 0.03095427
-----
AIC =  -8.297496;  BIC =  -8.217807
```

5.10.2　简化回归模型

对 VAR 模型评估 ECM 的另一种方法是简化秩回归方法。对于给定的 $m=\text{Rank}(\Pi)$，

ECM 可以变为简化(reduced)秩多元回归，并因此可以对其进行估计。与 5.9.4 节提到的一样，$\boldsymbol{\beta}$ 的估计为 $\hat{\boldsymbol{\beta}}=[\boldsymbol{g}_1, \cdots, \boldsymbol{g}_m]$。根据此估计，可以通过利用适当的标准化方法和约束条件得到标准化估计量 $\hat{\boldsymbol{\beta}}_c$。例如，可以利用 5.8 节的参数化方法。

接下来，给定 $\hat{\boldsymbol{\beta}}_c$，通过以下多元线性回归得到其他参数的估计值，

$$\Delta \boldsymbol{z}_t = \boldsymbol{\alpha}_c(\hat{\boldsymbol{\beta}}'_c \boldsymbol{z}_{t-1}) + \sum_{i=1}^{p-1} \boldsymbol{\phi}_i^* \Delta \boldsymbol{z}_{t-i} + \boldsymbol{c}(t) + \boldsymbol{a}_t$$

其中，$\boldsymbol{\alpha}$ 的下标“c”用来表示它与 $\hat{\boldsymbol{\beta}}_c$ 的相依性。基于 m 个协整向量的极大似然函数为

$$\ell^{-2/T} \propto |\hat{\boldsymbol{\Sigma}}_{00}| \prod_{i=1}^{m} (1-\lambda_i)$$ 315~317

对于 $\boldsymbol{\alpha}_c$ 和 $\boldsymbol{\beta}_c$ 的正交补集的估计值由下式给出，

$$\hat{\boldsymbol{\alpha}}_{c,\perp} = \hat{\boldsymbol{\Sigma}}_{00}^{-1} \hat{\boldsymbol{\Sigma}}_{11} [\boldsymbol{g}_{m+1}, \cdots, \boldsymbol{g}_k] \tag{5-96}$$

$$\hat{\boldsymbol{\beta}}_{c,\perp} = \hat{\boldsymbol{\Sigma}}_{11} [\boldsymbol{g}_{m+1}, \cdots, \boldsymbol{g}_k] \tag{5-97}$$

最后，误差修正模型(ECM)的左乘正交补集 $\boldsymbol{\alpha}'_\perp$，得到

$$\boldsymbol{\alpha}'_\perp (\Delta \boldsymbol{z}_t) = \boldsymbol{\alpha}'_\perp \boldsymbol{\alpha}\boldsymbol{\beta}' \boldsymbol{z}_{t-1} + \sum_{i=1}^{p} \boldsymbol{\alpha}'_\perp \boldsymbol{\phi}_i^* \Delta \boldsymbol{z}_{t-i} + \boldsymbol{\alpha}'_\perp [\boldsymbol{c}(t) + \boldsymbol{a}_t]$$

因为 $\boldsymbol{\alpha}'_\perp \boldsymbol{\alpha}=\boldsymbol{0}$，所以上式可以变为：

$$\boldsymbol{\alpha}'_\perp (\Delta \boldsymbol{z}_t) = \sum_{i=1}^{p} \boldsymbol{\alpha}'_\perp \boldsymbol{\phi}_i^* \Delta \boldsymbol{z}_{t-i} + \boldsymbol{\alpha}'_\perp [\boldsymbol{c}(t) + \boldsymbol{a}_t]$$

简化后的方程中不包含任何误差修正项。因此，$\boldsymbol{y}_t=\boldsymbol{\alpha}'_\perp \boldsymbol{z}_t$ 有 $k-m$ 个单位根，它表示 $\boldsymbol{z}_t$ 的共同趋势。根据式(5-96)和式(5-97)，使用 $\boldsymbol{y}_t$ 作为总趋势与 5.9 节所得到的结论是一致的。

5.10.3 VARMA 模型

上一节讨论的 VAR 过程的误差修正模型的 QMLE 可以扩展到 VARMA 过程的式(5-67)中的误差修正模型。同样，我们采用 5.8 节的参数化方法，令 $\boldsymbol{\beta}'=[\boldsymbol{I}_m, \boldsymbol{\beta}'_1]$。则一般模型变为

$$\Delta \boldsymbol{z}_t = \boldsymbol{\alpha}\boldsymbol{\beta}' \boldsymbol{z}_{t-1} + \sum_{i=1}^{p-1} \boldsymbol{\Phi}_i^* \Delta \boldsymbol{z}_{t-i} + \boldsymbol{c}(t) - \sum_{j=1}^{q} \boldsymbol{\Theta}_j \boldsymbol{a}_{t-j} + \boldsymbol{a}_t \tag{5-98}$$

在对新息 $\boldsymbol{a}_t$ 的估计中，可以采用与第 3 章中对 VARMA 模型估计的相似的方法，并对其进行微改进(minor modification)。对于 MA 模型的初始值的确定可以采用两步法。第一步，对于高阶 VAR 模型进行估计，得到 $\hat{\boldsymbol{a}}_t$；第二步，将 $\hat{\boldsymbol{a}}_t$ 作为已知量，在协整分析中用 $\boldsymbol{w}_t$ 代替$\boldsymbol{\beta}' \boldsymbol{z}_{t-1}$采用最小二乘法对式(5-98)中的模型进行估计。

注记： 5.2.1 节点的误差修正模型使用传统的 VARM 模型表达式，在该模型中 AR 矩阵多项式从 $\boldsymbol{I}_k$ 开始。如果将用任意的严格定义的 $k \times k$ 矩阵 $\boldsymbol{\Phi}_0$ 代替 $\boldsymbol{I}_k$，则结论仍成立。更具体地，式(5-40)变为：

$$\begin{aligned}\boldsymbol{\Phi}(B) &= \boldsymbol{\Phi}_0 - \boldsymbol{\Phi}_1 B - \cdots - \boldsymbol{\Phi}_p B^p \\ &= \boldsymbol{\Phi}_0 - \boldsymbol{\Pi}^* - (\boldsymbol{\Phi}^* B + \cdots + \boldsymbol{\Phi}_{p-1}^* B^{p-1})(1-B)\end{aligned} \tag{5-99}$$ 318

$\boldsymbol{\Pi}^*$ 和 $\boldsymbol{\Phi}_i^*$ 保持不变，而式(5-42)变为：

$$\boldsymbol{\Phi}_0 \Delta \boldsymbol{z}_t = \boldsymbol{\Pi} \boldsymbol{z}_{t-1} + \sum_{j=1}^{p-1} \boldsymbol{\Phi}_j^* \Delta \boldsymbol{z}_{t-j} + \boldsymbol{c}(t) + \boldsymbol{\Theta}(B) \boldsymbol{a}_t \tag{5-100}$$

其中，$\boldsymbol{\Pi}=\boldsymbol{\Phi}_1+\cdots+\boldsymbol{\Phi}_p-\boldsymbol{\Phi}_0$，并且与之前证明过程一样，我们有 $\boldsymbol{\Pi}=-\boldsymbol{\Phi}(1)$。 □

5.11 应用

在本节中，我们使用两个美国季度宏观经济变量和两个利率给出协整分析的实例。使用的数据如下所示：

- z_{1t}：美国实际国民生产总值(GNP)的对数数据，单位为 10 亿美元，以 2005 年美元为基准并进行了季节调整。
- z_{2t}：美国 3 个月期国债利率，其计算方法为对同一季度内的月利率取平均值。
- z_{3t}：美国 M1 货币存量(M1)的对数数据，数据为月数据的平均值，单位为 10 亿美元，以 2005 年美元为基准并进行了季节调整。
- z_{4t}：表示美国 10 年期国债利率，数据获取方法与 z_{2t} 的获取方法相同。

样本区间为 1959 年第一季度到 2012 年第二季度，共计 214 个观测值。数据来自美国圣路易斯联邦储备银行。图 5-6 显示了上述 4 个序列的时序图。与预期的一样，实际的 GNP 和 M1 货币存量显示出明显的上升趋势，而另外两个利率序列并不存在这种趋势。另一方面，两个利率序列表现出平行变化性，并且期限较短的利率序列的波动性较大。

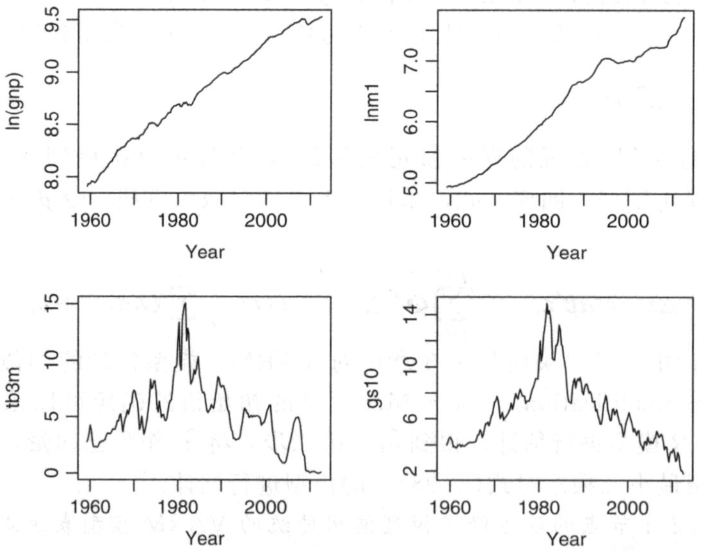

图 5-6　美国季度宏观经济变量和利率时序图。图中的 4 个序列分别为国民生产总值的对数序列、3 个月期国债利率序列、M1 货币存量的对数序列和 10 年期国债利率序列。样本区间为 1959 年到 2012 年第 2 个季度

一元单位根检验，例如，增广 Dickey-Fuller 检验，证实了上述 4 个序列均为单位根非平稳序列。为了应用协整检验，我们使用 VAR 模型。基于 Akaike 准则，我们采用 VAR(6)模型。BIC 准则和 HQ 准则均采用 VAR(2)模型，而连续性卡方检验也支持 VAR(6)模型。下面，我们在协整检验中使用 VAR(5)模型，在估计中使用 VAR(6)设定。在对模型设定中出现偏差(discrepancy)，因为我们的分析指出在 Johansen 检验中使用 $K=5$ 提供了协整过程的更好解释。由于实际国民生产总值 GNP 和 M1 货币存量均存在正向的漂移项，所以差分数据的常数向量不是 0。令 $K=5$ 和 $c(t)=\boldsymbol{c}_0$，协整检验显示特征值分别为 0.192 2、0.135 7、0.040 0 和 0.020 1。检验统计量和一些临界值参见表 5-1。从表 5-1 中可以看出，我们不能拒绝 $m=2$ 的原假设。两个协整向量分别为 $\boldsymbol{g}_1=(1, -0.282, -0.792, 0.313)'$ 和 $\boldsymbol{g}_2=(1, -0.780, -0.673, 0.773)'$。这两个特征向量都是标准化的，因此每个向量的第一个元素均为 1。

表 5-1　基于 VAR(5)模型对美国 4 维季度时间序列的协整性检验，其中包括两个宏观经济变量和两个利率

H_0:	$L_{\max}$	5%	1%	L_{tr}	5%	1%
$m\leqslant 3$	4.25	9.24	12.97	4.25	9.24	12.97
$m\leqslant 2$	8.53	15.67	20.20	12.79	19.96	24.60
$m\leqslant 1$	30.47	22.00	26.81	43.26	34.91	41.07
$m=0$	44.61	28.14	33.24	87.87	53.12	60.16

注：样本区间为 1959 年到 2012 年第二季度共计 214 个观测值。

令 $\hat{\boldsymbol{\beta}}=[\boldsymbol{g}_1, \boldsymbol{g}_2]$，$\boldsymbol{w}_t=(w_{1t}, w_{2t})'=\hat{\boldsymbol{\beta}}'\boldsymbol{z}_t$。图 5-7 给出了协整序列 w_{it} 的时序图和样本自相关性函数。从图中可以看出，w_{it} 序列确实表现出平稳时间序列的行为。增广 Dickay-Fuller 检验进一步说明这两个整合序列均为单位根平稳序列。w_{1t} 和 w_{2t} 的检验统计量分别为 -3.87 和 -4.37。这些检验基于一元 AR(6)模型且 p 值接近 0.01，这表明在传统 5%水

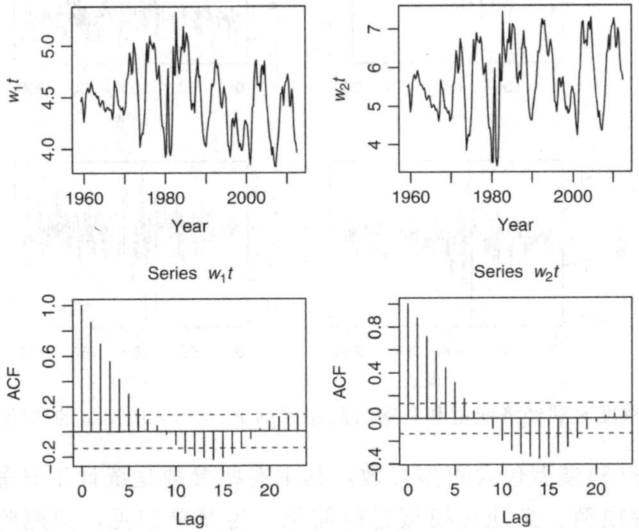

图 5-7　美国季度宏观经济变量和利率时间序列的协整序列的时间图和样本自相关

平下拒绝单位根原假设。

假设协整过程 w_t 已知，我们对上述 4 维季度序列 ECM-VAR(6)模型进行估计。该模型很好地拟合数据。图 5-8 给出了拟合 ECM 模型的残差的 Ljung-Box 检验统计量的 p 值，图 5-9 给出了相应残差的时序图。图 5-9 中显示残差的波动性可能是随时间变化的。换句话说，残差表现出条件异方差性，对于这种情况，我们将在第 7 章的多元波动率模型中解决。

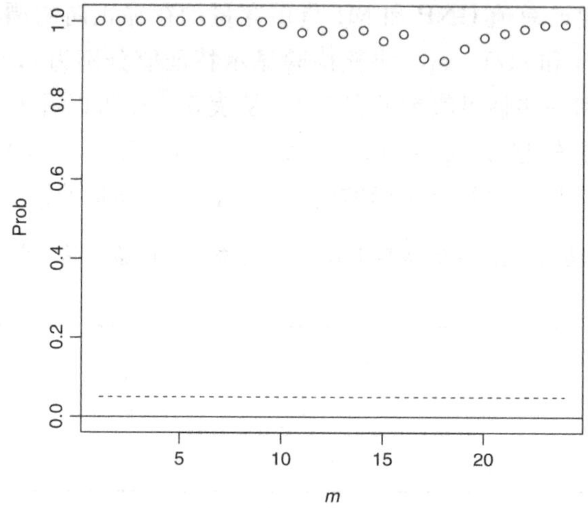

图 5-8　美国季度宏观经济变量和利率时间序列的 ECM-VAR 模型的残差的 Ljung-Box 检验统计量的 p 值图

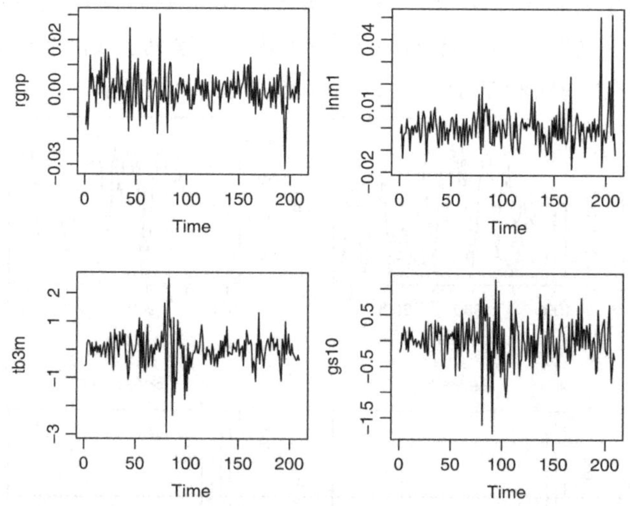

图 5-9　美国季度宏观经济变量和利率时间序列的 ECM-VAR 模型的残差序列的时序图

拟合 ECM-VAR(6)模型包含很多参数，其中有些参数是统计不显著的，这些不显著的参数不能很好地解释模型。必须对模型进行简化。为简单起见，只删除那些 t 比率的模数小于 0.8 的参数。对于 0.8 的选取是任意的。我们选择 0.8，因为不希望同时删除过多的

参数。简化模型仍然有些复杂，但是我们有

$$\hat{\boldsymbol{\alpha}}' = \begin{bmatrix} 0.0084 & 0 & 0.0053 & 0 \\ 0 & 0.172 & 0 & -0.150 \end{bmatrix}$$

其中，在传统 5%水平下，所有估计都是统计显著的。这种特殊的结构表明(a)Δz_{1t}和 Δz_{3t}与 $w_{1,t-1}$有关，与 $w_{2,t-1}$ 无关；(b)另一方面，Δz_{2t} 和 Δz_{4t} 取决于 $w_{2,t-1}$ 而不取决于 $w_{1,t-1}$。由于 z_{1t}和 z_{3t}为宏观经济变量，而 z_{2t}和 z_{4t}为利率序列，所以在误差修正模型中需要分别对它们做出不同的调整。很容易看到 319~322

$$\hat{\boldsymbol{\alpha}}'_{\perp} = \begin{bmatrix} 0.0053 & 0 & -0.0084 & 0 \\ 0 & 0.150 & 0 & 0.172 \end{bmatrix}$$

由于 $\hat{\boldsymbol{\alpha}}'_{\perp} z_t$ 给出共同趋势，所以我们看到这两个共同趋势分别由宏观经济变量和利率组成。故观察到图 5-6 中的时序图这样的特征也不足为奇。

R 代码示例：协整分析。编辑输出。

```
> require(MTS)
> da=read.table("q-4macro.txt",header=T)
> head(da)
  year mon day  rgnp     tb3m     gs10     m1sk
1 1959   1   1 2725.1 2.773333 3.990000 139.3333
> tail(da)
    year mon day    rgnp       tb3m     gs10     m1sk
214 2012   4   1 13768.7 0.08666667 1.823333 2252.500
> zt=cbind(log(da$rgnp),da$tb3m,log(da$m1sk),da$gs10)
> colnames(zt) <- c("rgnp","tb3m","lnm1","gs10")
> m1=VARorderI(zt) % Order selection using different sample
sizes
selected order: aic =  6
selected order: bic =  2
selected order: hq =  2
M statistic and its p-value
        Mstat        pv
 [1,] 4512.65 0.000e+00
 [2,]  150.07 0.000e+00
 [3,]   47.98 4.776e-05
 [4,]   32.28 9.206e-03
 [5,]   19.24 2.564e-01
 [6,]   55.17 3.335e-06
 [7,]   22.17 1.379e-01
 [8,]   27.65 3.479e-02
 [9,]   22.97 1.147e-01
[10,]   27.71 3.423e-02
[11,]   15.20 5.097e-01
[12,]   18.21 3.118e-01
[13,]   29.04 2.368e-02
> require(fUnitRoots); require(urca)
> m2=ca.jo(zt,K=5,ecdet=c("const"),spec=c("transitory"))
> summary(m2)
######################
# Johansen-Procedure #
######################
Test type: maximal eigenvalue statistic (lambda max),
without linear trend and constant in cointegration.
Eigenvalues (lambda):
```

```
[1] 1.922074e-01 1.356749e-01 4.000707e-02 2.014771e-02
   -7.820871e-18

Values of teststatistic and critical values of test:
          test 10pct  5pct  1pct
r <= 3 |  4.25  7.52  9.24 12.97
r <= 2 |  8.53 13.75 15.67 20.20
r <= 1 | 30.47 19.77 22.00 26.81
r = 0  | 44.61 25.56 28.14 33.24

Eigenvectors, normalised to first column:(the cointegration
relations)
            rgnp.l1    tb3m.l1     lnm1.l1      gs10.l1   constant
rgnp.l1    1.0000000  1.0000000  1.00000000  1.000000000  1.0000000
tb3m.l1   -0.2819887 -0.7797076 -0.01416840 -0.045476665  0.0396296
lnm1.l1   -0.7919986 -0.6729377 -0.53816014 -0.761616376 -0.1692782
gs10.l1    0.3133461  0.7725252  0.03191589  0.005341667 -0.1914556
constant -3.7262634 -5.9350635 -5.60843447 -3.891464213 -6.4644984

> m3=ca.jo(zt,K=5,ecdet=c("const"),spec=c("transitory"),
  type=c("trace"))
> summary(m3)
######################
# Johansen-Procedure #
######################
Test type: trace statistic,
   without linear trend and constant in cointegration
Values of teststatistic and critical values of test:
          test 10pct  5pct  1pct
r <= 3 |  4.25  7.52  9.24 12.97
r <= 2 | 12.79 17.85 19.96 24.60
r <= 1 | 43.26 32.00 34.91 41.07
r = 0  | 87.87 49.65 53.12 60.16

> w1t=zt[,1]-0.282*zt[,2]-0.792*zt[,3]+0.313*zt[,4]
> w2t=zt[,1]-0.780*zt[,2]-0.673*zt[,3]+0.773*zt[,4]
> adfTest(w1t,lags=6,type="c")
Title: Augmented Dickey-Fuller Test
Test Results:  STATISTIC:
    Dickey-Fuller: -3.8739
  P VALUE:    0.01
> adfTest(w2t,lags=6,type="c")
Title: Augmented Dickey-Fuller Test
Test Results:  STATISTIC:
    Dickey-Fuller: -4.3688
  P VALUE:    0.01
> wt=cbind(w1t,w2t)
> m3=ECMvar1(zt,6,wt;include.const=T) % Estimation
alpha:
         w1t       w2t
rgnp 0.00974 -0.000622
tb3m 0.11632  0.139180
lnm1 0.00809 -0.000992
gs10 0.05296 -0.161531
standard error
        [,1]    [,2]
[1,] 0.00348 0.00113
[2,] 0.28304 0.09213
[3,] 0.00397 0.00129
[4,] 0.19919 0.06484
```

```
constant term:
   rgnp    tb3m    lnm1    gs10
-0.0325 -1.5371 -0.0263  0.5819
standard error
[1] 0.0120 0.9763 0.0137 0.6870
AR coefficient matrix
AR( 1 )-matrix
       rgnp     tb3m     lnm1      gs10
rgnp  0.193  0.00422 -0.0914 -0.00233
tb3m 14.982  0.45321  0.4497 -0.08414
lnm1 -0.069 -0.00208  0.4453 -0.00471
gs10  7.415  0.06947  0.9398  0.13990
standard error
       [,1]    [,2]   [,3]    [,4]
[1,] 0.0711 0.00120 0.0600 0.00153
[2,] 5.7750 0.09744 4.8721 0.12405
[3,] 0.0809 0.00137 0.0683 0.00174
[4,] 4.0641 0.06857 3.4286 0.08730
 .....
AR( 5 )-matrix
        rgnp      tb3m    lnm1     gs10
rgnp -0.0693 -7.74e-06 -0.0105 -0.00221
tb3m  6.9776  3.49e-01  6.1031 -0.30925
lnm1  0.0901  7.11e-05  0.0987  0.00281
gs10 -4.0396  1.29e-01  7.3253 -0.30182
standard error
       [,1]    [,2]   [,3]    [,4]
[1,] 0.0672 0.00108 0.0665 0.00155
[2,] 5.4602 0.08787 5.4045 0.12577
[3,] 0.0765 0.00123 0.0757 0.00176
[4,] 3.8426 0.06184 3.8033 0.08851
-----
Residuals cov-mtx:
              rgnp          tb3m          lnm1          gs10
rgnp  5.349817e-05  0.0010139262 -7.142742e-06  0.0006583782
tb3m  1.013926e-03  0.3529833289 -1.493661e-04  0.1646324845
lnm1 -7.142742e-06 -0.0001493661  6.933185e-05 -0.0001368415
gs10  6.583782e-04  0.1646324845 -1.368415e-04  0.1748132824

AIC =  -21.99356; BIC =  -20.54651
> MTSdiag(m3)  % Model checking
[1] "Covariance matrix:"
          rgnp     tb3m      lnm1      gs10
rgnp  5.38e-05  0.00102 -7.18e-06  0.000662
tb3m  1.02e-03  0.35468 -1.50e-04  0.165424
lnm1 -7.18e-06 -0.00015  6.97e-05 -0.000137
gs10  6.62e-04  0.16542 -1.37e-04  0.175654
CCM at lag:  0
       [,1]    [,2]    [,3]    [,4]
[1,]  1.000  0.2333 -0.1173  0.2153
[2,]  0.233  1.0000 -0.0302  0.6628
[3,] -0.117 -0.0302  1.0000 -0.0393
[4,]  0.215  0.6628 -0.0393  1.0000
> m4=refECMvar1(m3,thres=0.8)  # Refinement
alpha:
        [,1]   [,2]
[1,] 0.00836  0.000
[2,] 0.00000  0.172
[3,] 0.00528  0.000
[4,] 0.00000 -0.150
standard error
        [,1]   [,2]
```

```
[1,] 0.00233 1.0000
[2,] 1.00000 0.0702
[3,] 0.00224 1.0000
[4,] 1.00000 0.0483
constant term:
[1] -0.0301 -1.2372 -0.0196  0.7577
standard error
[1] 0.00976 0.36863 0.00954 0.25755
AR coefficient matrix
AR( 1 )-matrix
       [,1]     [,2]    [,3]     [,4]
[1,]  0.196  0.00415 -0.0893 -0.00219
[2,] 14.986  0.39745  0.0000  0.00000
[3,] -0.062 -0.00227  0.4339 -0.00445
[4,]  7.860  0.06760  0.0000  0.13433
standard error
       [,1]    [,2]   [,3]    [,4]
[1,] 0.0696 0.00112 0.0598 0.00145
[2,] 5.5469 0.07110 1.0000 1.00000
[3,] 0.0757 0.00117 0.0631 0.00159
[4,] 3.8226 0.06224 1.0000 0.08164
....
```

5.12 讨论

323~326 协整关系是一个很有趣的概念，它在很多科学领域中都备受关注，并且它具有很广泛的应用。例如，协整关系曾经多次用于金融领域中作为配对交易的理论依据。例如，可以参考 Tasy(2010，第 8 章)。但是，协整关系也有缺陷。首先，协整关系并不能解决长期均衡比率的问题。这与均值回归的速率有关。例如，如果协整序列 $\boldsymbol{w}_t=\boldsymbol{\beta}'\boldsymbol{z}_t$ 有一个接近单位圆的特征根，那么协整关系需要经过一个很长的时间才能实现。其次，协整检验具有标度不变性(scale invariant)。例如，z_t 的分量序列乘以 $k\times k$ 非奇异矩阵不会改变协整检验的结果。但是，在实际中，标度是一个很重要的量。接下来我们将给出两个简单的例子。

例 5.2　假设$\{\boldsymbol{a}_t\}$是一个独立同分布二元正态随机向量序列，并且其均值为 0，协方差矩阵 $\mathrm{Cov}(\boldsymbol{a}_t)=\boldsymbol{I}_2$。令 $\boldsymbol{y}_0=\boldsymbol{0}$ 并定义 $\boldsymbol{y}_t=\boldsymbol{y}_{t-1}+\boldsymbol{a}_t$。即 $\boldsymbol{y}_t$ 的分量为一元随机游走过程。令 $\boldsymbol{z}_{1t}=10\,000y_{1t}+(1/10\,000)y_{2t}$，$z_{2t}=10\,000y_{1t}-(1/10\,000)y_{2t}$。显然，$\boldsymbol{z}_t$ 序列有两个单位根，即 z_{1t}和 z_{2t}不是协整的。但是，由于标度的作用，对于在实际中用到的任何合理的样本大小来说，z_{1t}和 z_{2t}的应该一起移动到足够靠近。实际上，对于适当的 T，ℓ 步超前点预测 $z_{1,T}(\ell)$和 $z_{2,T}(\ell)$对于任意的 ℓ，都应该非常接近。因此，拒绝协整关系也不能说明这两个预测序列预测离得很远。 □

例 5.3　假设$\{\boldsymbol{a}_t\}$的定义与例 5.2 中相同。但是通过 $y_{1t}=0.9y_{1,t-1}+a_{1t}$和 $y_{2t}=y_{2,t-1}+a_{2t}$来构建 $\boldsymbol{y}_t$ 序列。定义 $z_{1t}=(1/10\,000)y_{2t}-10\,000y_{1t}$和 $z_{2t}=(1/10\,000)y_{2t}+10\,000y_{1t}$。在这种情况下，$\boldsymbol{z}_t$ 有单一的单位根，并且它的两个分量序列具有协整关系，协整向量为$(1，-1)'$。但是，对于适当的 T 和 ℓ，ℓ 步超前预测 $z_{1,T}(\ell)$和 $z_{2,T}(\ell)$却非常不同。这个例子说明，在预测中，协整系统中的协整关系可能需要经过很长的时间才能显现出来。 □

5.13 附录

引理 5.3 的证明。部分和是

$$\begin{aligned}
\boldsymbol{S}_t &= \sum_{s=1}^{t} \boldsymbol{y}_s = \sum_{s=1}^{T}\sum_{j=0}^{\infty} \boldsymbol{\psi}_j \boldsymbol{a}_{s-j} \\
&= [\boldsymbol{\psi}_0 \boldsymbol{a}_t + \boldsymbol{\psi}_1 \boldsymbol{a}_{t-1} + \boldsymbol{\psi}_2 \boldsymbol{a}_{t-2} + \cdots + \boldsymbol{\psi}_t \boldsymbol{a}_0 + \boldsymbol{\psi}_{t+1} \boldsymbol{a}_{-1} + \cdots] \\
&\quad + [\boldsymbol{\psi}_0 \boldsymbol{a}_{t-1} + \boldsymbol{\psi}_1 \boldsymbol{a}_{t-2} + \boldsymbol{\psi}_2 \boldsymbol{a}_{t-3} + \cdots + \boldsymbol{\psi}_{t-1} \boldsymbol{a}_0 + \boldsymbol{\psi}_t \boldsymbol{a}_{-1} + \cdots] \\
&\quad + \cdots + [\boldsymbol{\psi}_0 \boldsymbol{a}_1 + \boldsymbol{\psi}_1 \boldsymbol{a}_0 + \boldsymbol{\psi}_2 \boldsymbol{a}_{-1} + \cdots] \\
&= \boldsymbol{\psi}_0 \boldsymbol{a}_t + (\boldsymbol{\psi}_0 + \boldsymbol{\psi}_1)\boldsymbol{a}_{t-1} + (\boldsymbol{\psi}_0 + \boldsymbol{\psi}_1 + \boldsymbol{\psi}_2)\boldsymbol{a}_{t-2} + \cdots \\
&\quad + (\boldsymbol{\psi}_0 + \cdots + \boldsymbol{\psi}_{t-1})\boldsymbol{a}_1 + (\boldsymbol{\psi}_1 + \cdots \boldsymbol{\psi}_t)\boldsymbol{a}_0 + (\boldsymbol{\psi}_2 + \cdots + \boldsymbol{\psi}_{t+1})\boldsymbol{a}_{-1} + \cdots \\
&= \boldsymbol{\psi}(1)\boldsymbol{a}_t - \left[\sum_{v=1}^{\infty}\boldsymbol{\psi}_v\right]\boldsymbol{a}_t + \boldsymbol{\psi}(1)\boldsymbol{a}_{t-1} - \left[\sum_{v=2}^{\infty}\boldsymbol{\psi}_v\right]\boldsymbol{a}_{t-1} + \cdots \\
&\quad + \boldsymbol{\psi}(1)\boldsymbol{a}_1 - \left[\sum_{v=t}^{\infty}\boldsymbol{\psi}_v\right]\boldsymbol{a}_1 + \left[\sum_{v=1}^{\infty}\boldsymbol{\psi}_v\right]\boldsymbol{a}_0 - \left[\sum_{v=t+1}^{\infty}\boldsymbol{\psi}_v\right]\boldsymbol{a}_0 \\
&\quad + \left[\sum_{v=2}^{\infty}\boldsymbol{\psi}_v\right]\boldsymbol{a}_{-1} - \left[\sum_{v=t+2}^{\infty}\boldsymbol{\psi}_v\right]\boldsymbol{a}_{-1} + \cdots
\end{aligned}$$ 327

因此，

$$\boldsymbol{S}_t = \boldsymbol{\psi}(1)\sum_{s=1}^{t}\boldsymbol{a}_t + \boldsymbol{\eta}_t - \boldsymbol{\eta}_0$$

其中，

$$\boldsymbol{\eta}_t = -\left[\sum_{v=1}^{\infty}\boldsymbol{\psi}_v\right]\boldsymbol{a}_t - \left[\sum_{v=2}^{\infty}\boldsymbol{\psi}_v\right]\boldsymbol{a}_{t-1} - \left[\sum_{v=3}^{\infty}\boldsymbol{\psi}_v\right]\boldsymbol{a}_{t-2} - \cdots$$

$$\boldsymbol{\eta}_0 = -\left[\sum_{v=1}^{\infty}\boldsymbol{\psi}_v\right]\boldsymbol{a}_0 - \left[\sum_{v=2}^{\infty}\boldsymbol{\psi}_v\right]\boldsymbol{a}_{-1} - \left[\sum_{v=3}^{\infty}\boldsymbol{\psi}_v\right]\boldsymbol{a}_{-2} - \cdots$$

根据上面的推导，我们有 $\boldsymbol{\eta}_t = \sum_{j=1}^{\infty}\boldsymbol{\alpha}_j \boldsymbol{a}_{t-j}$，其中 $\boldsymbol{\alpha}_j = -\sum_{v=j+1}^{\infty}\boldsymbol{\psi}_v$。记 $\boldsymbol{\alpha}_v = [\alpha_{v,ij}]$，$i$，$j=1$，…$k$，则可以得到

$$\begin{aligned}
\sum_{v=1}^{\infty}|\alpha_{v,ij}| &= |\psi_{1,ij} + \psi_{2,ij} + \cdots| + |\psi_{2,ij} + \psi_{3,ij} + \cdots| \\
&\leqslant [|\psi_{1,ij}| + |\psi_{2,ij}| + \cdots] + [|\psi_{3,ij}| + |\psi_{4,ij}| + \cdots] + \cdots \\
&= |\psi_{1,ij}| + 2|\psi_{2,ij}| + 3|\psi_{3,ij}| + \cdots = \sum_{v=1}^{\infty} v|\psi_{v,ij}| < \infty
\end{aligned}$$

因此，$\{\boldsymbol{\alpha}_v\}_{v=1}^{\infty}$ 是绝对可和的。

练习

5.1　推导式(5-68)中的 VAR(p)模型的误差修正序列。

5.2　考虑英国、加拿大和美国季度实际国内生产总值(GDP)，时间为 1980 年第一季度到
328 2011 年第二季度。数据来自美国圣路易斯联邦储备银行(FRED)。令 z_t 为对数 GDP 序列。

(a) 对于序列 z_t，信息准则建议 VAR(3)模型。基于 VAR(3)模型，序列 z_t 在 5%水平下是协整的吗？为什么？

(b) 一共有多少个协整向量？写出所有的协整向量。

(c) 计算出所有的协整序列 w_t。执行单位根检验来确定 w_t 的分量的平稳性。写出在 5%显著性水平下的显著性分析。

(d) 为序列 z_t 建立 ECM-VAR 模型，执行模型检验并写出拟合模型。

5.3　澳大利亚 Billiton Ltd 公司和巴西 Vale S. A 公司的股票的每日收盘价分别为 BHP 和 VALE。数据来自雅虎财经，样本区间为 2002 年 7 月 1 日到 2006 年 3 月 31 日。在本练习中我们使用对数调整的价格。调整是为了股票拆分和分红。可以参阅 Tsay (2010，第 8 章)，这里使用数据做配对交易分析。数据文件名为 d-bhpvale-0206.txt。令 z_t 为对数调整的收盘价序列。

(a) 上述两个序列存在协整关系吗？为什么？

(b) 存在协整向量吗？如果存在，请列出。

(c) 为序列 z_t 创建 ECM-VAR 模型。

5.4　考虑从 1959 年 1 月到 2012 年 3 月美国月个人消费支出(PEC)数据和个人可支配收入(DSPI)。数据来自美国圣路易斯联邦储备银行，数据单位为 10 亿美元，并根据季度变化做出适当调整。令序列 z_t 为 PEC 和 DSPI 数据的对数序列，数据文件名分别为 m-pce.txt 和 m-dspi.txt。

(a) z_t 的分量存在协整关系吗？为什么？

(b) 存在协整向量吗？如果存在，请列出。

(c) 执行协整序列的一元分析来确定其平稳性。

(d) 为 z_t 创建 ECM-VAR 模型，包括模型检验。写出拟合模型。

5.5　考虑从 1948 年 1 月到 2012 年 12 月美国男女人口数量。数据来自美国圣路易斯联邦储备银行，数据以 10 万(thousands)为单位。文件名分别为 m-popmen.txt 和 m-popwomen.txt。令 z_t 为美国月男女人口数量的对数序列。

(a) 上述两个人口序列存在协整关系吗？为什么？

(b) 为 z_t 构建 VARMA 模型，包括模型检验。写出拟合模型。

329 (c) 以 2012 年 12 月为预测原点，使用拟合模型产生 z_t 的 1 步～3 步超前预测。

5.6　考虑经济合作与发展组织中 4 个国家的年度实际国内生产总值，这 4 个国家分别为：(a)美国；(b)德国；(c)英国；(d)法国。实际 GDP 的值基于 2011 年美国货币价格，数

据来自美国圣路易斯联邦储备银行，样本区间为 1960 年到 2011 年，共 52 个观测数据。数据文件名a-rgdp-per-4.txt。令 z_t 为数据的对数序列。

(a) 用 $K=2$ 来执行协整检验。长期 GDP 序列间存在协整关系吗？为什么？

(b) 是否存在协整向量？请列出所有的协整向量。

(c) 执行单位根检验以便确定协整过程的平稳性。

(d) 为 z_t 创建 ECM-VAR 模型，包括模型检验。写出拟合模型。

5.7 对于练习 5-6 中提到的美国和英国年度实际国内生产总值。以 2011 年为预测原点，用多元指数平滑方法产生这两个实际 GDP 序列的 1 步超前预测。

参考文献

Ahn, S. K. and Reinsel, G. C. (1990). Estimation for partially nonstationary multivariate autoregressive models. *Journal of the American Statistical Association*, **85**: 849–856.

Billingsley, P. (1999). *Convergence of Probability Measures*. 2nd Edition. John Wiley & Sons, Inc, New York.

Billingsley, P. (2012). *Probability and Measures*. Anniversary Edition. John Wiley & Sons, Inc, Hoboken, N.J.

Box, G. E. P. and Tiao, G. C. (1977). A canonical analysis of multiple time series. *Biometrika*, **64**: 355–366.

Campbell, J. Y. and Shiller, R. J. (1988). The dividend-price ratio and expectations of future dividends and discount factors. *Review of Financial Studies*, **1**: 195–228.

Chan, N. H. (1989). Asymptotic inference for unstable autoregressive time series with drifts. *Journal of Statistical Planning and Inference*, **23**: 301–312.

Chan, N. H. and Wei, C. Z. (1988). Limiting distributions of least squares estimates of unstable autoregressive processes. *Annals of Statistics*, **16**: 367–401.

Dickey, D. A. and Fuller, W. A. (1979). Distribution of the estimators for autoregressive time series with a unit root. *Journal of the American Statistical Association*, **74**: 427–431.

Donsker, M. (1951). An invariance principle for certain probability limit theorems. *Memoirs American Mathematical Society* No. 6.

Engle, R. F. and Granger, C. W. J. (1987). Cointegration and error correction: Representation, estimation and testing. *Econometrica*, **55**, 251–276.

Fuller, W. A. (1976). *Introduction to Statistical Time Series*. John Wiley & Sons, Inc, New York.

Granger, C. W. J. (1983). Cointegrated variables and error-correcting models. Unpublished discussion paper 83-13. Department of Economics, University of California San Diego.

Granger, C. W. J. and Newbold, P. (1974). Spurious regressions in econometrics. *Journal of Econometrics*, **2**: 111–120.

Hamilton, J. D. (1994). *Time Series Analysis*. Princeton University Press, Princeton, NJ.

Herrndorf, N. (1984). A functional central limit theorem for weakly dependent sequences of random variables. *Annuals of Probability*, **12**: 141–153.

Johansen, S. (1988). Statistical analysis of cointegration vectors. *Journal of Economic Dynamics and Control*, **12**: 251–254.

Johansen, S. (1991). Estimation and hypothesis testing of cointegration vectors in Gaussian vector autoregressive models. *Econometrica*, **59**: 1551–1580.

Johansen, S. (1995). *Likelihood Based Inference in Cointegrated Vector Error Correction Models*. Oxford University Press, Oxford, UK.

Johansen, S. and Juselius, K. (1990). Maximum likelihood estimation and inference on cointegration-with applications to the demand for money. *Oxford Bulletin of Economics and Statistics*, **52**: 169–210.

Johnson, R. A. and Wichern, D. W. (2007) *Applied Multivariate Statistical Analysis.* 6th Edition. Prentice Hall, Upper Saddle River, NJ.

Phillips, P. C. B. (1986). Understanding spurious regressions in econometrics. *Journal of Econometrics*, **33**: 311–340.

Phillips, P. C. B. (1987). Time series regression with a unit root. *Econometrica*, **55**: 277–301.

Phillips, P. C. B. (1988). Weak convergence of sample covariance matrices to stochastic integrals via martingale approximations. *Econometric Theory*, **4**: 528–533.

Phillips, P. C. B. (1991). Optical inference in cointegrated systems. *Econometrica*, **59**: 283–306.

Phillips, P. C. B. and Ouliaris, S. (1990). Asymptotic properties of residual based tests for co-integration. *Econometrica*, **58**: 165–193.

Phillips, P. C. B. and Perron, P. (1988). Testing for a unit root in time series regression. *Biometrika*, **75**: 335–346.

Phillips, P. C. B. and Solo, V. (1992). Asymptotics for linear processes. *Annals of Statistics*, **20**: 971–1001.

Reinsel, G. C. and Ahn, S. K. (1992). Vector autoregressive models with unit roots and reduced tank structure: estimation, likelihood ratio test, and forecasting. *Journal of Time Series Analysis*, **13**: 133–145.

Said, S. E. and Dickey, D. A. (1984). Testing for unit roots in autoregressive-moving average of unknown order. *Biometrika*, **71**: 599–607.

Sims, C. A., Stock, J. H., and Watson, M. W. (1990). Inference in linear time series models with some unit roots. *Econometrica*, **58**: 113–144.

Tiao, G. C. and Tsay, R. S. (1989). Model specification in time series (with discussion). *Journal of the Royal Statistical Society, Series B*, **51**: 157–213.

Tsay, R. S. (1984). Order selection in nonstationary autoregressive models. *Annals of Statistics*, **12**: 1425–1433.

Tsay, R. S. (2010). *Analysis of Financial Time Series*. 3rd Edition. John Wiley & Sons, Inc, Hoboken, NJ.

Tsay, R. S. and Tiao, G. C. (1990). Asymptotic properties of multivariate nonstationary
330～332 processes with applications to autoregressions. *Annals of Statistics*, **18**: 220–250.

West, K. D. (1988). Asymptotic normality, when regressors have a unit root. *Econometrica*, **56**: 1397–1417.

第 6 章 因子模型和其他问题

本章考虑多元时间序列分析中具有实践重要性和理论意义的一些问题，包括季节模型、主成分分析(PCA)、外生变量的使用、因子模型、缺失值、分类和聚类分析。对某些问题处理很简单，因为人们熟悉它们或者还在研究之中。例如，季节模型的处理是简单的，因为它包含了多元模型的直接扩展。特别关注因子模型，详细论述了文献中现有的因子模型，并且讨论了它们的一些性质和局限性。还考虑渐近主成分分析。对于聚类分析，我们主要讨论基本模型的方法，在这种方法中将一元 AR 模型应用于给定聚类的所有序列。同时，通过增加计算和先验推理扩展更加复杂的分类模型。同样，我们用实例说明这些分析。

6.1 季节模型

季节性出现在许多经济、金融和环境时间序列中。一个公司的季度每股收益倾向于呈现年循环模式。一个国家的失业率经常显示出夏季效应，因为学生寻找暑期实习生岗位。当然，美国特定地区的日温度对电力和天然气的需求至关重要，也具有季节性。

美国发布的许多经济数据是经季节调整的。然而，众所周知，通过大多数季节调整方
法(如基于模型的 X-12 过程)的季节性调整序列的样本谱密度函数，在季节性频率处都有 333
一个低谷，这意味着数据中存在着某些季节性。例如，见 Tsay (2013，第 3 章)中分析的美国月失业率。在一些应用中，即使季节调整后的数据也有必要考虑季节模型。

对于向量季节时间序列有用的一元航空模型的直接推广是

$$(1-B)(1-B^S)\boldsymbol{z}_t=(\boldsymbol{I}_k-\boldsymbol{\theta}B)(\boldsymbol{I}_k-\boldsymbol{\Theta}\boldsymbol{B}^S)\boldsymbol{a}_t \tag{6-1}$$

其中，$\boldsymbol{\theta}$ 和 $\boldsymbol{\Theta}$ 的所有特征值的模均小于 1，$s>1$ 表示一年中的季节个数，$\{\boldsymbol{a}_t\}$ 为具有零均值、正定协方差矩阵 $\boldsymbol{\Sigma}_a$ 的独立同分布随机向量序列。例如，对于季度数据，令 $s=4$；对于月度数据，令 $s=12$。对于式(6-1)中的模型，$(1-B^S)$ 称为季节差分，$(1-B)$ 为周期差分(regular difference)。上述模型称为季节航空模型。式(6-1)可以重写为

$$\boldsymbol{z}_t=\frac{\boldsymbol{I}_k-\boldsymbol{\theta}B}{1-B}\times\frac{\boldsymbol{I}_k-\boldsymbol{\Theta}B^S}{1-B^S}\boldsymbol{a}_t$$

可以看出，该模型仍然表现出双重指数平滑性，其平滑性分别表现在周期相依性和季节相依性。

令 $\boldsymbol{w}_t=(1-B)(1-B^S)\boldsymbol{z}_t$，$\boldsymbol{\Gamma}_{w,\ell}$ 为 $\boldsymbol{w}_t$ 的滞后 ℓ 自协方差矩阵。可以看出 $w_t=(I_k-\theta B-\Theta B^S+\theta\Theta B^{S+1})a_t$ 并且有

1) $\boldsymbol{\Gamma}_{w,0}=(\boldsymbol{\Sigma}_a+\boldsymbol{\Theta}\boldsymbol{\Sigma}_a\boldsymbol{\Theta}')+\boldsymbol{\theta}(\boldsymbol{\Sigma}_a+\boldsymbol{\Theta}\boldsymbol{\Sigma}_a\boldsymbol{\Theta}')\boldsymbol{\theta}'$

2) $\boldsymbol{\Gamma}_{w,1}=-\boldsymbol{\theta}(\boldsymbol{\Sigma}_a+\boldsymbol{\Theta}\boldsymbol{\Sigma}_a\boldsymbol{\Theta}')$

3) $\boldsymbol{\Gamma}_{w,s-1}=\boldsymbol{\Theta}\boldsymbol{\Sigma}_a\boldsymbol{\theta}'$

4）$\boldsymbol{\Gamma}_{w,s}=-(\boldsymbol{\Theta\Sigma}_a+\boldsymbol{\theta\Theta\Sigma}_a\boldsymbol{\theta}')$

5）$\boldsymbol{\Gamma}_{w,s+1}=\boldsymbol{\theta\Theta\Sigma}_a$

6）$\boldsymbol{\Gamma}_{w,\ell}=\mathbf{0}$，否则。

由于矩阵乘法的不可变换性，所以不能对 $\boldsymbol{\Gamma}_{w,\ell}$ 进一步简化。令 $\boldsymbol{\rho}_{w,\ell}$ 为 $\boldsymbol{w}_t$ 的滞后 ℓ 交叉相关矩阵。前面的结论表明 $\boldsymbol{w}_t$ 序列在滞后 1、$s-1$、s 和 $s+1$ 均有非零交叉相关矩阵。因此，与一元情形类似，$\boldsymbol{w}_t$ 有相同的非零滞后相依性，但是在相关性中它不会表现出相同的对称性，因为一般来说，$\boldsymbol{\rho}_{w,s-1}\neq\boldsymbol{\rho}_{w,s+1}$。

在某些应用中，季节航空模型可以推广为

$$(1-B)(1-B^S)\boldsymbol{z}_t=\boldsymbol{\theta}(B)\boldsymbol{\Theta}(B)\boldsymbol{a}_t \tag{6-2}$$

其中，$\boldsymbol{\theta}(B)$ 和 $\boldsymbol{\Theta}(B)$ 分别是阶为 q 和 Q 的矩阵多项式（$q<s$）。已有经验表明在应用中通常
334 令 $Q=1$。

例 6.1　考虑美国月度住房数据，时间为 1963 年 1 月到 2012 年 7 月。两个序列分别为

1）z_{1t}：已售新住宅总数的对数序列，以千为单位（新住宅销售）。

2）z_{2t}：新私有房屋总数量的对数序列，以千为单位（新建住宅）。

数据来自美国圣路易斯联邦储备银行，并且没有经过季节调整。为保证变异性稳定，在分析中我们对数据进行了对数变换处理。图 6-1 给出了两个对数序列的时序图。从图中可以看出，两个序列均具有很强的季节模式。2007 年次贷金融危机的影响和房地产市场中随后延长下降都是很明显的。

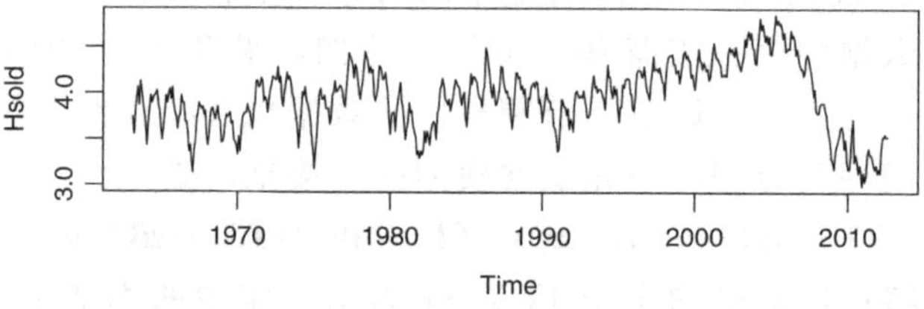

a）新住宅销售数量的对数序列

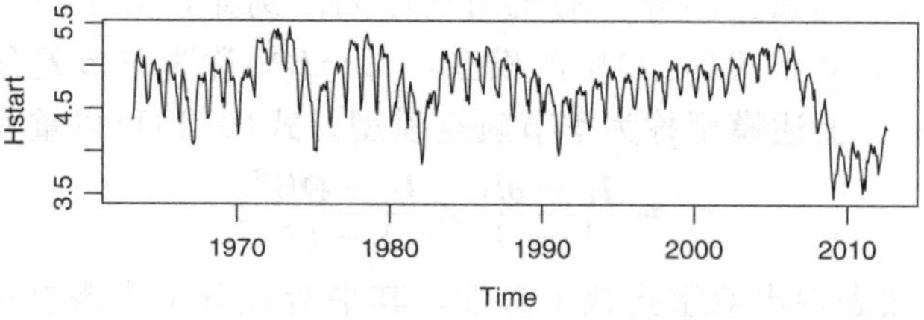

b）新私有住宅总数的对数序列

图 6-1　美国月度住房数据的时序图，时间为 1963 年 1 月到 2012 年 7 月

图 6-2 给出了 $_t=(1-B)(1-B^{12})\boldsymbol{z}_t$ 的交叉相关矩阵。从图中可以看出，在滞后 1、11、12 和 13 阶时存在主要的非零交叉相关矩阵，并且在滞后 2 和 3 阶时具有相对较小的交叉相关性。这些图说明了应用多元季节模型的理由。首先，讨论一元季节模型并有

$$w_{1t}=(1-0.21B)(1-0.90B^{12})a_{1t} \tag{6-3}$$

$$w_{2t}=(1-0.33B+0.04B^{2}+0.11B^{3})(1-0.86B^{12})a_{2t} \tag{6-4}$$

其中，w_{it}是 $\boldsymbol{w}_t$ 的第 i 个分量，并且 a_{1t}和 a_{2t}的残差方差分别为 0.006 9 和 0.008 0。式(6-3)中的两个估计在通常 5%水平是统计显著的。在式(6-4)中，MA 系数的标准误差分别为 0.042、0.042 和 0.041，它们表明在传统 5%水平下滞后系数不是统计显著的。

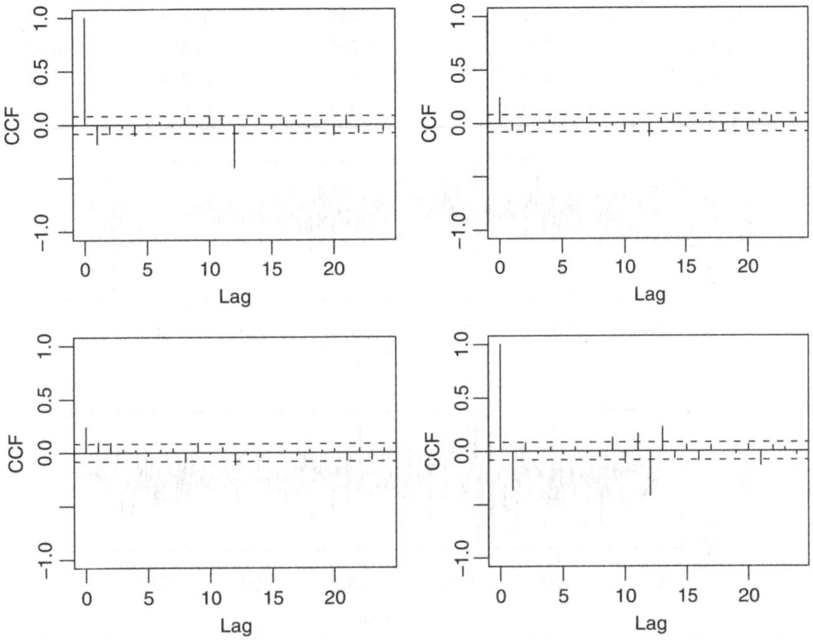

图 6-2 美国对数住房数据序列 $_t=(1-B)(1-B^{12})\boldsymbol{z}_t$ 的样本交叉相关系数

接下来进行多元变量季节分析。根据图 6-2 中交叉相关矩阵和一元模型的结果，我们使用模型

$$(1-B)(1-B^{12})\boldsymbol{z}_t=(\boldsymbol{I}_k-\boldsymbol{\theta}_1B-\boldsymbol{\theta}_2B^2+\boldsymbol{\theta}_3B^3)(\boldsymbol{I}_k-\boldsymbol{\Theta}B^{12})\boldsymbol{a}_t \tag{6-5}$$

式(6-5)中的参数估计和模型的改进版本见表 6-1。这些改进主要是剔除不显著的参数。AIC 与 BIC 准则应用于改进模型而不是无约束模型。系数估计的标准误差参见下面给出的 R 代码示例。从表 6-1 中可以看出，$\boldsymbol{\theta}_1$ 和 $\boldsymbol{\Theta}$ 的系数较大，这意味着拟合模型接近于多元航空模型。图 6-3 给出了表 6-1 中的简化模型的残差的时序图，而图 6-4 给出了残差的交叉相关矩阵。由于残差中没有显著的交叉相关矩阵，所以拟合模型表明拟合效果良好。

与一元季节模型相比，我们可以得到以下结论。

表 6-1 月度住房数据的季节模型的估计结果

参数	完整模型		简约模型		转换	
$\boldsymbol{\theta}_1$	0.246	−0.168	0.253	−0.168	0.246	−0.168
	−0.290	0.416	−0.292	0.416	−0.297	0.416

（续）

参　数	完整模型		简约模型		转　换	
$\boldsymbol{\theta}_2$	0.028	0.034	0	0	0.022	0.040
	−0.168	0.048	−0.168	0	−0.168	0.048
$\boldsymbol{\theta}_3$	0.063	−0.067	0.076	−0.068	0.057	−0.062
	−0.085	−0.074	−0.085	−0.073	−0.085	−0.068
$\boldsymbol{\Theta}$	0.850	0.033	0.850	0.033	0.850	0.037
	0.044	0.824	0.044	0.824	0.029	0.848
$10^2\times\Sigma_a$	0.694	0.263	0.696	0.266	0.694	0.261
	0.263	0.712	0.266	0.714	0.261	0.712
AIC and BIC	−10.012	−9.892	−10.017	−9.920	−10.009	−9.889

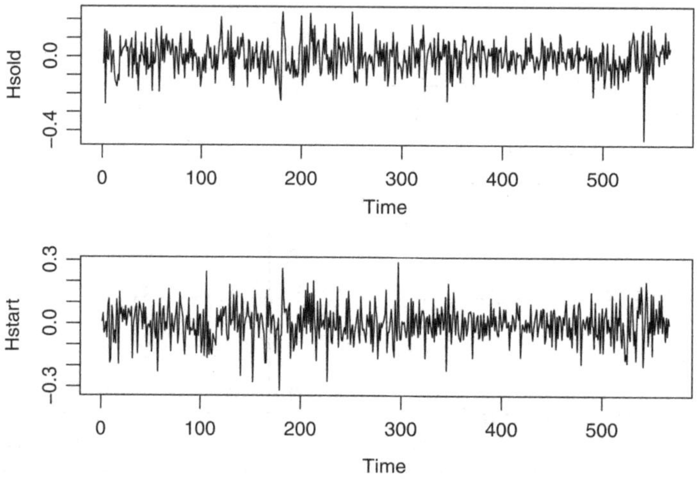

图 6-3　表 6-1 中的对数月度住房数据的简化模型的残差

(a) VARMA 模型中 z_{1t}(已售住房)的模型接近于式(6-3)中的一元模型。例如，这两个模型的残差方差很接近，并且 $\hat{\boldsymbol{\theta}}_3$ 的元素均较小。

(b) VARMA 模型似乎很好地拟合了 z_{2t}(正在销售住房)，因为 VARMA 模型有比较小的残差方差。

(c) VARMA 模型表明已经销售住房和正在销售住房之间存在一个反馈关系。交叉相依性在滞后 1 时比较强，但在季节滞后时比较弱。最后，拟合季节模型的预测和预测误差方差分解，可以采用与非季节 VARMA 模型相同的方法实现。具体方法略。

注记：由于矩阵乘法的不可交换性，式(6-2)中的季节模型的另一种形式为

$$(1-B)(1-B^S)\boldsymbol{z}_t=\boldsymbol{\Theta}(B)\boldsymbol{\theta}(B)\boldsymbol{a}_t \tag{6-6}$$

这个模型的自协方差矩阵不同于式(6-2)中模型的自协方差矩阵。例如，可以得到式(6-6)中不同序列 $\boldsymbol{w}_t$ 的自协方差矩阵。非零滞后阶数仍然和之前的相同，但实际的矩阵却不同。例如，在这个特殊情况下，$\boldsymbol{\Gamma}_{w,1}$ 变为 $-(\boldsymbol{\theta\Sigma}_a+\boldsymbol{\Theta\theta\Sigma}_a\boldsymbol{\Theta}')$。实际上，从样本交叉相关矩阵中很难区分两个季节模型，然而可以拟合两个不同的

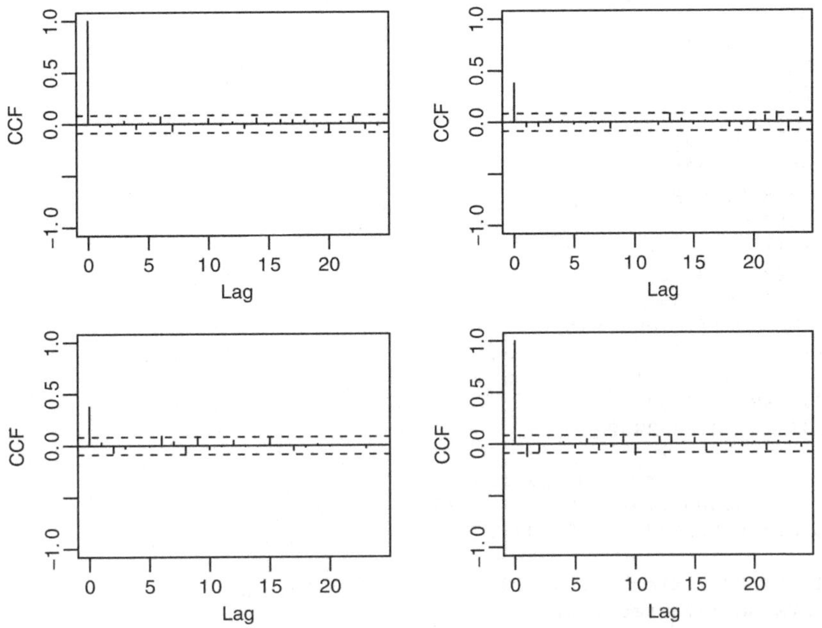

图 6-4　表 6-1 中美国月度住房数据的简化模型的残差的交叉相关性

季节 VARMA 模型并且比较拟合来选择一个模型。对于美国月度住房数据，模型的参数估计

$$(1-B)(1-B^{12})\boldsymbol{z}_t = (\boldsymbol{I}_k - \boldsymbol{\Theta}\boldsymbol{B}^{12})(\boldsymbol{I}_k - \boldsymbol{\theta}_1 B - \boldsymbol{\theta}_2 B^2 - \boldsymbol{\theta}_3 B^3)\boldsymbol{a}_t$$

在表 6-1 的最后两列中给出(在表头 switched 中)。根据 AIC 和 BIC 准则，式(6-5)中的模型比较适合。然而，对于这个特例，两个拟合模型的差别比较小。 335~339

注记：在 MTS 包中估计季节 VARMA 模型的命令是 sVARMA 和 refsVARMA 命令。这些命令使用条件极大似然方法。通过普通(regular)阶(p, d, q)和季节阶(P, D, Q)识别这个模型，其中 s 表示季节性。式(6-6)中的模型通过子命令 switch= TRUE 识别。参见下面的 R 代码示例。

R 代码示例：季节 VARMA 模型的估计。编辑输出。

```
> m3=sVARMA(zt,order=c(0,1,3),sorder=c(0,1,1),s=12)
Number of parameters:  16
initial estimates:  0.1985901 -0.08082791 0.05693362 ....
Coefficient(s):
       Estimate  Std. Error  t value Pr(>|t|)
 [1,]   0.24587     0.04621    5.321 1.03e-07 ***
 [2,]  -0.16847     0.04483   -3.758 0.000171 ***
 [3,]   0.02834     0.05220    0.543 0.587194
 ....
[15,]   0.04428     0.02444    1.812 0.070012 .
[16,]   0.82424     0.02860   28.819  < 2e-16 ***
---
Regular MA coefficient matrix
```

```
MA( 1 )-matrix
       [,1]   [,2]
[1,]  0.246 -0.168
[2,] -0.290  0.416
MA( 2 )-matrix
        [,1]   [,2]
[1,]  0.0283 0.0338
[2,] -0.1678 0.0479
MA( 3 )-matrix
        [,1]    [,2]
[1,]  0.0628 -0.0671
[2,] -0.0850 -0.0736
Seasonal MA coefficient matrix
MA( 12 )-matrix
          [,1]       [,2]
[1,] 0.8498980 0.03322685
[2,] 0.0442752 0.82423827
Residuals cov-matrix:
                    resi m1$residuals
resi         0.006941949  0.002633186
m1$residuals 0.002633186  0.007116746
----
aic=  -10.01172 ; bic=  -9.89168
> m4=refsVARMA(m3,thres=1.2)
Number of parameters:  13
initial estimates:  0.1985901 -0.08082791 0.01039118  ...
Coefficient(s):
       Estimate  Std. Error  t value Pr(>|t|)
 [1,]   0.25255     0.04521    5.586 2.32e-08 ***
 [2,]  -0.16847     0.04357   -3.866  0.00011 ***
 [3,]   0.07582     0.03910    1.939  0.05247 .
 [4,]  -0.06798     0.03953   -1.720  0.08547 .
 [5,]  -0.29222     0.04659   -6.272 3.56e-10 ***
 [6,]   0.41585     0.04668    8.909  < 2e-16 ***
 [7,]  -0.16783     0.04498   -3.732  0.00019 ***
 [8,]  -0.08497     0.04840   -1.756  0.07912 .
 [9,]  -0.07345     0.04619   -1.590  0.11182
[10,]   0.84990     0.01959   43.378  < 2e-16 ***
[11,]   0.03296     0.02395    1.376  0.16878
[12,]   0.04387     0.02441    1.797  0.07231 .
[13,]   0.82472     0.02846   28.980  < 2e-16 ***
---
Regular MA coefficient matrix
MA( 1 )-matrix
       [,1]   [,2]
[1,]  0.253 -0.168
[2,] -0.292  0.416
MA( 2 )-matrix
       [,1] [,2]
[1,]  0.000    0
[2,] -0.168    0
MA( 3 )-matrix
        [,1]    [,2]
[1,]  0.0758 -0.0680
[2,] -0.0850 -0.0734
Seasonal MA coefficient matrix
```

```
MA( 12 )-matrix
           [,1]        [,2]
[1,] 0.84989804 0.03296309
[2,] 0.04387419 0.82471809
  Residuals cov-matrix:
                      resi m1$residuals
resi          0.006964991  0.002655917
m1$residuals 0.002655917  0.007139871
----
aic=  -10.01722; bic=  -9.919685
> m5=sVARMA(zt,order=c(0,1,3),sorder=c(0,1,1),s=12,switch=T)
Regular MA coefficient matrix
MA( 1 )-matrix
       [,1]   [,2]
[1,]  0.246 -0.168
[2,] -0.297  0.416
MA( 2 )-matrix
        [,1]   [,2]
[1,]  0.0217 0.0397
[2,] -0.1678 0.0479
MA( 3 )-matrix
        [,1]    [,2]
[1,]  0.0565 -0.0615
[2,] -0.0850 -0.0675
Seasonal MA coefficient matrix
MA( 12 )-matrix
           [,1]        [,2]
[1,] 0.84989804 0.03714659
[2,] 0.02909768 0.84752096
  Residuals cov-matrix:
                      resi m1$residuals
resi          0.006938460  0.002605709
m1$residuals 0.002605709  0.007118109
----
aic=  -10.0087; bic=  -9.888657
```

6.2 主成分分析

主成分分析(PCA)在多元统计分析中是一个很有用的工具。它起源于独立高斯观测值，然而发现它在时间序列分析中很有用。PCA 使用观测坐标的正交旋转方法来简化模型解释或者降低模型维数。本节将 PCA 应用于元时间序列，以便寻找数据中包含的稳定线性关系。这种关系可能包含滞后变量。PCA 的理论可以在多元统计分析或统计学习的大多数教科书中找到，例如 Johnson 和 Wichern(2007)，Hastie，Tibshirani 和 Friedman(2009)。

为了研究多元时间序列的稳定线性关系，我们将 PCA 应用于观测序列 z_t 和 VAR 模型的残差 $\hat{a}_t$。前一个分析是发现稳定的同期关系而后一个是为了发现稳定的滞后关系。用一个真实例子来说明这个应用。考虑美国耐用消费品制造商数据的 4 维月度时间序列 $z_t=(z_{1t},\cdots,z_{4t})'$，其中

1) z_{1t}：新订单(NO)。

2) z_{2t}：总库存(TI)。

3）z_{3t}：未交货订单(UO)。

4）z_{4t}：出货价值(VS)。

340～341 所有数据的单位是亿美元，并且数据是经季节调整的。初始数据来自圣路易斯联邦储备银行，其单位是百万美元，样本区间从1992年2月到2012年7月，包含246个观测值。图6-5展示了4个时间序列的时序图。从图中可以发现，新订单和出货价值有相似趋势模式，而且总库存和未交货订单的趋势很相近。如期望的那样，所有4个时间序列都显示了向上的趋势，因此是单位根非平稳的。

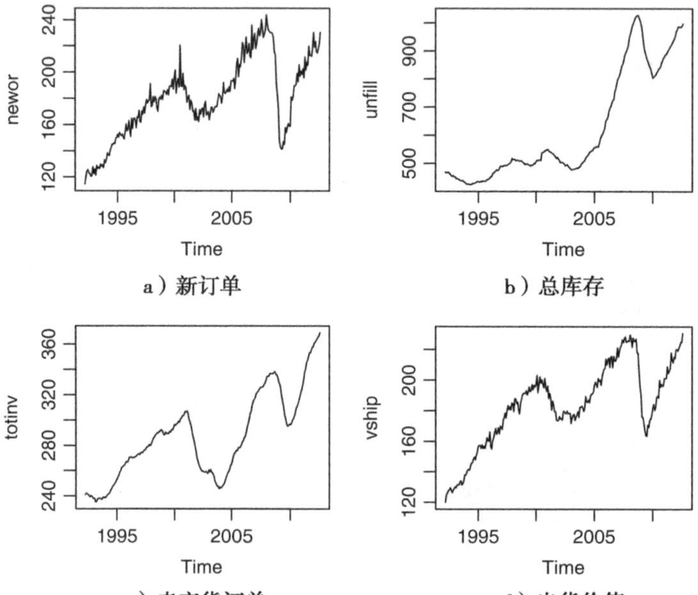

a）新订单　b）总库存

c）未交货订单　d）出货价值

图6-5　从1992年2月到2012年7月美国耐用消费品的制造商数据。数据以亿美元为单位并且季节性调整。

如果指定 z_t 序列的VAR模型，那么根据第2章讨论的所有阶选择方法选择VAR(4)模型。为了简化讨论，我们将VAP(p)模型写为

$$Z_t = \boldsymbol{\phi}_{p,0} + \boldsymbol{\Phi}_{p,1} z_{t-1} + \cdots + \boldsymbol{\Phi}_{p,p} z_{t-p} + \boldsymbol{a}_{p,t} \tag{6-7}$$

其中 $\boldsymbol{\phi}_{p,0}$ 是常向量且下标 p 通常表示拟合阶。令 $\hat{\boldsymbol{a}}_{p,t}$ 是式(6-7)中的VAR(p)模型的残差。表6-2给出了根据 z_t 每个主成分和 $\hat{\boldsymbol{a}}_{p,t}$(其中 p=1、2、3、4)解释的标准偏差(特征值的均方根)和方差部分。这个表中特别值得注意的是，PCA的结果说明4个拟合VAR模型的残差序列比较稳定。最后的主成分解释了总变异性的0.1%。

表6-2　从1992年2月到2012年7月应用于美国耐用消费品制造商数据的主成分分析的总结

序列	变量	主成分			
z_t	SD	197.00	30.700	12.566	3.9317

（续）

序列	变量	主成分			
	Proportion	0.9721	0.0236	0.0040	0.0004
$\hat{a}_{1,t}$	SD	8.8492	3.6874	1.5720	0.3573
	Proportion	0.8286	0.1439	0.0261	0.0014
$\hat{a}_{2,t}$	SD	8.3227	3.5233	1.1910	0.2826
	Proportion	0.8327	0.1492	0.0171	0.0010
$\hat{a}_{3,t}$	SD	8.0984	3.4506	1.0977	0.2739
	Proportion	0.8326	0.1512	0.01530	0.0010
$\hat{a}_{4,t}$	SD	7.8693	3.2794	1.0510	0.2480
	Proportion	0.8386	0.1456	0.0140	0.0008

注：$\hat{a}_{p,t}$代表 VAR(p)模型的残差。

表 6-3　从 1992 年 2 月到 2012 年 7 月应用于美国耐用消费品制造商月度数据的主成分分析的载荷分析（其中 TS 代表时间序列）

TS	载荷矩阵				TS	载荷矩阵			
z_t	0.102	0.712	0.342	0.604	$\hat{a}_{1,t}$	0.794	0.161	0.066	0.583
	0.152	0.315	−0.928	0.129		0.058	−0.109	−0.990	0.063
	0.978	−0.182	0.098	−0.006		0.547	−0.592	0.060	−0.588
	0.096	0.600	0.110	−0.786		0.260	0.782	−0.106	−0.557
$\hat{a}_{2,t}$	0.796	0.150	0.017	0.587	$\hat{a}_{3,t}$	0.797	0.143	0.009	0.586
	0.026	−0.070	−0.997	0.012		0.017	−0.063	−0.998	0.007
	0.543	−0.600	0.049	−0.585		0.537	−0.608	0.044	−0.583
	0.267	0.783	−0.055	−0.560		0.274	0.778	−0.048	−0.563

表 6-3 给出了 z_t 的 PCA 载荷矩阵和残差 $\hat{a}_{p,t}$（p=1、2、3）。VAR(4)模型的残差序列 $\hat{a}_{4,t}$的载荷矩阵类似于其他 3 个残差序列的载荷矩阵，因此可以略去。而且，对于 VAR 模型的残差序列的载荷矩阵的稳定性是显著的，特别是对于最后一个主成分。从这个表可以发现，近似地，与第四个主成分相关的特征向量可以写成 $\boldsymbol{h}_4 \approx (1,\ 0,\ -1,\ -1)'$

接下来，我们考虑拟合 VAR(1)模型，它为

$$\boldsymbol{z}_t = \begin{bmatrix} 0.008 \\ -0.129 \\ -8.348 \\ 2.804 \end{bmatrix} + \begin{bmatrix} 0.686 & -0.027 & -0.001 & 0.357 \\ 0.116 & 0.995 & -0.000 & -0.102 \\ 0.562 & -0.023 & 0.995 & -0.441 \\ 0.108 & 0.023 & -0.003 & 0.852 \end{bmatrix} \boldsymbol{z}_{t-1} + \hat{\boldsymbol{a}}_{1,t} \tag{6-8}$$

其中，常数项 $\boldsymbol{\phi}_0$ 的所有元素在传统 5% 的水平上统计显著的。式(6-8)左乘 $\boldsymbol{h}'_4$，我们得到 342~343

$$\boldsymbol{h}'_4 \boldsymbol{z}_t \approx 5.55 + (0.015,\ -0.027,\ -0.994,\ -0.054)\boldsymbol{z}_{t-1} + \boldsymbol{h}'_4 \hat{\boldsymbol{a}}_{1,t}$$

使用小的特征值和残差 $\hat{a}_{1,t}$的均值为 0 的事实，$\boldsymbol{h}'_4 \hat{a}_{1,t}$为 0。因此，利用 $\boldsymbol{h}_4 \approx (1,0,-1,-1)'$，上述方程意味着

$$\mathrm{NO}_t-\mathrm{UO}_t-\mathrm{VS}_t+\mathrm{UO}_{t-1}\approx c_4$$

其中 c_4 是常数。换句话说，VAR(1)模型的残差的 PCA 揭示了一个稳定关系

$$\mathrm{NO}_t-\mathrm{VS}_t-(\mathrm{UO}_t+\mathrm{UO}_{t-1})\approx c_4 \tag{6-9}$$

因此，对于耐用消费品制造商的月度数据，新订单和出货价值之差等于某个常数加未交货订单的变化。

接下来，考虑 VAR(2)模型，

$$\boldsymbol{z}_t=\hat{\boldsymbol{\phi}}_{2,0}+\hat{\boldsymbol{\Phi}}_{2,1}\boldsymbol{z}_{t-1}+\hat{\boldsymbol{\Phi}}_{2,2}\boldsymbol{z}_{t-1}+\hat{\boldsymbol{a}}_{2,t} \tag{6-10}$$

其中系数估计在表 6-4 中给出。而且，残差 $\hat{\boldsymbol{a}}_{2,t}$ 的 PCA 表明最小的特征值必须是 0，并且具有近似特征向量 $\boldsymbol{h}_4=(1,0,-1,-1)$。式(6-10)左乘 $\boldsymbol{h}_4'$，我们得到

$$\boldsymbol{h}_4'\boldsymbol{z}_t\approx 2.21+(0.59,-0.08,-1.57,-0.61)\boldsymbol{z}_{t-1}+(0.01,0.07,0.57,-0.01)\boldsymbol{z}_{t-2}$$

因此，不考虑系数接近于 0 的项，我们得到

$$z_{1t}-z_{3t}-z_{4t}-0.59z_{1,t-1}+1.57z_{3,t-1}+0.61z_{4,t-1}-0.57z_{3,t-2}\approx c_1$$

表 6-4　耐用消费品制造商月度数据的 4 维时间序列的 VAR(2)模型的总结

Parameter	Estimates			
$\hat{\boldsymbol{\phi}}'_{2,0}$	−0.221	3.248	−6.267	3.839
$\hat{\boldsymbol{\Phi}}_{2,1}$	1.033	1.012	−0.638	−0.108
	−0.445	1.549	0.441	0.537
	0.307	0.645	1.005	−0.120
	0.141	0.452	−0.072	0.619
$\hat{\boldsymbol{\Phi}}_{2,2}$	0.243	−1.028	0.634	−0.115
	0.064	−0.568	−0.438	−0.166
	0.247	−0.663	−0.010	−0.336
	−0.016	−0.440	0.070	0.227

其中 c_1 是常数。重新整理各项，上式意味着

$$z_{1t}-z_{3t}-z_{4t}+z_{3,t-1}-(0.59z_{1,t-1}-0.57z_{3,t-1}-0.61z_{4,t-1}+0.57z_{3,t-2})\approx c_1$$

这种近似可以简化为

$$z_{1t}-z_{3t}-z_{4t}+z_{3,t-1}-0.59(z_{1,t-1}-z_{3,t-1}-z_{4,t-1}+z_{3,t-2})\approx c$$

其中 c 是常数。上式中圆括号内的线性组合为

$$\mathrm{NO}_t-\mathrm{UO}_t-\mathrm{VS}_t+\mathrm{UO}_{t-1}$$

和它的滞后值。这是式(6-9)中的精确线性组合。因此，VAR(2)模型的残差的 PCA 揭示了耐用消费品的 4 个变量之间相同的稳定关系。事实上，当将 PCA 应用于 $\boldsymbol{z}_t$ 的 VAR(3)模型和 VAR(4)模型的残差时，这种稳定关系可以重复。

R 代码示例：PCA 中使用的命令。

```
> da=read.table("m-amdur.txt",header=T)
> dur= da[,3:6]/1000
> v0 =princomp(dur)
> summary(v0)
> M0 = matrix(v0$loadings[,1:4],4,4)
> VARorder(dur)  # Find VAR order
> m1=VAR(dur,1)  # Fit  VAR(1)
> v1=princomp(m1$residuals)
> summary(v1)
> M1=matrix(v1$loadings[,1:4],4,4)
> h4=matrix(c(1,0,-1,-1),4,1)
> t(h4)%*%m1$Phi
> t(h4)%*%m1$Ph0
> m2=VAR(dur,2)
> v2=princomp(m2$residuals)
> summary(v2)
> M2=matrix(v2$loadings[,1:4],4,4)
> print(round(M0,3))
> print(round(M1,3))
```

6.3 外生变量的运用

在很多预测经验中，可以利用外生变量和独立变量。如果适当地处理这些变量，它们 344～345
可以提高预测的准确度。例如，美国会议委员会领先经济指标(LEI)是美国经济的一个指标并且可以有助于预测 GDP 增长率。美国供应管理协会(ISM)的采购经理指数(PMI)是美国工业生产指标。本节将讨论两种方法来处理多元时间序列分析中的外生变量。为了简单起见，我们在讨论中使用 VAR 模型。这种思想同样适用于 VARMA 模型。

6.3.1 VARX 模型

在多元时间序列分析建模中包含外生变量的第一种方法是使用外生变量的向量自回归模型。在文献中这种模型被认为是拥有 X 的外生变量的 VARX 模型。这里使用的术语外生变量很灵活，因为它可能包含自(或输入)变量。设 $\boldsymbol{z}_t$ 是 k 维时间序列，$\boldsymbol{x}_t$ 是外生变量或领先指标的 $\boldsymbol{m}$ 维序列。VARX 模型的一般形式为

$$\boldsymbol{z}_t = \boldsymbol{\phi}_0 + \sum_{i=1}^{p} \boldsymbol{\phi}_i \boldsymbol{z}_{t-i} + \sum_{j=0}^{s} \boldsymbol{\beta}_j \boldsymbol{x}_{t-j} + \boldsymbol{a}_t \tag{6-11}$$

其中 a_t 是具有零均值和正定协方差矩阵 $\boldsymbol{\Sigma}_a$ 的独立同分布随机向量序列，p 和 s 是非负整数，$\boldsymbol{\phi}_i$ 是常用的 VAR 系数矩阵，$\boldsymbol{\beta}_j$ 是 $k\times m$ 系数矩阵。如果 $\boldsymbol{\beta}_0 \neq \boldsymbol{0}$，那么这个模型允许 $\boldsymbol{x}_t$ 同时影响 $\boldsymbol{z}_t$。式(6-11)中的 VARX 模型的阶 p 和 s 可以通过多种方法确定。例如，可以使用信息准则或者在类似于第 2 章讨论的多因变量多元线性回归中的偏 F 检验的一些思想。在我们的说明中运用信息准则。在$\{\boldsymbol{x}_{t-j} \mid j=0,\cdots,s\}$的条件下，$\boldsymbol{z}_t$ 的平稳条件与 VAR(p)模型中的平稳条件类似。可以通过最小二乘法估计 VARX 模型，且由此产生的估计是渐近正态分布的。为了说明，我们考虑一个例子。

例 6.2 考虑美国月度常规汽油价格 z_{1t}和纽约港的第二民用燃油价格 z_{2t}。两个序列都

是以每加仑多少美元来测量的。这些价格依赖于原油和天然气价格。令 x_{1t} 是西德克萨斯中质(West Texas Intermediate)原油的现货石油价格，以每桶美元计价；x_{2t} 是洛杉矶亨利中心的天然气价格，以每百万 BTU 多少美元计价。因此，我们得到 $\boldsymbol{z}_t=(z_{1t},z_{2t})'$、$\boldsymbol{x}_t=(x_{1t},x_{2t})'$ 和 $k=m=2$。样本区间是从 1993 年 11 月到 2012 年 8 月。数据来自美国圣路易斯联邦储备银行。$\boldsymbol{z}_t$ 的原始数据来自美国能源部能源信息管理局，$\boldsymbol{x}_t$ 来自道琼斯公司的华尔街日报。

346 图 6-6 展示了 4 个月度时间序列的时序图。左边的图展示了常规汽油价格和燃油价格，右边的图包含两个独立变量。汽油和燃油的走势也与现货石油价格类似。天然气价格与 $\boldsymbol{z}_t$ 序列之间的关系似乎变化很多。如果 $\boldsymbol{z}_t$ 序列包含 VAR 模型，则利用 BIC 和 AIC 分别选择 VAR(2)和 VAR(3)。另一方面，AIC 选择 VAR(11)模型。我们说明的目的是应用一个 VARX 模型。为此，我们运用信息准则来选择阶 p 和 s。这里，最大 AR 阶设置为 11 且外生变量的最大滞后为 3。对于这些序列，BIC 和 HQ 准则都选择$(p, s)=(2, 1)$。如果扩展输入变量的最大滞后，那么 BIC 和 HQ 准则选择$(p, s)=(2, 3)$，且$(p, s)=(2, 1)$是相邻的第二个。我们已经估计了 VARX(2，1)和 VARX(2，3)模型，并且发现结果类似。因此，我们主要讨论简单的 VARX(2，1)模型。

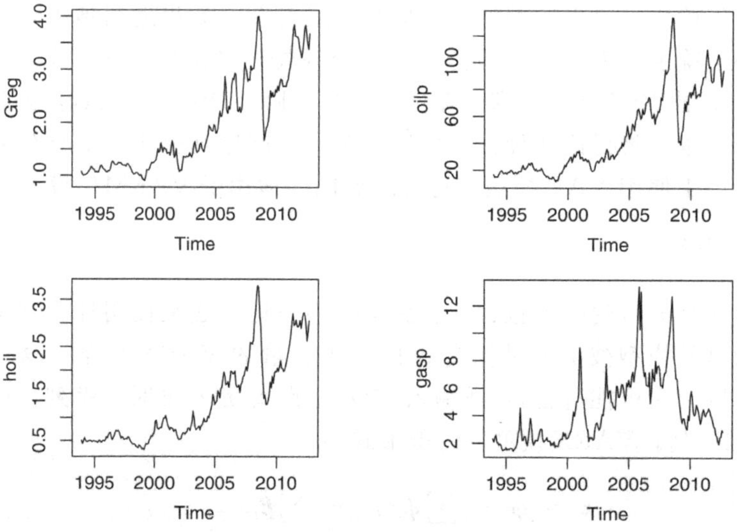

图 6-6　月度能源序列价格的时序图：左上角的图是常规汽油价格，左下角的图是燃油价格，右上角的图是现货石油价格，右下角的图是天然气价格。样本区间是从 1993 年 11 月到 2012 年 8 月

该模型是

$$\boldsymbol{z}_t=\boldsymbol{\phi}_0+\boldsymbol{\phi}_1\boldsymbol{z}_{t-1}+\boldsymbol{\phi}_2\boldsymbol{z}_{t-2}+\boldsymbol{\beta}_0\boldsymbol{x}_t+\boldsymbol{\beta}_1\boldsymbol{x}_{t-1}+\boldsymbol{a}_t \tag{6-12}$$

表 6-5 总结了式(6-12)中 VARX(2，1)模型的估计结果。该表给出了全模型的无约束估计，而该简化模型展示了简单模型的估计。通过同时剔除所有 t 比率少于 1.0 的估计得到了简单模型。图 6-7 展示了表 6-5 中的简化模型的残差序列的交叉相关矩阵。根据交叉相

关矩阵，原始数据的线性动态相依性在很大程度上被剔除了。然而，在滞后 4、6 和 7 还存在一些较小的残差相关。这些残差交叉相关和序列相关可以从残差的多元 Ljung-Box 统计量中看出。参看图 6-8 中的 Ljung-Box 统计量的 p 值。因此，模型仅仅提供了数据基础结构的适当的近似。 347~348

表 6-5　现货原油和天然气作为输入变量的月度汽油和燃油价格的 VARX(2，1)模型估计结果

参数	完整模型				简约模型			
	估计值		标准误差		估计值		标准误差	
ϕ_0'	0.182	−0.017	0.030	0.019	0.183	0	0.028	0
ϕ_1	1.041	0.169	0.059	0.080	1.044	0.162	0.054	0.056
	0.005	0.844	0.037	0.050	0	0.873	0	0.031
ϕ_2	−0.322	−0.008	0.056	0.068	−0.327	0	0.040	0
	0.014	0.012	0.035	0.043	0	0	0	0
β_0	0.018	0.010	0.001	0.007	0.018	0.010	0.001	0.007
	0.024	0.026	0.001	0.004	0.023	0.026	0.001	0.004
β_1	−0.015	−0.012	0.002	0.007	−0.015	−0.012	0.002	0.007
	−0.019	−0.029	0.001	0.004	−0.019	−0.029	0.001	0.004
$10^2\boldsymbol{\Sigma}_a$	0.674	0.105			0.674	0.105		
	0.105	0.268			0.105	0.270		

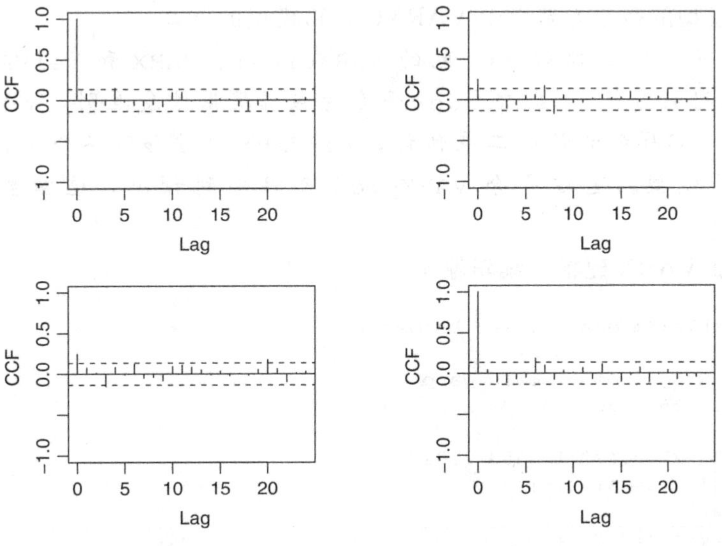

图 6-7　表 6-5 中的简约 VARX(2，1)模型的残差交叉相关矩阵

从表 6-5 中可知，独立变量 $\boldsymbol{x}_t$ 和 $\boldsymbol{x}_{t-1}$ 对月度常规汽油价格和燃油价格有重要影响。更具体地，现货石油价格及其滞后值 x_{1t} 和 $x_{1,t-1}$ 对于常规汽油价格有重要影响。但是天然气价格及其滞后值 x_{2t} 和 $x_{2,t-1}$ 只对常规汽油价格有微弱影响。另一方面，$\boldsymbol{x}_t$ 和 $\boldsymbol{x}_{t-1}$ 对燃油价格都有重大影响。通过比较纯 VAR(2)模型与式(6-12)中的 VARX(2，1)模型，可以发现

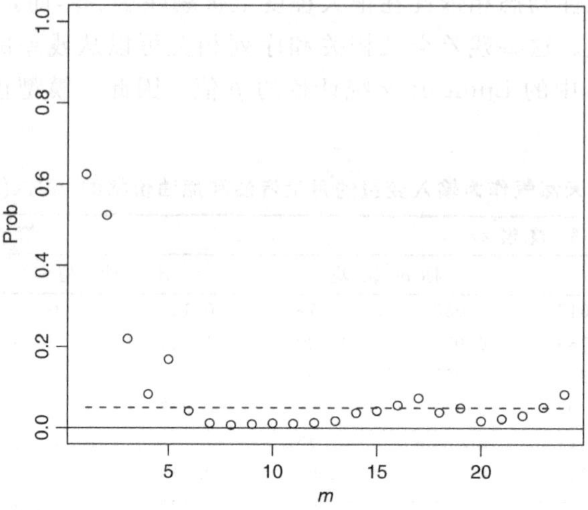

图 6-8 表 6-5 中的简约 VARX(2，1)模型的残差序列的多元 Ljung-Box 统计量的 p 值

独立变量 $\boldsymbol{x}_t$ 和 $\boldsymbol{x}_{t-1}$ 的重要性。$\boldsymbol{z}_t$ 的 VAR(2)模型的残差协方差矩阵是

$$\hat{\boldsymbol{\Sigma}}_{\text{var}} = 10^2\begin{bmatrix} 1.327 & 0.987 \\ 0.987 & 1.463 \end{bmatrix}$$

显然，VAR(2)模型的残差方差大于 VARX(2，1)模型的方差。

注记： 可以通过执行 MTS 包的 VARXorder、VARX 和 refVARX 命令对 VARX 模型进行分析。VARXorder 命令为数据提供信息准则，VARX 执行指定VARX(p，s)模型的最小二乘估计，refVARX 通过移除不重要的估计改进
349 拟合 VARX 模型。通过命令 VARXpred 可以得到预测，这需要输入外生变量。

R 代码示例：VARX 建模。编辑输出。

```
> da=read.table("m-gasoil.txt",header=T)
> head(da)
  year mon  Greg  hoil   oilp gasp
1 1993  11 1.066 0.502 16.699 2.32
 ....
6 1994   4 1.027 0.479 16.380 2.04
> zt=da[,3:4]; xt=da[,5:6]
> VARorder(zt)
selected order: aic =  11
selected order: bic =  2
selected order: hq =  3
> VARXorder(zt,exgo,maxp=11,maxm=2) ## order selection
selected order(p,s): aic =  11 1
selected order(p,s): bic =  2 1
selected order(p,s): hq =  2 1
> m1=VARX(zt,2,xt,1) ## Full model estimation
```

```
constant term:
est:  0.1817 -0.017
 se:  0.0295 0.0186
AR( 1 ) matrix
      Greg  hoil
Greg 1.041 0.169
hoil 0.005 0.844
standard errors
      [,1] [,2]
[1,] 0.059 0.08
[2,] 0.037 0.05
AR( 2 ) matrix
       Greg   hoil
Greg -0.322 -0.008
hoil  0.014  0.012
standard errors
      [,1]  [,2]
[1,] 0.056 0.068
[2,] 0.035 0.043
Coefficients of exogenous
lag- 0  coefficient matrix
      oilp  gasp
Greg 0.018 0.010
hoil 0.024 0.026
standard errors
      [,1]  [,2]
[1,] 0.001 0.007
[2,] 0.001 0.004
lag- 1  coefficient matrix
        oilp   gasp
Greg -0.015 -0.012
hoil -0.019 -0.029
standard errors
      [,1]  [,2]
[1,] 0.002 0.007
[2,] 0.001 0.004
Information criteria:
AIC:  -10.83396; BIC:  -10.55981
> cov(m2$residuals)
            Greg        hoil
Greg 0.006736072 0.001049648
hoil 0.001049648 0.002678639
> m1a=refVARX(m1,thres=1) ## Model refinement
constant term:
est:  0.1828 0
 se:  0.028 1
AR( 1 ) matrix
      [,1] [,2]
[1,] 1.044 0.162
[2,] 0.000 0.873
standard errors
      [,1]  [,2]
[1,] 0.054 0.056
[2,] 1.000 0.031
AR( 2 ) matrix
       [,1] [,2]
[1,] -0.327    0
[2,]  0.000    0
```

```
standard errors
     [,1] [,2]
[1,] 0.04    1
[2,] 1.00    1
Coefficients of exogenous
lag- 0  coefficient matrix
      [,1]  [,2]
[1,] 0.018 0.010
[2,] 0.023 0.026
standard errors
      [,1]  [,2]
[1,] 0.001 0.007
[2,] 0.001 0.004
lag- 1  coefficient matrix
       [,1]   [,2]
[1,] -0.015 -0.012
[2,] -0.019 -0.029
standard errors
      [,1]  [,2]
[1,] 0.002 0.007
[2,] 0.001 0.004
Information criteria:
AIC:  -10.87015
BIC:  -10.67216
> MTSdiag(m1a)  ## Model checking
[1] "Covariance matrix:"
        Greg    hoil
Greg 0.00674 0.00105
hoil 0.00105 0.00270
```

6.3.2　回归模型

在多元时间序列分析中第二种包含自变量的方法是使用具有时间序列误差的多元线性回归模型。该模型可以写成

$$\boldsymbol{\phi}(B)(\boldsymbol{z}_t - \boldsymbol{\beta}\boldsymbol{w}_t) = \boldsymbol{a}_t \tag{6-13}$$

其中 $\boldsymbol{a}_t$ 在式(6-11)中定义，$\boldsymbol{\phi}(B) = \boldsymbol{I}_k - \sum_{i=1}^{p}\boldsymbol{\phi}_i B^i$ 是一个具有非负自由度 p 的矩阵多项式，$\boldsymbol{w}_t$是一个 v 维独立变量向量，$\boldsymbol{\beta}$ 是一个 $k\times v$ 系数矩阵。在很多应用中，对于所有的 t 我们有$w_{1t}=1$，因此该模型中包含一个常数项。这里，$\boldsymbol{w}_t$ 可能包含观测独立变量 $\boldsymbol{x}_t$ 的滞后值。式(6-13)中的模型是参数非线性的，即使 $\boldsymbol{w}_t=(1,\ \boldsymbol{x}_t')'$，但在很多方面它与式(6-11)的VARX模型不同。为此，假设 $\boldsymbol{w}_t=(1,\ \boldsymbol{x}_t')'$使得 $v=m+1$。将系数矩阵 $\boldsymbol{\beta}$ 划分为 $\boldsymbol{\beta}=[\boldsymbol{\beta}_1,\ \boldsymbol{\beta}_2]$，其中 $\boldsymbol{\beta}_1$ 是列向量。那么，我们可以将式(6-13)中的模型重写为

$$\boldsymbol{z}_t = \sum_{i=1}^{p}\boldsymbol{\phi}_i\boldsymbol{z}_{t-i} + \boldsymbol{\phi}(1)\boldsymbol{\beta}_1 + \boldsymbol{\phi}(B)\boldsymbol{\beta}_2\boldsymbol{x}_t + \boldsymbol{a}_t \equiv \boldsymbol{\phi}_0 + \sum_{i=1}^{p}\boldsymbol{\phi}_i\boldsymbol{z}_{t-i} + \sum_{j=0}^{p}\boldsymbol{\gamma}_j\boldsymbol{x}_{t-j} + \boldsymbol{a}_t \tag{6-14}$$

其中 $\boldsymbol{\phi}_0=\boldsymbol{\phi}(1)\boldsymbol{\beta}_1$，$\boldsymbol{\gamma}_0=\boldsymbol{\beta}_2$ 并且对于 $j=1,\ \cdots,\ p$ 有 $\boldsymbol{\gamma}_j=-\boldsymbol{\phi}_j\boldsymbol{\beta}_2$。根据式(6-14)，如果 $p>0$，那么 $\boldsymbol{z}_t$ 也取决于 $\boldsymbol{x}_t$ 的滞后值。因此，具有式(6-14)的时间序列误差的回归模型可以作为式(6-11)中VARX模型的特例。另一方面，由于它的参数约束，式(6-13)中的模型需

要非线性估计。通常使用似然方法。

在应用中，通常使用两步法来识别具有时间序列误差的回归模型。第一步，通过普通最小二乘方法拟合多因变量多元线性回归 350~352

$$\boldsymbol{z}_t = \boldsymbol{c} + \boldsymbol{\beta x}_t + \boldsymbol{e}_t$$

来得到残差 $\hat{\boldsymbol{e}}_t$。第二步，使用信息准则为 $\hat{\boldsymbol{e}}_t$ 选择一个 VAR 模型。

例 6.2(续)　为了说明，我们再一次考虑原油的现货价格和天然气价格作为自变量的月度常规汽油和燃油的价格。我们从拟合多元线性回归模型开始

$$\boldsymbol{z}_t = \begin{bmatrix} 0.627 \\ -0.027 \end{bmatrix} + \begin{bmatrix} 0.029 & -0.007 \\ 0.030 & -0.008 \end{bmatrix} \boldsymbol{x}_t + \hat{\boldsymbol{e}}_t$$

并且运用残差序列 $\hat{\boldsymbol{e}}_t$ 来识别 VAR 的阶。使用 3 个信息准则来确定一个 VAR(2)模型。因此，我们使用模型

$$(\boldsymbol{I}_2 - \boldsymbol{\phi}_1 B - \boldsymbol{\phi}_2 B^2)(\boldsymbol{z}_t - \boldsymbol{c} - \boldsymbol{\beta x}_t) = \boldsymbol{a}_t \qquad (6\text{-}15)$$

其中 $\boldsymbol{c}$ 是二维常数向量。表 6-6 总结了式(6-15)中模型的估计结果。全模型定义了具有二元高斯分布的最大似然估计，并且通过同时设置 t 比率小于 1.2 的所有估计为 0 来得到简化模型。选择 1.2 作为阈值，是根据 AIC 使用的多个阈值。图 6-9 展示了表 6-6 中简化模型的残差交叉相关矩阵，而图 6-10 描述了简化模型的残差的多元 Ljung-Box 统计量的 p 值。两个图都指出表 6-6 中的简化模型足够描述两个价格序列之间的线性动态相依性。

表 6-6　对于原油现货价格和天然气价格作为独立变量的月度常规汽油和燃油的价格，式(6-15)中具有时间序列误差的回归模型的估计结果

参数	完整模型				简约模型			
	估计值		标准误差		估计值		标准误差	
$\boldsymbol{c}'$	0.650	−0.025	0.049	0.043	0.679	0	0.036	0
$\boldsymbol{\beta}$	0.028	−0.005	0.001	0.008	0.027	0	0.001	0
	0.029	−0.004	0.001	0.006	0.028	0	0.001	0
$\boldsymbol{\phi}_1$	1.012	−0.071	0.069	0.113	1.009	0	0.068	0
	0.070	0.949	0.044	0.071	0.045	0.973	0.030	0.066
$\boldsymbol{\phi}_2$	−0.326	0.0186	0.068	0.110	−0.305	0.166	0.064	0.070
	−0.046	−0.138	0.044	0.072	0	−0.128	0	0.073
$10^2\boldsymbol{\Sigma}_a$	0.92	0.19			0.897	0.171		
	0.19	0.38			0.171	0.355		

比较表 6-5 中简化的 VAR(2，1)模型与表 6-6 中的模型是有意义的。第一，VARX 模型运用了 13 个系数，而回归模型只使用了 9 个系数。因此回归模型更简约。

然而，信息准则看似更适合 VARX(2，1)模型，参看 R 代码示例。第二，两个简化模型是不嵌套的，因为回归模型隐含地使用 $\boldsymbol{x}_{t-2}$。采用式(6-14)的形式，表 6-6 的简化模型近似成为

$$\boldsymbol{z}_t = \begin{bmatrix} 0.201 \\ -0.030 \end{bmatrix} + \begin{bmatrix} 1.009 & 0 \\ 0.045 & 0.973 \end{bmatrix} \boldsymbol{z}_{t-1} + \begin{bmatrix} -0.305 & 0.166 \\ 0 & -0.128 \end{bmatrix} \boldsymbol{z}_{t-2}$$

$$= \begin{bmatrix} 0.027 & 0 \\ 0.028 & 0 \end{bmatrix} \boldsymbol{x}_t - \begin{bmatrix} 0.027 & 0 \\ 0.028 & 0 \end{bmatrix} \boldsymbol{x}_{t-1} + \begin{bmatrix} 0.003 & 0 \\ 0.004 & 0 \end{bmatrix} \boldsymbol{x}_{t-2} + \boldsymbol{a}_t \qquad (6\text{-}16)$$

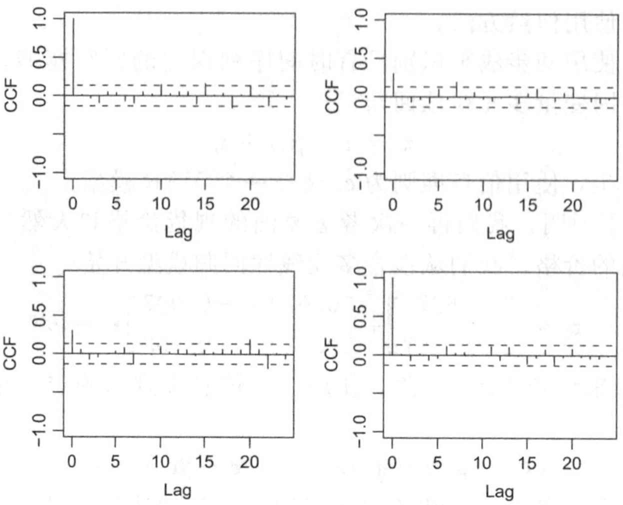

图 6-9　表 6-6 中简化回归模型的残差交叉相关矩阵

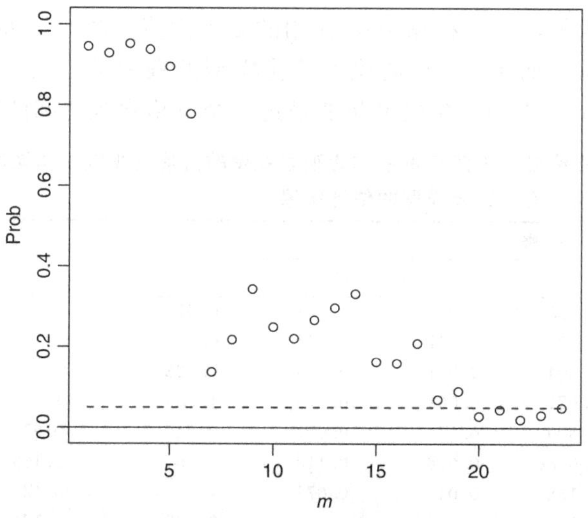

图 6-10　表 6-6 中简化回归模型的残差序列的多变量 Ljung-Box 统计量的 p 值

根据前面的模型表示，$\boldsymbol{x}_{t-2}$对 $\boldsymbol{z}_t$ 的影响很小。因此，回归模型近似是 VARX(2，1)模型的一个子模型。毫不惊讶地发现，VARX(2，1)模型的残差方差比回归模型的残差方差小。第三，式(6-16)中的模型似乎说明，在原油现货价格和 $\boldsymbol{z}_t$ 的滞后值的条件下，常规汽油和燃油的价格与天然气的价格不相关。VARX(2，1)模型并没有揭示这种结构。然而，式(6-16)说明在常规汽油和燃油的价格之间存在一个反馈关系。另一方面，简化 VARX 模型说明在 $\boldsymbol{x}_t$ 和 $\boldsymbol{x}_{t-1}$的条件下，天然气的价格不取决于常规汽油价格过去值。

注记：具有时间序列误差的多元回归模型可以通过 MTS 包中的 REGts 和 refREGts 命令估计。多因变量多元线性回归通过多元线性模型命令 Mlm 来估计。

R 代码示例：具有时间序列误差的回归模型。编辑输出。

```
> da=read.table("m-gasoil.txt",header=T)
> zt=da[,3:4]; xt=da[,5:6]
> m1=Mlm(zt,xt)
[1] "LSE of parameters"
[1] "  est    s.d.   t-ratio    prob"
         [,1]      [,2]  [,3]   [,4]
[1,]  0.62686 0.022768 27.53 0.0000
[2,]  0.02864 0.000424 67.59 0.0000
[3,] -0.00675 0.005222 -1.29 0.1977
[4,] -0.02659 0.016308 -1.63 0.1044
[5,]  0.02961 0.000303 97.56 0.0000
[6,] -0.00846 0.003740 -2.26 0.0246
> VARorder(m1$residuals)  # Order selection
selected order: aic =  2
selected order: bic =  2
selected order: hq =  2
> m3=REGts(zt,2,xt) # Estimation
Number of parameters:  14
=======
Coefficient matrix for constant + exogenous variable
Estimates:
       [,1]  [,2]   [,3]
[1,]  0.650 0.028 -0.005
[2,] -0.025 0.029 -0.004
Standard errors:
      [,1]  [,2]  [,3]
[1,] 0.049 0.001 0.008
[2,] 0.043 0.001 0.006
VAR coefficient matrices:
AR( 1 ) coefficient:
      [,1]   [,2]
[1,] 1.012 -0.071
[2,] 0.070  0.949
standard errors:
      [,1]  [,2]
[1,] 0.069 0.113
[2,] 0.044 0.071
AR( 2 ) coefficient:
       [,1]   [,2]
[1,] -0.326  0.186
[2,] -0.046 -0.138
standard errors:
      [,1]  [,2]
[1,] 0.068 0.110
[2,] 0.044 0.072
Residual Covariance matrix:
       Greg   hoil
Greg 0.0092 0.0019
hoil 0.0019 0.0038
============
Information criteria:
AIC:  -10.26927; BIC:  -10.05605
> m3c=refREGts(m3,thres=1.2)  # Model refinement
Number of parameters:  9
=======
Coefficient matrix for constant + exogenous variable
Estimates:
```

```
       [,1]  [,2] [,3]
[1,] 0.679 0.027    0
[2,] 0.000 0.028    0
Standard errors:
       [,1]  [,2] [,3]
[1,] 0.036 0.001    1
[2,] 1.000 0.001    1
VAR coefficient matrices:
AR( 1 ) coefficient:
       [,1]  [,2]
[1,] 1.009 0.000
[2,] 0.045 0.973
standard errors:
       [,1]  [,2]
[1,] 0.068 1.000
[2,] 0.030 0.066
AR( 2 ) coefficient:
        [,1]   [,2]
[1,] -0.305  0.166
[2,]  0.000 -0.128
standard errors:
       [,1]  [,2]
[1,] 0.064 0.070
[2,] 1.000 0.073
Residual Covariance matrix:
       Greg   hoil
Greg 0.0089 0.0017
hoil 0.0017 0.0035
============
Information criteria:
AIC:  -10.37776; BIC:  -10.24069
> MTSdiag(m3c)  # Model checking
```

6.4　缺失值

缺失值经常出现在多元时间序列分析的应用中。例如，国际货币基金组织(IMF)美国M1 货币供应量数据包含多个缺失值。参看圣路易斯美国联邦储备银行(FRED)。对于一个 k 维序列 $\boldsymbol{z}_t$，一个特别的观测 $\boldsymbol{z}_h$ 可能完全或部分缺失。本节假设给定 $\boldsymbol{z}_t$ 的模型，讨论一个简单方法来填充 $\boldsymbol{z}_h$。当 $\boldsymbol{z}_t$ 的模型是未知的时，可以运用迭代过程处理缺失值和模型构建。这里讨论的方法可以作为迭代过程的一部分。而且，假设缺失值随机出现。

估计 $\boldsymbol{z}_t$ 的缺失值的简单方法是使用 $\boldsymbol{z}_t$ 的 VAR 模型表示，即

$$\boldsymbol{\pi}(B)\boldsymbol{z}_t = \boldsymbol{c} + \boldsymbol{a}_t \tag{6-17}$$

其中 $\boldsymbol{\pi}(B) = \boldsymbol{I}_k - \sum_{i=1}^{\infty}\boldsymbol{\pi}_i B^i$，$\boldsymbol{c}$ 是 k 维常量，$\boldsymbol{a}_t$ 是具有零均值和正定协方差矩阵 $\boldsymbol{\Sigma}_a$ 的独立同分布向量序列。假设 $\boldsymbol{z}_t$ 是可逆的。对一个可逆的 VARMA(p, q)模型，$\boldsymbol{\phi}(B)\boldsymbol{z}_t = \boldsymbol{\phi}_0 + \boldsymbol{\theta}(B)\boldsymbol{a}_t$，我们得到 $\boldsymbol{\pi}(B) = [\boldsymbol{\theta}(B)]^{-1}\boldsymbol{\phi}(B)$ 和 $\boldsymbol{c} = [\boldsymbol{\theta}(1)]^{-1}\boldsymbol{\phi}_0$。参看第 3 章。式(6-17)的模型表示相当一般化。它包括单位根非平稳序列。它还可以扩展为包括 6.3 节讨论的 VARX 模型。

353～357

假设可用样本包括$\{z_1, \cdots, z_T\}$，其中 z_1 和 z_t 没有缺失，T 是样本大小。根据 z_h 是否是完全缺失的，我们将讨论分为两种情况。

6.4.1 完全缺失

对于式(6-17)中的模型，以下观测与 z_h 直接相关：

$$\boldsymbol{z}_h = \boldsymbol{c} + \sum_{i=1}^{h-1} \boldsymbol{\pi}_i \boldsymbol{z}_{h-i} + \boldsymbol{a}_h \tag{6-18}$$

$$\boldsymbol{z}_{h+1} = \boldsymbol{c} + \boldsymbol{\pi}_1 \boldsymbol{z}_h + \sum_{i=2}^{h} \boldsymbol{\pi}_i \boldsymbol{z}_{h+1-i} + \boldsymbol{a}_{h+1} \tag{6-19}$$

$$\boldsymbol{z}_{h+2} = \boldsymbol{c} + \boldsymbol{\pi}_1 \boldsymbol{z}_{h+1} + \boldsymbol{\pi}_2 \boldsymbol{z}_h + \sum_{i=3}^{h+1} \boldsymbol{\pi}_i \boldsymbol{z}_{h+2-i} + \boldsymbol{a}_{h+2}$$

$$\vdots = \vdots$$

$$\boldsymbol{z}_{h+j} = \boldsymbol{c} + \sum_{i=1}^{j-1} \boldsymbol{\pi}_i \boldsymbol{z}_{h+j-i} + \boldsymbol{\pi}_j \boldsymbol{z}_h + \sum_{i=j-1}^{h-j-1} \boldsymbol{\pi}_i \boldsymbol{z}_{h+j-i} + \boldsymbol{a}_{h+j} \tag{6-20}$$

$$\vdots = \vdots$$

$$\boldsymbol{z}_T = \boldsymbol{c} + \sum_{i=1}^{T-h-1} \boldsymbol{\pi}_i \boldsymbol{z}_{T-i} + \boldsymbol{\pi}_{T-h} \boldsymbol{z}_h + \sum_{i=T-h+1}^{T-1} \boldsymbol{\pi}_i \boldsymbol{z}_{T-i} + \boldsymbol{a}_T \tag{6-21}$$

这个方程组看起来比较复杂，但是它简化了 VAR(p)模型($j > p$，$\boldsymbol{\pi}_j = \boldsymbol{0}$)，并且方程组仅仅包括了前 $p+1$ 个方程。

前面的方程组给出了 z_h 作为系数向量的一个多元线性回归。具体地，我们可以把每式中不包括 z_h 的各项组合起来，定义

$$\begin{aligned}
\boldsymbol{y}_h &= \boldsymbol{c} + \sum_{i=1}^{h-1} \boldsymbol{\pi}_i \boldsymbol{z}_{h-i} \\
\boldsymbol{y}_{h+1} &= \boldsymbol{z}_{h+1} - \boldsymbol{c} - \sum_{i=2}^{h} \boldsymbol{\pi}_i \boldsymbol{z}_{h+1-i} \\
\vdots &= \vdots \\
\boldsymbol{y}_{h+j} &= \boldsymbol{z}_{h+j} - \boldsymbol{c} - \sum_{i=1}^{j-1} \boldsymbol{\pi}_i \boldsymbol{z}_{h+j-i} - \sum_{i=j+1}^{h-j-1} \boldsymbol{\pi}_i \boldsymbol{z}_{h+j-i} \\
\vdots &= \vdots \\
\boldsymbol{y}_T &= \boldsymbol{z}_T - \boldsymbol{c} - \sum_{i=1}^{T-h-1} \boldsymbol{\pi}_i \boldsymbol{z}_{T-i} - \sum_{i=T-h+1}^{T-1} \boldsymbol{\pi}_i \boldsymbol{z}_{T-i}
\end{aligned} \tag{6-22}$$

358

那么，多因变量多元线性回归方程变为

$$\boldsymbol{y}_h = \boldsymbol{I}_k \boldsymbol{z}_h - \boldsymbol{a}_h \tag{6-23}$$

$$\boldsymbol{y}_{h+j} = \boldsymbol{\pi}_j \boldsymbol{z}_h + \boldsymbol{a}_{h+j}, \quad j = 1, \cdots, T-h \tag{6-24}$$

因为对于本书考虑的时间序列模型，$-\boldsymbol{a}_h$ 和 $\boldsymbol{a}_h$ 有样本分布，所以前面提到的各式形成了一个(非齐次的)多元线性回归。令 $\boldsymbol{\Sigma}_a^{1/2}$ 是 $\boldsymbol{\Sigma}_a$ 的一个正定平方根矩阵。我们定义 $\boldsymbol{a}_v^* = \boldsymbol{\Sigma}_a^{1/2}\boldsymbol{a}_v$ 和 $\boldsymbol{y}_v^* = \boldsymbol{\Sigma}_a^{1/2}\boldsymbol{y}_v(v=h, \cdots, T)$，并且 $\boldsymbol{\pi}_i^* = \boldsymbol{\Sigma}_a^{1/2}\boldsymbol{\pi}_i(i=0, 1....)$，这里 $\boldsymbol{\pi}_0 = \boldsymbol{I}_k$。那么，$\text{Cov}(\boldsymbol{a}_v^*) = \boldsymbol{I}_k$，并且得到一个齐次多元线性回归

$$\begin{bmatrix} \boldsymbol{y}_h^* \\ \boldsymbol{y}_{h+1}^* \\ \vdots \\ \boldsymbol{y}_T^* \end{bmatrix} = \begin{bmatrix} \boldsymbol{\pi}_0^* \\ \boldsymbol{\pi}_1^* \\ \vdots \\ \boldsymbol{\pi}_{T-h}^* \end{bmatrix} \boldsymbol{z}_h + \begin{bmatrix} -\boldsymbol{a}_h^* \\ \boldsymbol{a}_{h+1}^* \\ \vdots \\ \boldsymbol{a}_T^* \end{bmatrix} \tag{6-25}$$

因此，$\boldsymbol{z}_h$ 的一致估计是

$$\hat{\boldsymbol{z}}_h = \left[\sum_{i=0}^{T-h} \boldsymbol{\pi}_i^* (\boldsymbol{\pi}_i^*)'\right]^{-1} \sum_{i=0}^{T-h} \boldsymbol{\pi}_i^* (\boldsymbol{y}_{i+h}^*)' \tag{6-26}$$

实际上，令缺失值 $\boldsymbol{z}_h = \boldsymbol{0}$，那么对于 $v=h+1, \cdots, T$，$\boldsymbol{y}_v$ 的计算可以简化。那么，我们有

$$\boldsymbol{y}_v = \boldsymbol{z}_v - \boldsymbol{c} - \sum_{i=1}^{v-1} \boldsymbol{\pi}_i \boldsymbol{z}_{v-i}, \quad v = h+1, \cdots, T$$

例 6.3　考虑英国、加拿大和美国从 1980 年第一季度到 2011 年第二季度的季度 GDP 的对数序列，共 126 个观测值。图 6-11 展示了 3 个序列，如所期望的，它们包含单位根。这些数据中没有缺失值。然而，为了说明，我们人为地将一些观测值作为缺失值，并且将对缺失值的估计值与观测值进行比较。我们运用了一个 VAR(3)模型并将全样本获得的估计作为真实模型。
359 VAR(3)模型的参数在表 6-7 中给出。用 AIC 和 HQ 准则选择 AR 模型的阶为 3。

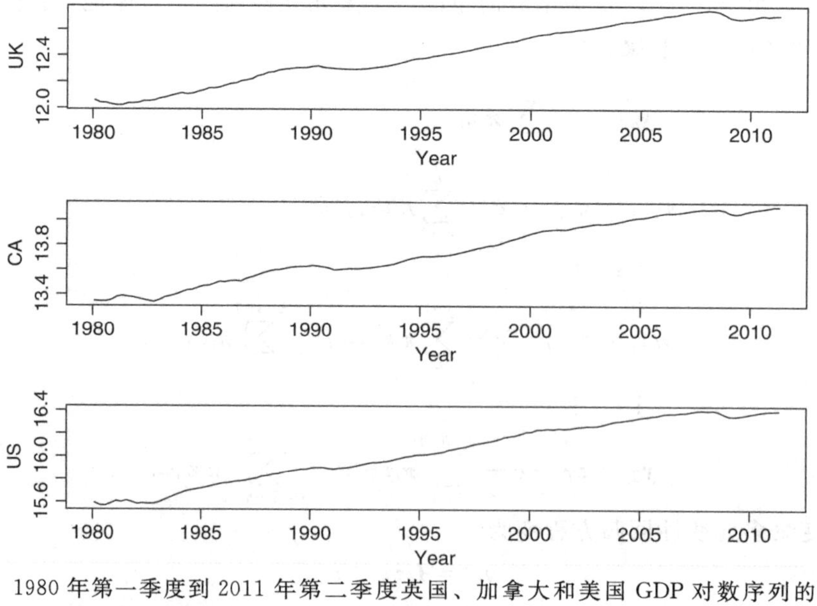

图 6-11　1980 年第一季度到 2011 年第二季度英国、加拿大和美国 GDP 对数序列的时序图。本国货币的原始数据以 10 亿为单位

表 6-7 对英国、加拿大和美国季度 GDP 对数序列的 VAR(3)模型的参数估计

$\hat{\boldsymbol{\Phi}}_0$		$\hat{\boldsymbol{\Phi}}_1$			$\hat{\boldsymbol{\Phi}}_2$	
−0.052	1.321	0.108	0.062	−0.302	−0.013	−0.026
−0.016	0.367	1.317	0.452	−0.547	−0.514	−0.465
0.144	0.532	0.252	1.117	−0.779	−0.375	−0.107
		$\hat{\boldsymbol{\Phi}}_3$			$10^5\hat{\boldsymbol{\Sigma}}_a$	
	−0.104	−0.087	0.027	2.637	0.287	0.773
	0.223	0.139	0.031	0.287	2.811	1.283
	0.380	0.016	−0.031	0.773	1.283	3.147

注：样本时间跨度为 1980 年第一季度到 2011 年第二季度。

如果我们将 $\boldsymbol{z}_{50}$ 作为缺失值，则估计值(真实值)分别为 12.2977(12.2950)、13.6091(13.6090)和 15.9246(15.9250)。如果我们将 $\boldsymbol{z}_{100}$ 作为缺失值，则估计值(真实值)分别为 12.6700(12.6721)、14.0186(14.0205)和 16.3322(16.3322)。结果说明缺失值的估计值都是合理的。严格地讲，在模型估计中我们使用缺失值的信息因为它使用全样本估计模型。如前所述，在实际应用中，我们需要在缺失值估计与模型建立之间不断迭代以便处理缺失值。

注记：通过 MTS 包中的 Vmiss 命令来实现缺失值的估计。输入变量是序列、π 权重、$\boldsymbol{\Sigma}_a$ 以及缺失值的时间指标。估计部分缺失值的命令是 Vpmiss，它需要额外添加一个 k 维指标(0 为缺失值和 1 为可测分量)。可以参考下一节的 R 代码示例。

讨论：可以同时对时间序列模型和缺失值进行估计的另一种方法是应用 6.3.2 节的带有时间序列误差的回归模型。这个模型尤其适合平稳时间序列 $\boldsymbol{z}_t$。这里，缺失值为完全缺失，并且每个缺失数据点的时间指标用一个指标变量来表示。例如，如果 $\boldsymbol{z}_{50}$ 是完全缺失的，我们可以将解释变量 $\boldsymbol{x}_t(50)$ 表示为

$$x_t(50)=\begin{cases}1 & \text{如果 } t=50\\ 0 & \text{否则}\end{cases}$$

为进行估计，我们可以通过简单插值暂时填充缺失的观测值。例如，$\boldsymbol{z}_{50}^*=0.5(\boldsymbol{z}_{49}+\boldsymbol{z}_{51})$。则模型可以变为

$$\boldsymbol{\phi}(B)[\boldsymbol{z}_t-\boldsymbol{c}-\boldsymbol{\beta}x_t(50)]=\boldsymbol{\theta}(B)\boldsymbol{a}_t$$

则缺失值 $\boldsymbol{z}_{50}$ 的估计可以通过 $\hat{\boldsymbol{z}}_{50}=\boldsymbol{z}_{50}^*-\hat{\boldsymbol{\beta}}$ 得到。 □

6.4.2 部分缺失

接下来，我们讨论只有 $\boldsymbol{z}_h$ 的部分分量缺失的情况。不失一般性，我们假设 $\boldsymbol{z}_h$ 的前 m 个分量为缺失的，并将 $\boldsymbol{z}_h$ 划分为 $\boldsymbol{z}_h=(\boldsymbol{z}'_{1,h},\boldsymbol{z}'_{2,h})'$，其中 $\boldsymbol{z}_{1,h}=(z_{1t},\cdots,z_{mt})'$。在这种情况下，为了估计 $\boldsymbol{z}_{1,h}$，上一节讨论大多数步骤仍然成立。例如，式(6-23)和式(6-24)中的统计量 $\boldsymbol{y}_h$ 和 $\boldsymbol{y}_v(v=h+1,\cdots,T)$ 保持不变。而且，$\boldsymbol{y}_v$ 也可以通过处理 $\boldsymbol{z}_h=\boldsymbol{0}$ 计算得出。类似地，变换量 $\boldsymbol{y}_v^*$ 和 $\boldsymbol{\pi}_i^*$ 也保持不变。另一方面，$\boldsymbol{z}_{2,h}$ 可能包含有关 $\boldsymbol{z}_{1,h}$ 中缺失分量的信

息，在对缺失值进行估计时我们要利用这些信息。这可以通过利用式(6-25)中的齐次多元线性回归来实现。具体地，我们可以对方程组进行划分，用矩阵形式表示为

360~361

$$\boldsymbol{Y}^* = [\boldsymbol{\Omega}_1, \boldsymbol{\Omega}_2]\begin{bmatrix} \boldsymbol{z}_{1,h} \\ \boldsymbol{z}_{2,h} \end{bmatrix} + \boldsymbol{A}^*$$

其中 $\boldsymbol{Y}^*$ 为式(6-25)中的独立变量的 $k(T-h+1)$ 维向量，$\boldsymbol{\Omega}_1$ 是一个 $k(T-h+1)\times m$ 矩阵，它包含式(6-25)中矩阵 $\boldsymbol{\pi}^*$ 的前 m 列，而 $\boldsymbol{\Omega}_2$ 为矩阵 $\boldsymbol{\pi}^*$ 剩下的 $k(T-h+1)\times(k-m)$ 矩阵。向量 $\boldsymbol{A}^*$ 满足 $\mathrm{Cov}(\boldsymbol{A}^*)=\boldsymbol{I}_{k(T-h+1)}$。由于 $\boldsymbol{z}_{2,h}$ 是可以观测的，所以可以将式(6-25)重写为

$$[\boldsymbol{Y}^* - \boldsymbol{\Omega}_2 \boldsymbol{z}_{2,h}] = \boldsymbol{\Omega}_1 \boldsymbol{z}_{1,y} + \boldsymbol{A}^* \qquad (6\text{-}27)$$

因此，缺失分量元素 $z_{1,h}$ 的最小二乘估计为

$$\hat{z}_{1,h} = (\boldsymbol{\Omega}'_1 \boldsymbol{\Omega}_1)^{-1}[\boldsymbol{\Omega}'_1(\boldsymbol{Y}^* - \boldsymbol{\Omega}_2 \boldsymbol{z}_{2,h})] \qquad (6\text{-}28)$$

例 6.3(续)　为了说明向量时间序列中部分缺失值的估计，我们继续使用英国、加拿大和美国的季度 GDP 数据。而且，我们采用表 6-7 中的 VAR(3)模型。假设 $\boldsymbol{z}_{50}$ 的最后两个分量缺失，但是前面一个分量是可以观测的。在这种情况下，缺失值的估计值(真实值)分别为 13.6365(13.6090)和 15.8815(15.9250)。此外，假设只有 $\boldsymbol{z}_{50}$ 的第二个分量缺失。在这种特殊情况下，估计值和真实值分别为 13.6098 和 13.6090。缺失值的估计显然是合理的。　□

R 代码示例：缺失值。编辑输出。

```
> da=read.table("q-gdp-ukcaus.txt",header=T)
> gdp=log(da[,3:5])
> VARorder(gdp)
selected order: aic =  3
selected order: bic =  2
selected order: hq =  3
> m1=VAR(gdp,3)  # Model estimation
Constant term:
Estimates:  -0.05211161 -0.0163411 0.1438155
Std.Error:  0.04891077 0.05049953 0.0534254
AR coefficient matrix
AR( 1 )-matrix
      [,1]  [,2]   [,3]
[1,] 1.321 0.108 0.0617
[2,] 0.367 1.317 0.4519
[3,] 0.532 0.252 1.1169
standard error
       [,1]   [,2]   [,3]
[1,] 0.0952 0.0973 0.0938
[2,] 0.0983 0.1005 0.0969
[3,] 0.1040 0.1063 0.1025
AR( 2 )-matrix
       [,1]    [,2]    [,3]
[1,] -0.302 -0.0133 -0.0264
[2,] -0.547 -0.5135 -0.4648
[3,] -0.779 -0.3750 -0.1067
standard error
      [,1]  [,2]  [,3]
[1,] 0.152 0.141 0.126
```

```
[2,] 0.157 0.146 0.130
[3,] 0.166 0.154 0.138
AR( 3 )-matrix
       [,1]    [,2]    [,3]
[1,] -0.104 -0.0865  0.0273
[2,]  0.223  0.1385  0.0310
[3,]  0.380  0.0157 -0.0310
standard error
       [,1]   [,2]   [,3]
[1,] 0.0933 0.0900 0.0946
[2,] 0.0963 0.0930 0.0977
[3,] 0.1019 0.0984 0.1034
  Residuals cov-mtx:
             [,1]         [,2]         [,3]
[1,] 2.637286e-05 2.867568e-06 7.732008e-06
[2,] 2.867568e-06 2.811401e-05 1.283314e-05
[3,] 7.732008e-06 1.283314e-05 3.146616e-05

> piwgt=m1$Phi
> sig=m1$Sigma
> cnst=m1$Ph0
> m2=Vmiss(gdp,piwgt,sig,50,cnst)
Estimate of missing value at time index 50
         [,1]
[1,] 12.29765
[2,] 13.60911
[3,] 15.92464
> gdp[50,]  # Observed values
        uk       ca       us
50 12.29495 13.60897 15.92503
> m2=Vmiss(gdp,piwgt,sig,100,cnst)
Estimate of missing value at time index 100
         [,1]
[1,] 12.67002
[2,] 14.01860
[3,] 16.33219
> gdp[100,]  # Observed values
         uk       ca       us
100 12.67209 14.02048 16.33217
> m3=Vpmiss(gdp,piwgt,sig,50,mdx=c(1,0,0),cnst) # Partially
  missing
Estimate of missing value at time index 50
         [,1]
[1,] 13.63654
[2,] 15.88154
> m3=Vpmiss(gdp,piwgt,sig,50,mdx=c(1,0,1),cnst)
Estimate of missing value at time index 50
         [,1]
[1,] 13.60977
```

6.5　因子模型

随着计算设备和数据收集的发展，我们目前经常面临分析高维时间序列的问题。当 z_t 的维数 k 非常大时，我们之前所讨论的方法和模型就可能变得效率低下。需要其他的方法。另一方面，经验说明许多时间序列表现出相似性质，如共同趋势和共同周期性行为。这一发现使我们考虑多元时间序列的共同特性。一些因子模型已经开始流行并且最近几年引起了许多关注，在这些模型中，少数因子驱动成分序列。由于共同因子是潜在的，所以，对这些因子的识别就需要某些假设。这导致不同因子模型的发展。在本节中，我们将简要介绍几种因子模型。

6.5.1　正交因子模型

最简单的因子模型是传统正交因子模型，在这种模型中，被观测的时间序列 $\boldsymbol{z}_t$ 受到少数共同因子(common factor)的影响。传统正交因子模型可以记为

$$\boldsymbol{z}_t = \boldsymbol{L}\boldsymbol{f}_t + \boldsymbol{\varepsilon}_t \tag{6-29}$$

其中，$\boldsymbol{L}$ 为 $k\times m$ 载荷矩阵(loading matrix)，$\boldsymbol{f}_t=(f_{1t}, \cdots, f_{mt})'(m\ll k)$为共同因子的 m 维向量，$\boldsymbol{\varepsilon}_t$ 是具有零均值、协方差矩阵 $\mathrm{Cov}(\boldsymbol{\varepsilon}_t)=\boldsymbol{\Sigma}_\varepsilon=\mathrm{diag}\{\sigma_1^2,\cdots,\sigma_k^2\}$（记“diag”表示对角矩阵）的 k 维随机向量序列。在式(6-29)中，假设为了可识别性，$\boldsymbol{f}_t$ 与 $\boldsymbol{\varepsilon}_t$ 是不相关的，因此需要满足 $E(\boldsymbol{f}_t)=0$ 和 $\mathrm{Cov}(\boldsymbol{f}_t)=\boldsymbol{I}_m$。假设载荷矩阵 $\boldsymbol{L}$ 为满列秩矩阵；否则，共同因子的个数是可以减少。为简单起见，假设式(6-29)中的 $E(\boldsymbol{z}_t)=\boldsymbol{0}$。

在上述假设以及平稳性条件下，$\boldsymbol{z}_t$ 的自协方差矩阵满足

362~364

$$\begin{aligned}\boldsymbol{\Gamma}_z(0)&=\boldsymbol{L}\boldsymbol{\Gamma}_f(0)\boldsymbol{L}'+\boldsymbol{\Sigma}_\varepsilon=\boldsymbol{L}\boldsymbol{L}'+\boldsymbol{\Sigma}_\varepsilon\\ \boldsymbol{\Gamma}_z(\ell)&=\boldsymbol{L}\boldsymbol{\Gamma}_f(\ell)\boldsymbol{L}',\quad \ell>0\end{aligned} \tag{6-30}$$

其中，记 $\boldsymbol{\Gamma}_y(\ell)$为向量时间序列 $\boldsymbol{y}_t$ 滞后 ℓ 自协方差矩阵。根据(6-30)，对于 $\ell>0$，正交因子模型 $\boldsymbol{z}_t$ 的自协方差矩阵都是奇异的。这导致如下定义：对于 $\ell>0$，共同因子的个数 m 是 $\boldsymbol{\Gamma}_z(\ell)$的秩的最大值。利用式(6-30)性质的统计学方法由 Pena 和 Box(1987)、Geweke(1977)提出。这种方法的不足之处是，式(6-30)仅在序列 $\boldsymbol{z}_t$ 为平稳过程时成立。Pena 和 Poncela(2006)将该模型扩展到了包括单位根非平稳过程。

对式(6-29)中正交因子模型的估计有两种方法。第一种方法是对于 $\boldsymbol{z}_t$ 使用主成分分析法(PCA)，并选择对应前 m 个最大特征值的前 m 个 PC 作为共同因子。根据谱分解(spectral decomposition)，可得

$$\boldsymbol{\Gamma}_z(0)=\boldsymbol{\lambda}_1^2\boldsymbol{e}_1\boldsymbol{e}_1'+\boldsymbol{\lambda}_2^2\boldsymbol{e}_2\boldsymbol{e}_2'+\cdots+\boldsymbol{\lambda}_k^2\boldsymbol{e}_k\boldsymbol{e}_k'$$

其中，$\lambda_1^2\geqslant\lambda_2^2\geqslant\cdots\geqslant\lambda_k^2$ 是协方差矩阵 $\boldsymbol{\Gamma}_z(0)$的特征值，$\boldsymbol{e}_i$ 是与特征值 λ_i^2 相关联的特征向量，并且满足 $\|\boldsymbol{e}_i\|^2=1$。假设前 m 个特征值是大的而其他特征值是小的，则我们可以得到如下近似

$$\boldsymbol{\Gamma}_z(0)\approx[\lambda_1\boldsymbol{e}_1,\lambda_2\boldsymbol{e}_2,\cdots,\lambda_m\boldsymbol{e}_m]\begin{bmatrix}\lambda_1\boldsymbol{e}_1'\\ \lambda_2\boldsymbol{e}_2'\\ \cdots\\ \lambda_m\boldsymbol{e}_m'\end{bmatrix}+\hat{\boldsymbol{\Sigma}}_\varepsilon\equiv\hat{\boldsymbol{L}}\hat{\boldsymbol{L}}'+\hat{\boldsymbol{\Sigma}}_\varepsilon \tag{6-31}$$

其中，$\hat{\boldsymbol{\Sigma}}_\varepsilon=\mathrm{diag}\{u_1^2, \cdots, u_k^2\}=\mathrm{diag}[\boldsymbol{\Gamma}_z(0)]-\mathrm{diag}[\hat{\boldsymbol{L}}\hat{\boldsymbol{L}}']$。传统上，$m$ 的选择是主观的，主要依据 $\boldsymbol{\Gamma}_z(0)$的特征值的碎石图(scree plot)。为避免缩放效应(scaling effect)，在估计因子

模型前可以选择对 z_t 的分量进行标准化。这等价于用 z_t 的相关矩阵代替 $\boldsymbol{\Gamma}_z(0)$。有关在因子分析中使用主成分分析法的详细内容可以参阅 Johnson 和 Wichern(2007)、Pena 和 Box (1987)。后面将讨论扩散指数(diffusion index)。第二种方法是在正态假设以及某些正则条件(regularity)下，使用极大似然估计方法进行模型识别。这种方法也要求 m 是已知的。通常极大似然估计使用的正则条件是：(a) $\sum_\varepsilon$ 是可逆的；(b)$\boldsymbol{L}'\boldsymbol{\Sigma}_\varepsilon^{-1}\boldsymbol{L}$ 是一个对角矩阵。

例 6.4　考虑 10 个美国公司股票的月度对数收益率值为例，时间为 2001 年 1 月到 2011 年 12 月共 132 个观测值。公司及其收益率汇总统计见表 6-8。将这 10 个公司大概分为 3 大工业类，即半导体类、制药工业类和投资银行类。10 个股票平均收益值均接近 0，但是其对数收益呈现出负偏态性(negative skewness)和高超额峰度(high excess kurtosis)厚尾性。 365

表 6-8　2001 年 1 月到 2011 年 12 月对美国公司和它们月度对数收益值的汇总统计

部　门	名　称	记　号	均　值	方　差	偏　度	峰　度
Semi-	Texas Instru.	TXN	−0.003	0.012	−0.523	0.948
conductor	Micron Tech.	MU	−0.013	0.027	−0.793	2.007
	Intel Corp.	INTC	−0.000	0.012	−0.584	1.440
	Taiwan Semi.	TSM	0.006	0.013	−0.201	0.091
Pharma-	Pfizer	PFE	−0.003	0.004	−0.284	−0.110
ceutical	Merck&Co.	MRK	−0.003	0.006	−0.471	1.017
	Eli Lilly	LLY	−0.003	0.005	−0.224	1.911
Investment	JPMorgan Chase	JPM	0.000	0.009	−0.466	1.258
Bank	Morgan Stanley	MS	−0.010	0.013	−1.072	4.027
	Goldman Sachs	GS	−0.001	0.008	−0.500	0.455

令 z_t 为标准化的对数收益，其第 i 个分量定义为 $z_{it}=r_{it}/\hat{\sigma}_i$，$r_{it}$ 为第 i 个收益序列，$\hat{\sigma}_i$ 为 r_{it} 的样本标准误差。对 z_t 进行主成分分析(PCA)。图 6-12 给出了主成分分析的碎石图。从图中可以看出，z_t 的样本相关矩阵的特征值呈指数衰减，并且前几个特征值好像大于其他的特征值。因此，可以选择 $m=3$ 或者 $m=4$。为简单起见，我们令 $m=3$。主成分分析结果说明，前 3 个分量解释了对数收益的总变异性的大约 72.4%。具体见下面的 R 代码示例的输出。荷载矩阵 $\boldsymbol{L}$ 和 $\boldsymbol{\varepsilon}_t$ 协方差矩阵见表 6-9。

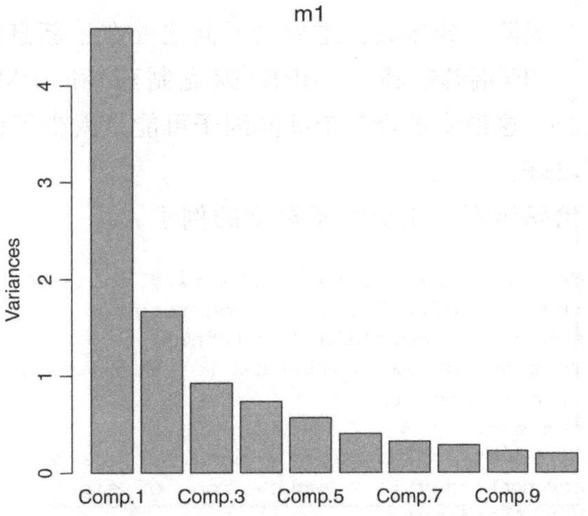

图 6-12　表 6-8 中的 10 个美国公司月度对数收益率的碎石图

表 6-9　表 6-8 中 10 个美国公司的月度对数收益的正交因子模型的估计结果，其中 L_i 为矩阵 L 的第 i 列，$\Sigma_{\varepsilon,i}$ 为 Σ_ε 的第(i, i)个元素

记号	PCA 方法				极大似然估计			
	L_1	L_2	L_3	$\Sigma_{\varepsilon,i}$	L_1	L_2	L_3	$\Sigma_{\varepsilon,i}$
TXN	0.788	0.198	0.320	0.237	0.714	−0.132	0.417	0.299
MU	0.671	0.361	0.389	0.336	0.579	−0.263	0.315	0.496
INTC	0.789	0.183	0.333	0.232	0.718	−0.130	0.442	0.272
TSM	0.802	0.270	0.159	0.258	0.725	−0.186	0.330	0.331
PFE	0.491	−0.643	−0.027	0.345	0.351	0.580	0.197	0.501
MRK	0.402	−0.689	0.226	0.312	0.282	0.582	0.220	0.533
LLY	0.448	−0.698	0.061	0.309	0.359	0.638	0.184	0.430
JPM	0.724	0.020	−0.345	0.357	0.670	0.067	0.010	0.547
MS	0.755	0.053	−0.425	0.246	0.789	0.052	−0.154	0.352
GS	0.745	0.122	−0.498	0.182	0.879	−0.008	−0.363	0.096

根据式(6-31)，载荷矩阵 L 的第 i 列与第 i 个标准化特征向量成正比，相应地，产生数据的第 i 个主成分。表 6-9 中的估计载荷矩阵 L 表明：(a)第一个因子与同一行业中的股票的权重相类似的对数收益的加权平均；(b)第二个因子实质上是半导体类与制药工业类之间对数收益的权重差；(c)第三个因子表示半导体类与投资银行类之间的对数收益的权重差。另一方面，噪声分量的方差是每个标准化收益序列的 18%～35%，表明每个对数收益率序列均存在变异性。图 6-13 给出了 3 个共同因子(即 $\hat{f}_t$)的时序图。

我们也可以用正交因子模型的极大似然估计对标准化对数收益率进行估计，令 $m=3$。结果见表 6-9。没有使用因子旋转(factor rotation)，所以很容易将结果与主成分分析法的结果相比较。实际上，估计结果是很接近的，至少从定性方面来说，结果是一致的。这两种估计载荷矩阵十分接近。主要的不同之处在于新息的方差。极大似然估计法说明，MU(航天公司)、PFE(瑞辉制药)、MRK(默克制药)和 JPM(摩根大通银行)的单个新息的方差均在 50%左右。这说明选择 3 个共同因子可能是太少了些。实际上，在这个例子中，当 $m=5$ 时拟合效果较好。 □

R 代码示例：正交因子模型的例子。

```
> da=read.table("m-tenstocks.txt",header=T)
> rtn=log(da[,2:11]+1)  # log returns
> std=diag(1/sqrt(diag(cov(rtn))))
> rtns=as.matrix(rtn)%*%std   # Standardize individual series
> m1=princomp(rtns)
> names(m1)
[1] "sdev"    "loadings" "center"   "scale"   "n.obs"    "scores"   "call"
> sdev=m1$sdev      # square root of eigenvalues
> M=m1$loadings
> summary(m1)
Importance of components:
                         Comp.1    Comp.2    Comp.3    Comp.4    Comp.5
Standard deviation      2.14257 1.292276 0.9617832 0.8581358 0.7543204
```

```
Proportion of Variance 0.46257 0.168273 0.0932088 0.0742018 0.0573343
Cumulative Proportion  0.46257 0.630839 0.7240474 0.7982492 0.8555835
                       Comp.6    Comp.7    Comp.8    Comp.9    Comp.10
Standard deviation     0.6351810 0.5690478 0.5351137 0.4738664 0.441654
Proportion of Variance 0.0406535 0.0326287 0.0288533 0.0226263 0.019655
Cumulative Proportion  0.8962370 0.9288657 0.9577190 0.9803453 1.000000
> screeplot(m1)
> SD=diag(sdev[1:3])  # Compute the loading matrix
> L=M[,1:3]%*%SD
> print(round(L,3))
        [,1]   [,2]   [,3]
 [1,] -0.788 -0.198 -0.320
 [2,] -0.671 -0.361 -0.289
 [3,] -0.789 -0.183 -0.333
 [4,] -0.802 -0.270 -0.159
 [5,] -0.491  0.643  0.027
 [6,] -0.402  0.689 -0.226
 [7,] -0.448  0.698 -0.061
 [8,] -0.724 -0.020  0.345
 [9,] -0.755 -0.053  0.425
[10,] -0.745 -0.122  0.498
> LLt=L%*%t(L)
> diag(LLt)
 [1] 0.762621 0.664152 0.767795 0.741557 0.655427 0.687690 0.691248
 [8] 0.643403 0.753815 0.817913
> SigE=1-diag(LLt)
> SigE

 [1] 0.237379 0.335848 0.232205 0.258444 0.344573 0.312310 0.308752
 [8] 0.356597 0.246185 0.182087

> m2=factanal(rtns,3,scores="regression",rotation="none") #MLE
> m2
factanal(x =rtns, factors=3, scores ="regression", rotation ="none")
Uniquenesses:
 [1] 0.299 0.496 0.272 0.331 0.501 0.533 0.430 0.547 0.352 0.096
Loadings:
      Factor1 Factor2 Factor3
 [1,]  0.714  -0.132   0.417
 [2,]  0.579  -0.263   0.315
....
> names(m2)
 [1] "converged" "loadings"  "uniquenesses" "correlation" "criteria"
 [6] "factors"   "dof"       "method"       "scores"      "STATISTIC"
[11] "PVAL"      "n.obs"     "call"
> L2=matrix(m2$loadings,10,3)
> print(round(L2,3))
       [,1]   [,2]   [,3]
 [1,] 0.714 -0.132  0.417
 [2,] 0.579 -0.263  0.315
 [3,] 0.718 -0.130  0.442
 [4,] 0.725 -0.186  0.330
 [5,] 0.351  0.580  0.197
 [6,] 0.282  0.582  0.220
 [7,] 0.359  0.638  0.184
 [8,] 0.670  0.067  0.010
 [9,] 0.789  0.052 -0.154
[10,] 0.879 -0.008 -0.363
```

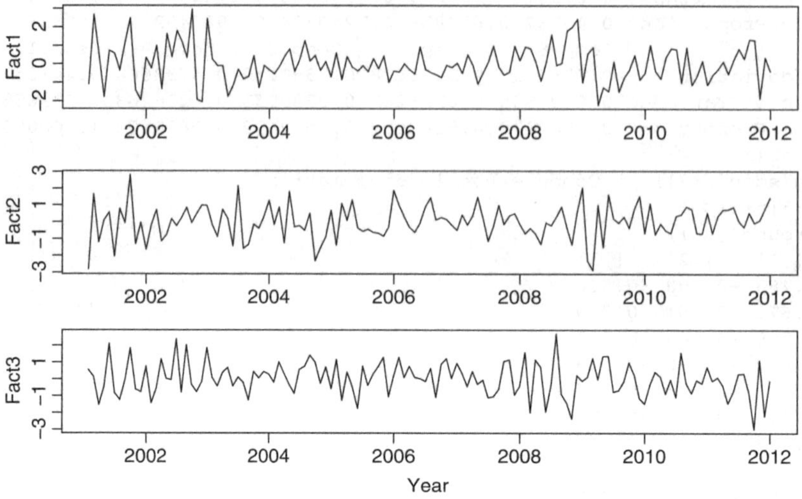

图 6-13　表 6-8 中 10 个美国公司的月度对数收益的共同因子进行估计

讨论：一般来说，用主成分分析法对式(6-31)中的正交因子模型进行估计只是提供了一个近似的结果。但是，如果噪声的协方差矩阵与 $R\times R$ 单位矩阵成正比，即 $\boldsymbol{\Sigma}_\varepsilon=\sigma^2\boldsymbol{I}_k$，则可以认为该方法是渐近的。为证明这个结论，考虑最简单的情况，令 $k=2$ 和 $m=1$，并且 $E(\boldsymbol{z}_t)=\boldsymbol{0}$。此时，模型为：

$$\begin{bmatrix} z_{1t} \\ z_{2t} \end{bmatrix}=\begin{bmatrix} L_1 \\ L_2 \end{bmatrix} f_t+\begin{bmatrix} \varepsilon_{1t} \\ \varepsilon_{2t} \end{bmatrix} \tag{6-32}$$

366~369 其中，$\mathrm{Cov}(\boldsymbol{\varepsilon}_t)=\sigma^2\boldsymbol{I}_2$，$L_1$ 和 L_2 为实数，f_t 为共同因子。假设样本大小为 T。则我们有

$$\frac{1}{T}\sum_{t=1}^{T}\boldsymbol{z}_t\boldsymbol{z}'_t=\begin{bmatrix} L_1 \\ L_2 \end{bmatrix}\frac{1}{T}\left(\sum_{t=1}^{T}f_t^2\right)[L_1,L_2]+\frac{1}{T}\sum_{t=1}^{T}\boldsymbol{\varepsilon}_t\boldsymbol{\varepsilon}'_t \tag{6-33}$$

在正交因子模型的假设下，式(6-33)渐近等价于

$$\boldsymbol{\Gamma}_z(0)=\begin{bmatrix} L_1^2 & L_1L_2 \\ L_1L_2 & L_2^2 \end{bmatrix}+\sigma^2\boldsymbol{I}_2$$

那么很容易计算 $\boldsymbol{\Gamma}_z(0)$ 的特征值为 σ^2 和 $\sigma^2+L_1^2+L_2^2$。因为 $L_1^2+L_2^2>0$，所以 $\boldsymbol{\Gamma}_z(0)$ 的最大特征值为 $\sigma^2+L_1^2+L_2^2$。也可以很容易计算出，与最大特征值相关联的特征向量与因子载荷矩阵 $\boldsymbol{L}$ 是成正比。

6.5.2　近似因子模型

上述讨论的正交因子模型要求新息 $\boldsymbol{\varepsilon}_t$ 的协方差矩阵为式(6-29)中的对角矩阵，这一点当 $\boldsymbol{z}_t$ 的维数 k 较大时很难实现，尤其是在金融领域中，与某些风险因子正交的新息之间令存在相关关系。基于上述原因，Chamberlain(1983)、Chamberlain 和 Rothschild(1983)提出了近似因子模型，该模型允许新息 $\boldsymbol{\varepsilon}_t$ 有广义协方差矩阵 $\boldsymbol{\Sigma}_\varepsilon$。近似因子模型被广泛地应用

于经济领域和金融领域。

考虑近似因子模型

$$\boldsymbol{z}_t = \boldsymbol{L}\boldsymbol{f}_t + \boldsymbol{\varepsilon}_t \tag{6-34}$$

其中，$\boldsymbol{\varepsilon}_t$ 满足(a)$E(\boldsymbol{\varepsilon}_t)=\boldsymbol{0}$；(b)$\mathrm{Cov}(\boldsymbol{\varepsilon}_t)=\boldsymbol{\Sigma}_\varepsilon$；(c)当 $t\neq s$ 时，$\mathrm{Cov}(\boldsymbol{\varepsilon}_t, \boldsymbol{\varepsilon}_s)=\boldsymbol{0}$。这种模型的缺点是，对于有限的 k，模型并不是唯一确定的。例如，假设 $\boldsymbol{f}_t$ 不是序列相关的。令 $\boldsymbol{C}$ 为除 $\boldsymbol{I}_k$ 以外任意的 $k\times k$ 矩阵，并定义

$$\boldsymbol{L}^* = \boldsymbol{C}\boldsymbol{L}, \quad \boldsymbol{\varepsilon}_t^* = (\boldsymbol{I}_k - \boldsymbol{C})\boldsymbol{L}\boldsymbol{f}_t + \boldsymbol{\varepsilon}_t$$

那么，我们可以将该模型重写为：

$$\boldsymbol{z}_t = \boldsymbol{L}^* \boldsymbol{f}_t + \boldsymbol{\varepsilon}_t^*$$

该模型也是一个近似因子模型。Forni 等(2000)说明，当 $k\to\infty$ 时，如果序列 $\boldsymbol{z}_t$ 的协方差矩阵的 m 个最大特征值趋于无穷大，并且噪声协方差矩阵的特征值有界时，则近似因子模型是可以识别的。因此，式(6-34)中的近似因子模型只是对模型的渐近识别。 370

近期在统计学领域中也出现了另一个对式(6-34)中的近似因子模型的研究方向。可以参考 Pan 和 Yao(2008)，Lam、Yao 和 Bathia(2011)，Lam 和 Yao(2012)。在他们的研究中，对模型做出了与式(6-34)中相同形式的假设，但要求(a)$\boldsymbol{L}$ 为 $k\times m$ 正交矩阵，因此 $\boldsymbol{L}'\boldsymbol{L}=\boldsymbol{I}_m$；(b)$\boldsymbol{\varepsilon}_t$ 为具有 $E(\boldsymbol{\varepsilon}_t)=\boldsymbol{0}$ 且 $\mathrm{Cov}(\boldsymbol{\varepsilon}_t)=\boldsymbol{\Sigma}_\varepsilon$ 为广义协方差矩阵的白噪声序列；(c)对 $s\leqslant t$，$\mathrm{Cov}(\boldsymbol{\varepsilon}_t, \boldsymbol{f}_s)=\boldsymbol{0}$；(d)$\boldsymbol{f}_t$ 的线性组合不是白噪声序列。还需要对 $\boldsymbol{L}$ 和 $\boldsymbol{f}_t$ 的一致估计做出额外的假设，具体假设内容可以参考 Lam、Yao 和 Bathia(2011)。Lam 和 Yao(2012)研究了当 k 很大时，对共同因子的数量 m 进行估计。这种方法可以有效地将所有非白噪声线性组合作为一个共同因子处理。

在上述假设下，存在一个 $k\times(k-m)$ 正交矩阵 $\boldsymbol{U}$ 使得$[\boldsymbol{L}, \boldsymbol{U}]$为一个正交矩阵且 $\boldsymbol{U}'\boldsymbol{L}=\boldsymbol{0}$。式(6-34)的两边左乘 $\boldsymbol{U}'$，可得

$$\boldsymbol{U}'\boldsymbol{z}_t = \boldsymbol{U}'\boldsymbol{\varepsilon}_t \tag{6-35}$$

它是一个$(k-m)$维白噪声序列。基于白噪声序列的性质，$\boldsymbol{U}'\boldsymbol{z}_t$ 与$\{\boldsymbol{z}_{t-1}, \boldsymbol{z}_{t-2}, \cdots\}$不相关。在这种情况下，$\boldsymbol{U}'\boldsymbol{z}_t$ 由阶为(0，0)的 $k-m$ 个标量分量模型组成，即第 4 章的 SCM(0，0)。这些论据对于其他因子模型也适用。在 Tiao 和 Tsay(1989)中，对于给定的正整数 h，通过对 $\boldsymbol{z}_t$ 与 $\boldsymbol{Z}_{h,t-1}\equiv(\boldsymbol{z}_{t-1}', \cdots, \boldsymbol{z}_{t-h}')'$进行典型相关分析得出 SCM(0，0)。因此，需要考虑 $\mathrm{Cov}(\boldsymbol{z}_t, \cdots, \boldsymbol{z}_{h,t-1}')'=[\boldsymbol{\Gamma}_z(1), \cdots, \boldsymbol{\Gamma}_z(h)]$的秩。在 Lam 和 Yao(2012)中，通过对矩阵 $\boldsymbol{G}=\sum_{i=1}^{h}\boldsymbol{\Gamma}_z(i)\boldsymbol{\Gamma}_z(i)'$ 进行特征分析来确定白噪声线性组合，其中，矩阵 $\boldsymbol{G}$ 是非负定的。因此，上述两种方法是高度相关的。另一方面，Lam 和 Yao(2012)也考虑了当 $k\to\infty$时的情况，而 Tiao 和 Tsay(1989)假设 k 是固定值。

上述模型成立的条件是，$\boldsymbol{f}_t$ 的线性组合不是白噪声序列，这表明正交因子模型不是 Pan 和 Yao(2008)的近似因子模型的特殊情况。这可能限制了后一种模型在经济学和金融学领域中的应用。

6.5.3 扩散指数模型

在一系列论文中，Stock 和 Watson(2002a，b)提出了预测的扩散指数模型。这种模型与因子模型高度相关，可以记为：

$$\boldsymbol{z}_t = \boldsymbol{L}\boldsymbol{f}_t + \boldsymbol{\varepsilon}_t \tag{6-36}$$

$$\boldsymbol{y}_{t+h} = \boldsymbol{\beta}'\boldsymbol{f}_t + e_{t+h} \tag{6-37}$$

其中 $\boldsymbol{z}_t = (z_{1t}, \cdots, z_{kt})'$ 为 k 维平稳时间序列，它是可观测的，并且有 $E(\boldsymbol{z}_t)=\boldsymbol{0}$，$\boldsymbol{f}_t =$
371 $(f_{1t}, \cdots, f_{mt})'$ 是一个具有 $E(\boldsymbol{f}_t)=\boldsymbol{0}$、$\mathrm{Cov}(\boldsymbol{f}_t)=\boldsymbol{I}_m$ 的 m 维共同因子向量，$\boldsymbol{L}$ 为 $k\times m$ 载荷矩阵，$\boldsymbol{\varepsilon}_t$ 是具有零均值、协方差矩阵为 Σ_ε 的独立同分布随机向量序列。因此，式(6-36)是一个近似因子模型。$\{y_t\}$ 是一个标量时间序列，正整数 h 表示预测区间，$\boldsymbol{\beta}=(\beta_1, \cdots, \beta_m)'$ 为系数向量，e_t 为具有零均值和方差 σ_e^2 的不相关随机变量序列。式(6-37)给出了基于共同因子 $\boldsymbol{f}_t$ 的 y_{t+h} 的 h 步超前预测的线性组合。$\boldsymbol{f}_t$ 的分量是扩散指数。在实际应用中，式(6-37)可以扩展为包含一些预选指标。例如，

$$y_{t+h} = \boldsymbol{\beta}'\boldsymbol{f}_t + \boldsymbol{\gamma}'\boldsymbol{w}_t + e_{t+h} \tag{6-38}$$

其中，$\boldsymbol{w}_t$ 包括一些预先确定的指标，如 y_t 和 y_{t-1}。显然，如果 $E(y_t)\neq 0$，则可以在式(6-37)中增加常数项。

由于 $\boldsymbol{f}_t$ 是不可观测的，所以式(6-36)和式(6-37)中关于扩散指数模型的推导有两步。第一步，从可观测的高维序列 $\boldsymbol{z}_t$ 中提取共同因子 $\boldsymbol{f}_t$。Stock 和 Watson(2002a，b)应用主成分分析法(PCA)提取 $\boldsymbol{f}_t$。样本主要成分记为 $\hat{\boldsymbol{f}}_t$。第二步，用 $\hat{\boldsymbol{f}}_t$ 代替 $\boldsymbol{f}_t$ 的普通最小二乘法对式(6-37)中的 $\boldsymbol{\beta}$ 进行估计。

Stock 和 Watson(2002a)的最重要贡献是，他们在相当一般的条件下得出了(a)$\hat{\boldsymbol{f}}_t$ 依概率收敛于 $\boldsymbol{f}_t$(直到可能的符号改变)；(b)从带有 $\hat{\boldsymbol{f}}_t$ 的式(6-37)中推导出的预测依概率收敛于均方差有效估计，并且当 $k\to\infty$，$T\to\infty$(记 T 为样本空间)时，如果带有 k 与 T 联合增长率的共同因子 f_t 可观察，那么可以得到这种估计。简言之，这些作者成功地将传统 PCA 方法从 k 有限的情况推广到了 k 与 T 联合趋向于无限的情况。

很多专家都曾经对从序列 $\boldsymbol{z}_t$ 中选择共同因子的个数 m 进行研究。Bai 和 Ng(2002)提出用 AIC 来考虑 k 值与 T 值增大对模型的影响。Onatski(2009)提出了使用随机矩阵理论的检验统计方法。Bai(2003)研究了式(6-36)中近似因子模型的有限性质。近来，关于扩散指数模型分析的一个争议是，式(6-36)中共同因子 $\hat{\boldsymbol{f}}_t$ 的选取没有利用预测 y_t 的目标函数。为克服这个缺陷，在最近的文献中，提出了多种解决办法，包括使用偏最小二乘法(parcial least square)以及其他相似的方法。另一方面，Stock 和 Watson(2002b)证明了扩散指数模型在实际应用中拟合效果良好。最后，可以参阅 Heaton 和 Solo(2003，2006)，他们对式(6-36)和式(6-37)中的扩散指数模型都有比较深刻的见解。

例 6.5　为了说明扩散指数模型的预测效果，我们考虑美国 50 个州的月度失业率的统
372 计数据，时间为 1976 年 1 月到 2010 年 8 月，共 416 个观测数据。初步分析显示，出现一

些明显较大的异常值，我们简单地做出相应的调整。调整如下：

1)Arizona：水平移动，我们将前 92 个观测数据的每个观测值减去 3.3913。

2)Louisiana：为调整卡特里娜飓风的影响，对于 t 在 357～361 区间内的失业率分别减去(6，6，6，1)。

3)Mississippi：为部分避免卡特里娜飓风的影响，对于 t 在 357～361 区间内的失业率分别减去(3，2.5，3，2，0.5)。

令 $\boldsymbol{z}_t$ 为这 50 个州月度失业率的一阶差分序列。图 6-14 给出了 $\boldsymbol{z}_t$ 中的 50 个变化序列的时序图，这些序列之间是高度相关的，并且仍然存在一些异常观测值。

在我们的说明中，我们使用 $\boldsymbol{x}_t=(\boldsymbol{z}_t', \boldsymbol{z}_{t-1}', \boldsymbol{z}_{t-2}', \boldsymbol{z}_{t-3}')'$ 来预测 $\boldsymbol{z}_t$ 的前 5 个分量 y_{t+1}。因此，我们使用 200 个回归。作为独立变量的 5 个州是：Alabama(AL)、Alaska(AK)、Arizona(AZ)、Arkansas(AR)和 California(CA)。预测原点是 350。换句话说，我们用 $\boldsymbol{z}_t$ 的前 350 个观测值来构造 $\boldsymbol{x}_t$，并对 $\boldsymbol{x}_t$ 执行主成分分析来得到扩散指数。在进行主成分分析前，需要对 $\boldsymbol{x}_t$ 的分量分别进行标准化。扩散指数记为 f_{it}，我们使用预测方程

$$y_{t+1}=\beta_0+\sum_{i=1}^{m}\beta_i f_{it}+e_t, \quad t=5,\cdots,350 \tag{6-39}$$

得到估计 $\hat{\boldsymbol{\beta}}_i$。使用拟合方程执行 1 步超前预测($t=351$，…，414)。注意，在预测区间中的扩散指数 f_{it} 是通过估计区间中使用的相同载荷得到的。图 6-15 给出了前 3 个扩散指数的时序图。基于主成分分析，第一个扩散指数 f_{1t} 解释了标准化数据中大约 50%的变异性。表 6-
10 总结了对于不同的 m 值，扩散指数方法得到的样本外(out-of-sample)性能。从表中可以得 373～374
出如下结论：首先，使用所有 200 个回归(regressors)得出的预测效果很差。实际上，对于这 5 个州的预测来说，这是最坏的情况。该结论也说明过度拟合对样本外预测很不理想。其次，不存在最佳 m 值。当 m 取值在 20～50 之间时，模型拟合效果均可达到良好。在实际应用中，我们可以像表 6-10 一样，使用样本外预测来选择 m。这种选择取决于关注的变量 y_t。

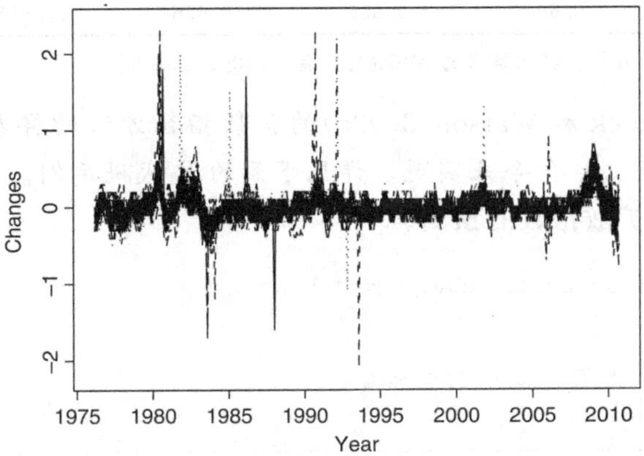

图 6-14　美国 50 个州月度失业率一阶差分序列的时序图。时间为 1976 年 2 月到 2010 年 8 月。图中已对异常值进行调整

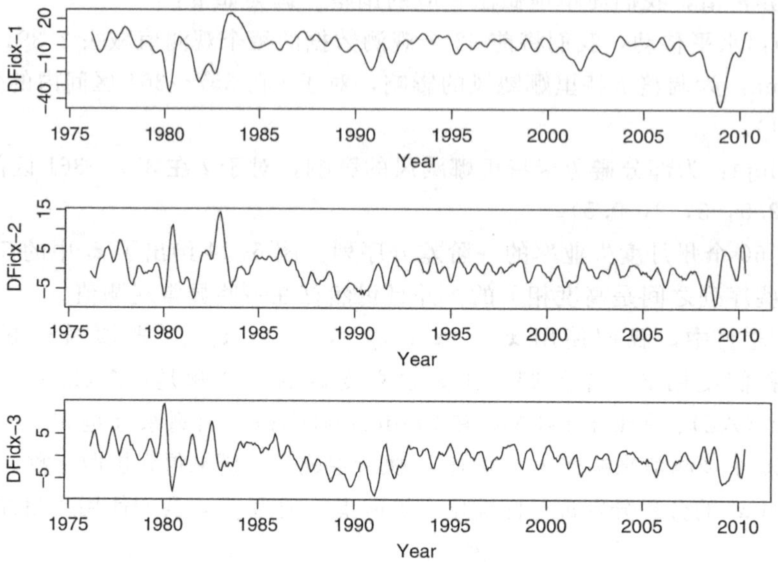

图 6-15　月度州失业率的一阶差分序列的前 3 个扩散指数的时序图。指数基于具有滞后 1～4 的前 350 个观测值的主成分分析

表 6-10　使用扩散指数的 1 步超前样本外预测的均方样本误差，其中，m 为扩散指数的个数

州	扩散指数的个数 m					
	10	20	30	50	100	200
AL	1.511	1.275	1.136	1.045	1.144	2.751
AK	0.619	0.480	0.530	0.641	0.590	2.120
AZ	1.223	1.274	1.195	1.109	1.738	3.122
AR	0.559	0.466	0.495	0.473	0.546	1.278
CA	0.758	0.694	0.626	0.636	0.663	0.849

注：预测原点是 2004 年 3 月份。数据格式为 MSE(均方差)$\times 10^2$。

注记：使用 Stock 和 Watson(2002a)的扩散指数方法的样本外预测，可以通过 MTS 包中的 SWfore 命令来实现。详见下面的 R 代码示例。

R 代码示例：通过扩散指数的预测。

```
> da=read.table("m-unempstatesAdj.txt",header=T)
> dim(da)
[1] 416  50
> drate=diffM(da)  # First difference
> dim(drate)
[1] 415  50
> y=drate[5:415,1]  # First y_t series (Alabama)
> length(y)
[1] 411
```

```
> x=cbind(drate[4:414,],drate[3:413,],drate[2:412,],
          drate[1:411,]) #z_t series
> dim(x)
[1] 411 200
> m1=SWfore(y,x,350,10)
MSE of out-of-sample forecasts:  0.01510996
> m1=SWfore(y,x,350,20)
MSE of out-of-sample forecasts:  0.01274754
> m1=SWfore(y,x,350,30)
MSE of out-of-sample forecasts:  0.01136177
> m1=SWfore(y,x,350,50)
MSE of out-of-sample forecasts:  0.01044645
> m1=SWfore(drate[5:415,1],x,350,200)
MSE of out-of-sample forecasts:  0.02750807.
```

6.5.4　动态因子模型

目前，在我们对因子模型的讨论中，我们并没有显式考虑共同因子 $\boldsymbol{f}_t$ 的动态相依性。Forni et al(2000，2004，2005)提出了动态因子模型

$$\boldsymbol{z}_t = \boldsymbol{L}(B)\boldsymbol{u}_t + \boldsymbol{\varepsilon}_t \tag{6-40}$$

其中，$\boldsymbol{\varepsilon}_t$ 为具有零均值、协方差矩阵 $\boldsymbol{\Sigma}_\varepsilon$ 的白噪声序列，$\boldsymbol{u}_t$ 为 m 维正交白噪声过程，$\boldsymbol{L}(B)=\boldsymbol{L}_0+\boldsymbol{L}_1B+\cdots+\boldsymbol{L}_\gamma B^\gamma$ 阶为 γ(可能是无穷大)$k\times m$ 矩阵多项式，B 表示后移算子，因 375
此 $B\boldsymbol{u}_t=\boldsymbol{u}_{t-1}$。根据正交白噪声序列，我们知道 $\boldsymbol{u}_t$ 满足 $E(\boldsymbol{u}_t)=\boldsymbol{0}$，$\mathrm{Cov}(\boldsymbol{u}_t)=\boldsymbol{I}_m$，并且 $\boldsymbol{u}_t$ 是序列不相关的。令 $\boldsymbol{L}(B)=[L_{ij}(B)]$。假设每个多项式 $L_{ij}(B)$ 的系数是平方可和的。令 $\boldsymbol{c}_t=\boldsymbol{L}(B)\boldsymbol{u}_t=(c_{1t},\ \cdots,\ c_{kt})'$，模型可变为

$$\boldsymbol{z}_t = \boldsymbol{c}_t + \boldsymbol{\varepsilon}_t \tag{6-41}$$

Forni et al(2000)提出将 c_{it} 和 ε_{it} 分别作为 z_{it} 的共同分量(common component)和特殊分量(idiosyncratic component)。将过程 $\boldsymbol{u}_t$ 作为共同冲击(common shock)。

假设式(6-40)中的过程 $\boldsymbol{z}_t$ 为平稳过程，Forni et al(2000)利用 $\boldsymbol{z}_t$ 的谱密度矩阵(spectral density matrix)提出当 k 和样本大小 T 在某个给定路径趋向于无穷大时，对共同因子 $\boldsymbol{c}_t$ 的估计方法。在某个正则条件下，作者证明了估计值以均方收敛于真实的 $\boldsymbol{c}_t$。详细内容参见 Forni 等(2000)。

如果式(6-34)中近似因子模型的共同因子 $\boldsymbol{f}_t$ 服从平稳 VARMA(p，q)模型

$$\boldsymbol{\phi}(B)\boldsymbol{f}_t = \boldsymbol{\theta}(B)\boldsymbol{u}_t$$

其中，$\boldsymbol{\phi}(B)$和 $\boldsymbol{\theta}(B)$分别为 $m\times m$ AR 和 MA 矩阵多项式。则模型可以变为

$$\boldsymbol{z}_t = \boldsymbol{L}\,[\boldsymbol{\phi}(B)]^{-1}\boldsymbol{\theta}(B)\boldsymbol{u}_t + \boldsymbol{\varepsilon}_t$$

因此，我们可以得到 $\boldsymbol{L}(B)=\boldsymbol{L}\,[\boldsymbol{\phi}(B)]^{-1}\boldsymbol{\theta}(B)$。这两个模型之间的连接为估计动态因子模型提供了另一种方法。具体地，如果对共同冲击 $\boldsymbol{u}_t$ 感兴趣，则可以通过以下两个步骤完成估计。首先，为 $\boldsymbol{z}_t$ 建立一个近似因子模型；其次，通过 VARMA 模型对估计的潜在过程 $\hat{\boldsymbol{f}}_t$ 建模。这方法的第二步可以参考前面几章。

6.5.5　约束因子模型

在式(6-29)和式(6-34)的实际应用中发现，对于估计的载荷矩阵表现出某种特征模式。以表 6-8 中 10 支美国股票的月度对数收益率为例。说明无论是通过 PCA 方法或者通过 MLE 方法得到的荷载矩阵均显示出，对于荷载矩阵的每一列，同产业公司的荷载权重是相似的。可以参考表 6-9 中的载荷估计值。根据以上得出的结论，为了简化载荷矩阵便于对模型作出合理的解释，Tsaid 和 Tsay(2010)提出了约束因子模型，该模型明确合理地解释了观测模式。为简单起见，假设 $E(\boldsymbol{z}_t)=\mathbf{0}$。约束因子模型可以记为

376
$$\boldsymbol{z}_t = \boldsymbol{H\omega f}_t + \boldsymbol{\varepsilon}_t \tag{6-42}$$

其中，$\boldsymbol{f}_t$ 和 $\boldsymbol{\varepsilon}_t$ 可以参考之前的定义，$\boldsymbol{H}$ 为已知的 $k\times r$ 矩阵，$\boldsymbol{\omega}$ 为未知参数的 $r\times m$ 矩阵。矩阵 $\boldsymbol{H}$ 是一个约束矩阵，其每一列均表示一个特定的约束条件。例如，例 6-4 中的 10 支股票属于 3 个不同的行业类，因此就可以定义 $\boldsymbol{H}=[\boldsymbol{h}_1, \boldsymbol{h}_2, \boldsymbol{h}_3]$，其中 $\boldsymbol{h}_i$ 表示第 i 个类，为便于读者理解，令：

$$\begin{aligned}\boldsymbol{h}_1 &= (1,1,1,1,0,0,0,0,0,0)' \\ \boldsymbol{h}_2 &= (0,0,0,0,1,1,1,0,0,0)' \\ \boldsymbol{h}_3 &= (0,0,0,0,0,0,0,1,1,1)'\end{aligned} \tag{6-43}$$

其中，$\boldsymbol{h}_1$、$\boldsymbol{h}_2$ 和 $\boldsymbol{h}_3$ 分别代表半导体工业类、制药工业类以及投资银行类。在实际应用中，$\boldsymbol{H}$ 是十分灵活的，它可以通过先验信息或者经济学理论来确定。式(6-42)中的约束因子模型的载荷矩阵的参数个数为 $r\times m$，而无约束因子模型的参数个数为 $k\times m$ 。当 r 远小于 k 时，约束因子模型质量更加简约(parsimonious)。在传统因子模型的相同假设下，对于约束因子模型，我们有

$$\boldsymbol{\Gamma}_z(0) = \boldsymbol{H\omega\omega}'\boldsymbol{H}' + \boldsymbol{\Sigma}_\varepsilon$$
$$\boldsymbol{\Gamma}_z(\ell) = \boldsymbol{H\omega\Gamma}_f(\ell)\boldsymbol{\omega}'\boldsymbol{H}'$$

这些性质可以用来估计约束因子模型。一般来讲，可以通过最小二乘法或者极大似然估计法对约束模型进行估计。最大似然估计

上述性质可以用来估计约束因子模型。一般来讲，约束因子模型也可以通过最小二乘法或者最大似然估计法估计得到。最大似然估计需要作出正态假设，并且要求约束 $\hat{\boldsymbol{\omega}}'\boldsymbol{H}'\hat{\boldsymbol{\Sigma}}_\varepsilon\boldsymbol{H}\hat{\boldsymbol{\omega}}$ 是对角型矩阵。上述方法需要通过循环迭代来实现，不存在封闭解。具体内容可以参考 Tsaid 和 Tsay(2010)。接下来，我们主要讨论最小二乘方法。

将式(6-42)中约束因子模型的数据记为：

$$\boldsymbol{Z} = \boldsymbol{F\omega}'\boldsymbol{H}' + \boldsymbol{\varepsilon} \tag{6-44}$$

其中，$\boldsymbol{Z}=[\boldsymbol{Z}_1, \cdots, \boldsymbol{Z}_T]$为 $T\times k$ 数据矩阵，$\boldsymbol{F}=[\boldsymbol{f}_1, \cdots, \boldsymbol{f}_T]'$为共同因子的 $T\times m$ 矩阵，T 为样本空间。令 $\mathrm{tr}(\boldsymbol{A})$为矩阵 $\boldsymbol{A}$ 的迹。用最小二乘法估计 $\boldsymbol{F}$ 和 $\boldsymbol{\omega}$ 的值，即使得如下目标函数的值最小：

$$\ell(\boldsymbol{F},\boldsymbol{\omega}) = \mathrm{tr}[(\boldsymbol{Z}-\boldsymbol{F\omega}'\boldsymbol{H}')(\boldsymbol{Z}-\boldsymbol{F\omega}'\boldsymbol{H}')'] \tag{6-45}$$

且服从约束条件 $\boldsymbol{FF}=\boldsymbol{TI}_m$。根据最小二乘理论，我们有 $\hat{\boldsymbol{\omega}}=\boldsymbol{T}^{-1}(\boldsymbol{H}'\boldsymbol{H})^{-1}\boldsymbol{H}'\boldsymbol{Z}'\boldsymbol{F}$。将 $\hat{\boldsymbol{\omega}}$ 代

入式(6-45)中，根据 $\mathrm{tr}(\boldsymbol{AB})=\mathrm{tr}(\boldsymbol{BA})$，得到集中函数(concentrated function) 377

$$\ell(\boldsymbol{F}) = \mathrm{tr}(\boldsymbol{ZZ}') - \boldsymbol{T}^{-1}\mathrm{tr}[\boldsymbol{F}'\boldsymbol{ZH}(\boldsymbol{H}'\boldsymbol{H})^{-1}\boldsymbol{H}'\boldsymbol{Z}'\boldsymbol{F}]$$

当第二项达到最大值时，目标函数取得最小值。应用 Magnus 和 Neudecker(1999，P205)的定理 6，或者 Lutkepohl(2005，P672)的命题 A.4，可以得到 $\hat{\boldsymbol{F}}=[\boldsymbol{g}_1, \cdots, \boldsymbol{g}_m]$，其中 $\boldsymbol{g}_i$ 为 $\boldsymbol{ZH}(\boldsymbol{H}'\boldsymbol{H})^{-1}\boldsymbol{H}'\boldsymbol{Z}'$第 i 大特征值 λ_i 的特征向量。实际上，特征向量是标准化的，故有 $\hat{\boldsymbol{F}}'\hat{\boldsymbol{F}}=T\boldsymbol{I}_m$，$\boldsymbol{\omega}$ 的相应估计可以变为 $\hat{\omega}=\boldsymbol{T}^{-1}(\boldsymbol{H}'\boldsymbol{H})^{-1}\boldsymbol{H}'\boldsymbol{Z}'\hat{\boldsymbol{F}}'$。最后，可以通过 $\hat{\boldsymbol{\Sigma}}_\varepsilon = T^{-1}\boldsymbol{Z}'\boldsymbol{Z}-\boldsymbol{H}\hat{\boldsymbol{\omega}}\hat{\boldsymbol{\omega}}'\boldsymbol{H}'$估计噪声的协方差矩阵。关于最小二乘法估计的性质可以参考 Tsaid 和 Tsay(2010)以及里面的参考文献。此外，Tsaid 和 Tsay(2010)还考虑了对于约束因子模型以及部分约束因子模型的检验统计。

例 6.6　再次考虑表 6-8 中 10 个美国公司的月度对数收益率。我们用最小二乘法的式(6-43)的约束矩阵 $\boldsymbol{H}$，将约束因子模型应用于收益，结果见表 6-11。为了便于比较，表 6-11 也给出了表 6-9 中将主成分分析法应用于正交因子模型的结果。从表中，我们可以得到如下结论。首先，在这个例子中，可以得到 $r=m=3$ 和 $k=10$。约束因子模型使用矩阵 $\boldsymbol{\omega}$ 中的 9 个参数。其载荷矩阵可由 $\hat{\boldsymbol{L}}=\boldsymbol{H}\hat{\boldsymbol{\omega}}$ 得到。因此，载荷矩阵将相同的权重应用于给定类的每支股票。这个结论看起来似乎是合理的，因为将收益标准化为含有相同的单位方差。另一方面，正交因子模型的载荷矩阵中含有 30 个参数。虽然权重都很接近，但是相同类别的每支股票的权重不相同。其次，在约束条件下，估计 3 因子模型解释了总变异性的大约 70.6%，而无约束 3 因子模型解释了总变异性的大约 72.4%，这二者十分相近。这说明约束模型是可行的。再次，在约束条件下，第一个共同因子 f_{1t}表示市场因子，它是 3 个类的加权平均值。第二个因子 f_{2t}表示半导体工业类与制药工业类之间加权差。第三个共同因子 f_{3t}表示投资银行类与另两个分类之间的差。

表 6-11　约束因子模型和正交因子模型对表 6-8 中 10 个美国公司的月度对数收益进行估计的结果，其中 L_i 为矩阵 L 的第 i 列，$\Sigma_{\varepsilon,i}$为矩阵 Σ_ε 第 (i, i)个元素

Stock	Constrained Model：$\hat{L}=H\hat{\omega}$				Orthogonal Model：PCA			
Tick	L_1	L_2	L_3	$\Sigma_{\varepsilon,i}$	L_1	L_2	L_3	$\Sigma_{\varepsilon,i}$
TXN	0.761	0.256	0.269	0.283	0.788	0.198	0.320	0.237
MU	0.761	0.256	0.269	0.283	0.671	0.361	0.289	0.336
INTC	0.761	0.256	0.269	0.283	0.789	0.183	0.333	0.232
TSM	0.761	0.256	0.269	0.283	0.802	0.270	0.159	0.258
PFE	0.444	−0.675	0.101	0.337	0.491	−0.643	−0.027	0.345
MRK	0.444	−0.675	0.101	0.337	0.402	−0.689	0.226	0.312
LLY	0.444	−0.675	0.101	0.337	0.448	−0.698	0.061	0.309
JPM	0.738	0.055	−0.431	0.267	0.724	0.020	−0.245	0.357
MS	0.738	0.055	−0.431	0.267	0.755	0.053	−0.425	0.246
GS	0.738	0.055	−0.431	0.267	0.745	0.122	−0.498	0.182
e. v.	4.576	1.650	0.883		4.626	1.683	0.932	
	Variability explained：70.6%				Variability explained：72.4%			

讨论： 乍一看，约束矩阵 $\boldsymbol{H}$ 似乎是很棘手的。但是，在实际应用中，$\boldsymbol{H}$ 是非常灵活的，可以通过对大量已有知识分析来获得。例如，众所周知利率期限结构可以近似地用趋势、斜率(slope)和曲率(curvature)来描述。可以利用这些知识来说明 $\boldsymbol{H}$。为简单起见，假设 $z_t=(z_{1t},\ z_{2t},\ z_{3t})'$，其中的 3 个分量表示期限分别为短期、中期和长期的利率。然后，我们就可以分别令 $\boldsymbol{h}_1=(1,\ 1,\ 1)'$、$\boldsymbol{h}_2=(-1,\ 0,\ 1)'$和$\boldsymbol{h}_3=(1,\ -2,\ 1)'$来表示趋势、斜率与曲率。当 k 值很大时，对 $\boldsymbol{H}$ 的选择会更加灵活。

注记： 约束因子模型的最小二乘估计可以通过 MTS 包中命令的 hfactor 来实现。

R 代码示例： 约束因子模型。编辑输出。

```
> da=read.table("m-tenstocks.txt",header=T)
> rtn=log(da[,2:11]+1)  # compute log returns
> h1=c(1,1,1,1,rep(0,6))  # specify the constraints
> h2=c(0,0,0,0,1,1,1,0,0,0)
> h3=c(rep(0,7),1,1,1)
> H=cbind(h1,h2,h3)
> m1=hfactor(rtn,H,3)
[1] "Data are individually standardized"
[1] "First m eigenvalues of the correlation matrix:"
[1] 4.6256602 1.6827255 0.9320882
[1] "Variability explained: "
[1] 0.7240474
[1] "Loadings:"
        [,1]    [,2]    [,3]
 [1,] -0.368 -0.1532 -0.3331
 [2,] -0.313 -0.2792 -0.3000
 [3,] -0.368 -0.1419 -0.3465
 [4,] -0.374 -0.2090 -0.1649
 [5,] -0.229  0.4978  0.0278
 [6,] -0.188  0.5333 -0.2354
 [7,] -0.209  0.5401 -0.0632
 [8,] -0.338 -0.0153  0.3586
 [9,] -0.352 -0.0411  0.4421
[10,] -0.348 -0.0946  0.5173
[1] "eigenvalues of constrained part:"
[1] 4.576 1.650 0.883
[1] "Omega-Hat"
      [,1]    [,2]   [,3]
[1,] 0.761  0.2556  0.269
[2,] 0.444 -0.6752  0.101
[3,] 0.738  0.0547 -0.431
[1] "Variation explained by the constrained factors:"
[1] 0.7055665
[1] "H*Omega: constrained loadings"
       [,1]    [,2]   [,3]
 [1,] 0.761  0.2556  0.269
 [2,] 0.761  0.2556  0.269
 [3,] 0.761  0.2556  0.269
 [4,] 0.761  0.2556  0.269
 [5,] 0.444 -0.6752  0.101
```

```
 [6,] 0.444 -0.6752  0.101
 [7,] 0.444 -0.6752  0.101
 [8,] 0.738  0.0547 -0.431
 [9,] 0.738  0.0547 -0.431
[10,] 0.738  0.0547 -0.431
[1] "Diagonal elements of Sigma_epsilon:"
  TXN    MU  INTC   TSM   PFE   MRK   LLY   JPM    MS    GS
0.283 0.283 0.283 0.283 0.337 0.337 0.337 0.267 0.267 0.267
[1] "eigenvalues of Sigma_epsilon:"
 [1]  0.7632  0.6350  0.4539  0.3968  0.3741  0.2474  0.2051
 [8]  0.0262 -0.0670 -0.0902
```

6.5.6 渐近主成分分析

在面板数据(panel data)或者重复测量的分析中，我们经常会遇到元素个数 k 远大于时间周期 T 个数的情况。这种情况称为大 k 小 T 问题。近来，这个问题在统计领域和金融领域备受关注。在一些统计学文献中，专家曾过尝试令 k 值趋向于无穷大，或者令 k 值与 T 值均以适当的比率趋向于无穷大的方法。在近似因子模型中，Connor 和 Korajczyk(1986，1988)提出了*渐近主成分分析方法*。名字渐近 PCA 方法有些令人迷惑，但其思想相对较为简单。简单地说，渐近主成分分析法提出了当 $k\to\infty$时，对因子模型的一致估计方法。本节将介绍渐近主成分分析。

再次考虑近似因子模型 378~380

$$\boldsymbol{z}_t = \boldsymbol{L}\boldsymbol{f}_t + \boldsymbol{\varepsilon}_t, \quad t = 1,\cdots,T \tag{6-46}$$

其中，$\boldsymbol{z}_t=(z_{1t},\cdots,z_{kt})'$为$k$ 维平稳过程，并且 $E(\boldsymbol{z}_t)=\boldsymbol{0}$，$\boldsymbol{f}_t=(f_{1t},\cdots,f_{mt})'$为共同因子的 m 维向量，L 为 $k\times m$ 载荷矩阵，ε_t 为具有零均值、协方差矩阵 $\boldsymbol{\Sigma}_\varepsilon$ 的独立同分布随机向量。共同因子 $\boldsymbol{f}_t$ 与白噪声序列 $\boldsymbol{\varepsilon}_t$ 是渐近不相关的，具体可以参考后面的内容。由于 $\boldsymbol{f}_t$ 是未知的，所以它的值不能唯一确定。通过下面的假设条件，渐近主成分分析法与 Lam 和 Yao(2012)提出的收缩方法相同：

$$\frac{1}{k}\boldsymbol{L}'\boldsymbol{L} \to \boldsymbol{I}_m, \quad k\to\infty \tag{6-47}$$

此外，渐近主成分分析还要求，对任意固定的 t，有

$$\frac{1}{k}\sum_{i=1}^{k}\varepsilon_{it}^2 \to \sigma^2, \quad k\to\infty \tag{6-48}$$

其中 $k>T$，我们对数据矩阵(data matrix)重新排列

$$[\boldsymbol{z}_1,\cdots,\boldsymbol{z}_T] = \boldsymbol{L}[\boldsymbol{f}_1,\cdots,\boldsymbol{f}_T] + [\boldsymbol{\varepsilon}_1,\cdots,\boldsymbol{\varepsilon}_T]$$

为易于推理，我们将上式写为：

$$\boldsymbol{D}_z = \boldsymbol{L}\boldsymbol{D}_f + \boldsymbol{D}_\varepsilon \tag{6-49}$$

其中，$\boldsymbol{D}_z$ 为 $k\times T$ 数据矩阵，$\boldsymbol{D}_f$ 为 $m\times T$ 因子矩阵，$\boldsymbol{D}_\varepsilon$ 为 $k\times T$ 噪声矩阵。在式(6-49)两边左乘 $\boldsymbol{D}'_z$，两边再同时除以 k，我们有

$$\frac{1}{k}\boldsymbol{D}'_z\boldsymbol{D}_z = \boldsymbol{D}'_f\left(\frac{1}{k}\boldsymbol{L}'\boldsymbol{L}\right)\boldsymbol{D}_f + \frac{1}{k}\boldsymbol{D}'_\varepsilon\boldsymbol{D}_\varepsilon + \frac{1}{k}(\boldsymbol{G}+\boldsymbol{G}') \tag{6-50}$$

其中 $\boldsymbol{G}=\boldsymbol{D}_\varepsilon'\boldsymbol{L}\boldsymbol{D}_f$。渐近主成分分析进一步假设：

$$\frac{1}{k}\boldsymbol{G}\rightarrow\boldsymbol{0},\quad k\rightarrow\infty \tag{6-51}$$

式(6-51)表明共同因子 $\boldsymbol{f}_t$ 与噪声项 $\boldsymbol{\varepsilon}_t$ 是渐近不相关的。

在式(6-47)、式(6-48)以及式(6-51)的假设条件下，式(6-50)可变为

381 $$\boldsymbol{\Gamma}_0=\boldsymbol{D}_f'\boldsymbol{D}_f+\sigma^2\boldsymbol{I}_T,\quad k\rightarrow\infty \tag{6-52}$$

其中 $\boldsymbol{\Gamma}_0$ 为 $\boldsymbol{z}_t$ 的 $T\times T$ 横截面(cross-sectional)协方差矩阵。因为 $k>T$，所以样本横截面协方差矩阵

$$\hat{\boldsymbol{\Gamma}}_0=\frac{1}{k}\boldsymbol{D}_z'\boldsymbol{D}_z$$

是正定的。渐近主成分分析基于矩阵 $\hat{\boldsymbol{\Gamma}}_0$ 执行传统主成分分析。由式(6-52)可知，$\boldsymbol{\Gamma}_0$ 的特征值是行列式方程

$$0=|\boldsymbol{\Gamma}_0-\lambda\boldsymbol{I}_T|=|\boldsymbol{D}_f'\boldsymbol{D}_f-(\lambda-\sigma^2)\boldsymbol{I}_T|$$

的解。因此，$\boldsymbol{D}_f'\boldsymbol{D}_f$ 的特征值可以通过矩阵 $\boldsymbol{\Gamma}_0$ 的特征值得到。所以，可以用矩阵 $\boldsymbol{\Gamma}_0$ 的 m 个最大特征值所对应的特征向量形成共同因子 $\boldsymbol{f}_t$ 的一致估计。这也为因子模型分析中的渐近主成分分析的使用提供理论依据。

为更好地说明渐近主成分分析。我们给出一个简单的例子。假设只有一个共同因子和两个时间周期。即我们有

$$[\boldsymbol{z}_1,\boldsymbol{z}_2]=\boldsymbol{L}[f_1,f_2]+[\boldsymbol{\varepsilon}_1,\boldsymbol{\varepsilon}_2]$$

其中，$\boldsymbol{L}=(L_1,\cdots,L_k)'$为 $k\times1$ 因子载荷矩阵。使用两个观测值，如果 $k>2$，则我们不能有效地估计协方差矩阵 $\mathrm{Cov}(\boldsymbol{z}_t)$。但是，我们可以利用 k 值是不断增加的这一事实。也就是说，面板样本容量是不断增加的。在这个特殊的例子中，式(6-50)可以变为

$$\frac{1}{k}\begin{bmatrix}\sum_{i=1}^k z_{i1}^2 & \sum_{i=1}^k z_{i1}z_{i2}\\ \sum_{i=1}^k z_{i1}z_{i2} & \sum_{i=1}^k z_{i2}^2\end{bmatrix}=\begin{bmatrix}f_1\\ f_2\end{bmatrix}\left(\frac{1}{k}\sum_{i=1}^k L_i^2\right)[f_1,f_2]+\frac{1}{k}\begin{bmatrix}\sum_{i=1}^k \varepsilon_{i1}^2 & \sum_{i=1}^k \varepsilon_{i1}\varepsilon_{i2}\\ \sum_{i=1}^k \varepsilon_{i1}\varepsilon_{i2} & \sum_{i=1}^k \varepsilon_{i2}^2\end{bmatrix}$$

因为 $\boldsymbol{\varepsilon}_1$ 与 $\boldsymbol{\varepsilon}_2$ 不相关，且在式(6-47)和式(6-48)的假设下，所以上式说明，当 $k\rightarrow\infty$时，

$$\boldsymbol{\Gamma}_0=\begin{bmatrix}f_1^2 & f_1f_2\\ f_1f_2 & f_2^2\end{bmatrix}+\sigma^2\boldsymbol{I}_2$$

然后可以容易地验证 $\boldsymbol{\Gamma}_0$ 的两个特征值分别为 σ^2 和 $\sigma^2+f_1^2+f_2^2$。此外，与较大特征值
382 相关联的特征向量与$(f_1,f_2)'$成正比。因此，可以渐近地恢复共同因子 $\boldsymbol{f}_t$。

讨论：根据式(6-47)中的假设，我们有

$$\lim_{k\rightarrow\infty}\frac{1}{k}\sum_{i=1}^k L_{ij}^2=1,\quad j=1,\cdots,m$$

这表明，对每个 $j\in\{1, \cdots, m\}$，随着 k 的不断增大，L_{ij} 的值是非零的，并且趋于无穷大。换句话说，对所有的 $i>h$，存在非正整数 h 使得 $L_{ij}=0$。在实际中，假设条件只是为了确保，随着面板样本容量 k 值的增大，面板新出现的元素能够提供每个共同因子 f_{jt} 的信息。如果我们希望得到共同因子的一致性估计，则上述结论应该是显然的。

在因子模型的讨论中，假设 $E(\boldsymbol{z}_t)=\mathbf{0}$。在传统因子模型中，这个假设并不重要，当样本容量 T 增加时 $\boldsymbol{z}_t$ 的均值可以用样本均值估计。另一方面，对于渐近主成分分析方法，这个假设比较重要，因为 T 值比较小。在金融应用中，$\boldsymbol{z}_t$ 由多个资产超额收益构成。在这种情况下，理论可以对零均值假设进行判定。

例 6.7 考虑在没有股息的情况下，2011 年标准普尔 100 指数的 100 支股票的月度对数收益。在这个例子中，我们有 $T=12$，$k=100$。我们用渐近主成分分析来确定 2011 年劳动市场的共同因子。公司的股票代号见表 6-12。图 6-16 给出了渐近主成分分析法得到的各个元素的方差柱状图。从图中可以看出，我们选择 $m=3$ 个共同因子，因为前 3 个分量

表 6-12 Ticker Symbols of Components of S&P 100 Index in 2011: In the Order of CRSP Permno

ORCL	MSFT	HON	EMC	DELL	KO	DD	XOM	GD	GE	IBM	PEP
MO	COP	AMGN	SLB	CVX	AAPL	TXN	CVS	UTX	PG	SO	CAT
CL	BMY	WAG	BA	ABT	DOW	LMT	EXC	PFE	EMR	JNJ	MMM
MRK	HNZ	HAL	AEP	RTN	F	DIS	HPQ	BAX	OXY	WMB	WFC
APA	MCD	JPM	UNP	TGT	BK	LLY	WMT	NKE	AXP	INTC	BAC
MDT	FDX	LOW	NSC	VZ	T	USB	HD	MS	APC	C	BHI
CSCO	QCOM	GILD	TWX	SBUX	ALL	SPG	COF	FCX	BRK	NOV	AMZN
EBAY	GS	COST	DVN	UPS	MET	MON	KFT	ACN	CMCSA	GOOG	NWSA
MA	PM	V	UNH								

可以解释大约 81% 的横截面变异性。下面的 R 代码示例给出了 12 个共同因子的观测值。图 6-17 给出了渐近主成分分析的载荷矩阵的时序图，其中每一个子图都对应于载荷矩阵的某一列。第一个载荷列时序图在指数为 71 附近呈现出长钉状，这对应花旗公司，而第三载荷列对应于 Freeport-McMoRan Copper & Gold 含有一个最大值。注意，共同因子与载荷矩阵不是唯一确定的。可以通过任意的 3×3 正交矩阵进行变换得到共同因子与载荷矩阵。 □

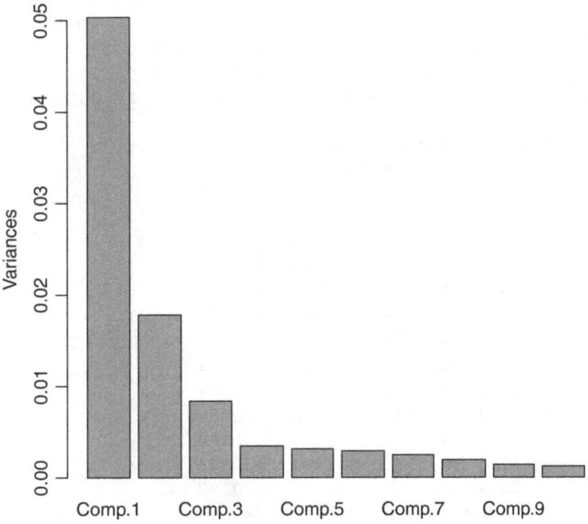

图 6-16 用渐近主成分分析法分析标普 100 指数成分股的月对数收益率得到的柱形图

注记： 在 R 程序中，渐近主成分分析可以通过 MTS 包中的 apca 命令来实现。

R 代码示例： 渐近主成分分析。编辑输出。

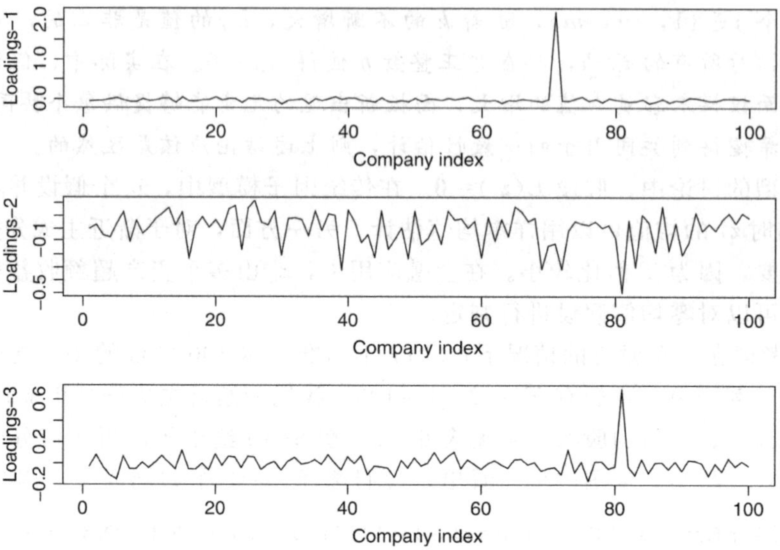

图 6-17　2011 年标普 100 指数的分量的月度对数收益的估计载荷矩阵的列的时序图

```
> rtn=read.table("m-sp100y2011.txt",header=T)
> sp100=apca(rtn,3)
Importance of components:
                          Comp.1    Comp.2     Comp.3     Comp.4     Comp.5
Standard deviation     0.2243715 0.1333795 0.09154043 0.05873897 0.05594621
Proportion of Variance 0.5298019 0.1872217 0.08818687 0.03631037 0.03293967
Cumulative Proportion  0.5298019 0.7170236 0.80521047 0.84152084 0.87446052
                           Comp.6    Comp.7     Comp.8     Comp.9    Comp.10
Standard deviation     0.05387705 0.0495897 0.04381794 0.03738959 0.03489291
Proportion of Variance 0.03054819 0.0258798 0.02020607 0.01471226 0.01281305
Cumulative Proportion  0.90500871 0.9308885 0.95109459 0.96580685 0.97861990
                          Comp.11    Comp.12
Standard deviation     0.03228930 0.03144792
Proportion of Variance 0.01097224 0.01040787
Cumulative Proportion  0.98959213 1.00000000
> screeplot(sp100)
> factors=sp100$factors
> print(round(factors,4))
         [,1]    [,2]    [,3]
 [1,] -0.0136 -0.1309 -0.2613
 [2,] -0.0258  0.2105 -0.9075
 [3,] -0.0206  0.0045  0.1139
 [4,]  0.0079  0.1165 -0.0343
 [5,]  0.9963  0.0505 -0.0107
 [6,]  0.0118  0.0204  0.0208
 [7,] -0.0228 -0.0139  0.0384
 [8,] -0.0337  0.4671  0.2725
 [9,] -0.0208  0.6372 -0.0512
[10,]  0.0167 -0.4830 -0.1069
[11,] -0.0586  0.1457  0.0457
[12,] -0.0117  0.2076  0.0390
> loadings=sp100$loadings
> which.max(loadings[,1])
 C
> which.max(loadings[,3])
FCX
```

6.6 分类和聚类分析

分类和聚类分析广泛地应用于统计学以及很多其他学科中。根据已有的观测特征，分类试图将新元素归属于到已有的组中。然而，聚类分析是将元素分成不同的类型，这样就使得每个小类别中的元素都仅有一些细微的差别。本节将讨论上述两种方法在多元时间序列分析中的应用，并给出具体的例子。

6.6.1 聚类分析

考虑有 k 个时间序列，每个时间序列有 T 个观测值的情况。数据记为$\{z_{it} \mid i=1,\cdots,k; t=1,\cdots,T\}$。这是一个均匀面板，由于所有时间序列都有 T 个观测值。假设共有 H 个分组(cluster)，分别记$\{C_1, \cdots, C_H\}$，这些分组之间没有交集，即对任意的$i\neq j$，$C_i\cap C_j$为空集。聚类分析的目标是，基于某种相似度量，将每个序列分到其中的某个分组中。在统计学文献中，有多种关于聚类分析的方法。例如，Johnson 和 Wichern(2007)。这些方法使用某种距离度量，并分为分层聚类和非分层聚类方法(nonhierarchical method)。最有名的分层聚类法是凝聚层次聚类分析法(Agglomerative hierarchical method)。在非分层聚类方法中，经常使用 k 均值(k-means)算法。读者可以查阅有关多元分析的经典教科书寻找聚类方法，如 Johnson 和 Wichern(2007)。在本节中，我们考虑基于模型的方法来对多元时间序列进行分类。近来的发展，尤其是马尔科夫链蒙氏卡罗法(Markov chain Monte Carlo，MCMC)的提出，说明基于模型的聚类分析可以很好地应用于实际上有效应用。

为简单起见，我们假设时间序列 z_{it} 为自回归过程。随着计算难度的增加，放松这个假设。例如，对于 ARMA 模型，用 Metropolis-Hasting 算法处理非线性参数的 MA 模型。基于模型的聚类分析法，假设给定分组中的每个序列都服从 AR(p)模型。具体地，我们可以将模型写为：

$$z_{it} = \phi_0^{(h)} + \sum_{v=1}^{p} \phi_v^{(h)} z_{i,t-v} + a_t^{(h)}, \quad i \in C_h, \quad h = 1,\cdots,H \tag{6-53}$$

$$\boldsymbol{S}_T = (s_{1T}, s_{2T}, \cdots, s_{kT})' \tag{6-54}$$

其中，T 为样本大小，$i\in C_h$ 为第 h 个分组中的第 i 个序列，$\boldsymbol{S}_T$ 为选择的向量，并且 $s_{iT}\in\{1, 2, \cdots, H\}$。这里，$s_{iT}=h$ 表示 z_{it}属于第 h 个分组，即 $i\in C_h$。式(6-53)中的新息$\{a_t^{(h)}\}$为具有零均值、方差 σ_h^2的独立同分布随机变量序列，并且，对任意的 $h\neq v$，序列 383～386
$\{a_t^{(h)}\}$和序列$\{a_t^{(v)}\}$是相互独立。在模型中，第 h 个分组的参数为 $\boldsymbol{\theta}_h=(\phi_0^{(h)}, \phi_1^{(h)}, \cdots, \phi_p^{(h)}, \sigma_h^2)'$。分组 C_h 中的所有序列均服从相同的 AR(p)模型。式(6-54)中的选择向量 $\boldsymbol{S}_T$ 由先验概率 $\boldsymbol{p}=(p_1, \cdots, p_H)'$控制，$\boldsymbol{p}$ 满足 $0<p_h<1$ 且$\sum_{h=1}^{H}p_h=1$，并且其包含在 T(包括 T)时刻的信息。在没有给出相关偏好的信息的情况下，对于任意 h 个序列，我们可以假设先验概率为均匀的，即 $p_h=1/H$。我们可以用下标 T 强调当它取决于样本大小时，

选择向量是随着时间变化的。

对于式(6-53)和式(6-54)中的聚类模型，参数为 $\boldsymbol{\Theta}=(\boldsymbol{\theta}_1,\cdots,\boldsymbol{\theta}_H,\boldsymbol{S}_T)$，如有需要，可以将分组 H 的个数作为参数并与 $\boldsymbol{\Theta}$ 一起估计。在本节中，我们简单假设 H 是提前给定的，并且在实际应用中，对 H 的选取是经过多次尝试来确定最佳 H 值。Fruhwirth-Schnatter 和 Kaufmann(2008)使用边际对数似然函数选择 H。我们还假设 AR 模型的阶 p 是已知的，并且对于所有的分组是相同的。而且，这也是一个很弱的假设。

6.6.2　贝叶斯估计

式(6-53)和式(6-54)中聚类模型的似然函数是高维的，因为它包含对 S_T 的选择空间。估计该模型更简单的方法是使用 MCMC 方法。尤其是对于式(6-53)中的 AR 模型，因为其所有条件后验分布都是已知的，因此随机选取 MCMC 的迭代可以有效地实现。

令 $\boldsymbol{Z}$ 为数据集。估计问题的分解如下：

1) 对于每个分组 C_h，利用已知数据和其他参数，对 AR 模型的参数 $\phi^{(h)}=(\phi_0^{(h)},\phi_1^{(h)},\cdots,\phi_p^{(h)})'$进行条件估计。

2)对每个分组 C_h，利用已知数据和其他参数，对残差方差 σ_h^2 的进行条件估计。

3)利用已知数据和其他参数，得到 $\boldsymbol{S}_T$ 的条件后验分布。

接下来，我们讨论在聚类模型的 MCMC 估计中用到的式(6-53)和式(6-54)中的条件后验分布。

6.6.2.1　$\phi^{(h)}$ 的后验分布

对于每个分组 C_h，令 n_h 为分组 C_h 中的时间序列的个数。我们将这些 n_h 时间序列汇集在一起(pool together)，得到 $\phi^{(h)}$ 的条件后验分布。具体地，对任意的 $i\in C_h$，考虑 AR(p)数据集

$$\begin{bmatrix} z_{i,p+1} \\ z_{i,p+2} \\ \vdots \\ z_{i,T} \end{bmatrix}=\begin{bmatrix} 1 & z_{i,p} & z_{i,p-1} & \cdots & z_{i,1} \\ 1 & z_{i,p+1} & z_{i,p} & \cdots & z_{i,2} \\ \vdots & \vdots & \vdots & \cdots & \vdots \\ 1 & z_{i,T-1} & z_{i,T-2} & \cdots & z_{i,T-p} \end{bmatrix}\begin{bmatrix} \phi_0^{(h)} \\ \phi_1^{(h)} \\ \vdots \\ \phi_p^{(h)} \end{bmatrix}+\begin{bmatrix} a_{i,p+1}^{(h)} \\ a_{i,p+2}^{(h)} \\ \vdots \\ a_{i,T}^{(h)} \end{bmatrix}$$

387

上式写为

$$\boldsymbol{Z}_{h,i}=\boldsymbol{X}_{h,i}\boldsymbol{\phi}^{(h)}+\boldsymbol{a}_{h,i} \tag{6-55}$$

将分组 C_h 中的所有序列的数据集叠加在一起，可得

$$\begin{bmatrix} \boldsymbol{Z}_{h,1} \\ \vdots \\ \boldsymbol{Z}_{h,n_h} \end{bmatrix}=\begin{bmatrix} \boldsymbol{X}_{h,1} \\ \vdots \\ \boldsymbol{X}_{h,n_h} \end{bmatrix}\boldsymbol{\phi}^{(h)}+\begin{bmatrix} \boldsymbol{a}_{h,1} \\ \vdots \\ \boldsymbol{a}_{h,n_h} \end{bmatrix}$$

将上式记为

$$\boldsymbol{Z}_h=\boldsymbol{X}_h\boldsymbol{\phi}^{(h)}+\boldsymbol{a}_h \tag{6-56}$$

给定数据，$\boldsymbol{\phi}^{(h)}$ 的最小二乘估计为

$$\hat{\boldsymbol{\phi}}^{(h)} = (\boldsymbol{X}_h'\boldsymbol{X}_h)^{-1}(\boldsymbol{X}_h'\boldsymbol{Z}_h)$$

且协方差矩阵为

$$\hat{\boldsymbol{\Sigma}}_h = \sigma_h^2(\boldsymbol{X}_h'\boldsymbol{X}_h)^{-1}$$

假设 $\boldsymbol{\phi}^{(h)}$ 的先验分布为多元正态分布，并且均值为 $\boldsymbol{\phi}_{h,o}$，协方差矩阵为 $\boldsymbol{\Sigma}_{h,o}$，其中下标"o"表示先验分布。在正态假设下，利用已知数据和其他参数，可以得到 $\phi^{(h)}$ 的后验分布也是多元正态分布，其均值为 $\phi_*^{(h)}$，协方差矩阵为 $\boldsymbol{\Sigma}_{h,*}$，其中下标"$*$"表示后验分布。后验分布的均值和方差为

$$\boldsymbol{\Sigma}_{h,*}^{-1} = \boldsymbol{\Sigma}_{h,o}^{-1} + \hat{\boldsymbol{\Sigma}}_h^{-1}, \quad \hat{\boldsymbol{\phi}}_*^{(h)} = \boldsymbol{\Sigma}_{h,*}[\boldsymbol{\Sigma}_{h,o}^{-1}\boldsymbol{\phi}_{h,o} + \hat{\boldsymbol{\Sigma}}_h^{-1}\hat{\boldsymbol{\phi}}^{(h)}] \tag{6-57}$$

式(6-57)服从贝叶斯推论(Bayesian inference)中的共轭先验(conjugate priors)的结论，可以参考 Tsay(2010，第 12 章)。在实际中，经常指定 $\boldsymbol{\phi}_{h,o}=\boldsymbol{0}$ 且 $\boldsymbol{\Sigma}_{h,o}$ 为具有大的对角元素的对角矩阵来使用无信息先验。

6.6.2.2　σ_h^2 的后验分布

利用已知数据和其他参数，可以得到式(6-55)中 $a_t^{(h)}$ 的方差 σ_h^2。具体地，根据式(6-56)，我们有 388

$$\boldsymbol{a}_h = \boldsymbol{Z}_h - \boldsymbol{X}_h\boldsymbol{\phi}^{(h)}$$

因此 σ_h^2 的样本估计为

$$\hat{\sigma}_h^2 = \boldsymbol{a}_h'\boldsymbol{a}_h/[n_h(T-p)]$$

其中，$n_h(T-p)$是式(6-56)中矩阵的行数，或分组 C_h 的有效样本大小的个数。在正态假设下，$n_h(T-p)\hat{\sigma}_h^2/\sigma^2$ 服从 $\chi^2_{n_h(T-p)}$ 分布。等价地，$n_h(T-p)\hat{\sigma}_h^2/\sigma_h^2$ 服从 Gamma$[n_h(T-p)/2, 2]$分布，或者 $\sigma_h^2/(\boldsymbol{a}_h'\boldsymbol{a}_h)$服从逆 Gamma$[n_h(T-p)/2, 1/2]$分布。基于 $\boldsymbol{a}_h'\boldsymbol{a}_h/\sigma_h^2$ 的 3 个等价的分布，我们可以指定 σ_h^2 的共轭先验分布。本节中，我们使用 $\sigma_h^2/(\boldsymbol{a}_h'\boldsymbol{a}_h)$作为逆 Gamma$[n_h(T-p)/2, 1/2]$。共轭先验是 σ_h^2 服从逆 Gamma$[v_o/2, u_o/2]$的分布，其中 v_o 和 u_o 均为正实数。因此，σ_h^2 的后验分布服从逆 Gamma$[\alpha, \theta]$分布，其中，

$$\alpha = [v_o + n_h(T-p)]/2, \quad \theta = \frac{u_o}{2} + \frac{1}{2}(\boldsymbol{a}_h'\boldsymbol{a}_h) \tag{6-58}$$

上述结论在大多数涉及贝叶斯的教科书中都可以找到。在应用中，令 $u_o=1$，并且 v_o 通常取很小的正整数。

注记： 随机变量 Y 服从逆 Gamma$[\alpha, \beta]$分布，其中 α 为形状参数(shape parameter)和 β 为尺度参数(scale parameter)，如果随机变量 Y 的概率密度函数(pdf)为：

$$f(y|\alpha,\beta) = \frac{\beta^\alpha}{\Gamma(\alpha)}y^{-\alpha-1}\exp(-\beta/y), \quad y \geqslant 0$$

其中，$\Gamma(.)$为 Gamma 函数。可以看到随机变量 $X=1/Y$ 的概率密度函数为：

$$f(x|\alpha,\beta) = \frac{\beta^\alpha}{\Gamma(\alpha)}x^{\alpha-1}\exp(-\beta x) = \frac{1}{\theta^\alpha\Gamma(\alpha)}x^{\alpha-1}\exp(-x/\theta)$$

其中，$\theta=1/\beta$。后一个表达式也是 Gamma[α，θ]的概率密度函数。因此，如果 Y 服从逆 Gamma(α，β)分布，则 $X=1/Y$ 服从 Gamma(α，$1/\beta$)分布。

6.6.2.3　S_T 的后验分布

利用已有数据和其他参数，第 i 个时间序列 s_{iT} 可以由下面的后验概率确定。z_{it} 属于第 h 个分组 C_h 的似然，可以通过 z_{it} 的似然函数对 C_h 参数的评估结果来测量。具体地，根据式(6-55)，设 $\boldsymbol{a}_{h,i}=(a_{i,p+1},\ a_{i,p+2},\ \cdots,\ a_{i,T})'$ 是使用 C_h 的参数估计的 z_{it} 的残差，即，

$$\boldsymbol{a}_{h,i} = \boldsymbol{Z}_{h,i} - \boldsymbol{X}_{h,i}\phi^{(h)}$$

那么对应的对数似然函数为

$$\ell(h,i) = \sum_{t=p+1}^{T} \log[f(a_{i,t}\,|\,\sigma_h^2)] \tag{6-59}$$

其中，$f(x\,|\,\sigma_h^2)$是均值为 0、方差为 σ_h^2 的正态分布的概率密度函数。令 $\boldsymbol{P}_0=(p_{01},\cdots,p_{0H})'$ 为分组 $\boldsymbol{H}$ 的先验概率，其中有 $\sum_{i=1}^{H} p_{0i}=1$，并且 $p_{0i}>0$。那么，属于第 h 个分组 C_h 的序列 z_{it} 的后验概率 p_{*i} 为

$$\log(p_{*i}) \propto \log(p_{0i}) + \ell(h,i), \quad h = 1,\cdots,H \tag{6-60}$$

其中，符号$\propto$表示正比于。因此，我们可以通过式(6-60)的先验概率从$\{1,2,\cdots,H\}$得到 s_{iT}。在实际应用中，先验概率可能是均匀分布，也可能是从狄利克雷分布中随机抽取的。

6.6.3　马尔科夫链蒙特卡洛法

使用上一节讨论的传统后验分布方法，可以用以下步骤进行基于模型的聚类分析。

1)初始化：可以通过先验分布得出初始估计，也可以将具有 H 个分组的传统 k 均值(k-means)算法应用于 k 个时间序列，每个序列有 T 个观测值。第 h 个分组的均值序列称为中心分组。我们可以使用中心分组得到 AR(p)模型的初始估计，即 $\phi_0^{(h)}$ 和残差方差 $\hat{\sigma}_{h,0}^2$。

2)对于迭代 $m=1$，$\cdots$，M，其中 M 为预先设定的正整数：

(a)用式(6-60)中的条件后验概率与参数 $\boldsymbol{\phi}_{m-1}^{h}$ 和 $\sigma_{h,m-1}^2$，更新类 $\boldsymbol{S}_T^{(m)}$。

(b)用式(6-57)中条件后验分布与参数 $\boldsymbol{S}_T^{(m)}$ 和 $\sigma_{h,m-1}^2$，更新 AR 模型的系数估计 $\boldsymbol{\phi}_m^{(h)}$。

389~390 (c)用式(6-58)中的条件后验分布与参数 $\boldsymbol{S}_T^{(m)}$ 和 $\boldsymbol{\phi}_m^{(h)}$，更新残差方差 $\sigma_{h,m}^2$。

3)去除样本中的异常值：去掉随机抽取的前 N 次迭代，使用剩下的 $M-N$ 次迭代进行推理。

在给定的正则条件下，剩下的 $M-N$ 项可以看作服从未知参数的联合后验分布的随机样本。在统计学文献中，这是一个典型的 MCMC 方法的例子。当然，我们需要检验 MCMC 迭代的收敛性。具体内容，读者可以参考 Gamerman 和 Lopes(2006)和其中的参考文献。在后面的说明中，我们将选择多个 M 值和 N 值来证明用上述方法得到的结果是稳定的。

6.6.3.1　标记交换

在基于模型的聚类分析的讨论中，我们简单地假设分组是确定的。但是，在实际应用中，分组的标记需要谨慎，因为分组的排序并不是确定的。举一个极端的例子，H 个分组

共有 H！种排序方法。为解决这类问题，我们可以采用 k 均值算法对标记问题进行分类。具体地，对于每一次 MCMC 迭代，我们有 H 组 AR 参数，即 $\boldsymbol{\theta}_h^{(m)}=(\phi_{0m}^{(h)}, \phi_{1m}^{(h)}, \cdots, \phi_{pm}^{(h)}, \sigma_{h,m}^2)'$。当 $m=N+1, \cdots, M$ 时，将 k 均值方法应用于 AR 参数得到 H 个分组。这些分组的中心分组为这些分组提供 AR 参数的后验均值。我们还可以用分组结果确定给定分组的成员。

例 6.8　为使读者更好地理解基于模型的聚类分析，我们给出了美国 50 个州的月度失业率。数据可以参考例 6.5。同之前一样，Arizona 州的失业率需要调整，由于前 92 个观测值的位置变化了，并且 Louisiana 州和 Mississippi 州的失业率也调整了，因为受到 2005 年飓风的影响。这里，我们用 AR(4)模型将这 50 个一阶差分时间序列分成 4 个分组。z_{it} 为第 i 个州的月度失业率的一阶差分序列。这些差分序列见图 6-14。样本区间为 1976 年 2 月到 2011 年 8 月，共 415 个观测值。在这个例子中，我们有 $k=50$，$T=415$，$p=4$，$H=4$。

由无信息先验

$$\phi^{(h)} \sim N(\mathbf{0}, 10^4 \boldsymbol{I}_5), \quad v_o = 4, \quad u_o = 1, \quad \boldsymbol{P}_0 = (1,1,1,1)'/4 \tag{6-61}$$

使用推荐的 MCMC 方法实现基于模型的聚类分析。令 MCMC 迭代中出现的已有个数与总数分别为 N 和 M。在本例中，我们使用$(N, M)=(2000, 3000)$和$(3000, 5000)$。分类结果是相同的，对于这两组 N 和 M 相关，参数估计十分接近。当$(N, M)=(3000, 5000)$时，参数的后验均值与分组的成员州见表 6-13。从表中可以看出，两个地理位置接近的州并不一定在同一分组中。与预期一样，AR 参数的后验均值在 4 个分组之间表现出明显的差异。最后，为了便于比较，我们还考虑 $H=3$ 的情况。结果显示，边际对数似然较低，支持 4 个分组的选择。见下面 R 代码示例。 391

表 6-13　美国 50 个州的月度失业率的一阶差分的基于模型的聚类分析的结果。样本区间为 1976 年 2 月到 2011 年 8 月

聚类	模型参数的后验均值					
h	$\phi_0^{(h)}$	$\phi_1^{(h)}$	$\phi_2^{(h)}$	$\phi_3^{(h)}$	$\phi_4^{(h)}$	$\hat{\sigma}_h^2$
1	0.0013	0.699	0.398	−0.128	−0.189	0.082
2	0.0008	0.498	0.474	−0.001	−0.174	0.069
3	0.0020	0.314	0.298	0.125	−0.026	0.114
4	0.0023	0.391	0.268	0.038	−0.058	0.151

聚类	聚类的构成状态
1(18 states)	AL，AK，CO，HL，IL，KY，LA，ME，MI，MO，NV，NY，OR，SC，TN，VT，WV，WY
2(18 states)	AR，CA，CT，ID，KS，MA，MN，MT，NE，NH，NJ，NM，ND，RI，SD，UT，VA，WA
3(6 states)	AZ，FL，IA，MD，PA，TX
4(8 states)	DE，GA，IN，MS，NC，OH，OK，WI

聚类分析的结果在实际问题中有很多应用。例如，我们可以用拟合 AR(4)模型对同一个分组中所有的州进行失业率预测。这种方法是简单的预测方法。如 Wang et al(2013)指出的，与样本外预测方法比较，基于模型的聚类分析方法胜过许多竞争模型。　□

注记：基于模型的聚类可以通过 Yongning Wang 先生提出的 MBcluster 程序

来实现。在此，十分感激 Wang 先生的帮助，使得聚类分析得以用程序实现。基本的输入包括数据、p、H 以及 mcmc 由 MCMC 程序的已有和保留下的迭代次数构成。

R 代码示例： 基于模型的聚类。编辑输出。

```
> da=read.table("m-unempstatesAdj.txt",header=T)
> dim(da)
[1] 416  50
> zt=apply(da,2,diff)
> mcmc=list(burnin=3000,rep=2000)
> m4=MBcluster(zt,4,4,mcmc=mcmc)
Use default priors

Estimation for Cluster Parameters:
Number of Clusters: K= 4
Number of Lags in AR model: p= 4
                phi 0    phi 1   phi 2        phi 3      phi 4    sigma
Cluster 1 0.00127731 0.69889 0.39798 -0.12770645 -0.188757 0.082096
Cluster 2 0.00080087 0.49824 0.47396 -0.00050977 -0.173598 0.069493
Cluster 3 0.00197971 0.31440 0.29790  0.12533160 -0.025974 0.114214
Cluster 4 0.00226912 0.39076 0.26922  0.03767486 -0.057572 0.150859

Classification Probabilities:
   Cluster 1 Cluster 2 Cluster 3 Cluster 4
AL     0.9995    0.0005    0.0000    0.0000
AK     0.9010    0.0990    0.0000    0.0000
AZ     0.0000    0.0000    0.9945    0.0055
AR     0.0000    1.0000    0.0000    0.0000
.....
WI     0.0000    0.0000    0.0010    0.9990
WY     0.7775    0.2225    0.0000    0.0000
Classification:
Cluster  1 :
Number of members:  18
AL AK CO HI IL KY LA ME MI MO NV NY OR SC TN VT WV WY
Cluster  2 :
Number of members:  18
AR CA CT ID KS MA MN MT NE NH NJ NM ND RI SD UT VA WA
Cluster  3 :
Number of members:  6
AZ FL IA MD PA TX
Cluster  4 :
Number of members:  8
DE GA IN MS NC OH OK WI

Marginal LogLikelihood: 20812.45

> mcmc=list(burnin=3000,rep=2000)  ## 3 clusters
> m1=MBcluster(zt,4,3,mcmc=mcmc)
Use default priors

Estimation for Cluster Parameters:
Number of Clusters: K= 3
Number of Lags in AR model: p= 4
                phi 0    phi 1   phi 2        phi 3     phi 4    sigma
Cluster 1 0.00130630 0.69890 0.39728 -0.12662853 -0.18929 0.082118
Cluster 2 0.00081792 0.49835 0.47399 -0.00016417 -0.17423 0.069498
Cluster 3 0.00218949 0.37009 0.27833  0.06288030 -0.04956 0.135998

Marginal LogLikelihood: 20697.27
```

392~393

练习

6.1 自从 2007 年次贷金融危机，美国房地产市场备受压力。在练习中，我们主要对美国人口普查局的西部和北部的房屋开工率进行分析。数据来源于美国圣路易斯联邦储备银行，数据以千美元为单位，并且没有对数据进行季节调整。样本区间为 1959 年 1 月到 2012 年 12 月，共 648 个观测值。文件名为 m-houst-nsa.txt，文件包含了所有 4 个区域的数据。令 z_t 表示美国西部和北部区域房屋开工率的对数序列。

(a)建立 z_t 序列的季节 VARMA 模型。执行模型检验并讨论模型的影响。

(b)预测原点为 2012 年，使用拟合模型获得 z_t 的 1 步～3 步预测。

6.2 考虑美国月度失业率数据和工业生产指数，时间为 1967 年 1 月到 2012 年 12 月共 552 个观测值。数据来源于圣路易斯联邦储备银行，并且已经做过季节调整。令 z_t 为美国月失业率和工业生产指数序列。我们还考虑两个输入变量，分别为采购经理人指数 PMI 和总容量利用率(TCU)。这两个序列也已经做过季节调整。令 x_t 表示包含 PMI 指数和 TCU 的变化序列。数据在文件 m-unippmitcu-6712.txt 中。

(a)建立 z_t 的 VAR 模型，并进行模型检验。

(b)利用输入变量 x_t，建立 z_t 的 VARX 模型。在模型选择中，可以取最大值 $p=11$ 和最大值 $m=6$。检验拟合模型。

(c)将 $w_t=(x_t', x_{t-1}')'$ 作为输入变量，为 z_t 建立带有时间序列误差的回归模型。检验拟合模型。

(d)将上述 3 个 z_t 的拟合模型进行对比。

6.3 考虑供应管理学会的月度数据，时间为 1988 年到 2012 年，共 300 个观测值。变量包括：(a)制造业生产指数；(b)库存指数；(c)新订单指数(new orders index)和(d)供应商交货指数。数据来源于美国圣路易斯联邦储备银行，数据文件名为 m-napm-8812.txt。

(a)根据数据，我们有 $z_{151}=(53.7, 48.5, 52.0, 53.9)'$。设这个数据点(data point)为缺失。对 z_t 建立模型，并估计缺失值。

(b)假设我们有 $z_{151}=(53.7, 48.5, X, X)'$，其中 X 表示缺失值。为 z_t 建立模型，并估计缺失值。

(c)比较由(a)和(b)中的 $z_{151,3}$ 和 $z_{151,4}$ 的估计值，并对二者做出评价。

6.4 考虑 10 支美国股票的月度简单超额收益，时间为 1990 年 1 月到 2003 年 12 月，共 168 个观测值。使用二级市场的 3 个月期国债利率计算超额收益。数据存储在文件 m-excess-10c-9003.txt中。10 支股票的股票符号为：(a)制药类：ABT、LLY、MRK 和 PFE；(b)汽车类：F 和 GM；(c)石油类：BP、CVX、RD 和 XOM。令 z_t 为这 10 支股票的超额收益序列。 394

(a)用 PCA 方法求解序列 z_t。并获得柱状图并确定共同因子的个数。

(b)使用 PCA 方法，对序列 z_t 建立正交因子模型。

(c)用极大似然估计方法，对序列 z_t 建立正交因子模型。

(d)基于行业类，对序列 z_t 建立约束因子模型。

(e)对比上面 3 个拟合因子模型。

6.5 考虑来自于美国纳斯达克指数(NASDAQ)和纽约证券交易所(NYSE)的 40 支股票的月度简单收益率，数据文件名为 m-apca40stocks.txt。文件有 40 列，文件的第一行包含股票的 CRSP 永久代码。

(a)用渐近主成分分析法分析带有 4 个共同因子的 40 支股票月收益率。

(b)基于碎石图，使用 4 个共同因子合理吗？如果不合理，请给出共同因子数，并说明原因。

(c)给出相关载荷矩阵的时序图。

6.6 考虑 14 个国家的年度实际国内生产总值，时间为 1960 年到 2011 年，共 52 个观测值。数据来源于美国圣路易斯联邦储备银行，以美国 2005 年的货币价值为基准，文件名为a-rgdp-14.txt。文件的第一行包含这 14 个国家的国家名。令 z_t 是这 14 个国家的年度 GDP 增长率的百分比。z_t 有 51 个观测值。将数据分成两部分，其中第二部分包含用于预测的最后 6 个观测值。第一部分包含 45 个观测值，它们用来建模。在本练习中，我们主要讨论美国和韩国的 GDP 1 步超前预测。分别对美国和韩国求解下列练习。

(a)用多元时间序列模型进行 1 步超前预测，并在预测子样本中计算出预测的均方误差。

(b)令 $\boldsymbol{x}_t=(z'_{t-1}, z'_{t-2})'$ 和 $m=1, 3, 5$，利用扩散指数模型进行预测，并计算预测的均方差误值。

(c)令 v_t 为 14 个国家 GDP 增长率的简单平均值的序列。这里 v_t 表示全球 GDP 增长率。用二元时间序列模型(国家和 v_t)进行 1 步超前预测。在预测子样本中计算预测的均方误差。

6.7 用练习 6.6 中的 14 个国家的年度实际 GDP 增长百分比，求解下列练习。

(a)令 AR 模型的阶 $p=2$，分组个数为 2，执行基于模型的聚类分析。

395 (b)令 $x_{it}=z_{it}/\hat{\sigma}_i$，其中 $\hat{\sigma}_i$ 为序列 z_{it} 的样本标准偏差对 14 个国家的年度实际 GDP 增长率进行标准化。用序列 $\boldsymbol{x}_t$，重复(a)中的聚类分析。这种聚类分析主要关注动态相依性而不是分类中的变异性。

(提示：用命令 xt= scale(zt, center= f, scale= T))。

(c)将上述两种聚类分析方法进行对比。

参考文献

Bai, J. (2003). Inferential theory for factor models of large dimensions. *Econometrica* **71**: 135–171.

Bai, J. and Ng, S. (2002). Determining the number of factors in approximate factor models. *Econometrica*, **70**: 191–221.

Chamberlain, G. (1983). Funds, factors, and diversification in arbitrage pricing models. *Econometrica*, **51**: 1305–1323.

Chamberlain, G. and M. Rothschild (1983). Arbitrage, factor structure, and mean-variance analysis on large asset markets. *Econometrica*, **51**: 1281–1304.

Connor, G. and R. A. Korajczyk (1986). Performance measurement with the arbitrage princing theory: a new framework for analysis. *Journal of Financial Economics*, **15**: 373–394.

Connor, G. and R. A. Korajczyk (1988). Risk and return in an equilibrium APT: application of a new test methodology. *Journal of Financial Economics*, **21**: 255–289.

Forni, M., M. Hallin, M. Lippi, and L. Reichlin (2000). The generalized dynamic-factor model: identification and estimation. *The Review of Economics and Statistics*, **82**: 540–554.

Forni, M., M. Hallin, M. Lippi, and L. Reichlin (2004). The generalized dynamic-factor model: consistency and rates. *Journal of Econometrics*, **119**: 231–255.

Forni, M., M. Hallin, M. Lippi, and L. Reichlin (2005). The generalized dynamic factor model: one-sided estimation and forecasting. *Journal of the American Statistical Association*, **100**: 830–840.

Frühwirth-Schnatter, S. (2006). *Finite Mixture and Markov Switching Models*. Springer, New York.

Frühwirth-Schnatter, S. and Kaufmann, S. (2008). Model-based clustering of multiple time series. *Journal of Business & Economic Statistics*, **26**: 78–89.

Gamerman, D. and Lopes, H. F. (2006). *Markov Chain Monte Carlo: Stochastic Simulation for Bayesian Inference*. 2nd Edition. Chapman & Hall/CRC, Boca Raton, FL.

Geweke, J. (1977). The dynamic factor analysis of economic time series models. In D. J. Aigner and A. S. Goldberger (eds.). *Latent Variables in Socio-Economic Models*, pp. 365–383. North-Holland, Amsterdam.

Hastie, T., Tibshirani, R., and Friedman, J. (2009). *The Elements of Statistical Learning: Data Mining, Inference, and Prediction*. 2nd Edition. Springer, New York.

Heaton, C. and Solo, V. (2003). Asymptotic principal components estimation of large factor models. Working paper, Department of Economics, Macquarie University, Australia.

Heaton, C. and Solo, V. (2006). Estimation of approximate factor models: Is it important to have a large number of variables? Working paper, Department of Economics, Macquarie University, Australia.

Johnson, R. A. and Wichern, D. W. (2007). *Applied Multivariate Statistical Analysis*. 6th Edition. Pearson Prentice Hall, Upper Saddle River, NJ.

Lam, C. and Yao, Q. (2012). Factor modeling for high-dimensional time series: inference for the number of factors. *Annals of Statistics* **40**: 694–726.

Lam, C., Yao, Q., and Bathia, N. (2011). Estimation of latent factors for high-dimensional time series. *Biometrika* **98**: 1025–1040.

Lütkepohl, H. (2005). *New Introduction to Multiple Time Series Analysis*. Springer, New York.

Magnus, J. R. and Neudecker, H. (1999). *Matrix Differential Calculus With Applications in Statistics and Econometrics*. Revised Edition. John Wiley & Sons, Inc, New York.

Onatski, A. (2009). Testing hypothesis about the number of factors in large factor models. *Econometrica*, **77**: 1447–1479.

Pan, J. and Yao, Q. (2008), Modeling multiple time series via common factors. *Biometrika*, **95**: 365–379.

Peña, D. and Box, G. E. P. (1987). Identifying a simplifying structure in time series. *Journal of the American Statistical Association*, **82**: 836–843.

Peña, D. and Poncela, P. (2006). Nonstationary dynamic factor analysis. *Journal Statistical Planning and Inference*, **136**: 1237–1257.

Stock, J. H. and Watson, M. W. (2002a). Forecasting using principal components from a large number of predictors. *Journal of the American Statistical Association*, **97**: 1167–1179.

Stock, J. H. and Watson, M. W. (2002b). Macroeconomic forecasting using diffusion indexes. *Journal of Business and Economic Statistics*, **20**: 147–162.

Tiao, G. C. and Tsay, R. S. (1989). Model specification in multivariate time series (with discussion). *Journal of the Royal Statistical Society, Series B*, **51**: 157–213.

Tsai, H. and Tsay, R. S. (2010). Constrained factor models. *Journal of the American Statistical Association*, **105**: 1593–1605.

Tsay, R. S. (2010). *Analysis of Financial Time Series*. 3rd Edition. John Wiley & Sons, Inc, Hoboken, NJ.

Tsay, R. S. (2013). *An Introduction to Analysis of Financial Data with R*. John Wiley & Sons, Hoboken, NJ.

396～398

Wang, Y., Tsay, R. S., Ledolter, J., and Shrestha, K. M. (2013). Forecasting high-dimensional time series: a robust clustering approach. *Journal of Forecasting* (to appear).

第 7 章　多元波动率模型

在前面的章节中，我们假设多元时间序列 $\boldsymbol{z}_t$ 的新息 $\boldsymbol{a}_t$ 是序列不相关的，并且具有零均值和正定协方差矩阵。我们还假设 $\boldsymbol{a}_t$ 的协方差矩阵是时间不变的。令 F_{t-1} 表示由过去数据 $\{\boldsymbol{z}_{t-i} \mid i=1, 2, \cdots\}$ 生成的 σ 域。这些假设意味着 $E(\boldsymbol{a}_t \mid \boldsymbol{F}_{t-1})=\boldsymbol{0}$ 和 $E(\boldsymbol{a}_t\boldsymbol{a}'_t \mid F_{t-1})=\boldsymbol{\Sigma}_a>0$，为常数矩阵。另一方面，许多金融时间序列具有条件异方差性。令 $\boldsymbol{\Sigma}_t=\mathrm{Cov}(\boldsymbol{a}_t \mid F_{t-1})$ 表示在给定 F_{t-1} 条件下序列 $\boldsymbol{z}_t$ 的条件协方差矩阵。条件异方差性意味着 $\boldsymbol{\Sigma}_t$ 是时间相关的。$\boldsymbol{\Sigma}_t$ 的动态相依性是多元波动率模型的主题，也是本章节重点。为了便于引用，我们用 $\boldsymbol{\Sigma}_t$ 表示序列 $\boldsymbol{z}_t$ 的波动率矩阵。

波动率矩阵在金融方面具有许多应用。例如，它广泛应用于资产配置和风险管理。然而，对 $\boldsymbol{\Sigma}_t$ 建立模型面临着两个主要困难。第一个困难是维数灾难。对于一个 k 维时间序列 $\boldsymbol{z}_t$，波动率矩阵 $\boldsymbol{\Sigma}_t$ 包含 k 个条件方差和 $k(k-1)/2$ 个条件协方差。换句话说，$\boldsymbol{\Sigma}_t$ 包含 $k(k+1)/2$ 个不同的随着时间变化的元素。例如，当 $k=30$ 时，$\boldsymbol{\Sigma}_t$ 包含 465 个不同的元素。因此，$\boldsymbol{\Sigma}_t$ 的维数以 k 的平方增加。第二个困难是维持正定约束。波动率矩阵 $\boldsymbol{\Sigma}_t$ 对于所有 t 必须是正定的。当 k 较大时需要维持这个约束，需要特别注意。

文献中已经提出了许多多元波动率模型，包括多元随机波动率和多元广义 GARCH 模型。见 Asai、McAleer 和 Yu(2006)以及 Bauwens、Laurent 和 Rombouts(2006)的论文及其中的参考文献，也可以参考 Bauwens、Hafner 和 Laurent(2012)的波动手册。本章的目的是介绍一些在实际中可用的多元波动率模型，还有一些相对容易理解的理论。但是，该章没有包含在文献中出现的所有多元波动率模型。 399

与一元情况相似，我们把一个多元时间序列 $\boldsymbol{z}_t$ 分解为

$$\boldsymbol{z}_t = \boldsymbol{\mu}_t + \boldsymbol{a}_t \tag{7-1}$$

其中 $\boldsymbol{\mu}_t=E(\boldsymbol{z}_t \mid F_{t-1})$ 是在给定 F_{t-1} 下 $\boldsymbol{z}_t$ 的条件期望或者 $\boldsymbol{z}_t$ 的可预测分量。对于线性过程，$\boldsymbol{\mu}_t$ 服从上一章讨论的多元模型；如果有必要，也可以应用非线性模型。新息 $\boldsymbol{a}_t$ 是不可预测的，因为它是序列不相关的。我们把波动 $\boldsymbol{a}_t$ 表示为

$$\boldsymbol{a}_t = \boldsymbol{\Sigma}_t^{1/2}\boldsymbol{\varepsilon}_t \tag{7-2}$$

其中$\{\boldsymbol{\varepsilon}_t\}$是一个独立同分布随机向量序列，因此 $E(\boldsymbol{\varepsilon}_t)=\boldsymbol{0}$ 和 $\mathrm{Cov}(\boldsymbol{\varepsilon}_t)=\boldsymbol{I}_k$ 且 $\boldsymbol{\Sigma}_t^{1/2}$ 表示 $\boldsymbol{\Sigma}_t$ 的正定平方根矩阵。特别地，令 $\boldsymbol{\Sigma}_t=\boldsymbol{P}_t\boldsymbol{\Lambda}_t\boldsymbol{P}_t'$表示 $\boldsymbol{\Sigma}_t$ 的谱分解，其中 $\boldsymbol{\Lambda}_t$ 是 $\boldsymbol{\Sigma}_t$ 的特征值的对角矩阵，$\boldsymbol{P}_t$ 表示特征向量的正交矩阵。那么，$\boldsymbol{\Sigma}_t^{1/2}=\boldsymbol{P}_t\boldsymbol{\Lambda}_t^{1/2}\boldsymbol{P}_t'$。还存在其他方法参数化波动率矩阵。例如，可以使用 $\boldsymbol{\Sigma}_t$ 的 Cholesky 分解。但是，参数化不影响波动率矩阵 $\boldsymbol{\Sigma}_t$ 的模型。如果新息 $\boldsymbol{\varepsilon}_t=(\varepsilon_{1t}, \cdots, \varepsilon_{kt})'$不是高斯分布，我们可以进一步假设 $E(\varepsilon_{it}^4)$是有限的(对于所有的 i)。$\boldsymbol{\varepsilon}_t$ 常用的非高斯分布是自由度为 v 的标准多元学生 t 分布，它的概率密度函数(pdf)是

$$f(\boldsymbol{\varepsilon}_t \mid \nu) = \frac{\Gamma[(\nu+k)/2]}{[\boldsymbol{\pi}(\nu-2)]^{k/2}\Gamma(\nu/2)}[1+(\nu-2)^{-1}\boldsymbol{\varepsilon}'_t\boldsymbol{\varepsilon}_t]^{-(\nu+k)/2} \tag{7-3}$$

其中 $\Gamma(\cdot)$表示伽马函数。在这种情况下，ϵ_{it} 的边际分布是一元标准学生 t 分布，波动 $\boldsymbol{a}_t$ 的概率密度函数(pdf)是

$$f(\boldsymbol{a}_t \mid \nu, \boldsymbol{\Sigma}_t) = \frac{\Gamma[(\nu+k)/2]}{[\pi(\nu-2)]^{k/2}\Gamma(\nu/2)\,|\boldsymbol{\Sigma}_t|^{1/2}}[1+(\nu-2)^{-1}\boldsymbol{a}_t'\boldsymbol{\Sigma}_t^{-1}\boldsymbol{a}_t]^{-(\nu+k)/2}$$

波动率建模包含两个方程集合。第一个方程集合控制条件均值 $\boldsymbol{\mu}_t$ 的时间演化，而第二个方程集合描述波动率矩阵 $\boldsymbol{\Sigma}_t$ 的动态相依性。因此，这两个方程集合被认为是均值方程和波动率方程。如果考虑线性模型，那么可以应用上一章讨论的模型来处理 $\boldsymbol{\mu}_t$。对于多数资产收益序列，由于 $\boldsymbol{\mu}_t$ 可以是一个常数向量或者服从一个简单的 VAR 模型，所以 $\boldsymbol{\mu}_t$ 的模型
400 是相当简单的。因此，该章节的重点是 $\boldsymbol{\Sigma}_t$ 的模型。

本章的安排如下。7.1 节研究向量时间序列中存在条件异方差的问题。应用两类检验。还说明了当 $\boldsymbol{a}_t$ 拥有厚尾时，使用检验统计量的鲁棒性的重要性。7.2 节研究多元波动率模型的拟极大似然估计的性质。在实际中当很难确定资产收益的真实分布时该结果很有用。然后，7.3 节论述拟合多元波动率模型的诊断检验。7.4 节应用一个简单的指数加权移动平均(EWMA)方法来计算时变波动性，包含光滑参数的估计。7.5 节研究 Engle 和 Kroner(1995)的简单 Baba-Engle-Krafe-Kroner(BEKK)模型，并且讨论该模型的优缺点。7.6 节使用 Cholesky 分解来研究 $\boldsymbol{\Sigma}_t$ 的动态相依性。并介绍贝叶斯和非贝叶斯模型。7.7 节研究动态条件相关(DCC)模型。7.8 节讨论基于正交变换的附加多元波动率模型。7.9 节介绍基于 copula 的多元波动率模型。最后，7.10 节介绍主波动成分分析。此外，实际案例始终贯穿全章证明。

7.1 条件异方差检验

考虑 k 维时间序列 $\boldsymbol{z}_t$。通过讨论检验条件异方差存在性的两个简单检验来开始波动率建模。首先，为了简单起见，我们假设 $\boldsymbol{\mu}_t$ 是已知的，因此噪声过程 $\boldsymbol{a}_t$ 是可以获得的。由于波动与 $\boldsymbol{a}_t$ 的二阶矩有关，所以该检验使用 $\boldsymbol{a}_t^2$ 过程或者 $\boldsymbol{a}_t$ 的二次函数。

7.1.1 混成检验

如果 $\boldsymbol{a}_t$ 没有条件异方差，那么它的条件协方差矩阵 $\boldsymbol{\Sigma}_t$ 是时间不变的(time-invariant)。这意味着对于 $i>0$，$\boldsymbol{\Sigma}_t$ 不依赖于 $\boldsymbol{a}_{t-i}^2$。因此，可以对 $i\,(1\leqslant i\leqslant m)$ 检验原假设 H_0：$\boldsymbol{\rho}_1=\boldsymbol{\rho}_2=\cdots=\boldsymbol{\rho}_m=\boldsymbol{0}$与备择假设 H_a：$\boldsymbol{\rho}_i\neq\boldsymbol{0}$，其中 $\boldsymbol{\rho}_i$ 是 $\boldsymbol{a}_t^2$ 的滞后 i 交叉相关矩阵。在该情形中，使用的显著检验统计量是著名的 Ljung-Box 统计量

$$Q_k^*(m) = T^2\sum_{i=1}^{m}\frac{1}{T-i}\boldsymbol{b}_i'(\hat{\boldsymbol{\rho}}_0^{-1}\otimes\hat{\boldsymbol{\rho}}_0^{-1})\boldsymbol{b}_i \tag{7-4}$$

其中 T 表示样本大小，k 是 $\boldsymbol{a}_t$ 的维数，$\boldsymbol{b}_i=\mathrm{vec}(\rho_i')$且 $\hat{\rho}_j$ 是 $\boldsymbol{a}_t^2$ 的滞后 j 样本交叉相关矩阵。在原假设 $\boldsymbol{a}_t$ 没有条件异方差下，$Q_k^*(m)$的渐近分布是 $\chi^2_{k^2m}$。可以证明 $Q_k^*(m)$渐近等于
401 Engle(1982)的条件异方差的多元广义拉格朗日乘子。见 Li(2004)。

另外，可以使用标准化序列

$$e_t = \boldsymbol{a}_t' \boldsymbol{\Sigma}^{-1} \boldsymbol{a}_t - k, \tag{7-5}$$

其中 $\boldsymbol{\Sigma}$ 表示 $\boldsymbol{a}_t$ 的无条件协方差矩阵，考虑对于某个 $i(1 \leqslant i \leqslant m)$ 假设 H_0：$\rho_1 = \cdots \rho_m = 0$ 与 H_a：$\rho_i \neq 0$，其中 ρ_i 是 e_t 的滞后 i 自相关。在这种情况下，检验统计量是一元序列 e_t 的传统 Ljung-Box 统计量。即，$Q^*(m) = T(T+2)\sum_{i=1}^{m} \hat{\rho}_i^2/(T-i)$，其中 $\hat{\rho}_i$ 是 e_t 的滞后 i 样本自相关系数(ACF)。实际中，$\boldsymbol{\Sigma}$ 是通过 $\boldsymbol{a}_t$ 的样本协方差矩阵进行估计的。在原假设 $\boldsymbol{a}_t$ 没有条件异方差下，$Q^*(m)$ 的渐近分布是 χ_m^2。

当 $\boldsymbol{a}_t$ 是高斯分布时，显而易见这两种混成检验渐近相等。当 $\boldsymbol{a}_t$ 有厚尾时，式(7-4)的多元检验 $Q_k^*(m)$ 在有限样本中表现较差。有些鲁棒校正可能有用。本节考虑一个 Q_k^* 的简单鲁棒校正。在统计学中，一种减少厚尾效应的方法是剔除法(trimming)。对于波动性检验，采用一个简单的过程减少厚尾效应，即剔除高于 5% 的尾部数据。特别地，令 $q_{0.95}$ 表示式(7-5)的标准化标量残差 e_t 的经验第 95 分位数。从 $\boldsymbol{z}_t$ 中移除大于 $q_{0.95}$ 的对应于 e_t 的观测值，并使用剩余的 $0.95T$ 个数据点来计算式(7-4)的检验统计量。使用 $Q_k^r(m)$ 来表示检验统计量的结果，上标 r 表示鲁棒检验。通过模拟来研究有限样本中各种检验统计量的性能。结果表明 5% 的剔除工作是很合适的。

7.1.2　基于秩的检验

资产收益趋向于具有厚尾。有些极端的收益可能对式(7-4)的混成统计量 Q_k^* 的性能产生显著效应。为了克服这些潜在的弱点，Dufour 和 Roy(1985，1986)考虑式(7-5)中的标准化序列 e_t 的秩序列。令 R_t 是 e_t 的秩。e_t 的滞后 ℓ 秩自相关可以定义为

$$\tilde{\rho}_\ell = \frac{\sum_{t=\ell+1}^{T}(R_t - \bar{R})(R_{t-\ell} - \bar{R})}{\sum_{t=1}^{T}(R_t - \bar{R})^2}, \quad \ell = 1, 2, \cdots \tag{7-6}$$

其中

$$\bar{R} = \sum_{t=1}^{T} R_t / T = (T+1)/2$$

$$\sum_{t=1}^{T}(R_t - \bar{R})^2 = T(T^2 - 1)/12$$ 402

Dufour 和 Roy(1985，1986)证明，秩自相关的分布与当 $\{e_t\}$ 是连续可交换随机变量时，秩自相关的分布相同。这是因为在这种情况下所有的秩混成统计量可能相等。这也可以表示为

$$E(\tilde{\rho}_\ell) = -(T-\ell)/[T(T-1)]$$

$$\mathrm{Var}(\tilde{\rho}_\ell) = \frac{5T^4 - (5\ell + 9)T^3 + 9(\ell - 2)T^2 + 2\ell(5\ell + 8)T + 16\ell^2}{5(T-1)^2 T^2 (T+1)}$$

见 Moran(1948)、Dufour 和 Roy(1986)。此外，Dufour 和 Roy(1986)证明如果 e_t 不是序列相关的，则统计量

$$Q_R(m)=\sum_{i=1}^{m}\frac{[\tilde{\rho}_i-E(\tilde{\rho}_i)]^2}{\operatorname{Var}(\tilde{\rho}_i)} \tag{7-7}$$

的渐近分布为 χ_m^2。

7.1.3 模拟

我们执行一些模拟来研究检验统计量的效能：

1）式(7-4)中的 $Q_k^*(m)$，

2）$Q_k^r(m)$：$Q_k^*(m)$中剔除高于5%尾部的鲁棒版本，

3）基于式(7-5)的变换标量残差 e_t 的 $Q^*(m)$，

4）$Q_R(m)$：基于 e_t 的秩检验。

在模拟有限样本性能中使用两种多元分布。第一种分布是二元标准正态分布，即 $\boldsymbol{\varepsilon}_t\sim N(\mathbf{0},\boldsymbol{I}_2)$。第二种分布是 $\boldsymbol{\Sigma}=\boldsymbol{I}_2$、自由度为5的二元学生 t 分布。第二种分布有厚尾。样本大小分别为500、1 000和2 000。m 为5和10。表7-1提供了检验统计量 $Q_k^*(m)$和 $Q_k^r(m)$的一些汇总统计量。对于每一个模型和相应的 m 和 T，结果基于10 000次迭代。

从表7-1得到以下观测结果。第一，与期望的一样，当新息是多元正态分布时，$Q_k^*(m)$的性能比较好。第二，对于厚尾新息，式(7-4)的 $Q_k^*(m)$统计量表现很差。特别地，当新息是自由度为5的学生 t 分布时，$Q_k^*(m)$的变异性很大。第三，在正态和学生 t 新息下，鲁棒版本的 $Q_k^r(m)$的性能非常好。因此，对于多元混成检验方法在检测条件异方差时，
403 5%的剔除方法看起来是很好的选择。

表7-1　在有限样本式(7-4)中 $Q_k^*(m)$统计量和它的高于5%尾部剔除的鲁棒版本 $Q_k^r(m)$的影响

	$m=5$					$m=10$				
T	ave	var	q_{90}	q_{95}	q_{99}	ave	var	q_{90}	q_{95}	q_{99}
True	20	40	28.41	31.41	37.57	40	80	51.81	55.76	63.69
(a)$Q_k^r(m)$：两变量标准正态分布										
500	19.70	42.08	28.17	31.63	38.86	39.73	86.68	52.04	56.38	65.46
1 000	19.85	41.81	28.31	31.46	38.13	39.83	84.35	51.92	56.16	64.73
2 000	19.95	39.99	28.39	31.38	37.16	39.89	83.16	51.76	56.09	64.50
(b)$Q_k^r(m)$两变量学生 t 分布，$\boldsymbol{\Sigma}=\boldsymbol{I}_2$，自由度为5										
500	18.30	210.8	30.96	39.66	70.04	36.77	406.6	56.17	68.34	114.7
1 000	18.50	225.2	30.62	39.93	72.37	37.48	590.1	57.12	71.27	121.1
2 000	18.89	301.4	31.21	40.48	83.83	37.67	702.0	57.35	71.40	121.0
(c)$Q_k^r(m)$两变量标准正态分布										
500	19.90	38.78	28.12	31.05	37.58	40.00	78.40	51.88	55.61	63.54

（续）

T	$m=5$					$m=10$				
	ave	var	q_{90}	q_{95}	q_{99}	ave	var	q_{90}	q_{95}	q_{99}
True	20	40	28.41	31.41	37.57	40	80	51.81	55.76	63.69
1000	19.91	39.54	28.24	31.31	37.66	39.89	80.24	51.58	55.48	63.63
2000	19.89	40.09	28.56	31.55	37.45	39.98	80.67	51.84	55.45	63.45
(d)两变量学生 t 分布，$\boldsymbol{\Sigma}=\boldsymbol{I}_2$，自由度为 5										
500	19.82	40.88	28.24	31.50	38.01	39.62	81.47	51.49	55.53	64.75
1000	19.90	40.44	28.37	31.39	37.87	39.82	80.85	51.62	55.83	64.44
2000	19.92	40.71	28.51	31.34	37.99	39.96	80.24	51.70	55.56	63.63

注：新息是二元标准正态分布和自由度为 5 的二元标准学生 t 分布。结果基于 10 000 次迭代，并且 q_v 表示第 v 个分位数。

转向多元新息的标量变换。表 7-2 提供检验统计量 $Q^*(m)$和式(7-5)的变换残差 e_t 的基于秩的统计量 $Q_R(m)$的性能的汇总统计量。而且使用与表 7-1 相同的二元新息。这些结果也是基于 10 000 次迭代。从表 7-2 中可以得到以下结论。第一，与表 7-1 的 $Q_k^*(m)$统计量相比，标量变换残差好像提供了更稳定的检验统计量。第二，即使当新息是正态分布时，$Q^*(m)$统计量仍然继续说明与它在有限样本中的极限性质存在某些偏差。第三，基于秩的检验统计量 $Q_R(m)$有很好的有限样本性质。对于所有新息服从的分布，接近服从极限 χ_m^2 分布是合理的。

第四，为了提供模拟结果的更好描述，图 7-1 展示了 4 种检验统计量的密度图和它们的渐近参考分布。这里的模拟是 $k=5$、$m=5$、$T=2\ 000$，新息分布是一个具有 $\boldsymbol{\Sigma}=\boldsymbol{I}_5$、自由度为 5 的 5 维学生 t 分布。结果也是基于 10 000 次迭代。这两个多元混成统计量的参照极限分布是 χ_{125}^2，而两个标量混成检验的分布是 χ_5^2。从图中可以清晰得到，鲁棒 $Q_k^r(m)$统计量很接近地服从其极限分布，但 $Q_k(m)$则不。而且，基于秩的标量混成检验明显优于传统的混成统计量。

表 7-2 式(7-5)中标量交换残差的 $Q^*(m)$统计量和基于秩的统计量 $Q_R(m)$的有限样本性能

T	$m=5$					$m=10$				
	ave	var	q_{90}	q_{95}	q_{99}	ave	var	q_{90}	q_{95}	q_{99}
True	5	10	9.24	11.07	15.09	10	20	15.99	18.31	23.21
(a)$Q^*(m)$两变量标准正态分布										
500	4.96	10.14	9.13	10.97	15.69	9.91	19.74	15.81	18.27	23.29
1000	4.96	9.84	9.12	11.03	15.02	10.00	20.87	16.05	18.50	23.40
2000	5.01	9.98	9.22	11.13	15.09	9.92	20.03	16.01	18.25	22.73
(b)$Q^*(m)$两变量学生 t 分布，$\boldsymbol{\Sigma}=\boldsymbol{I}_2$，自由度为 5										
500	4.31	19.40	8.50	11.59	22.58	8.64	39.67	15.68	19.52	32.89
1000	4.40	21.44	8.52	11.83	22.49	8.82	51.98	15.54	20.30	35.07
2000	4.54	37.14	8.63	11.77	25.13	9.00	65.17	15.82	20.47	38.46
(c)$Q_R(m)$两变量标准正态分布										
500	4.98	10.39	9.15	11.11	15.26	10.06	20.63	16.10	18.53	23.95

（续）

T	$m=5$					$m=10$				
	ave	var	q_{90}	q_{95}	q_{99}	ave	var	q_{90}	q_{95}	q_{99}
True	5	10	9.24	11.07	15.09	10	20	15.99	18.31	23.21
1000	4.98	10.28	9.30	11.14	15.46	10.02	20.34	15.93	18.36	23.67
2000	4.99	10.37	9.29	11.30	15.11	9.97	20.33	15.95	18.29	23.53
(d)$Q_R(m)$两变量学生 t 分布，$\boldsymbol{\Sigma}=\boldsymbol{I}_2$，自由度为 5										
500	4.95	10.03	9.26	10.98	15.02	10.04	20.83	16.02	18.52	24.15
1000	5.05	10.37	9.36	11.30	15.23	9.88	19.38	15.81	18.17	22.78
2000	4.96	9.51	9.14	10.84	14.64	9.99	20.24	16.05	18.36	23.36

注：新息服从二元标准正态分布和自由度为 5 的二元标准学生 t 分布。结果基于 10 000 次迭代，且 q_v 表示第 v 个百分比。

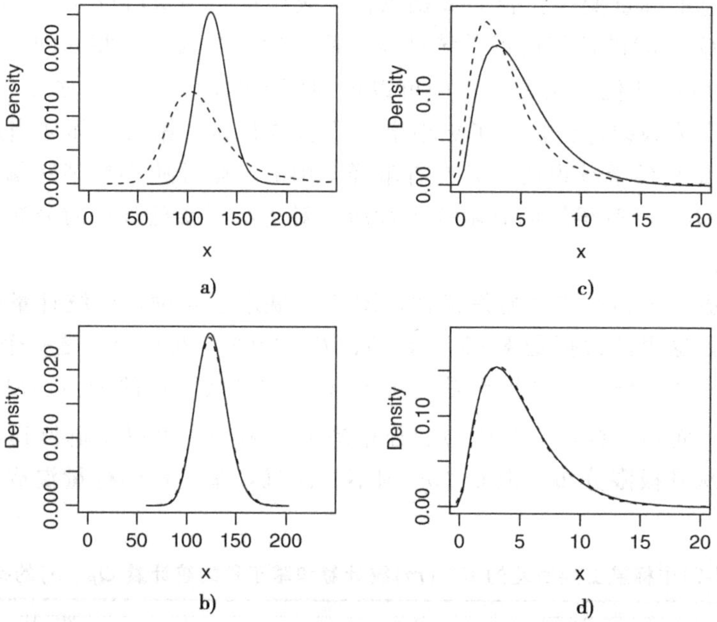

图 7-1　4 种检测条件异方差存在性的检验统计量的密度图：a)多元 $Q_k^*(m)$及其参照；b)鲁棒多元 $Q_k^r(m)$及其参照；c)标量 $Q^*(m)$及其参照；d)基于秩的 $Q_R(m)$及其参照。该结果基于 $k=5$，$m=5$，$T=2000$ 和 10 000 次迭代

总之，有限模拟结果展示(a)多元混成检验统计量的鲁棒版本应该在检测条件异方差时使用；(b)基于秩的混成检验统计量可以很好地用于正态新息或厚尾学生 t 新息。最后，当新息具有厚尾时，在进行条件异方差检验时传统的条件多元混成统计量呈现显著的水平扭曲。

7.1.4　应用

为了说明，我们将本节讨论的检验统计量应用于两个时间序列。第一个时间序列是由 $N(\mathbf{0}, \boldsymbol{I}_5)$产生的具有 400 个观测值的 5 维独立同分布序列，第二个时间序列包含 IBM 股票和 S&P 综合指数的月度对数收益率。图 7-2 展示了这两个对数收益率序列的时序图。对于股票收益率，使用 $\hat{\boldsymbol{\mu}}_t$ 表示样本均值。如预期的一样，检验统计量不能拒绝模拟序列的非条件异方差的原假设，但证实在月度对数收益序列中存在条件异方差。

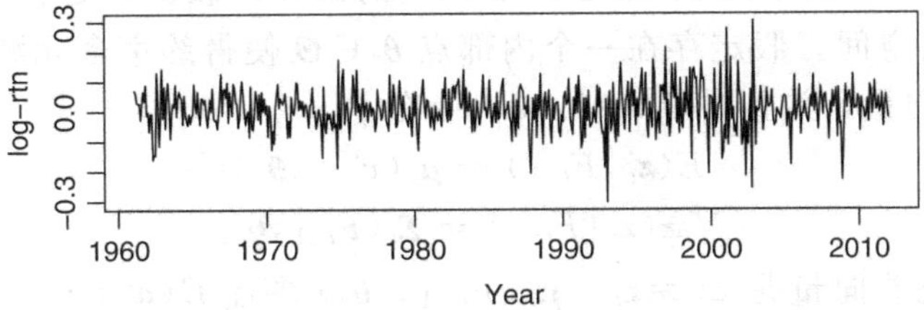

a)

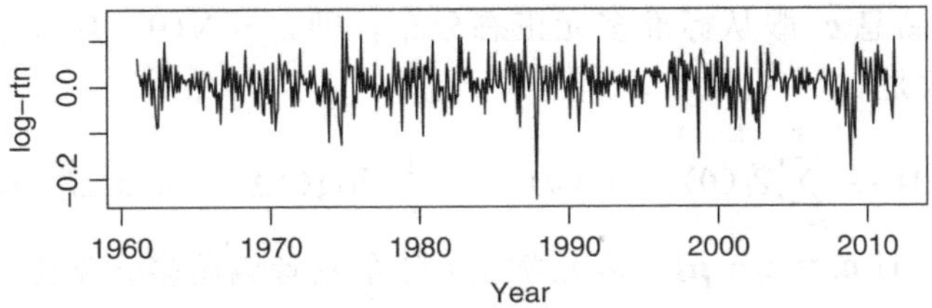

b)

图7-2 从 1961 年 1 月到 2011 年 12 月 a)IBM 股票和 b)S&P 综合指数的月度对数收益时序图

注记：多元时间序列的波动率检验可以通过运行 MTS 包中的 MarchTest 命令实现。默认选项使用滞后 10 阶。 □

R 代码示例：多元波动性检验。

```
> zt=matrix(rnorm(2000),400,5)
> MarchTest(zt)
Q(m) of squared scalar series(LM test):
Test statistic:  13.2897  p-value:  0.2079223
Rank-based Test:
Test statistic:  6.753778  p-value:  0.7484673
Q_k(m) of squared series:
Test statistic:  280.1069  p-value:  0.09251779
Robust Q_k(m) statistic (5% trimming):
Test statistics:  261.0443  p-value:  0.3027401
> da=read.table("m-ibmsp-6111.txt",header=T)
> rtn=log(da[,2:3]+1)
> at=scale(rtn,center=T,scale=F)  ## remove sample means
> MarchTest(at)
Q(m) of squared scalar series(LM test):
Test statistic:  38.06663  p-value:  3.695138e-05
Rank-based Test:
Test statistic:  108.3798  p-value:  0
Q_k(m) of squared series:
Test statistic:  109.4194  p-value:  2.276873e-08
Robust Q_k(m) statistic (5% trimming):
Test statistics:  118.7134  p-value:  9.894441e-10
```

7.2　多元波动率模型估计

在本节中，我们讨论多元波动率模型的估计。令 $\boldsymbol{\theta}$ 表示多元波动率模型的参数向量。式(7-1)中的 $\boldsymbol{\mu}_t$ 和式(7-2)中的 $\boldsymbol{\Sigma}_t$ 都是 $\boldsymbol{\theta}$ 和 $\boldsymbol{F}_{t-1}$ 的函数。假设 $\boldsymbol{\theta}$ 是 $p\times 1$ 向量，并且令 $\boldsymbol{\Theta}$ 表示属于 R^p 的参数空间。假定存在一个内部点 $\boldsymbol{\theta}_o\in\boldsymbol{\Theta}$ 使得约束多元波动率模型成立。换言之，$\boldsymbol{\theta}_o$ 是真参数向量，并且对于 $t=1, 2, \cdots$ 有

404~407

$$E(\boldsymbol{z}_t\mid F_{t-1})=\boldsymbol{\mu}_t(F_{t-1},\boldsymbol{\theta}_o) \tag{7-8}$$

$$\mathrm{Var}(\boldsymbol{z}_t\mid F_{t-1})=\boldsymbol{\Sigma}_t(F_{t-1},\boldsymbol{\theta}_o) \tag{7-9}$$

在式(7-8)中，真误差向量是 $\boldsymbol{a}_t^o=\boldsymbol{z}_t-\boldsymbol{\mu}_t(F_{t-1},\ \boldsymbol{\theta}_o)$ 并且 $E(\boldsymbol{a}_t^o\mid F_{t-1})=\boldsymbol{0}$。此外，如果式(7-9)也成立，那么 $E[\boldsymbol{a}_t^o(\boldsymbol{a}_t^o)'\mid F_{t-1}]=\boldsymbol{\Sigma}_t(F_{t-1},\ \boldsymbol{\theta}_o)\equiv\boldsymbol{\Sigma}_t^o$。

如果式(7-2)的新息 $\boldsymbol{\varepsilon}_t$ 服从标准多元正态分布，即 $\boldsymbol{\varepsilon}_t\sim N(\boldsymbol{0},\ \boldsymbol{I}_k)$，那么除了常数项外，(条件)对数似然函数是

$$\ell(\boldsymbol{\theta})=\sum_{t=1}^{T}\ell_t(\boldsymbol{\theta}),\quad \ell_t(\boldsymbol{\theta})=-\frac{1}{2}[\log(|\boldsymbol{\Sigma}_t|)+\boldsymbol{a}_t'\boldsymbol{\Sigma}_t^{-1}\boldsymbol{a}_t] \tag{7-10}$$

其中 T 是样本大小，且 $\boldsymbol{a}_t=\boldsymbol{z}_t-\boldsymbol{\mu}_t$。多元学生 t 分布或者偏尾多元学生 t 分布等其他多元分布也可以应用。然而，在实际中经常使用式(7-10)中的高斯似然函数来获得 $\boldsymbol{\theta}$ 的拟极大似然估计(QMLE)。正态似然函数可能需要调整，一部分因为新息 $\boldsymbol{\varepsilon}_t$ 的真分布是未知的，一部分因为 QMLE 具有一些好的极限性质。例如，见 Bollerslev 和 Wooldridge(1992)。

应用附录 A 的 A.6 节中的矩阵微分的性质，式(7-10)的得分函数 $\ell_t(\boldsymbol{\theta})$ 是

$$\boldsymbol{S}(\boldsymbol{\theta})=\frac{\partial\,\ell_t(\boldsymbol{\theta})}{\partial\boldsymbol{\theta}'}=\boldsymbol{a}'_t\boldsymbol{\Sigma}_t^{-1}\frac{\partial\boldsymbol{\mu}_t}{\partial\boldsymbol{\theta}'}+\frac{1}{2}[\mathrm{vec}(\boldsymbol{a}_t\boldsymbol{a}'_t-\boldsymbol{\Sigma}_t)]'(\boldsymbol{\Sigma}_t^{-1}\otimes\boldsymbol{\Sigma}_t^{-1})\frac{\partial\mathrm{vec}(\boldsymbol{\Sigma}_t)}{\partial\boldsymbol{\theta}'} \tag{7-11}$$

其中 $\partial\boldsymbol{\mu}_t/(\partial\boldsymbol{\theta}')$ 是 $k\times p$ 矩阵，p 是 $\boldsymbol{\theta}$ 中参数的数量，$\partial\mathrm{vec}(\boldsymbol{\Sigma}_t)/(\partial\boldsymbol{\theta}')$ 是 $k^2\times p$ 矩阵。为方便标记，在 $\boldsymbol{a}_t$、$\boldsymbol{\mu}_t$ 和 $\boldsymbol{\Sigma}_t$ 中去掉了 $\boldsymbol{\theta}$ 和 F_{t-1}。在给定 F_{t-1} 正确设定 $\boldsymbol{a}_t$ 的前两阶矩的条件下：

$$E[\boldsymbol{S}(\boldsymbol{\theta}_o)\mid F_{t-1}]=\boldsymbol{0}$$

因此，关于真参数向量 $\boldsymbol{\theta}_0$ 的得分是一个关于 F_{t-1} 的向量鞅差分。

对于 QMLE 的渐近性质，我们还需要 $\ell_t(\boldsymbol{\theta})$ 的海森矩阵 $\boldsymbol{H}_t(\boldsymbol{\theta})$。更具体地说，需要 $E[\boldsymbol{H}_t(\boldsymbol{\theta}_o)\mid F_{t-1}]$。对 $\boldsymbol{S}(\boldsymbol{\theta})$ 求关于 $\boldsymbol{\theta}$ 的偏导数比较复杂。然而，因为所有需要的是海森矩阵在 $\boldsymbol{\theta}_o$ 的期望，所以可以利用 $E[\boldsymbol{a}_t^o]=\boldsymbol{0}$。见式(7-8)和式(7-9)。根据式(7-11)，可以得到

408

$$\begin{aligned}\boldsymbol{A}_t(\boldsymbol{\theta}_o)=&-E\left[\frac{\partial\boldsymbol{S}(\boldsymbol{\theta}_o)}{\partial\boldsymbol{\theta}}\mid F_{t-1}\right]=\left[\frac{\partial\boldsymbol{\mu}_t^o}{\partial\boldsymbol{\theta}'}\right]'\boldsymbol{\Sigma}_t^o\left[\frac{\partial\boldsymbol{\mu}_t^o}{\partial\boldsymbol{\theta}'}\right]\\&+\frac{1}{2}\left[\frac{\partial\mathrm{vec}(\boldsymbol{\Sigma}_t^o)}{\partial\boldsymbol{\theta}'}\right]'[(\boldsymbol{\Sigma}_t^o)^{-1}\otimes(\boldsymbol{\Sigma}_t^o)^{-1}]\left[\frac{\partial\mathrm{vec}(\boldsymbol{\Sigma}_t^o)}{\partial\theta'}\right]\end{aligned} \tag{7-12}$$

如果 $\boldsymbol{a}_t$ 服从正态分布，那么 $\boldsymbol{A}_t(\boldsymbol{\theta}_o)$ 是条件信息矩阵。在一些正则条件下，Bollerslev 和 Wooldridge(1992)推导出了多元波动率模型的 QMLE 的渐近性质。这里，通过最大化

式(7-10)中的高斯对数似然函数 $\ell(\boldsymbol{\theta})$ 得到 QMLE。

定理 7-1　在 Bollerslev 和 Wooldridge(1992)的定理 2.1 的正则条件下，假设 $\boldsymbol{\theta}_o$ 是参数空间 $\boldsymbol{\Theta} \subset R^p$ 的内部点，并且对于 $t=1, 2, \cdots$，式(7-8)和式(7-9)成立，那么

$$\sqrt{T}(\hat{\boldsymbol{\theta}} - \boldsymbol{\theta}_o) \Rightarrow_d N(\mathbf{0}, \boldsymbol{A}_o^{-1}\boldsymbol{B}_o\boldsymbol{A}_o^{-1})$$

其中 $\Rightarrow_d$ 表示依分布收敛和

$$\boldsymbol{A}_o = \frac{1}{T}\sum_{t=1}^{T} E[\boldsymbol{A}_t(\boldsymbol{\theta}_o)], \quad \boldsymbol{B}_o = \frac{1}{T}\sum_{t=1}^{T} E[\boldsymbol{S}_t'(\boldsymbol{\theta}_o)\boldsymbol{S}_t(\boldsymbol{\theta}_o)]$$

此外，$\hat{\boldsymbol{A}} \rightarrow_p \boldsymbol{A}_o$ 和 $\hat{\boldsymbol{B}} \rightarrow_p \boldsymbol{B}_o$，其中 $\rightarrow_p$ 表示依概率收敛，且

$$\hat{\boldsymbol{A}} = \frac{1}{T}\sum_{t=1}^{T} \boldsymbol{A}_t(\hat{\boldsymbol{\theta}}) \text{ 和 } \hat{\boldsymbol{B}} = \frac{1}{T}\sum_{t=1}^{T} \boldsymbol{S}_t'(\hat{\boldsymbol{\theta}})\boldsymbol{S}_t(\hat{\boldsymbol{\theta}})$$

对于某些特定模型，$\ell(\boldsymbol{\theta})$ 的偏导数是可以明确地得到。然而，对于一般的多元波动率模型，数值方法经常用于估计中。本章将利用定理 7.1。

7.3　波动率模型的诊断检验

为了检验拟合多元波动率模型的准确性，对残差 $\hat{\boldsymbol{a}}_t = \boldsymbol{z}_t - \hat{\boldsymbol{\mu}}_t$ 进行一些诊断检验，其中 $\hat{\boldsymbol{\mu}}_t$ 是 $\boldsymbol{z}_t$ 的拟合条件均值。通常，用 $\hat{\boldsymbol{a}}_t$ 检测均值方程，并且用 $\hat{\boldsymbol{a}}_t$ 的一些二次函数验证波动率方程。在前面章节中讨论的拟合 VARMA 模型的诊断检验继续应用于 $\hat{\boldsymbol{a}}_t$。为了检验波动率方程，文献中已经提出了多种诊断统计量。本节将讨论两个这样的统计量。

7.3.1　Ling 和 Li 统计量

假设式(7-2)的新息 $\boldsymbol{\varepsilon}_t$ 满足：(a) $E(\varepsilon_{it}^3)=0$ 和 $E(\varepsilon_{it}^4)=c_1<\infty (i=1, \cdots, k)$；(b)当 $i \neq j$ 时，直到第四阶 $\{\varepsilon_{it}\}$ 和 $\{\varepsilon_{jt}\}$ 都互不相关。Ling 和 Li(1997)应用 $\hat{\boldsymbol{a}}_t$ 对波动率模型建立 409
一个模型检验统计量。令

$$\hat{e}_t = \hat{\boldsymbol{a}}_t'\hat{\boldsymbol{\Sigma}}_t^{-1}\hat{\boldsymbol{a}}_t \tag{7-13}$$

为变换二次残差序列。如果正确指定拟合模型，那么通过遍历定理，有

$$\frac{1}{T}\sum_{t=1}^{T}\hat{e}_t = \frac{1}{T}\sum_{t=1}^{T}\hat{\boldsymbol{a}}_t'\hat{\boldsymbol{\Sigma}}_t^{-1}\hat{\boldsymbol{a}}_t \rightarrow_{a.s.} E(\boldsymbol{a}_t'\boldsymbol{\Sigma}_t^{-1}\boldsymbol{a}_t) = E(\boldsymbol{\varepsilon}_t'\boldsymbol{\varepsilon}_t) = k$$

其中 $\rightarrow_{a.s.}$ 表示几乎处处收敛或者以概率 1 收敛。因此，$\hat{e}_t$ 的滞后 l 样本自回归可以定义为

$$\hat{\rho}_l = \frac{\sum_{t=l+1}^{T}(\hat{e}_t - k)(\hat{e}_{t-l} - k)}{\sum_{t=1}^{T}(\hat{e}_t - k)^2} \tag{7-14}$$

在正确模型设定下，它也可以表示为

$$\frac{1}{T}\sum_{t=1}^{T}(\hat{e}_t - k)^2 \rightarrow_{a.s.} E(\boldsymbol{a}_t'\boldsymbol{\Sigma}_t^{-1}\boldsymbol{a}_t - k)^2,$$

$$E(\boldsymbol{a}_t'\boldsymbol{\Sigma}_t^{-1}\boldsymbol{a}_t-k)^2=E(\boldsymbol{\varepsilon}_t'\boldsymbol{\varepsilon}_t)^2-k^2=[E(\varepsilon_{it}^4)-1]k=ck$$

其中 $c=E(\varepsilon_{it}^4)-1$。Ling 和 Li(1997)使用变换残差 $\hat{e}_t$ 的($\hat{\rho}_1$，…，$\hat{\rho}_m$)来检验拟合波动率模型。为此，他们推导出($\hat{\rho}_1$，…，$\hat{\rho}_m$)的渐近联合分布。因为式(7-14)中 $\hat{\rho}_l$ 的分母收敛于一个常数，所以在研究 $\hat{\rho}_l$ 的极限性质时考虑分子。令

$$\hat{C}_l=\frac{1}{T}\sum_{t=l+1}^{T}(\hat{e}_t-k)(\hat{e}_{t-l}-k)$$

是变换残差 $\hat{e}_t$ 的滞后 l 样本自协方差，并且 C_l 表示 $\hat{e}_t$ 的理论值，$e_t=\boldsymbol{a}_t'\boldsymbol{\Sigma}_t^{-1}\boldsymbol{a}_t$。为了研究 $\hat{C}_l$ 作为估计 $\boldsymbol{\theta}$ 的函数的性质，使用泰勒序列展开式

410

$$\hat{C}_l\approx C_l+\frac{\partial C_l}{\partial\boldsymbol{\theta}'}(\hat{\boldsymbol{\theta}}-\boldsymbol{\theta})$$

依然考虑 C_l 关于 θ 的偏导数。使用附录 A 中的矩阵微分，可以得到

$$\begin{aligned}d(e_t)&=d(\boldsymbol{a}_t')\boldsymbol{\Sigma}_t^{-1}\boldsymbol{a}_t+\boldsymbol{a}_t'd(\boldsymbol{\Sigma}_t^{-1})\boldsymbol{a}_t+\boldsymbol{a}_t'\boldsymbol{\Sigma}_t^{-1}d(\boldsymbol{a}_t)\\&=-[d(\boldsymbol{\mu}_t)\boldsymbol{\Sigma}_t^{-1}\boldsymbol{a}_t+\boldsymbol{a}_t'\boldsymbol{\Sigma}_t^{-1}d(\boldsymbol{\Sigma}_t)\boldsymbol{\Sigma}_t^{-1}\boldsymbol{a}_t+\boldsymbol{a}_t'\boldsymbol{\Sigma}_t^{-1}d(\boldsymbol{\mu}_t)]\end{aligned}$$

当正确指定模型时，使用 $E(\boldsymbol{a}_t^o\mid F_{t-1})=0$ 和 $\mathrm{Var}(\boldsymbol{a}_t^o\mid F_{t-1})=\boldsymbol{\Sigma}_t$，可以得到

$$\begin{aligned}E[d(e_t)\mid F_{t-1}]&=-E[\boldsymbol{a}_t'\boldsymbol{\Sigma}_t^{-1}d(\boldsymbol{\Sigma}_t)\boldsymbol{\Sigma}_t^{-1}\boldsymbol{a}_t\mid F_{t-1}]\\&=-E[\mathrm{tr}\{d(\boldsymbol{\Sigma}_t)\Sigma_t^{-1}\boldsymbol{a}_t\boldsymbol{a}_t'\boldsymbol{\Sigma}_t^{-1}\}\mid F_{t-1}]\\&=-E[\mathrm{tr}\{d(\boldsymbol{\Sigma}_t)\boldsymbol{\Sigma}_t^{-1}\}]=-E[d\{\mathrm{vec}(\boldsymbol{\Sigma}_t)\}'\mathrm{vec}(\boldsymbol{\Sigma}_t^{-1})]\end{aligned}$$

其中使用了等式 $\mathrm{tr}(\boldsymbol{ABD})=[\mathrm{vec}(\boldsymbol{A}')]'(\boldsymbol{I}_k\otimes\boldsymbol{B})\mathrm{vec}(\boldsymbol{D})(\boldsymbol{B}=\boldsymbol{I}_k)$和某些矩阵微分的性质。因此，通过迭代期望和遍历定理，可以得到

$$\frac{\partial C_l}{\partial\boldsymbol{\theta}'}\rightarrow_{a.s.}-\boldsymbol{X}_l' \text{和} \boldsymbol{X}_l=E[\frac{\partial\mathrm{vec}(\boldsymbol{\Sigma}_t)}{\partial\boldsymbol{\theta}'}]'\mathrm{vec}(\boldsymbol{\Sigma}_t^{-1}e_{t-l})\tag{7-15}$$

然后，令 $\boldsymbol{C}_m=(C_1,\cdots,C_m)'$，$\hat{\boldsymbol{C}}_m=(\hat{C}_1,\cdots,\hat{C}_m)'$和 $\boldsymbol{X}=[\boldsymbol{X}_1,\cdots,\boldsymbol{X}_m]$。得到

$$\hat{C}_m\approx\boldsymbol{C}_m-\boldsymbol{X}(\hat{\boldsymbol{\theta}}-\boldsymbol{\theta})$$

此外，定义 $\hat{\boldsymbol{\rho}}_m=(\hat{\rho}_1,\cdots,\hat{\rho}_m)'$和 $\boldsymbol{\rho}_m=(\rho_1,\cdots,\rho_m)'$，其中 $\hat{\rho}_l$ 是在式(7-14)中定义，ρ_l 是 $\hat{\rho}_l$ 的理论值。Ling 和 Li(1997)使用定理 7.1 和上述推导得到下面定理。

定理 7.2　在定理 7.1 的正则条件和 $\boldsymbol{\varepsilon}_t$ 的第三、四阶矩的附加条件下，变换二次残差 e_t 提供

$$\sqrt{T}\hat{\boldsymbol{C}}_m\Rightarrow_d\mathrm{N}[\boldsymbol{0},(ck)^2\boldsymbol{\Omega}]$$

$$\sqrt{T}\hat{\boldsymbol{\rho}}_m\Rightarrow_d\mathrm{N}[\boldsymbol{0},\boldsymbol{\Omega}]$$

其中 $\boldsymbol{\Omega}=\boldsymbol{I}_\mathrm{m}-\boldsymbol{X}(c\boldsymbol{A}_o^{-1}-\boldsymbol{A}_o^{-1}\boldsymbol{B}_o\boldsymbol{A}_o^{-1})\boldsymbol{X}'/(ck)^2$ 和 $(ck)^2$ 可以通过 $\hat{C}_0^2$ 进行估计。

根据定理 7.2，变换残差 $\hat{e}_t$ 的样本自相关函数(ACF)$\hat{\rho}_l$ 的渐近方差通常小于 $1/T$。然

411 而，如果 $\boldsymbol{\Sigma}_t$ 是时间不变的，那么 $\boldsymbol{X}=\boldsymbol{0}$ 且 $\hat{\rho}_l$ 的渐近方差变为 $1/T$。并且，如果 $\boldsymbol{\varepsilon}_t$ 是正态分布，那么 $\boldsymbol{\Omega}=\boldsymbol{I}_\mathrm{m}-\boldsymbol{X}\boldsymbol{A}_o^{-1}X'/(2k)^2$。最后，根据定理 7.2，如果正确指定波动率模型，那么检验统计量

$$Q_{ll}(m)=T\hat{\boldsymbol{\rho}}_m'\boldsymbol{\Omega}^{-1}\hat{\boldsymbol{\rho}}_m\tag{7-16}$$

是渐近分布 χ_m^2。我们称检验统计量 $Q_{ll}(m)$ 为 Ling-Li 波动率检验。

7.3.2 Tse 统计量

Tse(2002)提出了一些检验拟合多元波动率模型的基于残差的统计量。与 Ling 和 Li (1997)使用变换二次残差 $\hat{e}_t$ 标量序列的检验统计量不同，Tse(2002)关注(边际)标准化残差元素的平方。令 $\hat{\boldsymbol{\Sigma}}_t$ 表示 t 时刻的拟合波动率矩阵，$\hat{\boldsymbol{a}}_t=\boldsymbol{z}_t-\hat{\boldsymbol{u}}_t$ 表示残差。定义第 i 个标准化残差为

$$\hat{\eta}_{it}=\frac{\hat{a}_{it}}{\sqrt{\hat{\sigma}_{ii,t}}},\quad i=1,\cdots,k \tag{7-17}$$

其中 $\hat{\sigma}_{ii,t}$ 是 $\hat{\boldsymbol{\Sigma}}_t$ 中第(i, i)个元素。如果正确指定该模型，那么$\{\hat{\eta}_{it}\}$是均值为 0、方差为 1 的渐近独立同分布序列。因此，如果正确指定该模型，那么

1)平方序列$\{\hat{\eta}_{it}^2\}$不存在序列相关性，其中 $i=1, \cdots, k$。

2)叉积序列 $\hat{\eta}_{it}\hat{\eta}_{jt}$ 不存在序列相关性，其中 $i\neq j$ 和 $1\leqslant i, j\leqslant k$。

可以使用拉格朗日乘子检验的思想来检验 $\hat{\eta}_{it}^2$ 和 $\hat{\eta}_{it}\hat{\eta}_{jt}$ 中的序列相关性。更具体地，Tse (2002)考虑线性回归

$$\hat{\eta}_{it}^2-1=\hat{\boldsymbol{d}}'_{it}\boldsymbol{\delta}_i+\xi_{it},\quad i=1,\cdots,k \tag{7-18}$$

$$\hat{\eta}_{it}\hat{\eta}_{jt}-\hat{\rho}_{ij,t}=\hat{\boldsymbol{d}}'_{ij,t}\boldsymbol{\delta}_{ij}+\xi_{ij,t},\quad 1\leqslant i<j\leqslant k, \tag{7-19}$$

其中 $\hat{\boldsymbol{d}}_{it}=(\hat{\eta}_{i,t-1}^2, \cdots, \hat{\eta}_{i,t-m}^2)'$，$\hat{\rho}_{ij,t}=\hat{\sigma}_{ij,t}/\sqrt{\hat{\sigma}_{ii,t}\hat{\sigma}_{jj,t}}$ 是 t 时刻的拟合相关系数，$\hat{\sigma}_{ij,t}$ 是矩阵 $\hat{\boldsymbol{\Sigma}}_t$ 的第(i, j)个元素，并且 $\hat{\boldsymbol{d}}_{ij,t}=(\hat{\eta}_{i,t-1}\hat{\eta}_{j,t-1}, \cdots, \hat{\eta}_{i,j-m}\hat{\eta}_{j,t-m})'$。在式(7-18)和式(7-19)中，$\xi_{it}$ 和 $\xi_{ij,t}$ 表示误差项。如果正确指定模型，那么对于所有的 i 和 j，有 $\boldsymbol{\delta}_i=\boldsymbol{0}$ 和 $\boldsymbol{\delta}_{ij}=\boldsymbol{0}$。

令 $\hat{\boldsymbol{\delta}}_i$ 和 $\hat{\boldsymbol{\delta}}_{ij}$ 表示式(7-18)和(7-19)中的 $\boldsymbol{\delta}_i$ 和 $\boldsymbol{\delta}_{ij}$ 的普通最小二乘估计，令 η_{it} 和 $\boldsymbol{d}_{it}$ 表示 $\hat{\eta}_{it}$ 和 $\hat{\boldsymbol{d}}_{it}$ 的理论值。并且，令定理 7.1 的 $\boldsymbol{G}=\boldsymbol{A}_o^{-1}\boldsymbol{B}_o\boldsymbol{A}_o^{-1}$。在某些正则条件下，Tse(2002)证明了下面两个定理。 412

定理 7.3　如果正确指定模型且定理 7.1 的正则条件成立，那么 $\sqrt{T}\hat{\boldsymbol{\delta}}_i\Rightarrow N(\boldsymbol{0}, \boldsymbol{L}_i^{-1}\boldsymbol{\Omega}\boldsymbol{L}_i^{-1})$，其中

$$\boldsymbol{L}_i=\text{plim}(\frac{1}{T}\sum_{t=1}^{T}\boldsymbol{d}_{it}\boldsymbol{d}'_{it}),\quad \boldsymbol{\Omega}_i=c_i\boldsymbol{L}_i-\boldsymbol{Q}_i\boldsymbol{G}\boldsymbol{Q}'_i$$

并且 plim 表示依概率收敛，且

$$\boldsymbol{Q}_i=\text{plim}\left(\frac{1}{T}\sum_{t=1}^{T}\boldsymbol{d}_{it}\ \frac{\partial\eta_{it}^2}{\partial\boldsymbol{\theta}'}\right),\quad c_i=E[(\eta_{it}^2-1)^2]$$

在有限样本中，c_i、$\boldsymbol{L}_i$ 和 $\boldsymbol{Q}_i$ 可以通过 $\hat{c}_i=T^{-1}\sum_{t=1}^{T}(\hat{\eta}_{it}^2-1)^2$、$\hat{\boldsymbol{L}}_i=T^{-1}\sum_{t=1}^{T}\hat{\boldsymbol{d}}_{it}\hat{\boldsymbol{d}}'_{it}$ 和 $\hat{\boldsymbol{Q}}_i=T^{-1}\sum_{t=1}^{T}\hat{\boldsymbol{d}}_{it}(\partial\,\eta_{it}^2/\partial\,\boldsymbol{\theta}')$ 一致估计。基于定理 7.3，定义

$$Q_t(i,m) = T\hat{\boldsymbol{\delta}}_i\hat{\boldsymbol{L}}_i\hat{\boldsymbol{\Omega}}^{-1}\hat{\boldsymbol{L}}_i\hat{\boldsymbol{\delta}}_i, \tag{7-20}$$

它是渐近分布 χ_m^2。对于 $i=1$，…，k，可以使用 $Q_t(i, m)$检验 η_{it}^2 中的序列相关性。

定理 7.4　如果正确指定模型且定理 7.1 的正则条件成立，那么$\sqrt{T}\hat{\boldsymbol{\delta}}_{ij} \Rightarrow_d N(\boldsymbol{0}, \boldsymbol{L}_{ij}^{-1}\boldsymbol{\Omega}_{ij}\boldsymbol{L}_{ij}^{-1})$，其中

$$\boldsymbol{L}_{ij} = \text{plim}\left(\frac{1}{T}\sum_{t=1}^{T}\boldsymbol{d}_{ij,t}\boldsymbol{d}'_{ij,t}\right), \quad \boldsymbol{\Omega}_{ij} = c_{ij}L_{ij} - \boldsymbol{Q}_{ij}\boldsymbol{G}\boldsymbol{Q}'_{ij}$$

并且

$$\boldsymbol{Q}_{ij} = \text{plim}\left(\frac{1}{T}\sum_{t=1}^{T}\boldsymbol{d}_{ij,t}\frac{\partial(\eta_{it}\eta_{jt} - \rho_{ij,t})}{\partial\boldsymbol{\theta}'}\right), \quad c_{ij} = E[(\eta_{it}\eta_{jt} - \rho_{ij,t})^2]$$

在有限样本中，c_{ij}、$\boldsymbol{L}_{ij}$ 和 $\boldsymbol{Q}_{ij}$ 可以分别通过 $\hat{c}_{ij} = T^{-1}\sum_{t=1}^{T}(\hat{\eta}_{ij}\hat{\eta}_{jt} - \hat{\rho}_{ij,t})^2$、$\hat{\boldsymbol{L}}_{ij} = T^{-1}\sum_{t=1}^{T}\hat{\boldsymbol{d}}_{ij,t}\hat{\boldsymbol{d}}'_{ij,t}$ 和 $\hat{\boldsymbol{Q}}_{ij} = T^{-1}\sum_{t=1}^{T}\hat{\boldsymbol{d}}_{ij,t}(\partial(\hat{\eta}_{it}\hat{\eta}_{jt} - \hat{\rho}_{ij,t})/\partial\boldsymbol{\theta}')$ 估计。定义

$$Q_t(ij,m) = T\hat{\delta}'_{ij}\hat{\boldsymbol{L}}_{ij}\hat{\boldsymbol{\Omega}}_{ij}^{-1}\hat{\boldsymbol{L}}_{ij}\hat{\boldsymbol{\delta}}_{ij}, \quad 1 \leqslant i < j \leqslant k \tag{7-21}$$

它是渐近分布 χ_m^2。可以使用 $Q_t(ij, m)$来检验 $\hat{\eta}_{ij}\hat{\eta}_{jt}$ 序列中的序列相关性。

Ling 和 Li(1997)的检验统计量 $Q_{ll}(m)$以及 Tse 的 $Q_t(i, m)$和 $Q_t(ij, m)$都依赖于拟
413 合波动率 $\hat{\boldsymbol{\Sigma}}_t$ 关于参数矩阵 $\boldsymbol{\theta}$ 的偏导数。对于一些特殊的多元波动率模型，该导数或者存在封闭形式公式或者可以进行递归计算。对于复杂的波动率模型，必须使用数值方法。如果式(7-2)的新息 $\boldsymbol{\varepsilon}_t$ 的分布是已知的，可以通过使用某些参数自助法程序(parametric bootstrap procedure)计算检验统计量中包含的协方差矩阵。使用 Tse(2002)的检验统计量时，显然复杂的过程是当 k 很大时第 I 类型错误的选择。Ling 和 Li(1997)、Tse(2002)中的一些模拟结果表明这些检验统计量在有限样本中表现很好，但模拟仅涉及较小的 k。

7.4　指数加权移动平均

现在开始分析一些具体的在正定波动率矩阵条件下的多元波动率模型。估计时变波动率的简单方法是指数加权移动平均(EWMA)模型。再次令 $\boldsymbol{a}_t$ 表示均值方程的残差。关于波动率的 EWMA 模型是

$$\hat{\boldsymbol{\Sigma}}_t = \lambda\hat{\boldsymbol{\Sigma}}_{t-1} + (1-\lambda)\boldsymbol{a}_{t-1}\boldsymbol{a}'_{t-1} \tag{7-22}$$

其中 $0<\lambda<1$ 表示衰减率或者持久性参数。如果从正定矩阵 $\hat{\boldsymbol{\Sigma}}_0$ 开始递归，那么波动率矩阵 $\hat{\boldsymbol{\Sigma}}_t$ 对所有 t 都是正定的。$\hat{\boldsymbol{\Sigma}}_0$ 的一个明显选择是 $\hat{\boldsymbol{a}}_t$ 的样本方差矩阵，假设 $T>k$。这是本章中使用的初始估计。在实际中，参数 λ 可以固定一个先验值或者通过 QMLE 估计。对于许多资产收益序列，有限经验表明 $\hat{\lambda}\approx 0.96$。这个模型是极其简约的且产生的波动率矩阵是容易更新的，但是该模型在应用中易于被诊断拒绝。这不并不奇怪，因为它很难想象，一个衰减参数可以充分地支配所有条件方差和协方差的时间衰减。

例 7.1　考虑从 1961 年 1 月到 2011 年 9 月 CRSP 十分位数 1、2、5 投资组合的月度对数

收益率。初步分析表明收益率序列中存在一些较小的序列相关性，因此为均值模型使用VAR(1)模型。换言之，使用 z_t 表示月度对数收益率，应用 $\boldsymbol{\mu}_t=\boldsymbol{\phi}_0+\boldsymbol{\phi}_1 z_{t-1}$。拟合均值方程是

$$\hat{\boldsymbol{\mu}}_t=\begin{bmatrix}0.0064\\0.0070\\0.0073\end{bmatrix}+\begin{bmatrix}-0.194 & 0.224 & 0.008\\-0.232 & 0.366 & -0.042\\-0.313 & 0.452 & 0.003\end{bmatrix}\boldsymbol{z}_{t-1}$$

7.1 节的检验统计量证实收益率序列中存在条件异方差。使用的 4 个检验统计量所有 p 值接近 0。然后对残差序列 $\hat{\boldsymbol{a}}_t=\boldsymbol{z}_t-\hat{\boldsymbol{\mu}}_t$ 拟合一个 EWMA 模型。λ 的 EWMA 为 $\hat{\lambda}=0.964(0.0055)$，其中括号中的数表示渐近标准误差。如预期的一样，7.1 中的所有检验统计量表明 EWMA 模型的标准化残差仍然存在条件异方差。检验统计量的所有 p 值也接近 0。图 7-3 展示了通过 EWMA 方法 z_t 的拟合条件方差和协方差的时序图。各个投资组合之间的高相关性是可以理解的。 414

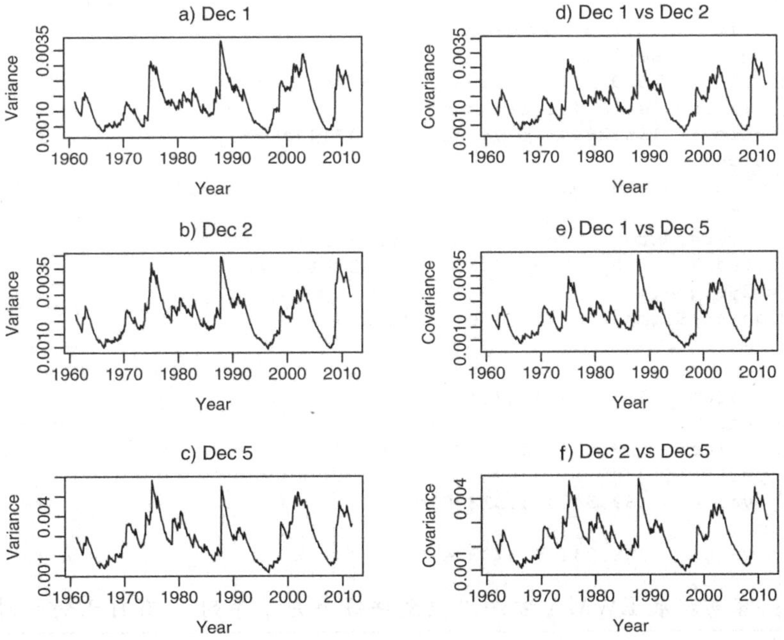

图 7-3　使用 EWMA 方法且 $\hat{\lambda}=0.964$ 的 CRSP 十分位数 1、2、5 投资组合的月度对数收益率的波动率矩阵 $\hat{\boldsymbol{\Sigma}}_t$ 的元素的时序图

注记：在 MTS 包中 EWMA 估计的指令是 EWMAvol。为了指定平滑参数 λ，该命令拥有两个选项。正 λ 表示预先设定的值，因此，不执行估计。负的 λ 表示估计。

R 代码示例：EWMA 模型。

```
> da=read.table("m-dec125910-6111.txt",header=T)
> rtn=log(da[,2:4]+1)
> m1=VAR(rtn,1)
```

```
Constant term:
Estimates:  0.006376978 0.007034631 0.007342962
Std.Error:  0.001759562 0.001950008 0.002237004
AR coefficient matrix
AR( 1 )-matrix
       [,1]  [,2]     [,3]
[1,] -0.194 0.224  0.00836
[2,] -0.232 0.366 -0.04186
[3,] -0.313 0.452  0.00238
standard error
      [,1]  [,2]  [,3]
[1,] 0.108 0.160 0.101
[2,] 0.120 0.177 0.111
[3,] 0.138 0.204 0.128
at=m1$residuals
> MarchTest(at)
Q(m) of squared scalar series(LM test):
Test statistic:  244.7878  p-value:  0
Rank-based Test:
Test statistic:  215.215  p-value:  0
Q_k(m) of squared series:
Test statistic:  176.9811  p-value:  1.252294e-07
Robust Q_k(m) statistic (5% trimming):
Test statistics:  155.2633  p-value:  2.347499e-05
### Estimation
> m2=EWMAvol(at,lambda=-0.1)
Coefficient(s):
        Estimate  Std. Error  t value Pr(>|t|)
lambda   0.96427    0.00549    175.6   <2e-16 ***
> Sigma.t=m2$Sigma.t
> m3=MCHdiag(at,Sigma.t)  ## Model checking
Test results:
Q(m) of et:
Test and p-value:  59.5436 4.421175e-09
Rank-based test:
Test and p-value:  125.0929 0
Qk(m) of epsilon_t:
Test and p-value:  189.5403 4.518401e-09
Robust Qk(m):
Test and p-value:  228.234 5.57332e-14
```

注记：容易扩展 EWMA 方法以便允许每个分量序列 a_{it} 有自己的平滑参数 λ_i。结果方程是

415~416

$$\boldsymbol{\Sigma}_t = \boldsymbol{D}\boldsymbol{\Sigma}_{t-1}\boldsymbol{D} + \boldsymbol{D}_1\boldsymbol{a}_{t-1}\boldsymbol{a}'_{t-1}\boldsymbol{D}_1$$

其中 $\boldsymbol{D}=\text{diag}\{\sqrt{\lambda_1}, \cdots, \sqrt{\lambda_k}\}$ 和 $\boldsymbol{D}_1=\text{diag}\{\sqrt{1-\lambda_1}, \cdots, \sqrt{1-\lambda_k}\}$。

7.5 BEKK 模型

Engle 和 Kroner(1995)的 BEKK 模型代表多元波动率模型的另一个极端，因为该模型使用太多的参数。对于 k 维时间序列 $\boldsymbol{z}_t$，BEKK(1，1)波动率模型的假设形式为

$$\boldsymbol{\Sigma}_t = \boldsymbol{A}_0\boldsymbol{A}'_0 + \boldsymbol{A}_1\boldsymbol{a}_{t-1}\boldsymbol{a}'_{t-1}\boldsymbol{A}'_1 + \boldsymbol{B}_1\boldsymbol{\Sigma}_{t-1}\boldsymbol{B}'_1 \tag{7-23}$$

其中 $\boldsymbol{A}_0$ 是下三角形矩阵，因此 $\boldsymbol{A}_0\boldsymbol{A}'_0$ 是正定的并且 $\boldsymbol{A}_1$ 和 $\boldsymbol{B}_1$ 是 $k\times k$ 矩阵。该模型包含

$k^2+[k(k+1)/2]$个参数并提供正定波动率矩阵 $\boldsymbol{\Sigma}_t$(对于所有的 t)。在文献中，还对高阶 BEKK 模型进行了研究，但下面将主要关注简单的 BEKK(1，1)模型。

根据式(7-23)，有

$$\begin{aligned}\operatorname{vec}(\boldsymbol{\Sigma}_t)=&(\boldsymbol{A}_0\otimes\boldsymbol{A}_0)\operatorname{vec}(I_k)+(\boldsymbol{A}_1\otimes\boldsymbol{A}_1)\operatorname{vec}(\boldsymbol{a}_{t-1}\boldsymbol{a}_{t-1}')\\&+(\boldsymbol{B}_1\otimes\boldsymbol{B}_1)\operatorname{vec}(\boldsymbol{\Sigma}_{t-1})\end{aligned}\tag{7-24}$$

取期望并假设可逆矩阵存在，则可以通过

$$\operatorname{vec}(\boldsymbol{\Sigma})=(\boldsymbol{I}_{k^2}-\boldsymbol{A}_1\otimes\boldsymbol{A}_1-\boldsymbol{B}_1\otimes\boldsymbol{B}_1)^{-1}(\boldsymbol{A}_0\otimes\boldsymbol{A}_0)\operatorname{vec}(\boldsymbol{I}_k)\tag{7-25}$$

得到 $\boldsymbol{a}_t$ 的无条件协方差矩阵 $\boldsymbol{\Sigma}$。因此，对于式(7-23)的 BEKK(1，1)模型有渐近(或者无条件)波动率矩阵，矩阵 $\boldsymbol{A}_1\otimes\boldsymbol{A}_1+\boldsymbol{B}_1\otimes\boldsymbol{B}_1$ 的所有特征值必须严格在 0～1(不包括)之间。对于一般 BEKK 模型的平稳条件，见 Francq 和 Zakoian(2010，11.3 节)。下面，定义 $\boldsymbol{\xi}_t=\boldsymbol{a}_t\boldsymbol{a}_t'-\boldsymbol{\Sigma}_t$ 作为 $\boldsymbol{a}_t\boldsymbol{a}_t'$与其条件协方差矩阵 $\boldsymbol{\Sigma}_t$ 的偏差矩阵。根据式(7-24)，可得

$$\begin{aligned}\operatorname{vec}(\boldsymbol{a}_t\boldsymbol{a}_t')=&(\boldsymbol{A}_0\otimes\boldsymbol{A}_0)\operatorname{vec}(\boldsymbol{I}_k)+(\boldsymbol{A}_1\otimes\boldsymbol{A}_1+\boldsymbol{B}_1\otimes\boldsymbol{B}_1)\operatorname{vec}(\boldsymbol{a}_{t-1}\boldsymbol{a}_{t-1}')\\&+\operatorname{vec}(\boldsymbol{\xi}_t)-(\boldsymbol{B}_1\otimes\boldsymbol{B}_1)\operatorname{vec}(\boldsymbol{\xi}_{t-1})\end{aligned}\tag{7-26}$$

很容易验证，对于 $j>0$，有：(a)$E[\operatorname{vec}(\boldsymbol{\xi}_t)]=\boldsymbol{0}$ 和(b)$E[\operatorname{vec}(\boldsymbol{\xi}_t)\{\operatorname{vec}(\boldsymbol{\xi}_{t-j})\}']=\boldsymbol{0}$。因此，式(7-26)是 $\operatorname{vec}(\boldsymbol{a}_t\boldsymbol{a}_t')$过程的 VARMA(1，1)模型的形式。从这个意义上讲，可以把 BEKK (1，1)模型看作一元 GARCH(1，1)模型的多元拓展。类似于一元情况，$\operatorname{vec}(\boldsymbol{\xi}_t)$不能形成随机向量的独立同分布序列。式(7-26)中的模型表示可以用来研究 BEKK(1，1)模型的性质。例如，它可以用来将 $\boldsymbol{a}_t\boldsymbol{a}_t'$表示为它的滞后值 $\boldsymbol{a}_{t-j}\boldsymbol{a}_{t-j}'$的一个线性组合($j>0$)。 417
它也可以用来推导 $\operatorname{vec}(\boldsymbol{a}_t\boldsymbol{a}_t')$过程的矩方程。

例 7.2　考虑 1961 年 1 月到 2011 年 12 月 IBM 股票和 S&P 综合指数的月度对数收益率，共 612 个观测值。图 7-2 展示了从 CRSP 获得的数据。令 $\boldsymbol{z}_t$ 表示月度对数收益率序列。如 7.1 节所述，$\boldsymbol{z}_t$ 没有显著的序列相关性，但是它有强条件异方差。因此，令 $\boldsymbol{u}_t=\boldsymbol{u}$ 并将式(7-23)中的 BEEK(1，1)模型应用于 $\boldsymbol{z}_t$。均值方程的 QMLE 为 $\hat{\boldsymbol{\mu}}=(0.0076,0.00565)'$。表 7-3 展示了波动率方程的 QMLE 和它们的标准误差。所有估计中只有两个在传统 5%水平上是显著的。非显著估计是 $\boldsymbol{A}_1$ 和 $\boldsymbol{B}_1$ 矩阵的第(2，1)个元素。

为了检验拟合 BEKK(1，1)模型的合适性，使用标量变换残差

$$e_t=\hat{\boldsymbol{a}}_t'\hat{\boldsymbol{\Sigma}}_t^{-1}\hat{\boldsymbol{a}}_t-k$$

并应用混成统计量和基于秩的混成统计来检验 $\hat{e}_t$ 中的序列相关性。两个统计量都不拒绝不存在序列相关性这一原假设。我们也将多元混成统计和它在 7.1 节中的鲁棒版本应用于标准残差 $\hat{\boldsymbol{\varepsilon}}_t=\hat{\boldsymbol{\Sigma}}_t^{-1/2}\hat{\boldsymbol{a}}_t$。对于这个具体例子，两个多元混成统计也都不拒绝 $\hat{\boldsymbol{\varepsilon}}_t$ 不存在序列或横截面相关性的原假设。详情见 R 代码示例。总之，表 7-3 中的拟合 BEKK(1，1)模型看起来是合适的。图 7-4 展示了拟合波动率序列和 IBM 股票的对数收益率与 S&P 综合指数之间的条件协方差的时序图。 □

表 7-3　1961 年 1 月到 2011 年 12 月 IBM 股票和 S&P 综合指数的月度对数收益率的 612 个观测值的 BEKK(1，1)模型的估计

参　数	估　计		标准误差	
	0.0140	0.0000	0.0041	0.0000
$\hat{\boldsymbol{A}}_0$	0.0084	0.0070	0.0027	0.0019
	0.1565	0.2340	0.0600	0.0858
$\hat{\boldsymbol{A}}_1$	−0.0593	0.4098	0.0325	0.0540
	0.9764	−0.0929	0.0228	0.0323
$\hat{\boldsymbol{B}}_1$	0.0145	0.8908	0.0120	0.0248

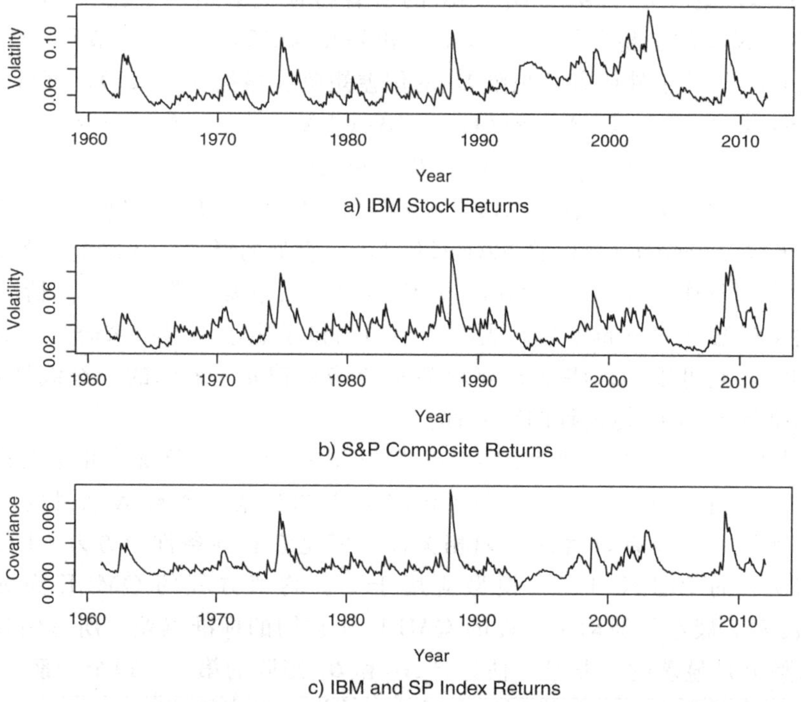

图 7-4　基于 BEKK(1，1)模型的 1961 年 1 月到 2011 年 12 月的 a)IBM 股票；b)S&P 综合指数；c)IBM 和 SP 指数的月度对数收益率的波动和条件协方差的时序图

注记：在 MTS 包中估计 $k=2$ 或者 3 的 BEKK(1，1)模型是通过命令 BEKK11 完成的。没有更高阶的模型。

R 代码示例：BEKK(1，1)估计。编辑输出。

```
> da=read.table("m-ibmsp-6111.txt",header=T)
> rtn=log(da[,2:3]+1)
> m1a=BEKK11(rtn)
Initial estimates:  0.00772774 0.005023909 0.06977651 ...
Lower limits:  -0.0772774 -0.05023909 0.0139553 ...
Upper limits:  0.0772774 0.05023909 0.07675416 ...
```

```
Coefficient(s):
             Estimate  Std. Error  t value   Pr(>|t|)
mu1.ibm    0.00775929  0.00253971  3.05518 0.00224922 **
mu2.sp     0.00565084  0.00154553  3.65624 0.00025594 ***
A011       0.01395530  0.00408488  3.41633 0.00063472 ***
A021       0.00838972  0.00268086  3.12949 0.00175112 **
A022       0.00700592  0.00193247  3.62537 0.00028855 ***
A11        0.15648877  0.06002824  2.60692 0.00913610 **
A21       -0.05926387  0.03253895 -1.82132 0.06855810 .
A12        0.23398204  0.08575142  2.72861 0.00636022 **
A22        0.40977179  0.05400961  7.58702 3.2641e-14 ***
B11        0.97639151  0.02283328 42.76178 < 2.22e-16 ***
B21        0.01449633  0.01196030  1.21204 0.22549813
B12       -0.09287696  0.03227225 -2.87792 0.00400306 **
B22        0.89077633  0.02476925 35.96300 < 2.22e-16 ***
> names(m1a)
[1] "estimates"  "HessianMtx" "Sigma.t"
> Sigma.t=m1a$Sigma.t
> at=cbind(rtn[,1]-0.00776,rtn[,2]-0.00565) # Remove
  conditional means
> MCHdiag(at,Sigma.t)
Test results:
Q(m) of et:
Test and p-value:  5.280566 0.8716653
Rank-based test:
Test and p-value:  16.02931 0.0987965
Qk(m) of epsilon_t:
Test and p-value:  29.46281 0.889654
Robust Qk(m):
Test and p-value:  52.13744 0.09462895
```

7.5.1 讨论

BEKK 模型为使用多元波动率模型的 GARCH 族提供了一个通用框架。实际上，BEKK 模型是式(7-24)和式(7-26)中模型的很好表达。该模型也产生正定波动率矩阵。但是，在 k 适中或者很大时该模型很难在实际中应用。第一，即使阶(1，1)，BEKK 模型也包含太多的参数。对于 $k=3$，BEKK(1，1)模型的波动率方程已经有 24 个参数。因此，当 $k>3$ 时很难估计 BEKK(1，1)模型。第二，有限的经验表明 BEKK(1，1)模型的某些参数估计在传统 5%水平上是统计不显著的。但是因为波动率矩阵不是 $\boldsymbol{A}_1$ 和 $\boldsymbol{B}_1$ 的元素的线性函数，所以 $\boldsymbol{A}_1$ 和 $\boldsymbol{B}_1$ 中的参数和波动率矩阵的分量之间不存在简单直接的关系。而且，当前没有方法可以找到嵌入在 BEKK 模型中的简单结构。似乎当 k 较小时无约束的 BEKK(1，1)模型才能应用在实际中。

7.6 Cholesky 分解和波动率建模

为了方便地获得正定波动率矩阵，在某些论文中采用 Cholesky 分解建立多元波动率模型。见 Tsay(2010，第 10 章)，Lopes、McCulloch 和 Tsay(2013)以及本书中的其他参考文献。在本节中，通过 Cholesky 分解简单地讨论多元波动率建模的框架。 418~420

考虑一个具有波动率矩阵 $\boldsymbol{\Sigma}_t$ 的 k 维新息 $\boldsymbol{a}_t$。此外，令 F_{t-1} 表示在 $t-1$ 时刻的可用信息。

通过一个多元线性回归方程，Cholesky 分解执行线性正交变换。令 $b_{1t}=a_{1t}$ 并考虑简单线性回归

$$a_{2t}=\beta_{21,t}b_{1t}+b_{2t} \tag{7-27}$$

其中 $\beta_{21,t}=\mathrm{Cov}(a_{2t},b_{1t}|F_{t-1})/\mathrm{Var}(b_{1t}|F_{t-1})$。在实际中，$\beta_{21,t}$ 是使用 F_{t-1} 中的可用数据通过普通最小二乘法估计的。基于最小二乘理论，b_{2t} 正交于 $b_{1t}=a_{1t}$ 和 $\mathrm{Var}(b_{2t}|F_{t-1})=\mathrm{Var}(a_{2t}|F_{t-1})-\beta_{21,t}^2\mathrm{Var}(a_{1t}|F_{t-1})$。然后，考虑多元线性回归

$$a_{3t}=\gamma_{31,t}b_{1t}+\gamma_{32,t}b_{2t}+b_{3t}=\beta_{31,t}a_{1t}+\beta_{32,t}a_{2t}+b_{3t} \tag{7-28}$$

其中当 $j=1$，2 时，$\beta_{3j,t}$ 是 $\gamma_{3j,t}$ 和 $\beta_{21,t}$ 的线性函数。另外，通过最小二乘理论，b_{3t} 与 a_{1t} 和 a_{2t} 是正交的，因此 b_{3t} 与 b_{1t} 和 b_{2t} 也是正交的。重复前面的多元线性回归过程，直到

$$a_{kt}=\beta_{k1,t}a_{1t}+\cdots+\beta_{k,k-1,t}a_{k-1,t}+b_{kt} \tag{7-29}$$

应用最小二乘理论，在给定 F_{t-1} 时可以得到 $\beta_{kj,t}$ 和 b_{kt} 的条件方差。此外，b_{kt} 与 a_{it} 是正交的。因此，它与 b_{it} 也是正交的($i=1$，…，)。把式(7-27)和式(7-29)中的线性回归方程整合在一起，并把 a_{it} 移到等式的左边，可以得到

$$\begin{bmatrix} 1 & 0 & 0 & \cdots & 0 & 0 \\ -\beta_{21,t} & 1 & 0 & \cdots & 0 & 0 \\ -\beta_{31,t} & -\beta_{32,t} & 1 & \cdots & 0 & 0 \\ \vdots & \vdots & \vdots & & \vdots & \vdots \\ -\beta_{k1,t} & -\beta_{k2,t} & -\beta_{k3,t} & \cdots & -\beta_{k,k-1,t} & 1 \end{bmatrix}\begin{bmatrix} a_{1t} \\ a_{2t} \\ a_{3t} \\ \vdots \\ a_{kt} \end{bmatrix}=\begin{bmatrix} b_{1t} \\ b_{2t} \\ b_{3t} \\ \vdots \\ b_{kt} \end{bmatrix} \tag{7-30}$$

其中通过将 b_{it} 构造为相互正交的，使得 $\boldsymbol{b}_t=(b_{it},\cdots,b_{kt})'$ 的波动矩阵是对角矩阵。把式(7-30)写成矩阵形式，可以得到

$$\boldsymbol{\beta}_t\boldsymbol{a}_t=\boldsymbol{b}_t \text{ 或 } \boldsymbol{a}_t=\boldsymbol{\beta}_t^{-1}\boldsymbol{b}_t \tag{7-31}$$

定义 $\boldsymbol{b}_t$ 的波动率矩阵为 $\boldsymbol{\Sigma}_{b,t}$，得到

421

$$\boldsymbol{\Sigma}_t=\boldsymbol{\beta}_t^{-1}\boldsymbol{\Sigma}_{b,t}(\boldsymbol{\beta}_t^{-1})' \tag{7-32}$$

其中 $\boldsymbol{\Sigma}_{b,t}$ 是对角阵。式(7-32)意味着 $\boldsymbol{\Sigma}_t^{-1}=\boldsymbol{\beta}_t'\boldsymbol{\Sigma}_{b,t}^{-1}\boldsymbol{\beta}_t$ 和 $|\boldsymbol{\Sigma}_t|=|\boldsymbol{\Sigma}_{b,t}|=\Pi_{i=1}^{k}\sigma_{bi,t}$，其中 $\sigma_{bi,t}$ 是在给定 F_{t-1} 时 b_{it} 的波动率。因此通过 Cholesky 分解可以简单地计算 $\boldsymbol{a}_t$ 的拟对数似然函数。

通过 Cholesky 分解的多元波动率建模本质上利用式(7-31)和相关联的条件方差矩阵。具体地，分解可以将 $\boldsymbol{\Sigma}_t$ 建模分为两步：

1)将一元波动率模型应用于 $\boldsymbol{b}_t$ 的分量 b_{it}，其中 $i=1$，…，k。

2)通过时变线性回归处理 $\beta_{ij,t}$ 的时间演化，其中 $i=2$，…，k 和 $j=1$，…，$i-1$。

因为 $\boldsymbol{\beta}_t$ 的对角元素是单位元，所以假设 $\Sigma_{b,t}$ 是正定的，那么波动率矩阵 $\boldsymbol{\Sigma}_t$ 是正定的。后一个约束容易处理，因为它是对角矩阵。因此，只要 b_{it} 的波动率对于所有的 i 和 t 是正的，那么 $\boldsymbol{\Sigma}_t$ 对于所有的 t 是正定的。

在多元波动率建模中存在许多 Cholesky 分解方法。Lopes，McCulloch 和 Tsay(2013)应用：(a)将一元统计波动率模型应用于 b_{it}；(b)对回归系数的 $\beta_{ij,t}$ 应用简单空间模型。它们通过分析 $k=94$ 个资产的对数收益验证了这种方法。Tsay(2010，第 10 章)通过对 b_{it} 的波动率和 $\beta_{ij,t}$ 使用 GARCH 类型的模型阐述了这种方法。

7.6.1 波动率建模

在本节中，考虑一种使用式(7-30)或式(7-31)中的 Cholesky 分解来建立多元波动率模型的方法。这种方法分为几个步骤来实现，并且该方法设计目的是将复杂的多元波动率建模简单化。下面详细介绍该模型。

7.6.1.1 多元波动率建模的过程

1)应用递归最小二乘(RLS)方法来估计式(7-27)和式(7-29)。对于第 i 个线性回归，使用 $\hat{\boldsymbol{\beta}}_{i,t}$表示估计值，其中 $i=2$，…，k 和 $\hat{\boldsymbol{\beta}}_{i,t}$是一个$(i-1)$维向量。

2)应用 EWMA 过程($\lambda=0.96$)得到 $\hat{\boldsymbol{\beta}}_t$ 的平滑估计值，令 $\hat{\boldsymbol{\mu}}_t$ 表示$\{\hat{\beta}_{i,t}\}$的样本均值，$\hat{\boldsymbol{\beta}}^*_{i,t}=\hat{\boldsymbol{\beta}}_{i,t}-\hat{\boldsymbol{\mu}}_i$表示偏差向量。通过 $\tilde{\boldsymbol{\beta}}_{i,t}=\tilde{\boldsymbol{\beta}}^*_{i,t}+\hat{\boldsymbol{\mu}}_i$ 来计算 $\boldsymbol{\beta}_{i,t}$的平滑估计值，其中

$$\tilde{\boldsymbol{\beta}}^*_{i,t}=\lambda\tilde{\boldsymbol{\beta}}^*_{i,t-1}+(1-\lambda)\hat{\boldsymbol{\beta}}^*_{i,t-1},\quad t=2,3,\cdots \tag{7-33}$$ 422

且平滑的初始值为 $\tilde{\boldsymbol{\beta}}^*_{i,1}=\hat{\boldsymbol{\beta}}^*_{i,1}$。在平滑过程中没有使用样本均值有两个原因。第一个原因是为了保持 $\hat{\boldsymbol{\beta}}_{i,t}$的某些分量接近一个常数。第二个原因是避免在 $\boldsymbol{\beta}_{i,t}$的某些分量中产生漂移。

3)令 $\hat{b}_{1t}=a_{1t}$。当 $i=2$，…，k 时，计算残差序列 $\hat{b}_{it}=a_{it}-\boldsymbol{a}'_{i,t}\tilde{\boldsymbol{\beta}}_{i,t}$，其中 $\boldsymbol{a}_{i,t}=(a_{1t},\cdots,a_{i-1,t})'$。

4)对每一个 $\hat{b}_{it}$ 序列拟合一个一元 GARCH 模型，并得到条件方差过程 $\hat{\sigma}^2_{b,i,t}$，其中$i=1$，…，k。

5)使用 $\tilde{\boldsymbol{\beta}}_{i,t}$和条件方差过程$\hat{\sigma}^2_{b,i,t}$来计算拟合波动率矩阵$\hat{\boldsymbol{\Sigma}}_t$，其中 $i=1$，…，k。

上面给出的过程是很容易实现，因为该过程只是包含：(a)递归最小二乘法；(b)EWMA 过程；(c)多变量 GARCH 模型；(d)对角元素为 1 的下三角形矩阵的逆矩阵。

对于上面提出的过程需要分步进行讨论。第一，为了简单起见，对于所有回归系数，选择平滑参数 $\lambda=0.96$。如果需要，对于不同的分量 a_{it}，可以使用不同的平滑参数。实际上，也可以估计平滑参数。例如，见 7.4 节。第二，当维数 k 较大时，最小二乘估计值$\hat{\beta}_{i,t}$是不可靠的。在这种情况下，应该进行一些正则化。正则化的一个显著的选择是 Tibshirani(1996)提出的最小绝对收缩和选择算子(LASSO)和它的变形。也可以使用 Chang 和 Tsay(2010)给出的序列 LASSO 方法以及它的变体。第三，变换序列 $\boldsymbol{b}_t$ 的一元波动率模型的选择是随意的。使用 GARCH 模型是为了较容易地进行估计。其他模型，包括随机波动率模型，也可以使用。第四，式(7-29)中的回归的序列特征使得 Cholesky 方法适合于并行计算，因为可以在投资组合中添加新的资产而不需要重新估计现有的波动率模型。说明见 Lopes，McCulloch 和 Tsay (2013)。另一方面，该过程的序列特征也引起了投资组合中的资产收益排序的问题。理论上，423
$\boldsymbol{z}_t$ 中 z_{it}的排序应该不是问题。然而，当 k 较大和 T 较小时，实际上它可能会有所不同。

7.6.2 应用

为了说明多元波动率建模的 Cholesky 方法，考虑三个资产的月度对数收益率。它们是 1967 年 1 月到 2011 年 12 月的 IBM 股票、S&P 综合指数和可口可乐股票，共计 612 个观

测值。数据来自 CRSP。图 7-5 是 1964 年 1 月到 2011 年 12 月数据的时序图。前 3 年的数据从该图中省略掉了，因为这些数据用于初始化递归最小二乘估计。令 $\boldsymbol{z}_t$ 表示按照 IBM、S&P 和可口可乐顺序的月度对数收益率。由于没有证据表明月度收益率是序列相关的，所以均值方程简单地包含样本均值。然后，应用上一节已经提出的 Cholesky 方法来估计波动率模型。对于递归最小二乘法，使用前 36 个观测值来计算初始值，使用 576 个观测值(即从 1964 年到 2011 年的数据)来估计波动率。对变换序列 $\boldsymbol{b}_t$ 使用一元 GARCH(1，1)模型。具体地，三元 GARCH(1，1)模型是

$$\sigma_{1t}^2 = 0.000\,36 + 0.118 b_{1,t-1}^2 + 0.810 \sigma_{1,t-1}^2$$

$$\sigma_{2t}^2 = 6.4 \times 10^{-5} + 0.099 b_{2,t-1}^2 + 0.858 \sigma_{2,t-1}^2$$

$$\sigma_{3t}^2 = 0.00017 + 0.118 b_{3,t-1}^2 + 0.819 \sigma_{3,t-2}^2$$

其中所有的估计在 5% 水平上都是显著的。令 $\hat{\boldsymbol{a}}_t = \boldsymbol{z}_t - \hat{\boldsymbol{\mu}}$，其中样本均值为(0.0077，0.0050，0.0106)′。同时，定义拟合波动率矩阵为 $\hat{\boldsymbol{\Sigma}}_t$。应用 7.1 节中的检验统计量来检验标准化残差中的条件异方差。使用滞后 5，所有的 4 种检验统计量不能检验 5%水平上残差中的条件异方差。使用滞后 10，变换标量标准化残差 e_t 的 $Q(10)$和标准化残差的 $Q_k^r(10)$ 也不能检验 5%水平上的条件异方差。然而，e_t 的基于秩的检验 $Q_R(10)$的 p 值为 0.016。总之，拟合多元波动率模型看起来是适当的。

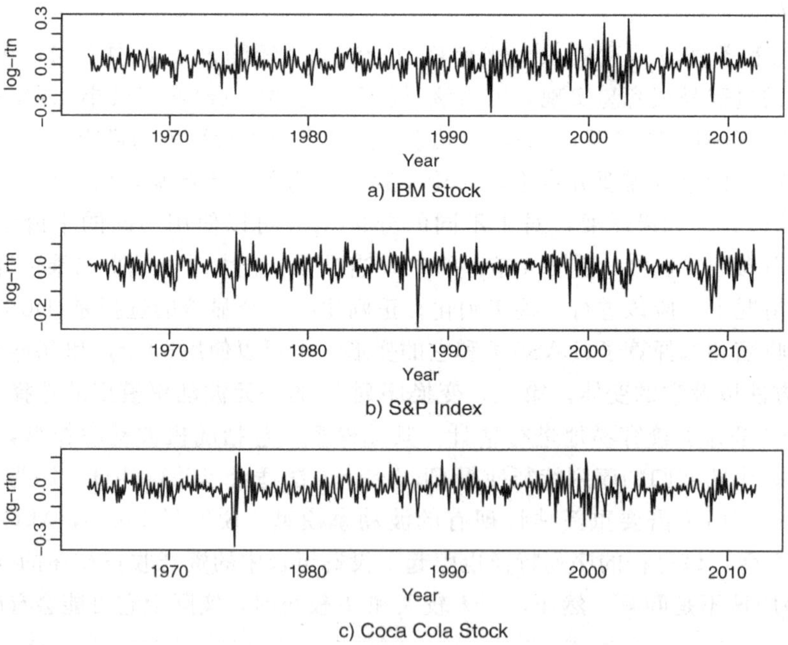

图7-5　1964 年 1 月到 2011 年 12 月 IBM、S&P 和可口可乐股票的月度对数收益率时序图

图 7-6 展示了递归最小二乘方法的 $\hat{\beta}_{ij,t}$ 和它们的平滑版本(λ=0.96)的时序图。对于 k=3，存在 3 个 $\hat{\beta}_{ij,t}$ 序列，分别对应(i，j)=(2，1)、(3，1)、(3，2)。左边的图是递归最小二

乘的结果，右边的图是对应的平滑估计。不出所料，平滑估计没有局部波动。图 7-7 展示了 3 个资产收益率之间的波动率和条件协方差的时序图。左边的图是波动率序列，即对于 $i=1, 2, 3$ 有 $\hat{\sigma}_{ii,t}^{1/2}$；右边的图是条件协方差。很清晰地看到在 2008 年金融危机期间波动性增加，

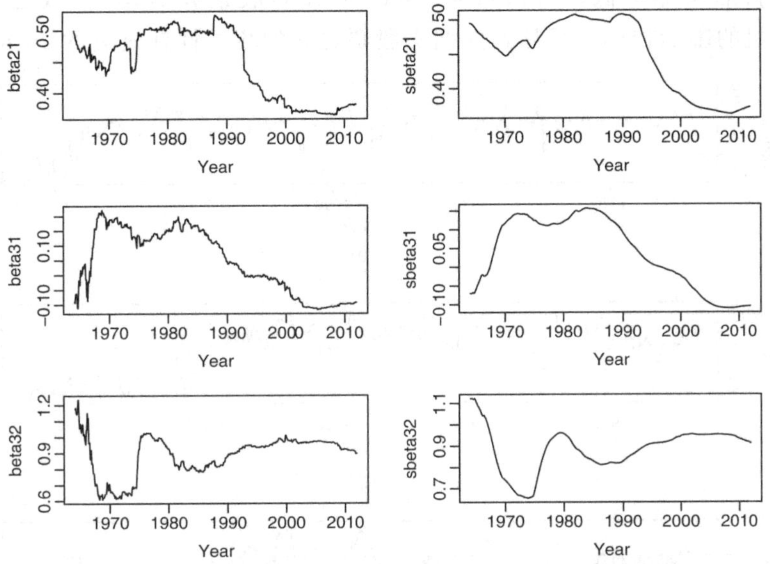

图 7-6　应用于 1964 年 1 月到 2011 年 12 月的 IBM、S&P 和可口可乐股票的月度对数收益的 Cholesky 分解的递归最小二乘估计和它们的平滑版本的时序图

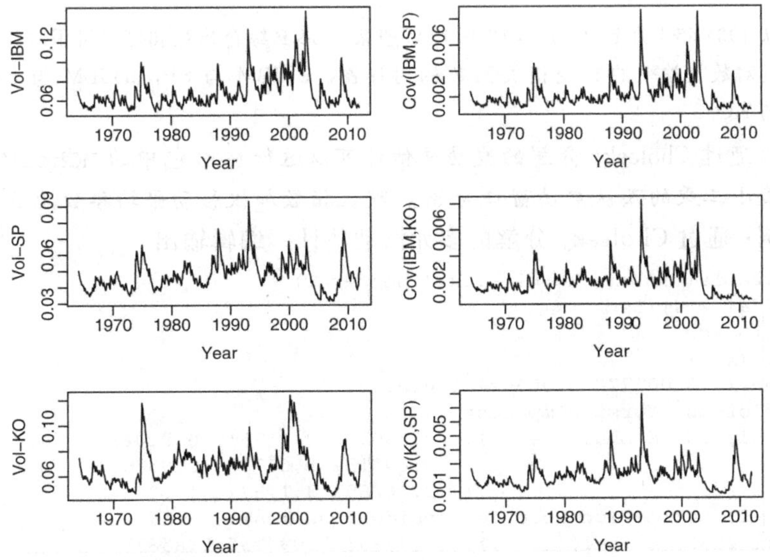

图 7-7　从 1964 年 1 月到 2011 年 12 月 IBM 股票、S&P 综合指数和可口可乐股票的月度对数收益率的波动率和条件协方差的时序图

特别是对于单个股票。图 7-8 展示了 3 个资产收益率之间的时变相关性的时序图。S&P 指数和其他两支股票的平均相关系数分别为 0.641 和 0.649。这两支股票之间的平均相关系数为 0.433。另一方面，相关时序图展示了 IBM 股票和 S&P 综合指数之间的相关性在 2008 年金融危机后明显降低。可口可乐（简记为 KO）股票和 S&P 指数之间的相关性受 2008 年金融危机的影响较小。最后，这两支股票之间的相关性在过去的 10 年间逐渐降低。

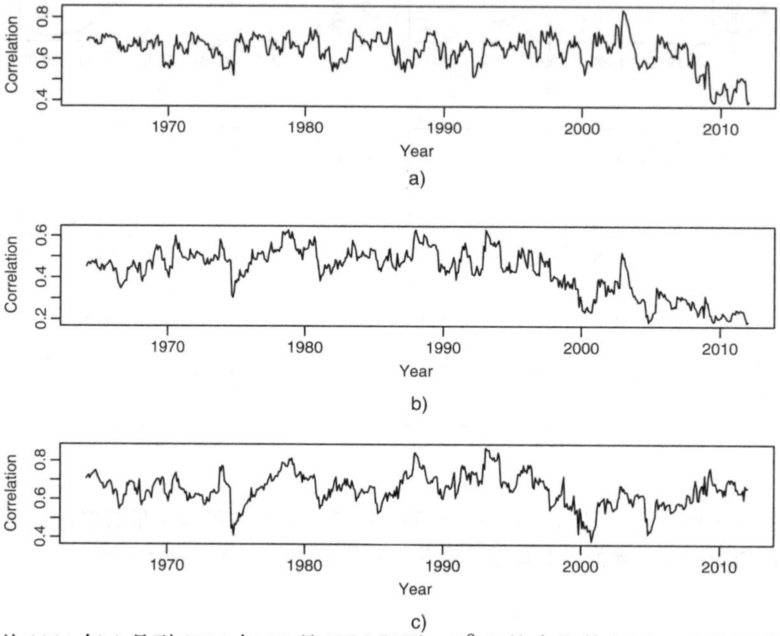

图 7-8　从 1964 年 1 月到 2011 年 12 月 IBM 股票、S&P 综合指数和可口可乐股票之间的月度对数收益率的时变相关系数的时序图。a) IBM 与 SP，b) IBM 与 KO，c) SP 与 KO

注记：通过 Cholesky 分解的波动率估计可以运行 MTS 包中的 MCholV 指令来实现。递归最小二乘的默认启动窗口为 36，默认指数加权移动平均参数为 0.96。

R 代码示例：通过 Cholesky 分解的多元波动估计。编辑输出。

```
> da=read.table("m-ibmspko-6111.txt",header=T)
> rtn=log(da[,2:4]+1)
> require(fGarch)
> m3=MCholV(rtn)
Sample means:  0.007728 0.005024 0.010595
Estimation of the first component
Estimate (alpha0, alpha1, beta1):  0.000356 0.117515 0.810288
s.e.                            :  0.000157 0.037004 0.057991
t-value                         :  2.262897 3.175772 13.97261
Component  2  Estimation Results (residual series):
Estimate (alpha0, alpha1, beta1):  6.4e-05 0.099156 0.858354
s.e.                            :  3.1e-05 0.027785 0.037238
t-value                         :  2.034528 3.568616 23.05076
Component  3  Estimation Results (residual series):
Estimate (alpha0, alpha1, beta1):  0.000173 0.117506 0.818722
```

```
s.e.                                : 6.2e-05 0.028651 0.038664
t-value                             : 2.808075 4.101297 21.17521
> names(m3)
[1] "betat"   "bt"      "Vol"     "Sigma.t"
> at=scale(rtn[37:612,],center=T,scale=F)
> Sigma.t= m3$Sigma.t
> MCHdiag(at,Sigma.t)  # use m=10 lags
Test results:
Q(m) of et:
Test and p-value:  15.94173 0.1013126
Rank-based test:
Test and p-value:  21.92159 0.01550909
Qk(m) of epsilon_t:
Test and p-value:  123.7538 0.01059809
Robust Qk(m):
Test and p-value:  95.41881 0.3279669
> MCHdiag(at,Sigma.t,5) # use m=5 lags
Test results:
Q(m) of et:
Test and p-value:  5.71984 0.3344411
Rank-based test:
Test and p-value:  5.551374 0.3523454
Qk(m) of epsilon_t:
Test and p-value:  59.89413 0.06776611
Robust Qk(m):
Test and p-value:  58.94169 0.07939601
```

7.7 动态条件相关模型

多元波动率模型的另一个简单类型是动态条件相关(DCC)模型。考虑资产收益序列 $\boldsymbol{z}_t$ 的一个 k 维新息 $\boldsymbol{a}_t$。给定 F_{t-1}，令 $\boldsymbol{\Sigma}_t=[\sigma_{ij,t}]$表示 $\boldsymbol{a}_t$ 的波动率矩阵，F_{t-1}表示在 $t-1$ 时刻可以得到的信息。那么条件相关矩阵为

$$\boldsymbol{\rho}_t = \boldsymbol{D}_t^{-1}\boldsymbol{\Sigma}_t\boldsymbol{D}_t^{-1} \tag{7-34}$$

其中 $\boldsymbol{D}_t=\text{diag}\{\sigma_{11,t}^{1/2},\ \cdots,\ \sigma_{kk,t}^{1/2}\}$是在 t 时刻 k 维波动率对角矩阵。$\boldsymbol{\rho}_t$ 中存在 $k(k-1)/2$ 个元素。DCC 模型利用相关矩阵比协方差矩阵更容易处理的事实。事实上，DCC 模型的思想是有趣的和吸引人的。它将多元波动率建模分为两步。第一步是获得波动率序列$\{\sigma_{ii,t}\}(i=1,\ \cdots,\ k)$。第二步是为相关矩阵 $\boldsymbol{\rho}_t$ 的动态相依性建立模型。这与后一节讨论的 Copula 方法类似。

令 $\boldsymbol{\eta}_t=(\eta_{1t},\ \cdots,\ \eta_{kt})'$为边际标准化新息向量，其中 $\eta_{it}=a_{it}/\sqrt{\sigma_{ii,t}}$。那么，$\boldsymbol{\rho}_t$ 是 $\boldsymbol{\eta}_t$ 的波动率矩阵。文献中已经提出了两种类型的 DCC 模型。第一种 DCC 模型是由 Engle (2002)提出的，其定义如下

$$\boldsymbol{Q}_t = (1-\theta_1-\theta_2)\bar{\boldsymbol{Q}} + \theta_1\boldsymbol{Q}_{t-1} + \theta_2\boldsymbol{\eta}_{t-1}\boldsymbol{\eta}'_{t-1} \tag{7-35}$$

$$\boldsymbol{\rho}_t = \boldsymbol{J}_t\boldsymbol{Q}_t\boldsymbol{J}_t \tag{7-36}$$

其中 $\bar{\boldsymbol{Q}}$ 是 $\boldsymbol{\eta}_t$ 的无条件协方差矩阵，θ_i 是非负实数且 $0<\theta_1+\theta_2<1$，$\boldsymbol{J}_t=\text{diag}\{q_{11,t}^{-1/2},\ \cdots,\ q_{kk,t}^{-1/2}\}$，其中 $q_{ii,t}$表示 $\boldsymbol{Q}_t$ 的第$(i,\ i)$个元素。由定义可知，$\boldsymbol{Q}_t$ 是正定矩阵，$\boldsymbol{J}_t$ 是简单的归

一化矩阵。相关的动态相关性是由带有两个参数 θ_1 和 θ_2 的式(7-35)控制的。

424~428 第二种 DCC 模型是由 Tse 和 Tsui(2002)提出的，该模型可以表示为

$$\boldsymbol{\rho}_t=(1-\theta_1-\theta_2)\bar{\boldsymbol{\rho}}+\theta_1\boldsymbol{\rho}_{t-1}+\theta_2\boldsymbol{\psi}_{t-1} \tag{7-37}$$

其中 $\bar{\boldsymbol{\rho}}$ 是 $\boldsymbol{\eta}_t$ 的无条件相关矩阵，θ_i 是非负实数且 $0<\theta_1+\theta_2<1$，$\boldsymbol{\psi}_{t-1}$ 是依赖于 $\{\boldsymbol{\eta}_{t-1},\cdots,\boldsymbol{\eta}_{t-m}\}$(对于一些正整数 m)的局部相关矩阵。实际上，$\boldsymbol{\psi}_{t-1}$ 是通过 $\{\hat{\boldsymbol{\eta}}_{t-1},\cdots,\hat{\boldsymbol{\eta}}_{t-m}\}$(预先设定整数 $m>1$)的样本相关矩阵估计得到的。

根据式(7-35)到式(7-37)，这两种类型的 DCC 模型是类似的。它们都从 $\boldsymbol{\eta}_t$ 的无条件协方差矩阵开始。然而，它们在使用 $t-1$ 时刻局部信息的方法上有所不同。Engle(2002)的 DCC 模型只使用 η_{t-1} 以至于 $\boldsymbol{Q}_t$ 在每个时间指标 t 必须被重新规范化。另一方面，Tse 和 Tsui(2002)的 DCC 模型使用局部相关来更新条件相关矩阵。它不需要在每个时间指标 t 重新规范化，但是它在实际应用时需要选择 m。这两种 DCC 模型的不同之处可以通过前两个新息的相关系数 $\rho_{12,t}$ 来理解。根据式(7-37)的 DCC 模型，可以得到

$$\rho_{12,t}=\theta^*\hat{\rho}_{12}+\theta_1\rho_{12,t-1}+\theta_2\frac{\sum_{i=1}^{m}\eta_{1,t-i}\varepsilon_{2,t-i}}{\sqrt{\left(\sum_{i=1}^{m}\eta_{1,t-i}^2\right)\left(\sum_{i=1}^{m}\eta_{2,t-i}^2\right)}}$$

另一方面，对于式(7-35)和式(7-36)中的 Engle(2002)的 DCC 模型，可以得到

$$\rho_{12,t}=\frac{\theta^*\bar{\rho}_{12}+\theta_1 q_{12,t-1}+\theta_2\eta_{1,t-1}\eta_{2,t-1}}{\sqrt{(\theta^*+\theta_1 q_{11,t-1}+\theta_2\eta_{1,t-1}^2)(\theta^*+\theta_1 q_{22,t-1}+\theta_2\eta_{2,t-1}^2)}}$$

其中 $\theta^*=1-\theta_1-\theta_2$，将 $\bar{\boldsymbol{Q}}=\bar{\boldsymbol{\rho}}$ 作为 $\boldsymbol{\eta}_t$ 的无条件协方差矩阵。这两种模型的不同之处可以很容易发现。Tse 和 Tsui(2002)的 DCC 模型的选择参数 m 可以看作平滑参数。m 值越大，结果的相关性也就越平滑。选择 $m>k$ 确保局部相关矩阵 $\boldsymbol{\psi}_{t-1}$ 总是正定的。

从定义中可知，DCC 模型是极其简约的，因为它们只使用两个参数 θ_1 和 θ_2 来控制所有条件相关的时间演化，它与资产的数量 k 无关。这种简单性既是 DCC 模型的优点又是缺点。它是优点因为结果模型相对容易估计。它是缺点因为在相同方式下它很难证明所有的相关演化，不管是否包含资产。的确，有限经验表明拟合 DCC 模型经常被诊断检验拒绝。

在 DCC 模型的实际估计中，通常应用一元 GAKAH 模型获得波动率序列 $\{\sigma_{ii,t}\}$ 的估计。令 $F_{t-1}^{(i)}$ 表示由 a_{it} 的过去信息产生的 σ 邻域，即 $F_{t-1}^{(i)}=\sigma\{a_{i,t-1},a_{i,t-2},\cdots\}$。一元 GARCH 模型获得 $\mathrm{Var}(a_{it}\mid F_{t-1}^{(i)})$。另一方面，多元波动率 $\sigma_{ii,t}$ 是 $\mathrm{Var}(a_{it}\mid F_{t-1})$。因此，
429 当执行 DCC 模型时，理论和实际存在细微的差异。这些差异的实际含义，如果存在，也需要进行研究。

7.7.1 建立 DCC 模型的过程

建立 DCC 模型的一般过程为：

1)如果需要，使用一个 VAR(p)模型来获得收益率序列 $\boldsymbol{z}_t$ 的条件均值 $\boldsymbol{\mu}_t$ 的估计，

并且令 $\hat{\boldsymbol{a}}_t=\boldsymbol{z}_t-\hat{\boldsymbol{\mu}}_t$ 表示残差序列。

2)将一元波动率模型，例如 GARCH 模型，应用于每个分量序列 $\hat{a}_{it}$。令波动率序列为 $\hat{h}_{it}$ 并把 $\hat{h}_{it}$ 作为 $\sigma_{ii,t}$ 的估计。即 $\hat{\sigma}_{ii,t}=\hat{h}_{it}$。

3)通过 $\hat{\eta}_{it}=\hat{a}_{it}/\sqrt{\hat{\sigma}_{ii,t}}$ 标准化新息并对 $\hat{\boldsymbol{\eta}}_t$ 拟合一个 DCC 模型。

$\hat{\boldsymbol{\eta}}_t$ 的条件分布可以是多元标准正态分布或者自由度为 v 的多元标准学生 t 分布。见式(7-3)。

7.7.2　例子

为了说明 DCC 模型的应用并比较两种类型的 DCC 模型，再次考虑 7.6.2 节使用的从 1961 年 1 月到 2011 年 12 月 IBM 股票、S&P 综合指数和可口可乐股票的月度对数收益率。令 $\boldsymbol{z}_t$ 表示按照 IBM、S&P 和 KO 顺序的月度对数收益率。与以前一样，数据的均值方程简单地设为 $\hat{\boldsymbol{\mu}}_t=\hat{\boldsymbol{\mu}}$，样本均值为(0.0077，0.0050，0.0106)′。新息序列为 $\hat{\boldsymbol{a}}_t=\boldsymbol{z}_t-\hat{\boldsymbol{\mu}}_t$。对于 DCC 模型，仿效前一节提出的过程并对单个序列应用一元高斯 GARCH(1，1)模型。IBM、S&P 指数和 KO 的收益的 3 个拟合高斯 GARCH(1，1)模型分别为

$$\sigma_{11,t}=4.19\times10^{-4}+0.127a_{1,t-1}^2+0.788\sigma_{11,t-1}$$

$$\sigma_{22,t}=4.1\times10^{-5}+0.128a_{2,t-1}^2+0.836\sigma_{22,t-1}$$

$$\sigma_{33,t}=2.56\times10^{-4}+0.099a_{3,t-1}^2+0.830\sigma_{33,t-1}$$

使用上面 3 个模型的波动率序列，可以得到边际标准化序列

$$\hat{\boldsymbol{\eta}}_t=(\hat{\eta}_{1t},\hat{\eta}_{2t},\hat{\eta}_{3t})',\quad \hat{\eta}_{it}=\hat{a}_{it}/\sqrt{\sigma_{ii,t}}$$

并将 DCC 模型应用于 $\hat{\eta}_t$。

为了处理资产收益率中的厚尾问题，对 DCC 模型的新息应用多元学生 t 分布。Tse 和 Tsui(2002)的拟合 DCC 模型为

$$\boldsymbol{\rho}_t=(1-0.8088-0.0403)\bar{\boldsymbol{\rho}}+0.8088\boldsymbol{\rho}_{t-1}+0.0403\boldsymbol{\psi}_{t-1}\qquad(7\text{-}38)$$ 430

其中 $\boldsymbol{\psi}_{t-1}$ 是 $\{\hat{\boldsymbol{\eta}}_{t-1},\cdots,\hat{\boldsymbol{\eta}}_{t-4}\}$ 的样本相关矩阵且 $m=k+1$，$\bar{\boldsymbol{\rho}}$ 是 $\hat{\boldsymbol{\eta}}_t$ 的样本相关矩阵。系数估计值 $\hat{\theta}_1=0.8088$ 是显著的且 t 比率为 5.42，但是系数估计值 $\hat{\theta}_2$ 只是边际显著的且 t 比率为 1.78。多元学生 t 分布的新息的估计自由度为 7.96。Engle(2002)的拟合 DCC 模型为

$$\begin{aligned}\boldsymbol{Q}_t&=(1-0.9127-0.0453)\bar{\boldsymbol{\rho}}+0.9127\boldsymbol{Q}_{t-1}+0.0453\hat{\boldsymbol{\eta}}_{t-1}\hat{\boldsymbol{\eta}}_{t-1}'\\ \boldsymbol{\rho}_t&=\boldsymbol{J}_t\boldsymbol{Q}_t\boldsymbol{J}_t\end{aligned}\qquad(7\text{-}39)$$

其中 $\boldsymbol{J}_t=\mathrm{diag}\{q_{11,t}^{-1/2},q_{22,t}^{-1/2},q_{33,t}^{-1/2}\}$ 且 $q_{ii,t}$ 是 $\boldsymbol{Q}_t$ 中的第(i,i)个元素，$\bar{\rho}$ 在式(7-38)中定义。式(7-39)的两个系数估计值 $\hat{\theta}_i$ 是显著的且 t 比率分别为 30.96 和 3.56，并且多元学生 t 分布的新息的自由度的估计值为 8.62。

为了模型检验，使用拟合时变相关矩阵，将 7.1 节的 4 个检验统计量应用于 $\hat{\boldsymbol{\eta}}_t$。对于两个拟合 DCC 模型，只有鲁棒的多元混成检验不能检验数据中条件异方差的存在性。这不奇怪，因为诊断检验通常拒绝拟合 DCC 模型。检验统计量的进一步的结果在下面的 R 代码示例中给出。

在 3 个资产收益率的特例中，比较两种类型的 DCC 模型非常有意思。第一，这两种 DCC 模型的参数估计表明，Engle(2002)的 DCC 模型在时变相关性上表现出很强的持续性。第二，这两种模型在性质上是相似的。图 7-9 展示了这两种模型的拟合时变相关性的时序图。图的左边是式(7-38)中的 DCC 模型的相关性，而图的右边属于式(7-39)中的 DCC 模型。时变相关性的总体模式看起来是相似的，但是，与预期的一样，式(7-39)中的模型的相关性表现得更多变。第三，这两种 DCC 模型之间存在差异，意味着在实际应用中可以同时考虑两种模型。表 7-4 给出了这两种 DCC 模型的时变相关性的汇总统计。相关性的样本均值是近似的，但它们的范围不同。汇总统计表明 Engle(2002)的 DCC 模型的相关性更多变。

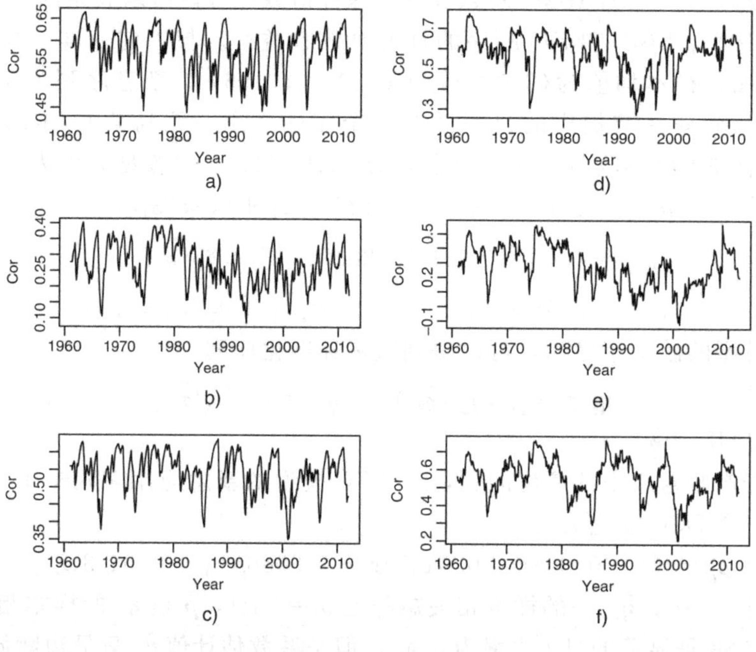

图 7-9　基于式(7-38)和式(7-39)的 DCC 模型的从 1961 年 1 月到 2011 年 12 月 IBM、S&P 指数和 KO 的月度对数收益率的时变相关性系数的时序图。a)IBM 与 SP，b)IBM 与 KO，c)SP 与 KO，d)IBM 与 SP，e)IBM 与 KO，f)SP 与 KO

表 7-4　基于式(7-38)和式(7-39)的 DCC 模型的 IBM、S&P 和 KO 的月度对数收益率的时变相关系数的汇总统计

Statistics	Tse and Tsui Model			Engle Model		
	(ibm, sp)	(ibm, ko)	(sp, ko)	(ibm, sp)	(ibm, ko)	(sp, ko)
Mean	0.580	0.269	0.544	0.585	0.281	0.556
SE	0.050	0.067	0.055	0.095	0.139	0.105
Min	0.439	0.086	0.352	0.277	−0.121	0.205
Max	0.664	0.403	0.638	0.773	0.568	0.764

注记：执行命令 dccPre 和 dccFit 实现 DCC 模型的估计。命令 dccPre 用一元 GARCH(1, 1)模型来拟合分量序列并获得 DCC 估计的边际标准化序列。命令 dccFit 是使用边际标准化序列来估计指定的 DCC 模型。它的子命令 type 可以用来指定 DCC 模型的类型。新息是高斯或多元学生 t 分布。默认选项使用多元学生 t 新息并拟合 Tse 和 Tsui 模型，通过 Rmetrics 的 fGarch 包来估计一元 GARCH 模型。

R 代码示例：DCC 模型的估计。

```
> da=read.table("m-ibmspko-6111.txt",header=T)
> rtn=log(da[,2:4]+1)
> m1=dccPre(rtn,include.mean=T,p=0)
Sample mean of the returns:  0.00772774 0.005023909 0.01059521
Component:  1
Estimates:  0.000419 0.126739 0.788307
se.coef  :  0.000162 0.035405 0.055645
t-value  :  2.593448 3.57973 14.16662
Component:  2
Estimates:  9e-05 0.127725 0.836053
se.coef  :  4.1e-05 0.03084 0.031723
t-value  :  2.20126 4.141592 26.35486
Component:  3
Estimates:  0.000256 0.098705 0.830358
se.coef  :  8.5e-05 0.022361 0.033441
t-value  :  3.015321 4.414112 24.83088
> names(m1)
[1] "marVol"  "sresi"   "est"     "se.coef"
> rtn1=m1$sresi
> Vol=m1$marVol
> m2=dccFit(rtn1)
Estimates:  0.8088086 0.04027318 7.959013
st.errors:  0.1491655 0.02259863 1.135882
t-values:   5.422222 1.782107 7.006898
> names(m2)
[1] "estimates" "Hessian"   "rho.t"
> S2.t = m2$rho.t
> m3=dccFit(rtn1,type="Engle")
Estimates:  0.9126634 0.04530917 8.623668
st.errors:  0.0294762 0.01273911 1.332381
t-values:   30.96272 3.556697 6.472376
> S3.t=m3$rho.t
> MCHdiag(rtn1,S2.t)
Test results:
Q(m) of et:
Test and p-value:  20.74262 0.02296152
Rank-based test:
Test and p-value:  30.20662 0.0007924436
Qk(m) of epsilon_t:
Test and p-value:  132.423 0.002425885
Robust Qk(m):
Test and p-value:  109.9671 0.0750157
> MCHdiag(rtn1,S3.t)
Test results:
```

```
Q(m) of et:
Test and p-value:  20.02958 0.02897411
Rank-based test:
Test and p-value:  27.61638 0.002078829
Qk(m) of epsilon_t:
Test and p-value:  131.982 0.002625755
Robust Qk(m):
Test and p-value:  111.353 0.06307334
```

7.8 正交变换

为了克服维数灾难的困难，针对多元波动率模型，文献中已经提出了多种减少维数的方法。在实际中，正交变换的思想已经引起了许多关注。对于一个 k 维新息 $\boldsymbol{a}_t$，正交变换的基本假设是 $\boldsymbol{a}_t$ 由 k 个正交潜在分量 b_{it} 来驱动($i=1, \cdots, k$)。具体地，假设存在非奇异矩阵 $\boldsymbol{M}$ 使得

$$\boldsymbol{a}_t = \boldsymbol{M}\boldsymbol{b}_t \tag{7-40}$$

其中 $\boldsymbol{b}_t=(b_{1t}, \cdots, b_{kt})'$。理想地，希望分量 b_{it} 尽可能地相互独立。然而，独立性在有限样本中很难实现并且正交性经常用来代替独立性。如果可以找到转换矩阵 $\boldsymbol{M}$，那么可以通过 $\boldsymbol{b}_t=\boldsymbol{M}^{-1}\boldsymbol{a}_t$ 获得潜在变量 $\boldsymbol{b}_t$，并将一元波动率模型应用于 b_{it}。在本节中，我们将简要概述一些现有的正交方法并且讨论它们的优缺点。

7.8.1 Go-GARCH 模型

在统计学中应用最广泛的正交变换方法也许是主成分分析(PCA)。确实，PCA 已经应用于多元波动率模型中。例如，见 Alexander(2001)和本书中的参考文献。对于非高斯数据，独立成分分析(ICA)可以用来执行变换。Van der Weide(2002)采用 ICA 的概念对波动率建模提出了一个经典的广义正交 GARCH(Go-GARCH)模型。

Go-GARCH 模型的关键假设是变换矩阵 $\boldsymbol{M}$ 是时间不变的。在该假设下，$\boldsymbol{a}_t$ 的波动率矩阵变为

$$\boldsymbol{\Sigma}_t = \boldsymbol{M}\boldsymbol{V}_t\boldsymbol{M}' \tag{7-41}$$

其中 $\boldsymbol{V}_t$ 是 $\boldsymbol{b}_t$ 的波动率矩阵，即 $\boldsymbol{V}_t=\mathrm{Cov}(\boldsymbol{b}_t|F_{t-1})$ 且 F_{t-1} 表示 $t-1$ 时刻的可用信息。Go-GARCH 模型的第二个关键假设是对于所有的 t，$\boldsymbol{V}_t$ 是对角矩阵。

类似于 ICA，$\boldsymbol{b}_t$ 是潜在的，并且不失一般性，假设 $\boldsymbol{b}_t$ 的无条件协方差矩阵是单位阵，即 $\mathrm{Cov}(\boldsymbol{b}_t)=\boldsymbol{I}_k$。因此，式(7-40)中的变换意味着 $\mathrm{Cov}(\boldsymbol{a}_t)=\boldsymbol{M}\boldsymbol{M}'$。这种关系可以用来估计
431~434 $\boldsymbol{M}$。然而，这种关系也意味着变换矩阵 $\boldsymbol{M}$ 不是唯一确定的，因为对于满足 $\boldsymbol{U}\boldsymbol{U}'=\boldsymbol{I}_k$ 的任何 $k\times k$ 正交矩阵 $\boldsymbol{U}$，有 $\mathrm{Cov}(\boldsymbol{a}_t)=(\boldsymbol{M}\boldsymbol{U})(\boldsymbol{M}\boldsymbol{U})'$。需要进一步的限制来确定变换矩阵。令 $\mathrm{Cov}(\boldsymbol{a}_t)=\boldsymbol{P}\boldsymbol{\Lambda}\boldsymbol{P}'$ 是 $\boldsymbol{a}_t$ 的无条件协方差矩阵的谱表示。Van der Weide(2002)利用下面的两个引理来唯一地确定 M 的值。

引理 7.1 *存在一个正交 $\boldsymbol{U}$ 使得 $\boldsymbol{P}\boldsymbol{\Lambda}^{1/2}\boldsymbol{U}=\boldsymbol{M}$。*

引理 7.2 *每一个 k 维正交矩阵 $\boldsymbol{W}$ 且 $|\boldsymbol{W}|=1$ 可以表示为 $k(k+1)/2$ 个旋转矩阵的*

乘积

$$W = \prod_{i<j} R_{ij}(\theta_{ij}), \quad -\pi \leqslant \theta_{ij} \leqslant \pi$$

其中 $R_{ij}(\theta_{ij})$在平面上执行了一个通过 e_i 和 e_j 张成的角度为 θ_{ij} 的旋转，其中 $\boldsymbol{e}_i$ 表示 $\boldsymbol{I}_k$ 的第 i 列。

引理 7.1 直接可以从奇异值分解推出。参见下一节的推导。引理 7.2 可以在 Vilenkin (1968)中找到。旋转矩阵 $\boldsymbol{R}_{ij}(\theta_{ij})$也称为 Givens 旋转矩阵。一种定义 Givens 矩阵 $R_{ij}(\theta_{ij})$的简单方法是从 $k \times k$ 单位矩阵开始，然后用 $\cos(\theta_{ij})$代替对角元素(i, i)和(j, j)，用 $\sin(\theta_{ij})$代替第(j, i)个元素，用 $\sin(\theta_{ij})$代替第(i, j)个元素。根据这两个引理，要求 $|\boldsymbol{U}|=1$ 并且可以通过参数化 θ_{ij} 来估计 $\boldsymbol{M}$。在实际中，也可以使用 Hyvarinen、Karhunen 和 Oja(2001)中讨论的估计 ICA 的方法来估计变换矩阵 $\boldsymbol{M}$。

到目前为止，所讨论的正交变换理论的发展主要基于$\{\boldsymbol{a}_t\}$是一个随机样本的假设。对于资产收益率，新息$\{\boldsymbol{a}_t\}$是序列不相关的，但它是相互依赖的。理论和实际之间的差距增加了 Go-GARCH 模型在分析资产收益率中的可适用性问题。总之，Go-GARCH 模型是相当简单的并且在概念上是很吸引人的。它的主要缺点是，使用的假设在实际中很难证明。

注记：在 R 中估计 Go-GARCH 模型可以使用 Pfaff(2011)的 gogarch 包。可用的估计方法是 ica、mm、ml、nls，分别代表独立分量分析、距量法、最大似然和非线性最小二乘。

例 7.3 再次考虑从 1961 年 1 月到 2011 年 12 月 IBM 股票、S&P 综合指数和可口可乐股票的月度对数收益率。使用 ICA 估计方法将 Go-GARCH(1，1)模型应用于均值调整收益。在这个实际例子中，估计变换方程为

$$\hat{\boldsymbol{M}} = \begin{bmatrix} -0.0087 & 0.0608 & -0.0331 \\ 0.0304 & 0.0307 & -0.0072 \\ 0.0398 & -0.0011 & -0.0471 \end{bmatrix}$$ 435

且潜在变量 b_{it} 的 GARCH(1，1)模型为

$$\sigma_{1t}^2 = 0.0834 + 0.1308 b_{1,t-1}^2 + 0.7676 \sigma_{1,t-1}^2$$

$$\sigma_{2t}^2 = 1.0888 + 0.1341 b_{2,t-1}^2 + 0.7215 \sigma_{2,t-1}^2$$

$$\sigma_{3t}^2 = 0.0800 + 0.1027 b_{3,t-1}^2 + 0.8427 \sigma_{3,t-1}^2$$

图 7-10 展示了这 3 种对数收益率序列之间的波动率序列和时变相关系数的时序图。波动率序列在图的左边，时变相关系数在图的右边。从该图中可以发现，IBM 股票的波动率序列看起来较大，IBM 股票和 S&P 综合指数之间的相关系数比较高。剩下的两个相关性系数比较低。3 种相关的样本均值分别为 0.927、0.126 和 0.206。这些值和前面 DCC 模型得到的值都不相同。最后，7.1 节中的 4 个检验统计量表明拟合 Go-GARCH 模型的标准化新息具有强条件异方差。这并不奇怪，因为变换潜在变量 b_{it} 的平方仍然具有显著的交叉相依性。例如 $\text{cor}(b_{2t}^2, b_{3t}^2)=0.356$，它明显不等于 0。拟合潜在变量的平方之间存在非零相关性的问题对于其他 Go-GARCH 估计方法也存在。 □

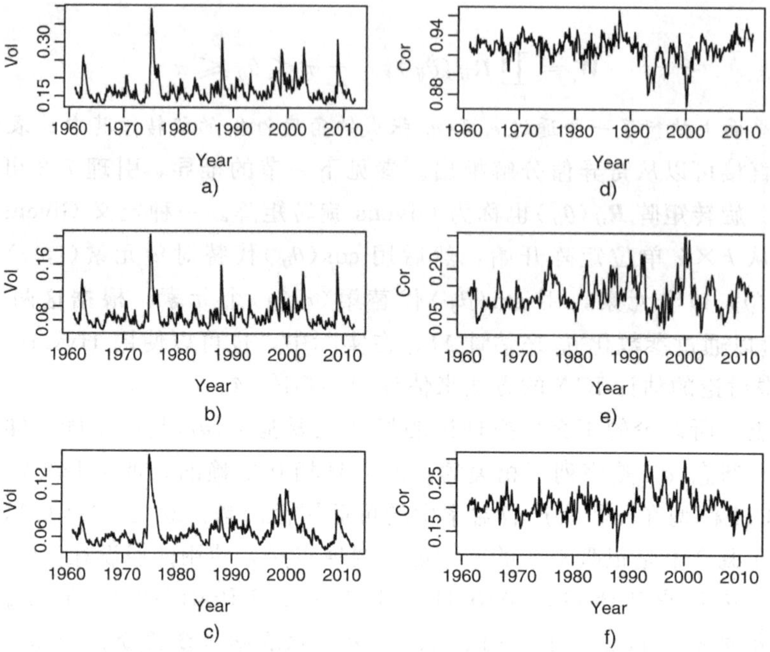

图 7-10 通过 Go-GARCH(1，1)模型和独立成分分析(ICA)得到的从 1961 年 1 月到 2011 年 12 月 a)IBM，b)S&P 指数，c)KO 股票的月度对数收益率的波动率和时变相关性的时序图。d)IBM 与 S&P，e)IBM 与 KO，f)S&P 与 KO

R 代码示例：Go-GARCH 模型估计。编辑输出。

```
> crtn=scale(rtn,center=T,scale=F)
> require(gogarch)
> help(gogarch)
> m1=gogarch(crtn,~garch(1,1),estby="ica")
> m1
****************
*** GO-GARCH ***
****************
Components estimated by: fast ICA
Dimension of data matrix: (612 x 3).
Formula for component GARCH models: ~ garch(1, 1)
Orthogonal Matrix U:
           [,1]       [,2]       [,3]
[1,] -0.3723608  0.7915757 -0.4845156
[2,]  0.7625418  0.5585272  0.3264619
[3,]  0.5290344 -0.2479018 -0.8115832
Linear Map Z:  ### Transformation matrix M of the text
             [,1]         [,2]         [,3]
[1,] -0.008736657  0.060758612 -0.033058547
[2,]  0.030419614  0.030713261 -0.007215686
[3,]  0.039780987 -0.001102663 -0.047121947
Estimated GARCH coefficients:
```

```
       omega      alpha1     beta1
y1 0.08337071 0.1307602 0.7675916
y2 1.08879832 0.1341139 0.7215066
y3 0.08001260 0.1027129 0.8426915
> sigma.t=NULL    # Obtain the volatility matrices
> for (i in 1:612){
+ sigma.t=rbind(sigma.t,c(m1@H[[i]]))
+ }
> MCHdiag(crtn,sigma.t)  ## Model checking
Test results:
Q(m) of et:
Test and p-value:  23.50608 0.009025087
Rank-based test:
Test and p-value:  26.62406 0.002985593
Qk(m) of epsilon_t:
Test and p-value:  173.8608 2.770358e-07
Robust Qk(m):
Test and p-value:  158.8302 1.044352e-05
> M=m1@Z
> Minv=solve(M)
> bt=crtn%*%t(Minv)  #Latent variables
> cor(bt^2)
          [,1]      [,2]      [,3]
[1,] 1.0000000 0.1635794 0.1067924
[2,] 0.1635794 1.0000000 0.3563265
[3,] 0.1067924 0.3563265 1.0000000
```

7.8.2 动态正交分量

Matteson 和 Tsay(2011)提出一种动态正交分量(DOC)方法对多元波动率建立模型。他们也对于给定收益率序列 $\boldsymbol{z}_t$ 的动态正交分量的存在性检验提出了检验统计量。DOC 方法基于 Go-GARCH 模型的思想，但是它应用了不同的目标函数来估计变换矩阵 $\boldsymbol{M}$。使用新的目标函数是为了确保变换潜在变量 b_{it} 尽可能地动态不相关。

考虑式(7-40)中的新息 $\boldsymbol{a}_t$ 的变换。变换序列 $\boldsymbol{b}_{it}$ 称为动态正交分量，如果

$$\mathrm{Cov}(b_{it}^2, b_{j,t-v}^2) = 0, \quad i \neq j, v = 0,1,2\cdots \tag{7-42}$$

与 Go-GARCH 模型不同，DOC 方法没有假设动态正交分量 b_{it} 的先验存在性。它们的存在性通过检验来验证，并且对于给定的新息序列 $\boldsymbol{a}_t$ 也有可能不存在动态正交分量(DOC)。

现在假设动态正交分量序列 b_{it} 存在并且目标是估计变换矩阵 $\boldsymbol{M}$。为此，Matteson 和 Tsay(2011)采用了一个两步法。第一步，对 $\boldsymbol{a}_t$ 的协方差矩阵 $\boldsymbol{\Sigma}$ 执行谱分解，即 $\boldsymbol{\Sigma}=\boldsymbol{P\Lambda P}'$，其中 $\boldsymbol{P}$ 表示正交特征向量的矩阵，$\boldsymbol{\Lambda}$ 是特征值的对角矩阵。定义 $\boldsymbol{d}_t=\boldsymbol{U}\boldsymbol{a}_t$，其中 $\boldsymbol{U}=\boldsymbol{\Lambda}^{-1/2}\boldsymbol{P}'$。那么，$\mathrm{Cov}(\boldsymbol{d}_t)=\boldsymbol{U\Sigma U}'=\boldsymbol{\Lambda}^{-1/2}\boldsymbol{P}'\boldsymbol{P\Lambda P}'\boldsymbol{P\Lambda}^{-1/2}=\boldsymbol{I}_k$，式(7-40)中的变换变为

$$\boldsymbol{b}_t = \boldsymbol{M}^{-1}\boldsymbol{a}_t = \boldsymbol{M}^{-1}\boldsymbol{U}^{-1}\boldsymbol{d}_t \equiv \boldsymbol{W}\boldsymbol{d}_t \tag{7-43}$$

其中 $\boldsymbol{W}=(\boldsymbol{UM})^{-1}$ 作为分离矩阵。根据式(7-43)，$\boldsymbol{I}_k=\mathrm{Cov}(\boldsymbol{b}_t)=\boldsymbol{W}\mathrm{Cov}(\boldsymbol{d}_t)\boldsymbol{W}'=\boldsymbol{WW}'$。因此，分离矩阵 $\boldsymbol{W}$ 是一个 $k\times k$ 正交矩阵且 $|\boldsymbol{W}|=1$。第二步，利用引理 7.2 的参数化通过最小化严格定义的目标函数来估计 $\boldsymbol{W}$。令 $\boldsymbol{\theta}$ 为所有旋转角 $\boldsymbol{\theta}_{ij}$ 的集合，其中 $1\leqslant i<j\leqslant k$。角的

数量是 $k(k-1)/2$。对于给定的 $\boldsymbol{\theta}$，得到相应的 $\boldsymbol{W}$，反过来通过式(7-43)得到 $\boldsymbol{b}_t$ 的估计值。
436~438 对应于给定 $\boldsymbol{\theta}$ 的潜在向量 $\boldsymbol{b}_t$ 表示为 $\boldsymbol{b}_{\theta,t}$。

对于波动率模型，可以使用式(7-42)的性质构建一个估计分离矩阵 $\boldsymbol{W}$ 的目标函数。直观上，可以使用 $\boldsymbol{b}_{\theta,t}^2$ 的交叉相关矩阵来构建一个目标函数。但是，因为资产收益率的分布拥有厚尾现象，所以资产收益率趋向于包含极端值。这些极端值可能实质上影响 $\boldsymbol{\theta}$ 的估计。为了减小极端新息的影响，Matteson 和 Tsay(2011)提出了一个鲁棒方法来构建目标函数。具体地，他们采用 Huber 函数

$$h_c(s)=\begin{cases}s^2 & \text{如果 } |s|\leqslant c\\ 2|s|c-c^2 & \text{如果 } |s|>c\end{cases} \tag{7-44}$$

其中 c 是正实数。在应用中，发现 $c=2.25$ 是合适的。对于给定的常数 c，将式(7-44)的 Huber 函数应用于潜在变量的每个分量 b_{it}，并用 $\boldsymbol{h}_c(\boldsymbol{b}_{\theta,t})$ 表示产生的量。下面，定义 $\{\boldsymbol{h}_c(\boldsymbol{b}_{\theta,t})\}$ 的滞后 l 协方差矩阵为

$$\boldsymbol{\Gamma}_\theta(\ell)=\mathrm{Cov}[\boldsymbol{h}_c(\boldsymbol{b}_{\theta,t}),\boldsymbol{h}_c(\boldsymbol{b}_{\theta,t-\ell})],\quad \ell=0,1,\cdots$$

其中，为了便于表示，省略 $\boldsymbol{\Gamma}_\theta(\ell)$ 对 h 的依赖。在 $\boldsymbol{b}_{\theta,t}$ 的潜在变量是动态正交的假设下，对于所有的 $\ell\geqslant 0$，滞后 ℓ 协方差矩阵 $\boldsymbol{\Gamma}_\theta(\ell)$ 是一个对角矩阵。换言之，$\boldsymbol{\Gamma}_\theta(\ell)$ 的所以非对角元素为零。Matteson 和 Tsay(2011)利用这个性质和矩量法构建估计 $\boldsymbol{\theta}$ 和 $\boldsymbol{W}$ 的目标函数。

在有限样本中，可以通过

$$\hat{\boldsymbol{\Gamma}}_\theta(\ell)=\frac{1}{T}\sum_{t=\ell+1}^{T}\boldsymbol{h}_c(\boldsymbol{b}_{\theta,t})\boldsymbol{h}_c'(\boldsymbol{b}_{\theta,t-\ell})-\left[\frac{1}{T}\sum_{t=\ell+1}^{T}\boldsymbol{h}_c(\boldsymbol{b}_{\theta,t})\right]\left[\frac{1}{T}\sum_{t=\ell+1}^{T}\boldsymbol{h}_c(\boldsymbol{b}_{\theta,t-\ell})\right] \tag{7-45}$$

估计 $\boldsymbol{\Gamma}_\theta(\ell)$。由于 $\hat{\boldsymbol{\Gamma}}_\theta(0)$ 是对称的，所以它具有 $g=k(k-1)/2$ 个非对角元素。对于 $\ell>0$，$\hat{\boldsymbol{\Gamma}}_\theta(\ell)$ 有 $2g$ 个非对角元素。令 $\boldsymbol{f}(\boldsymbol{\theta})$ 为 $\{\hat{\boldsymbol{\Gamma}}_\theta(\ell)\mid \ell=0,\cdots,m\}$ 的非对角元素的矢量排序，其中 m 是一个表示使用的最大滞后的正整数。显然，$\boldsymbol{f}$ 是 $\boldsymbol{a}_t$、$\boldsymbol{\theta}$ 和 $h_c(.)$ 的函数。为了简单起见，使用增广 $\boldsymbol{\theta}$ 仅仅是为了强调 $\boldsymbol{\theta}$ 的估计值。$\boldsymbol{f}(\boldsymbol{\theta})$ 的维数是 $p=g(2m+1)$。那么，Matteson 和 Tsay(2011)使用的目标函数是

$$O(\boldsymbol{\theta})=\boldsymbol{f}'(\boldsymbol{\theta})\boldsymbol{\Phi}\boldsymbol{f}(\boldsymbol{\theta}) \tag{7-46}$$

其中 $\boldsymbol{\Phi}$ 是 $p\times p$ 加权矩阵。在实际中，Matteson 和 Tsay(2011)使用了一个对角加权矩阵，
439 即 $\boldsymbol{\Phi}=\mathrm{diag}\{\phi_{ii,\ell}\}$，其中 $\phi_{ii,\ell}$ 依赖于 $\hat{\boldsymbol{\Gamma}}_\theta(\ell)$ 的滞后 ℓ。具体地，

$$\phi_{ii,\ell}=\frac{1-\ell/(m+1)}{\left[\sum_{v=0}^{m}(1-v/(m+1))\right]\times(g+gI[\ell>0])},\quad \ell=0,1,\cdots,g$$

其中，如果 $\ell>0$，那么 $I[\ell>0]=1$ 且如果 $\ell=0$ 那么其值为 0。因此，高阶滞后的权重很小且 $g+gI[\ell>0]$ 用来计算交叉协方差矩阵 $\hat{\boldsymbol{\Gamma}}_\theta(\ell)$ 的非对角元素的数目。

式(7-46)中的目标函数的理想值为 0，因此通过最小化式(7-46)中的目标函数来估计正交矩阵 $\boldsymbol{W}$(通过 $\boldsymbol{\theta}$)。换言之，得到 $\boldsymbol{W}$ 的估计值，使得 $\boldsymbol{b}_{\theta,t}$ 中的潜在变量尽可能地接近于动态正交。

在某些正则条件下，Matteson 和 Tsay(2011)证明了估计 $\hat{\boldsymbol{\theta}}$ 的一致性和渐近正态性。

式(7-44)的鲁棒变换 $h_c(s)$ 放宽了在推导 $\hat{\theta}$ 极限性质时对新息 $\boldsymbol{a}_t$ 的某些矩条件。当然，也可以使用其他的鲁棒加权函数。

7.8.3 DOC 存在性检验

令 $\hat{\boldsymbol{W}}$ 为通过上一节讨论的方法得到的分离矩阵 $\boldsymbol{W}$ 的估计，且 $\hat{\boldsymbol{b}}_t$ 为 $\boldsymbol{b}_t$ 的联合估计，即 $\boldsymbol{b}_t=\hat{\boldsymbol{W}}\boldsymbol{d}_t$，其中 $\boldsymbol{d}_t=\boldsymbol{\Lambda}^{1/2}\boldsymbol{P}'$ 且 $\boldsymbol{\Lambda}$ 和 $\boldsymbol{P}$ 是从 $\boldsymbol{a}_t$ 的样本协方差的谱分解得到的。存在 k 个 DOC，$\hat{\boldsymbol{W}}$ 的一致性意味着估计序列 $\hat{\boldsymbol{b}}_t$ 是一个渐近动态正交时间序列。因此，为了检验 DOC 的存在性，可以检验该假设，即当 $\ell\geqslant 0$ 时 $\boldsymbol{\Gamma}_\theta(\ell)$ 所有的非对角元素都为 0。实际上，相关性比协方差容易使用。定义

$$\hat{\boldsymbol{\rho}}_\theta(\ell)=\boldsymbol{J}\hat{\boldsymbol{\Gamma}}_\theta(\ell)\boldsymbol{J},\quad \ell=0,1,\cdots \tag{7-47}$$

其中 $\hat{\boldsymbol{\Gamma}}_\theta(\ell)$ 是在式(7-45)中给定的且 $\boldsymbol{J}=\mathrm{diag}\{\Gamma_{11,\theta}^{-1/2}(0),\cdots,\Gamma_{kk,\theta}^{-1/2}(0)\}$。那么感兴趣的假设为 H_0：$\rho_{ij,\theta}(\ell)=0(\ell=0,1,\cdots,m$ 和 $1\leqslant i\neq j\leqslant k)$ 与备择假设为 H_a：$\rho_{ij,\theta}(\ell)\neq 0$ 对于某些 ℓ 和(i,j)，其中 m 是预先设定的正整数，$\rho_{ij,\theta}(\ell)$ 是 $\boldsymbol{\rho}_\theta(\ell)$ 的第(i,j)个元素，它是 $\hat{\boldsymbol{\rho}}_\theta(\ell)$ 的理论值。

使用的自然检验统计量是 Ljung-Box 统计量的拓展。具体地，定义

$$Q_k^o(m)=T\sum_{i<j}\hat{\rho}_{ij,\theta}^2(0)+T(T+2)\sum_{\ell=1}^{m}\sum_{i\neq j}\hat{\rho}_{ij,\theta}^2(\ell)/(T-\ell) \tag{7-48}$$ 440

其中 T 是样本大小，k 是 $\boldsymbol{a}_t$ 的维数，$\hat{\rho}_{ij,\theta}(\ell)$ 是 $\hat{\boldsymbol{\rho}}_\theta(\ell)$ 的第(i,j)个元素。$Q_k^o(m)$ 的上标 o 表示该统计量是用来检验动态正交性的。对于给定的 m，检验统计量 Q_k^o 的交叉相关数是 $v=k(k-1)/2+mk(k-1)$。因此，在原假设 H_0 下，$Q_k^o(m)$ 的分布是渐近分布 χ_v^2。

例 7.4　为了对比，再次考虑在例 7.3 使用的 3 种资产的月度对数收益率。这里，应用 DOC 方法估计多元波动率。均值方程仍然为 $\hat{\boldsymbol{\mu}}_t=\hat{\boldsymbol{\mu}}$，即样本均值。对于新息序列 $\hat{\boldsymbol{a}}_t=\hat{\boldsymbol{z}}_t-\hat{\boldsymbol{\mu}}$，应用 DOC 方法可以得到

$$\hat{\boldsymbol{M}}=\begin{bmatrix}-0.036 & 0.054 & -0.025\\ -0.027 & -0.000 & -0.035\\ -0.059 & -0.017 & 0.002\end{bmatrix},\quad \hat{\boldsymbol{M}}^{-1}=\begin{bmatrix}-4.85 & 2.51 & -15.07\\ 16.98 & -12.61 & -4.65\\ 3.76 & -30.87 & 11.78\end{bmatrix}$$

图 7-11 展示了拟合动态正交分量 $\hat{\boldsymbol{b}}_t=\hat{\boldsymbol{M}}^{-1}\hat{\boldsymbol{a}}_t$ 的时序图。对这些序列进行规范化得到的单位方差。根据变换矩阵 $\boldsymbol{M}^{-1}$，KO 收益的第一个潜在变量 $\hat{b}_{1t}$ 的权重较大，第二个变量 $\hat{b}_{2t}$ 表示者 3 种资产收益率之间的一个对比，第三个变量 $\hat{b}_{3t}$ 主要包含 S&P 指数和 KO 收益。在这个具体例子中，$\hat{\boldsymbol{b}}_t^2$ 的相关矩阵为

$$\mathrm{cor}(\hat{\boldsymbol{b}}_t^2)=\begin{bmatrix}1.000 & -0.005 & 0.149\\ -0.005 & 1.000 & 0.052\\ 0.149 & 0.052 & 1.000\end{bmatrix}$$

与例 7.3 中通过 Go-GARCH 方法的变换序列相比，它更加接近 $\boldsymbol{I}_3$。

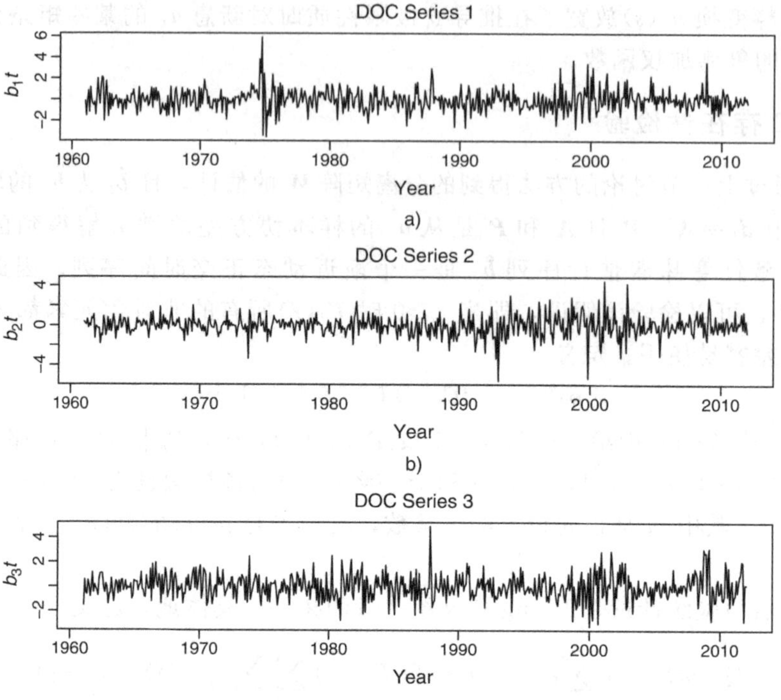

图 7-11　从1961年1月到2011年12月IBM、S&P综合指数和KO股票的月度对数收益率的拟合动态正交分量的时序图。a)DOC序列1，b)Doc序列2和c)Doc序列3

为了估计3种资产收益率序列的多元波动率，将具有标准学生 t 新息的一元GARCH(1，1)模型应用于拟合DOC，并得到

$$\sigma_{1t}^2 = 0.067 + 0.094\hat{b}_{1,t-1}^2 + 0.837\sigma_{1,t-1}^2, \quad v_1 = 6.63$$

$$\sigma_{2t}^2 = 0.012 + 0.046\hat{b}_{2,t-1}^2 + 0.944\sigma_{2,t-1}^2, \quad v_2 = 5.18$$

$$\sigma_{3t}^2 = 0.052 + 0.104\hat{b}_{3,t-1}^2 + 0.848\sigma_{3,t-1}^2, \quad v_3 = 10.0$$

其中 v_i 表示 $\hat{b}_{it}$ 的学生 t 新息的估计自由度。一元诊断检验不能拒绝这些拟合模型的充分性。$\hat{b}_{2t}$ 的模型接近一个IGARCH(1，1)模型，因为常数项0.012是统计不显著的且 p 值为0.20，模型的存在性度量 $\hat{\alpha}_1+\hat{\beta}_1=0.99$ 接近1。3种收益率序列的波动率矩阵可以通过 $\hat{\boldsymbol{\Sigma}}_t=\hat{\boldsymbol{M}}\hat{\boldsymbol{V}}_t\hat{\boldsymbol{M}}'$ 获得，其中 $\hat{\boldsymbol{V}}_t$ 是包含 $\hat{b}_{it}$ 的条件方差的对角矩阵。图7-12展示了3种月度对数收益率序列的波动率和相关性的时序图。和预期的一样，3种资产收益率的波动率在2008年金融危机期间比较高。这个模型似乎给出了IBM和KO股票收益之间较多的负相关性。最后，将7.1节中的4个检验统计量应用于拟合DOC-GARCH(1，1)模型。标量变换序列的混合检验和鲁棒多元检验在5%水平上不能拒绝模型的充分性，但是秩检验和多元Ljung-Box统计量拒绝该模型。

将DOC-GARCH(1，1)模型的结果与图7-10展示的Go-GARCH(1，1)模型结果进行对比是很有意思的。第一，Go-GARCH 模型提供了 IBM 股票和 S&P 综合指数的波动率的较大的估计。第二，Go-GARCH 模型也给出了 IBM 和 S&P 收益之间的较高相关性。Go-GARCH 模型的拟合相关系数的均值分别为 0.927、0.126 和 0.206，而 DOC 模型得出的是 0.606、0.253 和 0.550。事实上，在两种多元波动率模型之间的相关时变模式是不同的。

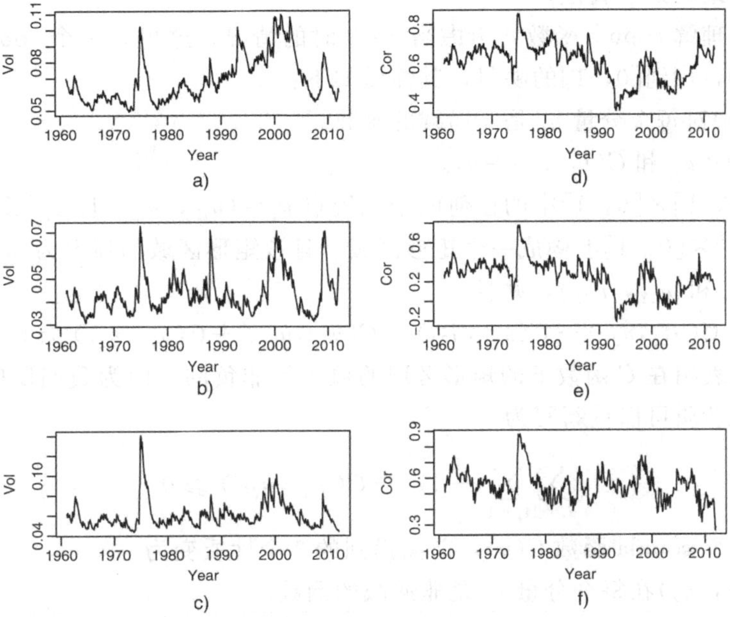

图 7-12　通过 DOC-GARCH(1，1)模型得到的从 1961 年 1 月到 2011 年 12 月 a)IBM，b)S&P 指数，c)KO 股票的月度对数收益率的波动性和时变相关性的时序图，d)IBM 与 S&P，e)IBM 与 KO，f)S&P 与 KO

最后，文献中也提出了其他的正交变换方法。例如，Fan，Wang 和 Yao(2008)提出多元波动率模型的条件不相关分量。

注记：*执行 DOC 估计可以通过 Dr. David Matteson 提出的 R 程序来实现。该程序可以在他的网页中得到。* □

7.9　基于 Copula 函数模型

转向基于 Copula 函数波动率模型。采用与动态条件相关模型类似的思想，通过独立分量的边际行为和分量之间的依附结构来描述多元随机向量。基于 copula 的方法提供了一种利用该描述的方法。在该节中，我们简要地介绍 copula 的概念并讨论一些基于 copula 的波动率模型。我们主要关注连续随机变量的情况。 441~443

7.9.1 Copula 函数

令[0，1]为实数轴上的单位区间。一个 k 维 copula 函数是一个在$[0, 1]^k$ 上的分布函数，具有标准均匀边际分布。通过 $\boldsymbol{u}=(u_1, \cdots, u_k)'$定义$[0, 1]^k$ 上的一个元素，通过 $C(\boldsymbol{u})=C(u_1, \cdots, u_k)$定义一个 k 维 copula 函数。那么，C 是一个从$[0, 1]^k$ 到[0，1]的映射且具有后面介绍的某些属性。

为了深刻的理解 copula 函数，考虑当 $k=2$ 时的情况。这里，一个 copula 函数 C 是一个从$[0, 1]\times[0, 1]$到[0，1]的映射，其性质如下：

1)$C(u_1, u_2)$对每个分量 u_i 是非递减的函数。

2)$C(u_1, 1)=u_1$ 和 $C(1, u_2)=u_2$。

3)对于在$[0, 1]\times[0, 1]$中的任何两个二维点 $\boldsymbol{u}_i=(u_{i1}, u_{i2})'$且 $u_{i1}\leqslant u_{i2}$，其中 $i=1, 2$，可以在$[0, 1]\times[0, 1]$上构成一个矩形区域，且该矩形区域的顶点为(u_{11}, u_{21})、(u_{12}, u_{21})、(u_{11}, u_{22})和(u_{12}, u_{22})，并且

$$C(u_{12},u_{22})-C(u_{11},u_{22})-C(u_{12},u_{21})+C(u_{11},u_{21})\geqslant 0$$

性质 3 仅仅表明在 C 函数下的矩形区域的概率是非负的，因为我们期望形成一个二维分布函数。这个性质可以重新写为

$$\sum_{i_1=1}^{2}\sum_{i_2=1}^{2}(-1)^{i_1+i_2}C(u_{1i_1},u_{2i_2})\geqslant 0$$

对于一个 k 维 copula 函数 $C(\boldsymbol{u})$，前面提到的 3 个性质变为

1)$C(u_1, \cdots, u_k)$在每个分量 u_i 是非递减的函数。

2)对于所有的 $i\in\{1, \cdots, k\}$和 $0\leqslant u_i\leqslant 1$，有 $C(1,\cdots,1,u_i,1,\cdots,1)=u_i$。

3)对于在$[0, 1]^k$ 中的任何两个 k 维点 $\boldsymbol{u}_i=(u_{1i},\cdots,u_{ki})'$且 $u_{i1}\leqslant u_{i2}$，其中 $i=1, \cdots, k$，有

$$\sum_{i_1=1}^{2}\cdots\sum_{i_k=1}^{2}(-1)^{i_1+\cdots+i_k}C(u_{1i_1},u_{2i_2},\cdots,u_{ki_k})\geqslant 0$$

第一个性质对于所有的多元分布函数是必需的，第二个性质是均匀边际分布的要求。读者可以参考 Nelsen(1999)和 Joe(1997)获得 copula 函数的详细信息。

Copula 函数在多元分析中的重要性是由 Sklar 定理阐述的，该定理说明所有的多元分布函数都包含 copula 函数并且可以将 copula 函数与一元分布函数一起使用来构造多元分布
444 函数。

定理 7.5(Sklar 定理) 令 $F(\boldsymbol{x})$为 k 维联合分布函数且具有边际分布函数 $F_1(x_1), \cdots, F_k(x_k)$，其中 $\boldsymbol{x}=(x_1, \cdots, x_k)'$且$-\infty\leqslant x\leqslant\infty$。那么，存在一个 copula 函数 C：$[0, 1]^k\rightarrow[0, 1]$使得

$$F(x_1,\cdots,x_k)=C(F_1(x_1),\cdots,F_k(x_k)) \tag{7-49}$$

如果边际分布函数是连续的，那么 C 是唯一的；否则，C 在空间 $R(F_1)\times R(F_2)\times\cdots\times$

$R(F_k)$中是唯一确定的，其中 $R(F_i)$表示 F_i 的范围。相反，如果 C 是一个 copula 函数且 F_1，…，F_k 是一元分布函数，那么式(7-49)中定义的函数是一个联合分布函数且具有边际分布函数 F_1，…，F_k。

可以从 Joe(1997)，Nelson(1999)和 McNeil、Frey 和 Embrechts(2005)中找到该定理的证明。这些书也讨论了 copula 函数的许多性质。这里，仅仅提及 copula 函数的一个性质，该性质在多元波动率建模中很有用。

定理 7.6 令$(X_1, \cdots, X_k)'$表示一个随机向量且具有连续边际分布 $F_1(x_1)$，…，$F_k(x_k)$和 copula 函数 C。如果 $T_1(X_1)$，…，$T_k(X_k)$是连续的和递增的函数。那么，$(T_1(X_1), \cdots, T_k(X_k))'$也有 copula 函数 C。

证明：为了证明这个定理，令 $\widetilde{F}_i(x_i)$为 $T_i(X_i)$的边际分布函数。那么，$u=\widetilde{F}_i(y)=P(T_i(X_i)\leqslant y)=P(X_i\leqslant T_i^{-1}(y))=F_i(T_i^{-1}(y))$，因为 $T_i^{-1}(.)$是严格递增的。因此，$y=\widetilde{F}_i^{-1}(u)$和$\widetilde{F}_i^{-1}(u)=T_i^{-1}(y)$。后者意味着 $T_i(F_i^{-1}(u))=y$。由此，得到 $\widetilde{F}_i^{-1}(u)=T_i(F_i^{-1}(u))$且 $0\leqslant u\leqslant 1$。现在根据 Sklar 定理，

$$
\begin{aligned}
C(u_1,\cdots,u_k) &= Pr(F_1(X_1)\leqslant u_1,\cdots,F_k(X_k)\leqslant u_k) \\
&= Pr[X_1\leqslant F_1^{-1}(u_1),\cdots,X_k\leqslant F_k^{-1}(u_k)] \\
&= Pr[T_1(X_1)\leqslant T_1(F_1^{-1}(u_1)),\cdots,T_k(\widetilde{F}_k^{-1}(u+k))] \\
&= Pr[T_1(X_1)\leqslant \widetilde{F}_1^{-1}(u_1),\cdots,\widetilde{F}_k^{-1}(u_k)] \\
&= Pr[\widetilde{F}_1(T_1(X_1))\leqslant u_1,\cdots,\widetilde{F}_k(T_k(X_k))\leqslant u_k]
\end{aligned}
$$

因此，C 也是$(T_1(X_1), \cdots, T_k(X_k))'$的 copula 函数。 □

根据定理 7.6，在讨论通常使用的 copula 函数的波动率建模时，可以使用相关矩阵，而不是协方差矩阵。

7.9.2 高斯和 t-copula 函数

在本节中，讨论多元波动率建模中使用的高斯和 t-copula 函数。例如，见 Creal、Koopman 和 Lucas(2011)。这两种 copula 函数有封闭形式表达式，但是它们的密度函数可以用于极大似然估计。 445

令 $\boldsymbol{X}=(X_1, \cdots, X_k)'$为 k 维高斯随机向量且均值为 $\mathbf{0}$ 和相关矩阵为 $\boldsymbol{\rho}$。$\Phi_X(.)$表示 $\boldsymbol{X}$ 的累积分布函数(CDF)。那么，每个分量 X_i 服从一个标准高斯分布且 $\Phi_X(.)$或者 $\boldsymbol{X}$ 的 copula 函数 C 是$(\Phi(X_1), \cdots, \Phi(X_k))'$的分布函数，其中 $\Phi(.)$是 $N(0, 1)$的累积分布函数。将高斯 copula 函数写成

$$
\begin{aligned}
C_\rho^g(\boldsymbol{u}) &= Pr[\Phi(X_1)\leqslant u_1,\cdots,\Phi(X_k)\leqslant u_k] \\
&= \Phi_X(\Phi^{-1}(u_1),\cdots,\Phi^{-1}(u_k))
\end{aligned}
\tag{7-50}
$$

例如，考虑二元情况且相关系数$|\rho|<1$。高斯 copula 函数可以写为

$$
C_\rho^g(\boldsymbol{u}) = \int_{-\infty}^{\Phi^{-1}(u_1)}\int_{-\infty}^{\Phi^{-1}(u_2)} \frac{1}{2\pi\sqrt{1-\rho^2}}\exp\left[-\frac{y_1^2-2\rho y_1y_2+y_2^2}{2(1-\rho^2)}\right]\mathrm{d}y_1\mathrm{d}y_2
$$

图 7-13 展示 4 个二元高斯 copula 函数(ρ=0、0.9、−0.9、0.4)的散点图。这些图基于从相应的高斯 copula 函数得到的 1000 个随机点。相关系数 ρ 的影响可以很清晰地看出。对式(7-50)的高斯 copula 函数求导数并使用链式法则，可以得到 k 维高斯 copula 函数的密度函数

$$c_{\rho}^{u}(\boldsymbol{u})=\frac{f_X(x_1,\cdots x_k)}{\prod_{i=1}^{k} f(x_i)},\quad x_i=\Phi^{-1}(u_i),\boldsymbol{u}\in[0,1]^k \tag{7-51}$$

其中 $f_X(.)$和 $f(.)$分别表示 $\boldsymbol{X}$ 和 Z 的概率密度函数，且 $Z\sim N(0,1)$。

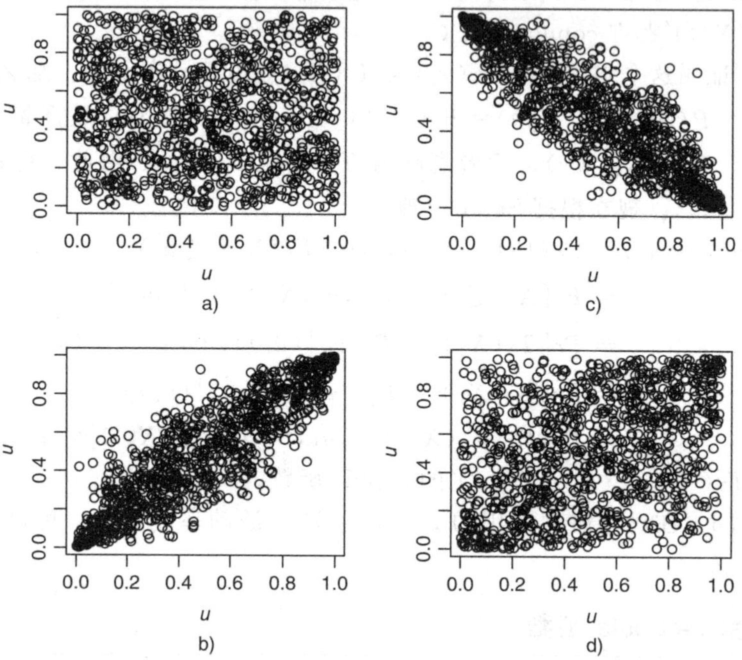

图 7-13　基于 1000 个实现点且相关系数分别为 a)0，b)0.9，c)−0.9 和 d)0.4 的高斯 copula 函数的散点图

令 $\boldsymbol{X}$ 为 k 维多元学生 t 随机向量且均值向量为 $\boldsymbol{\mu}$、正定协方差矩阵为 $\boldsymbol{\rho}$、自由度为 v。$\boldsymbol{X}$ 的概率密度函数为

$$f_{v,\rho}(\boldsymbol{x})=\frac{\Gamma((v+k)/2)}{\Gamma(v/2)\,(v\pi)^{k/2}\,|\boldsymbol{\rho}|^{1/2}}\left[1+\frac{(\boldsymbol{x}-\boldsymbol{\mu})'\rho^{-1}(\boldsymbol{x}-\boldsymbol{\mu})}{v}\right]^{-(v+k)/2},\quad v>2$$

$\boldsymbol{X}$ 的协方差矩阵为 $v/(v-2)\boldsymbol{\rho}$。具有协方差矩阵 $\boldsymbol{\rho}$ 的标准学生 t 分布在式(7-3)中给出。根据定理 7.6，在讨论 t-copula 函数时可以使用相关矩阵 $\boldsymbol{\rho}$。并且，无论使用传统的概率密度函数还是式(7-3)中的规范化的概率密度函数都没有关系，只要使用合适的边际分布函数。

$\boldsymbol{X}$ 的 copula 函数为

$$C_{v,\rho}^{t}(\boldsymbol{u})=F_X(t_v^{-1}(u_1),\cdots,t_v^{-1}(u_k))$$

$$=\int_{-\infty}^{t_v^{-1}(u_1)}\cdots\int_{-\infty}^{t_v^{-1}(u_k)}\frac{\Gamma((v+k)/2)}{\Gamma(v/2)\,(v\pi)^{k/2}\,|\rho|^{1/2}}\left[1+\frac{\boldsymbol{x}'\boldsymbol{\rho}^{-1}\boldsymbol{x}}{v}\right]^{-(v+k)/2}\mathrm{d}\boldsymbol{x} \qquad (7\text{-}52)$$

其中 $v>2$ 和 $t_v^{-1}(.)$是自由度为 v 的一元学生 t 分布的分位数函数。t-copula 的概率密度函数为

$$c_{v,\rho}^{t}(\boldsymbol{u})=\frac{f_{v,\rho}(x_1,\cdots x_k)}{\prod_{i=1}^{k}f_v(x_i)},\quad x_i=t_v^{-1}(u_i),\boldsymbol{u}\in[0,1]^k \qquad (7\text{-}53)$$

其中 $f_v(x)$表示自由度为 v 的一元学生 t 随机变量的概率密度函数，$f_{v,\rho}(.)$表示式(7-52)的被积函数。

图 7-14 展示了从这 4 个二元 t-copula 函数中得到的 1000 个随机点的散点图。使用的多元学生 t 分布是一个二元学生 t 分布且均值为 0 和协方差矩阵为

$$\boldsymbol{\rho}=\begin{bmatrix}1 & \rho\\ \rho & 1\end{bmatrix}$$

其 ρ=0、0.9、−0.9、0.4。对于所有的情况，自由度 $v=6$。而且相关系数 ρ 对该分布的影响可以清晰地看出来。将这些散点图与图 7-13 中的散点图进行比较是很有意思的。尤其是，t-copula 函数似乎已经有数据聚集在图的角落中。这些与 t-copula 函数具有非负尾部相依性的事实有关，而高斯 copula 函数具有尾部无关性。关于 t-copula 函数的更多性质，见 Demarta 和 McNeil(2004)。

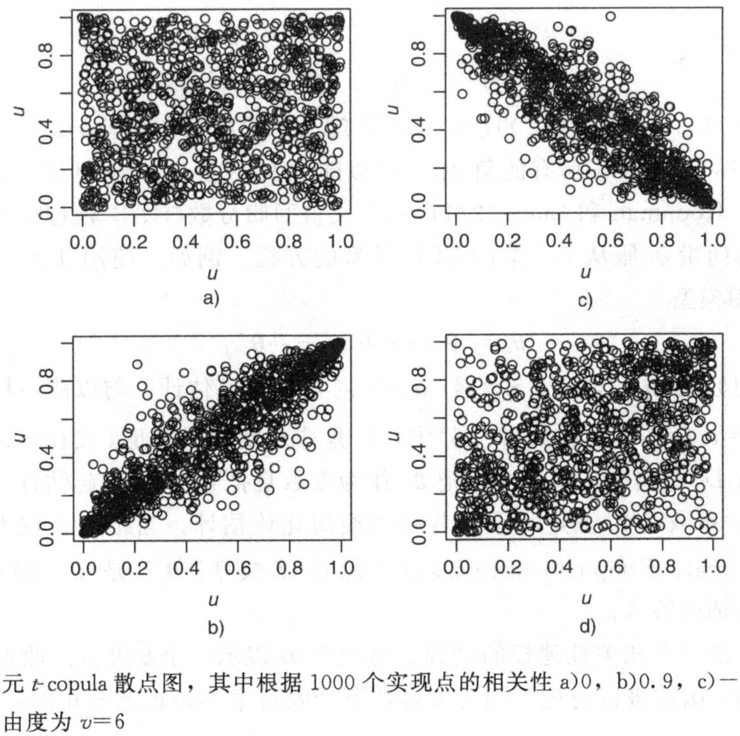

图 7-14　二元 t-copula 散点图，其中根据 1000 个实现点的相关性 a)0，b)0.9，c)−0.9，d)0.4。自由度为 $v=6$

如果一个 k 维随机向量 $\boldsymbol{X}$ 有 t-copula 函数并且它的边际学生 t 分布有相同的自由度，那么 $\boldsymbol{X}$ 有多元学生 t 分布且自由度为 v。如果使用式(7-52)中的 t-copula 函数来组合其他
446~448 的一元边际分布，那么可以得到一个多元分布函数，它称为 meta-t_v 分布。例如，见 McNeil、Frey 和 Emberchts(2005)以及本书中的参考文献。

7.9.3　多元波动率建模

在本节中，简要讨论使用高斯和 t-copula 函数进行多元波动率建模。主要讨论使用 copula 函数来描述时变波动和相关性的过程。为了简单起见，采用 7.7 节中的动态条件相关(DCC)模型的思想来处理相关性的时间演化，因此本节使用的模型与 DCC 模型高度相关。也使用其他方法与 copula 函数一起建立多元波动率模型。

为了介绍描述时变相关性的其他方法，采用 Creal、Koopman 和 Lucas(2011)以及 Van der Weide(2003)使用的正定相关矩阵的参数化方法。令 $\boldsymbol{R}_t$ 表示一个 $k\times k$ 相关矩阵。那么它可以分解为 $\boldsymbol{R}_t=\boldsymbol{X}_t'\boldsymbol{X}_t$，其中 $\boldsymbol{X}_t$ 是一个上三角形矩阵，即

$$\boldsymbol{X}_t=\begin{bmatrix}1 & c_{12t} & c_{13t} & \cdots & c_{1kt}\\ 0 & s_{12t} & c_{23t}s_{13t} & \cdots & c_{2kt}s_{1kt}\\ 0 & 0 & s_{23t}s_{13t} & \cdots & c_{3kt}s_{2kt}s_{1kt}\\ \vdots & \vdots & \vdots & \ddots & \vdots\\ 0 & 0 & 0 & \cdots & c_{k-1,kt}\prod_{i=1}^{k-2}s_{ikt}\\ 0 & 0 & 0 & \cdots & \prod_{i=1}^{k-1}s_{ikt}\end{bmatrix}\tag{7-54}$$

其中 $c_{ijt}=\cos(\theta_{ijt})$ 和 $s_{ijt}=\sin(\theta_{ijt})$ 且 θ_{ijt} 是以弧度为单位的时变角且 $1\leqslant i<j\leqslant k$。令 $\boldsymbol{\theta}_t$ 为 $k(k-1)/2$ 维向量，它包含了所有的角 θ_{ijt}。可以建立 $\boldsymbol{\theta}_t$ 代替 $\boldsymbol{R}_t$ 的时间演化模型来描述时变相关性。Creal、Koopman 和 Lucas(2011)将广义自回归分数(GAS)模型应用于 $\boldsymbol{\theta}_t$。为了简单起见，假定角向量 $\boldsymbol{\theta}_t$ 服从 7.7 节的 DCC 模型的方程。例如，使用 Tse 和 Tsui(2002)的 DCC 模型，应用模型

$$\boldsymbol{\theta}_t=\boldsymbol{\theta}_0+\lambda_1\boldsymbol{\theta}_{t-1}+\lambda_2\boldsymbol{\theta}_{t-1}^{*}\tag{7-55}$$

其中 $\boldsymbol{\theta}_{t-1}^{*}$ 是使用数据$\{\boldsymbol{\eta}_{t-1},\cdots,\boldsymbol{\eta}_{t-m}\}(m>1)$对角的局部估计，与以前一样，$\boldsymbol{\eta}_t$ 是边际标准新息，即 $\eta_{it}=a_{it}/\sqrt{\sigma_{ii,t}}$。在式(7-55)中，$\lambda_i$ 是非负实数，满足 $0<\lambda_1+\lambda_2<1$ 且 $\boldsymbol{\theta}_0$ 表示角的初始值。与 *DCC* 模型不同，这里把 $\boldsymbol{\theta}_0$ 作为参数且把它与 λ_i 一起估计。当然，可以使用 $\boldsymbol{\eta}_t$ 的样本相关系数给 θ_0 固定一个先验值以便简化该估计。当维数 k 较大时，可能需要固定 $\boldsymbol{\theta}_0$。对于 Creal、Koopman 和 Lucas 使用的 GAS 模型，$\boldsymbol{\theta}_{t-1}^{*}$ 是 $\boldsymbol{\eta}_{t-1}$ 的对数似然函数的得分函数的适当调整版本。

449 接下来，考虑时变相关性建模的过程。再次令 $\boldsymbol{a}_t$ 表示一个 k 维资产收益率序列 $\boldsymbol{z}_t$ 的新息。使用 t-copula 函数进行讨论，因为大多数资产收益率不是正态分布的，但是如果需要，

可以使用高斯 copula 函数。

7.9.3.1　过程 A：使用 meta-t 分布建立相关性模型

1)通过多元 GARCH 类型的模型得到 a_{it} 的边际波动率序列 σ_{it}^2 并得到边际标准化序列 $\eta_{it}=a_{it}/\sigma_{it}$。

2)使用具有标准化 t 边际的 t-copula 函数的概率密度函数拟合具有标准化新息 $\boldsymbol{\eta}_t$ 的 t-copula 函数的式(7-55)的模型。即，使用式(7-53)，但 $f_{v,\rho}(.)$ 和 $f_v(x)$ 是标准概率密度函数。

例 7.5　再次考虑在前几节使用的从 1961 年 1 月到 2011 年 12 月 IBM 股票、S&P 综合指数和 Coca Cola 股票的月度对数收益率。这里，对边际序列使用带有标准学生 t 新息的单变量 GARCH(1，1)模型。残差序列是 $\hat{\boldsymbol{a}}_t=\boldsymbol{z}_t-\hat{\boldsymbol{\mu}}$ 和 $\hat{\boldsymbol{\mu}}=(0.0077，0.0050，0.0106)'$，并且 $\hat{\boldsymbol{a}}_t$ 的 3 个边际模型为

$$\sigma_{1t}^2=3.88\times10^{-4}+0.116\hat{a}_{1,t-1}^2+0.805\sigma_{1,t-2}^2,\quad \hat{v}_1=9.21$$

$$\sigma_{2t}^2=1.2\times10^{-4}+0.131\hat{a}_{2,t-1}^2+0.815\sigma_{2,t-1}^2,\quad \hat{v}_2=7.27$$

$$\sigma_{3t}^2=2.16\times10^{-4}+0.105\hat{a}_{3,t-1}^2+0.837\sigma_{3,t-1}^2,\quad \hat{v}_3=7.08$$

其中 $\hat{v}_i$ 表示估计的自由度并且所有的系数估计在 5%水平上是统计显著的。

令 $\hat{\eta}_{it}=\hat{a}_{it}/\sigma_{it}$ 为标准化残差且 $\hat{\boldsymbol{\eta}}_t=(\hat{\eta}_{1t}，\hat{\eta}_{2t}，\hat{\eta}_{3t})'$。采用过程 A，使用式(7-55)中的模型来描述角 $\boldsymbol{\theta}_t$ 的时间演化并假设概率变换 $\boldsymbol{u}_t=(u_{1t}，u_{2t}，u_{3t})'$是自由度为 v 的 t-copula 函数，其中 $u_{it}=t_{v_i}(\hat{\eta}_{it})$和 $t_d(.)$是自由度为 d 的标准学生 t 分布的累积分布函数。因为 t 分布是连续的，所以后一个假设意味着 $\hat{\boldsymbol{\eta}}_t$ 的概率密度函数是式(7-53)给出的。极大似然估计为

$$\boldsymbol{\theta}_t=\hat{\boldsymbol{\theta}}_0+0.882\boldsymbol{\theta}_{t-1}+0.034\boldsymbol{\theta}_{t-1}^*$$

其中 $\hat{\boldsymbol{\theta}}_0=(0.9197，1.2253，1.0584)'$，$\hat{v}=15.38$ 并且 $\boldsymbol{\theta}_{t-1}^*$ 表示与相关矩阵$\{\hat{\boldsymbol{\eta}}_{t-1}，\cdots，\hat{\boldsymbol{\eta}}_{t-4}\}$相对应的角。基于渐近标准误差，所有估计在 5%水平上是统计显著的，但 $\hat{v}$ 的标准误差较大。图 7-15 展示了拟合 t-copula 模型的波动率和相关性的时序图。应用 7.1 节中的检验统计量来检测 t-copula 模型拟合 $\hat{\boldsymbol{\eta}}_t$ 序列的波动率。4 个检验统计量发现标准化残差中的条件异方差的存在性。标量变换序列的混成统计和鲁棒多元检验在 1%水平上不能拒绝原假设，但是秩统计表明数据中仍然存在某些条件异方差。 450

与图 7-9 中的 DCC 模型的相关性相比较，发现图 7-15 中的 t-copula 模型相关性在 Tse-Tsui 的 DCC 模型与 Engle 的 DCC 模型之间。t-copula 模型相关性的时间演化模式与 Tse-Tsui(2002)的 DCC 模型相似，但是有较大的量级。t-copula 模型的 3 个相关系数的样本均值分别为 0.613、0.319 和 0.555，而样本标准误差分别为 0.057、0.086 和 0.072。3 个相关系数的最小值和最大值分别为 0.460、0.076、0.315 和 0.738、0.509、0.687。这些值与表 7-4 中的 DCC 模型的值类似。

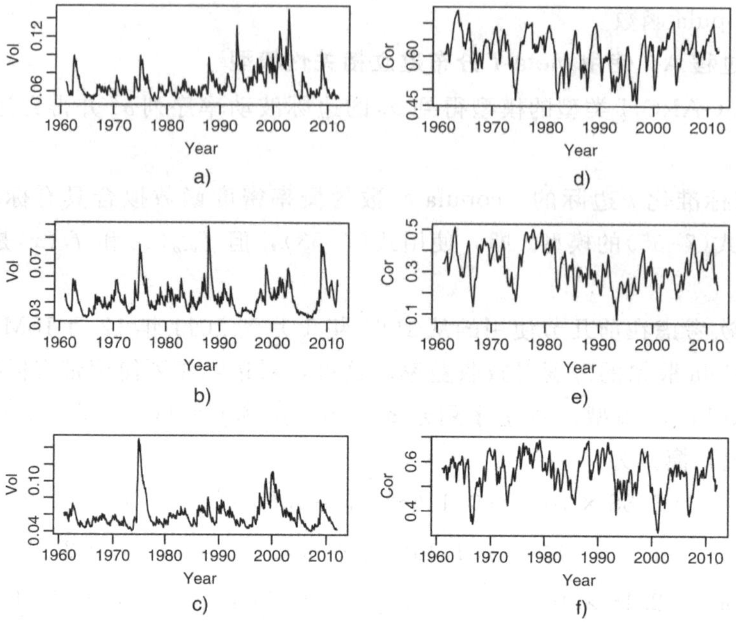

图 7-15　基于式(7-55)中 t-copula 函数的从 1961 年 1 月到 2011 年 12 月 a)IBM，b)S&P 指数和 c)Coca Cola 股票的月度对数收益率的波动性和时变相关性的时序图。左图包含波动率序列，右图包含相关性序列，d)IBM 与 S&P，e)IBM 与 KO 和 f)S&P 与 KO

最后，还对这 3 个月度对数收益率序列拟合 t-copula 模型，但是，基于 $\hat{\boldsymbol{\eta}}_t$ 的样本相关矩阵固定初始角 $\boldsymbol{\theta}_0$。在该实例中，$\hat{\boldsymbol{\theta}}_0=(0.946, 1.289, 1.035)'$，它接近前面通过联合估计得到的值。$\lambda_i$ 的估计值分别变为 0.878 和 0.034，然而自由度的估计值为 $\hat{v}=14.87$。这
451 个实例表明，固定的 $\hat{\boldsymbol{\theta}}_0$ 对于估计它们的参数没有较大的影响。 □

注记：t-copula 模型的估计基于 MTS 包中的命令 mtCopula。分量序列的边际波动率模型是通过命令 dccPre 来估计的，它使用 Rmetrics 中的 fGARCH 包。命令 mtCopula 提供了基于两种不同数值微分方法的估计的两个渐近标准误差的集合。

R 代码示例：t-copula 模型的估计。

```
> da=read.table("m-ibmspko-6111.txt",header=T)
> rtn=log(da[,-1]+1)
> m1=dccPre(rtn,cond.dist="std")
Sample mean of the returns:  0.00772774 0.005023909 0.01059521
Component:  1
Estimates:  0.000388 0.115626 0.805129 9.209269
se.coef  :  0.000177 0.036827 0.059471 3.054817
t-value  :  2.195398 3.139719 13.5382 3.014671
Component:  2
Estimates:  0.00012 0.130898 0.814531 7.274928
se.coef  :  5.7e-05 0.037012 0.046044 1.913331
t-value  :  2.102768 3.536655 17.69028 3.802232
```

```
Component:  3
Estimates:  0.000216 0.104706 0.837217 7.077138
se.coef  :  8.9e-05 0.028107 0.037157 1.847528
t-value  :  2.437323 3.725341 22.53208 3.830599
> names(m1)
[1] "marVol"  "sresi"   "est"     "se.coef"
> Vol=m1$marVol; eta=m1$sresi
> m2=mtCopula(eta,0.8,0.04)
Lower limits:  5.1 0.2 1e-04 0.7564334 1.031269 0.8276595
Upper limits:  20 0.95 0.04999999 1.040096 1.417994 1.138032
estimates:   15.38215 0.88189 0.034025 0.919724 1.225322 1.058445
std.errors:  8.222771 0.05117 0.011733 0.041357 0.055476 0.051849
t-values:    1.870677 17.2341 2.899996 22.23883 22.08729 20.41412
Alternative numerical estimates of se:
st.errors:  5.477764 0.051033 0.011714 0.041370 0.055293 0.050793
t-values:   2.808107 17.28091 2.904679 22.23173 22.16072 20.83839
> names(m2)
[1] "estimates" "Hessian"   "rho.t"     "theta.t"
> MCHdiag(eta,m2$rho.t)
Test results:
Q(m) of et:
Test and p-value:  19.30177 0.03659304
Rank-based test:
Test and p-value:  27.03262 0.002573576
Qk(m) of epsilon_t:
Test and p-value:  125.9746 0.007387423
Robust Qk(m):
Test and p-value:  107.4675 0.1011374
> m3=mtCopula(eta,0.8,0.04,include.th0=F)  # fix theta_0
Value of angles:
[1] 0.9455418 1.2890858 1.0345744
Lower limits:  5.1 0.2 1e-05
Upper limits:  20 0.95 0.0499999
estimates:   14.87427 0.8778 0.03365157
std.errors:  7.959968 0.053013 0.011951
t-values:    1.868635 16.55824 2.815811
Alternative numerical estimates of se:
st.errors:  5.49568 0.0529896 0.01191378
t-values:   2.70654 16.56551 2.824592
```

例 7.6　作为第二个例子，考虑从 2007 年 9 月 4 日到 2012 年 9 月 28 日 EXXON-Mobil 股票、S&P 综合指数和苹果股票的日对数收益率的百分比，共 1280 个观测值。样本收益率数据来源于 CRSP。图 7-16 左边部分展示了日对数收益率序列的时序图。和预期的一样，在 2008 年金融危机期间这 3 种资产的波动率是较大并且苹果股票收益率的变异性似乎大于其他两个序列。令 $\boldsymbol{z}_t$ 表示日对数收益率百分比。单个序列的分析表明苹果股票收益率具有较小的序列相关性。然而，为了简单起见，继续假设 $\boldsymbol{z}_t$ 的均值方程是一个常数。这给新息 $\hat{\boldsymbol{a}}_t=\boldsymbol{z}_t-\hat{\boldsymbol{\mu}}$ 提供一个估计值且 $\hat{\boldsymbol{\mu}}=(0.014,\ -0.002,\ 0.123)'$。遵循本节中的过程 A，从具有分量序列的学生 t 新息的一元 GARCH(1, 1)模型开始。拟合模型为

$$\sigma_{1t}^2=0.044+0.104\hat{a}_{1,t-1}^2+0.883\sigma_{1,t-1}^2,\quad \hat{v}_1=6.99$$

$$\sigma_{2t}^2=0.021+0.105\hat{a}_{2,t-1}^2+0.892\sigma_{2,t-1}^2,\quad \hat{v}_2=6.22$$

$$\sigma_{3t}^2=0.064+0.078\hat{a}_{3,t-1}^2+0.911\sigma_{3,t-1}^2,\quad \hat{v}_3=6.70$$

其中，$\hat{v}_i$ 表示自由度的估计值，并且所有的系数估计值在 5% 水平上是统计显著的。图 7-16 的右边部分展示了对于 $i=1, 2, 3$ 的标准化残差 $\hat{\boldsymbol{\eta}}_t$ 且 $\hat{\eta}_{it}=a_{it}/\sigma_{it}$ 的时序图。标准化残差图表明苹果股票的变异性确实较大的。

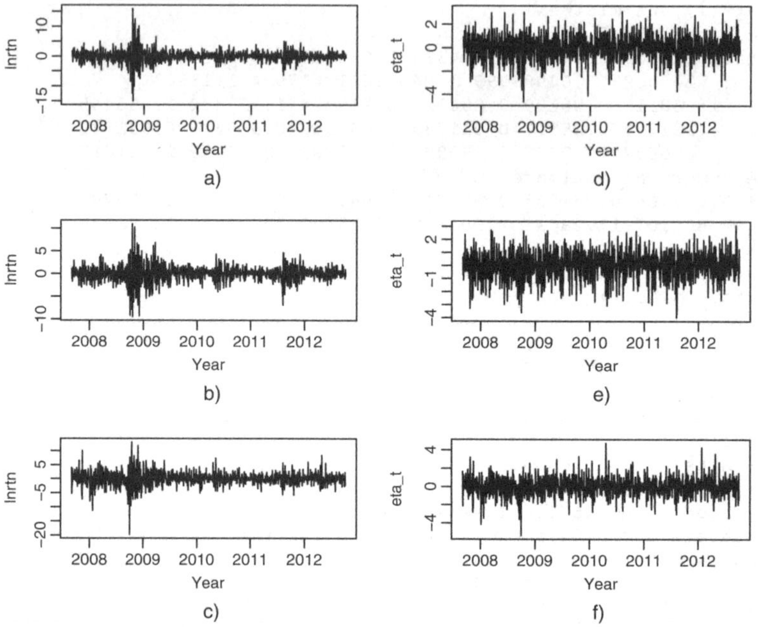

图 7-16　从 2007 年 9 月 4 日到 2012 年 9 月 28 日 EXXON-Mobil 股票、S&P 综合指数和苹果股票的日对数收益率百分比的时序图。左图包含对数收益，而右图为具有学生 t 新息的一元 GARCH(1, 1)模型的标准化残差：a)XOM，b)X&P，c)AAPL，d)XOM，e)S&P 和 f)APPL。

令 $\boldsymbol{u}_t$ 为 $\hat{\boldsymbol{a}}_t$ 的概率变换，其中第 i 个分量 u_{it} 是基于自由度为 $\hat{v}_i$ 的拟合标准学生 t 分布的 $\hat{\boldsymbol{a}}_{i,t}$ 的概率变换。使用角向量 $\boldsymbol{\theta}_t$ 的式(7-55)，将 t-copula 应用于 u_t，在 t 时刻该角向量提供了一个对相关矩阵的估计。该拟合模型是

$$\boldsymbol{\theta}_t = \boldsymbol{\theta}_0 + 0.9475\boldsymbol{\theta}_{t-1} + 0.0250\boldsymbol{\theta}_{t-1}^*$$

其中，$\boldsymbol{\theta}_{t-1}^*$ 表示对应于$\{\hat{\boldsymbol{\eta}}_{t-1}, \cdots, \hat{\boldsymbol{\eta}}_{t-4}\}$的样本相关矩阵的角度，且拟合自由度为 8.56 和标准误差为 1.61。该拟合初始角向量为 $\boldsymbol{\theta}_0=(0.6654, 1.1446, 1.0278)'$。基于所有估计的渐近标准误差，这些估计都是高度显著的。图 7-17 展示了时变相关性和 $\boldsymbol{\theta}_t$ 序列的时序图。相关性非常高且样本均值分别为 0.785、0.427 和 0.635。从该图中可看出，角度似乎与相关系数呈负相关性。在这个实例中，与例 7-5 的月度对数收益相比，t-copula 的自由度具有较小的标准误差。这是合理的，因为日收益的样本大小较大且日收益率具有较厚的尾部。

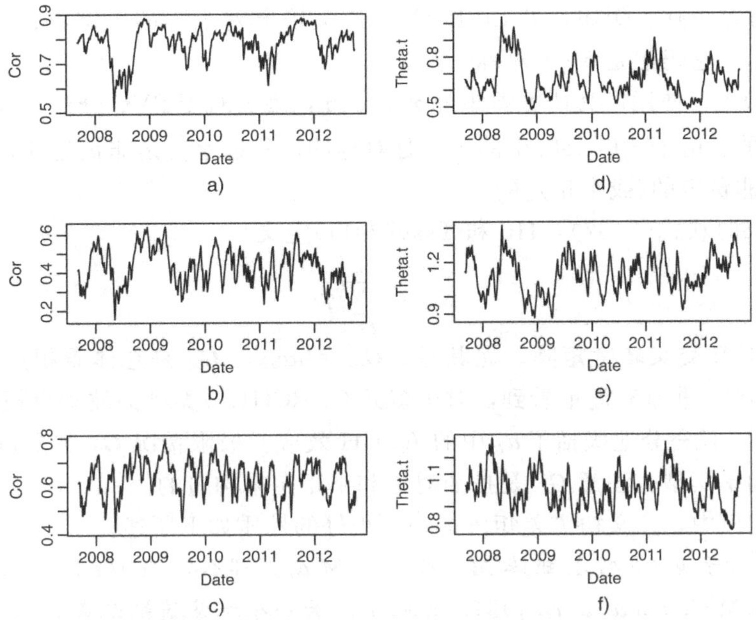

图 7-17 从 2007 年 9 月 4 日到 2012 年 9 月 28 日 EXXON-Mobil 股票、S&P 综合指数和苹果股票的日对数收益率百分比的时变相关性和角度的时序图。这些结果基于自由度为 8.56 的 t-copula 模型。左图包含相关性，右图包含角。a) XOM 与 S&P，b) XOM 与 AAPL，c) S&P 与 AAPL，d) theta(1，2)，e) theta(1，3)，f) theta(2，3)

7.10 主波动成分

在最近研究中，Hu 和 Tsay (2014) 将主成分分析的概念推广到主波动成分(PVC)分析。令 $\boldsymbol{v}_t=\text{vec}(\boldsymbol{\Sigma}_t)$ 为 k 维时间序列 $\boldsymbol{z}_t$ 的波动率矩阵 $\boldsymbol{\Sigma}_t$ 的列块向量。本章考虑的波动率模型意味着

$$\boldsymbol{v}_t = \boldsymbol{c}_0 + \sum_{i=1}^{\infty} \boldsymbol{C}_i \text{vec}(\boldsymbol{a}_{t-i}\boldsymbol{a}'_{t-i}) \tag{7-56}$$

其中 $\boldsymbol{c}_0$ 是一个 k^2 维常数向量且 $\boldsymbol{C}_i$ 是 $k^2\times k^2$ 实值常数矩阵。例如，对于式(7-23)中的 BEKK(1，1)模型，有 $\boldsymbol{c}_0=[\boldsymbol{I}_k^2-(\boldsymbol{B}_1\otimes\boldsymbol{B}_1)]^{-1}\text{vec}(\boldsymbol{A}_0\boldsymbol{A}'_0)$ 和 $\boldsymbol{C}_i=\boldsymbol{B}_1^i\boldsymbol{A}_1\otimes\boldsymbol{B}_1^i\boldsymbol{A}_1$。式(7-56)说明 $\boldsymbol{z}_t$ 有条件异方差(或者 ARCH 效应)，当且仅当对于 $i>0$ $\boldsymbol{C}_i$ 不为零。换言之，存在 ARCH 效应意味着对于 $i>0$ $\boldsymbol{z}_t\boldsymbol{z}'_t$ 和 $\boldsymbol{a}_t\boldsymbol{a}'_t$ 与 $\boldsymbol{a}_{t-i}\boldsymbol{a}'_{t-i}$ 是相关的。基于该观测结果，Hu 和 Tsay(2014)定义滞后 ℓ 广义交叉峰度矩阵为

$$\boldsymbol{\gamma}_\ell = \sum_{i=1}^{k}\sum_{j=1}^{k}\text{Cov}^2(\boldsymbol{a}_t\boldsymbol{a}'_t, a_{i,t-\ell}a_{j,t-\ell}) = \sum_{i=1}^{k}\sum_{j=1}^{k}\boldsymbol{\gamma}^2_{\ell,ij} \tag{7-57}$$ 452~455

其中 $\ell\geqslant 0$ 且

$$\boldsymbol{\gamma}_{\ell,ij} = \text{Cov}(\boldsymbol{a}_t\boldsymbol{a}'_t, a_{i,t-\ell}a_{j,t-\ell}) = E[(\boldsymbol{a}_t\boldsymbol{a}'_t-\boldsymbol{\Sigma}_a)(a_{1,t-\ell}a_{j,t-\ell}-\sigma_{a,i,j})] \tag{7-58}$$

其中 $\boldsymbol{\Sigma}_a=[\sigma_{a,ij}]$ 是序列 $\boldsymbol{z}_t$ 的新息 $\boldsymbol{a}_t$ 的无条件协方差矩阵。$k\times k$ 矩阵 $\boldsymbol{\gamma}_{\ell,ij}$ 称为 $\boldsymbol{a}_t\boldsymbol{a}'_t$ 与 $a_{i,t-\ell}a_{j,t-\ell}$

之间的广义协方差矩阵。例如，见 Li(1992)。广义协方差矩阵的关键特征是对于 $k\times k$ 随机向量矩阵 $\boldsymbol{a}_t\boldsymbol{a}_t'$，它仍然是 $k\times k$ 对称矩阵。

在式(7-57)中，使用广义协方差矩阵 $\boldsymbol{\gamma}_{\ell,ij}$ 平方，因为对于 PVC 分析，有一个非负定矩阵 $\boldsymbol{\gamma}_\ell$ 是很方便的。由于式(7-58)中的 $\boldsymbol{\gamma}_{\ell,ij}$ 是对称的，所以 $\boldsymbol{\gamma}_{\ell,ij}^2$ 是非负定的，因此广义交叉峰度矩阵 $\boldsymbol{\gamma}_\ell$ 是非负定的(或半正定的)。

基于式(7-56)和式(7-57)，Hu 和 Tsay(2014)定义

$$\boldsymbol{G}_m=\sum_{\ell=1}^{m}\boldsymbol{\gamma}_\ell \tag{7-59}$$

为第 m 个累积广义交叉峰度矩阵。尤其是，$\boldsymbol{G}_\infty=\lim_{m\to\infty}\boldsymbol{G}_m$ 是总体累积广义交叉峰度矩阵，假设极限存在。非常有趣地看到，对于多元 GARCH(m)类型的波动率模型，式(7-59)中的累积矩阵 $\boldsymbol{G}_m$ 是充分地概括了 $\boldsymbol{a}_t$ 中的 ARCH 效应。极限情况 $\boldsymbol{G}_\infty$ 主要是为了 GARCH 类型的多元波动率模型。注意 $\boldsymbol{G}_m$ 是按照对称和半正定来构造的。

在波动率建模中，广义协方差矩阵的一个很好的性质如下所述。

引理 7.3　对于 $k\times k$ 常数矩阵 $\boldsymbol{M}$，令 $\boldsymbol{b}_t=\boldsymbol{M}'\boldsymbol{a}_t$。那么，$\mathrm{Cov}(\boldsymbol{b}_t\boldsymbol{b}_t', x_{t-1})=\mathrm{Cov}(\boldsymbol{M}'\boldsymbol{a}_t\boldsymbol{a}_t'\boldsymbol{M}, x_{t-1})=\boldsymbol{M}'\mathrm{Cov}(\boldsymbol{a}_t\boldsymbol{a}_t', x_{t-1})\boldsymbol{M}$，其中 x_{t-1} 为一个标量随机变量。

令 $\boldsymbol{m}_s=(m_{1s}, m_{2s}, \cdots, m_{ks})'$ 为 $\boldsymbol{M}$ 的第 s 列。如果 $b_{st}=\boldsymbol{m}_s'\boldsymbol{a}_t$ 是 $\boldsymbol{a}_t$ 的一个线性组合，且 $\boldsymbol{a}_t$ 不具有条件异方差，即没有 ARCH 效应，那么 $E(b_{st}^2\mid F_{t-1})=c_s^2$ 是一个常数，其中 F_{t-1} 表示在 $t-1$ 时刻可以获得的信息。因此，对于所有的 $\ell>0$ 和 $1\leqslant i, j\leqslant k$，$b_{st}^2$ 与 $a_{i,t-\ell}a_{j,t-\ell}$ 是不相关的。对于所有的 $\ell>0$ 和 $1\leqslant i, j\leqslant k$，有 $\mathrm{Cov}(b_{st}^2, a_{i,t-\ell}a_{j,t-\ell})=0$。根据引理 7.3，我们发现对于所有的 $\ell>0$ 和 $1\leqslant i, j\leqslant k$，$\boldsymbol{\gamma}_{\ell,ij}$ 是奇异的。所以，对于 $\ell>0$，$\boldsymbol{\gamma}_\ell$ 是奇异的。因此，$\boldsymbol{G}_m$ 和 $\boldsymbol{G}_\infty$ 也是奇异的。

另一方面，假设 $\boldsymbol{G}_\infty$ 是奇异的且 $\boldsymbol{m}_s$ 是 k 维向量，因此 $\boldsymbol{G}_\infty\boldsymbol{m}_s=\boldsymbol{0}$。显然，得到 $\boldsymbol{m}_s'\boldsymbol{G}_\infty\boldsymbol{m}_s=$
456 0。由于 $\boldsymbol{\gamma}_\ell$ 是半正定的，对于所有的 $\ell>0$ 有 $\boldsymbol{m}_s'\boldsymbol{\gamma}_\ell\boldsymbol{m}_s=0$。这又意味着对于所有的 $\ell>0$ 和 $1\leqslant i, j\leqslant k$ 有 $\boldsymbol{m}_s'\boldsymbol{\gamma}_\ell^2\boldsymbol{m}_s=0$。因此，通过 $\boldsymbol{\gamma}_{\ell,ij}$ 对称性，得到$(\boldsymbol{r}_{\ell,ij}\boldsymbol{m}_s)'(\boldsymbol{\gamma}_{\ell,ij}\boldsymbol{m}_s)=0$。这意味着对于所有的 $\ell>0$ 和 $1\leqslant i, j\leqslant k$ 有 $\boldsymbol{\gamma}_{\ell,ij}\boldsymbol{m}_s=\boldsymbol{0}$。再次使用引理 7.3，我们看到对于所有的 $\ell>0$和 $1\leqslant i, j\leqslant k$，$b_{st}=\boldsymbol{m}_s'\boldsymbol{a}_t$ 与 $a_{i,t-\ell}a_{j,t-\ell}$ 是不相关的。这又表明 $E(b_{st}^2\mid F_{t-1})$ 是时间不变的。换言之，$\boldsymbol{a}_t$ 的线性组合 b_{st} 没有条件异方差。

前面的讨论表明与零特征值相关联的 $\boldsymbol{G}_\infty$ 的特征向量产生了没有 ARCH 效应的 $\boldsymbol{a}_t$ 的一个线性组合。Hu 和 Tsay(2014)把这些结果总结在了一个定理中。

定理 7.7　考虑一个具有新息 $\boldsymbol{a}_t$ 的弱平稳 k 维向量过程 $\boldsymbol{z}_t$。假设 $\boldsymbol{a}_t$ 具有有限第四阶矩并且令 $\boldsymbol{G}_\infty$ 为在式(7-59)中定义的 $\boldsymbol{a}_t$ 的累积广义交叉峰度矩阵且 $m\to\infty$。那么，存在 $k-h$ 个没有 ARCH 效应的 $\boldsymbol{a}_t$ 的线性组合当且仅当 $\mathrm{rank}(\boldsymbol{G}_\infty)=h$。

为了使用定理 7.7，Hu 和 Tsay(2014)考虑了 $\boldsymbol{G}_\infty$ 的谱分解。具体地，假设

$$\boldsymbol{G}_\infty\boldsymbol{M}=\boldsymbol{M}\boldsymbol{\Lambda} \tag{7-60}$$

其中 $\boldsymbol{\Lambda}=\mathrm{diag}\{\lambda_1^2\geqslant\lambda_2^2\geqslant\cdots\geqslant\lambda_k^2\}$ 是 G_∞ 的有序特征值的对角矩阵，$\boldsymbol{M}=[\boldsymbol{m}_1, \cdots\boldsymbol{m}_k]$是相应特

征向量的矩阵且对于所有 $s=1, \cdots, k$ 有 $\|\boldsymbol{m}_s\|=1$。那么，$\boldsymbol{a}_t$ 的第 s 个主波动成分(PVC)为 $b_{st}=\boldsymbol{m}_s'\boldsymbol{a}_t$。

考虑 $\boldsymbol{a}_t$ 的第 s 个 PVC。根据 $\boldsymbol{G}_\infty$ 的定义和谱分解，式(7-60)左乘 $\boldsymbol{m}_s'$，得到

$$\sum_{\ell=1}^{\infty}\sum_{i=1}^{k}\sum_{j=1}^{k}\boldsymbol{m}_s'\boldsymbol{\gamma}_{\ell,ij}^2\boldsymbol{m}_s=\lambda_s^2, \quad s=1,\cdots,k \tag{7-61}$$

令 $\boldsymbol{\gamma}_{\ell,ij}\boldsymbol{m}_s=\boldsymbol{w}_{\ell,ij,s}$。那么，式(7-61)表明

$$\sum_{\ell=1}^{\infty}\sum_{i=1}^{k}\sum_{j=1}^{k}\boldsymbol{\omega}_{\ell,ij,s}'\boldsymbol{\omega}_{\ell,ij,s}=\lambda_s^2$$

另一方面，通过引理 7.3，得到

$$\boldsymbol{m}_s'\boldsymbol{\omega}_{\ell,ij,s}=\boldsymbol{m}_s'\boldsymbol{\gamma}_{\ell,ij}\boldsymbol{m}_s=\text{Cov}(b_{st}^2, a_{i,t-\ell}a_{j,t-\ell})$$

该公式表明 $\boldsymbol{m}_s\boldsymbol{\gamma}_{\ell,ij}\boldsymbol{m}_s$ 可以是投资组合 b_{st} 的波动率与滞后交叉乘积 $a_{i,t-\ell}a_{j,t-\ell}$ 相关性的一种度量。该相关性度量可能是负值以至于使用式(7-61)中的平方矩阵来获得跨滞后相关性度量的非负总和。从这个意义上讲，特征值 λ_s^2 可以作为投资组合 b_{st} 的波动率相关性的一个度量。这对 PVC 定义提供了修正。 457

样本主波动成分

在有限样本中，通过 $\boldsymbol{G}_m$ 的样本副本(对于预先指定的正整数 m)可以估计 $\boldsymbol{G}_m$ 的累积广义交叉峰度矩阵。例如，Hu 和 Tsay(2014)通过它的样本版本

$$\hat{\text{Cov}}(\boldsymbol{a}_t\boldsymbol{a}_t', a_{i,t-\ell}a_{j,t-\ell})=\frac{1}{T}\sum_{t=\ell+1}^{T}(\boldsymbol{a}_t\boldsymbol{a}_t'-\bar{\boldsymbol{A}})(a_{i,t-\ell}a_{j,t-\ell}-\bar{A}_{ij}) \tag{7-62}$$

估计广义协方差矩阵 $\gamma_{\ell,ij}$，其中 T 是样本大小，并且

$$\bar{\boldsymbol{A}}=\frac{1}{T}\sum_{t=1}^{T}\boldsymbol{a}_t\boldsymbol{a}_t'\equiv[\bar{A}_{ij}]$$

那么累积广义交叉峰度矩阵 $\boldsymbol{G}_m$ 是通过下式估计的。

$$\hat{\boldsymbol{G}}_m=\sum_{\ell=1}^{m}\sum_{i=1}^{k}\sum_{j=1}^{k}\left(1-\frac{\ell}{T}\right)^2\hat{\text{Cov}}^2(\boldsymbol{a}_t\boldsymbol{a}_t', a_{i,t-\ell}a_{j,t-\ell})$$

$\hat{\boldsymbol{G}}_m$ 的谱分解提供 $\boldsymbol{a}_t$ 的样本主波动率成分。对于在某些阶矩条件下样本广义交叉峰度矩阵的某些一致性性质，可以参见 Hu 和 Tsay(2014)。

主波动成分分析的重要应用是检测 k 维资产收益中的共同波动因子。见定理 7.7。Hu 和 Tsay(2014)使用这种方法检测在 7 种汇率的周对数收益中的共同波动因子。

例 7.7 考虑从 2000 年 3 月 29 日到 2011 年 10 月 26 日共 605 个观测数据它包含 7 种汇率的周对数收益。这 7 种货币分别是英镑(British Pound，GBP)、挪威币(Norwegian Kroner，NOK)、瑞典币(Swedish Kroner，SEK)、瑞士法郎(Swiss Franc，VHF)、加拿大元(Candian Dollar，CAD)、新加坡元(Singapore Dollar，SGD)和澳元(Asutrialian Dollar，AUD)。所有的汇率都是与美元相比。令 $\boldsymbol{z}_t$ 为 7 维汇率的对数收益率。使用 VAR(5)模型剔除序列相关性，得到

458

$$a_t = z_t - \phi_0 - \sum_{i=1}^{5} \phi_i z_{t-i}$$

Hu 和 Tsay(2014)主要研究新息序列 a_t。一元 ARCH 检验表明所有 7 种汇率新息都拥有条件异方差。应用主波动成分分析且 $m=10$，得到 7 种主波动成分。特征值和它们相关联的特征向量在表 7-5 中给出。从这个表中可得出，最小的特征值为 0.449，且它比其他值都小并且仅解释了大约 4% 的 $\hat{G}_{10}$ 的迹。我们将一元 ARCH 检验应用于 7 个主波动成分，并且发现第 7 个 PVC 确实没有条件异方差，这意味着在汇率市场上存在共同波动因子。为此，图 7-18 展示了(a)第 1 个和第 7 个 PVC 的时序图和(b)第 1 个和第 7 个 PVC 的平方序列的样本自相关性。图形和 ACF 表明第 1 个 PVC 有条件异方差，但第 7 个 PVC 没有条件异方差。特征向量说明第 7 个 PVC 近似于

表 7-5 拟合 7 种汇率周对数收益 VAR(5)模型残差的特征值与标准特征向量

PVC	7th	6th	5th	4th	3rd	2nd	1st
Values	0.449	0.776	1.082	1.200	1.647	1.906	4.076
Prop.	0.040	0.070	0.097	0.108	0.148	0.171	0.366
Vectors	−0.232	0.366	0.165	0.656	−0.002	0.214	−0.197
	−0.187	−0.754	0.177	0.159	−0.102	−0.029	−0.309
	−0.216	0.510	−0.329	−0.313	−0.331	−0.351	−0.235
	−0.219	−0.072	−0.236	−0.016	0.143	0.198	0.631
	0.569	−0.054	−0.399	0.294	0.698	−0.060	−0.038
	0.663	0.173	0.762	0.365	−0.078	−0.850	0.641
	−0.233	0.012	0.191	−0.476	0.605	0.254	0.028

注：收益的样本区间为从 2000 年 3 月 29 日到 2011 年 10 月 26 日，共 605 个观测值。

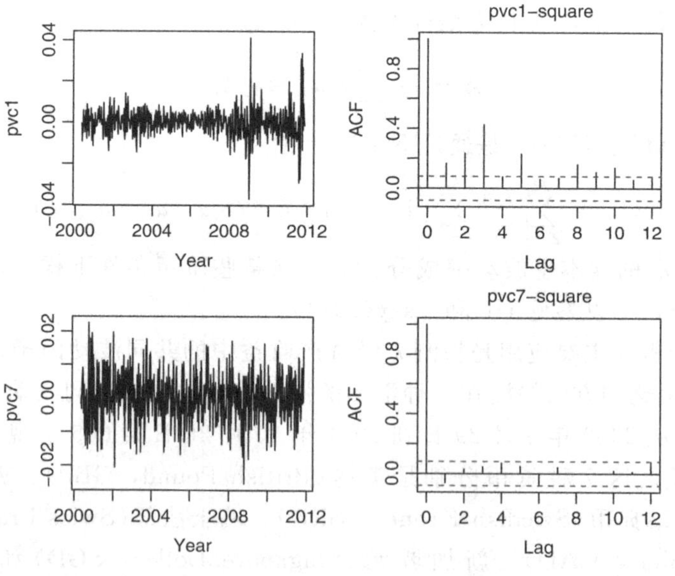

图 7-18 7 种汇率的周对数收益率和 PVC 的平方序列的样本自相关的第 1 个和第 7 个主波动成分的时序图

$$b_{7t} \approx 0.2(\text{GBP} + \text{NOK} + \text{SEK} + \text{CHF} + \text{AUD})_t - 0.6(\text{CAD} + \text{SGD})_t$$

它表明欧洲和澳大利亚之间的汇率与加拿大和新加坡之间的汇率的资产组合。 □

注记：式(7-62)中的样本广义协方差矩阵可能对$\{\boldsymbol{a}_t\}$中的极端新息非常敏感的。为了减小一些异常新息的影响，可以使用某些鲁棒估计。例如，见 7.8 节中的 Huber 函数。

注记：主波动成分分析可以通过 MTS 包中的命令 comVol 来实现。在执行该分析之前，程序允许 VAR 拟合来剔除时序列的序列相关性。默认选项使用 $\hat{\boldsymbol{G}}_{10}$。

R 代码示例：主波动成分分析。

```
> da=read.table("w-7fx.txt",header=T)
> dim(da)
[1] 606  10
> fx=log(da[,4:10])
> rtn=diffM(fx)
> m1=comVol(rtn,p=5) ## Mean equation is VAR(5).
eigen-values:  4.0759 1.90646 1.64679 1.19989 1.08151 0.776164 0.44903
proportion:    0.36602 0.17120 0.14788 0.10775 0.09712 0.06970 0.04032
Checking:
Results of individual F-test for ARCH effect
Numbers of lags used: 10, 20, 30
Component,(F-ratio P-val) (F-ratio P-val) (F-ratio P-Val)
     [,1]  [,2]      [,3]   [,4]      [,5]  [,6]     [,7]
[1,]    1 21.66 0.00e+00 11.421 0.00e+00 7.725 0.00e+00
[2,]    2  5.78 2.54e-08  4.114 8.66e-09 3.169 7.06e-08
[3,]    3  7.24 7.95e-11  3.804 7.17e-08 2.659 6.66e-06
[4,]    4  4.58 2.76e-06  2.859 3.70e-05 2.279 1.63e-04
[5,]    5  1.49 1.38e-01  0.824 6.85e-01 0.776 7.99e-01
[6,]    6  2.38 9.18e-03  1.872 1.23e-02 1.271 1.55e-01
[7,]    7  1.42 1.68e-01  1.121 3.23e-01 1.126 2.96e-01
> names(m1)
[1] "residuals" "values"    "vectors"   "M"
> print(round(m1$M,4))
        [,1]    [,2]    [,3]    [,4]    [,5]    [,6]    [,7]
[1,] -0.1965 -0.2139 -0.0020  0.6560  0.1648  0.3660 -0.2319
[2,] -0.3089  0.0292 -0.1021  0.1588  0.1776 -0.7538 -0.1865
[3,] -0.2351  0.3511 -0.3311 -0.3132 -0.3295  0.5094 -0.2157
[4,]  0.6307 -0.1982  0.1428 -0.0160 -0.2357 -0.0725 -0.2187
[5,] -0.0375  0.0600  0.6978  0.2937 -0.3994 -0.0540  0.5686
[6,]  0.6409  0.8503 -0.0782  0.3649  0.7624  0.1732  0.6629
[7,]  0.0279 -0.2534  0.6055 -0.4761  0.1910  0.0124 -0.2332
> rt=m1$residuals%*%m1$M  ### Obtain PVCs.
```

练习

7.1 考虑从 1962 年 1 月到 2011 年 12 月 Fama 债券组合(6 个月)、S&P 综合指数和 Procter&Gamble 股票的月度对数收益率，共 600 个观测值。样本收益率来源于 CRSP 且数据在文件 m-bndpgspabt.txt 中。这三个收益率序列在第 2、5 和 6 列。我们使用对数收益率。由于债券收益率具有序列相关性，所以应用 ARIMA(1, 0, 8)模型来拟合该序列。另外，债券收益率的规模应该比较小，这样可以使用百分比债券收益率。结果数据在文件 m-bndpgsp-6211.txt 中。

(a)在 3 维对数收益率序列中存在条件异方差吗？为什么？

(b)应用 EWMA 方法(平滑参数 $\lambda=0.96$)获得数据的时变相关系数。计算相关系数的样本均值。

7.2　考虑练习 7.1 的 3 维月度对数收益率。用带有学生 t 新息的 Tse 和 Tsui(2002)的 DCC 模型来拟合数据并且得到时变相关系数。还 Engle(2002)的 DCC 模型拟合数据并得到时变相关系数。对比这两个模型。这两个拟合模型合适吗？为什么？

7.3　考虑练习 7.1 的 3 维月度对数收益率。用带有边际学生 t 新息的 t-copula 模型拟合数据。写出这个拟合模型并计算产生的时变相关系数。

7.4　考虑练习 7.1 的 3 维月度对数收益率。基于数据的 Cholesky 分解，拟合一个多元波动率模型。该模型合适吗？为什么？

459~461 7.5　考虑例 7.6 中使用的 EXXON-Mobil、S&P 综合指数和苹果股票的日对数收益率。使用动态正交分量(DOC)模型拟合该序列。写出该拟合模型。该模型合适吗？为什么？

7.6　考虑例 7.6 中使用的 EXXON-Mobil 股票和 S&P 综合指数的日对数收益率(百分比)。用 BEKK(1，1)模型拟合对数收益率的新息。写出该拟合模型并得到相关系数的均值、标准误差、最小值和最大值。

7.7　文件 `m-pgspabt-6211.txt` 包含从 1962 年 1 月到 2011 年 12 月 Procter&Gamble 股票、S&P 综合指数和 Abbot Laboratories 股票的月度简单收益率。计算对数收益率。对数收益率序列存在条件异方差吗？用 Go-GARCH 模型且使用 ICA 估计方法拟合对数收益率序列。写出该拟合模型。该模型合适吗？为什么？

参考文献

Alexander, C. (2001). Orthogonal GARCH. In C. Alexander (ed.). *Mastering Risk*: Volume 2: Applications, pp. 21–38. Financial Times Management, London.

Asai, M., McAleer, M., and Yu, J. (2006). Multivariate stochastic volatility: a review. *Econometric Reviews*, **25**: 145–175.

Bauwens, L., Hafner, C., and Laurent, S. (2012). *Handbook of Volatility Models and Their Applications*. John Wiley & Sons, Inc, Hoboken, NJ.

Bauwens, L., Laurent, S., and Rombouts, J. V. K. (2006). Multivariate GARCH models: a survey. *Journal of Applied Econometrics*, **21**: 79–109.

Bollerslev, T. and Wooldridge, J. M. (1992). Quasi-maximum likelihood estimation and inference in dynamic models with time-varying covariance. *Econometric Reviews*, **11**: 143–173.

Chang, C. and Tsay, R. S. (2010). Estimation of covariance matrix via sparse Cholesky factor with lasso. *Journal of Statistical Planning and Inference*, **140**: 3858–3873.

Creal, D., Koopman, S. J., and Lucas, A. (2011). A dynamic multivariate heavy-tailed model for time-varying volatilities and correlations. *Journal of Business & Economic Statistics*, **29**: 552–563.

Demarta, S. and McNeil, A. J. (2004). The t copula and related copulas. Working paper, Department of Mathematics, Federal Institute of Technology.

Dufour, J. M. and Roy, R. (1985). Some robust exact results on sample autocorrelations and test of randomness. *Journal of Econometrics*, **29**: 257–273.

Dufour, J. M. and Roy, R. (1986). Generalized portmanteau statistics and tests of randomness. *Communications in Statistics–Theory and Methods*, **15**: 2953–2972.

Engle, R. F. (1982). Autoregressive conditional heteroscedasticity with estimates of the variance of UK inflation. *Econometrica*, **50**: 987–1008.

Engle, R. F. (2002). Dynamic conditional correlations: a simple class of multivariate GARCH models. *Journal of Business and Economic Statistics*, **20**: 339–350.

Engle, R. F. and Kroner, K. F. (1995). Multivariate simultaneous generalized ARCH. *Econometric Theory* **11**: 122–150.

Fan, J., Wang, M., and Yao, Q. (2008). Modeling multivariate volatility via conditionally uncorrelated components. *Journal of the Royal Statistical Society, Series B*, **70**: 679–702.

Francq, C. and Zakoian, J. M. (2010). *GARCH Models*. John Wiley & Sons, Inc, Hoboken, NJ.

Hu, Y. P. and Tsay, R. S. (2014). Principal volatility component analysis. *Journal of Business & Economic Statistics* (to appear).

Hyvärinen, A., Karhunen, J., and Oja, E. (2001). *Independent Component Analysis*. John Wiley & Sons, Inc, New York.

Joe, H. (1997) *Multivariate Models and Dependence Concepts*. Chapman & Hall/CRC, Boca Raton, FL.

Li, K. C. (1992). On principal Hessian directions for data visualization and dimension reduction: another application of Stein's lemma. *Journal of the American Statistical Association*, **87**:1025–1039.

Li, W. K. (2004). *Diagnostic Checks in Time Series*. Chapman & Hall/CRC, Boca Raton, FL.

Ling, S. and Li, W. K. (1997). Diagnostic checking of nonlinear multivariate time series with multivariate ARCH errors. *Journal of Time Series Analysis*, **18**: 447–464.

Lopes, H., McCulloch, R. E., and Tsay, R. S. (2013). Parsimony-inducing priors for large scale state-space models. Working Paper, Booth School of Business, University of Chicago.

Matteson, D. S. and Tsay, R. S. (2011). Dynamic orthogonal components for multivariate time series. *Journal of the American Statistical Association*, **106**: 1450–1463.

McNeil, A. J., Frey, R., and Embrechts, P. (2005). *Quantitative Risk Management*. Princeton University Press, Princeton, NJ.

Moran, P. A. P. (1948). Some theorems on time series II: the significance of the serial correlation coefficient. *Biometrika*, **35**: 255–260.

Nelsen, R. B. (1999). *An Introduction to Copulas*. Lecture Notes in Statistics, 139. Springer, New York.

Pfaff, B. (2011). The package gogarch. R package available at `http://www.r-project.org` (accessed on July 11, 2013).

Tibshirani, R. (1996). Regression analysis and selection via the Lasso. *Journal of the Royal Statistical Society, Series B*, **58**: 267–288.

Tsay, R. S. (2010). *Analysis of Financial Time Series*. 3rd Edition. John Wiley & Sons, Inc, Hoboken, NJ.

Tse, Y. K. (2002). Residual-based diagnostics for conditional heteroscedasticity models. *Econometric Journal*, **5**: 358–373.

Tse, Y. K. and Tsui, A. K. C. (2002). A multivariate GARCH model with time-varying correlations. *Journal of Business and Economic Statistics*, **20**: 351–362.

Van der Weide, R. (2002). A multivariate generalized orthogonal GARCH model. *Journal of*
462～464 *Applied Econometrics*, **17**: 549–564.

Vilenkin, N. (1968). *Special Functions and the Theory of Group Representation*, translations of mathematical monographs. American Mathematical Society, Providence, RI, USA, 22.

附录 A 数学与统计学

该附录复习在学习多元时间序列时用到的数学、概率论和统计学知识。

A.1 向量和矩阵

简要地复习代数以及向量和矩阵的性质。因为在标准教科书中可以找到它们的证明(例如，Graybil(1969)；Magnus 和 Neudecker(1999))，所以这里就不给出证明。同时，在 Lutkepohl(2005)的附录 A 中也给出一些较好的结论总结。

一个 $m\times n$ 实数矩阵是一个 $m\times n$ 的实数数组。例如

$$\boldsymbol{A}=\begin{bmatrix}2 & 5 & 8\\ -1 & 3 & 4\end{bmatrix}$$

是一个 2×3 矩阵。该矩阵具有 2 行 3 列。通常，一个 $m\times n$ 矩阵写为

$$\boldsymbol{A}\equiv[a_{ij}]=\begin{bmatrix}a_{11} & a_{12} & \cdots & a_{1,n-1} & a_{1n}\\ a_{21} & a_{22} & \cdots & a_{2,n-1} & a_{2n}\\ \cdots & \cdots & \cdots & \cdots & \cdots\\ a_{m1} & a_{m2} & \cdots & a_{m,n-1} & a_{mn}\end{bmatrix} \tag{A-1}$$

正整数 m 和 n 分别是矩阵 $\boldsymbol{A}$ 的行维数和列维数。实数 a_{ij} 称为矩阵 $\boldsymbol{A}$ 的第(i, j)个元素。尤其是，元素 a_{ii} 是矩阵的对角元素。 465

一个 $m\times 1$ 矩阵形成 m 维列向量，一个 $1\times n$ 矩阵是 n 维行向量。在文献中，一个向量通常意味着一个列向量。如果 $m=n$，那么矩阵是一个方阵。如果 $a_{ij}=0(i\neq j)$且 $m=n$，那么矩阵 $\boldsymbol{A}$ 是一个对角矩阵。如果 $a_{ij}=0(i\neq j)$且对于所有的 i 有 $a_{ii}=1$，那么 $\boldsymbol{A}$ 是一个 $m\times m$ 单位矩阵，通常表示为 $\boldsymbol{I}_m$；或者，如果矩阵的维数是明确的，则可以简单地记为 $\boldsymbol{I}$。

$n\times m$ 矩阵

$$\boldsymbol{A}'=\begin{bmatrix}a_{11} & a_{21} & \cdots & a_{m-1,1} & a_{m1}\\ a_{12} & a_{22} & \cdots & a_{m-1,2} & a_{m2}\\ \cdots & \cdots & \cdots & \cdots & \cdots\\ a_{1n} & a_{2n} & \cdots & a_{m-1,n} & a_{mn}\end{bmatrix}$$

是矩阵 $\boldsymbol{A}$ 的转置矩阵。例如，

$$\begin{bmatrix}2 & -1\\ 5 & 3\\ 8 & 4\end{bmatrix}\text{是矩阵}\begin{bmatrix}2 & 5 & 8\\ -1 & 3 & 4\end{bmatrix}\text{的转置}$$

使用符号 $\boldsymbol{A}'=[a'_{ij}]$表示矩阵 $\boldsymbol{A}$ 的转置。从该定义可以看出，$a'_{ij}=a_{ji}$ 和$(\boldsymbol{A}')'=\boldsymbol{A}$。如果 $\boldsymbol{A}'=\boldsymbol{A}$，那么 $\boldsymbol{A}$ 是一个对称矩阵。

A.1.1 基本运算

假设 $\boldsymbol{A}=[a_{ij}]_{m\times n}$ 和 $\boldsymbol{C}=[c_{ij}]_{p\times q}$ 是两个矩阵且维数通过下标给出。令 b 表示一个实数。一些基本的矩阵运算定义如下：

- 加法：$\boldsymbol{A}+\boldsymbol{C}=[a_{ij}+c_{ij}]_{m\times n}$，如果 $m=p$ 和 $n=q$。
- 减法：$\boldsymbol{A}-\boldsymbol{C}=[a_{ij}-c_{ij}]_{m\times n}$，如果 $m=p$ 和 $n=q$。
- 标量乘法：$b\boldsymbol{A}=[ba_{ij}]_{m\times n}$。
- 乘法：$\boldsymbol{AC}=\left[\sum_{v=1}^{n}a_{iv}c_{vj}\right]_{m\times q}$，如果 $n=p$。

当矩阵的维数满足乘法的条件时，这两个矩阵称为可相乘的。下面是矩阵乘法的一个例子为

466

$$\begin{bmatrix}2 & 1\\ 1 & 1\end{bmatrix}\begin{bmatrix}1 & 2 & 3\\ -1 & 2 & -4\end{bmatrix}=\begin{bmatrix}2\times1-1\times1 & 2\times2+1\times2 & 2\times3-1\times4\\ 1\times1-1\times1 & 1\times2+1\times2 & 1\times3-1\times4\end{bmatrix}=\begin{bmatrix}1 & 6 & 2\\ 0 & 4 & -1\end{bmatrix}$$

矩阵运算的重要规则包含：(a)$(\boldsymbol{AC})'=\boldsymbol{C}'\boldsymbol{A}'$；(b)一般情况下，$\boldsymbol{AC}\neq\boldsymbol{CA}$；(c)$(\boldsymbol{AB})\boldsymbol{C}=\boldsymbol{A}(\boldsymbol{BC})$；(d)$\boldsymbol{A}(\boldsymbol{B}+\boldsymbol{C})=\boldsymbol{AB}+\boldsymbol{AC}$。

A.1.2 矩阵的逆、迹、特征值和特征向量

如果存在一个唯一的矩阵 $\boldsymbol{C}_{m\times m}$ 使得 $\boldsymbol{AC}=\boldsymbol{CA}=\boldsymbol{I}_m$，且 $\boldsymbol{I}_m$ 是 $m\times m$ 单位阵，那么方阵 $\boldsymbol{A}_{m\times m}$ 是非奇异的或者可逆的。在这种情况下，矩阵 $\boldsymbol{C}$ 称为矩阵 A 的逆矩阵并用 $\boldsymbol{C}=\boldsymbol{A}^{-1}$ 表示。

矩阵 $\boldsymbol{A}_{m\times m}$ 的迹是该矩阵的对角元素的和 $\left(\text{即 } \mathrm{tr}(\boldsymbol{A})=\sum_{i=1}^{m}a_{ii}\right)$。可以容易地发现：(a)$\mathrm{tr}(\boldsymbol{A}+\boldsymbol{C})=\mathrm{tr}(\boldsymbol{A})+\mathrm{tr}(\boldsymbol{C})$；(b)$\mathrm{tr}(\boldsymbol{A})=\mathrm{tr}(\boldsymbol{A}')$；(c)$\mathrm{tr}(\boldsymbol{AC})=\mathrm{tr}(\boldsymbol{CA})$，如果这两个矩阵乘法是适合的。

如果 $\boldsymbol{Ab}=\lambda\boldsymbol{b}$，则数值 λ 和 $m\times1$ 向量 $\boldsymbol{b}$(可能是复值)是矩阵 $\boldsymbol{A}$ 的一对右特征值和特征向量。矩阵 $\boldsymbol{A}$ 可能有 m 个特征值。对于实矩阵 $\boldsymbol{A}$，复特征值产生在共轭对中。矩阵 $\boldsymbol{A}$ 是非奇异的当且仅当它的所有特征值是非零的。设 $\{\lambda_i|i=1,\cdots,m\}$ 定义特征值，则 $\mathrm{tr}(\boldsymbol{A})=\sum_{i=1}^{m}\lambda_i$。另外，矩阵 $\boldsymbol{A}$ 的行列式可以定义为 $|\boldsymbol{A}|=\Pi_{i=1}^{m}\lambda_i$。对于一个方阵的行列式的一般定义，见有关矩阵的标准教科书(如，Graybill，1969)。令$(\lambda,\boldsymbol{b})$为矩阵 $\boldsymbol{A}$ 的一个特征值-特征向量对，得到

$$\boldsymbol{A}^2\boldsymbol{b}=\boldsymbol{A}(\boldsymbol{Ab})=\boldsymbol{A}(\lambda\boldsymbol{b})=\lambda\boldsymbol{Ab}=\lambda^2\boldsymbol{b}$$

因此，$(\lambda^2,\boldsymbol{b})$是矩阵 $\boldsymbol{A}^2$ 的一个特征值-特征向量对。对于 $\boldsymbol{A}$ 的其他幂次，这个性质继续保持，即$(\lambda^n,\boldsymbol{b})$是 $\boldsymbol{A}^n$ 的一个特征值-特征向量对$(n>1)$。

最后，矩阵 $A_{m\times m}$ 的秩是对称矩阵 $\boldsymbol{AA}'$ 的非零特征值的个数。同时，对于非奇异矩阵 $\boldsymbol{A}$，$(\boldsymbol{A}^{-1})'=(\boldsymbol{A}')^{-1}$；对于非奇异矩阵 $\boldsymbol{A}$ 和 $\boldsymbol{B}$，$(\boldsymbol{AB})^{-1}=\boldsymbol{B}^{-1}\boldsymbol{A}^{-1}$，假设它们是可相乘的。

$m\times m$ 矩阵 $\boldsymbol{A}$ 的一个有用的等式为

$$(\boldsymbol{I}_m+\boldsymbol{A}\boldsymbol{A}')^{-1}=\boldsymbol{I}_m-\boldsymbol{A}(\boldsymbol{I}_n+\boldsymbol{A}'\boldsymbol{A})^{-1}\boldsymbol{A}'$$

A.1.3 正定矩阵

如果(a)方阵 $\boldsymbol{A}$ 是对称的和(b)$\boldsymbol{A}$ 的所有特征值是正数，那么方阵 $\boldsymbol{A}_{m\times m}$ 是正定矩阵。或者，如果对于所有的非零 m 维向量 $\boldsymbol{b}$，有 $\boldsymbol{b}'\boldsymbol{A}\boldsymbol{b}>0$，那么 $\boldsymbol{A}$ 是一个正定矩阵。

一个对称 $m\times m$ 矩阵 $\boldsymbol{A}$ 是非负定的，如果对于任何 m 维向量 $\boldsymbol{b}$，有 $\boldsymbol{b}'\boldsymbol{A}\boldsymbol{b}\geqslant 0$。

正定矩阵 $\boldsymbol{A}$ 的有用性质包括：(a)$\boldsymbol{A}$ 的所有特征值是正实数和(b)矩阵可以分解为

$$\boldsymbol{A}=\boldsymbol{P}\boldsymbol{\Lambda}\boldsymbol{P}' \tag{A-2}$$ 467

其中 $\boldsymbol{\Lambda}$ 是由 A 的所有特征值构成的对角矩阵，$\boldsymbol{P}$ 是一个包含矩阵 A 的 m 个右特征值的 $m\times m$ 矩阵。通常将特征值写为 $\lambda_1\geqslant\lambda_2\geqslant\cdots\geqslant\lambda_m$，将特征向量写为 $\boldsymbol{e}_1$，…，$\boldsymbol{e}_m$，因此 $\boldsymbol{A}\boldsymbol{e}_i=\boldsymbol{\lambda}_i\boldsymbol{e}_i$ 和 $\boldsymbol{e}_i'\boldsymbol{e}_i=1$。另外，这些特征向量是相互正交的，也就是说，如果 $i\neq j$ 则 $\boldsymbol{e}_i'\boldsymbol{e}_j=0$，假设特征值是不同的。矩阵 $\boldsymbol{P}=[\boldsymbol{e}_1,\ \cdots,\ \boldsymbol{e}_m]$是一个正交矩阵，因此 $\boldsymbol{P}\boldsymbol{P}'=\boldsymbol{P}'\boldsymbol{P}=\boldsymbol{I}_m$。对于正交矩阵 $\boldsymbol{P}$，有 $\boldsymbol{P}^{-1}=\boldsymbol{P}'$。式(A-2)中的分解可以写为

$$\boldsymbol{A}=\sum_{i=1}^{m}\lambda_i\boldsymbol{e}_i\boldsymbol{e}_i'$$

并且它通常被称为矩阵 A 的谱分解。很容易发现 $\boldsymbol{A}^{-1}=\boldsymbol{P}\boldsymbol{\Lambda}^{-1}\boldsymbol{P}'=\boldsymbol{\Sigma}_{i=1}^{m}(1/\lambda_i)\boldsymbol{e}_i\boldsymbol{e}_i'$。

正定矩阵 $\boldsymbol{A}$ 的谱分解的一个有用的应用是获得平方根矩阵 $\boldsymbol{A}^{1/2}=\boldsymbol{P}\boldsymbol{\Lambda}^{1/2}\boldsymbol{P}'$。具体地，我们有

$$A=\boldsymbol{P}\boldsymbol{\Lambda}\boldsymbol{P}'=\boldsymbol{P}\boldsymbol{\Lambda}^{1/2}\boldsymbol{\Lambda}^{1/2}\boldsymbol{P}'=\boldsymbol{P}\boldsymbol{\Lambda}^{1/2}\boldsymbol{P}'\boldsymbol{P}\boldsymbol{\Lambda}^{1/2}\boldsymbol{P}'\equiv\boldsymbol{A}^{1/2}\boldsymbol{A}^{1/2}$$

平方根矩阵 $\boldsymbol{A}^{1/2}$ 具有性质：(a)$\boldsymbol{A}^{1/2}$ 是对称的和(b) $(\boldsymbol{A}^{1/2})^{-1}=(\boldsymbol{P}\boldsymbol{\Lambda}^{1/2}\boldsymbol{P}')^{-1}=\boldsymbol{P}\boldsymbol{\Lambda}^{-1/2}\boldsymbol{P}'=\sum_{i=1}^{m}(1/\sqrt{\lambda_i})\boldsymbol{e}_i\boldsymbol{e}_i'=\boldsymbol{A}^{-1/2}$。

例如，考虑一个简单的 2×2 矩阵

$$\boldsymbol{A}=\begin{bmatrix}2 & 1\\1 & 2\end{bmatrix}$$

该矩阵是正定的。简单的计算为

$$\begin{bmatrix}2 & 1\\1 & 2\end{bmatrix}\begin{bmatrix}1\\1\end{bmatrix}=3\begin{bmatrix}1\\1\end{bmatrix},\quad\begin{bmatrix}2 & 1\\1 & 2\end{bmatrix}\begin{bmatrix}1\\-1\end{bmatrix}=\begin{bmatrix}1\\-1\end{bmatrix}$$

因此，3 和 1 是矩阵 $\boldsymbol{A}$ 的特征值且规范化的特征向量分别为 $\boldsymbol{e}_1=(1/\sqrt{2},\ 1/\sqrt{2})'$ 和 $\boldsymbol{e}_2=(1/\sqrt{2},\ -1/\sqrt{2})'$。很容易验证谱分解成立，即

$$\begin{bmatrix}2 & 1\\1 & 2\end{bmatrix}=\begin{bmatrix}\frac{1}{\sqrt{2}} & \frac{1}{\sqrt{2}}\\ \frac{1}{\sqrt{2}} & \frac{-1}{\sqrt{2}}\end{bmatrix}\begin{bmatrix}3 & 0\\0 & 1\end{bmatrix}\begin{bmatrix}\frac{1}{\sqrt{2}} & \frac{1}{\sqrt{2}}\\ \frac{1}{\sqrt{2}} & \frac{-1}{\sqrt{2}}\end{bmatrix}$$

矩阵 $\boldsymbol{A}$ 的平方根矩阵为

468

$$\boldsymbol{A}^{1/2}=\begin{bmatrix}\frac{1}{\sqrt{2}} & \frac{1}{\sqrt{2}}\\ \frac{1}{\sqrt{2}} & \frac{-1}{\sqrt{2}}\end{bmatrix}\begin{bmatrix}\sqrt{3} & 0\\ 0 & 1\end{bmatrix}\begin{bmatrix}\frac{1}{\sqrt{2}} & \frac{1}{\sqrt{2}}\\ \frac{1}{\sqrt{2}} & \frac{-1}{\sqrt{2}}\end{bmatrix}\approx\begin{bmatrix}1.366 & 0.366\\ 0.366 & 1.366\end{bmatrix}$$

如果矩阵 $\boldsymbol{A}$ 是不对称的，那么，通常它不可能是对角矩阵。然而，它可以重写为 Jordan 标准型。详细情况可在许多教科书中找到，例如，Graybill(1969)和 Lutkepohl(2005，附录A)。

A.1.4　比较两个对称矩阵

令 $\boldsymbol{A}=[a_{ij}]$和 $\boldsymbol{B}=[b_{ij}]$是 $m\times m$ 对称矩阵。如果 $\boldsymbol{A}-\boldsymbol{B}$ 是非负定的，那么定义 $\boldsymbol{A}\geqslant\boldsymbol{B}$。换言之，对于任意 m 维向量 $\boldsymbol{b}$，如果 $\boldsymbol{b}'(\boldsymbol{A}-\boldsymbol{B})\boldsymbol{b}\geqslant 0$，那么 $\boldsymbol{A}\geqslant\boldsymbol{B}$。特别地，如果 $\boldsymbol{A}\geqslant\boldsymbol{B}$，那么 $a_{ii}\geqslant b_{ii}$。

A.1.5　幂等矩阵

如果 $\boldsymbol{A}\boldsymbol{A}=\boldsymbol{A}^2=\boldsymbol{A}$，那么 $m\times m$ 矩阵 $\boldsymbol{A}$ 是幂等矩阵。单位矩阵 $\boldsymbol{I}_m$ 是幂等矩阵的一个例子。幂等矩阵的性质包括：

1)如果 $\boldsymbol{A}$ 是幂等矩阵，那么 $\boldsymbol{I}_m-\boldsymbol{A}$ 是幂等矩阵。

2)如果 $\boldsymbol{A}$ 是对称矩阵和幂等矩阵，那么 $\mathrm{rank}(\boldsymbol{A})=\mathrm{tr}(\boldsymbol{A})$。

3)如果 $\boldsymbol{A}$ 是幂等矩阵，那么它的所有特征值为0或者1。

4)如果 $\boldsymbol{A}$ 是幂等矩阵且 $\mathrm{rank}(\boldsymbol{A})=m$，那么 $\boldsymbol{A}=\boldsymbol{I}_m$。

5)对于 $n\times p$ 矩阵 $\boldsymbol{Z}$，如果 $\boldsymbol{Z}'\boldsymbol{Z}$ 是非奇异 $p\times p$ 矩阵，那么 $\boldsymbol{Z}(\boldsymbol{Z}'\boldsymbol{Z})^{-1}\boldsymbol{Z}'$ 是幂等矩阵。

A.1.6　Cholesky 分解

对于对称矩阵 $\boldsymbol{A}$，存在一个对角元素为1的下三角形矩阵 $\boldsymbol{L}$ 和一个对角矩阵 $\boldsymbol{\Omega}$，使得 $\boldsymbol{A}=\boldsymbol{L}\boldsymbol{\Omega}\boldsymbol{L}'$成立；见 Strang(1980)的第1章。如果 $\boldsymbol{A}$ 是正的，那么 $\boldsymbol{\Omega}$ 的对角元素是正的。在这种情况下，有

$$\boldsymbol{A}=\boldsymbol{L}\sqrt{\boldsymbol{\Omega}}\sqrt{\boldsymbol{\Omega}}\boldsymbol{L}'=(\boldsymbol{L}\sqrt{\boldsymbol{\Omega}})(\boldsymbol{L}\sqrt{\boldsymbol{\Omega}})' \tag{A-3}$$

其中 $\boldsymbol{L}\sqrt{\boldsymbol{\Omega}}$是下三角形矩阵并且这里的平方根是指每个元素的平方根。这种分解称为矩阵 $\boldsymbol{A}$ 的 Cholesky 分解。这种分解表明了正定矩阵 $\boldsymbol{A}$ 可以对角化为

$$\boldsymbol{L}^{-1}\boldsymbol{A}(\boldsymbol{L}')^{-1}=\boldsymbol{L}^{-1}\boldsymbol{A}(\boldsymbol{L}^{-1})'=\boldsymbol{\Omega}$$

因为 $\boldsymbol{L}$ 是下三角形矩阵且具有单位对角元素，所以 $\boldsymbol{L}^{-1}$也是下三角形矩阵且具有单位对角元素。再次考虑前面的 2×2 矩阵 $\boldsymbol{A}$。很容易验证

469

$$\boldsymbol{L}=\begin{bmatrix}1.0 & 0.0\\ 0.5 & 1.0\end{bmatrix}\quad 和\quad \boldsymbol{\Omega}=\begin{bmatrix}2.0 & 0.0\\ 0.0 & 1.5\end{bmatrix}$$

服从 $\boldsymbol{A}=\boldsymbol{L\Omega L}'$。另外，

$$\boldsymbol{L}^{-1}=\begin{bmatrix}1.0 & 0.0\\ -0.5 & 1.0\end{bmatrix}\quad 和 \quad \boldsymbol{L}^{-1}\boldsymbol{\Sigma}(\boldsymbol{L}^{-1})'=\boldsymbol{\Omega}$$

对于正定矩阵 $\boldsymbol{A}$，式(A-3)中的 Cholesky 分解可以写为

$$\boldsymbol{A}=\boldsymbol{U}'\boldsymbol{U}$$

其中 $\boldsymbol{U}=(\boldsymbol{L}\sqrt{\boldsymbol{\Omega}})'$是上三角形矩阵。该分解也是著名的 LU 分解。

A.1.7　矩阵分块

在统计学应用中，考虑正定矩阵 $\boldsymbol{A}$ 的分块是非常有用的。

$$\boldsymbol{A}=\begin{bmatrix}\boldsymbol{A}_{11} & \boldsymbol{A}_{12}\\ \boldsymbol{A}_{21} & \boldsymbol{A}_{22}\end{bmatrix}$$

其中 $\boldsymbol{A}_{ii}$ 是 $m_i\times m_i$ 矩阵且 $m_1+m_2=m$ 和 $\boldsymbol{A}_{12}$ 是一个 $m_1\times m_2$ 矩阵，因此 $\boldsymbol{A}_{12}=\boldsymbol{A}_{21}'$。该分块的一些很好的性质是：

1) $(\boldsymbol{A}_{11}-\boldsymbol{A}_{12}\boldsymbol{A}_{22}^{-1}\boldsymbol{A}_{21})^{-1}=\boldsymbol{A}_{11}^{-1}+\boldsymbol{A}_{11}^{-1}\boldsymbol{A}_{12}(\boldsymbol{A}_{22}-\boldsymbol{A}_{21}\boldsymbol{A}_{11}^{-1}\boldsymbol{A}_{12})^{-1}\boldsymbol{A}_{21}\boldsymbol{A}_{11}^{-1}$。

2) $|\boldsymbol{A}|=|\boldsymbol{A}_{11}|\cdot|\boldsymbol{A}_{22}-\boldsymbol{A}_{21}\boldsymbol{A}_{11}^{-1}\boldsymbol{A}_{12}|=|\boldsymbol{A}_{22}|\cdot|\boldsymbol{A}_{11}-\boldsymbol{A}_{12}\boldsymbol{A}_{22}^{-1}\boldsymbol{A}_{21}|$。

3) $\boldsymbol{A}^{-1}$可以写为

$$\boldsymbol{A}^{-1}=\begin{bmatrix}\boldsymbol{D} & -\boldsymbol{D}\boldsymbol{A}_{12}\boldsymbol{A}_{22}^{-1}\\ -\boldsymbol{A}_{22}^{-1}\boldsymbol{A}_{21}\boldsymbol{D} & \boldsymbol{A}_{22}^{-1}+\boldsymbol{A}_{22}^{-1}\boldsymbol{A}_{21}\boldsymbol{D}\boldsymbol{A}_{12}\boldsymbol{A}_{22}^{-1}\end{bmatrix}=\begin{bmatrix}\boldsymbol{A}_{11}^{-1}+\boldsymbol{A}_{11}^{-1}\boldsymbol{A}_{12}\boldsymbol{E}\boldsymbol{A}_{21}\boldsymbol{A}_{11}^{-1} & -\boldsymbol{A}_{11}^{-1}\boldsymbol{A}_{12}\boldsymbol{E}\\ -\boldsymbol{E}\boldsymbol{A}_{21}\boldsymbol{A}_{11}^{-1} & \boldsymbol{E}\end{bmatrix}$$

其中 $\boldsymbol{D}=(\boldsymbol{A}_{11}-\boldsymbol{A}_{12}\boldsymbol{A}_{22}^{-1}\boldsymbol{A}_{21})^{-1}$ 和 $\boldsymbol{E}=(\boldsymbol{A}_{22}-\boldsymbol{A}_{21}\boldsymbol{A}_{11}^{-1}\boldsymbol{A}_{12})^{-1}$。

A.1.8　向量化和 Kronecker 乘积

把 $m\times n$ 矩阵 $\boldsymbol{A}$ 按照它的列写为 $\boldsymbol{A}=[\boldsymbol{a}_1,\cdots,\boldsymbol{a}_n]$，可以定义它的堆积运算(stacking operation)为 $\text{vec}(\boldsymbol{A})=(\boldsymbol{a}_1',\ \boldsymbol{a}_2',\ \cdots,\ \boldsymbol{a}_n')'$，它是 $mn\times 1$ 向量。对于两个矩阵 $\boldsymbol{A}_{m\times n}$ 和 $\boldsymbol{C}_{p\times q}$，$\boldsymbol{A}$ 和 $\boldsymbol{C}$ 的 Kronecker 乘积为 470

$$\boldsymbol{A}\otimes\boldsymbol{C}=\begin{bmatrix}a_{11}\boldsymbol{C} & a_{12}\boldsymbol{C} & \cdots & a_{1n}\boldsymbol{C}\\ a_{21}\boldsymbol{C} & a_{22}\boldsymbol{C} & \cdots & a_{2n}\boldsymbol{C}\\ \cdots & \cdots & \cdots & \cdots\\ a_{m1}\boldsymbol{C} & a_{m2}\boldsymbol{C} & \cdots & a_{mn}\boldsymbol{C}\end{bmatrix}_{mp\times nq}$$

例如，假设

$$\boldsymbol{A}=\begin{bmatrix}2 & 1\\ -1 & 3\end{bmatrix},\quad \boldsymbol{C}=\begin{bmatrix}4 & -1 & 3\\ -2 & 5 & 2\end{bmatrix}$$

那么 $\text{vec}(\boldsymbol{A})=(2,\ -1,\ 1,\ 3)'$、$\text{vec}(\boldsymbol{C})=(4,\ -2,\ -1,\ 5,\ 3,\ 2)'$和

$$A \otimes C = \begin{bmatrix} 8 & -2 & 6 & 4 & -1 & 3 \\ -4 & 10 & 4 & -2 & 5 & 2 \\ -4 & 1 & -3 & 12 & -3 & 9 \\ 2 & -5 & -2 & -6 & 15 & 6 \end{bmatrix}$$

假设维数是适当的，那么这两个运算的有用性质如下：

1）通常，$\boldsymbol{A}\otimes\boldsymbol{C}\neq\boldsymbol{C}\otimes\boldsymbol{A}$。

2）$(\boldsymbol{A}\otimes\boldsymbol{C})'=\boldsymbol{A}'\otimes\boldsymbol{C}'$。

3）$\boldsymbol{A}\otimes(\boldsymbol{C}+\boldsymbol{D})=\boldsymbol{A}\otimes\boldsymbol{C}+\boldsymbol{A}\otimes\boldsymbol{D}$。

4）$(\boldsymbol{A}\otimes\boldsymbol{C})(\boldsymbol{F}\otimes\boldsymbol{G})=(\boldsymbol{AF})\otimes(\boldsymbol{CG})$。

5）如果 $\boldsymbol{A}$ 和 $\boldsymbol{C}$ 是可逆的，那么 $(\boldsymbol{A}\otimes\boldsymbol{C})^{-1}=\boldsymbol{A}^{-1}\otimes\boldsymbol{C}^{-1}$。

6）对于方阵 $\boldsymbol{A}$ 和 $\boldsymbol{C}$，$\mathrm{tr}(\boldsymbol{A}\otimes\boldsymbol{C})=\mathrm{tr}(\boldsymbol{A})\mathrm{tr}(\boldsymbol{C})$。

7）如果 $\boldsymbol{A}$ 和 $\boldsymbol{B}$ 是方阵且 $(\lambda_a, \boldsymbol{e}_a)$ 和 $(\lambda_b, \boldsymbol{e}_b)$ 分别是 $\boldsymbol{A}$ 和 $\boldsymbol{B}$ 的特征值-特征向量对，那么 $\lambda_a\lambda_b$ 是 $\boldsymbol{A}\otimes\boldsymbol{B}$ 的特征值且 $\boldsymbol{e}_a\otimes\boldsymbol{e}_b$ 为特征向量。

8）如果 $\boldsymbol{A}$ 和 $\boldsymbol{B}$ 分别为 $m\times m$ 和 $n\times n$ 方阵，那么 $|\boldsymbol{A}\otimes\boldsymbol{B}|=|\boldsymbol{A}|^n\ |\boldsymbol{B}|^m$。

9）$\mathrm{vec}(\boldsymbol{A}+\boldsymbol{C})=\mathrm{vec}(\boldsymbol{A})+\mathrm{vec}(\boldsymbol{C})$。

10）$\mathrm{vec}(\boldsymbol{ABC})=(\boldsymbol{C}'\otimes\boldsymbol{A})\mathrm{vec}(\boldsymbol{B})$。

11）$\mathrm{vec}(\boldsymbol{AB})=(\boldsymbol{I}\otimes\boldsymbol{A})\mathrm{vec}(\boldsymbol{B})=(\boldsymbol{B}'\otimes\boldsymbol{I})\mathrm{vec}(\boldsymbol{A})$。

12）$\mathrm{vec}(\boldsymbol{B}')'\mathrm{vec}(\boldsymbol{A})=\mathrm{tr}(\boldsymbol{BA})=\mathrm{tr}(\boldsymbol{AB})=\mathrm{vec}(\boldsymbol{A}')'\mathrm{vec}(\boldsymbol{B})$。

471 13）$\mathrm{tr}(\boldsymbol{AC})=\mathrm{vec}(\boldsymbol{C}')'\mathrm{vec}(\boldsymbol{A})=\mathrm{vec}(\boldsymbol{A}')'\mathrm{vec}(\boldsymbol{C})$。

14）
$$\begin{aligned}\mathrm{tr}(\boldsymbol{ABC})&=\mathrm{vec}(\boldsymbol{A}')'(\boldsymbol{C}'\otimes\boldsymbol{I})\mathrm{vec}(\boldsymbol{B})=\mathrm{vec}(\boldsymbol{A}')'(\boldsymbol{I}\otimes\boldsymbol{B})\mathrm{vec}(\boldsymbol{C})\\&=\mathrm{vec}(\boldsymbol{B}')'(A'\otimes\boldsymbol{I})\mathrm{vec}(\boldsymbol{C})=\mathrm{vec}(\boldsymbol{B}')'(\boldsymbol{I}\otimes\boldsymbol{C})\mathrm{vec}(\boldsymbol{A})\\&=\mathrm{vec}(\boldsymbol{C}')'(B'\otimes\boldsymbol{I})\mathrm{vec}(\boldsymbol{A})=\mathrm{vec}(\boldsymbol{C}')'(\boldsymbol{I}\otimes\boldsymbol{A})\mathrm{vec}(\boldsymbol{B})\end{aligned}$$

15）
$$\begin{aligned}\mathrm{tr}(\boldsymbol{AZ'BZC})&=\mathrm{tr}(\boldsymbol{Z'BZCA})=\mathrm{vec}(\boldsymbol{Z})'\mathrm{vec}(\boldsymbol{BZCA})\\&=\mathrm{vec}(\boldsymbol{Z})'(\boldsymbol{A'C'}\otimes\boldsymbol{B})\mathrm{vec}(\boldsymbol{Z})\end{aligned}$$

特别地，当 $\boldsymbol{C}=\boldsymbol{I}$ 时，$\mathrm{tr}(\boldsymbol{AZ'BZ})=\mathrm{vec}(\boldsymbol{Z})'(\boldsymbol{A}'\otimes\boldsymbol{B})\mathrm{vec}(\boldsymbol{Z})$。

在多元统计分析中，我们经常处理对称矩阵。因此很方便地把堆积运算推广到半堆积运算，它包含主对角线或者下方的元素。特别地，对于一个对称方阵 $\boldsymbol{A}=[a_{ij}]_{m\times m}$，定义

$$\mathrm{vech}(\boldsymbol{A}) = (\boldsymbol{a}'_{1.}, a'_{2*}, \cdots, a'_{k*})'$$

其中 $\boldsymbol{a}_{1.}$ 是矩阵 $\boldsymbol{A}$ 的第 1 列，且 $\boldsymbol{a}_{i*}=(a_{ii}, a_{i+1,i}, \cdots, a_{mi})$ 是一个 $(m-i+1)$ 维向量。$\mathrm{vech}(\boldsymbol{A})$ 的维数是 $m(m+1)/2$。例如，假设 $m=3$，那么 $\mathrm{vech}(\boldsymbol{A})=(a_{11}, a_{21}, a_{31}, a_{22}, a_{32}, a_{33})'$，它是一个 6 维向量。

对于 $m\times m$ 方阵 $\boldsymbol{A}$，m^2 维向量 $\mathrm{vec}(\boldsymbol{A})$ 和 $m(m+1)/2$ 维向量 $\mathrm{vech}(\boldsymbol{A})$ 通过消元矩阵 $\boldsymbol{L}_m$ 和重复矩阵(duplication matrix)$\boldsymbol{D}_m$ 相关，如下所示，

$$\mathrm{vech}(\boldsymbol{A}) = \boldsymbol{L}_m\mathrm{vec}(\boldsymbol{A}),\quad \mathrm{vec}(\boldsymbol{A}) = \boldsymbol{D}_m\mathrm{vech}(\boldsymbol{A})$$

其中 $\boldsymbol{L}_m$ 是 $m(m+1)/2\times m^2$ 矩阵，$\boldsymbol{D}_m$ 是 $m^2\times m(m+1)/2$ 矩阵，两者都包含 0 和 1。同

时，对于 $m\times m$ 矩阵 $\boldsymbol{A}$，存在一个沟通矩阵 $\boldsymbol{K}_{mm}$，使得 $\text{vec}(\boldsymbol{A})=\boldsymbol{K}_{mm}\text{vec}(\boldsymbol{A}')$，其中 $\boldsymbol{K}_{mm}=[\boldsymbol{I}_n\otimes\boldsymbol{e}_1, \boldsymbol{I}_n\otimes\boldsymbol{e}_2, \cdots, \boldsymbol{I}_n\otimes\boldsymbol{e}_m]$ 且 $\boldsymbol{e}_i$ 为 $\boldsymbol{R}^m$ 中的第 i 个单位向量。注意 $\boldsymbol{K}_{mm}=\boldsymbol{K}'_{mn}=K^{-1}_{mn}$。这个沟通矩阵可以进行如下的推广。假设 $\boldsymbol{A}_1, \cdots, \boldsymbol{A}_p$ 是 $m\times m$ 矩阵。定义 $m\times mp$ 矩阵 $\boldsymbol{A}=[\boldsymbol{A}_1, \cdots, \boldsymbol{A}_p]$ 和 $\boldsymbol{A}_*=[\boldsymbol{A}'_1, \cdots, \boldsymbol{A}'_p]$。那么

$$\text{vec}(\boldsymbol{A}) = \text{K}\text{vec}(\boldsymbol{A}_*) \tag{A-4}$$

其中 $\boldsymbol{K}$ 是一个由 0 和 1 构成的 $m^2p\times m^2p$ 矩阵且其通过 $\boldsymbol{K}=\boldsymbol{I}_p\otimes\boldsymbol{K}_{mm}$ 给出，$\boldsymbol{K}_{mm}$ 是一个前面定义的沟通矩阵。即 $\boldsymbol{K}_{mm}=[\boldsymbol{I}_m\otimes\boldsymbol{e}_1, \boldsymbol{I}_m\otimes\boldsymbol{e}_2, \cdots, \boldsymbol{I}_m\otimes\boldsymbol{e}_m]$，$\boldsymbol{e}_i$ 为 R^m 中的第 i 个单位向量。

A.1.9 向量和矩阵的微分

矩阵微积分在多元统计分析中很有用。在文献中，矩阵微分基于微分而不是导数。见 Magnus 和 Neudecker(1999，第 9 和 10 章)；Abadir 和 Magnus(2005，第 13 章)。然而，472
前两个导数可以从前两个微分中获得。这里，直接使用导数。

下面，假设所有的导数都存在且是连续的。令 $f(\boldsymbol{\beta})$ 为 m 维向量 $\boldsymbol{\beta}=(\beta_1, \cdots, \beta_m)'$ 的标量函数。$f(\boldsymbol{\beta})$ 关于 $\boldsymbol{\beta}$ 和 $\boldsymbol{\beta}'$ 的一阶偏导数定义为

$$\frac{\partial f}{\partial \boldsymbol{\beta}}=\begin{bmatrix}\dfrac{\partial f}{\partial \beta_1}\\ \dfrac{\partial f}{\partial \beta_2}\\ \vdots \\ \dfrac{\partial f}{\partial \beta_m}\end{bmatrix}, \quad \frac{\partial f}{\partial \boldsymbol{\beta}'}=\left[\frac{\partial f}{\partial \beta_1}, \cdots, \frac{\partial f}{\partial \beta_m}\right]$$

它们分别为 $m\times 1$ 和 $1\times m$ 向量。二阶偏导数的海森矩阵定义为

$$\frac{\partial^2 f}{\partial \boldsymbol{\beta}\,\partial \boldsymbol{\beta}'}=\left[\frac{\partial^2 f}{\partial \beta_i\,\partial \beta_j}\right]=\begin{bmatrix}\dfrac{\partial^2 f}{\partial \beta_1\,\partial \beta_1} & \cdots & \dfrac{\partial^2 f}{\partial \beta_1\,\partial \beta_m}\\ \vdots & & \vdots \\ \dfrac{\partial^2 f}{\partial \beta_m\,\partial \beta_1} & \cdots & \dfrac{\partial^2 f}{\partial \beta_m\,\partial \beta_m}\end{bmatrix}$$

它是 $m\times m$ 矩阵。如果 $f(\mathbf{A})$ 是 $m\times n$ 矩阵 $\mathbf{A}=[a_{ij}]$ 的标量函数，那么

$$\frac{\partial f}{\partial \mathbf{A}}=\left[\frac{\partial f}{\partial a_{ij}}\right]$$

它是偏导数的 $m\times n$ 矩阵。如果 $m\times n$ 矩阵 $\mathbf{A}$ 的元素是标量参数 $\boldsymbol{\beta}$ 的函数，那么

$$\frac{\partial \mathbf{A}}{\partial \beta}=\left[\frac{\partial a_{ij}}{\partial \beta}\right]$$

它是导数的 $m\times n$ 矩阵。最后，如果 $\boldsymbol{f}(\boldsymbol{\beta})=(f_1(\boldsymbol{\beta}), \cdots, f_p(\boldsymbol{\beta}))'$ 是 $\boldsymbol{\beta}$ 的函数的 p 维向量，那么

$$\frac{\partial \boldsymbol{f}}{\partial \boldsymbol{\beta}'}=\begin{bmatrix}\frac{\partial f_1}{\partial \beta_1} & \cdots & \frac{\partial f_1}{\partial \beta_m}\\ \vdots & & \vdots \\ \frac{\partial f_p}{\partial \beta_1} & \cdots & \frac{\partial f_p}{\partial \beta_m}\end{bmatrix}$$

473

是偏导数的 $p\times m$ 矩阵，且有

$$\frac{\partial \boldsymbol{f}'}{\partial \boldsymbol{\beta}}=\left(\frac{\partial \boldsymbol{f}}{\partial \boldsymbol{\beta}'}\right)'$$

最后，如果 $\boldsymbol{A}=[a_{ij}(\boldsymbol{B})]$是 $m\times n$ 矩阵，其元素是 $p\times q$ 矩阵 $\boldsymbol{B}$ 的可微函数，那么矩阵 $\boldsymbol{A}$ 关于矩阵 $\boldsymbol{B}$ 的导函数定义为 $\partial\text{vec}(\boldsymbol{A})/\partial\text{vec}(\boldsymbol{B})$，它是 $mn\times pq$ 矩阵。向量和矩阵微分通常在多元时间序列分析中用来推导参数估计。

下面给出向量微分的链式法则和乘积法则。

结果 1（链式法则） 令 $\boldsymbol{\alpha}$ 和 $\boldsymbol{\beta}$ 分别为 $n\times 1$ 和 $m\times 1$ 向量，并假设 $\boldsymbol{\alpha}=\boldsymbol{g}(\boldsymbol{\beta})$ 且 $\boldsymbol{h}(\boldsymbol{\alpha})$ 是 $\boldsymbol{\alpha}$ 的函数的 $p\times 1$ 维向量。那么

$$\frac{\partial \boldsymbol{h}[\boldsymbol{g}(\boldsymbol{\beta})]}{\partial \boldsymbol{\beta}'}=\frac{\partial \boldsymbol{h}(\boldsymbol{\alpha})}{\partial \boldsymbol{\alpha}'}\frac{\partial \boldsymbol{g}(\boldsymbol{\beta})}{\partial \boldsymbol{\beta}'}$$

结果 2（乘积法则） (a)假设 $\boldsymbol{\beta}$ 是 $m\times 1$ 向量，$\boldsymbol{\alpha}(\boldsymbol{\beta})=(\alpha_1(\boldsymbol{\beta}),\cdots,\alpha_n(\boldsymbol{\beta}))'$是 $n\times 1$ 向量，$\boldsymbol{c}(\boldsymbol{\beta})=(c_1(\boldsymbol{\beta}),\cdots,c_p(\boldsymbol{\beta}))'$是 $p\times 1$ 向量，$\boldsymbol{A}=[a_{ij}]$是不依赖于 $\boldsymbol{\beta}$ 的 $n\times p$ 矩阵。那么

$$\frac{\partial[\boldsymbol{\alpha}(\boldsymbol{\beta})'\boldsymbol{A}\boldsymbol{c}(\boldsymbol{\beta})]}{\partial \boldsymbol{\beta}'}=\boldsymbol{c}(\boldsymbol{\beta})'\boldsymbol{A}'\frac{\partial \boldsymbol{\alpha}(\boldsymbol{\beta})}{\partial \boldsymbol{\beta}'}+\boldsymbol{\alpha}(\boldsymbol{\beta})'\boldsymbol{A}\frac{\partial \boldsymbol{c}(\boldsymbol{\beta})}{\partial \boldsymbol{\beta}'}$$

(b)如果 $\boldsymbol{A}(\beta)$和 $\boldsymbol{B}(\beta)$分别是标量 β 的 $m\times n$ 和 $n\times p$ 矩阵，那么

$$\frac{\partial \boldsymbol{AB}}{\partial \beta}=\frac{\partial \boldsymbol{A}}{\partial \beta}\boldsymbol{B}+\boldsymbol{A}\frac{\partial \boldsymbol{B}}{\partial \beta}$$

(c)如果 $\boldsymbol{A}(\boldsymbol{\beta})$和 $\boldsymbol{B}(\boldsymbol{\beta})$分别是包含 k 维向量 $\boldsymbol{\beta}$ 的函数的 $m\times n$ 和 $n\times p$ 矩阵，那么

$$\frac{\partial\text{vec}(\boldsymbol{AB})}{\partial \boldsymbol{\beta}'}=(\boldsymbol{I}_p\otimes\boldsymbol{A})\frac{\partial\text{vec}(\boldsymbol{B})}{\partial \boldsymbol{\beta}'}+(\boldsymbol{B}'\otimes\boldsymbol{I}_m)\frac{\partial\text{vec}(\boldsymbol{A})}{\partial \boldsymbol{\beta}'}$$

向量和矩阵微分的一些有用结果如下所示。

结果 3 (a)对于 $m\times n$ 矩阵 $\boldsymbol{A}$ 和 $n\times 1$ 向量 $\boldsymbol{\beta}$，

474

$$\frac{\partial \boldsymbol{A\beta}}{\partial \boldsymbol{\beta}'}=\boldsymbol{A},\quad \frac{\partial \boldsymbol{\beta}'\boldsymbol{A}'}{\partial \boldsymbol{\beta}}=\boldsymbol{A}'$$

(b)令 $\boldsymbol{A}$ 为 $m\times m$ 矩阵和 $\boldsymbol{\beta}$ 为 $m\times 1$ 向量。那么

$$\frac{\partial \boldsymbol{\beta}'A\boldsymbol{\beta}}{\partial \boldsymbol{\beta}}=(\boldsymbol{A}+\boldsymbol{A}')\boldsymbol{\beta},\quad \frac{\partial \boldsymbol{\beta}'\boldsymbol{A}\boldsymbol{\beta}}{\partial \boldsymbol{\beta}'}=\boldsymbol{\beta}'(\boldsymbol{A}'+\boldsymbol{A})$$

而且，

$$\frac{\partial^2 \boldsymbol{\beta}'\boldsymbol{A}\boldsymbol{\beta}}{\partial \boldsymbol{\beta}\,\partial \boldsymbol{\beta}'}=\boldsymbol{A}+\boldsymbol{A}'$$

如果 $\boldsymbol{A}$ 是对称矩阵，那么上述结果可以进一步简化。

(c)令 $\boldsymbol{\beta}$ 为 $m\times 1$ 向量，$\boldsymbol{A}$ 为对称 $n\times n$ 矩阵且其不依赖于 $\boldsymbol{\beta}$，$\boldsymbol{c}(\boldsymbol{\beta})$为 $n\times 1$ 向量且其元素

为 $\boldsymbol{\beta}$ 的函数。那么

$$\frac{\partial \boldsymbol{c}(\boldsymbol{\beta})\boldsymbol{A}\boldsymbol{c}(\boldsymbol{\beta})}{\partial \boldsymbol{\beta}'} = 2\boldsymbol{c}(\boldsymbol{\beta})\boldsymbol{A}\,\frac{\partial \boldsymbol{c}(\boldsymbol{\beta})}{\partial \boldsymbol{\beta}'}$$

和

$$\frac{\partial^2 \boldsymbol{c}(\beta)\boldsymbol{A}\boldsymbol{c}(\boldsymbol{\beta})}{\partial \boldsymbol{\beta}\,\partial \boldsymbol{\beta}'} = 2\left[\frac{\partial \boldsymbol{c}(\boldsymbol{\beta})'}{\partial \boldsymbol{\beta}}\boldsymbol{A}\,\frac{\partial \boldsymbol{c}(\boldsymbol{\beta})}{\partial \boldsymbol{\beta}'} + [\boldsymbol{c}(\boldsymbol{\beta})'\boldsymbol{A} \otimes \boldsymbol{I}_m]\,\frac{\partial \mathrm{vec}(\partial \boldsymbol{c}(\boldsymbol{\beta})'/\partial \boldsymbol{\beta})}{\partial \boldsymbol{\beta}'}\right]$$

该结果直接应用在最小二乘估计中。令 $\boldsymbol{Y}$ 为 $n\times 1$ 的响应变量向量和 $\boldsymbol{X}$ 为 $n\times m$ 回归的矩阵。那么

$$\frac{\partial(\boldsymbol{Y}-\boldsymbol{X\beta})'\boldsymbol{A}(\boldsymbol{Y}-\boldsymbol{X\beta})}{\partial \boldsymbol{\beta}'} = -2(\boldsymbol{Y}-\boldsymbol{X\beta})'\boldsymbol{AX} \tag{A-5}$$

和

$$\frac{\partial^2(\boldsymbol{Y}-\boldsymbol{X\beta})'\boldsymbol{A}(\boldsymbol{Y}-\boldsymbol{X\beta})}{\partial \boldsymbol{\beta}\,\partial \boldsymbol{\beta}'} = 2\boldsymbol{X}'\boldsymbol{AX}$$

令式(A-5)等于 0，得到 $\boldsymbol{\beta}$ 的加权最小二乘估计为

$$\hat{\boldsymbol{\beta}} = (\boldsymbol{X}'\boldsymbol{AX})^{-1}\boldsymbol{X}'\boldsymbol{AY}$$

(d)令 $\boldsymbol{\beta}$ 为 $m\times 1$ 矩阵和 $\boldsymbol{B}(\boldsymbol{\beta})$ 为一个矩阵且其元素是 $\boldsymbol{\beta}$ 的函数。同时，令 $\boldsymbol{A}$ 和 $\boldsymbol{C}$ 为独立于 $\boldsymbol{\beta}$ 的矩阵，使得 $\boldsymbol{ABC}$ 存在。那么

$$\frac{\partial \mathrm{vec}(\boldsymbol{ABC})}{\partial \boldsymbol{\beta}'} = (\boldsymbol{C}' \otimes \boldsymbol{A})\,\frac{\partial \mathrm{vec}(\boldsymbol{B})}{\partial \boldsymbol{\beta}'}$$ 475

(e)如果 $\boldsymbol{A}$ 是非奇异 $m\times m$ 矩阵，那么

$$\frac{\partial \mathrm{vec}(\boldsymbol{A}^{-1})}{\partial \mathrm{vec}(\boldsymbol{A})'} = -(\boldsymbol{A}^{-1})' \otimes \boldsymbol{A}^{-1} = -(\boldsymbol{A}' \otimes \boldsymbol{A})^{-1}$$

(f)对于 $m\times m$ 矩阵 $\boldsymbol{A}=[a_{ij}]$，有

$$\frac{\partial \mathrm{tr}(\boldsymbol{A})}{\partial \boldsymbol{A}} = \boldsymbol{I}_m$$

(g)如果 $\boldsymbol{A}$ 和 $\boldsymbol{B}$ 分别是 $m\times n$ 和 $n\times m$ 矩阵，那么

$$\frac{\partial \mathrm{tr}(\boldsymbol{AB})}{\partial \boldsymbol{A}} = \boldsymbol{B}'$$

(h)对于 $m\times m$ 矩阵，

$$\frac{\partial |\boldsymbol{A}|}{\partial \boldsymbol{A}} = [\mathrm{adj}(\boldsymbol{A})]' = |\boldsymbol{A}|(\boldsymbol{A}')^{-1}$$

其中 adj($\boldsymbol{A}$)是矩阵 $\boldsymbol{A}$ 的伴随矩阵。对于给定的 i 和 j($1\leqslant i,\ j\leqslant m$)，通过从矩阵 $\boldsymbol{A}$ 中剔除第 i 行和第 j 列，可以得到矩阵 $\boldsymbol{A}$ 的一个$(m-1)\times(m-1)$子矩阵，记为 $\boldsymbol{A}_{(-i,-j)}$。矩阵 $\boldsymbol{A}$ 的 a_{ij} 的代数余子式定义为 $c_{ij}=(-1)^{i+j}|\boldsymbol{A}_{(-i,-j)}|$。矩阵$[c_{ij}]$称为矩阵 $\boldsymbol{A}$ 的代数余子式矩阵，它的转置矩阵$[c_{ij}]'\equiv\mathrm{adj}(\boldsymbol{A})$称为矩阵 $\boldsymbol{A}$ 的伴随矩阵。这表明对于一个非奇异矩阵 $\boldsymbol{A}$，有 $\boldsymbol{A}^{-1}=|\boldsymbol{A}|^{-1}\mathrm{adj}(\boldsymbol{A})$。

(i)如果 $\boldsymbol{A}$ 是非奇异矩阵，那么

$$\frac{\partial \ln|\boldsymbol{A}|}{\partial \boldsymbol{A}} = [\boldsymbol{A}']^{-1}$$

(j)令 $\boldsymbol{A}$、$\boldsymbol{B}$ 和 $\boldsymbol{C}$ 为 $m \times m$ 方阵，且 $\boldsymbol{A}$ 是非奇异矩阵。那么

$$\frac{\partial\ \mathrm{tr}(\boldsymbol{B}\boldsymbol{A}^{-1}\boldsymbol{C})}{\partial \boldsymbol{A}} = -(\boldsymbol{A}^{-1}\boldsymbol{C}\boldsymbol{B}\boldsymbol{A}^{-1})^{-1}$$

(k)令 $\boldsymbol{A}$ 为一个 $m \times m$ 矩阵且其元素是向量 $\boldsymbol{\beta}$ 的函数。那么，对于任意正整数 h，有

$$\frac{\partial \mathrm{vec}(\boldsymbol{A}^h)}{\partial \boldsymbol{\beta}'} = \left[\sum_{i=0}^{h-1} (\boldsymbol{A}')^{h-1-i} \otimes \boldsymbol{A}^i\right] \frac{\partial \mathrm{vec}(\boldsymbol{A})}{\partial \boldsymbol{\beta}'}$$

476 这些结果可以通过数学归纳法证明。

A.2　最小二乘估计

最小二乘方法经常用在统计估计中。考虑矩阵方程

$$\boldsymbol{Z} = \boldsymbol{X}\boldsymbol{\beta} + \boldsymbol{A} \tag{A-6}$$

其中 $\boldsymbol{Z}$、$\boldsymbol{X}$、$\boldsymbol{\beta}$ 和 A 的维数分别为 $n \times m$、$n \times p$、$p \times m$ 和 $n \times m$。经常假设 $n > m$ 和 $\boldsymbol{X}'\boldsymbol{X}$ 是一个可逆的 $p \times p$ 矩阵。这里，$\boldsymbol{A}$ 为误差矩阵，$\boldsymbol{\beta}$ 为参数矩阵。令 $\boldsymbol{a}_i'$ 表示矩阵 $\boldsymbol{A}$ 的第 i 行。在统计估计中，进一步假设 $\boldsymbol{a}_i$ 具有零均值和正定协方差矩阵 $\boldsymbol{\Sigma}_a$，并且假设当 $i \neq j$ 时，$\boldsymbol{a}_i$ 和 $\boldsymbol{a}_j$ 是不相关的。$\boldsymbol{\beta}$ 的普通最小二乘估计为

$$\hat{\boldsymbol{\beta}} = (\boldsymbol{X}'\boldsymbol{X})^{-1}\boldsymbol{X}'\boldsymbol{Z}$$

该估计的推导可以在第 2 章中找到。令 $\hat{\boldsymbol{A}} = \boldsymbol{Z} - \boldsymbol{X}\hat{\boldsymbol{\beta}}$ 为残差矩阵。那么，下面的性质是很有用的。

(i) $\hat{\boldsymbol{A}}'\boldsymbol{X} = \boldsymbol{0}$。

(ii) $(\boldsymbol{Z} - \boldsymbol{X}\boldsymbol{\beta})'(\boldsymbol{Z} - \boldsymbol{X}\boldsymbol{\beta}) = \hat{\boldsymbol{A}}'\hat{\boldsymbol{A}} + (\hat{\boldsymbol{\beta}} - \boldsymbol{\beta})'\boldsymbol{X}'\boldsymbol{X}(\hat{\boldsymbol{\beta}} - \boldsymbol{\beta})$

这些性质可以很容易证明。第一，$\hat{\boldsymbol{A}} = [\boldsymbol{I}_n - \boldsymbol{X}(\boldsymbol{X}'\boldsymbol{X})^{-1}\boldsymbol{X}]\boldsymbol{Z}$。因为 $[\boldsymbol{I}_n - \boldsymbol{X}(\boldsymbol{X}'\boldsymbol{X})^{-1}\boldsymbol{X}']\boldsymbol{X} = \boldsymbol{0}$，所以性质(i)成立。性质(ii)可以直接从性质(i)中得到，因为

$$\boldsymbol{Z} - \boldsymbol{X}\boldsymbol{\beta} = \boldsymbol{Z} - \boldsymbol{X}\hat{\boldsymbol{\beta}} + \boldsymbol{X}\hat{\boldsymbol{\beta}} - \boldsymbol{X}\boldsymbol{\beta} = \hat{\boldsymbol{A}} + \boldsymbol{X}(\hat{\boldsymbol{\beta}} - \boldsymbol{\beta})$$

性质(i)表明残差与 $\boldsymbol{X}$ 之间是不相关的，性质(ii)可以作为方差的多元分析中。

上述最小二乘估计的性质可以扩展到广义最小二乘(GLS)估计。我们关注 $m=1$ 的情况，因此 $\boldsymbol{Z}$ 和 $\boldsymbol{A}$ 是 n 维向量。假设 $\mathrm{Cov}(\boldsymbol{A}) = \boldsymbol{\Sigma}$，它是正定 $n \times n$ 矩阵。令 $\boldsymbol{\Sigma}^{1/2}$ 为 $\boldsymbol{\Sigma}$ 的正定平方根矩阵。式(A-6)左乘 $\boldsymbol{\Sigma}^{-1/2}$，得到

$$\tilde{\boldsymbol{Z}} = \tilde{\boldsymbol{X}}\boldsymbol{\beta} + \tilde{\boldsymbol{A}}$$

其中 $\tilde{\boldsymbol{Z}} = \boldsymbol{\Sigma}^{-1/2}\boldsymbol{Z}$ 且 $\tilde{\boldsymbol{X}}$ 和 $\tilde{\boldsymbol{A}}$ 的定义是类似的。由于 $\mathrm{Cov}(\tilde{\boldsymbol{A}}) = \boldsymbol{I}_n$，所以上式是齐次多元线性回归。因此，$\boldsymbol{\beta}$ 的广义最小二乘估计为

477
$$\hat{\boldsymbol{\beta}}_g = (\tilde{\boldsymbol{X}}'\tilde{\boldsymbol{X}})^{-1}(\tilde{\boldsymbol{X}}'\tilde{\boldsymbol{Z}}) = (\boldsymbol{X}'\boldsymbol{\Sigma}^{-1}\boldsymbol{X})^{-1}(\boldsymbol{X}\boldsymbol{\Sigma}^{-1}\boldsymbol{Z})$$

那么，残差向量为

$$\hat{\boldsymbol{A}} = \boldsymbol{Z} - \boldsymbol{X}\hat{\boldsymbol{\beta}}_g = [\boldsymbol{I}_n - \boldsymbol{X}(\boldsymbol{X}'\boldsymbol{\Sigma}^{-1}\boldsymbol{X})^{-1}\boldsymbol{X}'\boldsymbol{\Sigma}^{-1}]\boldsymbol{Z}$$

由于 $[\boldsymbol{I}_n - \boldsymbol{X}(\boldsymbol{X}'\boldsymbol{\Sigma}^{-1}\boldsymbol{X})^{-1}\boldsymbol{X}'\boldsymbol{\Sigma}^{-1}]\boldsymbol{X} = \boldsymbol{0}$，所以得到(i)$\hat{\boldsymbol{A}}'\boldsymbol{X} = \boldsymbol{0}$。下面，根据

$$\boldsymbol{Z}-\boldsymbol{X\beta}=\boldsymbol{Z}-\boldsymbol{X}\hat{\boldsymbol{\beta}}_g+\boldsymbol{X}\hat{\boldsymbol{\beta}}_g-\boldsymbol{X\beta}=\hat{\boldsymbol{A}}+\boldsymbol{X}(\hat{\boldsymbol{\beta}}_g-\boldsymbol{\beta})$$

利用性质(i)得到

$$(\boldsymbol{Z}-\boldsymbol{X\beta})'(\boldsymbol{Z}-\boldsymbol{X\beta})=\hat{\boldsymbol{A}}'\hat{\boldsymbol{A}}+(\hat{\boldsymbol{\beta}}_g-\boldsymbol{\beta})\boldsymbol{X}'\boldsymbol{X}(\hat{\boldsymbol{\beta}}_g-\boldsymbol{\beta})$$

它与普通最小二乘估计具有相同的形式。

A.3 多元正态分布

如果 k 维随机向量 $\boldsymbol{x}=(x_1, \cdots, x_k)'$ 的概率密度函数(pdf)是

$$f(\boldsymbol{x}|\boldsymbol{\mu},\boldsymbol{\Sigma})=\frac{1}{(2\pi)^{k/2}|\boldsymbol{\Sigma}|^{1/2}}\exp\left[-\frac{1}{2}(\boldsymbol{x}-\boldsymbol{\mu})'\boldsymbol{\Sigma}^{-1}(\boldsymbol{x}-\boldsymbol{\mu})\right] \tag{A-7}$$

那么它服从一个多元正态分布且其均值 $\boldsymbol{\mu}=(\mu_1, \cdots, \mu_k)'$ 和正定协方差矩阵 $\boldsymbol{\Sigma}=[\sigma_{ij}]$。使用符号 $\boldsymbol{x}\sim N_k(\boldsymbol{\mu}, \boldsymbol{\Sigma})$ 表示 $\boldsymbol{x}$ 服从这样的分布。逆矩阵 $\boldsymbol{\Sigma}^{-1}$ 称为多元正态分布的**精度矩阵**。正态分布在多元统计分析中起着重要作用并且它具有许多好的性质。这里，仅考虑与我们研究有关的性质。有兴趣的读者可以参考 Johnson 和 Wichern(2007)获得详细资料。

为了深入了解多元正态分布，考虑二元情况(即，$k=2$)。在这种情况下，有

$$\boldsymbol{\Sigma}=\begin{bmatrix}\sigma_{11} & \sigma_{12}\\ \sigma_{12} & \sigma_{22}\end{bmatrix},\quad \boldsymbol{\Sigma}^{-1}=\frac{1}{\sigma_{11}\sigma_{22}-\sigma_{12}^2}\begin{bmatrix}\sigma_{22} & -\sigma_{12}\\ -\sigma_{12} & \sigma_{11}\end{bmatrix}$$

使用的相关系数为 $\rho=\sigma_{12}/(\sigma_1\sigma_2)$ 的形式，其中 $\sigma_i=\sqrt{\sigma_{ii}}$ 是 x_i 的标准偏差，得到 $\sigma_{12}=\rho\sqrt{\sigma_{11}\sigma_{22}}$ 和 $|\boldsymbol{\Sigma}|=\sigma_{11}\sigma_{22}(1-\rho^2)$。$\boldsymbol{x}$ 的概率密度函数变为

$$f(x_1,x_2\mid\boldsymbol{\mu},\boldsymbol{\Sigma})=\frac{1}{2\pi\sigma_1\sigma_2\sqrt{1-\rho^2}}\exp\left(-\frac{1}{2(1-\rho^2)}[Q(\boldsymbol{x},\boldsymbol{\mu},\boldsymbol{\Sigma})]\right)$$ 478

其中

$$Q(\boldsymbol{x},\boldsymbol{\mu},\boldsymbol{\Sigma})=\left(\frac{x_1-\mu_1}{\sigma_1}\right)^2+\left(\frac{x_2-\mu_2}{\sigma_2}\right)^2-2\rho\left(\frac{x_1-\mu_1}{\sigma_1}\right)\left(\frac{x_2-\mu_2}{\sigma_2}\right)$$

读者可以使用 R 中的 mvtnorm 包来获得多元正态分布的概率密度函数和随机样本。

令 $\boldsymbol{c}=(c_1, \cdots, c_k)$ 为非零 k 维向量。将该随机向量划分为 $\boldsymbol{x}=(\boldsymbol{x}_1', \boldsymbol{x}_2')'$ 的形式，其中 $\boldsymbol{x}_1=(x_1, \cdots, x_p)$ 和 $\boldsymbol{x}_2=(x_{p+1}, \cdots, x_k)'$ 且 $1\leqslant p<k$。同时，相应的划分 $\boldsymbol{\mu}$ 和 $\boldsymbol{\Sigma}$，如下所示：

$$\begin{bmatrix}\boldsymbol{x}_1\\ \boldsymbol{x}_2\end{bmatrix}\sim N\left(\begin{bmatrix}\boldsymbol{\mu}_1\\ \boldsymbol{\mu}_2\end{bmatrix},\quad\begin{bmatrix}\boldsymbol{\Sigma}_{11} & \boldsymbol{\Sigma}_{12}\\ \boldsymbol{\Sigma}_{21} & \boldsymbol{\Sigma}_{22}\end{bmatrix}\right)$$

$\boldsymbol{x}$ 的一些性质如下所述。

1) $\boldsymbol{c}'\boldsymbol{x}\sim N(\boldsymbol{c}'\boldsymbol{\mu}, \boldsymbol{c}'\boldsymbol{\Sigma}\boldsymbol{c})$。即，$\boldsymbol{x}$ 的任何非零线性组合都是一元正态分布。该性质的逆仍然成立。具体地，如果对于任何非零向量 $\boldsymbol{c}$，$\boldsymbol{c}'\boldsymbol{x}$ 是一元正态分布，那么 $\boldsymbol{x}$ 是多元正态分布。

2) $\boldsymbol{x}_i$ 的边际分布是正态分布。实际上，$\boldsymbol{x}_i\sim N_{k_i}(\boldsymbol{\mu}_i, \boldsymbol{\Sigma}_{ii})$ 且 $i=1$ 和 2，其中 $k_1=p$ 和 $k_2=k-p$。

3) $\boldsymbol{\Sigma}_{12}=\boldsymbol{0}$ 当且仅当 $\boldsymbol{x}_1$ 和 $\boldsymbol{x}_2$ 是相互独立的。

4）随机变量 $y=(\boldsymbol{x}-\boldsymbol{\mu})'\boldsymbol{\Sigma}^{-1}(\boldsymbol{x}-\boldsymbol{\mu})$ 服从一个自由度为 k 的卡方分布。

5）给定 $\boldsymbol{x}_2=\boldsymbol{b}$，$\boldsymbol{x}_1$ 的条件分布仍然是正态分布，

$$(\boldsymbol{x}_1 \mid \boldsymbol{x}_2=\boldsymbol{b}) \sim N_p[\boldsymbol{\mu}_1+\boldsymbol{\Sigma}_{12}\boldsymbol{\Sigma}_{22}^{-1}(\boldsymbol{b}-\boldsymbol{\mu}_2),\boldsymbol{\Sigma}_{11}-\boldsymbol{\Sigma}_{12}\boldsymbol{\Sigma}_{22}^{-1}\boldsymbol{\Sigma}_{21}]$$

最后一个性质在许多科学领域中都是很有用的。例如，它形成了正态假设下时间序列预测、递归最小二乘估计和卡曼(Kalman)滤波器的基础。它还广泛应用在贝叶斯推理中。

A.4　多元学生 t 分布

令 $\boldsymbol{y}=(y_1, \cdots, y_k)'$ 为一个 k 维随机向量和 u 为一个标量随机变量。根据 $N(\boldsymbol{0}, \boldsymbol{\Sigma})$ 和 χ_n^2 分布，假设 $\boldsymbol{y}$ 和 u 分别是相互独立的分布，其中 $\boldsymbol{\Sigma}$ 是正定的。令 $\boldsymbol{x}-\boldsymbol{\mu}=\sqrt{n/u}\boldsymbol{y}$。那么 x 的概率密度函数(pdf)为

479
$$f(\boldsymbol{x} \mid n,\boldsymbol{\mu},\boldsymbol{\Sigma})=\frac{\Gamma((n+k)/2)}{\Gamma\left(\frac{n}{2}\right)(n\pi)^{k/2}|\boldsymbol{\Sigma}|^{1/2}}\left[1-\frac{1}{n}(\boldsymbol{x}-\boldsymbol{\mu})'\boldsymbol{\Sigma}^{-1}(\boldsymbol{x}-\boldsymbol{\mu})\right]^{-(n+k)/2} \tag{A-8}$$

其中 $\Gamma(v)=\int_0^\infty \mathrm{e}^{-t}t^{v-1}\,\mathrm{d}t$ 为通常的 Gamma 函数。我们称 $\boldsymbol{x}$ 服从一个具有参数 $\boldsymbol{\mu}$ 和 $\boldsymbol{\Sigma}$ 的自由度为 n 的多元学生 t 分布。例如，见 Anderson(2003，p. 289)。对于 $n>1$，有 $E(\boldsymbol{x})=\boldsymbol{\mu}$；对于 $n>2$，有 $\mathrm{Cov}(\boldsymbol{x})=n/(n-2)\boldsymbol{\Sigma}$。多元学生 t 分布在时变协方差矩阵(例如，资产收益的波动矩阵)建模中是很有用的。尤其是，当 $\boldsymbol{\Sigma}=\boldsymbol{I}_k$ 和 $\boldsymbol{\mu}=\boldsymbol{0}$ 时。在这种特殊情况下，可以定义 $\boldsymbol{\varepsilon}=\sqrt{(n-2)/n}\boldsymbol{x}$ 来得到标准化多元学生 t 分布。$\boldsymbol{\varepsilon}$ 的密度函数为

$$f(\boldsymbol{\varepsilon}|n)=\frac{\Gamma[(n+k)/2]}{(n\pi)^{k/2}\Gamma(n/2)}(1+n^{-1}\boldsymbol{\varepsilon}'\boldsymbol{\varepsilon})^{-(n+k)/2}$$

A.5　Wishart 分布和逆 Wishart 分布

令 $\boldsymbol{x}_1, \cdots, \boldsymbol{x}_n$ 为服从 $N(\boldsymbol{0}, \boldsymbol{\Sigma})$ 的独立同分布随机变量，其中 $\boldsymbol{\Sigma}$ 是一个 $k\times k$ 正定矩阵。令 $\boldsymbol{A}=\sum_{i=1}^{n}\boldsymbol{x}_i\boldsymbol{x}_i'$，它是 $k\times k$ 随机矩阵。如果 $\boldsymbol{A}$ 是正定的，$\boldsymbol{A}$ 的概率密度函数(pdf)为

$$f(\boldsymbol{A} \mid n,\boldsymbol{\Sigma})=\frac{|\boldsymbol{A}|^{(n-k-1)/2}\exp\left[-\frac{1}{2}\mathrm{tr}(\boldsymbol{\Sigma}^{-1}\boldsymbol{A})\right]}{2^{(nk)/2}\pi^{k(k-1)/4}|\boldsymbol{\Sigma}|^{n/2}\prod_{i=1}^{k}\Gamma_k[(n+1-i)/2]} \tag{A-9}$$

否则，pdf 为 0。将矩阵 $\boldsymbol{A}$ 作为一个随机矩阵且服从自由度 n 和参数 $\boldsymbol{\Sigma}$ 的 Wishart 分布，将它表示为 $\boldsymbol{A}\sim W(\boldsymbol{\Sigma}, n)$。从这个定义可知，如果 $n>k$，则随机矩阵 $\boldsymbol{A}$ 是正定矩阵。对于 Wishart 随机矩阵，$E(\boldsymbol{A})=n\boldsymbol{\Sigma}$ 并且矩阵 $\boldsymbol{A}$ 的模为 $(n-k-1)\boldsymbol{\Sigma}$，假设 $n>k+1$。

为了便于标记，定义多元 Gamma 函数为

$$\Gamma_k(t)=\pi^{k(k-1)/4}\prod_{i=1}^{k}\Gamma\left[t-\frac{i-1}{2}\right] \tag{A-10}$$

那么，Wishart 密度函数简化为

$$f(\boldsymbol{A} \mid n,\boldsymbol{A}) = \frac{|\boldsymbol{A}|^{(n-k-1)/2}\exp\left[-\dfrac{1}{2}tr(\boldsymbol{\Sigma}^{-1}\boldsymbol{A})\right]}{2^{(nk)/2}\;|\boldsymbol{\Sigma}|^{n/2}\Gamma_k(n/2)} \tag{A-11}$$

Wishart 分布的一些有用性质如下所述。

(i) 如果 $\boldsymbol{A}_1$，…，$\boldsymbol{A}_q$ 是独立分布的，并且 $A_i \sim W(\boldsymbol{\Sigma},\ n_i)$，那么 $\boldsymbol{A} = \sum_{i=1}^{q}\boldsymbol{A}_i \sim W\left(\boldsymbol{\Sigma}, \sum_{i=1}^{q} n_i\right)$。

(ii)如果 $\boldsymbol{C}$ 是非奇异 $k \times k$ 矩阵使得 $\boldsymbol{A}=\boldsymbol{CBC}'$ 和 $\boldsymbol{A} \sim W(\boldsymbol{\Sigma},\ n)$，那么 $\boldsymbol{B} \sim W[\boldsymbol{C}^{-1}\boldsymbol{\Sigma}$
$(\boldsymbol{C}')^{-1},\ n]$。 480

(iii)假设 $\boldsymbol{A}$ 和 $\boldsymbol{\Sigma}$ 划分为 q 和 $k-q$ 的行和列，

$$\boldsymbol{A} = \begin{bmatrix} \boldsymbol{A}_{11} & \boldsymbol{A}_{12} \\ \boldsymbol{A}_{21} & \boldsymbol{A}_{22} \end{bmatrix}, \quad \boldsymbol{\Sigma} = \begin{bmatrix} \boldsymbol{\Sigma}_{11} & \boldsymbol{\Sigma}_{12} \\ \boldsymbol{\Sigma}_{21} & \boldsymbol{\Sigma}_{22} \end{bmatrix}$$

如果 $\boldsymbol{A} \sim W(\boldsymbol{\Sigma},\ n)$，那么 $\boldsymbol{A}_{11} \sim W(\boldsymbol{\Sigma}_{11},\ n)$。

(iv)令 $\boldsymbol{A}$ 和 $\boldsymbol{\Sigma}$ 按照性质(iii)进行划分。如果 $\boldsymbol{A} \sim W(\boldsymbol{\Sigma},\ n)$，那么 $\boldsymbol{A}_{1|2} \sim W(\boldsymbol{\Sigma}_{1|2},\ n)$，其中 $\boldsymbol{A}_{1|2}=\boldsymbol{A}_{11}-\boldsymbol{A}_{12}\boldsymbol{A}_{22}^{-1}\boldsymbol{A}_{21}$ 和 $\boldsymbol{\Sigma}_{1|2}=\boldsymbol{\Sigma}_{11}-\boldsymbol{\Sigma}_{12}\boldsymbol{\Sigma}_{22}^{-1}\boldsymbol{\Sigma}_{21}$。

在多元时间序列分析中，经常需要推导协方差矩阵的逆矩阵。为此，随机矩阵 $\boldsymbol{A}^{-1}$ 是令人感兴趣的。如果 $\boldsymbol{A} \sim W(\boldsymbol{\Sigma},\ n)$，则 $\boldsymbol{B}=\boldsymbol{A}^{-1}$ 的分布称为逆 Wishart 分布。如果 $\boldsymbol{B}$ 为正定矩阵，$\boldsymbol{B}=\boldsymbol{A}^{-1}$ 的概率密度函数(pdf)为

$$f(\boldsymbol{B} \mid \boldsymbol{\Psi},n) = \frac{|\boldsymbol{\Psi}|^{n/2}\;|\boldsymbol{B}|^{-(n+k+1)/2}\exp\left[-\dfrac{1}{2}\mathrm{tr}(\boldsymbol{\Psi}\boldsymbol{B}^{-1})\right]}{2^{(nk)/2}\Gamma_k(n/2)} \tag{A-12}$$

否则，pdf 为 0，其中 $\boldsymbol{\Psi}=\boldsymbol{\Sigma}^{-1}$。将 $\boldsymbol{B}$ 作为自由度 n 和参数 $\boldsymbol{\Psi}$ 的逆 Wishart 分布，并将它表示为 $\boldsymbol{B} \sim W^{-1}(\boldsymbol{\Psi},\ n)$。如果 $n>k+1$ 且 B 的模为 $1/(n+k+1)\boldsymbol{\Psi}$，则 $\boldsymbol{B}$ 的均值为 $E(\boldsymbol{B})=1/(n-k-1)\boldsymbol{\Psi}$。Wishart 和逆 Wishart 分布在贝叶斯推理中的有用性质在下面给出。

结果 4 如果 $\boldsymbol{A} \sim W(\boldsymbol{\Sigma},\ n)$，其中 $\boldsymbol{\Sigma}$ 有先验分布 $W^{-1}(\boldsymbol{\Psi},\ m)$，那么给定 $\boldsymbol{A}$ 的 $\boldsymbol{\Sigma}$ 的后验分布为 $W^{-1}(\boldsymbol{A}+\boldsymbol{\Psi},\ n+m)$。

该结果的证明可以在 Anderson(2003，p. 273)的定理 7.7.2 中找到。

A.6 向量和矩阵微分

在 A.1.9 节中已经对矩阵导数进行了回顾。然而，在一些统计应用中，使用矩阵微分更方便。关于矩阵微分有用的推导在 Schott(2005，第 9 章)中。在本节中，简要地总结一些在本书中有用的矩阵微分的性质，并且假设所使用的向量或矩阵是可微分的。

A.6.1 标量函数

如果 $f(x)$是标量变量 x 的实数函数，那么其关于 x 的导数(如果存在)由下式给出

481

$$f'(x)=\frac{\mathrm{d}f(x)}{\mathrm{d}x}=\lim_{u\to 0}\frac{f(x+u)-f(x)}{u}$$

在这种情况下，$f(x+u)$的一阶泰勒序列展开式为

$$f(x+u)=f(x)+uf'(x)+r_1(u,x)$$

其中 $r_1(u,x)$表示误差项且满足

$$\lim_{u\to 0}\frac{r_1(u,x)}{u}=0$$

用 $\mathrm{d}_u f(x)$来表示 $uf'(x)$，它表示的是 $f(x)$关于 x 的增量为 u 的一阶微分。增量 u 是 x 的微分，因此我们经常把 $f(x)$的一阶微分写为 $\mathrm{d}_x f(x)=f'(x)\mathrm{d}x$ 或者简单记为 $\mathrm{d}f(x)=f'(x)\mathrm{d}x$。这种思想推广到高阶微分，即

$$f^{(i)}(x)=\frac{\mathrm{d}^{(i)}f(x)}{\mathrm{d}x^i}=\lim_{u\to 0}\frac{f^{(i-1)}(x+u)-f^{(i-1)}(x)}{u}$$

v 阶泰勒序列展开式为

$$f(x+u)=f(x)+\sum_{i=1}^{v}\frac{u^i f^{(i)}(x)}{i!}+r_v(u,x)=f(x)+\sum_{i=1}^{v}\frac{\mathrm{d}_u^i f(x)}{i!}+r_v(u,x)$$

其中余数 $r_v(u,x)$满足

$$\lim_{u\to 0}\frac{r_v(u,x)}{u^v}=0$$

并且 $\mathrm{d}_u^i f(x)=u^i f^{(i)}(x)$是 $f(x)$关于 x 和增量 u 的 i 阶微分。

如果 $f(\boldsymbol{x})$是 k 维变量 $\boldsymbol{x}=(x_1,\cdots,x_k)$的实值函数。在 A.1.9 节中已经定义了 $f(\boldsymbol{x})$关于 $\boldsymbol{x}$ 的导数为

$$\frac{\partial f(\boldsymbol{x})}{\partial \boldsymbol{x}'}=\left[\frac{\partial f(\boldsymbol{x})}{\partial x_1},\cdots,\frac{\partial f(\boldsymbol{x})}{\partial x_k}\right]$$

其中

482

$$\frac{\partial f(\boldsymbol{x})}{\partial x_i}=\lim_{u_i\to 0}\frac{f(\boldsymbol{x}+u_i\boldsymbol{e}_i)-f(\boldsymbol{x})}{u_i}$$

是 $f(\boldsymbol{x})$关于 x_i 的偏导数，$\boldsymbol{e}_i$ 为 $\boldsymbol{I}_k$ 的第 i 列。一阶泰勒序列展开式为，

$$f(\boldsymbol{x}+\boldsymbol{u})=f(\boldsymbol{x})+\sum_{i=1}^{k}\frac{\partial f(\boldsymbol{x})}{\partial x_i}u_i+r_1(\boldsymbol{u},\boldsymbol{x}) \quad \text{(A-13)}$$

其中余数 $r_1(\boldsymbol{u},\boldsymbol{x})$满足

$$\lim_{\boldsymbol{u}\to 0}\frac{r_1(\boldsymbol{u},\boldsymbol{x})}{(\boldsymbol{u}'\boldsymbol{u})^{1/2}}=0$$

式(A-13)右边的第二项为 $f(\boldsymbol{x})$关于 $\boldsymbol{x}$ 的增量向量为 $\boldsymbol{u}$ 的一阶微分，可以将它写作

$$\mathrm{d}f(\boldsymbol{x})=\mathrm{d}_{\boldsymbol{u}}f(\boldsymbol{x})=\left[\frac{\partial f(\boldsymbol{x})}{\partial \boldsymbol{x}'}\right]\boldsymbol{u}$$

重要的是注意一阶微分和一阶导数之间的关系。$f(\boldsymbol{x})$关于 $\boldsymbol{x}$ 的增量向量为 $\boldsymbol{u}$ 的一阶微分等于 $f(\boldsymbol{x})$关于 $\boldsymbol{x}$ 在时间 $\boldsymbol{u}$ 的导数。

$f(\boldsymbol{x})$关于 $\boldsymbol{x}$ 的增量向量为 $\boldsymbol{u}$ 的高阶微分定义为

$$\mathrm{d}^i f(\boldsymbol{x}) = \mathrm{d}_{\boldsymbol{u}}^i f(\boldsymbol{x}) = \sum_{j_1=1}^{k} \cdots \sum_{j_i}^{k} u_{j_1} \cdots u_{j_i} \frac{\partial^i f(\boldsymbol{x})}{\partial x_{j_1} \cdots \partial x_{j_i}}$$

并且这些微分在 v 阶泰勒序列展开式中，

$$f(\boldsymbol{x}+\boldsymbol{u}) = f(\boldsymbol{x}) + \sum_{i=1}^{v} \frac{\mathrm{d}_u^i f(\boldsymbol{x})}{i!} + r_v(\boldsymbol{u},\boldsymbol{x})$$

其中余数 $r_k(\boldsymbol{u},\ \boldsymbol{x})$满足

$$\lim_{\boldsymbol{u}\to 0} \frac{r_v(\boldsymbol{u},\boldsymbol{x})}{(\boldsymbol{u}'\boldsymbol{u})^{v/2}} = 0$$

二阶微分 $\mathrm{d}^2 f(\boldsymbol{x})$可以写为关于向量 $\boldsymbol{u}$ 的二次方程的形式，

$$\mathrm{d}^2 f(\boldsymbol{x}) = \boldsymbol{u}'\boldsymbol{H}_f\boldsymbol{u}$$

其中 $\boldsymbol{H}_f$ 是二阶偏导数的海森矩阵，其已经在 A.1.9 节中定义了。 483

A.6.2 向量函数

微分可以推广到 m 维向量函数 $\boldsymbol{f}(\boldsymbol{x})=[f_1(\boldsymbol{x}),\ \cdots,\ f_m(\boldsymbol{x})]'$，其中 $\boldsymbol{x}=(x_1,\ \cdots,\ x_k)'$。这里，$\boldsymbol{f}(\cdot)$是关于 x 可微分的当且仅当每个分量 $f_i(\cdot)$是关于 $\boldsymbol{x}$ 可微分的。前一节的泰勒展开式可以应用到 $\boldsymbol{f}(\boldsymbol{x})$的每个分量。例如，一阶泰勒序列展开式为

$$\boldsymbol{f}(\boldsymbol{x}+\boldsymbol{u}) = \boldsymbol{f}(\boldsymbol{x}) + \left[\frac{\partial \boldsymbol{f}(\boldsymbol{x})}{\partial \boldsymbol{x}'}\right]\boldsymbol{u} + \boldsymbol{r}_1(\boldsymbol{u},\boldsymbol{x}) = \boldsymbol{f}(\boldsymbol{x}) + \mathrm{d}\boldsymbol{f}(\boldsymbol{x}) + \boldsymbol{r}_1(\boldsymbol{u},\boldsymbol{x})$$

其中向量余数 $\boldsymbol{r}_1(\boldsymbol{u},\ \boldsymbol{x})$满足

$$\lim_{\boldsymbol{u}\to 0} \frac{\boldsymbol{r}_1(\boldsymbol{u},\boldsymbol{x})}{(\boldsymbol{u}'\boldsymbol{u})^{1/2}} = \boldsymbol{0}$$

并且 $\boldsymbol{f}(\boldsymbol{x})$关于 $\boldsymbol{x}$ 的一阶微分通过下面 $m\times k$ 矩阵给出

$$\frac{\partial \boldsymbol{f}(\boldsymbol{x})}{\partial \boldsymbol{x}'} = \begin{bmatrix} \dfrac{\partial f_1(\boldsymbol{x})}{\partial x_1} & \dfrac{\partial f_1(\boldsymbol{x})}{\partial x_2} & \cdots & \dfrac{\partial f_1(\boldsymbol{x})}{\partial x_k} \\ \dfrac{\partial f_2(\boldsymbol{x})}{\partial x_1} & \dfrac{\partial f_2(\boldsymbol{x})}{\partial x_2} & \cdots & \dfrac{\partial f_2(\boldsymbol{x})}{\partial x_k} \\ \vdots & \vdots & & \vdots \\ \dfrac{\partial f_m(\boldsymbol{x})}{\partial x_1} & \dfrac{\partial f_m(\boldsymbol{x})}{\partial x_2} & \vdots & \dfrac{\partial f_m(\boldsymbol{x})}{\partial x_k} \end{bmatrix}$$

该偏导数矩阵作为 $\boldsymbol{f}(\boldsymbol{x})$关于 $\boldsymbol{x}$ 的 Jacobian 矩阵。而且，理解一阶微分和一阶导数之间的关系是非常重要的。如果将一阶微分写为

$$\mathrm{d}\boldsymbol{f}(\boldsymbol{x}) = \boldsymbol{D}\boldsymbol{u}$$

那么 $m\times k$ 矩阵 $\boldsymbol{D}$ 包含 $\boldsymbol{f}(\boldsymbol{x})$关于 $\boldsymbol{x}$ 的一阶导数。

如果 $y(\boldsymbol{x})=g(\boldsymbol{f}(\boldsymbol{x}))$是实值函数，那么广义链式法则通过下式给出

$$\frac{\partial y(\boldsymbol{x})}{\partial x_i} = \sum_{j=1}^{m}\left[\frac{\partial g(\boldsymbol{f}(\boldsymbol{x}))}{\partial f_j(\boldsymbol{x})}\right]\left[\frac{\partial f_j(\boldsymbol{x})}{\partial x^i}\right] = \left[\frac{\partial g(\boldsymbol{f}(\boldsymbol{x}))}{\partial \boldsymbol{f}(\boldsymbol{x})'}\right]\left[\frac{\partial \boldsymbol{f}(\boldsymbol{x})}{\partial x_i}\right]$$

且 $i=1,\ \cdots,\ k$。将它们放在一起，得到

484
$$\frac{\partial y(\boldsymbol{x})}{\partial \boldsymbol{x}'} = \left[\frac{\partial g(\boldsymbol{f}(\boldsymbol{x}))}{\partial \boldsymbol{f}(\boldsymbol{x})'}\right]\left[\frac{\partial \boldsymbol{f}(\boldsymbol{x})}{\partial \boldsymbol{x}'}\right]$$

A.6.3 矩阵函数

本书中考虑的最通用的函数是 $p\times q$ 矩阵函数

$$\boldsymbol{F}(\boldsymbol{X}) = \begin{bmatrix} f_{11}(\boldsymbol{X}) & f_{12}(\boldsymbol{X}) & \cdots & f_{1q}(\boldsymbol{X}) \\ f_{21}(\boldsymbol{X}) & f_{22}(\boldsymbol{X}) & \cdots & f_{2q}(\boldsymbol{X}) \\ \vdots & \vdots & & \vdots \\ f_{p1}(\boldsymbol{X}) & f_{p2}(\boldsymbol{X}) & \cdots & f_{pq}(\boldsymbol{X}) \end{bmatrix}$$

其中 $\boldsymbol{X}=[x_{ij}]$是 $m\times k$ 矩阵。前一节中的向量值函数 $\boldsymbol{f}(\boldsymbol{x})$的结果可以通过向量化运算符 vec 扩展到矩阵值函数 $\boldsymbol{F}(\boldsymbol{X})$。给定 $\boldsymbol{F}(\boldsymbol{X})$，令 $\boldsymbol{f}(\boldsymbol{X})$为 $pq\times 1$ 向量值函数，因此 $\boldsymbol{f}(\boldsymbol{X})=\mathrm{vec}(\boldsymbol{F}(\boldsymbol{X}))$。那么，这是上一节应用的结果。例如，$\boldsymbol{F}(\boldsymbol{X})$关于 $\boldsymbol{X}$ 的 Jacobian 矩阵是一个 $pq\times mk$ 矩阵，可以通过下式给出

$$\frac{\partial \boldsymbol{f}(\boldsymbol{X})}{\partial \mathrm{vec}(\boldsymbol{X})'} = \frac{\partial \mathrm{vec}(\boldsymbol{F}(\boldsymbol{X}))}{\partial \mathrm{vec}(\boldsymbol{X})'}$$

其中第(i, j)个元素是 $\mathrm{vec}(\boldsymbol{F}(\boldsymbol{X}))$的第 i 个元素关于 $\mathrm{vec}(\boldsymbol{X})$的第 j 个元素的偏导数。这使得我们能够得到 $\mathrm{vec}(\boldsymbol{F}(\boldsymbol{X}+\boldsymbol{U}))$的一阶泰勒序列展开式。矩阵 $\boldsymbol{F}(\boldsymbol{X})$的倒数定义为

$$\mathrm{vec}(\mathrm{d}^i\boldsymbol{F}(\boldsymbol{X})) = \mathrm{vec}[\mathrm{d}^i_{\boldsymbol{U}}\boldsymbol{F}(\boldsymbol{X})] = \mathrm{d}^i f(\boldsymbol{X}) = \mathrm{d}^i_{\mathrm{vec}(\boldsymbol{U})}\boldsymbol{f}(\mathrm{vec}(\boldsymbol{X}))$$

换言之，$\boldsymbol{F}(\boldsymbol{X})$在 $\boldsymbol{X}$ 点关于增量矩阵 $\boldsymbol{U}$ 的第 i 阶导数用 $d^i\boldsymbol{F}(\boldsymbol{X})$表示，它是通过对 f 在 $\mathrm{vec}(\boldsymbol{X})$点关于增量向量 $\mathrm{vec}(\boldsymbol{U})$的 i 阶导数进行反堆积运算而得到的一个 $p\times q$ 矩阵。

A.6.4 矩阵微分的性质

矩阵微分的基本性质直接的遵循标量微分的性质。如果 $\boldsymbol{X}$ 和 $\boldsymbol{Y}$ 是矩阵函数且 $\boldsymbol{A}$ 是常数矩阵。那么有

1) $\mathrm{d}\boldsymbol{A}=\boldsymbol{0}$。
2) $\mathrm{d}(\alpha\boldsymbol{X})=\alpha d\boldsymbol{X}$，其中 α 是实数。
3) $\mathrm{d}(\boldsymbol{X}')=(\mathrm{d}\boldsymbol{X})'$。
4) $\mathrm{d}(\boldsymbol{X}+\boldsymbol{Y})=\mathrm{d}\boldsymbol{X}+\mathrm{d}\boldsymbol{Y}$。
5) $\mathrm{d}(\boldsymbol{X}\boldsymbol{Y})=(\mathrm{d}\boldsymbol{X})\boldsymbol{Y}+\boldsymbol{X}(\mathrm{d}\boldsymbol{Y})$。
6) $\mathrm{dtr}(\boldsymbol{X})=\mathrm{tr}(\mathrm{d}\boldsymbol{X})$。
7) $\mathrm{dvec}(\boldsymbol{X})=\mathrm{vec}(\mathrm{d}\boldsymbol{X})$。
8) $\mathrm{d}(\boldsymbol{X}\otimes\boldsymbol{Y})=(\mathrm{d}\boldsymbol{X})\otimes\boldsymbol{Y}+\boldsymbol{X}\otimes(\mathrm{d}\boldsymbol{Y})$。

485 9) $\mathrm{d}(\boldsymbol{X}\odot\boldsymbol{Y})=(\mathrm{d}\boldsymbol{X})\odot\boldsymbol{Y}+\boldsymbol{X}\odot(\mathrm{d}\boldsymbol{Y})$。

其中$\odot$表示矩阵的 Hadamard 乘积(元素与元素之间的乘积)。下面给出矩阵微分的其他性质。这 3 个结果的证明，见 Schott(2005，定理 9.1 和 9.2)。

结果 5　假设 $\boldsymbol{X}$ 是一个 $m\times m$ 矩阵且 $\mathrm{adj}(\boldsymbol{X})$表示 $\boldsymbol{X}$ 的伴随矩阵。那么

1) $\mathrm{d}(\mathrm{tr}(\boldsymbol{X}))=\mathrm{vec}(\boldsymbol{I}_m)'\mathrm{dvec}(\boldsymbol{X})$； $\partial\mathrm{tr}(\boldsymbol{X})/\partial\mathrm{vec}(\boldsymbol{X})'=\mathrm{vec}(\boldsymbol{I}_m)'$。

2) $\mathrm{d}|\boldsymbol{X}|=\mathrm{tr}[\mathrm{adj}(\boldsymbol{X})\mathrm{d}\boldsymbol{X}]$； $\partial|\boldsymbol{X}|/\partial\mathrm{vec}(\boldsymbol{X})'=\mathrm{vec}[\mathrm{adj}(\boldsymbol{X}')]'$。

3) 如果 $\boldsymbol{X}$ 是非奇异矩阵，

$$\mathrm{d}|\boldsymbol{X}|=|\boldsymbol{X}|\mathrm{tr}(\boldsymbol{X}^{-1}\mathrm{d}\boldsymbol{X});\quad \frac{\partial|\boldsymbol{X}|}{\partial\mathrm{vec}(\boldsymbol{X})'}=|\boldsymbol{X}|\mathrm{vec}(\boldsymbol{X}^{-1'})'。$$

4) $\mathrm{d}[\log(|\boldsymbol{X}|)]=\mathrm{tr}(\boldsymbol{X}^{-1}\mathrm{d}\boldsymbol{X})$； $\partial\log(|\boldsymbol{X}|)/\partial\mathrm{vec}(\boldsymbol{X})'=\mathrm{vec}(\boldsymbol{X}^{-1'})'$。

结果 6 如果 $\boldsymbol{X}$ 是非奇异 $m\times m$ 矩阵，那么

$$\mathrm{d}\boldsymbol{X}^{-1}=-\boldsymbol{X}^{-1}(\mathrm{d}\boldsymbol{X})\boldsymbol{X}^{-1};\quad \frac{\partial\mathrm{vec}(\boldsymbol{X}^{-1})}{\partial\mathrm{vec}(\boldsymbol{X})'}=-(\boldsymbol{X}^{-1'}\otimes\boldsymbol{X}^{-1})。$$

A.6.5 应用

为了说明矩阵微分的应用，我们考虑一个 k 维正态分布的随机样本 $\boldsymbol{x}_1,\cdots,\boldsymbol{x}_T$ 的对数似然函数，使得 $\boldsymbol{x}_t$ 的均值向量和协方差矩阵分别为 $\boldsymbol{\mu}_t$ 和 $\boldsymbol{\Sigma}_t$。进一步假设 $\boldsymbol{\mu}_t$ 和 $\boldsymbol{\Sigma}_t$ 是参数 $\boldsymbol{\theta}$ 的函数。忽略常数项，对数似然函数为

$$\ell(\boldsymbol{\theta})=\sum_{t=1}^{T}\ell_t(\boldsymbol{\theta}),\quad \ell_t(\boldsymbol{\theta})=-\frac{1}{2}\log(|\boldsymbol{\Sigma}_t|)-\frac{1}{2}\mathrm{tr}(\boldsymbol{\Sigma}_t^{-1}\boldsymbol{U}_t)$$

其中 $\boldsymbol{U}_t=(\boldsymbol{x}_t-\boldsymbol{u}_t)(\boldsymbol{x}_t-\boldsymbol{u}_t)'$。$\ell_t(\boldsymbol{\theta})$的一阶微分为

$$\begin{aligned}
\mathrm{d}\ell_t(\boldsymbol{\theta}) &= -\frac{1}{2}\mathrm{d}[\log(|\boldsymbol{\Sigma}_t|)]-\frac{1}{2}\mathrm{tr}(\mathrm{d}\boldsymbol{\Sigma}_t^{-1}\boldsymbol{U}_t)-\frac{1}{2}\mathrm{tr}[\boldsymbol{\Sigma}_t^{-1}\mathrm{d}\boldsymbol{U}_t]\\
&= -\frac{1}{2}\mathrm{tr}(\boldsymbol{\Sigma}_t^{-1}\mathrm{d}\boldsymbol{\Sigma}_t)+\frac{1}{2}\mathrm{tr}[\boldsymbol{\Sigma}_t^{-1}(\mathrm{d}\boldsymbol{\Sigma}_t)\boldsymbol{\Sigma}_t^{-1}\boldsymbol{U}_t]\\
&\quad +\frac{1}{2}\mathrm{tr}[\boldsymbol{\Sigma}_t^{-1}\{(\mathrm{d}\boldsymbol{\mu}_t)(\boldsymbol{x}_t-\boldsymbol{\mu}_t)'+(\boldsymbol{x}_t-\boldsymbol{\mu}_t)\mathrm{d}\boldsymbol{\mu}_t'\}]\\
&= \frac{1}{2}\mathrm{tr}[(\mathrm{d}\boldsymbol{\Sigma}_t)\boldsymbol{\Sigma}_t^{-1}(\boldsymbol{U}_t-\boldsymbol{\Sigma}_t)\boldsymbol{\Sigma}_t^{-1}]+\frac{1}{2}\mathrm{tr}[\boldsymbol{\Sigma}_t^{-1}\{(\mathrm{d}\boldsymbol{\mu}_t)(\boldsymbol{x}_t-\boldsymbol{\mu}_t)'+(\boldsymbol{x}_t-\boldsymbol{\mu}_t)\mathrm{d}\boldsymbol{\mu}_t'\}]\\
&= \frac{1}{2}\mathrm{tr}[(\mathrm{d}\boldsymbol{\Sigma}_t)\boldsymbol{\Sigma}_t^{-1}(\boldsymbol{U}_t-\boldsymbol{\Sigma}_t)\boldsymbol{\Sigma}_t^{-1}]+(\boldsymbol{x}_t-\boldsymbol{\mu}_t)'\boldsymbol{\Sigma}_t^{-1}\mathrm{d}\boldsymbol{\mu}_t\\
&= \frac{1}{2}[\mathrm{vec}(\mathrm{d}\boldsymbol{\Sigma}_t)]'(\boldsymbol{\Sigma}_t^{-1}\otimes\boldsymbol{\Sigma}_t^{-1})\mathrm{vec}(\boldsymbol{U}_t-\boldsymbol{\Sigma}_t)+(\boldsymbol{x}_t-\boldsymbol{\mu}_t)'\boldsymbol{\Sigma}_t^{-1}\mathrm{d}\boldsymbol{\mu}_t
\end{aligned}$$

其中根据结果 5(或结果 4)和结果 6，第二等式成立，然而第五个等式应用性质 $\mathrm{tr}(\boldsymbol{ABCD})=[\mathrm{vec}(\boldsymbol{A}')]'(\boldsymbol{D}'\otimes\boldsymbol{B})\mathrm{vec}(\boldsymbol{C})$。使用上式和链式法则，得到

$$\begin{aligned}
\frac{\partial\ell_t(\boldsymbol{\theta})}{\partial\boldsymbol{\theta}'} &= (\boldsymbol{x}_t-\boldsymbol{\mu}_t)'\boldsymbol{\Sigma}_t^{-1}\frac{\partial\boldsymbol{\mu}_t}{\partial\boldsymbol{\theta}'}\\
&\quad +\frac{1}{2}[\mathrm{vec}(\boldsymbol{U}_t-\boldsymbol{\Sigma}_t)]'(\boldsymbol{\Sigma}_t^{-1}\otimes\boldsymbol{\Sigma}_t^{-1})\frac{\partial\mathrm{vec}(\boldsymbol{\Sigma}_t)}{\partial\boldsymbol{\theta}'}
\end{aligned}$$

这些结果应用在第 7 章中的多元波动率模型中。

参考文献

Abadir, K. M. and Magnus, J. R. (2005). *Matrix Algebra*. Cambridge University Press, New York.

Anderson, T. W. (2003). *An Introduction to Multivariate Statistical Analysis*. 3rd Edition. John Wiley & Sons, Inc, Hoboken, NJ.

Graybill, F. A. (1969). *Introduction to Matrices with Applications in Statistics*. Wadsworth, Belmont, CA.

Johnson, R. A. and Wichern, D. W. (2007). *Applied Multivariate Statistical Analysis*. 6th edition. Prentice Hall, Upper Saddle River, NJ.

Lütkepohl, H. (2005). *New Introduction to Multiple Time Series Analysis*. Springer Verlag, Berlin.

Magnus, J. R. and Neudecker, H. (1999). *Matrix Differential Calculus with Applications in Statistics and Econometrics*. Revised Edition. John Wiley & Sons, Inc, New York.

Schott, J. R. (2005). *Matrix Analysis for Statistics*. 2nd Edition. John Wiley & Sons, Inc, Hoboken, NJ.

486 ~ 487 Strang, G. (1980). *Linear Algebra and its Applications*. 2nd Edition. Harcourt Brace Jovanovich, Chicago, IL.

索　　引

索引中的页码为英文原书页码，与书中页边标注的页码一致。

π-weight（π-权重）

VARMA model（VARMA 模型），135

Ψ-weight（Ψ-权重）

VAR model（VAR 模型），44

VARMA model（VARMA 模型），134

A

Akaike information criterion（AIC）（赤池信息准则，AIC），63

Approximate factor model（似然因子模型），370

AR representation（AR 表示），18

Asymptotic principal component analysis（渐近主成分分析），380

Augmented Dickey-Fuller test（增广 Dickey-Fuller 检验），275

B

Back-shift operator（后移算子），19

Bayes'theorem（贝叶斯理论），56

Bayesian estimate，VAR model（贝叶斯估计，VAR 模型），59

Beveridge-Nelson decomposition（Beveridge-Nelson 分解），281

Block Cholesky decomposition（分块 Cholesky 分解），157

Block identifiability（块可识别性），128

Bonferroni's inequality（Bonferroni 不等式），18

C

Canonical correlation analysis（典型相关分析），199

Cholesky decomposition（Cholesky 分解），6，421，469

Classification（分类），386

Clustering（聚类）

agglomerative（汇聚聚类），386

k means（k 均值聚类），386

model-based approach（基于模型的方法），386

Clustering analysis（聚类分析），386

Cointegrating vector（协整向量），295，300

Cointegration（协整），295

Cointegration test（协整检验）

Johansen maximum eigenvalue（Johansen 最大特征值），308

Johansen trace（Johansen 迹），308

Common shock（共同冲击），376

Common trend（共同趋势），295，300，304，318，323

Companion matrix（伴随矩阵），42

Conditional likelihood function，VARMA model（条件似然方程，VARMA 模型），147

Conjugate prior（共轭型先验分布），56

Constrained factor model（约束因子模型），377

Continuous mapping theorem（连续映射理论），270

Copula（Copula），444

Gaussian（高斯），446

t，447

Cross correlation matrix（交叉相关矩阵），9

sample（样本），10

Cross correlation plot（交叉相关图），9

Cross covariance matrix（交叉协方差矩阵），8

sample（样本），10

D

Data（数据）

100 stocks（100 支股票），384

foreign exchange rates(外汇汇率)，458
gross domestic products(国内生产总值)，359
heating oil price(燃油价格)，346
IBM，SP，KO，423
monthly Moody's bond yields(月度 Moody 债券收益)，310，314
quarterly U. S. GDP(季度美国 GDP)，277
regular gas price(常规汽油价格)，346
S&P 500 index(S&P500 指数)，292
state unemployment rates(州失业率)，4，373
ten stocks(10 支股票)，365
U. S. gross domestic product(美国国内生产总值，GDP)，1，265
U. S. housing(美国房地产)，335
U. S. housing starts(美国新屋开工率)，2
U. S. unemployment rate(美国失业率)，1
US GNP，M1 and interest rates(美国 GNP、M1 以及利率)，319
VIX index(VIX 指数)，293
XOM，S&P，AAPL(XOM，S&P，AAPL)，453
DCC model. See Dynamic conditional correlation (DCC) model(DCC 动态条件相关模型)
Diagnostic check(模型诊断检验)，66
Diffusion index(扩散指数)，372
Diffusion index model(扩散指数模型)，372
Distributed-lag model(分布滞后模型)，372
Distribution(分布)
gamma(gamma 分布)，389
inverse gamma(逆 gamma 分布)，389
inverted Wishart(逆 Wishart 分布)，59，481
multivariate normal(多元正态分布)，478
multivariate Student-t(多元学生 t 分布)，480
Wishart(Wishart 分布)，57，480
DOC. *See* Dynamic orthogonal component (DOC)(DOC 动态正交分量)
Donsker theorem(Donsker 定理)，269
multivariate(多元)，280
Double exponential smoothing(双重指数平滑)，334
Dynamic conditional correlation (DCC) model(动态条件相关(DCC)模型)
Engle(Engle)，428
Tse and Tsui(Tse 和 Tsui)，429
Dynamic correlation model(动态相关模型)，428
Dynamic factor model(动态因子模型)，376
Dynamic orthogonal component (动态正交分量)，438
estimation(估计)，439
testing(检验)，440

E

Echelon form(Echelon 形式)，253
reversed(逆)，211
Eigenvalue(特征值)，467
Eigenvector(特征向量)，467
Error-correction form，univariate(一元误差修正模型)，275
Error-correction model(误差修正模型)，299
Exact likelihood function(精确似然函数)
VARMA model(VARMA 模型)，152
VMA(1) model(VMA(1)模型)，119
Exchangeable models(可变换模型)，229
Expanded series，VAR model(扩展序列，VAR 模型)，42
Exponential smoothing，multivariate(多元指数平滑)，291
Exponentially weighted moving average(指数加权移动模型)，414
Extended autocorrelation function(扩展自相关函数)，166
Extended cross correlation matrix(扩展交叉相关矩阵)，169，170

F

Factor model(因子模型)，364
approximate(近似)，370
constrained(约束)，377
dynamic(动态)，376
orthogonal(正交)，364

Finite memory(有限记忆)，110
Forecast(预测)
  ℓ-step ahead(ℓ步超前)，16
  horizon(步长)，16
  interval(区间)，17
  origin(原点)，16
Forecast error variance decomposition(预测误差方差分解)，96
Forecasting(预测)，82
  covariance of error(误差的协方差)，84
  updating formula(更新公式)，166
  VAR model(VAR 模型)，83
Functional central limit theorem(函数中心极限定理)，269，270

G

Generalized autoregressive score (GAS) model(广义自回归得分(GAS)模型)，449
Generalized covariance matrix(广义协方差矩阵)，456
Generalized cross kurtosis matrix(广义交叉峰度矩阵)，455
  cumulative(累积的)，456
Generalized least squares estimate(广义最小二乘估计)，46
Generalized variance(广义方差)，63
Givens rotation matrix(Givens 旋转矩阵)，435
Go-GARCH model(Go-GARCH 模型)，434
Granger causality(格兰杰因果关系)，29

H

Hadamard product(Hadamard 乘积)，486
Hankel matrix(Hankel 矩阵)，200
Hannan and Quinn criterion(Hannan 和 Quinn 准则)，63
Hessian matrix(海森矩阵)，483
  VAR model(VAR 模型)，48
  VARMA model(VARMA 模型)，150
Huber function(Huber 函数)，439

I

I(0) process(I(0)过程)，295
Impulse response function(脉冲响应函数)，90，93
  orthogonal innovations(正交新息)，93
Independent component analysis(独立成分分析)，434
Innovation(新息)，7
Integrated process，I(1) process(I(1)集成过程)，295
Invertibility(可逆性)，7
  VMA model(VMA 模型)，111
Invertibility condition，VARMA model(可逆性条件，VARMA 模型)，134
Iterated autoregressions(迭代自回归)，167

J

Jordan canonical form(Jordan 标准型)，469

K

Kronecker index(Kronecker 指数)，199，201
Kronecker product(Kronecker 乘积)，471

L

Label switching problem(标号变换问题)，391
Lag operator(滞后算子)，19
LASSO regression(LASSO 回归)，423
Leading economic index(领先经济指标)，346
Least squares estimate，VAR model(最小二乘估计，VAR 模型)，46
Likelihood ratio statistic(似然比率统计量)，306
Linear constraint(线性约束)，80
Linearity(线性性)，6
Ling-Li volatility test(Ling-Li 波动检验)，412
Long run effects(长期效应)，91

M

MA representation. *See* Moving average (MA)(MA

表示，见 Moving average (MA))
Marginal model，VAR(边际模型，VAR)，35，43
Marginal models，VMA(边际模型，VMA)，112
Matrix differential(矩阵的微分)，481，484
first(一阶微分)，483
matrix-valued function(矩阵值函数)，485
Maximized log likelihood，VAR model(极大对数似然估计，VAR 模型)，49
McMillan degree(McMillan 自由度)，203
Mean reverting(均值回归)，83
Mean square error，forecasting(均方误差预测)，85
Meta-t_v distribution(Meta-t_v 分布)，448
Minnesota prior(Minnesota 先验)，60
Missing value(缺失值)，357
Moment equation(矩方程)
VAR model(VAR 模型)，42
VARMA model(VARMA 模型)，136
Moving average (MA) representation，VARMA model(移动平均(MA)表示，VARMA 模型)，134
Multiplier analysis(乘数分析)，90
Multivariate Student-t distribution(多元学生 t 分布)，480
Multivariate volatility model，BEKK(多元波动率模型，BEKK)，401

N

Normal equations，VARMA model(正则方程，VARMA 模型)，149

O

Orthogonal factor model(正交因子模型)，364
Orthogonal innovations(正交新息)，93
Orthogonal transformation(正交变换)，434
Over differencing(过度差分)，297

P

Pairs trading(配对交易)，329
Partial least squares(偏最小二乘)，372
Partial sum(偏和)，269
Portmanteau test(混成检验)，13
multivariate residuals(多元残差)，71
Positive definite matrix(正定矩阵)，467
Posterior distribution(后验分布)，56
Precision matrix(精度矩阵)，59
Principal component analysis(主成分分析)，434
Principal volatility component(主波动成分)，454，457
Purchasing managers index(采购经理指数)，346
Purchasing power parity(购买力平价)，297

Q

Quasi maximum likelihood(拟极大似然方法)，313
Quasi maximum likelihood estimate (QMLE)(拟极大似然估计，QMLE)，313，408

R

R package(R 包)
fGarch，431
fUnitRoots，277
gogarch，435
urca，277，309，313
Random walk(随机游走)，265
Rank of a matrix(矩阵的秩)，467
Reduced rank regression(简化秩回归)，317
Regression model with time series errors(时间序列误差回归模型)，352
Residual cross correlation matrix(残差交叉相关矩阵)，67
Rule of elimination(消元规则)，217

S

Scalar component model(标量分量模型)，199，214
white noise(白噪声)，371
Schwarz information criterion(Schwarz 信息准则)，63
Seasonal adjustment(季节调整)，334
Seasonal airline model(季节航班模型)，334

Seasonal difference(季节差异)，334
Seasonal VARMA model(季节 VARMA 模型)，334，338
Shock(冲击)，7
Simplified matrix(简化矩阵)，11
Singular left vector(奇异左向量)，227
Sklar theorem(Sklar 定理)，444
Spectral decomposition(谱分解)，468
Spurious regression(伪回归)，290
Square root matrix(平方根矩阵)，400，468
Standard Brownian motion(标准布朗运动)，268
  multivariate(多元)，279
State-space model(状态空间模型)，193
Stationarity(平稳性)
  strict(严平稳)，6
  weak(弱平稳)，5
Stationarity condition(平稳性条件)
  VAR model(VAR 模型)，42
  VARMA model(VARMA 模型)，133
Stepwise regression(逐步回归)，74
Strong mixing condition(强混合条件)，270

T

Temporal aggregation(时间聚集)，144
Toeplitz form(Toeplitz 形式)，200
Total multiplier(总乘数)，91
Transfer function model(传递函数模型)，28
Transformation matrix，SCM approach(变换矩阵，SCM 方法)，219
Two-way p-value table(双尾 p 值表)，173

U

Unimodular matrix(U 模矩阵)，127
Unit root(单位根)，265
  tests(检验)，277

V

VAR order selection(VAR 阶选择)
  criteria function(准则函数)，63
  sequential test(序列检验)，62
Vector autoregressive moving-average (VARMA) model(向量自回归移动平均(VARMA)模型)，20，127
  mean-adjusted(均值调整)，21
VARX model(VARX 模型)，346
Vectorization of a matrix(矩阵的向量化)，470
Volatility matrix(波动矩阵)，399
Volatility model，BEKK(波动率模型，BEKK)，417
Volatility test(波动检验)
  Lagrange multiplier(拉格朗日乘子)，402
  Portmanteau test(混成检验)，401

W

Wald test(Wald 检验)，74
Wiener process(Wiener 过程)，268
Wishart distribution(Wishart 分布)，480
  inverted(逆分布)，481

Y

Yule-Walker equation(Yule-Walker 方程)，33
  multivariate(多元)，137
  VAR model(VAR 模型)，43

推荐阅读

线性代数（原书第10版）

ISBN：978-7-111-71729-4

数学分析原理 面向计算机专业（原书第2版）

ISBN：978-7-111-71242-8

数学分析（原书第2版·典藏版）

ISBN：978-7-111-70616-8

复分析（英文版·原书第3版·典藏版）

ISBN：978-7-111-70102-6

实分析（英文版·原书第4版）

ISBN：978-7-111-64665-5

泛函分析（原书第2版·典藏版）

ISBN：978-7-111-65107-9